	Chapitres
● **Guillaume Apollinaire** (1880-1918) Alcools	5
● **Jules Supervielle** (1884-1960) Débarcadères – Oublieuse mémoire	5
● **Blaise Cendrars** (1887-1961) Feuilles de route	6
La Main coupée	7
● **Paul Éluard** (1895-1952) Poésie et vérité	9
● **Bertolt Brecht** (1898-1956) La Résistible Ascension d'Arturo Ui	8
● **E. M. Remarque** (1898-1970) À l'Ouest rien de nouveau	7
● **Francis Ponge** (1899-1988) Le Parti pris des choses	6
● **Nathalie Sarraute** (1900-1999) Enfance	1
● **George Orwell** (1903-1950) 1984	9
● **Dino Buzzati** (1906-1972) Le K	4
● **Simone de Beauvoir** (1908-1986) Mémoires d'une jeune fille rangée	1
● **Eugène Ionesco** (1909-1994) Le roi se meurt – Macbett	8
● **Jean Anouilh** (1910-1987) Antigone	8
● **René Barjavel** (1911-1985) Ravage	11
● **Albert Camus** (1913-1960) Caligula	8
● **Aimé Césaire** (1913-2008) La Tragédie du roi Christophe	8
● **Boris Vian** (1920-1959) L'Écume des jours	6
« À tous les enfants »	9
● **Georges Perec** (1936-1982) W ou Le souvenir d'enfance	1

	Chapitres
Metisse blanche	1
● **Jean-Claude Grumberg** (né en 1939) Le Petit Chaperon Uf	9
● **Annie Ernaux** (née en 1940) La Place	1
● **Norman Spinrad** (né en 1940) Bleue comme une orange	11
● **Yves Pinguilly** (né en 1944) Album	9
● **Jean Echenoz** (né en 1947) 14	7
● **Yann Queffélec** (né en 1949) L'Homme de ma vie	1
● **Boualem Sansal** (né en 1949) 2084 La fin du monde	9
● **Jean-Pierre Siméon** (né en 1950) « Toucher terre »	9
● **Pierre Lemaitre** (né en 1951) Au revoir là-haut	7
● **Jean-Christophe Rufin** (né en 1952) Le Collier rouge	7
● **Dany Laferrière** (né en 1953) Souvenir de Dany Laferrière	5
● **Pierre Bordage** (né en 1955) Les Derniers Hommes	11
● **Anna Moï** (née en 1955) Riz noir	9
● **Marc Dugain** (né en 1957) La Chambre des officiers	7
● **Éric-Emmanuel Schmitt** (né en 1960) L'Enfant de Noé	9

XXᵉ siècle

XXIᵉ siècle

	Chapitres
● **Raoul Dufy** (1877-1953) La Fée Électricité	6
● **Fernand Léger** (1881-1955) La Partie de cartes	7
● **Pablo Picasso** (1881-1973) L'Usine à Horta de Ebro	5
● **Robert Delaunay** (1885-1941) Air, fer et eau	5
● **Otto Dix** (1891-1969) Les Joueurs de skat	7
● **Tamara de Lempicka** (1898-1980) Autoportrait ou Tamara dans la Bugatti verte	1
● **René Magritte** (1898-1967) Le Beau Monde	5
● **Salvador Dali** (1904-1989) Visage paranoïaque	6
● **Frida Kahlo** (1907-1954) La Colonne brisée. Autoportrait	1
● **Jean-Michel Basquiat** (1960-1988) Trompette	6

	Chapitres
● **Carolyn Carlson** (née en 1943) L'Ampoule électrique (chorégraphie)	6
● **Philippe Geluck** (né en 1954) Le Chat	4
● **Ai Weiwei** (né en 1957) Golden Age	9
● **Jung** (né en 1965) Couleur de peau : miel	2
● **Marjane Satrapi** (née en 1969) Persepolis	2
● **Vincent Callebaut** (né en 1977) Paris Smart City 2050	11
● **Bastien Vivès** (né en 1984) Le Goût du chlore	6

Les auteurs remercient pour leurs conseils avisés, Fabienne Segeat, Dominique Bodin ainsi que les enseignants qui ont effectué des relectures, ceux qui ont dialogué avec les délégués pédagogiques Hachette Éducation et ceux qui ont participé aux études menées sur le manuel ; Charlotte Ruffault et Jacques Charpentreau pour l'utilisation du titre « Fleurs d'encre » ; enfin des remerciements tout particuliers à Cécil, Édouard, François, Héloïse, Jean-Jacques et William.

Les auteurs remercient chaleureusement leurs éditeurs Gaël Gauvin, Dominique Cormier, Léa Gallet ainsi que Marc Brunet, Claude Mailhon, Anne-Danielle Naname, Astrid Rogge pour leur précieuse collaboration.

Maquette intérieure et mise en page : Anne-Danielle Naname

Couverture : Juliette Lancien et Anne-Danielle Naname

Relecture : Isabelle Macé et Astrid Rogge

Relecture pédagogique : Claire Bobe, Nathalie Cambon, Bénédicte Macle, Magali Martin-Seguin et Pierre Arlet (enseignants)

Iconographie : Brigitte Hammond, Candice Renault, Sophie Suberbère, Élisabeth Sourdillat et Stéphanie Tritz

Illustrations originales : Céline Deregnaucourt

PAPIER À BASE DE FIBRES CERTIFIÉES

Hachette s'engage pour l'environnement en réduisant l'empreinte carbone de ses livres. Celle de cet exemplaire est de : **1600 g éq. CO_2** Rendez-vous sur www.hachette-durable.fr

ISBN : 978-2-01-395329-0

© Hachette Livre 2016, 58, rue Jean-Bleuzen, 92178 Vanves Cedex

www.hachette-education.com

Tous droits de traduction, de reproduction et d'adaptation réservés pour tous pays.
Le Code de la propriété intellectuelle n'autorisant, aux termes des articles L. 122-4 et L. 122-5, d'une part, que les « copies ou reproductions strictement réservées à l'usage privé du copiste et non destinées à une utilisation collective », et, d'autre part, que « les analyses et les courtes citations » dans un but d'exemple et d'illustration, « toute représentation ou reproduction intégrale ou partielle, faite sans le consentement de l'auteur ou de ses ayants droit ou ayants cause, est illicite ».
Cette représentation ou reproduction par quelque procédé que ce soit, sans l'autorisation de l'éditeur ou du Centre français de l'exploitation du droit de copie (20, rue des Grands-Augustins, 75006 Paris), constituerait donc une contre façon sanctionnée par les articles 425 et suivants du Code pénal.

Fleurs d'encre

Nouveau programme Cycle 4

3ᵉ

Sous la direction de

Chantal Bertagna
Agrégée de Lettres classiques

et

Françoise Carrier-Nayrolles
Agrégée de Lettres modernes

Stéphane Jougla
Certifié de Lettres modernes

Caroline Lachet
Maître de conférences en Sciences du langage

Audrey Roig
Maître de conférences en Sciences du langage

Mélinée Simonot
Agrégée de Lettres modernes

hachette
ÉDUCATION
vous accompagne

Sommaire

I — Se chercher, se construire
Se raconter, se représenter — p. 12-63

1. Écritures intimes
2. Récits autobiographiques et réécritures — *Atelier lecture et cinéma*

II — Vivre en société, participer à la société
Dénoncer les travers de la société — p. 64-117

3. Sommes-nous des moutons de Panurge ?
4. Et si on apprenait à vivre en harmonie ?

III — Regarder le monde, inventer des mondes
Visions poétiques du monde — p. 118-157

5. Sous l'œil des poètes
6. Les mots ont-ils un pouvoir sur les choses ? — *Atelier poésie*

IV — Agir sur le monde
Agir dans la cité : individu et pouvoir — p. 158-241

7. Écrivains et artistes face à la Grande Guerre — *Parcours d'éducation artistique et culturelle*
8. Jeux de pouvoir en scène
9. Quand les écrivains et les artistes s'engagent

V — Questionnement complémentaire
Progrès et rêves scientifiques — p. 242-275

10. Le savant : fou ou génial ? — *Parcours d'éducation artistique et culturelle*
11. La science à l'épreuve de la fiction

I. Se chercher, se construire
Se raconter, se représenter

1. Écritures intimes — 12
INTERDISCIPLINARITÉ : HDA – EMC – HISTOIRE – ARTS PLASTIQUES – EMI

➡ Comment et pourquoi parler de soi ?

Lire, comprendre, interpréter

S'interroger et s'informer
- L'écriture de soi, de l'autobiographie au selfie — 14

Construire une image de soi : autoportraits au féminin
- Lettre à sa fille, MME DE SÉVIGNÉ, É. VIGÉE-LEBRUN — 16
- Ni laide, ni belle, G. SAND, *Histoire de ma vie*, caricatures — 18
- Quel avenir ?, S. DE BEAUVOIR, *Mémoires d'une jeune fille rangée*, T. DE LEMPICKA — 20
- À la plage, K. LEFÈVRE, *Métisse blanche*, F. KAHLO — 22
- Moi photographe ! F.B. JOHNSTON, M.O. EDIS, M. BOURKE-WHITE — 24

S'interroger sur son passé
- Le peigne cassé, J.-J. ROUSSEAU, *Confessions* — 26
- Père et fille, A. ERNAUX, *La Place* — 28
- Père et fils, Y. QUEFFÉLEC, *L'Homme de ma vie* — 30
- Je n'ai pas de souvenir d'enfance…, G. PEREC, *W ou Le souvenir d'enfance*, REMBRANDT — 32

Lire et échanger sur des œuvres complètes
- Parcours de lecture guidé J. BENAMEUR, *Ça t'apprendra à vivre* — 34
- Le cercle des critiques littéraires
  Récits autobiographiques et souvenirs d'enfance — 35

Pratiquer l'oral — 36
- Présenter un autoportrait poétique sous forme de portrait chinois « Si j'étais plante… », M. NOËL, *Notes intimes*
- Jouer au portrait chinois pour se présenter
- Spectateur ou spect'acteur ?
  Échanger à propos de l'art selfie
- Débattre : images de soi sur les réseaux sociaux

Pratiquer l'écrit

A. Travailler la langue pour préparer et améliorer l'écrit — 38
Lexique L'écriture de soi – La mémoire – Sensations et sentiments
Orthographe Conjuguer le passé simple à la 1re personne
Grammaire Employer les temps verbaux dans un récit autobiographique

B. Écrire et récrire — 40
Sujet Raconter un souvenir d'enfance à partir d'une sensation (Activité guidée)

Construire le bilan — 41
- Qu'ai-je appris ? • Qu'avons-nous compris ?
- Je rédige mon bilan

Évaluer ses compétences et se préparer au Brevet — 42
- Analyse et interprétation « La lettre », N. SARRAUTE, *Enfance*
- Rédaction et maîtrise de la langue Dictée – Réécriture – Travail d'écriture

2. Récits autobiographiques et réécritures — 44
Atelier lecture et cinéma

UTILISABLE EN **PARCOURS** PEAC – AVENIR CITOYEN
UTILISABLE EN **AP**
UTILISABLE EN **EPI**
INTERDISCIPLINARITÉ : EMI – EMC – HDA – ARTS PLASTIQUES – TECHNOLOGIE

THÈME A
Romans graphiques et cinéma : à la croisée de l'autobiographie et du témoignage — 44

1 M. SATRAPI, *Persepolis*, film de V. PARONNAUD et M. SATRAPI
Activités
1. Analyser une affiche de cinéma — 45
2. Comparer la couverture d'un roman graphique et une affiche de film — 45
3. Analyser une planche de roman graphique — 46
4. Comparer une planche de roman graphique et son adaptation cinématographique — 47
5. Analyser et interpréter le discours de l'image — 47

2 JUNG, *Couleur de peau : miel*, film de L. BOILEAU et JUNG
Activités
1. Analyser et interpréter une couverture de roman graphique — 48
2. Comparer deux images pour présenter une œuvre — 48
3. Analyser une bande-annonce — 49
4. Comprendre les enjeux des écritures autobiographiques — 49

THÈME B
Quand cinéastes et dessinateurs adaptent des autobiographies — 50

1 J.-D. BAUBY, *Le Scaphandre et le papillon*, film de J. SCHNABEL
Activités
1. Comparer un récit autobiographique et son adaptation cinématographique — 50
2. Analyser une critique de film — 51

2 K. BLIXEN, *La Ferme africaine*, *Out of Africa*, film de S. POLLACK
Activités
1. Découvrir le roman : *La Ferme africaine* — 52
2. Étudier des images du film *Out of Africa* — 53
3. Analyser une critique de film — 53

3 C. LAYE, *L'Enfant noir*, bande-dessinée de C. ANZOUMANA, adaptation libre de L. CHEVALLIER (docufiction)
Activités
1. Analyser l'adaptation d'un livre en bande dessinée — 54
2. Analyser un projet d'adaptation : un docufiction — 56
3. Comprendre l'élaboration d'une affiche — 56
4. Comparer un récit autobiographique et son adaptation filmique — 57
5. S'interroger sur la notion de réécriture — 57

Parcours de lecture guidé — 58
- F. UHLMAN, *L'Ami retrouvé*, film de J. SCHATZBERG

➡ **Projets** — 62

II. Vivre en société, participer à la société
Dénoncer les travers de la société

3. Sommes-nous des moutons de Panurge ? — 64
INTERDISCIPLINARITÉ EMC – EMI – LCA – HDA – SVT

➡ Quel regard critique porter sur les comportements grégaires ?

Lire, comprendre, interpréter

S'interroger et s'informer
- Humour et ironie en textes et en images — 66

Instincts grégaires en tous genres
- Les moutons de Panurge, F. RABELAIS, *Quart Livre*, G. MORDILLO — 68
- Lettre sur les jeux du cirque, PLINE LE JEUNE, *Lettres*, CHAPPATTE — 70
- « La Cour du Lion », J. DE LA FONTAINE, *Fables*, VOUTCH — 72
- Les caprices de la mode, MONTESQUIEU, *Lettres persanes*, gravure — 74
- Plaisirs des grandes vacances, A. VIALATTE, *Chroniques de La Montagne*, J. TATI — 76
- Panurgisme médiatique, blog du journal *Le Monde*, vidéo « La clé des médias » — 78

Lire et échanger sur des œuvres complètes
- J. STERNBERG, *Le Credo* [Texte intégral] — 80
- Parcours de lecture guidé VOLTAIRE, *Jeannot et Colin* — 83

Pratiquer l'oral — 84
- Dire un poème à deux voix « Cerveaux béants », D. MYRIAM
- Expliquer un article de presse et en débattre « Manger ou être mangé, le dilemme du mouton »

Pratiquer l'écrit

A. Travailler la langue pour préparer et améliorer l'écrit — 86
Lexique Le comportement grégaire – Le vocabulaire de l'ironie
Orthographe Les accords complexes des verbes avec leur sujet
Grammaire Des procédés d'ironie : l'hyperbole – l'antithèse

B. Écrire et récrire — 88
Sujet Rédiger un article de blog ou une chronique pour dénoncer un comportement grégaire de notre époque [Activité guidée]

Construire le bilan — 89
- Qu'ai-je appris ?
- Qu'avons-nous compris ?
- Je rédige mon bilan

Évaluer ses compétences et se préparer au Brevet — 90
- Analyse et interprétation G. PEREC, *Les Choses*
- Rédaction et maîtrise de la langue Dictée – Réécriture – Travail d'écriture

4. Et si on apprenait à vivre en harmonie ? — 92
INTERDISCIPLINARITÉ ANGLAIS – EMC – EMI – HISTOIRE

➡ La satire peut-elle éveiller les consciences ?

Lire, comprendre, interpréter

S'interroger et s'informer
- La satire dans la littérature et la presse — 94

La place des femmes dans la société
- L'assemblée des femmes, ARISTOPHANE, *L'Assemblée des femmes*, dessin de presse — 96

Riches et pauvres
- La table de Virron, JUVÉNAL, *Satires*, PH. GELUCK — 98
- Giton et Phédon, J. DE LA BRUYÈRE, *Les Caractères*, PH. GELUCK — 99

Esclavage et racisme
- Le nègre de Surinam, VOLTAIRE, *Candide* — 101
- Le clown Chocolat, N. COUTELET, « Chocolat, une figure de l'altérité sur la piste », A. et L. LUMIÈRE, M. ITURRIA — 102

Lire et échanger sur des œuvres complètes
- Chasseurs de vieux, D. BUZZATI, *Le K* [Texte intégral] D. GHIRLANDAIO, J. G. BROWN, P. TOURNEBOEUF — 104

Pratiquer l'oral — 110
- Lire et dire un poème N. BOILEAU, *Satires*, V. BRAUNER
- Expliquer des dessins satiriques et en débattre CHAVAL, C. BEAUNEZ

Pratiquer l'écrit

A. Travailler la langue pour préparer et améliorer l'écrit — 112
Lexique Des défauts – La satire
Orthographe L'accord dans le groupe nominal – L'accord de l'adjectif et du participe passé employés avec *être*
Grammaire Des procédés de satire : l'emphase, l'accumulation, l'hyperbole

B. Écrire et récrire — 114
Sujet Rédiger un portrait satirique [Activité guidée]

Construire le bilan — 115
- Qu'ai-je appris ?
- Qu'avons-nous compris ?
- Je rédige mon bilan

Évaluer ses compétences et se préparer au Brevet — 116
- Analyse et interprétation Jules et Julie, PH. BOUVARD, *Des femmes*, A. DUBOUT
- Rédaction et maîtrise de la langue Dictée – Réécriture – Travail d'écriture

III. Regarder le monde, inventer des mondes
Visions poétiques du monde

5. Sous l'œil des poètes — 118
INTERDISCIPLINARITÉ — HDA – LCA

➡ Comment la poésie invite-t-elle à regarder le monde ?

Lire, comprendre, interpréter

S'interroger et s'informer
- Visions poétiques du monde : d'Orphée à Balzac — 120

Émotions en marche
- « Levez-vous, orages désirés... », F.-R. DE CHATEAUBRIAND, *René*, M. N. VOROBIEV — 122
- « Demain, dès l'aube... », V. HUGO, A. MARQUET — 124
- « Ma bohème », A. RIMBAUD — 125
- « Tempête solide », V. SEGALEN, BYOUNG-CHOON PARK — 126
- « Port », M. DIB — 127
- « Paris, 1983 », D. LAFERRIÈRE, P. TURNLEY — 128

Poésie et peinture, miroirs du monde
- « Un peintre », J.-M. DE HEREDIA, E. LANSYER — 130
- « Paysage », CH. BAUDELAIRE, G. CAILLEBOTTE — 132
- « Les usines », É. VERHAEREN, P. PICASSO — 134
- « Zone », G. APOLLINAIRE, R. DELAUNAY — 136

Le vocabulaire de la poésie — 138

Lire et échanger sur des œuvres complètes
- Le cercle des critiques littéraires *Anthologies de poètes* — 139

Pratiquer l'oral — 140
- Réaliser l'interview fictive d'un poète
- Présenter une affiche du Printemps des poètes
- Participer collectivement à l'opération « Dis-moi un poème » du Printemps des poètes

Pratiquer l'écrit
A. Travailler la langue pour préparer et améliorer l'écrit — 142
- **Lexique** Les procédés d'écriture – Paysages et sensations
- **Grammaire** La proposition subordonnée relative – Les compléments de phrase
- **Orthographe** Les accords du verbe dans la proposition subordonnée relative

B. Écrire et récrire — 144
- **Sujet** Raconter avec lyrisme une promenade dans un paysage fascinant *Activité guidée*

Construire le bilan — 145
- Qu'avons-nous compris ? Qu'ai-je appris ?
- Je rédige mon bilan

Évaluer ses compétences et se préparer au Brevet — 146
- **Analyse et interprétation** « La Terre », J. SUPERVIELLE, R. MAGRITTE
- **Rédaction et maîtrise de la langue** Dictée – Réécriture – Travail d'écriture

---

6. Les mots ont-ils un pouvoir sur les choses ? — 148
Atelier poésie — UTILISABLE EN AP — UTILISABLE EN EPI

INTERDISCIPLINARITÉ
ARTS PLASTIQUES – ÉDUCATION MUSICALE – HDA – MATHÉMATIQUES – SCIENCES PHYSIQUES – TECHNOLOGIE – EPS

Activité 1 Créer une grammaire poétique — 148
- « Outils posés sur une table », J. TARDIEU, *Formeries*, CH. TURPIN

Activité 2 Écouter et créer des vers holorimes — 149
- « L'hôtel », J. COCTEAU, *Opéra*, S. DALÍ

Activité 3 Mettre en bouche l'évocation des cinq sens — 150
- « Réveil », B. CENDRARS, *Feuilles de route*, photographie du port du Havre
- « Tam-tam », E. EPANYA YONDO, *Kamerun ! Kamerun !*, J.-M. BASQUIAT
- « La Chair chaude des mots », R. QUENEAU, *Le Chien à la mandoline*
- « Un hémisphère dans une chevelure », CH. BAUDELAIRE, *Le Spleen de Paris*, D. G. ROSSETTI
- Le sorbet, M. BARBERY, *Une gourmandise*, F. RAY et M. BERTRAND

Activité 4 Créer une collection de verbes autour des sensations — 153

Activité 5 Réaliser une exposition : « La Métamorphose du quotidien » — 154
- « Le pain », F. PONGE, *Le Parti pris des choses*, B. VIVÈS

Activité 6 Croiser langages poétiques et scientifiques — 156
A. Lire en autonomie un recueil poétique : *Euclidiennes*, GUILLEVIC
B. Confectionner un recueil de poésie combinatoire à la manière de R. QUENEAU
C. Réaliser un concours de films de poche (pocket films) poétiques : l'électricité

- B. VIAN, *L'Écume des jours*, C. CARLSON, chorégraphie, R. DUFY

J.-M. BASQUIAT, *Trumpet* (Trompette), 1984, collection privée.

IV. Agir sur le monde
Agir dans la cité : individu et pouvoir

7. Écrivains et artistes face à la Grande Guerre — 158
Parcours d'éducation artistique et culturelle

UTILISABLE EN EPI — **INTERDISCIPLINARITÉ : HISTOIRE – HDA**

THÈME A
Sous un déluge de feu et d'acier — 158
- Un opéra sordide et puant, J. ECHENOZ, *14*, C. MARTIN — 158
- Un effroyable rideau, H. BARBUSSE, *Le Feu*, G. SCOTT — 160
- Les gens d'en face, E. E. REMARQUE, *À l'ouest, rien de nouveau*, F. LÉGER — 161

THÈME B
Les Gueules cassées — 163
- Portraits croisés, M. DUGAIN, *La Chambre des officiers*, O. DIX, P. ALEXANDRE — 164
- Édouard a voulu savoir…, P. LEMAITRE, *Au-revoir là-haut*, P. LEMAITRE, C. DE METTER — 166

THÈME C
Frères d'armes — 168
- Frères de combat, J.-C. RUFIN, *Le Collier rouge*, W. ORPEN — 168
- Mon blessé, B. CENDRARS, *La Main coupée* — 170
- *Joyeux Noël*, C. CARION — 171

➡ Projets
1. Parcours numérique — 172
2. Concevoir et présenter une installation artistique sur le thème de la guerre de 1914-1918 — 172

Lire et échanger sur des œuvres complètes
- Le cercle des critiques littéraires
  Romans et récits autour de la Grande Guerre — 173

C. MARTIN, *La Folie de la guerre*, 1917, peinture à la gouache sur papier, collection privée.

8. Jeux de pouvoir en scène — 174

INTERDISCIPLINARITÉ : LCA – HISTOIRE – EMC – HDA

➡ Quelles représentations du pouvoir le théâtre donne-t-il à voir ?

Lire, comprendre, interpréter

S'interroger et s'informer
- La mise en scène du pouvoir au théâtre — 176

Antigone, la rebelle
- Résumé – Prologue, SOPHOCLE, *Antigone* — 178
- Antigone et Créon, J. ANOUILH, *Antigone* — 182

Tyrans en scène
- Le père Ubu, A. JARRY, *Ubu Roi* — 186
- L'empereur Caligula, A. CAMUS, *Caligula* — 188
- Le roi Bérenger, E. IONESCO, *Le roi se meurt* — 190
- Arturo Ui, B. BRECHT, *La Résistible Ascension d'Arturo Ui* — 192
- Brecht et son théâtre — 194

Lire et échanger sur des œuvres complètes
- Parcours de lecture guidé E. SCHWARTZ, *Le Dragon* — 196
- Le cercle des critiques littéraires
  Théâtre engagé des XXe et XXIe siècles — 197

Pratiquer l'oral — 198
- Dire une tirade
- Jouer un match d'improvisation théâtrale
- Débattre : pourquoi représenter le pouvoir en scène ?
- Découvrir les métiers du théâtre (Parcours avenir)

Pratiquer l'écrit

A. Travailler la langue pour préparer et améliorer l'écrit — 200
Lexique Le pouvoir et la politique – Les passions – Le tragique
Orthographe La conjugaison de l'impératif et du subjonctif
Grammaire Les valeurs du subjonctif

B. Écrire et récrire — 202
Sujet Rédiger une scène de théâtre entre un dictateur et un de ses ministres ou conseillers (Activité guidée)

Construire le bilan — 203
- Qu'ai-je appris ?
- Qu'avons-nous compris ?
- Je rédige mon bilan

Évaluer ses compétences et se préparer au Brevet — 204
- Analyse et interprétation E. IONESCO, *Macbett*
- Rédaction et maîtrise de la langue Réécriture – Dictée – Travail d'écriture

9 Quand les écrivains et les artistes s'engagent 206

➡ Comment la fiction peut-elle être une arme contre le totalitarisme et les guerres ?

UTILISABLE EN EPI

INTERDISCIPLINARITÉ HISTOIRE – EMC – HDA – LCA – ESPAGNOL

Lire, comprendre, interpréter

S'interroger et s'informer
- Dictature, totalitarisme et engagement   208

Dénoncer les dictatures
- Uf et Wolf, J.-C. GRUMBERG, *Le Petit Chaperon Uf*, T. AVERY   210
- G. ORWELL, *1984*, B. SANSAL, *2084*, J. ZIELIŃSKI   212
- Le poulailler, B. MAZEAS, *Contes à rebours* (Texte intégral)   214
- La rédaction, A. SKÁRMETA, *Le Cycliste de San Cristobal*, fresques murales (Texte intégral)   218

Faire entendre la voix des enfants de la guerre
- Se cacher, É.-E. SCHMITT, *L'Enfant de Noé*, L. MALLE   224
- Dans les « cages à tigres », A. MOÏ, *Riz noir*, photographie de presse   226
- Révoltes de poètes : V. AUDELON – A. CHEDID – Y. PINGUILLY – J.-P. SIMÉON – B. VIAN   228

Lire et échanger sur des œuvres complètes
- Le cercle des critiques littéraires
  Histoires de totalitarismes   231

Pratiquer l'oral   232

- Analyser et présenter un poème
  Anthologie de la Résistance : P. ÉLUARD – J. KESSEL – R. CHAR – R. DESNOS – L. ARAGON
- Mettre en voix un poème

Pratiquer l'écrit

A. Travailler la langue pour préparer et améliorer l'écrit   236
Lexique Le vocabulaire de la révolte et de l'engagement
Orthographe Conjuguer le présent du subjonctif
Grammaire L'expression de l'opposition – La progression thématique d'un texte

B. Écrire et récrire   238
Sujet Rédiger un texte engagé à partir d'un dessin (Activité guidée)

Construire le bilan   239
- Qu'ai-je appris ?
- Qu'avons-nous compris ?
- Je rédige mon bilan

Évaluer ses compétences et se préparer au Brevet   240
- **Analyse et interprétation** K. KRESSMAN TAYLOR, *Inconnu à cette adresse*, CH. CHAPLIN
- **Rédaction et maîtrise de la langue** Dictée – Réécriture – Travail d'écriture

⋯➤ Photogramme du film *The Great Dictator* (« Le Dictateur »), CH. CHAPLIN, 1940.

/7

V. Questionnement complémentaire
Progrès et rêves scientifiques

10. Le savant : fou ou génial ? 242

Parcours d'éducation artistique et culturelle

UTILISABLE EN AP — UTILISABLE EN EPI

INTERDISCIPLINARITÉ
SCIENCES – EMC – ANGLAIS – ARTS PLASTIQUES – HDA

THÈME A
Le savant fou : mythes et réalité — 242
- Les mythes du savant fou : Prométhée, Faust, Frankenstein — 242
- Des savants et inventeurs, bien réels — 244
- La société face à la folie des savants — 244

THÈME B
La figure du savant fou dans la littérature et au cinéma — 245

Frankenstein, le récit fondateur de la figure du savant fou
- Extrait 1, M. SHELLEY, *Frankenstein ou le Prométhée moderne* — 245
- Extrait 2, M. SHELLEY, *Frankenstein ou le Prométhée moderne* — 246

Trois autres figures littéraires de savants fous
- Balthazar Claës, H. DE BALZAC, *La Recherche de l'absolu*, L. E. G. ISABEY — 247
- Le docteur Jekyll, R. L. STEVENSON, *L'Étrange Cas du docteur Jekyll et de Mister Hyde*, S. G. H. BEAMAN — 248
- Le docteur Moreau, H. G. WELLS, *L'Île du docteur Moreau* — 248
- F. LANG, S. KUBRICK — 249

Le cercle des critiques littéraires
Romans : figures de savants fous — 250

➡ **Projet 1** Créer une figure positive de savant « fou » — 250

THÈME C
Le savant génial — 251

De la réalité à la fiction
- Isaac Newton, M. GOTLIB, *Les Malheurs de Newton, Trucs en vrac* — 251
- Du professeur Piccard au professeur Tournesol — 251

Des génies précoces
- Un chercheur innovateur à l'ADN d'entrepreneur, *Sciences et Avenir* — 252

➡ **Projet 2** Réaliser une bande dessinée pour présenter un jeune génie scientifique — 253

➡ **Projet 3** Réaliser une bibliothèque numérique de fiches : « Métiers scientifiques » — 253

11. La science à l'épreuve de la fiction 254

UTILISABLE EN EPI

INTERDISCIPLINARITÉ
SCIENCES ET TECHNOLOGIE – EMC – HDA – EMI

➡ Comment la littérature imagine-t-elle le futur ?

Lire, comprendre, interpréter

S'interroger et s'informer
- La science-fiction — 256

Mondes futurs, mondes de rêve ?
- « Le noir tomba », R. BARJAVEL, *Ravage*, G. BONNEFONT — 258
- L'ordinateur Multivac, I. ASIMOV, *L'avenir commence demain* — 260
- Paris au XXIe siècle, N. SPINRAD, *Bleue comme une orange*, V. CALLEBAUT — 262
- Les solbots, P. BORDAGE, *Les Derniers Hommes*, J. ZORALSKI — 264

Lire et échanger sur des œuvres complètes
- Parcours de lecture guidé P. BOULLE, *La Planète des singes* — 266
- Le cercle des critiques littéraires Romans de science-fiction — 267

Pratiquer l'oral — 268
- Mettre en voix un poème de science-fiction « Terre-Lune », B. VIAN
- Lire des interviews et en débattre
- Défendre une publicité rétro-futuriste

Pratiquer l'écrit

A. Travailler la langue pour préparer et améliorer l'écrit — 270
Lexique Le vocabulaire du futur – Des mots nouveaux pour désigner de nouvelles réalités
Orthographe Conjuguer le conditionnel
Grammaire L'expression de l'hypothèse

B. Écrire et récrire — 272
Sujet Rédiger un article pour défendre ou critiquer la science-fiction (Activité guidée)

Construire le bilan — 273
- Qu'ai-je appris ?
- Qu'avons-nous compris ?
- Je rédige mon bilan

Évaluer ses compétences et se préparer au Brevet — 274
- Analyse et interprétation C. D. SIMAK, *Demain les chiens*
- Rédaction et maîtrise de la langue Dictée – Réécriture – Travail d'écriture

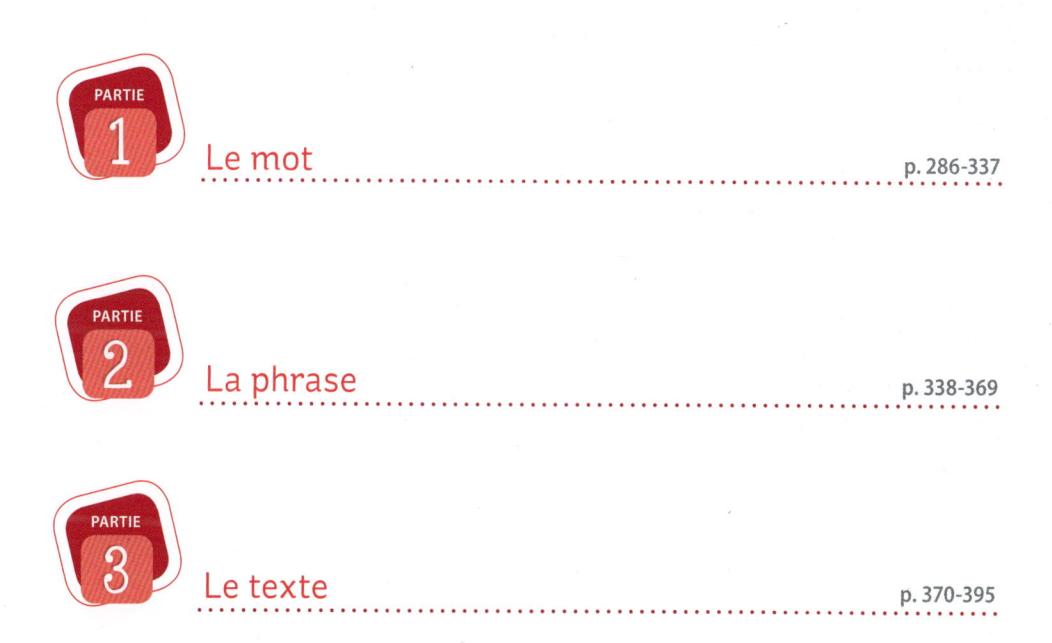

Sommaire
Étude de la langue

PARTIE 1 — Le mot .... p. 286-337

PARTIE 2 — La phrase .... p. 338-369

PARTIE 3 — Le texte .... p. 370-395

Étude de la langue

- Sommaire de l'Étude de la langue 282
- Classes grammaticales et fonctions grammaticales 284

PARTIE 1 — Le mot

A. Les principales classes de mots

1. Maîtriser et orthographier le verbe

1. Le verbe [Carte mentale] 286
2. Les formes des temps de l'indicatif [Orthographe]
   - Les temps simples 288
     🖉 *Dans les chapitres*
     – Conjuguer le passé simple à la 1ᵉ personne . . . 39
   - Les temps composés 291
3. La construction d'un verbe passif [Orthographe] . . 292
4. Identifier les verbes pronominaux 294
5. Les formes des principaux modes [Orthographe]
   - Le mode infinitif 296
   - Le mode participe : le participe présent 297
   - Le mode participe : le participe passé 298
   - Le mode impératif 299
     🖉 *Dans les chapitres*
     – La conjugaison de l'impératif 201
   - Le mode subjonctif :
     le présent et le passé du subjonctif 300
   - L'imparfait du subjonctif 301
     🖉 *Dans les chapitres*
     – La conjugaison du subjonctif 201
     – Conjuguer le présent du subjonctif 237
   - Le mode conditionnel 302
     🖉 *Dans les chapitres*
     – Conjuguer le conditionnel 271

2. Les mots et groupes de mots variables

6. Le nom et le groupe nominal 303
7. L'adjectif [Carte mentale] [Orthographe] 304
8. Les déterminants [Carte mentale] [Orthographe] . . 306
9. Les pronoms 308
10. Le groupe nominal, le groupe verbal,
    le groupe adjectival 312

3. Les mots invariables

11. Les prépositions [Carte mentale] 314
12. Les conjonctions [Carte mentale]
    - Les conjonctions de coordination 315
    - Les conjonctions de subordination 316
13. Les adverbes [Carte mentale] [Orthographe] 318

B. La formation et l'histoire des mots

14. La formation des mots par composition 320
15. Radical et famille de mots 321
    🖉 *Dans les chapitres*
    – Des mots nouveaux pour désigner
      de nouvelles réalités 270
16. La formation des mots par dérivation
    [Carte mentale] 322
17. L'étymologie 324
    🖉 *Dans les chapitres*
    – Des préfixes d'origine latine pour exprimer
      la révolte et l'engagement 236

C. Le choix, le sens et l'orthographe des mots

🖉 *Les champs lexicaux dans les chapitres*
– L'écriture de soi 38
– La mémoire 38
– Sensations et sentiments 38
– Le comportement grégaire 86
– Le vocabulaire de l'ironie 86
– Des défauts 112
– La satire 112
– Les procédés d'écriture 142
– Paysages et sensations 142
– Le pouvoir et la politique 200
– Le tragique 200
– Les passions 200
– Le vocabulaire de l'engagement 236
– Le vocabulaire du futur 270

18. Le champ sémantique des verbes 326
19. La synonymie 328
20. Le son [E] en finales verbales [Orthographe] . . . 330
21. Les finales verbales en [i] et en [y] [Orthographe] 332
22. Choisir entre des formes homophones : maîtriser
    les emplois de *ces / ses ; c'est / s'est* [Orthographe] 334
23. Choisir entre des formes homophones :
    maîtriser les emplois de *ont / on / on n'*
    [Orthographe] 335
24. Choisir entre des formes homophones :
    connaître les emplois de *il a / il la / il l'a*
    [Orthographe] 336
25. Choisir entre des formes homophones :
    connaître les emplois de *quel(s) / quelle(s) / qu'elle(s)*
    [Orthographe] 337

PARTIE 2 — La phrase

26. Langue orale, langue écrite : des codes différents pour la phrase 338
27. Les groupes syntaxiques dans la phrase simple : sujet, prédicat, complément de phrase 340
28. La phrase verbale et la phrase non verbale 341
29. Les types de phrase 342
30. Maîtriser la phrase complexe (Carte mentale) 344
31. Le verbe et son sujet : les accords (Orthographe) 346
   ✏️ Dans les chapitres
   – Les accords des verbes avec leur sujet 87
   – Les accords complexes du verbe dans les propositions subordonnées relatives 143
32. L'accord de l'adjectif et du participe passé employé avec *être* (Orthographe) 349
   ✏️ Dans les chapitres
   – L'accord de l'adjectif et du participe passé employé avec *être* 113
33. Les compléments du verbe 350
34. L'accord du participe passé employé avec *avoir* 354
35. Les compléments de phrase (ou circonstanciels)
   • Le lieu, le temps, le moyen, la manière 356
   • La cause 357
   • La conséquence 358
   • Le but 359
   • L'hypothèse 360
   • L'opposition 362
   ✏️ Dans les chapitres
   – Les procédés d'ironie – l'antithèse 87
   – Les compléments de phrase 143
   – L'expression de l'opposition 237
   – L'expression de la conséquence 87
36. Les expansions du nom
   • L'adjectif et ses accords 363
   • Le complément du nom 364
   • La proposition subordonnée relative 365
   ✏️ Dans les chapitres
   – L'accord dans le groupe nominal 113
   – La proposition subordonnée relative 143
37. La construction de la phrase passive (Orthographe) 366
38. La phrase impersonnelle 368
39. La phrase emphatique 369
   ✏️ Dans les chapitres
   Des procédés de satire : l'emphase 113

PARTIE 3 — Le texte

40. Les quatre types de textes 370
41. Les rôles de la ponctuation 372
42. Les reprises nominales et pronominales 374
43. Les valeurs des temps simples de l'indicatif 376
   ✏️ Dans les chapitres
   Employer les temps verbaux dans un récit autobiographique 39
44. Les valeurs des temps composés de l'indicatif 378
45. Les principaux emplois des modes (Carte mentale)
   • L'indicatif et le subjonctif 380
   • L'impératif 382
   • Le conditionnel 382
   ✏️ Dans les chapitres
   – Les valeurs du subjonctif 201
   – L'expression de l'hypothèse 271
46. Les marques de l'énonciation 384
47. Les connecteurs 386
48. Les paroles rapportées directement (Carte mentale) 388
49. Les paroles rapportées indirectement (Carte mentale) 390
50. Les marques de la modalisation 392
   ✏️ Dans les chapitres
   – L'expression de l'hypothèse 271
51. Identifier la progression d'un texte : thème et propos (Orthographe) 394
   ✏️ Dans les chapitres
   – La progression thématique d'un texte 237

Tableaux de conjugaison .... p. 399
- Les verbes *avoir* et *être*
- Les verbes en *-er*
- Les verbes en *-ir*, *-issant*
- Les autres verbes
  aller, faire, dire, prendre, craindre, pouvoir, voir, devoir, vouloir

1 Écritures intimes

Se chercher, se construire
Se raconter, se représenter

▶ **Comment et pourquoi parler de soi ?**

INTERDISCIPLINARITÉ
HDA – EMC – HISTOIRE – ARTS PLASTIQUES – EMI

Lire, comprendre, interpréter

S'interroger et s'informer
- L'écriture de soi, de l'autobiographie au selfie ... 14

Construire une image de soi : autoportraits au féminin
- Lettre à sa fille, MME DE SÉVIGNÉ, É. VIGÉE-LEBRUN ... 16
- Ni laide, ni belle, G. SAND, *Histoire de ma vie*, caricatures ... 18
- Quel avenir ?, S. DE BEAUVOIR, *Mémoires d'une jeune fille rangée*, T. DE LEMPICKA ... 20
- À la plage, K. LEFÈVRE, *Métisse blanche*, F. KAHLO ... 22
- Moi, photographe ! F.B. JOHNSTON, M.O. EDIS, M. BOURKE-WHITE ... 24

S'interroger sur son passé
- Le peigne cassé, J.-J. ROUSSEAU, *Confessions* ... 26
- Père et fille, A. ERNAUX, *La Place* ... 28
- Père et fils, Y. QUEFFÉLEC, *L'Homme de ma vie* ... 30
- Je n'ai pas de souvenir d'enfance…, G. PEREC, *W ou Le souvenir d'enfance*, REMBRANDT ... 32

Lire et échanger sur des œuvres complètes
- **Parcours de lecture guidé** J. BENAMEUR, *Ça t'apprendra à vivre* ... 34
- **Le cercle des critiques littéraires** Récits autobiographiques et souvenirs d'enfance ... 35

Pratiquer l'oral

- **Présenter un autoportrait poétique sous forme de portrait chinois**
  « Si j'étais plante… », M. NOËL, *Notes intimes* ... 36
- **Jouer au portrait chinois pour se présenter** ... 37
- **Spectateur ou Spect'acteur ? Échanger à propos de l'art selfie** ... 37
- **Débattre : images de soi sur les réseaux sociaux** ... 37

Pratiquer l'écrit

A. Travailler la langue pour préparer et améliorer l'écrit
- **Lexique** L'écriture de soi – La mémoire – Sensations et sentiments ... 38
- **Orthographe** Conjuguer le passé simple à la 1re personne ... 39
- **Grammaire** Employer les temps verbaux dans un récit autobiographique ... 39

B. Écrire et récrire
- **Sujet** Raconter un souvenir d'enfance à partir d'une sensation (Activité guidée) ... 40

Construire le bilan ... 41
- Qu'ai-je appris ? • Qu'avons-nous compris ? • Je rédige mon bilan

Évaluer ses compétences et se préparer au Brevet ... 42
- **Analyse et interprétation** « La lettre », N. SARRAUTE, *Enfance*
- **Rédaction et maîtrise de la langue** Dictée – Réécriture – Travail d'écriture

12

1 Décrivez cet autoportrait.

2 Selon vous, quelle image l'artiste donne-t-il de lui-même ?

● S. DEL GROSSO, dessin tiré de la série *L'Esquisse d'une vie*, 2014.

1 • Écritures intimes

L'écriture de soi, de l'autobiographie au selfie

▶ **Socle** *Les méthodes et outils pour apprendre – Comprendre des textes, des documents et des images*

Que savons-nous déjà ?

▶ **Socle** *S'exprimer de façon maîtrisée en s'adressant à un auditoire*

1 Avez-vous déjà lu un (des) récit(s) autobiographique(s) ? Le(s)quel(s) ? Présentez-le(s) brièvement.

2 Selon vous, pourquoi peut-on (ou non) avoir envie d'écrire et/ou de lire un texte autobiographique ? Expliquez votre point de vue.

3 Quel(s) rapport(s) y a-t-il entre les réseaux sociaux et l'autobiographie ? Expliquez.

Le trésor des mots

▶ **Socle** *Maîtriser la structure, le sens et l'orthographe des mots*

1. **ÉTYMO** **autobiographie** : du grec *autos*, « soi-même », *bios*, « vie », et *graphè*, « écriture ». **a.** Proposez une définition de ce nom. **b.** Qu'est-ce qu'un autoportrait ? **c.** Qu'est-ce qu'un *selfie* (de l'anglais *self*, « soi-même ») ?
2. **intime** vient de *intimus*, « ce qui est le plus en dedans, le fond de » : que peut-on appeler « écriture intime » ?
3. **journal** : **a.** Sur quel radical le mot « journal » est-il formé ? **b.** Qu'est-ce qu'un journal intime ?
4. **ÉTYMO** **épistolaire** : du latin *epistula*, « lettre ». **a.** Qu'est-ce que le genre épistolaire ? **b.** Comment nomme-t-on un échange régulier de lettres ?

Qu'est-ce que le pacte autobiographique ?

▶ **Socle** *Participer de façon constructive à des échanges oraux – Utiliser l'écrit pour penser et pour apprendre*

Le pacte autobiographique s'oppose au pacte de fiction. Quelqu'un qui vous propose un roman (même s'il est inspiré de sa vie) ne vous demande pas de croire pour de bon à ce qu'il raconte : mais simplement de jouer à y croire.

L'autobiographe, lui, vous promet que ce qu'il va vous dire est vrai, ou, du moins, est ce qu'il croit vrai. Il se comporte comme un historien ou un journaliste, avec la différence que le sujet sur lequel il promet de donner une information vraie, c'est lui-même.

Si vous, lecteur, vous jugez que l'autobiographe cache ou altère[1] une partie de la vérité, vous pourrez penser qu'il ment. En revanche, il est impossible de dire qu'un romancier ment : cela n'a aucun sens, puisqu'il ne s'est pas engagé à vous dire la vérité. Vous pouvez juger ce qu'il raconte vraisemblable ou invraisemblable, cohérent ou incohérent, bon ou mauvais, etc., mais cela échappe à la distinction du vrai et du faux.

Conséquence : un texte autobiographique peut être légitimement vérifié par une enquête (même si, dans la pratique, c'est très difficile !). Un texte autobiographique engage la responsabilité juridique de son auteur, qui peut être poursuivi par exemple pour diffamation[2], ou pour atteinte à la vie privée d'autrui. Comment se prend cet engagement de dire la vérité sur soi ? À quoi le lecteur le reconnaît-il ?

Parfois au titre : Mémoires, Souvenirs, Histoire de ma vie… Parfois au sous-titre (« autobiographie », « récit », « souvenirs », « journal »), et parfois simplement à l'absence de mention « roman ».

Enfin, très souvent, le pacte autobiographique entraîne l'identité de nom entre l'auteur dont le nom est sur la couverture, et le narrateur-personnage qui raconte son histoire dans le texte.

P. LEJEUNE, http://www.autopacte.org/pacte_autobiographique.html, 2006.

1. déformer. 2. action de dire du mal de quelqu'un en portant atteinte à son honneur.

1 a. Dégagez les informations essentielles de ce texte de P. Lejeune, spécialiste de l'autobiographie. **b.** Que peut signifier le « pacte » entre l'auteur et le lecteur ?

2 Prenez des notes sur ce qu'est l'autobiographie : vous les compléterez au fil de l'étude de ce chapitre.

De l'autoportrait au selfie

▶ **Socle** Lire des images, des documents composites (y compris numériques) et des textes non littéraires

> Découvrez l'exposition « Je suis là ! » sur le site du musée des Beaux-Arts de Lyon.
>
> **3** Expliquez : **a.** l'objectif de cette exposition européenne présentée en Allemagne puis en France à Lyon ; **b.** le titre de l'exposition.
>
> **4** Choisissez un des autoportraits en ligne, présentez-le et expliquez votre choix.
>
> **5** Quelles ressemblances et différences peut-on faire entre un autoportrait et un selfie ?

● A.-F.-L. JANMOT, *Autoportrait*, 1832, huile sur toile, musée des Beaux-Arts de Lyon, affiche de l'exposition « De Rembrandt au selfie ».

● REMBRANDT, *Autoportrait*, 1629, huile sur toile, Alte Pinakothek, Munich.

● F. FERVILLE/Agence Vu, « Selfie de groupe au Vietnam ».

1 • Écritures intimes / 15

Lire comprendre interpréter

Construire une image de soi : autoportraits au féminin

Lettre à sa fille

À Madame de Grignan

À Montélimar, jeudi 5 octobre 1673

Voici un terrible jour, ma chère fille ; je vous avoue que je n'en puis plus. Je vous ai quittée dans un état qui augmente ma douleur. Je songe à tous les pas que vous faites et à tous ceux que je fais, et combien il s'en faut qu'en marchant toujours de cette sorte, nous puissions jamais nous rencontrer. Mon cœur est en repos quand il est auprès de vous : c'est son état naturel, et le seul qui peut lui plaire. [...]. J'ai le cœur et l'imagination tout remplis de vous ; je n'y puis penser sans pleurer, et j'y pense toujours : de sorte que l'état où je suis n'est pas une chose soutenable ; comme il est extrême, j'espère qu'il ne durera pas dans cette violence. Je vous cherche toujours, et je trouve que tout me manque, parce que vous me manquez. Mes yeux – qui vous ont tant rencontrée depuis quatorze mois – ne vous trouvent plus. Le temps agréable qui est passé rend celui-ci douloureux, jusqu'à ce que j'y sois un peu accoutumée ; mais ce ne sera jamais assez pour ne pas souhaiter ardemment de vous revoir et de vous embrasser.

Je ne dois pas espérer mieux de l'avenir que du passé. Je sais ce que votre absence m'a fait souffrir ; je serai encore plus à plaindre, parce que je me suis fait imprudemment une habitude nécessaire de vous voir. Il me semble que je ne vous ai point assez embrassée en partant : qu'avais-je à ménager[1] ? Je ne vous ai point assez dit combien je suis contente de votre tendresse ; je ne vous ai point assez recommandée à M. de Grignan[2] ; [...] Je suis déjà dévorée de curiosité ; je n'espère plus de consolation que de vos lettres, qui me feront encore bien soupirer. En un mot, ma fille, je ne vis que pour vous. Dieu me fasse la grâce de l'aimer quelque jour comme je vous aime. [...]

Adieu, ma chère enfant, aimez-moi toujours : hélas ! nous revoilà dans les lettres. [...] Ma fille, plaignez-moi de vous avoir quittée.

MME DE SÉVIGNÉ, *Lettres*, 1635-1696.

Mme de Sévigné (1626-1696)

Mme de Sévigné est connue pour les lettres qu'elle a écrites à sa fille, Mme de Grignan, et à ses amis ; c'est sa petite-fille qui décida de publier cette correspondance.

1. me modérer.
2. mari de la fille de Mme de Sévigné.

Lecture

▶ Socle *Élaborer une interprétation de textes littéraires*

1. Dans quelles circonstances Mme de Sévigné écrit-elle cette lettre ?
2. Quels sentiments Mme de Sévigné exprime-t-elle dans cette lettre ? Développez votre réponse en citant le texte.
3. Quel intérêt cette lettre intime peut-elle, selon vous, avoir pour un lecteur extérieur ?

Oral EMC

▶ Socle *Exploiter les ressources expressives et créatives de la parole*

Lisez oralement cette lettre de façon à exprimer les sentiments que vous aurez analysés.

Élisabeth Louise Vigée-Lebrun
(1755-1842)

Artiste peintre française, célèbre pour ses portraits, notamment ceux de la reine Marie-Antoinette.

É.-L. VIGÉE-LEBRUN, *Madame Vigée-Lebrun et sa fille*, 1789, huile sur toile, musée du Louvre, Paris.

Histoire des arts

▶ **Socle** *Décrire et interpréter une œuvre d'art – Établir des liens entre des productions littéraires et artistiques*

A Décrivez le tableau en vous aidant de la fiche méthode.
B Quels sentiments se dégagent selon vous de cet autoportrait ?
C Quels liens peut-on établir entre la lettre de Mme de Sévigné et l'autoportrait ?

Fiche méthode

La composition du portrait (voir ABC de l'image p. 276-281)	→ La place du portrait dans le tableau → L'échelle des plans (plan d'ensemble, plan moyen, gros plan, très gros plan) → Les couleurs dominantes → Les lignes dominantes (droites, courbes) → Les contrastes s'il y en a
Le personnage	→ La posture (attitude) → L'expression de la bouche → Les gestes → Les vêtements → Le regard
Le décor et les objets	→ Les éléments du décor → Leur place → Leur importance

1 • Écritures intimes

Ni laide, ni belle

J'étais fortement constituée, et, durant toute mon enfance, j'annonçais devoir être fort belle, promesse que je n'ai point tenue. Il y eut peut-être de ma faute, car à l'âge où la beauté fleurit, je passais déjà les nuits à lire et à écrire. Étant fille de deux êtres d'une beauté parfaite, j'aurais dû ne pas dégénérer, et ma pauvre mère, qui estimait la beauté plus que tout, m'en faisait souvent de naïfs reproches. Pour moi, je ne pus jamais m'astreindre à soigner ma personne. Autant j'aime l'extrême propreté, autant les recherches de la mollesse m'ont toujours paru insupportables.

Se priver de travail pour avoir l'œil frais, ne pas courir au soleil quand ce bon soleil de Dieu vous attire irrésistiblement, ne point marcher dans de bons gros sabots de peur de se déformer le cou-de-pied, porter des gants, c'est-à-dire renoncer à l'adresse et à la force de ses mains, se condamner à une éternelle gaucherie[1], à une éternelle débilité[2], ne jamais se fatiguer quand tout nous commande de ne point nous épargner, vivre enfin sous une cloche pour n'être ni hâlée, ni gercée, ni flétrie avant l'âge, voilà ce qu'il me fut toujours impossible d'observer. Ma grand-mère renchérissait encore sur les réprimandes de ma mère, et le chapitre[3] des chapeaux et des gants fit le désespoir de mon enfance ; mais, quoique je ne fusse pas volontairement rebelle, la contrainte ne put m'atteindre. Je n'eus qu'un instant de fraîcheur et jamais de beauté. Mes traits étaient cependant assez bien formés, mais je ne songeai jamais à leur donner la moindre expression. L'habitude contractée, presque dès le berceau, d'une rêverie dont il me serait impossible de me rendre compte à moi-même, me donna de bonne heure l'air bête. Je dis le mot tout net, parce que toute ma vie, dans l'enfance, au couvent, dans l'intimité de la famille, on me l'a dit de même, et qu'il faut bien que cela soit vrai.

Somme toute, avec des cheveux, des yeux, des dents, et aucune difformité, je ne fus ni laide ni belle dans ma jeunesse, avantage que je considère comme sérieux à mon point de vue, car la laideur inspire des préventions[4] dans un sens, la beauté dans un autre. On attend trop d'un extérieur brillant, on se méfie trop d'un extérieur qui repousse. Il vaut mieux avoir une bonne figure qui n'éblouit et n'effraye personne, et je m'en suis bien trouvée avec mes amis des deux sexes.

G. SAND, *Histoire de ma vie*, IIᵉ partie, chapitre VIII, 1855.

---

1. maladresse. 2. faiblesse. 3. la question. 4. préjugés.

George Sand (1804-1876)

De son vrai nom Aurore Dupin, baronne Dudevant, cette femme de lettres française a publié de très nombreux livres de genres divers. Sa vie amoureuse agitée, sa tenue vestimentaire masculine, dont elle a lancé la mode, le pseudonyme masculin qu'elle s'est choisi, ont fait scandale. Elle a mené une action politique et pris parti pour une condition féminine plus libre.

• Caricature de George Sand par A. LORENTZ, *Le Charivari*, 1842.

Le trésor des mots

▶ Socle *Maîtriser la structure, le sens et l'orthographe des mots*

Jusqu'au milieu du XXᵉ siècle, le hâle, teinte foncée que prend la peau exposée au soleil, était la caractéristique des gens du peuple qui travaillaient dehors. La mode pour les femmes était d'avoir la peau la plus blanche possible.

• Expliquez « le chapitre des chapeaux et des gants fit le désespoir de mon enfance » (l. 17-18).

Lecture

▶ Socle *Élaborer une interprétation de textes littéraires*

1. À quoi G. Sand enfant occupait-elle ses nuits ? ses journées ?
2. Qu'est-ce que ce texte et son écriture révèlent de la personnalité de l'auteur ?
3. Le comportement de G. Sand est-il conforme aux idées de son époque ? Justifiez votre réponse en vous appuyant sur le texte.
4. Quelles réflexions sur la beauté G. Sand mène-t-elle dans le dernier paragraphe ? Sur quel ton le fait-elle ? Expliquez.

• Caricature de George Sand par MOLOCH, *Le Trombinoscope de Touchatout*, 1873.

Oral EMC

▶ Socle *Participer de façon constructive à des échanges oraux – S'exprimer de façon maîtrisée en s'adressant à un auditoire*

1. Selon vous, les réflexions de G. Sand sur l'apparence physique peuvent-elles encore concerner des lecteurs du XXIᵉ siècle ? Échangez vos points de vue et justifiez-les par des exemples.
2. Rendez-vous sur le site officiel consacré à G. Sand : www.georgesand.culture.fr. Choisissez une rubrique qui vous intéresse et, par binômes, présentez un aspect de G. Sand.

Histoire des arts

▶ Socle *Mobiliser des références culturelles pour interpréter les productions artistiques*

A. Décrivez chacune de ces caricatures de G. Sand.
B. De quelles caractéristiques de G. Sand découvertes dans cette double page chaque caricature se moque-t-elle ?

Écriture

▶ Socle *Utiliser l'écrit pour penser et pour apprendre*

Si vous étiez G. Sand, quel selfie feriez-vous en respectant l'image que l'auteur donne d'elle-même dans ce texte ?

1 • Écritures intimes / 19

Lire comprendre interpréter

Construire une image de soi : autoportraits au féminin

Quel avenir ?

La narratrice est adolescente au moment des faits.

J'avais décidé depuis longtemps de consacrer ma vie à des travaux intellectuels. Zaza[1] me scandalisa en déclarant d'un ton provocant : « Mettre neuf enfants au monde comme l'a fait maman, ça vaut bien autant que d'écrire des livres. » Je ne voyais pas de commune mesure entre ces deux destins. Avoir des enfants, qui à leur tour auraient des enfants, c'était rabâcher à l'infini la même ennuyeuse ritournelle[2] ; le savant, l'artiste, l'écrivain, le penseur créaient un autre monde, lumineux et joyeux, où tout avait sa raison d'être. C'était là que je voulais passer mes jours ; j'étais bien décidée à m'y tailler une place. Lorsque j'eus renoncé au ciel[3], mes ambitions terrestres s'accusèrent ; il fallait émerger. Étendue dans un pré, je contemplai, juste à la hauteur de mon regard, le déferlement des brins d'herbe, tous identiques, chacun noyé dans la jungle minuscule qui lui cachait tous les autres. Cette répétition indéfinie de l'ignorance, de l'indifférence équivalait à la mort. Je levai les yeux vers le chêne : il dominait le paysage et n'avait pas de semblable. Je serais pareille à lui.

Pourquoi ai-je choisi d'écrire ? Enfant, je n'avais guère pris au sérieux mes gribouillages ; mon véritable souci avait été de connaître ; je me plaisais à rédiger mes compositions françaises, mais ces demoiselles[4] me reprochaient mon style guindé[5] ; je ne me sentais pas « douée ». Cependant, quand à quinze ans j'inscrivis sur l'album d'une amie les prédilections[6], les projets qui étaient censés définir ma personnalité, à la question : « Que voulez-vous faire plus tard ? » je répondis d'un trait : « Être un auteur célèbre ». Touchant mon musicien favori, ma fleur préférée, je m'étais inventé des goûts plus ou moins factices[7]. Mais sur ce point je n'hésitai pas : je convoitais cet avenir, à l'exclusion de tout autre.

La première raison, c'est l'admiration que m'inspiraient les écrivains ; mon père les mettait bien au-dessus des savants, des érudits, des professeurs. J'étais convaincue moi aussi de leur suprématie[8] ; même si son nom était largement connu, l'œuvre d'un spécialiste ne s'ouvrait qu'à un petit nombre ; les livres, tout le monde les lisait ; ils touchaient l'imagination, le cœur ; ils valaient à leur auteur la gloire la plus universelle et la plus intime. En tant que femme, ces sommets me semblaient plus accessibles que les pénéplaines[9] ; les plus célèbres de mes sœurs s'étaient illustrées dans la littérature.

S. DE BEAUVOIR, *Mémoires d'une jeune fille rangée*, © Éditions Gallimard, 1958.

---

1. sa meilleure amie. 2. chanson répétitive. 3. j'eus cessé de croire en Dieu. 4. les professeures de son école pour jeunes filles. 5. peu naturel. 6. préférences. 7. artificiels. 8. supériorité. 9. plaines de vastes dimensions.

Simone de Beauvoir (1908-1986)

Cette philosophe et femme de lettres, compagne de Jean-Paul Sartre, a participé au Mouvement de libération des femmes ; elle en témoigne dans des essais et des récits autobiographiques.

La clé des mots

émerger signifie :
a. sortir d'un liquide ;
b. devenir audible ou visible ;
c. se distinguer d'un groupe par ses qualités.
• Que signifie le verbe ici ?
• **sœurs** : S. de Beauvoir n'ayant qu'une sœur cadette, qui est désigné par ce mot ici ?

Lecture

▶ **Socle** *Élaborer une interprétation de textes littéraires*

1. Quel projet d'avenir la narratrice fait-elle et pour quelles raisons ? Est-ce conforme aux idées de son temps ? Développez et organisez votre réponse.
2. Comment comprenez-vous les l. 9 à 15 ?
3. Quel regard la narratrice adulte porte-t-elle sur l'enfant qu'elle a été ? Expliquez.
4. Qu'est-ce qui caractérise le caractère de la narratrice adolescente ? Justifiez votre réponse en citant des mots du texte.

Histoire des arts

▶ **Socle** *Décrire et interpréter une œuvre d'art – Établir des liens entre des productions littéraires et artistiques*

A Quelle est votre réaction première devant cet autoportrait ?

B 1. Analysez cet autoportrait en vous aidant de la fiche méthode p. 17.
2. Quelle image d'elle-même l'artiste cherche-t-elle à donner ? Justifiez en vous aidant des éléments examinés en 1.

C Quels rapports pouvez-vous établir entre cet autoportrait et le texte de S. de Beauvoir ? Justifiez vos réponses.

Oral (EMC)

▶ **Socle** *Participer de façon constructive à des échanges oraux*

La place des filles et des femmes dans la société a-t-elle évolué depuis la jeunesse de S. de Beauvoir et de T. de Lempicka ? À votre avis, y a-t-il aujourd'hui des métiers inaccessibles aux femmes ? Échangez vos points de vue en donnant des arguments et des exemples.

Tamara de Lempicka
(1898-1980)

Cette artiste peintre d'origine polonaise s'installe à Paris après la révolution russe de 1917. Amoureuse de voitures rapides et de sport, elle mène une vie très libre, parfois scandaleuse. Son art, très moderne pour l'époque, s'inscrit dans le mouvement Art déco.

T. DE LEMPICKA, *Autoportrait ou Tamara dans la Bugatti verte*, 1925, huile sur toile, collection privée.

Lire comprendre interpréter

Construire une image de soi : autoportraits au féminin

À la plage

Adolescente, l'auteur, malade, a dû quitter la ville de Saïgon où elle étudiait pour être soignée dans sa famille. Une dispute a éclaté entre la mère et la fille.

— Je ne suis pas mourante. Je vais à la plage me baigner.

Ma mère n'eut pas le temps de me retenir : j'avais gagné la porte, mon maillot de bain à la main. Je l'avais acheté l'été précédent, quand la mode – copiée sur Esther Williams[1] – avait incité quelques filles à prendre des leçons de natation. Sur l'insistance de Ghi[2], déjà bonne nageuse et qui voulait me faire goûter le « plaisir incomparable de s'ébattre dans l'eau », j'avais choisi une combinaison dont la coupe, quoique classique, laissait une longue échancrure dans le dos. Je ne l'avais jamais portée, n'ayant su vaincre ni ma pudeur ni surtout ma peur de l'eau. Ce n'était pas le moment choisi pour me revêtir d'un maillot, je le savais bien. Mais j'avais besoin de faire n'importe quoi pour compenser le sentiment d'impuissance qui m'écrasait.

Il y avait peu de monde sur la plage, une dizaine de personnes dont quelques filles, la cuisse ronde, les épaules pleines et bien faites. Je m'installai à un endroit isolé, mal dans ma peau. Les filles bavardaient et riaient ; des groupes de garçons passaient et repassaient, profitant des nudités offertes. Gênée, je gardais les yeux rivés sur le sable dont l'éclat m'aveuglait. Trois d'entre eux se dirigèrent vers moi. Je fis mine d'être absorbée dans les arabesques[3] que je traçais d'un doigt mécanique. Lorsqu'ils furent à ma hauteur, l'un d'eux lança tout haut :

— Pouah ! Quel sac d'os !

Toute la chaleur de mon corps avait reflué vers mon visage. Le tambour qui battait à coups sourds dans mes oreilles, c'était mon cœur. J'avais de la peine à avaler ma salive. Les filles avaient cessé de parler et me regardaient. Un silence épais m'environnait, comme si la plage s'était vidée tout à coup.

Ma fierté exigeait que je demeurasse là encore quelque temps. Je continuai à tracer sur la grève[4] des signes que je ne voyais pas. Je m'en voulus de provoquer ma propre humiliation. Que n'étais-je restée chez moi ? J'étais laide, cette cruelle vérité on me l'avait jetée au visage, cinglante comme une gifle. J'avais cent ans quand je me levai enfin.

Je savais que la maladie[5] m'avait beaucoup changée, mais j'ignorais que je pusse inspirer le dégoût. Métisse de père inconnu, l'unique qualité que les gens me reconnaissaient était ce qu'ils appelaient « ma beauté ». Que me restait-il dès lors que je l'avais perdue ? Plus que jamais j'avais besoin de mon instruction. Je voulus retourner sans tarder à Saïgon. J'en informai ma mère qui ne comprit pas. Vouloir partir alors qu'elle me soignait mieux que quiconque était la preuve que je ne l'aimais pas. Elle pleura, répétant inlassablement qu'elle était la plus malheureuse des mères et moi la plus ingrate des filles. Sa peine me déchirait mais j'avais besoin d'être soutenue par l'affection et l'estime des autres, et cela ni ma mère ni ma famille ne pouvaient me l'apporter. Sans doute aurais-je dû lui raconter ma mésaventure, mais la pudeur nous empêcha toujours de nous confier. Une fois de plus, l'incompréhension et le malentendu nous séparèrent.

K. LEFÈVRE, *Métisse blanche*, © Phébus, 2003.

Kim Lefèvre
(née en 1935)

Cette comédienne et romancière francophone est née en Indochine (nom donné au Vietnam, alors colonie française) d'une mère vietnamienne et d'un père français qui l'a abandonnée. À vingt ans, elle est venue s'installer à Paris ; elle a traduit en français de nombreux auteurs vietnamiens.

1. nageuse et actrice américaine.
2. une amie de l'auteur.
3. dessins courbes.
4. la plage.
5. la tuberculose.

Le trésor des mots

▶ **Socle** *Maîtriser la structure, le sens et l'orthographe des mots*

ÉTYMO « Métisse de père inconnu » (l. 31) : **métis**, du latin tardif *mixticius*, dérivé du latin *mixtus*, « mêlé, mélangé », est employé pour parler de personnes issues d'ethnies différentes.
a. En quoi la narratrice est-elle une métisse ?
b. Dans l'Indochine coloniale des années 1950, la situation de la narratrice était-elle facile, selon vous ? Pourquoi ?

Lecture

▶ **Socle** *Élaborer une interprétation de textes littéraires*

1 Pourquoi la narratrice va-t-elle à la plage ? Qu'est-ce qui caractérise son comportement au début du passage ? Citez le texte à l'appui de votre réponse.

2 a. Que signifie l'expression « sac d'os » (l. 20) ? **b.** Quelle réaction physique cette remarque provoque-t-elle chez la jeune fille ? **c.** Quel sentiment cette réaction traduit-elle ? Citez le texte à l'appui de votre réponse.

3 a. « Que n'étais-je restée chez moi ? » (l. 27) : récrivez cette phrase avec vos propres mots. **b.** Que comprend la narratrice à ce moment-là ? **c.** Que décide-t-elle ? Pourquoi ?

4 Quels mots du texte caractérisent les rapports entre la mère et la fille ?

Frida Kahlo
(1907-1954)

Cette artiste peintre mexicaine, handicapée à la suite d'une maladie dans son enfance, a été renversée par un tramway à dix-huit ans. Hospitalisée à plusieurs reprises, elle a subi de multiples opérations, et a dû porter des corsets en métal. Elle a réalisé de nombreux autoportraits.

Histoire des arts

▶ **Socle** *Décrire et interpréter une œuvre d'art – Établir des liens entre des productions littéraires et artistiques*

A Qu'est-ce qui retient d'abord votre regard ?

B Quels éléments autobiographiques identifiez-vous dans le tableau ?

C Comment le tableau est-il organisé ? Comment expliquez-vous cette composition ?

D 1. Quelle image d'elle-même l'artiste donne-t-elle ? 2. Expliquez le titre de l'œuvre.

E Comparez le texte et le tableau : 1. quel lien pouvez-vous établir entre la vie de la romancière et celle de la peintre ? 2. Quel rôle la représentation de soi a-t-elle pu jouer pour les deux artistes ?

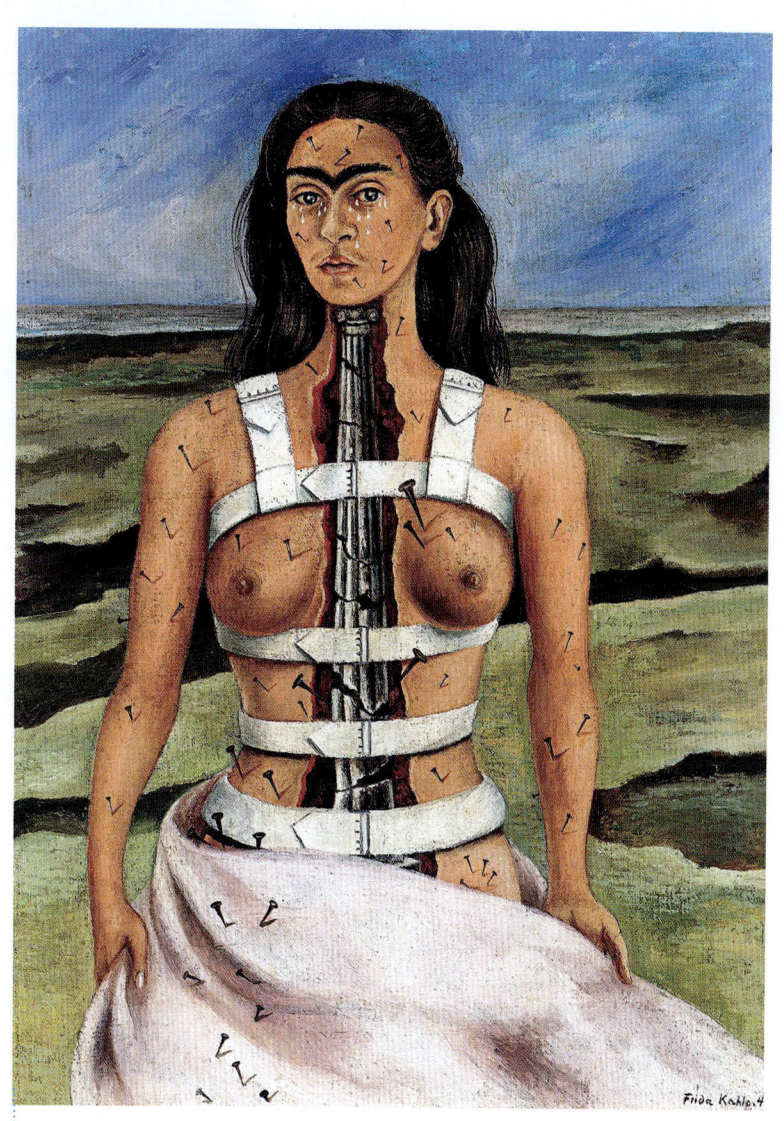

● F. KAHLO, *La Colonne brisée. Autoportrait*, 1944, huile sur isorel, Museo Dolores Olmedo Patino, Mexico city (Mexique).

1 • Écritures intimes / 23

Lire comprendre interpréter

Construire une image de soi : autoportraits au féminin

Moi photographe ! HDA

Frances Benjamin Johnston
(1864-1952)

Cette photographe américaine a milité pour la place des femmes dans l'art naissant de la photographie et s'est occupée d'une exposition par vingt-huit femmes photographes lors de l'Exposition universelle de 1900 à Paris. Grande voyageuse, elle a rapporté des photographies sur les gens du peuple : mineurs de charbon, ouvriers métallurgistes, femmes au travail, marins tatoués.

① F.B. JOHNSTON, *Autoportrait*, 1896.

❓ Le saviez-vous ?

Dès les débuts de la photographie en 1840, des femmes, surtout des Anglaises et des Américaines, mais aussi des Françaises, ont été des photographes professionnelles, exposant leurs œuvres dans les Expositions universelles.
Ce métier exigeait une formation technique et des moyens financiers pour se procurer le matériel, ainsi qu'une certaine audace, à une époque où le rôle des femmes était de s'occuper de la vie familiale. Ces femmes photographes s'emparent de sujets que ne pouvaient pas traiter les hommes : l'intimité de la vie des femmes et de la famille. Par le fait même de pratiquer un métier masculin mais aussi par le choix de leurs sujets, ces artistes revendiquent l'égalité de l'homme et de la femme.

Histoire des arts

▶ **Socle** *Lire des images*

A Dans quel décor cet autoportrait est-il situé ?

B Décrivez la composition de la photographie et les jeux d'ombre et de lumière : que mettent-ils en valeur ?

C Observez la position de l'artiste, ce qu'elle tient à la main gauche et à la main droite : est-ce conforme aux mœurs de la fin du XIXe siècle ?

D Que représentent les photographies exposées sur la cheminée ? Comment pouvez-vous expliquer ce choix ?

E Selon vous, quelle image l'artiste veut-elle donner d'elle-même dans cet autoportrait ?

• M.O. EDIS, *Olive Edis par Olive Edis*, XIXᵉ siècle.

• M.O. EDIS, *Télégraphistes dans le bureau de transmissions en France*, 1919.

Mary Olive Edis
(1876-1955)

Cette photographe britannique, célèbre pour ses portraits autochromes (procédé de restitution photographique des couleurs breveté en 1903 par les frères Lumière), a servi dans l'armée anglaise comme reporter de guerre en 1914-1918.

Oral — EMC

▶ **Socle** *Établir des liens entre des productions artistiques issues de cultures et d'époques diverses*

La plupart de ces photographies ont été présentées à l'exposition intitulée « Qui a peur des femmes photographes ? » (Paris, musées de l'Orangerie et d'Orsay, 2015-2016)
En vous fondant sur les photographies de cette double page, expliquez ce que ce titre peut signifier.

Histoire des arts

▶ **Socle** *Lire des images*

A 1. Décrivez l'autoportrait de M.O. Edis ❷. 2. Quelle image d'elle-même la photographe livre-t-elle ? Expliquez. 3. Quel sujet de reportage M.O. Edis a-t-elle choisi ❸ ? Qu'est-ce que ce choix révèle sur l'artiste elle-même ?

B Décrivez la photographie de M. Bourke-White ❹. Quelle image d'elle-même l'artiste donne-t-elle ?

• M. BOURKE-WHITE, *Autoportrait à la caméra*, 1933.

Margaret Bourke-White
(1904-1971)

Photographe et photojournaliste américaine, elle a été la première femme correspondant de guerre de l'armée américaine.

Écriture

▶ **Socle** *Adopter des stratégies et des procédures d'écriture efficaces*

1 Choisissez une de ces femmes photographes et imaginez l'autoportrait qu'elle aurait pu rédiger.

2 Quelle image de la femme se dégage de ces autoportraits ? Expliquez.

1 • Écritures intimes / 25

Lire comprendre interpréter

S'interroger sur son passé

Le peigne cassé

L'auteur enfant a été confié à M. Lambercier, pasteur protestant chez qui il vit deux ans de bonheur.

J'étudiais un jour seul ma leçon dans la chambre contiguë[1] à la cuisine. La servante avait mis sécher à la plaque[2] les peignes de mademoiselle Lambercier. Quand elle revint les prendre, il s'en trouva un dont tout un côté de dents était brisé. À qui s'en prendre de ce dégât ? Personne autre que moi n'était entré dans la chambre. On m'interroge : je nie d'avoir touché le peigne. M. et mademoiselle Lambercier se réunissent, m'exhortent, me pressent, me menacent : je persiste avec opiniâtreté ; mais la conviction était trop forte, elle l'emporta sur toutes mes protestations, quoique ce fût la première fois qu'on m'eût trouvé tant d'audace à mentir. La chose fut prise au sérieux ; elle méritait de l'être. La méchanceté, le mensonge, l'obstination, parurent également dignes de punition ; mais pour le coup ce ne fut pas par mademoiselle Lambercier qu'elle me fut infligée. On écrivit à mon oncle Bernard : il vint. Mon pauvre cousin[3] était chargé d'un autre délit non moins grave ; nous fûmes enveloppés dans la même exécution. Elle fut terrible. [...]

On ne put m'arracher l'aveu qu'on exigeait. Repris à plusieurs fois et mis dans l'état le plus affreux, je fus inébranlable. J'aurais souffert la mort, et j'y étais résolu. Il fallut que la force même cédât au diabolique entêtement d'un enfant ; car on n'appela pas autrement ma constance. Enfin je sortis de cette cruelle épreuve en pièces, mais triomphant.

Il y a maintenant près de cinquante ans de cette aventure, et je n'ai pas peur d'être puni derechef[4] pour le même fait : eh bien ! je déclare à la face du ciel que j'en étais innocent, que je n'avais ni cassé ni touché le peigne, que je n'avais pas approché de la plaque, et que je n'y avais pas même songé. Qu'on ne me demande pas comment le dégât se fit, je l'ignore et ne le puis comprendre ; ce que je sais très certainement, c'est que j'en étais innocent.

Qu'on se figure un caractère timide et docile dans la vie ordinaire, mais ardent, fier, indomptable dans les passions ; un enfant toujours gouverné par la voix de la raison, toujours traité avec douceur, équité[5], complaisance[6], qui n'avait pas même l'idée de l'injustice, et qui pour la première fois en éprouve une si terrible de la part précisément des gens qu'il chérit et qu'il respecte le plus : quel renversement d'idées ! quel désordre de sentiments ! quel bouleversement dans son cœur, dans sa cervelle, dans tout son petit être intelligent et moral ! Je dis qu'on s'imagine tout cela, s'il est possible ; car pour moi je ne me sens pas capable de démêler, de suivre la moindre trace de ce qui se passait alors en moi.

Je n'avais pas encore assez de raison pour sentir combien les apparences me condamnaient, et pour me mettre à la place des autres. Je me tenais à la mienne, et tout ce que je sentais, c'était la rigueur d'un châtiment effroyable pour un crime que je n'avais pas commis. La douleur du corps, quoique vive, m'était peu sensible ; je ne sentais que l'indignation, la rage, le désespoir. [...]

Jean-Jacques Rousseau
(1712-1778)

Cet écrivain, philosophe et musicien du Siècle des Lumières, a écrit des discours, un roman et des récits autobiographiques, *Les Rêveries du promeneur solitaire* et *Les Confessions*.

1. à côté de.
2. plaque de métal qu'on fait chauffer.
3. le fils de M. Lambercier.
4. à nouveau.
5. justice.
6. gentillesse.

Je sens en écrivant ceci que mon pouls s'élève encore ; ces moments me seront toujours présents, quand je vivrais[7] cent mille ans. Ce premier sentiment de la violence et de l'injustice est resté si profondément gravé dans mon âme, que toutes les idées qui s'y rapportent me rendent ma première émotion ; et ce sentiment, relatif à moi dans son origine, a pris une telle consistance en lui-même, et s'est tellement détaché de tout intérêt personnel, que mon cœur s'enflamme au spectacle ou au récit de toute action injuste, quel qu'en soit l'objet et en quelque lieu qu'elle se commette, comme si l'effet en retombait sur moi.

J.-J. ROUSSEAU, *Confessions*, 1782.

7. même si je vivais.

Éditions Launette, 1889, BnF.

Lecture d'image

A À quel passage du texte associez-vous cette illustration ? Pourquoi ?

B Rédigez un bref dialogue qui corresponde au dessin.

Le trésor des mots

▶ Socle *Construire les notions permettant l'analyse des textes*

a. Cherchez le sens de « opiniâtreté » (l. 7). **b.** L. 1 à 20 : relevez le champ lexical de l'opiniâtreté. **c.** À qui s'applique-t-il ?

Lecture

▶ Socle *Élaborer une interprétation de textes littéraires*

1 Quel incident l'auteur raconte-t-il ? Quelle punition lui inflige-t-on ? Justifiez à l'aide de mots du texte.

2 (l. 5-7) : quel est le temps des verbes ? Pourquoi l'auteur emploie-t-il ce temps ici ?

3 Quel(s) sentiment(s) cet incident provoque-t-il : **a.** chez l'enfant ? **b.** chez le narrateur adulte ? Justifiez votre réponse en vous appuyant sur des mots du texte.

4 a. Relevez des verbes au présent dans le dernier paragraphe : qu'exprime ce temps ici ? **b.** Pourquoi, selon vous, cet incident figure-t-il dans l'autobiographie de l'auteur ? Expliquez.

5 Quelle image de lui-même l'auteur donne-t-il dans ce passage ?

Oral

▶ Socle *Participer de façon constructive à des échanges oraux*

1 a. Lisez le dernier paragraphe à voix haute de façon à manifester votre compréhension du texte. **b.** Justifiez votre choix de lecture expressive.

2 « Confession » est un terme des religions chrétiennes : se confesser, c'est avouer ses péchés (ce qu'on a fait de mal) : ce terme convient-il à cet épisode ? Échangez vos points de vue.

Écriture

▶ Socle *Utiliser l'écrit pour penser et pour apprendre*

1 Complétez votre prise de notes sur la définition de l'autobiographie (voir p. 14).

2 Dans votre petite enfance, vous avez été victime d'une injustice dont vous vous souvenez encore : racontez en une dizaine de lignes.

1 • Écritures intimes / 27

Père et fille

Je travaillais mes cours, j'écoutais des disques, je lisais, toujours dans ma chambre. Je n'en descendais que pour me mettre à table. On mangeait sans parler. Je ne riais jamais à la maison. [...]

Mon père est entré dans la catégorie des *gens simples* ou *modestes* ou *braves gens*. Il n'osait plus me raconter des histoires de son enfance. Je ne lui parlais plus de mes études. Sauf le latin, parce qu'il avait servi la messe[1], elles lui étaient incompréhensibles et il refusait de faire mine de s'y intéresser, à la différence de ma mère. Il se fâchait quand je me plaignais du travail ou critiquais les cours. Le mot « prof » lui déplaisait, ou « dirlo[2] », même « bouquin ». Et toujours la peur OU PEUT-ÊTRE LE DÉSIR que je n'y arrive pas.

Il s'énervait de me voir à longueur de journée dans les livres, mettant sur leur compte mon visage fermé et ma mauvaise humeur. La lumière sous la porte de ma chambre le soir lui faisait dire que je m'usais la santé. Les études, une souffrance obligée pour obtenir une bonne situation *et ne pas prendre[3] un ouvrier*. Mais que j'aime me casser la tête lui paraissait suspect. Une absence de vie à la fleur de l'âge. Il avait parfois l'air de penser que j'étais malheureuse.

Devant la famille, les clients, de la gêne, presque de la honte que je ne gagne pas encore ma vie à dix-sept ans, autour de nous toutes les filles de cet âge allaient au bureau, à l'usine ou servaient derrière le comptoir de leurs parents. Il craignait qu'on ne me prenne pour une paresseuse et lui pour un crâneur. Comme une excuse : « On ne l'a jamais poussée, elle avait ça dans elle. » Il disait que j'apprenais bien, jamais que je travaillais bien. Travailler, c'est seulement travailler de ses mains.

Les études n'avaient pas pour lui de rapport avec la vie ordinaire. Il lavait la salade dans une seule eau, aussi restait-il souvent des limaces. Il a été scandalisé quand, forte des principes de désinfection reçus en troisième, j'ai proposé qu'on la lave dans plusieurs eaux. Une autre fois, sa stupéfaction a été sans bornes, de me voir parler anglais avec un auto-stoppeur qu'un client avait pris dans son camion. Que j'aie appris une langue étrangère en classe, sans aller dans le pays, le laissait incrédule.

A. ERNAUX, *La Place,* © Éditions Gallimard, 1983.

---
1. Il était enfant de chœur pour aider le prêtre lors de la messe du dimanche dite en latin.
2. abréviation familière pour « directeur ». 3. prendre pour époux.

Annie Ernaux (née en 1940)

Cette femme de lettres d'origine normande, de parents ouvriers puis petits commerçants, devenue professeure de lettres, nourrit ses récits de son expérience personnelle. Son premier récit autobiographique, *La Place*, a remporté en 1983 un prix littéraire, le Renaudot.

Le trésor des mots

▶ **Socle** *Maîtriser la structure, le sens et l'orthographe des mots*

1. ÉTYMO « incrédule » (l. 32) est formé sur le latin *credo,* « je crois ». **a.** Que signifie cet adjectif ? **b.** Que révèle-t-il sur le père ? **c.** Donnez d'autres mots de la même famille.

2. « à la fleur de l'âge » (l. 17) : que signifie cette expression imagée ?

Lecture

▶ Socle *Élaborer une interprétation de textes littéraires*

1. Que révèle le texte sur le milieu social de la narratrice dans son adolescence ? Justifiez.

2. À quelle valeur le père de la narratrice est-il attaché ? À ses yeux, sa fille respecte-t-elle cette valeur ? Expliquez en citant le texte.

3. « Les études, une souffrance obligée pour obtenir une bonne situation et *ne pas prendre un ouvrier.* » (l. 15-16) **a.** Qu'est-ce qui caractérise la construction de cette phrase ? **b.** De qui cette phrase exprime-t-elle le jugement ? **c.** Relevez deux autres phrases construites de la même façon.

4. Que représentent les études pour la jeune fille ? pour son père ? Expliquez en citant le texte.

5. Qu'est-ce qui caractérise les rapports entre le père et la narratrice adolescente ? Développez votre réponse argumentée.

Oral [EMC] [PARCOURS AVENIR]

▶ Socle *Participer de façon constructive à des échanges oraux*

« Travailler, c'est seulement travailler de ses mains. » (l. 25) Êtes-vous d'accord avec cette affirmation ? Échangez vos points de vue.

Écriture

▶ Socle *Utiliser l'écrit pour penser et pour apprendre*

Quel regard la narratrice adulte porte-t-elle, selon vous, sur son père et sur le milieu social de son adolescence ? Rédigez un paragraphe argumenté.

« Annie Ernaux et son père à Biarritz, lors d'un voyage à Lourdes », collection de l'auteur/Éditions Gallimard, 1952.

1 • Écritures intimes / 29

S'interroger sur son passé

Père et fils : retour de la plage

Le narrateur a treize ans au moment des faits.

Il pleut serré, venteux, papa dit qu'il va falloir continuer au pas de gymnastique, c'est-à-dire en courant (ne comptez pas sur lui pour dire footing). « Il reste deux kilomètres à peine, tu risques d'attraper mal. » Il démarre au petit trot et j'ai l'impression de m'essouffler en vain derrière une girafe. Je galope à cracher mes poumons pour maintenir l'intervalle entre nous, je n'y arrive pas, j'ai envie de pleurer. J'enlève mes flexos[1], la route est tiède.

Arrivé à l'Aber[2], pas plus éprouvé que ça, papa s'accoude au muret devant la marée haute. Il se repeigne avec soin, tapote ses mèches recoiffées, hoche la tête avec satisfaction. Je le rejoins, lessivé, heureux, comme jamais. J'ai tenu les deux kilomètres sans m'arrêter, sauf une petite fois pour me déchausser. J'ai fait mon entrée au port en courant d'un air triomphal sous la pluie qui vient à l'instant même de cesser, les oiseaux chantent sur les fils télégraphiques. Les plus jolies filles de l'Aber m'épient derrière leurs rideaux. Et demain elles rougiront à ma vue.

— Remets tes flexos, p'tit vieux. Tu t'essuieras bien les pieds avant d'entrer à la maison. Et tu suspendras nos maillots sur le grillage.

C'est drôle, je m'attendais à un compliment. Rien, pas le moindre sourire ou clin d'œil signifiant : « Bravo, fiston, tu m'as épaté. » Un dernier regard pour approuver le majestueux spectacle de la marée haute et papa tourne les talons. Je cours après lui, j'attrape sa main. C'est maintenant que j'ai besoin d'être son fils, maintenant. Il baisse les yeux sur moi, sourcils froncés. Que lui dis-je alors, le feu aux joues, avec la naïve brusquerie du gamin qui croit pouvoir manipuler comme un vieux doudou le cœur d'un homme aussi méfiant ? Alors, je lui dis quoi ?...

Ah, si maman pouvait me chuchoter à l'oreille une sage, une lumineuse idée. Bien conseillé, je m'épargnerais le pénible épisode où je vais maintenant m'engouffrer tête baissée.

— Tu as vu, papa ? J'ai bien couru ?

Même pas : j'ai bien nagé, non, même pas : j'ai bien marché, je suis fort, et si tu m'avais dit : porte-moi sur ton dos je t'aurais porté en courant jusqu'à la maison. Même pas tout ça pour lui prouver que je ne me suis pas trompé de papa, et, lui, pas trompé de fils.

Il répond du tac au tac, l'air indigné :

— Bien couru ? Ton frère aurait couru plus vite que toi.

Il me sourit, découvrant ses dents mal rangées qu'il ne montre jamais. Et il aurait mieux nagé, tu ne sais pas nager.

Y. QUEFFÉLEC, *L'Homme de ma vie*, © Paulsen, 2015.

Yann Queffélec (né en 1949)

Fils de l'écrivain Henri Queffélec, ce romancier a reçu le prix Goncourt pour *Les Noces barbares* en 1985.

1. chaussures de plage.
2. village breton.

Lecture ▶ Socle *Élaborer une interprétation de textes littéraires*

1 a. Résumez brièvement la scène. b. À la fin du texte, quel groupe nominal résume le regard du narrateur adulte sur ce souvenir ?

2 Quel portrait physique et moral le narrateur fait-il de son père ? Expliquez en citant le texte.

3 « Même pas : … jusqu'à la maison » (l. 29-31) Qui prononce ces paroles ? Que montrent-elles ?

4 Que révèle ce texte des sentiments de l'enfant à l'égard de son père ? du père à l'égard de son fils ? Développez votre réponse en citant le texte.

Yann Queffélec
et son père,
Henri Queffélec,
photo de
M. ROUGEMONT, 1985.

Père et fils : le Goncourt

Yann Queffélec vient d'apprendre qu'il a obtenu le prix Goncourt.

Une cabine téléphonique n'attendait que moi pour diffuser la nouvelle. [...]
– Papa ?... Tu ne vas pas y croire, papa.
– Je sais, la femme de ménage m'a prévenu.
– Je viens d'acheter un poisson rouge.
5 – ...
– En fait, papa, c'est moi qui ai le prix Goncourt cette année.
– J'ai du boulot, p'tit vieux, raccroche.
– C'est pas vrai pour le poisson.
– ...
10 – C'est juste vrai pour le Goncourt.
– La femme de ménage m'a...
– ... t'a prévenu, ça va !

    Et soudain, j'en ai marre [...] du souffle de papa, du souvenir de maman[1], je n'ai pas assez de mots pour m'excuser du temps que je lui fais perdre,
15 à mon père, avec tout ça, au revoir papa, désolé, pardon, merci... Et ce fut la première et la dernière fois où, sans même raccrocher, pris d'une rage de perdition, je mis en pièces le téléphone encrassé d'une cabine publique comme s'il y allait de ma vie.

Y. QUEFFÉLEC, *L'Homme de ma vie*, © Paulsen, 2015.

1. morte dans l'enfance du narrateur.

Oral

▶ **Socle** *Exploiter les ressources expressives et créatives de la parole – Participer de façon constructive à des échanges oraux*

1. Par binômes, lisez oralement ce second extrait pour essayer de rendre compte des sentiments du narrateur.
2. En mettant en perspective les deux extraits, échangez pour :
 – comparer les rapports père-fils de l'enfance à l'âge adulte ;
 – proposer une explication au titre « L'Homme de ma vie ».

Écriture

▶ **Socle** *Utiliser l'écrit pour penser et pour apprendre*

D'après ces extraits, selon vous, pour quelle(s) raison(s) un adulte peut-il être tenté de raconter son enfance ?

Lire comprendre interpréter — S'interroger sur son passé

Je n'ai pas de souvenir d'enfance...

Georges Perec
(1936-1982)

Cet écrivain français d'origine juive polonaise a été orphelin très jeune : son père est mort en 1940 d'une blessure de guerre, et sa mère n'est jamais revenue de déportation. Il a écrit une autobiographie, *W ou Le souvenir d'enfance*, et plusieurs œuvres marquées par le rôle du quotidien, comme *Les Choses* (voir p. 90).

Je n'ai pas de souvenir d'enfance. Jusqu'à ma douzième année à peu près, mon histoire tient en quelques lignes : j'ai perdu mon père à quatre ans, ma mère à six ; j'ai passé la guerre dans diverses pensions de Villard-de-Lans. En 1945, la sœur de mon père et son mari m'adoptèrent.

5 Cette absence d'histoire m'a longtemps rassuré : sa sécheresse objective, son évidence apparente, son innocence, me protégeaient, mais de quoi me protégeaient-elles, sinon précisément de mon histoire, de mon histoire vécue, de mon histoire réelle, de mon histoire à moi qui, on peut le supposer, n'était ni sèche, ni objective, ni apparemment évidemment innocente ?

10 « Je n'ai pas de souvenir d'enfance » : je posais cette affirmation avec assurance, avec presque une sorte de défi. L'on n'avait pas à m'interroger sur cette question. Elle n'était pas inscrite à mon programme. J'en étais dispensé : une autre histoire, la Grande, l'Histoire avec sa grande hache, avait déjà répondu à ma place : la guerre, les camps. […]

15 Je ne sais où se sont brisés les fils qui me rattachent à mon enfance. Comme tout le monde, ou presque, j'ai eu un père et une mère, un pot, un lit-cage, un hochet, et plus tard une bicyclette que, paraît-il, je n'enfourchais jamais sans pousser des hurlements de terreur à la seule idée qu'on allait vouloir relever ou même enlever les deux petites roues adjacentes
20 qui m'assuraient ma stabilité. Comme tout le monde, j'ai tout oublié de mes premières années d'existence.

Mon enfance fait partie de ces choses dont je sais que je ne connais pas grand-chose. Elle est derrière moi, pourtant, elle est le sol sur lequel j'ai grandi, elle m'a appartenu, quelle que soit ma ténacité à affirmer qu'elle
25 ne m'appartient plus. J'ai longtemps cherché à détourner ou à masquer ces évidences, m'enfermant dans le statut inoffensif de l'orphelin, de l'inengendré[1], du fils de personne. Mais l'enfance n'est ni nostalgie, ni terreur, ni paradis perdu, ni Toison d'Or[2], mais peut-être horizon, point de départ, coordonnées à partir desquelles les axes de ma vie pourront trouver leur
30 sens. Même si je n'ai pour étayer mes souvenirs improbables que le secours de photos jaunies, de témoignages rares et de documents dérisoires[3], je n'ai pas d'autre choix que d'évoquer ce que trop longtemps j'ai nommé l'irrévocable[4] ; ce qui fut, ce qui s'arrêta, ce qui fut clôturé : ce qui fut, sans doute, pour aujourd'hui ne plus être, mais ce qui fut aussi pour que je sois encore.

*

35 Mes deux premiers souvenirs ne sont pas entièrement invraisemblables, même s'il est évident que les nombreuses variantes et pseudo-précisions que j'ai introduites dans les relations[5] – parlées ou écrites – que j'en ai faites les ont profondément altérés[6], sinon complètement dénaturés.

Le premier souvenir aurait pour cadre l'arrière-boutique de ma grand-
40 mère. J'ai trois ans. Je suis assis au centre de la pièce, au milieu des journaux yiddish[7] éparpillés. Le cercle de la famille m'entoure complètement : cette sensation d'encerclement ne s'accompagne pour moi d'aucun sentiment

---
1. celui qui n'a pas encore été créé.
2. mythe grec de recherche d'un trésor.
3. sans intérêt.
4. ce sur quoi on ne peut pas revenir.
5. récits.
6. déformés.
7. langue des Juifs.

d'écrasement ou de menace ; au contraire, elle est protection chaleureuse, amour : toute la famille, la totalité, l'intégralité de la famille est là, réunie autour de l'enfant qui vient de naître (n'ai-je pourtant pas dit il y a un instant que j'avais trois ans ?), comme un rempart infranchissable. […]

La scène tout entière, par son thème, sa douceur, sa lumière, ressemble pour moi à un tableau[8], peut-être de Rembrandt ou peut-être inventé. […]

G. PEREC, *W ou Le souvenir d'enfance*, © Denoël, II et IV, 1975.

8. Dans une note, G. Perec indique qu'il s'agirait du tableau *Présentation au Temple*.

Lecture
▶ Socle *Élaborer une interprétation de textes littéraires*

1. « Je n'ai pas de souvenir d'enfance » : comment l'auteur explique-t-il cette phrase ? Développez et organisez votre réponse.
2. Quelle image l'auteur emploie-t-il à propos de l'Histoire ? Qu'évoque cette image ?
3. Par quels moyens l'auteur a-t-il accès à ses souvenirs ? Relevez des mots et expressions à l'appui de votre réponse.
4. Quel est le premier souvenir de l'auteur ? Quels sensations et sentiments y associe-t-il ?
5. Selon l'auteur, quel rôle l'enfance joue-t-elle dans la vie d'un individu ? Expliquez.
6. Comment qualifieriez-vous le ton du texte : neutre ou plein d'émotion ? Quel effet produit-il sur vous ? Expliquez.

Rembrandt
(1606-1669)

Ce peintre majeur de la peinture hollandaise est réputé pour son art du clair-obscur (contraste entre des zones très claires et des zones très sombres presque noires) et pour ses autoportraits (voir p. 15).

Le saviez-vous ?

Selon la tradition juive, les parents vont au temple présenter leur fils à Dieu quarante jours après sa naissance et font une offrande.
La présentation de Jésus par son père, Joseph, et sa mère, Marie, au Temple est racontée dans le Nouveau Testament.

● REMBRANDT, *Présentation de Jésus enfant au Temple* (détail), 1631, huile sur toile, Mauritshuis, La Haye.

Histoire des arts
▶ Socle *Établir des liens entre des productions littéraires et artistiques issues de cultures et d'époques diverses*

A. Quels personnages sont mis en valeur par la technique du clair-obscur ?
B. Pour quelles raisons l'auteur peut-il associer cette toile à son souvenir d'enfance ?

Lire comprendre interpréter

Lire et échanger sur des œuvres complètes

UTILISABLE EN AP

Parcours de lecture guidé

Jeanne Benameur, Ça t'apprendra à vivre

▶ **Socle** *Lire des œuvres littéraires*

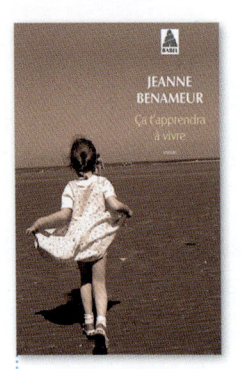

Babel, Actes Sud, 2012.

A. De l'Algérie à la France

Par petits groupes, répondez aux questions suivantes, puis mettez vos réponses en commun.

Lisez les six premiers chapitres (« Habiter ») et la biographie de l'auteur à la fin du livre.

a. Pour quelles raisons la famille de la narratrice doit-elle quitter l'Algérie ? b. Comparez les conditions de vie de la famille en Algérie et en France. c. Quels sentiments animent la famille avant, pendant et après le départ ? d. Pourquoi peut-on dire que ce récit est autobiographique ?

Lisez le livre en entier.

a. Chapitres « Talon aiguille » et « La secrétaire » : quel effet le monde carcéral (de la prison) produit-il sur la narratrice enfant ?
b. Dernier chapitre, « Je tente l'oubli encore plus fort » : expliquez en quoi cette phrase et ce chapitre résument la situation de la narratrice et de sa famille.

B. La famille

Par groupes, étudiez un des quatre thèmes que vous présenterez oralement à la classe.

CONSEILS
- Aidez-vous des titres de chapitres pour dégager les idées essentielles.
- Intéressez-vous à la façon dont la narratrice présente la famille ou elle-même.
- Organisez votre présentation (au moins deux parties).
- Choisissez quelques citations pour illustrer.
- Veillez à vous exprimer de façon correcte, audible, à chercher à captiver votre auditoire.

Thème 1 – La mère

Chapitres : « Je lui lis mes rédactions – Petit déjeuner – Vous écriviez – Poulet volé – Maman dans mon lit »

Thème 2 – Le père

Chapitres : « Mon père de bambou – Faut jamais mentir à papa – Aujourd'hui – Le pull de mon père – Les coups – C'est la fête – Mon père a la langue fourchue »

Thème 3 – La fratrie

Chapitres : « Les promenades de la grande – Le petit lièvre – Chapeaux – Mon frère me délaisse »

Thème 4 – L'autoportrait de la narratrice

Chapitres : « Je raconte – L'imposture – Je lui lis mes rédactions – La garderie de l'école – Chapeaux – Ma révolte – Le faux journal »

Après toutes les présentations, proposez une explication du titre.

C. L'écriture : entre silence et cri

1. Choisissez un passage et lisez-le de façon à opposer les silences, les sous-entendus du texte au cri de révolte de la narratrice.
2. « *Ça t'apprendra à vivre* rompt la loi du silence qui a tout envahi. Jeanne Benameur a su trouver les mots pour le dire et, peut-être, pour chasser la peur. » Par écrit, expliquez et discutez cette phrase qui figure sur la quatrième de couverture des éditions Seuil jeunesse.
3. À votre tour, individuellement ou par petits groupes, rédigez un texte pour la quatrième de couverture de ce livre.

▶ **Socle** *Utiliser l'écrit pour penser et pour apprendre – Exploiter les ressources expressives et créatives de la parole*

Le cercle des critiques littéraires
Récits autobiographiques et souvenirs d'enfance

Au fil de l'année, vous allez vous entraîner à rédiger et présenter des critiques littéraires.

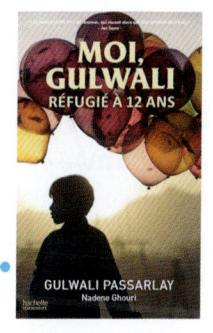

• *Moi, Gulwali, réfugié à 12 ans***
G. PASSARLAY
© Hachette Témoignages, 2015.
Le récit autobiographique d'un jeune Afghan devenu étudiant en Grande-Bretagne après avoir fui, seul, la guerre dans son pays.

• *Une jeunesse au temps de la Shoah***
S. VEIL
© Le Livre de poche, 2010.
Comment une vie tranquille bascule dans l'horreur du camp de déportation d'Auschwitz.

• *Enfance***
TOLSTOÏ
© Carrés classiques, Nathan, 2010.
Entre autobiographie et fiction, un récit d'enfance dans la Russie du début du XIXe siècle.

• *Métaphysique des tubes***
A. NOTHOMB
© Le Livre de poche, 2002.
De zéro à trois ans, les souvenirs de l'auteur au Japon.

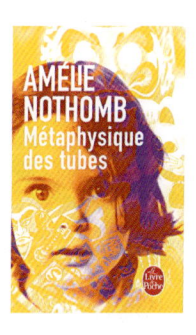

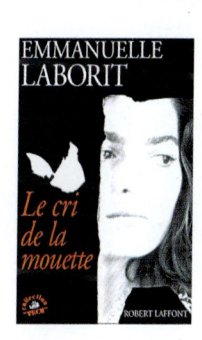

• *Le Cri de la mouette***
E. LABORIT
© Robert Laffont, 1994.
Comment une sourde et muette de naissance peut-elle réaliser son rêve de devenir comédienne ?

• *Moi, Boy**
R. DAHL
© Folio Junior, Gallimard, 1984.
Un récit autobiographique plein d'humour.

Créer un carnet de lecture

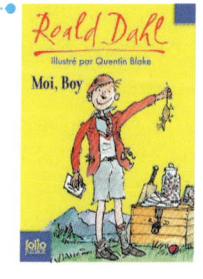

✏️ **À l'écrit,**
✓ Indiquer le titre et l'auteur.
✓ Résumer l'histoire en quelques lignes.
✓ Rédiger un paragraphe argumenté pour donner son avis.
✓ Noter des citations qui (dé)plaisent.
✓ Illustrer les notes de lecture (dessins, photos, collage).
✓ Recopier un passage qui a plu ou déplu.

🗨️ **À l'oral,**
Devant la classe ou sur la webradio du collège, présenter sa critique littéraire en quelques minutes.
✓ Présenter rapidement l'auteur-narrateur et ce qui caractérise son enfance.
✓ Lire l'extrait choisi avec expressivité et justifier son choix.
✓ Exprimer son avis sur le livre avec conviction, et justifier cet avis en s'appuyant sur le texte.

1 • Écritures intimes / 35

Pratiquer l'oral

Présenter un autoportrait poétique sous forme de portrait chinois

L'écho du poète

Marie Noël
(1883-1967)

Cette poétesse française a chanté sa foi religieuse.

S. GAUTHIER, collage.

Si j'étais plante...

Si j'étais plante, je ne voudrais pas être de ces plantes qui ont trop affaire à l'homme. Ni avoine, ni blé, ni orge parqués, sans pouvoir en sortir, dans un
5 champ en règle – et on ne laisse même pas aux blés leurs bleuets pour se distraire – ni surtout ces légumes soumis et rangés, ces carottes alignées, ces haricots qu'on dirige à la baguette, ces salades qu'on force à
10 pâlir en leur serrant le cœur quand il fait si beau alentour et qu'elles voudraient bien être grandes ouvertes.

J'accepterais encore d'être herbe à tisane, serpolet ou mauve, ou sauge,
15 pourvu que ce fût dans un de ces hauts battus des vents où ne vont les cueillir que les bergers. Mais j'aimerais mieux être bruyère, gentiane bleue, ajonc, chardon au besoin, sur une lande
20 abandonnée, ou même un champignon pas vénéneux, mais pas non plus trop comestible, qui naît dans la mousse, un matin, au creux le plus noir du bois, qui devient rose sans qu'on le voie et meurt tout
25 seul le lendemain sans que personne s'en mêle.

Si j'étais animal...

Et si j'étais animal, je ne voudrais pas être bête de maison ou de ferme, pas même la chèvre qu'on attache au piquet et
30 qu'on rentre dans une étable pour la traire, ni une de ces poules dans la basse-cour, toutes mêlées aux marchés de l'homme et qui
35 peuvent se dire l'une à l'autre quand elles ont pondu un œuf : « C'est quinze sous que j'ai fait là et je vaux dix francs la
40 livre. » … Non ! Non ! J'aimerais mieux être lièvre, ou renard, ou biche, ou rossignol qui ne rencontrent l'homme jamais que le jour où
45 il les tue.

Et j'aurai été toute ma vie animal des plus domestiques, bête de somme, chien attaché, serin en cage. Ou légume à faire la soupe. […]

M. NOËL, *Notes intimes*, © Éditions Stock, 1959, 1984, 1992, 1995, 1998.

Travaillez en binômes.

1 D'après les passages en couleur, quelle est la structure de ce poème en prose ?

2 Qu'est-ce qui caractérise : **a.** les plantes dans les lignes 1 à 12 ? 13 à 25 ? **b.** les animaux dans les lignes 26 à 45 ? dans les lignes 46 à 49 ?
Si besoin, cherchez dans un dictionnaire le sens des mots inconnus.

3 Entraînez-vous à lire le poème à deux voix de façon à dégager ce que vous avez compris de cet autoportrait.

Collectivement,
– expliquez ce qu'est un portrait chinois ;
– comparez plusieurs lectures orales du poème ;
– dégagez l'image d'elle-même que M. Noël donne à travers ce poème.

36

Jouer au portrait chinois pour se présenter

À la manière de M. Noël, faites votre autoportrait sous forme de portrait chinois, par exemple :
Si j'étais une musique (un film, un livre, un personnage de fiction, un pays, un plat), je ne voudrais pas être… J'aimerais mieux être…

Préparation
En trois ou quatre minutes,
– choisissez deux ou trois des propositions ci-dessus ;
– cherchez des éléments qui définissent votre personnalité.

Réalisation
Présentez votre portrait chinois en veillant à adopter un ton qui corresponde à l'image de vous que vous cherchez à donner. Vos camarades notent brièvement l'impression laissée par votre portrait, confrontent leurs idées : s'il y a convergence, c'est que votre portrait est réussi !

Spectateur ou spect'acteur ? Échanger à propos de l'art selfie

INTERDISCIPLINARITÉ — ARTS PLASTIQUES – ANGLAIS

Le saviez-vous ?
En 2015, à Manille, la capitale des Philippines, s'est ouvert un musée *Art in Island* entièrement consacré aux selfies, autoportraits interactifs. Le spectateur contribue à la création d'œuvres d'art en prenant la pose sur des reconstitutions 3D de toiles de maîtres, en retirant ou en modifiant certaines parties des tableaux.

Découvrez ces musées pas comme les autres.

1. Visionnez sur Youtube le musée 3D, *Art in Island*, de Manille et le *Museum of selfies*, sur www.museumofselfies.tumblr.com/

2. Après avoir visionné les vidéos, échangez :
   – que pensez-vous de ces musées ?
   – quel selfie aimeriez-vous faire dans un de ces musées ? Pourquoi ?
   – que signifie le jeu de mots : Spectateur ou spect'acteur ?

Selfie pris en 2014. Tableau : J. JORDAENS, *Portrait de Catharina Behaghel*, 1635, huile sur toile, Rijksmuseum, Amsterdam.

Débattre : images de soi sur les réseaux sociaux

INTERDISCIPLINARITÉ — EMI – EMC

J.-J. Rousseau a défini ainsi son autobiographie : « Je veux montrer à mes semblables un homme dans toute la vérité de sa nature. » P. Lejeune parle de « pacte autobiographique » : l'auteur s'engage auprès de son lecteur à être sincère (voir p. 14).

Pensez-vous que ces notions de sincérité et de vérité s'appliquent à l'écriture de soi sur les réseaux sociaux et les blogs ?
Afin de préparer vos échanges :
– recherchez dans le chapitre des éléments du « pacte autobiographique » chez les écrivains et les artistes ;
– interrogez-vous sur les images de vous-même, de vos amis, qui sont diffusées sur le Net, sur les précautions à prendre.

1 • Écritures intimes / 37

Pratiquer l'écrit

A — Travailler la langue pour préparer et améliorer l'écrit

Lexique

L'écriture de soi

1 Expliquez chacune des expressions :
un ami intime – un journal intime – l'intime conviction des jurés – une maison intime – une fête intime – réservé aux intimes – des secrets intimes

2 ÉTYMO Le latin *confidentia* a donné un doublet : « confiance » et « confidence ».
a. Donnez la définition de ces deux noms et employez chacun d'eux dans une phrase qui illustre leur sens respectif.
b. Donnez les mots de la famille de « confidence » qui correspondent à ces définitions :
1. personne qui reçoit les secrets de quelqu'un ;
2. maintien du secret des informations dans une administration ou dans un système informatique ; 3. qui se dit sous le sceau du secret ; 4. dire, remettre quelque chose sous le sceau du secret ; 5. de manière secrète

La mémoire

3 Le mot « mémoire » vient du latin *memini*, « je me souviens ».
a. Que signifient : la mémoire ? un mémoire ? des Mémoires ?
b. Nelson Mandela a-t-il écrit son mémoire ou ses Mémoires pour raconter son combat contre l'apartheid ?
c. Quelle différence faites-vous entre des « Mémoires » et une « autobiographie » ?

4 a. Quel rapport de sens y a-t-il entre ces verbes ou groupes verbaux ?
évoquer – se remémorer – se rappeler – se souvenir – ressasser – avoir souvenance
b. Classez-les selon qu'ils se construisent ou non avec la préposition « de ».
c. Lequel de ces verbes a un sens négatif ?
d. Employez-les chacun dans une phrase.
e. Quelle est la différence de sens entre « un souvenir » et « une réminiscence » ?
f. Rédigez un bref paragraphe en employant le nom « réminiscence ».

Sensations et sentiments

5 La mémoire sensorielle est la mémoire liée aux sensations : à quelle mémoire (visuelle, auditive, olfactive, gustative, tactile) associez-vous chacun de ces souvenirs ?

le tube de l'été dernier – la montagne devant la maison de vacances – ma première chute à ski – le croissant trempé dans le chocolat – le parfum de ma grand-mère

6 a. Auquel des cinq sens associez-vous chacun de ces verbes :
humer – effleurer – palper – déguster – goûter – exhaler – embaumer – empester – fleurer – caresser – tapoter – serrer – presser
b. Récrivez ces phrases en employant les verbes « humer » ou « embaumer ».
1. Cette rose sent très bon.
2. Je sens avec délices le parfum de cette rose.
c. Employez « palper » et « effleurer » dans des phrases qui soulignent leur différence de sens.

7 a. Quel tissu se cache derrière chaque adjectif :
soyeux – cotonneux – velouté – satiné
b. Classez ces adjectifs selon qu'ils expriment une sensation agréable ou désagréable :
rugueux – rêche – moelleux – savoureux – onctueux – lisse – souple – velu – râpeux – amer – acidulé
c. Parmi ces verbes exprimant une sensation tactile, quel est l'intrus ? Justifiez.
écorcher – caresser – ensanglanter – râper – étriller – griffer – érafler
d. Rédigez un bref paragraphe dans lequel vous évoquerez un souvenir associé à une sensation tactile. Vous utiliserez au moins trois des mots de l'exercice.

8 a. Classez ces adjectifs selon qu'ils qualifient une odeur agréable ou désagréable.
nauséabond – embaumé – pestilentiel – fétide – suave – odoriférant – doux – capiteux – délicat – délicieux
b. Rédigez quatre phrases pour évoquer un souvenir associé à une odeur agréable ou désagréable. Employez des adjectifs.

9 a. Classez les noms suivants selon qu'ils sont synonymes ou non de « trouble sentimental » :
agitation – calme – émoi – émotion – paix – quiétude – sérénité
b. Lequel de ces noms peut être précédé du préfixe « in » ?
c. Donnez des mots de la famille de « émotion », de « sérénité ».
d. Rédigez un bref paragraphe où vous emploierez les trois noms surlignés.

Orthographe

Conjuguer le passé simple à la 1re personne

> Leçon p. 289

1 Récrivez les phrases en conjuguant les verbes en –er à la 1re personne du passé simple.
1. Je (humer) avec délectation les odeurs de chocolat. 2. Je (trembler) à l'évocation de ce souvenir. 3. J'(effleurer) doucement le rideau. 4. Je (plonger) dans l'eau glacée.

2 Recopiez les phrases en conjuguant les verbes au passé simple.
1. Je (prendre) la décision de sauter dans le vide. 2. Nous (mettre) le cap sur la Bretagne. 3. Je (vouloir) imiter ma sœur. 4. Je (retenir) mon souffle. 5. Je (tressaillir) à sa vue. 6. Je (humer) les effluves marines. 7. Nous (voir) une fumée se répandre.

3 a. Récrivez le texte en remplaçant le passé composé par le passé simple.

> Nous avons quitté Genoa en milieu de journée. […] Nous avons lâché la petite ville et pris de la distance et, quelques minutes plus tard, je me suis endormi. Nous avons fait une bonne moyenne horaire, […] nous avons pu rejoindre le campus le lendemain, très tôt, à l'aube.
>
> D'après P. LABRO, *L'Étudiant étranger*, 1986.

b. Récrivez le texte obtenu en remplaçant « nous » par « je ».

4 Corrigez ce passage écrit par un élève qui a confondu passé composé et passé simple.

> Je me suis battu avec le petit porcher, l'autre jour, nous nous sommes roulés dans les champs, arraché les cheveux, cognés. Il m'a poché un œil, je lui ai engourdi une oreille, nous nous sommes relevés, pour nous retomber encore dessus !

Grammaire

Employer les temps verbaux dans un récit autobiographique

> Leçon p. 376

5 Quel est le temps des verbes en bleu ? en vert ? Quelle est la valeur de chacun de ces temps ?

> L'été de mes quinze ans, à la fin de l'année scolaire, j'*allai* […] canoter au Bois avec Zaza et d'autres camarades. Je *remarquai* dans une allée un jeune couple qui *marchait* devant moi ; le garçon *appuyait* légèrement sa main sur l'épaule de la femme. Émue, soudain, je me *dis* qu'il devrait être doux d'avancer à travers la vie avec sur l'épaule une main si familière.
>
> S. DE BEAUVOIR, *Mémoires d'une jeune fille rangée*, © Éditions Gallimard, 1958.

6 Recopiez le texte en conjuguant les verbes au passé simple ou à l'imparfait de l'indicatif.

> Mon grand-père avait décidé de m'inscrire au Lycée Montaigne. Un matin, il m'(emmener) chez le proviseur et lui (vanter) mes mérites : je n'(avoir) que le défaut d'être trop avancé pour mon âge. Le proviseur (donner) la main[1] à tout : on me (faire) entrer en huitième et je (pouvoir) croire que j'(aller) fréquenter les enfants de mon âge. Mais non : après la première dictée, mon grand-père (être convoqué) en hâte par l'administration ; il (revenir) enragé, (tirer) de sa serviette un méchant papier couvert de gribouillis : c'(être) la copie que j'avais remise.
>
> J.-P. SARTRE, *Les Mots*, © Éditions Gallimard, 1964.

1. accepta.

7 a. Recopiez le texte en conjuguant les verbes aux temps correspondant au code couleur : bleu pour le présent de l'indicatif, vert pour le passé simple, rouge pour l'imparfait de l'indicatif.
b. Quels sont les présents qui correspondent au moment de l'évocation des souvenirs ? ceux qui servent à rendre le récit vivant ? **c.** Justifiez l'emploi des passés simples et des imparfaits de l'indicatif.

> Aussitôt que je (vouloir) retrouver le lointain souvenir de cette première soirée d'attente, déjà ce sont d'autres attentes que je (se rappeler) ; déjà, les deux mains appuyées aux barreaux du portail, je (se voir) épiant avec anxiété quelqu'un. Et si j'(essayer) d'imaginer la première nuit que je (devoir) passer dans ma mansarde, déjà ce (être) d'autres nuits que je (se rappeler) ; je ne (être) plus seul dans cette chambre ; une grande ombre inquiète et amie (passer) le long des murs et se promène. Nous (être) pourtant depuis dix ans dans ce pays lorsque Meaulnes (arriver). J'(avoir) quinze ans.
>
> ALAIN-FOURNIER, *Le Grand Meaulnes*, 1913.

Pratiquer l'écrit

▶ **Socle** Adopter des stratégies et des procédures d'écriture efficaces

B Écrire et récrire

Sujet : Raconter un souvenir d'enfance à partir d'une sensation
Une sensation fait tout à coup émerger un souvenir. Racontez en deux ou trois pages en veillant à exprimer les sensations ressenties. Inspirez-vous du texte de M. Proust ci-dessous.

ÉTAPE 1 ▶ Préparer le récit

1. Lisez ce récit et expliquez son organisation : le sens associé au souvenir ; le rôle des groupes de mots en bleu ; les temps des verbes en vert.

> Un jour d'hiver, comme je rentrais à la maison, ma mère, voyant que j'avais froid, me proposa de me faire prendre, contre mon habitude, un peu de thé. Et bientôt, machinalement, accablé par la morne journée, je portai à mes lèvres une cuillerée du thé où j'avais laissé s'amollir un morceau de madeleine. Mais à l'instant même où la gorgée mêlée des miettes du gâteau toucha mon palais, je tressaillis, attentif à ce qui se passait d'extraordinaire en moi. Un plaisir délicieux m'avait envahi. D'où avait pu venir cette puissante joie ? Que signifiait-elle ?
> Et tout d'un coup le souvenir m'est apparu. Ce goût, c'était celui du petit morceau de madeleine que le dimanche matin [...], ma tante Léonie m'offrait après l'avoir trempé dans son infusion de thé ou de tilleul.
>
> M. PROUST, *Du côté de chez Swann*, 1913.

ÉTAPE 2 ▶ Formuler et rédiger au brouillon

2. Préparez la construction de votre récit en vous aidant de l'extrait de M. Proust.
  a. Choisissez le sens et les circonstances qui provoquent votre souvenir (réel ou fictif).
  b. Notez des sensations et des sentiments associés à ce souvenir.
  c. Faites le plan des étapes de votre récit.

3. Rédigez votre récit au brouillon, si possible en traitement de texte.

ÉTAPE 3 ▶ Améliorer son brouillon en mobilisant les ressources de la langue

4. Vérifiez la construction de votre récit et corrigez-la si besoin :

Un récit à la première personne	☐ oui	☐ non
L'évocation d'une sensation provoquant un souvenir	☐ oui	☐ non
Un récit de ce souvenir	☐ oui	☐ non
Une expression d'un sentiment dominant (plaisir ou déplaisir)	☐ oui	☐ non

5. Améliorez votre récit en veillant à : Aidez-vous des exercices...
- exprimer les sensations et les sentiments — 5 à 9 p. 38
- employer correctement les temps des verbes — 5 à 7 p. 39
- conjuguer correctement les verbes au passé simple — 1 à 4 p. 39

ÉTAPE 4 ▶ Rédiger au propre et se relire

6. Recopiez votre texte au propre ou reprenez-le en traitement de texte.
Relisez-le plusieurs fois, seul(e) ou avec un camarade, pour vérifier successivement :
– l'emploi des temps des verbes et leur conjugaison ;
– l'orthographe, notamment celle du vocabulaire des sensations et sentiments, de la mémoire.

Construire le bilan

▶ Socle *Les méthodes et outils pour apprendre*

Qu'ai-je appris ?

1 a. Qu'ont en commun ces artistes : Rembrandt, Mme Vigée-Lebrun, T. de Lempicka et F. Kahlo ?
b. Placez-les dans un ordre chronologique.

2 a. Comment le mot « autobiographie » est-il formé ? b. Quelles définitions pouvez-vous donner pour : « Mémoires » – « confessions » – « correspondance » – « blog » – « autobiographie » ?

3 Indiquez quelques éléments à observer pour analyser un (auto) portrait.

4 L'écriture autobiographique :
a. À quelle personne le récit se fait-il ?
b. Quels temps verbaux employer ?
c. Quel est le rôle des sensations dans l'évocation de souvenirs personnels ?

Qu'avons-nous compris ?

1 a. Par petits groupes, faites le bilan du chapitre en utilisant notamment ces **verbes** et **groupes nominaux**. Vous y associerez des noms d'écrivains et/ou d'artistes rencontrés dans le chapitre.

Verbes : témoigner – avouer – confesser – affirmer – évoquer – faire revivre – partager – revendiquer – se remémorer – dénoncer – raconter – expliquer – se libérer

Groupes nominaux : une identité – un combat – des sentiments – un parcours – des liens familiaux – un souvenir marquant – une prise de conscience – des erreurs – des remords – une révolte

b. Partagez vos travaux.

2 Oralement, échangez pour comprendre le pacte autobiographique.
a. Comment comprenez-vous ces propos de P. Lejeune, spécialiste de l'autobiographie ?
b. En tant que lecteur, comment réagissez-vous devant un récit autobiographique ? Expliquez.

« Une autobiographie, par opposition à la fiction, mais aussi à la biographie ou à l'histoire, est un texte relationnel : l'auteur demande au lecteur quelque chose, et il lui propose quelque chose… Quelque chose de très particulier ! Il demande au lecteur de l'aimer en tant qu'homme et de l'approuver. Le discours autobiographique implique une demande de reconnaissance. »

P. LEJEUNE, interviewé par M. Delon, *Le Magazine littéraire*, n° 409, mai 2002.

Je rédige mon bilan

▶ Socle *Utiliser l'écrit pour penser et pour apprendre*

Quel autoportrait ou texte autobiographique vous a le plus marqué(e) ? Pourquoi ? Développez votre réponse en vous appuyant sur plusieurs arguments et exemples.

Évaluer ses compétences et se préparer au BREVET

I. Analyse et interprétation de textes et de documents, maîtrise des différents langages

A. Texte littéraire

La lettre

Mes soirées, quand j'étais dans mon lit, étaient consacrées à maman, à pleurer en sortant de sous mon oreiller sa photo, où elle était assise auprès de Kolia[1], à l'embrasser et à lui dire que je n'en pouvais plus d'être loin d'elle, qu'elle vienne me chercher…

5 Il avait été entendu entre maman et moi que si j'étais heureuse je lui écrirais : « Ici je suis très heureuse », en soulignant « très ». Et seulement « Je suis heureuse », si je ne l'étais pas. C'est ce qu'un jour je m'étais décidée à lui écrire à la fin d'une lettre… je n'avais plus la force d'attendre encore plusieurs mois, jusqu'en septembre, qu'elle vienne me reprendre. Je lui ai donc écrit : « Je suis heureuse ici. »

10 Quelque temps après, mon père m'appelle. Je le voyais très peu. Il partait le matin vers sept heures, quand je dormais, et rentrait le soir très fatigué, préoccupé, le repas s'écoulait souvent en silence. Véra[2] parlait très peu. Les mots qu'elle proférait étaient toujours brefs, les voyelles comme écrasées entre les consonnes, comme pour que chaque mot prenne moins de place. Même mon nom, elle le prononçait en suppri-
15 mant presque les a[3]. Ce qui devenait un son – ou plutôt un bruit étrange – N't'che…

Après le dîner, mon père, je le sentais, était content que j'aille me coucher… et moi-même je préférais aller dans ma chambre.

– Tu ne faisais pas qu'y pleurer…

– Non, je devais lire, comme toujours… je me souviens d'un livre de Mayne
20 Reid, que mon père m'avait donné. Il l'avait aimé quand il était petit… moi il ne m'amusait pas beaucoup… peut-être étais-je trop jeune… huit ans et demi… je m'évadais des longues descriptions de prairies vers les tirets libérateurs, ouvrant sur les dialogues.

Donc quelques jours après mon envoi de cette lettre à maman, mon père me
25 retient après le dîner et m'amène dans son bureau qu'une porte vitrée sépare de la salle à manger… Il me dit : Tu as écrit à ta mère que tu étais malheureuse ici. Je suis stupéfaite : Comment le sais-tu ? – Eh bien j'ai reçu une lettre de ta mère. Elle me fait
30 des reproches, elle me dit qu'on ne s'occupe pas bien de toi, que tu te plains…

Je suis atterrée, accablée sous le coup d'une pareille trahison. Je n'ai donc plus personne au monde à qui me plaindre. Maman ne songe
35 même pas à venir me délivrer, ce qu'elle veut c'est que je reste ici, en me sentant moins malheureuse. Jamais plus je ne pourrai me confier à elle. Jamais plus je ne pourrai me confier à personne.

N. SARRAUTE, *Enfance*, © Éditions Gallimard, 1983.

B. Image

Affiche de N. HOLT pour *Enfance* de N. SARRAUTE, Théâtre de l'Atalante, 2012.

---
1. nom du second mari de sa mère.
2. belle-mère de la narratrice.
3. Nathalie se dit Natacha en russe.

BREVET

Questions (20 points)

Sur le texte littéraire

1. Quel(s) rôle(s) la lettre de Natacha à sa mère joue-t-elle dans les relations entre les personnages de ce récit ? Développez votre réponse. (3 pts)
2. L. 10 à 23 : quelles caractéristiques de la vie de la fillette chez son père la narratrice évoque-t-elle ? Expliquez. (3 pts)
3. **a.** L'écriture de ce texte ressemble-t-elle à celle des récits autobiographiques que vous connaissez ? Expliquez. **b.** À votre avis, à qui la narratrice peut-elle s'adresser l. 19 ? (4 pts)
4. Y a-t-il, selon vous, « trahison » (l. 33) de la mère ? Développez votre réponse en la justifiant. (3 pts)
5. À votre avis, pourquoi l'auteur a-t-elle choisi de raconter ce souvenir ? Pour répondre, comparez ce texte à d'autres récits autobiographiques. (3 pts)

Sur le texte et l'image

6. Comment lisez-vous cette image ? (2 points)
7. Quel lien pouvez-vous établir entre le cadrage de cette image et l'écriture autobiographique ? (2 pts)

II. Rédaction et maîtrise de la langue

1. a. Dictée préparée (5 pts)

1. Relevez, en les classant, les verbes conjugués à la 1re personne au passé simple.
2. Pourquoi « vue » prend-il un « e » dans la phrase « La vendeuse m'avait vue à travers la vitre. » ?

> En une seconde ma décision était prise... je restai un peu en arrière, je tendis la main, je saisis un des petits sachets de dragées empilés à l'étalage d'une confiserie, je le cachai dans mon large blouson à col marin et je rejoignis Véra en soutenant d'une main le sachet appuyé contre mon ventre... Mais très vite on nous rattrapa... La vendeuse m'avait vue à travers la vitre... « La petite vient de voler un sachet de dragées... » Véra la toisa, ses yeux se dilatèrent, devinrent d'un bleu intense... « Qu'est-ce que vous dites ? C'est impossible ! » Et je secouai la tête automatiquement, sans conviction je dis Non !...
>
> D'après N. SARRAUTE, *Enfance*, 1983.

1. b. Réécriture (5 pts)

Récrivez le texte en conjuguant le premier verbe au passé simple. Faites toutes les modifications nécessaires.

> Je sors d'une cassette en bois peint les lettres que maman m'envoie, elles sont parsemées de mots tendres, elle y évoque « notre amour », « notre séparation ». [...] Je reste quelque temps sans bouger, recroquevillée au bord de mon lit... Et puis tout en moi se révulse, se redresse, de toutes mes forces je repousse ça, je le déchire, j'arrache ce carcan, cette carapace.
>
> N. SARRAUTE, *Enfance*,
> © Éditions Gallimard, 1983.

2. Travail d'écriture (20 pts)

Sujet 1
Rédigez la lettre que la fillette aurait pu écrire à sa mère après l'entretien avec son père.
Veillez à faire part de ses sentiments et des sensations dont ils s'accompagnent. Votre lettre fera deux à trois pages.

Sujet 2
Quelle image de vous-même pensez-vous donner sur les réseaux sociaux ? Votre pratique des réseaux sociaux et l'attention portée à cette image ont-elles évolué après l'étude de textes autobiographiques ? Répondez à ces questions en rédigeant un texte argumenté et développé de deux pages au moins.

1 • Écritures intimes / 43

2 — Atelier lecture et cinéma

Se chercher, se construire
Se raconter, se représenter

UTILISABLE EN PARCOURS — PEAC – AVENIR CITOYEN
UTILISABLE EN EPI — CULTURE ET CRÉATION ARTISTIQUE
UTILISABLE EN EPI — INFORMATION COMMUNICATION CITOYENNETÉ

Récits autobiographiques et réécritures

INTERDISCIPLINARITÉ — EMI – EMC – HDA – ARTS PLASTIQUES – TECHNOLOGIE

Par petits groupes ou collectivement, partez à la découverte d'œuvres autobiographiques qui croisent texte et images.

Thème A — Romans graphiques et cinéma : à la croisée de l'autobiographie et du témoignage

1 Persepolis

▶ Socle *Lire des images*

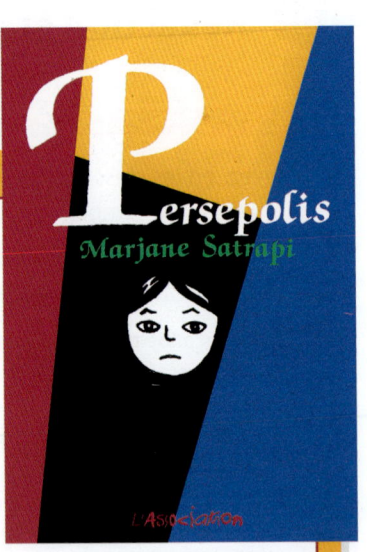

Marjane Satrapi (née en 1969)

Cette Iranienne a vécu durant son enfance la révolution islamique dans son pays et le début de la guerre Iran-Irak. Elle a connu les souffrances et les privations de liberté dues à ces deux crises politiques. En 1984, ses parents l'envoient seule en Europe, à Vienne (Autriche), afin de la protéger. Ensuite, elle fait des études d'arts en Iran puis en France et devient auteure de bandes dessinées, peintre et réalisatrice.

Persepolis, le roman graphique de Marjane Satrapi

Persepolis est une série de romans graphiques en noir et blanc, publiés entre 2000 et 2003, dans lesquels Marjane Satrapi raconte son enfance et son adolescence.

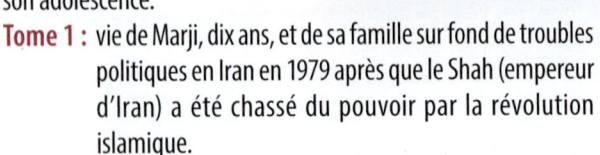

Tome 1 : vie de Marji, dix ans, et de sa famille sur fond de troubles politiques en Iran en 1979 après que le Shah (empereur d'Iran) a été chassé du pouvoir par la révolution islamique.

Tome 2 : après la prise d'otages à l'ambassade des États-Unis à Téhéran en 1979, récit des privations des libertés individuelles et du début de la guerre Iran-Irak, avant le départ de Marji pour l'Europe.

Tome 3 : études à Vienne, en Autriche, à partir de 1984.

Tome 4 : retour en Iran en 1988, après quatre ans d'exil, avant de repartir pour la France.

M. SATRAPI, *Persepolis*, © L'Association, 2007.

Le saviez-vous ?

Le « roman graphique » (de l'américain *graphic novel*) désigne un type de bande dessinée d'un format proche du roman (grand nombre de pages, histoire complète en un tome), qui se développe dans les années 1980.

Persepolis, le film
de Marjane Satrapi et Vincent Paronnaud

Persepolis est un film d'animation réalisé en 2007 par Vincent Paronnaud et Marjane Satrapi, inspiré du roman graphique du même nom. Contrairement au roman graphique, le film est construit sur un flash-back ou retour en arrière : Marjane devenue adulte raconte en voix off son enfance à Téhéran, son exil en Autriche, son retour au pays et son nouveau départ vers la France.

Fiche méthode

Analyser une image fixe

- **Déterminer le type d'image décrite** : dessin ou illustration, peinture, affiche, photographie, photomontage, lithographie, etc.
- **Décrire l'image**, préciser ce qu'elle représente.
- **Analyser la composition de l'image** : lignes de construction, plans (voir ABC de l'image p. 276 à 281).
- **Analyser l'échelle des plans** (voir ABC de l'image p. 276 à 281).
- **Examiner les proportions** des éléments représentés (voir ABC de l'image p. 276 à 281).
- **Commenter le choix des couleurs** (couleurs primaires, couleurs chaudes/froides, effets de contraste, choix du noir et blanc, etc.).
- Prendre en compte **la présence de textes écrits.**
- **Proposer des hypothèses de lecture** pour expliciter le sens de l'image.

Activité 1

Analyser une affiche de cinéma

1. Analysez l'affiche du film *Persepolis* en vous aidant de la fiche méthode « Analyser une image fixe ».
Vous vous attacherez tout particulièrement à :
– identifier les personnages représentés ;
– décrire et commenter la composition de l'affiche ainsi que le choix des formes et des couleurs.

2. À partir de cette affiche et des différents documents, formulez une ou plusieurs hypothèses sur l'histoire racontée dans ce film d'animation.

Activité 2 — Comparer la couverture d'un roman graphique et une affiche de film

1. Quels liens ces images ont-elles avec le genre autobiographique ?
2. Comment ces images mettent-elles en évidence le lien avec l'autobiographie ?
3. **a.** Faites une recherche sur ce que désigne Persepolis et proposez des hypothèses pour expliquer le choix de ce titre. **b.** Comment interprétez-vous la similitude des titres du roman graphique et du film ?

2 • Récits autobiographiques et réécritures / 45

Atelier lecture et cinéma

Activité 3 — Analyser une planche de roman graphique

1 Décrivez la planche en vous aidant de la fiche méthode ci-dessous.
2 Que représente cette planche ?
3 Par quels procédés les émotions sont-elles traduites ?

M. SATRAPI, *Persepolis* (l'intégrale), tome 2, © L'Association, 2007.

Fiche méthode

Analyser une planche de bande dessinée
- **Observer et interpréter l'architecture de la page**, c'est-à-dire la disposition (symétrique ou créant un déséquilibre), la taille, la forme des vignettes.
- **S'interroger sur le point de vue** adopté (qui voit ?).
- **Examiner les relations entre les vignettes** : succession, parallélisme, antithèse, effet de rupture, effets cinématographiques de champ-contrechamp, de zoom, de flash-back, etc.
- **Analyser les effets de cadrage** en prêtant attention à l'échelle des plans et à l'angle de prise de vue (voir ABC de l'image p. 276 à 281).
- **Observer et interpréter l'utilisation des couleurs et les jeux de calligraphie**, notamment pour les visages.

Activité 4 — Comparer une planche de roman graphique et son adaptation cinématographique

❶ Comparez les vignettes du roman graphique et les photogrammes du film d'animation : l'écriture cinématographique est-elle une copie du roman graphique ou une adaptation ? Justifiez.

❷ D'après vous, qu'apporte l'écriture cinématographique de l'animation par rapport au roman graphique ?

Activité 5 — Analyser et interpréter le discours de l'image

Lisez l'entretien accordé par Marjane Satrapi au journaliste Fernand Denis.

Persepolis est-il un film politique ?

M.S. : Oui et non. La politique est l'arrière-plan de cette histoire. Pour moi, ce film parle davantage de : Comment on grandit quand tout change brutalement autour de vous ? Comment on tombe amoureux la première fois ? Comment on se marie et puis on le regrette quelques mois plus tard ? Comment avoir une vie normale au milieu de tout cela ? C'est un film universel et chacun peut d'autant plus s'y reconnaître grâce à l'animation, car c'est l'animation qui rend l'histoire plus universelle. Et puis, l'histoire s'arrête en 94, ce n'est pas l'Iran de maintenant. D'ailleurs, il n'y a pas un seul pays au monde où d'importants changements politiques n'ont pas transformé la vie des gens. C'est comme cela depuis toujours et cela continuera. Ce n'est pas un film politique en tant que tel, c'est un film sur la condition humaine. Ce film n'est pas un tract, pas un film sur l'Iran, c'est un film sur une fille qui grandit.

Entretien réalisé par F. DENIS pour le quotidien *La Libre Belgique*, publié le 27 juin 2007.

❶ Quelle place Marjane Satrapi donne-t-elle à la politique dans son film ?

❷ Quelle(s) autre(s) dimension(s) le film possède-t-il d'après elle ? Expliquez.

❸ « C'est l'animation qui rend l'histoire plus universelle » : par quels procédés graphiques (usage des couleurs et traitement des visages, des corps et des lieux) les photogrammes rendent-ils l'histoire universelle ?

2 • Récits autobiographiques et réécritures / 47

Atelier lecture et cinéma

2 Couleur de peau : miel

Activité 1

Analyser et interpréter une couverture de roman graphique

▶ Socle *Lire des images*

1 Analysez la couverture du roman graphique de Jung à l'aide de la fiche méthode « Analyser une image fixe » p. 45 :
– décrivez l'image ;
– analysez sa construction ;
– observez le travail des couleurs ;
– commentez le jeu des proportions.

2 Proposez une ou plusieurs hypothèses pour expliquer le titre du roman graphique.

3 Formulez une ou plusieurs hypothèses de lecture sur le thème de l'histoire que raconte le roman graphique. Justifiez en vous appuyant sur des indices précis de l'image.

● JUNG, *Couleur de peau : miel*, tome 1, © Quadrants, 2007.

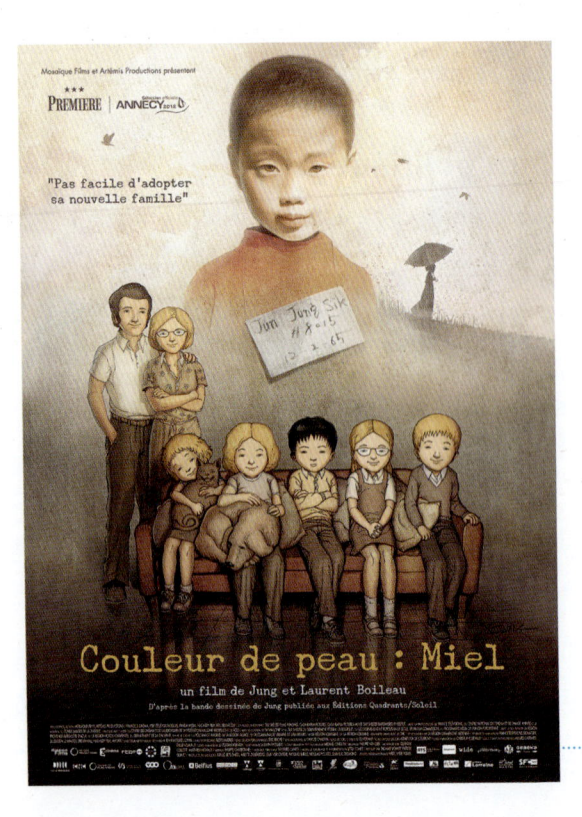

Activité 2

Comparer deux images pour présenter une œuvre

▶ Socle *Établir des liens entre des productions littéraires et artistiques*

1 Quels éléments communs retrouve-t-on sur la couverture du roman graphique et sur l'affiche ?

2 Les éléments de l'affiche confirment-ils vos hypothèses de lecture sur le thème de l'histoire racontée ? Justifiez.

● Affiche du film *Couleur de peau : miel*, réalisé par JUNG et L. BOILEAU, Mosaïque films, 2012.

Activité 3

Analyser une bande-annonce

▶ Socle   *Lire des images*

Visionnez sur Internet la bande-annonce du film *Couleur de peau : miel* de Jung et Laurent Boileau (2012).

1 Vos hypothèses de lecture se confirment-elles ?

2 **a.** Identifiez les différents types d'images utilisés pour réaliser cette bande-annonce.
b. Relèvent-ils de l'écriture autobiographique ? Justifiez.

3 Qu'apporte l'écriture cinématographique par rapport au langage du roman graphique ?

Activité 4

Comprendre les enjeux des écritures autobiographiques

▶ Socle   *Proposer une analyse critique simple et une interprétation d'une œuvre*

1 Comparez les documents ci-dessous : quelles prises de conscience les deux écritures autobiographiques (roman graphique et film) ont-elles permises ?

2 Selon vous, pourquoi préférer le terme « roman graphique » au terme « bande dessinée » pour désigner le livre de Jung ?

3 Le message final des deux œuvres est-il positif ? Justifiez.

Extrait final du script du film d'animation

J'ai vécu dans le fantasme d'une mère biologique que je n'ai jamais connue. Le dessin m'a permis de me réinventer une histoire avec elle, de vivre un amour imaginaire... En même temps, c'était une fuite, un moyen pour moi de combler un vide et surtout de ne pas grandir.

Voilà. Ce retour dans mon pays d'origine m'aura permis de voir la réalité en face : on ne peut pas aimer une maman imaginaire, on peut juste la rêver. Une maman, j'en ai déjà une et elle est bien réelle. Quand elle me regarde, ses yeux ne mentent pas : ce sont ceux d'une maman qui regarde son fils. Alors Maman, quand quelqu'un te demandera d'où je viens, tu lui diras que je viens d'ici mais aussi d'ailleurs. J'ai une partie occidentale et l'autre orientale. Je suis européen mais aussi asiatique. Je ne suis ni blanc ni noir, la couleur de ma peau est miel.

Extrait final du script
du film d'animation,
Couleur de peau : miel, réalisé par
JUNG et L. BOILEAU, 2012.

JUNG, *Couleur de peau : miel*, tome 3, © Quadrants, 2013.

Atelier lecture et cinéma

Thème B — Quand cinéastes et dessinateurs adaptent des autobiographies

1. Le Scaphandre et le papillon

Activité 1

Comparer un récit autobiographique et son adaptation cinématographique

▶ **Socle** *Établir des liens entre des productions littéraires et artistiques*

Lisez le prologue du récit de J.-B. Bauby et visionnez sur Internet la bande-annonce du film de Julian Schnabel, *Le Scaphandre et le papillon*.

Prologue

C'est une matinée ordinaire. À sept heures, le carillon de la chapelle recommence à ponctuer la fuite du temps, quart d'heure par quart d'heure. Après la trêve[1] de la nuit, mes bronches encombrées se remettent à ronfler bruyamment. Crispées sur le drap jaune, mes mains me font souffrir sans que j'arrive à déterminer si elles sont brûlantes ou glacées. Pour lutter contre l'ankylose[2] je déclenche un mouvement réflexe qui fait bouger bras et jambes de quelques millimètres. Cela suffit souvent à soulager un membre endolori.

Le scaphandre devient moins oppressant, et l'esprit peut vagabonder comme un papillon. Il y a tant à faire. On peut s'envoler dans l'espace ou dans le temps, partir pour la Terre de Feu[3] ou la cour du roi Midas[4].

● Adaptation du *Scaphandre et le papillon* de J. SCHNABEL, 2007.

Jean-Dominique Bauby (1952-1997)

Jean-Dominique Bauby est un journaliste français. Il est père de trois enfants.

Le 8 décembre 1995, J.-D. Bauby est victime d'un accident vasculaire cérébral (AVC) qui le plonge dans le coma. Il sort de ce coma avec les symptômes du *locked-in syndrome* ou syndrome d'enfermement : il conserve toutes ses capacités intellectuelles mais, entièrement paralysé, il ne peut plus bouger que sa paupière gauche. Grâce au clignement de cette paupière, il communique avec les autres et dicte, lettre après lettre, le récit autobiographique *Le Scaphandre et le papillon*. Il y raconte son quotidien à l'hôpital de Berck, dans le nord de la France, mais aussi ses souvenirs, ses rêves, ses angoisses et ses espoirs. Le livre est publié le 6 mars 1997. J.-D. Bauby décède trois jours plus tard.

1. la pause.
2. la paralysie.
3. archipel situé au sud du continent américain.
4. personnage de la mythologie grecque.

On peut rendre visite à la femme aimée, se glisser auprès d'elle et
caresser son visage encore endormi. On peut bâtir des châteaux en
Espagne[5], conquérir la Toison d'or[6], découvrir l'Atlantide[7], réaliser ses
rêves d'enfant et ses songes d'adulte.

Trêve de dispersion. Il faut surtout que je compose le début de ces
carnets de voyage immobile pour être prêt quand l'envoyé de mon
éditeur viendra le prendre en dictée, lettre par lettre. Dans ma tête, je
malaxe dix fois chaque phrase, retranche un mot, ajoute un adjectif
et apprends mon texte par cœur, un paragraphe après l'autre.

J.-D. BAUBY, Le Scaphandre et le papillon, © Éditions Robert Laffont, 1997.

5. expression qui signifie « rêver ».
6. dans la mythologie grecque, toison d'un animal extraordinaire conquise par Jason.
7. île mythique engloutie sous les eaux.

1 Quelle est la particularité de l'autobiographie de J.-D. Bauby ?

2 À partir des documents de cette double page et de la bande-annonce du film, expliquez le titre *Le Scaphandre et le papillon*.

3 À travers les yeux de quel personnage percevons-nous les premières scènes de la bande-annonce ?

4 Dans le prologue, J.-D. Bauby parle de son roman comme d'un « carnet de voyage immobile ».
a. Comment comprenez-vous cette expression ?
b. D'après la bande-annonce, le film respecte-t-il cette forme du « carnet de voyage immobile » ? Comment ?

5 D'après la bande-annonce et les documents de cette double page, le film vous semble-t-il fidèle au récit de J.-D. Bauby ? Justifiez.

6 Quelle(s) émotion(s) le prologue et la bande-annonce suscitent-ils en vous ?

Activité 2 — Analyser une critique de film

▶ **Socle** *Participer de façon constructive à des échanges oraux*

La clé des mots

La **caméra subjective** est un procédé cinématographique qui consiste à filmer une séquence en adoptant le point de vue d'un personnage de l'histoire, comme si le spectateur voyait à travers ses yeux.
• Pourquoi le réalisateur a-t-il fait ce choix pour tourner certaines séquences du film *Le Scaphandre et le papillon* ?

De cette histoire tragique [le roman *Le Scaphandre et le papillon*], Schnabel tire un film audacieux, qui ambitionne de remplir deux offices. Le premier, moral, est la fidélité à l'esprit du livre qui célèbre, non sans humour, le bouleversant combat pour la vie d'un homme condamné à une existence quasiment végétative et comme retranché du monde des vivants. Le second, esthétique, est la mise en place par le cinéaste d'un petit laboratoire d'expériences narratives et plastiques susceptibles de correspondre à cette expérience si particulière [celle de la paralysie] et *a priori* si contradictoire avec cet art du mouvement et de la parole qu'est le cinéma.

Schnabel fait donc ici feu de tout bois, utilisant les ressources de la caméra subjective, du flouté, de la voix intérieure, du retour en arrière, du mime, de l'onirisme[1] visuel et du recours aux archives pour compenser le lourd handicap cinématographique qui affecte son personnage principal [...].

J. MANDELBAUM, « Le Scaphandre et le papillon », www.lemonde.fr, 23 mai 2009.

1. images propres au rêve.

1 Quelles sont les qualités du film d'après cet article critique ?

2 Pourquoi, selon vous, le film est-il décrit comme un « petit laboratoire d'expériences narratives et plastiques » (l. 5-6) ? Échangez vos points de vue.

3 Pourquoi la fidélité du film à l'esprit du livre revêt-elle une telle importance pour le critique ? Proposez des hypothèses explicatives.

Atelier lecture et cinéma

• Out of Africa, film de S. POLLACK, 1985.

2 La Ferme africaine et Out Of Africa

Activité 1 Découvrir le roman : La Ferme africaine

▶ Socle *Élaborer une interprétation de textes littéraires*

Extrait 1

J'ai possédé une ferme en Afrique, au pied du Ngong[1]. La ligne de l'équateur passait par les montagnes à vingt-cinq milles[2] au nord. Mais ma ferme se trouvait à deux mille mètres d'altitude. En milieu de journée, on avait la sensation d'être tout près du soleil, cependant, les
5 après-midi et les soirées étaient claires et fraîches, et les nuits froides.

La latitude et l'altitude s'alliaient pour former un paysage qui n'a pas son égal sur la Terre entière. Il était austère[3] aux lignes allongées, sans opulence aucune[4], sans l'exubérance[5] de couleur et de végétation des plaines tropicales. Ici les teintes étaient sèches et brûlées comme
10 celles des poteries. [...] Tout dans, cette nature, tendait vers la majesté, la liberté et la noblesse.

Ici, l'élément essentiel du paysage et de la vie n'était autre que l'air lui-même. Lorsque l'on se remémore un séjour de plusieurs années dans les hautes terres d'Afrique, on est saisi, car on a l'impression
15 d'avoir longtemps vécu dans les airs. Le ciel n'était jamais très bleu, mais souvent pâle et si lumineux que les yeux le fixaient à peine ; un royaume de nuages immenses, impondérables[6] et fluctuants se dressait à l'horizon, le traversait et s'y perdait. Ce ciel celait[7] pourtant en lui une source d'azurs infinis et répandait sur les hauteurs proches un
20 bleu profond et vif. En plein midi, l'air qui flottait sur la plaine devenait aussi animé qu'une flamme, il étincelait, il ondoyait, il ruisselait comme l'eau, il réfléchissait et multipliait tous les objets pour créer des mirages gigantesques. À cette altitude, on respirait sans peine, et l'on inspirait en même temps un espoir fou et léger comme une aile.
25 Dans les hautes terres, au réveil, une pensée venait immédiatement à l'esprit : « Je suis bien là, où je me dois d'être. »

K. BLIXEN, *La Ferme africaine*, I, 1, « La ferme du Ngong » [1937], traduction de A. Gnaedig, © Éditions Gallimard, 2005.

Karen Blixen
(1885-1962)

Femme de lettres danoise. Rejetant le mode de vie bourgeois, elle achète avec son mari, le baron von Blixen-Finecke, une plantation de café au Kenya qu'elle dirige de 1914 à 1931. Durant son séjour en Afrique, elle entretient une relation amoureuse passionnelle avec le pilote et aventurier Denys Finch-Hatton. Elle relate cette période de sa vie dans un roman autobiographique, *La Ferme africaine*.

---

1. longue chaîne de montagnes située au Kenya.
2. une quarantaine de kilomètres.
3. dépouillé.
4. d'une grande simplicité.
5. abondance.
6. ici, légers.
7. cachait.

52

Extrait 2

C'est grâce à Denys Finch-Hatton que j'ai éprouvé la plus grande joie de toute ma vie à la ferme : avec lui, j'ai survolé l'Afrique. Dans ce pays où il y a peu ou pas de routes, et où l'on peut atterrir presque partout dans la plaine, voler prend une importance considé-
5 rable, cela ouvre les portes d'un monde nouveau. Denys avait ramené son *moth*[1] d'Angleterre, et pouvait le poser à la ferme à quelques minutes de la maison. Nous volions ensemble presque chaque jour.

On découvre des panoramas somptueux lorsque l'on survole les montagnes africaines, ainsi que des combinaisons et des alternances
10 de couleurs et de lumières stupéfiantes.

K. BLIXEN, *La Ferme africaine*, I, 1, « La ferme du Ngong » [1937], traduction de A. Gnaedig, © Éditions Gallimard, 2005.

---
1. petit avion.

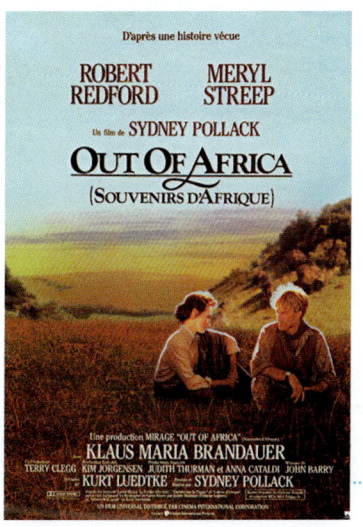

1 Quels éléments autobiographiques repérez-vous dans ces deux extraits du roman de K. Blixen ?

2 D'après ces deux extraits, qu'est-ce qui a le plus marqué la narratrice durant son séjour en Afrique ?

3 Analysez le titre et l'incipit du roman de K. Blixen : par le biais de quel(s) élément(s) la narratrice se présente-t-elle ?

Activité 2 — Étudier des images du film *Out of Africa*

▶ Socle *Lire des images*

1 Quel(s) élément(s) des extraits du roman de K. Blixen reconnaissez-vous dans le photogramme et sur l'affiche du film de S. Pollack ?

2 Ces deux images vous semblent-elles bien rendre l'atmosphère des deux extraits ? Justifiez.

3 Les extraits du roman de Karen Blixen vous paraissent-ils romantiques ? Et l'affiche du film ? Justifiez.

Affiche du film *Out of Africa* de S. POLLACK, 1985.

Activité 3 — Analyser une critique de film

▶ Socle *Mobiliser des références culturelles pour interpréter les textes et les productions artistiques*

Critique du film *Out of Africa*

En 1985, *Out of Africa* devient un film incontournable pour les amoureux des grandes histoires romantiques : [...] les professionnels lui décernent sept précieuses statuettes lors de la cérémonie des Oscars. [...] Sydney Pollack a emprunté [aux] écrits de Karen Blixen, femme de lettres danoise, auteur sous le pseudonyme d'Isak Dinesen de *La Ferme africaine*, son récit autobiographique en 1937. [...] Fresque romanesque assumée, *Out of Africa*, sous des airs
5 de mélodrame, poursuit un dessein plus complexe que prévu. D'une délicatesse absolue dans les ellipses (l'évocation du voyage au Danemark, que Karen raconte en voix off, où seules les fleurs témoignent de la course du temps), d'un lyrisme assumé et d'un respect infini pour ce continent, Sydney Pollack fait siens les écrits d'une auteure convaincue que la nature doit dicter un abandon total des inhibitions du monde civilisé.

C. BOURDIN, « Out of Africa », www.iletaitunefoislecinema.com.

1 L'article critique est-il favorable ou non à l'adaptation de Sydney Pollack ? Justifiez à l'aide de plusieurs arguments.

Atelier lecture et cinéma

3 L'Enfant noir

▶ **Socle** Établir des liens entre des œuvres littéraires et artistiques issues de cultures et d'époques diverses

Activité 1 **Analyser l'adaptation d'un livre en bande dessinée**

L'Enfant noir, récit de Camara Laye

J'avais quinze ans, quand je partis pour Conakry. J'allais y suivre l'enseignement technique à l'école Georges Poiret, devenue depuis le Collège technique.

Je quittais mes parents pour la deuxième fois. Je les avais quittés une première fois aussitôt après mon certificat d'études[1], pour servir d'interprète à un officier qui était venu faire des relevés de terrain[2] dans notre région et en direction du Soudan. Cette fois, je prenais un congé beaucoup plus sérieux. […]

J'allai dire au revoir aux vieilles gens de notre concession[3] et des concessions voisines, et j'avais le cœur gros. Ces hommes, ces femmes, je les connaissais depuis ma plus tendre enfance, depuis toujours je les avais vus à la place même où je les voyais, et aussi j'en avais vu disparaître : ma grand-mère paternelle avait disparu ! Et reverrais-je tous ceux auxquels je disais à présent adieu ? Frappé de cette incertitude, ce fut comme si soudain je prenais congé de mon passé même. Mais n'était-ce pas un peu de cela ? Ne quittais-je pas ici toute une partie de mon passé ?

Quand je revins près de ma mère et que je l'aperçus en larmes devant mes bagages, je me mis à pleurer à mon tour. Je me jetai dans ses bras et je l'étreignis[4].

– Mère ! criai-je.

Je l'entendais sangloter, je sentais sa poitrine douloureusement se soulever.

– Mère, ne pleure pas ! dis-je. Ne pleure pas !

Mais je n'arrivais pas moi-même à réfréner[5] mes larmes et je la suppliai de ne pas m'accompagner à la gare, car il me semblait qu'alors je ne pourrais jamais m'arracher à ses bras. Elle me fit signe qu'elle y consentait[6]. Nous nous étreignîmes une dernière fois, et je m'éloignai presque en courant. Mes sœurs, mes frères, les apprentis se chargèrent des bagages.

Mon père m'avait rapidement rejoint et il m'avait pris la main, comme du temps où j'étais encore un enfant. Je ralentis le pas : j'étais sans courage, je sanglotais éperdument.

– Père ! fis-je.

– Je t'écoute, dit-il.

– Est-il vrai que je pars ?

– Que ferais-tu d'autre ? Tu sais bien que tu dois partir.

– Oui, dis-je.

Et je me remis à sangloter.

– Allons ! allons ! mon petit, dit-il. N'es-tu pas un grand garçon ?

Mais sa présence même, sa tendresse même – et davantage encore maintenant qu'il me tenait la main – m'enlevaient le peu de courage qui me restait, et il le comprit.

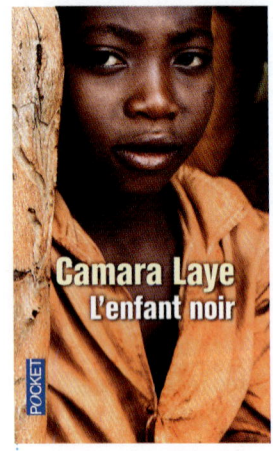

• Couverture du roman *L'Enfant noir*, Pocket.

Camara Laye
(1928-1980)

Cet écrivain guinéen francophone publie en 1953 son premier roman autobiographique, *L'Enfant noir*, dans lequel il raconte son enfance et son adolescence en Guinée.

1. diplôme que l'on passait à la fin de l'école primaire pour entrer au collège.
2. mesures pour établir des cartes géographiques.
3. quartier d'une ville.
4. je la serrai dans mes bras.
5. retenir.
6. qu'elle était d'accord.

– Je n'irai pas plus loin, dit-il. Nous allons nous dire adieu ici : il ne convient pas que nous fondions en larmes à la gare, en présence de tes amis ; et puis je ne veux pas laisser ta mère seule en ce moment : ta mère a beaucoup de peine aussi ! J'en ai beaucoup aussi. Nous avons tous beaucoup de peine, mais nous devons nous montrer courageux. Sois courageux ! Mes frères, là-bas, s'occuperont de toi. Mais travaille bien ! Travaille comme tu travaillais ici. Nous avons consenti pour toi des sacrifices ; il ne faut point qu'ils demeurent sans résultat. Tu m'entends ?

C. LAYE, *L'Enfant noir*, chapitre 9, © Librairie Plon, 1953.

L'Enfant noir, bande dessinée de Camara Anzoumana

La bande dessinée intitulée *L'Enfant noir* (2010) a été réalisée par Camara Anzoumana, le cousin de Camara Laye. À travers cette œuvre, Camara Anzoumana rend hommage à la mémoire de Camara Laye en proposant une réécriture illustrée du récit autobiographique de Camara Laye.

C. ANZOUMANA, C. LAYE, *L'Enfant noir*, Esprit libre junior, 2010.

Pour répondre aux questions suivantes, aidez-vous de la fiche méthode « Analyser une planche de bande dessinée » p. 46.

1 Quel épisode de la vie de Camara Laye le texte et la bande dessinée racontent-ils ?

2 Par quels procédés d'écriture les sentiments éprouvés par les personnages sont-ils exprimés dans le texte ? dans la bande dessinée ? Rédigez un paragraphe argumenté ou faites un tableau comparatif.

3 Les vignettes présentes sur la planche de bande dessinée constituent-elles une transposition fidèle de l'extrait du texte p. 54 ? Justifiez.

Atelier lecture et cinéma

Activité 2 — Analyser un projet d'adaptation : un docufiction

Interview de L. Chevallier, réalisateur du docufiction *L'Enfant noir*

Le film *L'Enfant noir* est inspiré d'un livre très connu en Afrique qui s'appelle *L'Enfant noir*, […] un récit autobiographique d'un écrivain qui s'appelle Camara Laye. Je dirais que c'est avant tout une histoire d'exil. L'exil, c'est une histoire universelle, mais là, c'est une histoire qui est complètement africaine.

Quand je suis allé au village de Kouroussa, là où est né Camara Laye, là où il a
5 écrit son histoire, j'ai été amené à rencontrer la famille de Camara Laye. Et après quelques jours, l'idée est venue aussi bien chez eux que chez moi de faire ce film ensemble. Madou [qui joue le père de l'enfant noir dans le film] est le frère direct de Camara Laye et Baba [qui incarne l'enfant noir dans le film] est l'un de ses neveux. Je crois qu'il y avait là vraiment matière à faire quelque chose de tout à fait
10 unique, c'est-à-dire de proposer à une famille une histoire qu'eux connaissent, qui est leur histoire (qui a été écrite en 1953), qui est une histoire qui date de quarante ans… de faire revivre cette même histoire d'exil à un enfant [en la transposant] dans la Guinée d'aujourd'hui. Je crois que c'était pour un cinéaste peut-être bien plus important et bien plus fort que d'essayer de reconstituer le passé [tel qu'il
15 est évoqué dans le récit de Camara Laye]. [Les acteurs] ne sont pas des acteurs professionnels, ce sont des villageois. On a voulu filmer ces villageois dans le cadre de la réalité de leur village, ce qui veut dire un autre travail, qui est à la limite non pas un travail de direction d'acteurs mais plutôt un travail de mise en place, de mise en situation en respectant ces gens dans leur vie quotidienne,
20 et en même temps en les amenant sur le terrain du cinéma.

Retranscription d'un extrait du documentaire *À propos de L'Enfant noir* de A. ARHAB, 1995, © Les Films du Paradoxe.

1 a. Expliquez le projet poursuivi par L. Chevallier.
b. Dans ce projet, quelle est la part du documentaire et celle de la fiction ?

Activité 3 — Comprendre l'élaboration d'une affiche

1 a. Quels matériaux l'affichiste utilise-t-il ? b. Quels éléments a-t-il cherché à mettre en valeur ? Pourquoi ?
2 Cette affiche vous donne-t-elle envie de voir le film ? Pourquoi ?

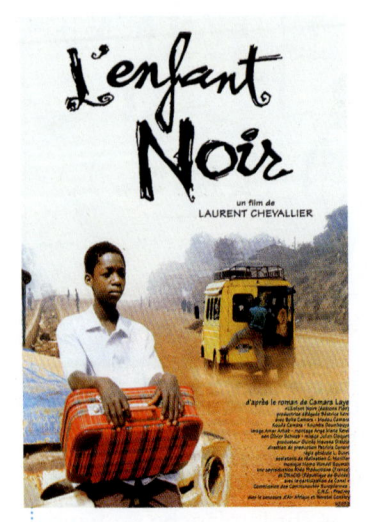

• Affiche du film *L'Enfant noir* de L. CHEVALLIER, 1995.

Interview de J.-F. Yéti, affichiste

Cette affiche est composée de trois éléments. La photo de fond a été choisie au milieu de toutes celles qui ont été faites sur le tournage. C'est vraiment la photo qui symbolise cette idée de voyage, en plus de l'idée de poussière et de chaleur qui est typiquement africaine.
5 Et en mettant au bord de la route, au premier plan, de manière à la faire ressortir, cette vieille carcasse de camion rouillée qui ajoute une tache bleue qui joue avec la tache jaune du car qui s'en va au loin, ça permettait de positionner au premier plan l'acteur principal, Baba, qu'il faut absolument montrer parce que c'est sur lui que repose tout
10 le film, avec sa grosse valise. Là on a joué surtout sur les couleurs : le jaune, le rouge, le bleu. On a aussi fait ressortir le visage de Baba qui se détache du fond, avec une attitude nostalgique, comme s'il attendait sur le bord de la route avec le camion qui part au loin.

Retranscription d'un extrait de l'interview de J.-F. YÉTI, affichiste du film *L'Enfant noir*, dans le documentaire *À propos de L'Enfant noir* de A. ARHAB, 1995, © Les Films du Paradoxe.

Activité 4 — Comparer un récit autobiographique et son adaptation filmique

1. Comparez l'extrait du roman p. 54 et les photogrammes extraits de l'adaptation filmique. Quels points communs et quelles différences remarquez-vous ?
2. En vous aidant de la fiche méthode ci-dessous, dites par quels procédés d'écriture cinématographique les sentiments éprouvés par les personnages sont exprimés.
3. L'écriture littéraire et l'écriture cinématographique mettent-elles en valeur les mêmes éléments ? Échangez vos points de vue.

Fiche méthode

Analyser des photogrammes ou une séquence filmique

- **Pour analyser un photogramme** (photographie extraite d'un film), observer et interpréter :
  – le point de vue adopté (qui voit ?) ;
  – les effets de cadrage : échelle des plans et angle de prise de vue (effets de plongée ou de contre-plongée) ;
  – l'utilisation et la symbolique des objets, des couleurs, des gestes.
- **Pour analyser une séquence filmique** (ensemble des plans se déroulant successivement dans un même lieu), observer et interpréter :
  – l'organisation des plans (succession linéaire des plans, parallélismes, jeux d'opposition, effet de champ-contrechamp, effet de pause, ralenti, accélération, zoom, etc.) ;
  – les effets créés au montage pour enchaîner les séquences (fondu au noir, fondu enchaîné, coupe franche, etc.) ;
  – les bruitages et la bande-son.

● Extraits du film *L'Enfant noir* réalisé par L. CHEVALLIER, 1995.

Activité 5 — S'interroger sur la notion de réécriture

1. **a.** Combien comptez-vous de réécritures du roman *L'Enfant noir* ? **b.** Ces réécritures poursuivent-elles le même objectif ? Justifiez. **c.** Quels liens les réécritures de *L'Enfant noir* entretiennent-elles avec le roman de C. Laye ?
2. Définissez le terme « réécriture » à partir des réponses précédentes.

Atelier lecture et cinéma

Parcours de lecture guidé

L'Ami retrouvé
Fred Uhlman

▶ **Socle** *Lire des œuvres littéraires – Mobiliser des références culturelles pour interpréter les textes – Établir des liens entre les productions littéraires et artistiques*

Éditions Gallimard, coll. « Folio Junior », 2014.

Fred Uhlman
(1901-1985)

Né en Allemagne, à Stuttgart, dans une famille juive, il devient avocat au début des années 1930. En 1933, il fuit son pays devant la montée du nazisme et s'installe en Angleterre. Toute sa famille est exterminée pendant la Seconde Guerre mondiale. Dès lors, il rejette définitivement sa langue maternelle. Il publie *L'Ami retrouvé* à soixante-dix ans, en anglais. Certains personnages du livre sont inspirés par ses anciens camarades de classe de l'Eberhard Ludwig Gymnasium, son lycée.

Dans ce parcours, vous allez lire et étudier le livre et le comparer à des éléments de l'adaptation filmique qui en a été faite.

A. Lancer la lecture

1. a. Lisez le premier chapitre du roman et notez les informations essentielles.
b. Proposez une hypothèse pour expliquer le titre du roman.
2. Le récit est-il progressif ou rétrospectif (qui revient sur le passé) ? Justifiez.

B. Comparer l'incipit du roman et le début du film

3. a. D'après le **document 1**, le début de l'adaptation cinématographique vous semble-t-il fidèle au début du roman ? Justifiez.
b. Formulez des hypothèses sur l'identité et le rôle d'Henry dans l'histoire.
c. Formulez des hypothèses sur les alternances entre séquences muettes, filmées en noir et blanc, et séquences sonorisées, filmées en couleur.

Document 1 Découpage séquentiel du début du film de Jerry Schatzberg

Les séquences muettes, filmées en noir et blanc, sont indiquées en noir ; les séquences sonorisées, filmées en couleur, sont indiquées en bleu.

• Henry regardant la photo de ses parents.

1 – Générique.
2 – Plan 1 : salle d'exécution, scène de pendaison / Plan 2 : fillette sur une balançoire / Plan 3 : Konrad entrant en classe.
3 – Central Park, New York. Une fillette crie, effrayée par un gros chien. Les cris tirent de sa rêverie son grand-père, Henry, assis sur un banc. Il se précipite vers l'enfant et la rassure.
4 – Dans son bureau de New York, Henry prépare un voyage à Stuttgart, muni d'un document intitulé : « Famille Strauss – inventaire ».

58

5 – Un jeune homme, Hans, aux barres fixes.

6 – Henry est au restaurant avec sa fille. Elle rassure son père en lui disant que sa petite fille a déjà oublié l'incident avec le chien. Elle essaie aussi de le dissuader de partir.

7 – Dans son bureau à New York, Henry regarde des photos de lui enfant avec ses parents. Le chauffeur arrive pour l'emmener à l'aéroport.

8 – À l'aéroport.
Plan flash d'un homme en uniforme à côté d'un SS et son chien. On reconnaît le père d'Henry.
Dans l'avion, Henry se réveille.

9 – À Stuttgart, à l'hôtel. Henry dit au bagagiste qu'il connaît déjà Stuttgart. On le voit ensuite couper la télévision de sa chambre lors de la diffusion du procès d'un juge nazi qui condamnait à mort les hommes accusés de complot.

10 – Dans une rue, Henry demande à un passant en anglais où se situe le Karl Alexander Gymnasium.

11 – Henry va chez un garde-meuble. Il emprunte un très long couloir puis descend dans une cave avec un ascenseur.

12 – Dans cette cave, il explore le contenu d'une malle dans laquelle il retrouve une monnaie ancienne.

13 – Défilé nazi sur les rives d'un lac.

14 – Sous le regard de Hans et de ses camarades de lycée, un nouveau arrive dans la classe et se présente : « Comte Lohenburg, Konrad ».

Konrad entrant en classe.

C Lire en autonomie les chapitres II à V du roman

4. Quel événement essentiel se produit ?

5. a. Créez une fiche d'identité pour chacun des deux personnages principaux (nom, prénom, âge, origine sociale, passions, etc.).
b. Une histoire d'amitié entre les deux personnages vous semble-t-elle possible dans le contexte politique de l'Allemagne du début des années 1930 ? Justifiez.

D Faire des liens avec le film

6. a. Quelle séquence du découpage séquentiel fait référence à l'un des épisodes racontés dans les chapitres II à V ?
b. Affinez les hypothèses que vous avez formulées à la question **3 c.** p. 58 : que semblent représenter les séquences muettes filmées en noir et blanc ?

Atelier lecture et cinéma

Document 2 Résumé de la séquence « La partie de campagne »

Lors d'une excursion à la campagne, Hans et Konrad s'arrêtent dans un café en plein air. Les deux amis cherchent une table. Hans en repère une et entraîne Konrad derrière lui. Ils doublent et narguent un groupe de nazis qui convoitaient[1] la place. Les jeunes nazis vont s'asseoir un peu plus loin.

Les deux amis se lancent dans une discussion sur les partisans d'Hitler : Konrad soutient que les nazis sont des êtres grossiers, des « brutes », des « primaires minables », sans culture. À ce moment précis, une dispute éclate, un peu plus loin, entre les jeunes nazis et un homme en noir qui s'enfuit pour ne pas se faire molester[2]. Il passe à côté de la table de Hans et Konrad.

Hans se lève pour barrer la route aux nazis et se fait gifler par l'un d'eux. Konrad vole alors au secours de son ami : il frappe le jeune nazi d'un coup de poing au visage, relève Hans et s'enfuit avec lui. Un homme s'indigne contre l'attitude de Hans et Konrad, prenant la défense des jeunes nazis. Les autres clients du café feignent pour la plupart l'indifférence à la situation.

1. désiraient.
2. frapper.

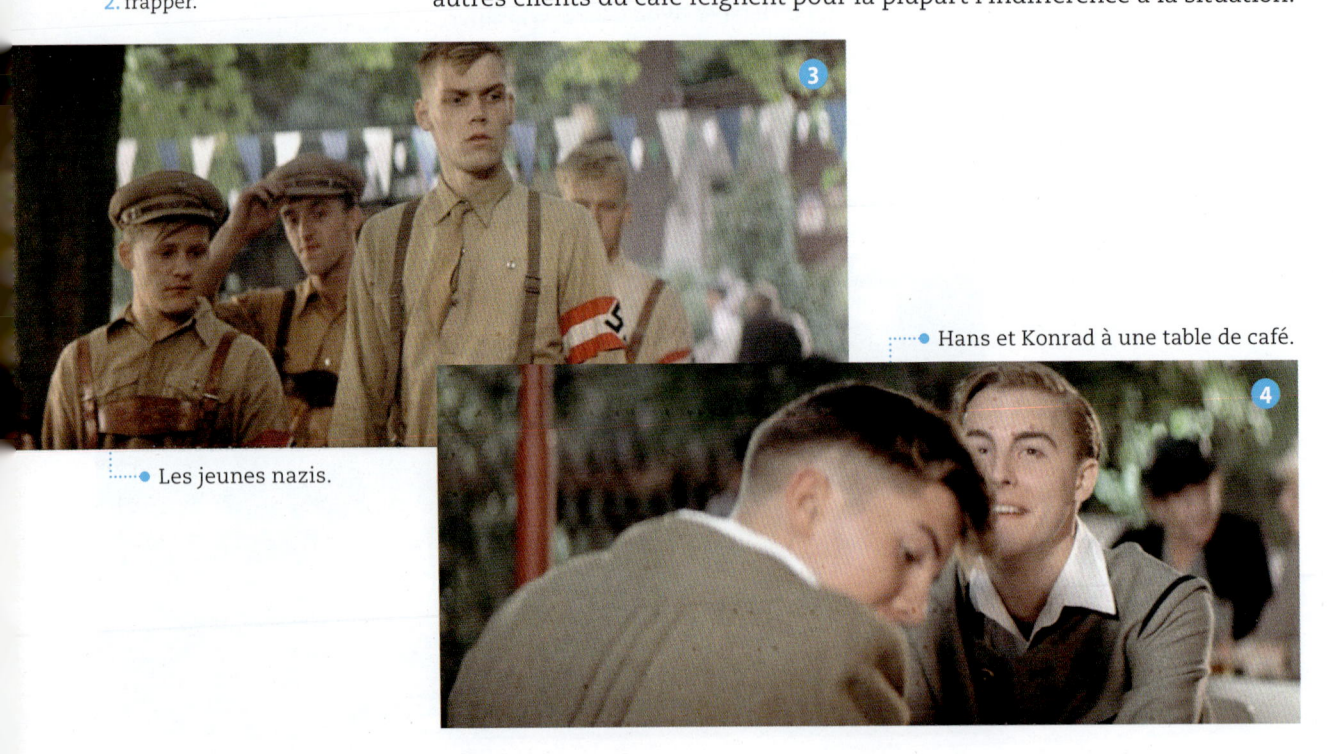

• Hans et Konrad à une table de café.

• Les jeunes nazis.

E Comparer un extrait de roman (chapitre VI) et son adaptation cinématographique

7. Après avoir lu le chapitre VI du roman, comparez-le au résumé de la séquence correspondante dans le film (**document 2** p. 60) : quelles ressemblances et différences notez-vous ?

F Interpréter les choix du réalisateur

8. a. Quel élément central a été ajouté dans l'adaptation cinématographique ?
b. Pourquoi, selon vous, le réalisateur J. Schatzberg a-t-il fait cet ajout ?

G Lire en autonomie les chapitres VII à XVII du roman

9. a. Comment la montée du nazisme se manifeste-t-elle dans ces chapitres ? Donnez quelques exemples extraits du texte.
b. Quelle influence le contexte politique a-t-il sur l'amitié des deux personnages ? Justifiez en citant le texte.

H Réfléchir à la dimension autobiographique du roman

10. Lisez le chapitre XVIII et comparez-le à la biographie de F. Uhlman p. 58 : le roman *L'Ami retrouvé* est-il une autobiographie au sens strict ?

11. Est-ce la dimension autobiographique du roman ou sa dimension politique et historique qui, selon vous, intéresse le réalisateur J. Schatzberg ? Justifiez en vous appuyant sur vos réponses précédentes.

I Comparer la fin du roman (chapitre XIX) et la fin du film

12. a. Lisez le chapitre XIX du roman : comment le narrateur apprend-il ce qu'est devenu Konrad ?
b. Comparez ce dernier chapitre à la retranscription de la dernière séquence du film (**document 3**) : quelles ressemblances et quelles différences remarquez-vous ?
c. Proposez des hypothèses pour expliquer les choix du réalisateur et échangez vos points de vue.

Document 3 Retranscription de la dernière séquence du film

[La scène se déroule dans le bureau du proviseur du nouveau Karl Alexander Gymnasium, entièrement reconstruit.]

LE PROVISEUR *[à Henry]* : Vous vouliez des renseignements sur la classe de 1932, n'est-ce pas ? *[Henry acquiesce.]* Beaucoup sont morts à la guerre…
Nous avons des documents très complets sur nos morts de la guerre… Ça a pris des années… *[Le proviseur sort du tiroir de son bureau un registre.]* Tout est dans le bouquin, mais nous avons aussi élevé un mémorial, ça vous intéresserait ?

[On voit les deux hommes descendre un escalier du lycée et se diriger vers une plaque commémorative en marbre où figurent les noms des morts à la guerre de 1939-1945. La caméra suit le regard d'Henry et s'arrête sur le nom « Bollacher Karl ».]
HENRY : Comment est-ce que Bollacher est mort ?
LE PROVISEUR *[en consultant son registre]* : Bolacher… Sur le front russe.
HENRY : Et Erhardt ?
LE PROVISEUR : Erhardt… Descendu au-dessus de Londres.
[Le regard d'Henry s'arrête sur le nom de V. Lohenburg Konrad.]
HENRY *[après un temps d'hésitation]* : Et Lohenburg ?
LE PROVISEUR : Lohenburg… Vous ne savez pas ? *[Henry fait non de la tête.]* Il a été impliqué dans le complot contre Hitler.
[Le visage d'Henry traduit une vive surprise.]
[Salle d'exécution du début complètement vide puis générique de fin.]

Auteur du scénario, H. PINTER.

J Analyser les titres du roman

13. Le titre original du roman en anglais est *Reunion*. Il a été traduit en français par le titre *L'Ami retrouvé*. En vous appuyant sur votre lecture du roman, expliquez ces deux titres.

Atelier lecture et cinéma

INTERDISCIPLINARITÉ
EMI – EMC – HDA – ARTS PLASTIQUES – TECHNOLOGIE

UTILISABLE EN **PARCOURS** : PEAC – AVENIR CITOYEN
UTILISABLE EN **EPI** : CULTURE ET CRÉATION ARTISTIQUE
UTILISABLE EN **EPI** : INFORMATION COMMUNICATION CITOYENNETÉ

Projet 1 — Organiser et enregistrer un débat

Regarder l'adaptation cinématographique d'une œuvre littéraire peut-il remplacer la lecture de cette œuvre ?

1. Préparation du débat

Répondez aux questions suivantes en vous appuyant sur des exemples étudiés dans ce parcours :

a. Pour quelle(s) raison(s) une adaptation cinématographique pourrait-elle remplacer la lecture d'une œuvre ?

b. Pour quelle(s) raison(s) une adaptation cinématographique ne se substituerait-elle pas à la lecture d'un texte littéraire ?

c. Pour aller plus loin, définissez précisément ce que sont une adaptation cinématographique et une réécriture.

2. Organisation du débat

- Répartissez-vous la parole : un meneur, un groupe d'élèves qui débattra, un autre groupe qui évaluera l'enregistrement.
- Respectez la parole des autres, ne coupez pas la parole, enchaînez les propos en tenant compte de ceux des autres.
- Employez une langue correcte.
- Veillez à être audible.

3. Enregistrement du débat

- À l'aide de l'application « dictaphone » de votre smartphone ou d'un logiciel d'enregistrement sonore (comme Audacity), enregistrez le débat.
- L'évaluation portera sur la qualité du contenu des échanges, la courtoisie et les compétences orales manifestées ainsi que sur la qualité technique.

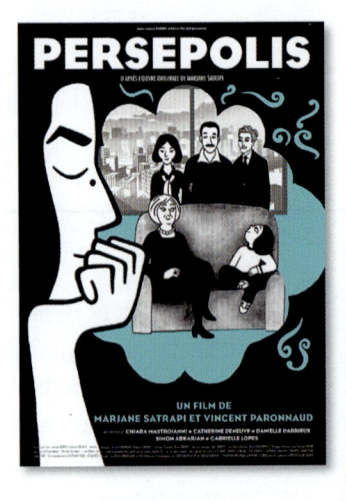

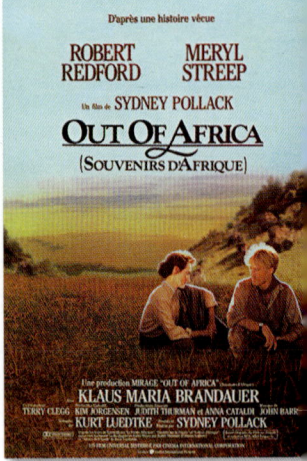

Projet 2 — Réaliser un podcast de critique cinématographique

▶ **Socle** S'exprimer de façon maîtrisée en s'adressant à un auditoire

Réalisez une émission de critique cinématographique podcastable sur le site du collège ou le blog de classe.

Par petits groupes,

1. Choisissez un extrait de l'adaptation cinématographique d'un roman présenté dans l'atelier.

2. Préparez une présentation du roman et du film.

3. a. Comparez l'extrait cinématographique et l'extrait littéraire : l'adaptation est-elle fidèle ou non ? Quelles différences notez-vous ?
b. Proposez une interprétation des choix faits par le réalisateur en vous aidant de la fiche méthode « Analyser des photogrammes ou une séquence filmique » p. 57.

4. Préparez et enregistrez votre podcast :
– répartissez-vous les rôles : un présentateur et des interviewés qui défendront chacun leur point de vue sur le film et leur interprétation des choix du réalisateur ;
– organisez et répétez votre intervention ;
– à l'aide de l'application « dictaphone » de votre smartphone ou d'un logiciel d'enregistrement sonore (comme Audacity), enregistrez le débat.

Projet 3 — S'informer sur la réalisation d'un film et les métiers du cinéma

Constituez un dossier (papier ou numérique) sur le processus de création d'un film et/ou sur les métiers du cinéma.

Sitographie indicative :
- www.onisep.fr/Decouvrir-les-metiers/Des-metiers-par-secteur/Audiovisuel-Spectacle
- www.lemonde.fr/culture/visuel/2014/05/17/comment-se-fabrique-un-film-en-france_4418647_3246.html
- http://uneviedechat.crdp-lyon.fr/expositionsEtapesAnimation.php

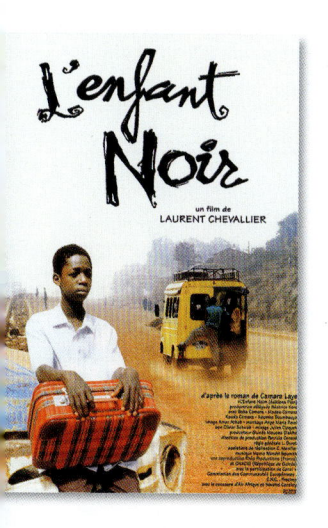

Projet 4 — Rédiger un synopsis de film à partir d'un roman autobiographique

▶ **Socle** *Adopter des stratégies et des procédures d'écriture efficaces*

Par petits groupes, choisissez un des romans autobiographiques que vous avez découverts dans le chapitre 1 ou l'atelier 2.

Lisez le roman et, à partir de votre lecture, rédigez en traitement de texte un **synopsis** d'une possible adaptation filmique.

Vous présenterez :
– les grandes lignes de l'histoire (texte rédigé ou liste des principales étapes) ;
– les personnages principaux.

Vous pourrez prendre des libertés avec le texte littéraire (flash-back, jeu avec la chronologie, transposition de l'histoire dans un autre lieu ou une autre époque, etc.).

La clé des mots

Un **synopsis** est la présentation condensée d'un scénario (histoire et personnages). D'une longueur de quelques lignes à quelques pages, il est généralement rédigé au présent, dans un style simple, sans dialogues.

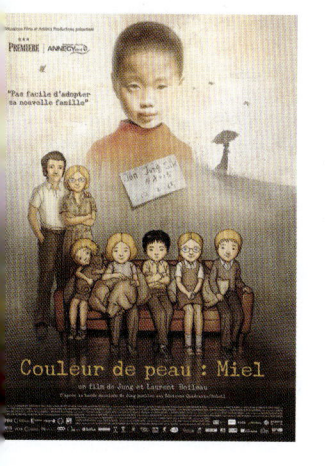

Projet 5 — Concevoir une bande-annonce de film

▶ **Socle** *Comprendre, s'exprimer en utilisant les langages artistiques et informatiques*

Réalisez une **bande-annonce** pour une adaptation filmique d'un roman autobiographique que vous avez lu.

1. Préparation
- Identifiez les thèmes et les épisodes importants du roman (sans révéler la fin de l'histoire).
- Cherchez des images ou des photographies pour les illustrer (si vous les trouvez sur Internet, vérifiez qu'elles soient libres de droits).

2. Réalisation
- Utilisez un logiciel permettant de réaliser des diaporamas ou de petits films.
- Insérez des sous-titres (courts textes explicatifs ou mots clés) sous les images ou entre les images.
- Créez des effets pour passer d'une diapositive à une autre.
- Choisissez une musique de fond adaptée.

La clé des mots

Une **bande-annonce** sert à donner envie de découvrir une histoire.

Vivre en société, participer à la société
Dénoncer les travers de la société

3 Sommes-nous des moutons de Panurge ?

➡ **Quel regard critique porter sur les comportements grégaires ?**

INTERDISCIPLINARITÉ
EMC – EMI – LCA – HDA – SVT

Lire, comprendre, interpréter

S'interroger et s'informer
- Humour et ironie en textes et en images 66

Instincts grégaires en tous genres
- Les moutons de Panurge, F. RABELAIS, *Quart Livre*, MORDILLO 68
- Lettre sur les jeux du cirque, PLINE LE JEUNE, *Lettres*, CHAPPATTE 70
- « La Cour du Lion », J. DE LA FONTAINE, *Fables*, VOUTCH 72
- Les caprices de la mode, MONTESQUIEU, *Lettres persanes*, gravure 74
- Plaisirs des grandes vacances, A. VIALATTE, *Chroniques de La Montagne*, J. TATI 76
- Panurgisme médiatique, blog du journal *Le Monde*, vidéo « La clé des médias » 78

Lire et échanger sur des œuvres complètes
- J. STERNBERG, *Le Credo* [Texte intégral] 80
- **Parcours de lecture guidé** VOLTAIRE, *Jeannot et Colin* 83

Pratiquer l'oral

- Dire un poème à deux voix « Cerveaux béants », D. MYRIAM 84
- Expliquer un article de presse et en débattre
  « Manger ou être mangé, le dilemme du mouton » 85

Pratiquer l'écrit

A. Travailler la langue pour préparer et améliorer l'écrit

Lexique Le comportement grégaire – Le vocabulaire de l'ironie 86
Orthographe Les accords complexes des verbes avec leur sujet 87
Grammaire Des procédés d'ironie : l'hyperbole – l'antithèse 87

B. Écrire et récrire

Sujet Rédiger un article de blog ou une chronique
pour dénoncer un comportement grégaire de notre époque [Activité guidée] 88

Construire le bilan 89

- Qu'ai-je appris ?
- Qu'avons-nous compris ?
- Je rédige mon bilan

Évaluer ses compétences et se préparer au Brevet 90

- **Analyse et interprétation** G. PEREC, *Les Choses*
- **Rédaction et maîtrise de la langue** Dictée préparée – Réécriture – Travail d'écriture

64

Comment comprenez-vous ce dessin de presse ?

● BROUCK, dessin de presse, 2006.

3 • Sommes-nous des moutons de Panurge ? / 65

Lire, comprendre, interpréter

S'interroger et s'informer

Humour et ironie en textes...

▶ **Socle** Les méthodes et outils pour apprendre – Comprendre des textes, des documents et des images

Que savons-nous déjà ?

Répondez collectivement aux questions suivantes :

1. **a.** Citez des pièces de Molière que vous connaissez : de quels défauts humains ou sociaux l'auteur se moque-t-il ?
   b. Connaissez-vous un personnage de Molière qui cherche à suivre la mode de son temps ?
2. De quels défauts humains ou sociaux J. de La Fontaine se moque-t-il dans ses fables ?
3. Avez-vous lu des fabliaux du Moyen Âge ? De quels comportements humains se moquent-ils ?

Le trésor des mots

L'humour

ÉTYMO « humour », de l'anglais *humor*, venant de l'ancien français « humeur », « tendance, trait de caractère », a pris au XVIIe siècle le sens de « gaieté, aptitude à voir ou à faire voir le comique des choses ».

• L'humour est :
– une forme d'esprit qui souligne le caractère comique ou ridicule de certains aspects de la réalité. Il s'exprime dans un discours, un texte, un dessin ;
– le caractère d'une situation, qui, bien que comportant un inconvénient, peut prêter à rire.

• **Cherchez un exemple d'incident qui peut être raconté avec humour.**

L'ironie

ÉTYMO « Ironie » vient du grec ancien εἰρωνεία, « action d'interroger en simulant l'ignorance ».
Le philosophe grec Socrate interrogeait ainsi ses élèves pour les amener à comprendre leurs erreurs et à mieux réfléchir.
L'ironie consiste à exagérer ou à dire le contraire de ce qu'on veut faire entendre, pour se moquer, en recourant à des procédés d'écriture.

Des procédés d'ironie

Associez à chacun de ces procédés d'écriture **a.** la définition qui lui correspond, **b.** une des bulles.

l'antiphrase — mise en relation de deux éléments avec les mots « comme, tel (que), pareil à… ». *Il est malin comme un singe.*

l'hyperbole — mise en relation de deux éléments sans mots pour les rapprocher ; *Cet homme est un âne !*

la comparaison — emploi d'un mot dans un sens contraire à sa vraie signification. *C'est malin !*, pour signifier que c'est complètement idiot.

la métaphore — exagération. *Son nez démesurément long touche presque le sol.*

Bulles :
- *Ce glouton dévore à toute heure du jour et de la nuit.*
- *Il pleut depuis ce matin. Quelle belle journée !*
- *Le chauffeur, véritable escargot, bloque toute la circulation.*
- *Cette starlette inconnue, telle une impératrice de la chanson, multiplie les caprices.*

et en images

❓ Le dessin d'humour EMI

- Les dessinateurs humoristiques réalisent des dessins pour la presse ou publient des albums humoristiques.
- Leurs dessins se moquent des défauts de notre société, des personnages publics (politiques, sportifs, artistes…), d'événements. Ils visent à la fois à amuser et à faire réfléchir.

1 De quel comportement ces dessins se moquent-ils ? Par quels moyens ?

2 Commentez l'image de la page 65 en employant le mot « grégaire » (voir le trésor des mots ci-dessous).

• MICAËL, dessin de presse, 2010.

• ASTER, dessin illustrant un article sur la liberté et le conformisme chez les jeunes, Magazine *JS Info* de « Jeunesse & Santé ».

Le trésor des mots

Grégaire

ÉTYMO « grégaire » vient du latin *grex, gregis*, le troupeau.

L'instinct grégaire est la tendance instinctive qui pousse des individus d'une même espèce à se rassembler et à adopter un même comportement. « Grégaire » s'emploie de façon péjorative pour qualifier celui qui tend à suivre docilement les impulsions du groupe. Il est alors synonyme de « moutonnier ».

a. Quels types de comportements humains grégaires vous viennent à l'esprit ?

b. Repérez dans cet extrait de fable le comportement grégaire dont il est question. Quels procédés ironiques repérez-vous ?

> Je définis la cour un pays où les gens
> Tristes, gais, prêts à tout, à tout indifférents,
> Sont ce qu'il plaît au Prince, ou, s'ils ne peuvent l'être,
>   Tâchent au moins de le paraître.
> Peuple caméléon, peuple singe du maître ;
> On dirait qu'un esprit anime mille corps ;
> C'est bien là que les gens sont de simples ressorts.
>
> J. DE LA FONTAINE, « Les obsèques de la Lionne », *Fables*, 8, XIV.

Lire comprendre interpréter

Instincts grégaires en tous genres

Les moutons de Panurge

François Rabelais (1494 ?-1553)

Écrivain français de la Renaissance, célèbre figure de l'humanisme.

Sur un bateau, le narrateur, Pantagruel, a assisté à la dispute de son compagnon de voyage, Panurge, avec un marchand de moutons à qui il a acheté une de ses bêtes. Le marchand avait utilisé toutes sortes de moyens pour essayer de faire monter le prix.

Soudain, je ne sais comment la chose arriva si vite, je n'eus le loisir de le considérer, Panurge, sans dire autre chose, jette en pleine mer son mouton criant et bêlant. Tous les autres moutons, criant et bêlant avec la même intonation, commencèrent à se jeter et sauter en mer à sa suite,
5 à la file. C'était à qui sauterait le premier après leur compagnon. Il n'était pas possible de les en empêcher, comme vous connaissez le naturel du mouton, qui est de toujours suivre le premier, en quelque endroit qu'il aille. Aristote[1] dit aussi au livre 9 de *L'Histoire des animaux*, c'est l'animal le plus sot et inepte[2] du monde.

10 Le marchand, tout effrayé de ce que[3], devant ses yeux, il voyait périr et noyer ses moutons, s'efforçait de les en empêcher et de les retenir autant qu'il le pouvait. Mais c'était en vain. Tous à la file sautaient dans la mer, et périssaient. Finalement, il en prit un grand et fort par la toison sur le tillac[4] du navire, pensant ainsi le retenir, et conséquemment sauver le
15 reste aussi. Le mouton fut si puissant qu'il emporta dans la mer avec lui le marchand qui se noya, de la même façon que les moutons de Polyphème le Cyclope borgne emportèrent Ulysse et ses compagnons hors de la caverne. Les autres bergers et gardiens en firent autant, les prenant les uns par les cornes, les autres par les pattes, les derniers par la toison. Tous furent
20 pareillement emportés et noyés misérablement en mer.

Panurge, à côté de la cuisine, tenait un aviron[5] en main, non pour aider les bergers, mais pour les empêcher de grimper sur le navire et échapper au naufrage. Il les exhortait[6] avec éloquence, [...] leur démontrant par lieux de rhétorique[7] les misères de ce monde, le bien et le bonheur de l'autre
25 vie, affirmant que les trépassés[8] sont plus heureux que les vivants dans cette vallée de misère, et promettant à chacun d'eux d'ériger un beau cénotaphe[9] et sépulcre[10] en leur honneur [...]. Il leur souhaitait néanmoins, au cas où vivre encore parmi les humains ne leur déplût pas et où il ne leur vînt pas à l'idée de se noyer, bonne aventure et rencontre de quelque
30 baleine, laquelle au troisième jour les rendrait sains et saufs en quelque doux pays, à l'exemple de Jonas.

RABELAIS, *Quart Livre*, chapitre VIII, 1552.

1. philosophe grec.
2. stupide.
3. parce que.
4. pont supérieur d'un navire.
5. rame.
6. encourageait.
7. avec beaucoup d'éloquence.
8. les morts.
9. tombeau vide, élevé à la mémoire d'un mort.
10. tombeau.

Le trésor des mots

▶ **Socle** *Mobiliser des références culturelles pour interpréter les textes*

a. L. 15-17 : Rappelez ce que fit Ulysse au Cyclope et comment Ulysse et ses compagnons sortirent de la caverne du géant.
b. Dans la Bible (Ancien Testament), Jonas, pris dans une tempête, passe trois jours dans le ventre d'une baleine : d'après le texte de Rabelais, Jonas est-il sauvé ?
c. Quel rôle ces références culturelles jouent-elles, selon vous, dans le texte ?

Lecture

▶ **Socle** *Élaborer une interprétation de textes littéraires*

1. Résumez ce qui se passe **a.** dans le premier paragraphe ; **b.** dans le deuxième.
2. Pourquoi, selon vous, Panurge s'est-il comporté de la sorte ?
3. **a.** Quel est le contenu du discours de Panurge dans le dernier paragraphe ? **b.** Selon vous, pense-t-il ce qu'il dit ? Justifiez.
4. Les moutons du texte ont-ils un comportement grégaire ? Expliquez.
5. D'après ce texte, expliquez ce que signifie l'expression figurée « se comporter comme des moutons de Panurge ».

Oral

▶ **Socle** *Exploiter les ressources expressives et créatives de la parole*

1. Lisez le deuxième paragraphe en prenant un ton dramatique ou comique :
   a. Repérez les mots et expressions qui peuvent souligner l'un des deux tons.
   b. Entraînez-vous à lire de façon très expressive.
2. Collectivement, comparez vos lectures.

Lecture d'image

▶ **Socle** *Établir des liens entre des productions littéraires et artistiques issues de cultures et d'époques diverses*

A Comment comprenez-vous le dessin de Mordillo à partir du texte de Rabelais ?

B Quelles réactions ce dessin provoque-t-il chez vous ?

C Rédigez une légende humoristique pour ce dessin.

MORDILLO, N° 1941, dessin de 1992.

3 • Sommes-nous des moutons de Panurge ?

Lire, comprendre, interpréter

Instincts grégaires en tous genres

INTERDISCIPLINARITÉ EMC – LCA

Lettre sur les jeux du cirque

Pline le Jeune
(61 ? – 113 ? ap. J.-C.)

Cet écrivain latin, témoin de l'éruption du Vésuve, volcan qui a enseveli la ville de Pompéi, a laissé de très nombreuses lettres.

Pline salue son cher ami Calvisius.

Tout mon temps, je l'ai passé au milieu de mes tablettes et de mes carnets dans une paix des plus agréables. « Comment, dis-tu, as-tu pu faire cela, en ville ? » C'étaient les jeux du cirque, genre de spectacle qui ne me séduit pas le moins du monde. Rien de nouveau, rien de varié, rien
5 qu'il ne suffise d'avoir regardé une seule fois.

Aussi je m'étonne d'autant plus que tant de milliers de spectateurs raffolent sans cesse, d'une manière aussi puérile, de voir des chevaux au galop, des cochers dressés sur leurs chars. Si encore c'était la vitesse des chevaux ou la virtuosité des cochers qui les attirait, il y aurait une raison.
10 Mais en réalité, c'est une casaque[1] qu'ils supportent, c'est une casaque qu'ils aiment. Et si jamais, en pleine course et au beau milieu de la lutte, on intervertit les couleurs, leur passion et leur faveur changeront de camp ; tout à coup ils laisseront tomber ces fa-
15 meux conducteurs de chars, ces illustres chevaux qu'à tout moment ils reconnaissent à distance, dont ils hurlent les noms. Telle est la popularité, tel est le prestige qu'il y a dans une tunique de si peu de valeur, passe encore dans la populace, qui
20 a encore moins de valeur que la tunique, mais également auprès de certains hommes sérieux. Quand je songe que ces gens s'abaissent à un amusement futile, stérile, répétitif, qu'ils recherchent de façon insatiable[2], j'éprouve un certain plaisir à ne pas y
25 trouver de plaisir.

Et pendant ces journées, je suis très heureux de consacrer à la littérature mon temps libre ; ces journées, d'autres les gaspillent en occupations des plus inutiles.

Porte-toi bien[3].

PLINE LE JEUNE, *Lettres*, IX, 6, IIe siècle ap. J.-C.

• Un cocher, mosaïque, IVe siècle.

1. sorte de gilet de couleur porté par les conducteurs de chars dans les courses de chevaux. 2. sans fin. 3. formule de politesse à la fin des lettres, en latin.

Lecture

▶ **Socle** *Élaborer une interprétation de textes littéraires*

1 **a.** De quel jeu du cirque est-il question dans ce texte ? **b.** Quel rapprochement pouvez-vous faire avec un loisir moderne ? Pourquoi ?

2 Quel sentiment Pline éprouve-t-il à l'égard de ce spectacle ? Citez des éléments du texte à l'appui de votre réponse.

3 Pline partage-t-il l'avis de ses compatriotes ? Expliquez en relevant des procédés d'écriture à l'appui de votre réponse.

4 Qui se comporte en moutons de Panurge dans ce texte ?

Pourquoi s'emballe-t-on pour le foot ?

Les balcons sont parés de drapeaux, les maillots rouges défilent dans les rues et sur les places, aux terrasses des cafés, on se presse devant les écrans géants. Les Diables rouges[1] affrontent les États-Unis en 8e de finale de la Coupe du monde dans une effervescence rarement observée chez nous. Comment expliquer cet engouement ? Pourquoi le football a-t-il un tel effet mobilisateur ? Cet emballement est-il salvateur[2], est-il positif pour la société ou, au contraire, vous inquiète-t-il ?

Beaucoup de supporters parlent du foot, comme d'une religion. D'autres le qualifient plus volontiers d'opium[3] du peuple. Pourquoi ce sport déchaîne-t-il les passions ? Comment expliquer que ce Mondial de foot 2014 génère tant d'émotions collectives et pourquoi cherchons-nous à les exprimer publiquement, en nous rassemblant ou en arborant les couleurs nationales ? Le football est-il créateur de lien social ? Renforce-t-il notre sentiment d'appartenance à une identité belge[4] ? Ou est-ce davantage un emballement médiatique ? Tout cela s'évaporera-t-il quand les victoires ne seront plus au rendez-vous ?

Si tant de gens s'enflamment pour le foot, est-ce le résultat d'un marketing bien pensé ? Ou, fondamentalement, avons-nous besoin de vibrer ensemble ? On attend toutes vos réflexions et vos questions.

MICMA, « Connexions – Pourquoi s'emballe-t-on pour le foot ? Énergie fédératrice ou "opium du peuple ?" », RTBF.be, 1er juillet 2014.

1. équipe de Belgique.
2. bénéfique.
3. drogue.
4. L'article provient de la Radio télévision belge francophone.

CHAPPATTE, « L'effet Coupe du monde », *International New York Times*, 2 juillet 2014.

Oral

▶ **Socle** *Établir des liens entre des productions littéraires et artistiques issues de cultures et d'époques diverses*

En vous appuyant sur les documents de cette page, échangez pour :
– caractériser les comportements à l'égard du football ;
– apporter des réponses à la question posée dans le titre de l'article belge : « Pourquoi s'emballe-t-on pour le foot ? »

Écriture

▶ **Socle** *Utiliser l'écrit pour penser et pour apprendre*

Partagez-vous ou non le sentiment de Pline le Jeune à l'égard des spectacles sportifs ? Développez votre réponse personnelle.

La Cour du Lion

Sa Majesté Lionne un jour voulut connaître
De quelles nations le Ciel l'avait fait maître.
    Il manda donc par députés
    Ses vassaux de toute nature[1],
5   Envoyant de tous les côtés
    Une circulaire écriture,
    Avec son sceau[2]. L'écrit portait
    Qu'un mois durant le Roi tiendrait
    Cour plénière, dont l'ouverture
10 Devait être un fort grand festin,
    Suivi des tours de Fagotin[3].
    Par ce trait de magnificence
Le Prince à ses sujets étalait sa puissance.
    En son Louvre il les invita.
15 Quel Louvre ! Un vrai charnier[4], dont l'odeur se porta
D'abord au nez des gens. L'Ours boucha sa narine :
Il se fût bien passé de faire cette mine[5],
Sa grimace déplut. Le Monarque irrité
L'envoya chez Pluton[6] faire le dégoûté.
20 Le Singe approuva fort cette sévérité,
Et flatteur excessif il loua la colère
Et la griffe du Prince, et l'antre[7], et cette odeur :
    Il n'était ambre[8], il n'était fleur,
Qui ne fût ail au prix[9]. Sa sotte flatterie
25 Eut un mauvais succès, et fut encore punie.
    Ce Monseigneur du Lion-là
    Fut parent de Caligula[10].
Le Renard étant proche : « Or çà, lui dit le Sire,
Que sens-tu ? Dis-le-moi : parle sans déguiser. »
30 L'autre aussitôt de s'excuser,
Alléguant[11] un grand rhume : il ne pouvait que dire
    Sans odorat ; bref, il s'en tire.
    Ceci vous sert d'enseignement :
Ne soyez à la cour, si vous voulez y plaire,
35 Ni fade adulateur, ni parleur trop sincère,
Et tâchez quelquefois de répondre en Normand.

J. DE LA FONTAINE, *Fables*, Livre VII, 1668.

1. Il envoya des messagers pour faire venir tous ses sujets. 2. Une lettre circulaire comportant sa signature. 3. singe de foire. 4. endroit où on entasse des cadavres. 5. Il aurait mieux fait de ne pas faire ce geste. 6. aux Enfers, c'est-à-dire, le fit mourir. 7. caverne. 8. fossile dont on extrait un parfum. 9. En comparaison, l'ambre et la fleur semblaient empester. 10. empereur romain fou et cruel. 11. prétextant.

Lecture

▶ **Socle** *Élaborer une interprétation de textes littéraires*

1. Résumez les vers 1 à 14.
2. **a.** Qu'est-ce qui caractérise le Louvre (vers 14-16) ?
   b. Quel est le comportement de chacun des animaux ?
   c. Qu'arrive-t-il à chacun d'eux ?
3. Quel portrait est-il fait du Lion dans cette fable ? Justifiez votre réponse avec des mots du texte.
4. À votre avis, quel regard La Fontaine porte-t-il sur la cour ? Expliquez.
5. Relevez des passages porteurs d'ironie : de quoi l'ironie provient-elle ?
6. « Répondre en Normand » est une expression signifiant « répondre évasivement ou de façon ambiguë » : expliquez la morale de la fable.

Le trésor des mots

▶ **Socle** *Maîtriser la structure, le sens et l'orthographe des mots*

ÉTYMO Étymologiquement, un courtisan est quelqu'un qui vit dans une cour royale : que signifie aujourd'hui l'expression « se comporter en courtisan » ? Quel lien cela a-t-il avec cette fable ?

Écriture

▶ **Socle** *Utiliser l'écrit pour penser et pour apprendre*

À votre avis, la morale de cette fable est-elle encore actuelle ? Rédigez un paragraphe en justifiant votre point de vue à l'aide d'exemples.

Voutch
(né en 1958)

Voutch est un dessinateur français. Ses dessins d'humour dénoncent les travers du monde de l'entreprise et de la communication.

Lecture d'image

▶ **Socle** *Établir des liens entre des productions littéraires et artistiques issues de cultures et d'époques diverses*

A Expliquez en quoi consiste l'humour de ce document (dessin et texte).
B Quel lien pouvez-vous faire avec la fable de La Fontaine ?

VOUTCH, *Le Monde merveilleux de l'entreprise*, Le Cherche Midi, 2015.

— C'est l'heure de votre histoire drôle, M. Le Président-Directeur Général.

3 • Sommes-nous des moutons de Panurge ?

Lire comprendre interpréter

Instincts grégaires en tous genres

Les caprices de la mode

Montesquieu
(1689-1755)

Ce philosophe français a contribué à la diffusion des idées des Lumières.

Les Lettres persanes *est un roman par lettres : dans leur correspondance, le Persan Usbek et son ami Rica, en voyage en Europe, regardent d'un œil faussement naïf la société française du XVIIe siècle.*

Rica à Rhedi,

À Venise

Je trouve les caprices de la mode, chez les Français, étonnants. Ils ont oublié comment ils étaient habillés cet été ; ils ignorent encore plus comment ils le seront cet hiver. Mais, surtout, on ne saurait croire combien il en coûte à un mari pour mettre sa femme à la mode.

Que me servirait de te faire une description exacte de leur habillement et de leurs parures ? Une mode nouvelle viendrait détruire tout mon ouvrage, comme celui de leurs ouvriers, et, avant que tu eusses reçu ma lettre, tout serait changé.

Une femme qui quitte Paris pour aller passer six mois à la campagne en revient aussi antique que si elle s'y était oubliée trente ans. Le fils méconnaît[1] le portrait de sa mère, tant l'habit avec lequel elle est peinte lui paraît étranger ; il s'imagine que c'est quelque Américaine[2] qui y est représentée, ou que le peintre a voulu exprimer quelqu'une de ses fantaisies.

Quelquefois, les coiffures montent insensiblement, et une révolution les fait descendre tout à coup. Il a été un temps que leur hauteur immense mettait le visage d'une femme au milieu d'elle-même. Dans un autre, c'étaient les pieds qui occupaient cette place : les talons faisaient un piédestal[3] qui les tenait en l'air. Qui pourrait le croire ? Les architectes ont été souvent obligés de hausser, de baisser et d'élargir leurs portes, selon que les parures exigeaient d'eux ce changement, et les règles de leur art ont été asservies à ces caprices. On voit quelquefois sur un visage une quantité prodigieuse de mouches[4], et elles disparaissent toutes le lendemain. Autrefois, les femmes avaient de la taille et des dents[5] ; aujourd'hui, il n'en est pas question. Dans cette changeante nation, quoi qu'en disent les mauvais plaisants, les filles se trouvent autrement faites que leurs mères.

Il en est des manières et de la façon de vivre comme des modes : les Français changent de mœurs selon l'âge de leur roi. Le monarque pourrait même parvenir à rendre la nation grave, s'il l'avait entrepris. Le Prince imprime le caractère de son esprit à la Cour ; la Cour, à la Ville ; la Ville, aux provinces. L'âme du souverain est un moule qui donne la forme à toutes les autres.

De Paris, le 8 de la lune de Saphar[6], 1717

MONTESQUIEU, *Lettres persanes*, 1721.

La clé des mots

caprices signifie « changements imprévisibles et fréquents ».
• Quels « caprices de la mode » actuels pourriez-vous citer ?

1. ne reconnaît pas. 2. Indienne d'Amérique au visage peint. 3. socle de statue. 4. petites rondelles de tissu noir, semblables à des grains de beauté, dont les femmes ornaient leur visage par coquetterie. 5. allusion aux jupes montées sur des cerceaux qui cachaient la taille et aux fausses dents que mettaient certaines femmes. 6. nom oriental imaginé par Montesquieu.

Lecture d'image

▶ **Socle** *Lire des images – Établir des liens entre des productions littéraires et artistiques*

A Que montre la gravure ?

B Quel lien pouvez-vous établir entre cette gravure et le texte ? Expliquez.

Le trésor des mots

▶ **Socle** *Maîtriser la structure, le sens et l'orthographe des mots*

ÉTYMO « mœurs » (à prononcer comme « sœurs ») vient du latin *mores* : en vous aidant du texte, expliquez ce nom.

Lecture

▶ **Socle** *Élaborer une interprétation de textes littéraires*

1 Quel jugement Rica porte-t-il sur les « caprices de la mode » dans les lignes 1 à 25 ? Quels arguments développe-t-il ?

2 **a.** Quel caprice de la mode exprime le groupe de mots en vert ? celui en bleu ? Relevez d'autres passages soulignant chacun de ces caprices. **b.** Quel est l'effet produit sur le lecteur ? **c.** Quel est le procédé d'écriture employé ?

3 Les « caprices de la mode » tiennent-ils du comportement grégaire ? Expliquez.

4 **a.** De quoi est-il question dans le dernier paragraphe ? **b.** Quel lien faites-vous entre ce paragraphe et les précédents ? **c.** De quel texte du chapitre pouvez-vous rapprocher ce passage ? Pourquoi ?

5 Quel rôle le recours à la forme de la lettre joue-t-il dans ce texte ?

● Mode féminine en 1778 : caricature sur les coiffures extravagantes des dames à cette époque, gravure, 1778.

Écriture

▶ **Socle** *Utiliser l'écrit pour penser et pour apprendre*

Selon vous, que vise vraiment Montesquieu en imaginant cette lettre de Rica ? Développez votre point de vue.

Oral **EMC**

▶ **Socle** *Participer de façon constructive à des échanges oraux*

Pensez-vous que nos contemporains soient soumis à la mode comme les femmes du texte ? Échangez vos points de vue.

3 • Sommes-nous des moutons de Panurge ? / 75

Lire comprendre interpréter

Instincts grégaires en tous genres

INTERDISCIPLINARITÉ — EMI – HDA

Plaisirs des

Alexandre Vialatte
(1901-1971)

Il a créé le genre journalistique de la chronique.

Chaque semaine, Alexandre Vialatte a remis à différents journaux une chronique dans laquelle il livrait avec humour son avis sur un aspect de la société des années 1960.

Parmi d'autres calamités, les journaux annoncent les vacances. En grosse manchette, avec des sous-titres effrayants : « Trains complets », « Les embouteillages », « Les villes-étapes sont engorgées ». Cent mille gendarmes sur les routes, vingt hélicoptères, six mille trains, quatre ou
5 cinq millions de « *vacanciers* ». C'est [...] un bilan de catastrophes, « *et ce n'est pas encore le grand rush* ». L'homme fuit les HLM[1]. Comme l'invasion allemande. Fatigué de faire sécher ses chaussettes au dixième, sur une ficelle, à une fenêtre de banlieue, il a formé le rêve obsédant de les faire sécher au rez-de-chaussée, devant une tente inconfortable, dans un camp
10 de cent mille Parisiens. Il va chercher un terrain vague. Quelques orties, un peu de poussière et trois chardons. Pour y accrocher son transistor[2] et sa ficelle à sécher le linge. Tel est l'espoir de ce père de famille. Il ne va pas en villégiature[3], il transhume. Par troupeaux épais.

« *La sortie de Paris fluide.* » Voilà : l'homme est devenu fluide. Autrefois
15 il fut granuleux[4]. Chacun des grains comptait. Sa naissance et sa mort s'entouraient de mille cérémonies. Son mariage faisait mille histoires. On n'en finissait pas plus de chanter sur son cercueil. On n'imaginait pas que le bonheur de la masse fût autre chose que le bonheur de l'individu multiplié par un grand nombre. Nous avons changé tout cela ; il y a maintenant des
20 bonheurs de groupe qui se passent parfaitement de la joie de l'individu.

A. VIALATTE, *Chroniques de La Montagne,* 30 juin 1964, © Éditions Robert Laffont, 2000.

1. habitations à loyer modéré. 2. poste de radio. 3. vacances. 4. divisé en petits grains.

> **La clé des mots**
>
> Une **manchette** signifie **a.** l'extrémité de la manche d'une chemise **b.** un titre en gros caractères sur la première page d'un journal.
> • Quel est le sens du mot dans le texte ?

Lecture

▶ Socle *Élaborer une interprétation de textes littéraires*

1 **a.** De quel comportement grégaire est-il question dans cette chronique ? Expliquez.
   b. Relevez le passage qui évoque les moutons de Panurge.
2 Observez les chiffres au début du texte : quel effet produisent-ils ?
3 De quelle « tente » et de quel « camp » s'agit-il ?
4 Quel est le ton dominant dans le premier paragraphe ? Justifiez.
5 Quelle réflexion sur la société l'auteur fait-il dans le second paragraphe ? Expliquez.

Le trésor des mots

▶ Socle *Maîtriser la structure, le sens et l'orthographe des mots*

« Chronique » vient du grec *chronos*, « le temps ».
En vous appuyant sur le texte, expliquez ce qu'est une chronique journalistique.

grandes vacances

Jacques Tati
(1907-1982)

Cinéaste français, réalisateur des *Vacances de Monsieur Hulot*, *Mon oncle* et *Playtime*.

La première version du film de Jacques Tati, Les Vacances de Monsieur Hulot, *date de 1953, époque à laquelle les vacances populaires se généralisent en France. Selon Tati, « Monsieur Hulot est un personnage indépendant, que l'argent n'intéresse pas, étourdi, un inadapté dans une époque qui recherche ce qui est utile ».*

Histoire des arts

▶ **Socle** *Décrire et interpréter une œuvre d'art – Établir des liens entre des productions littéraires et artistiques*

A a. Identifiez M. Hulot sur le photogramme : qu'est-ce qui caractérise le personnage ? b. Décrivez la scène.

B Découvrez l'univers de Jacques Tati :
– sur le site officiel « Tativille », http://www.tativille.com/ en promenant le pointeur de la souris sur l'écran ;
– en visionnant un extrait du film sur le site www.allocine.fr.
a. Comment réagissez-vous devant cet univers ?
b. Cet univers est-il conformiste ? Expliquez.

C Comparez la vision des vacances dans la chronique et dans le film.

3 • Sommes-nous des moutons de Panurge ? / 77

Lire comprendre interpréter

Instincts grégaires en tous genres EMC EMI

Panurgisme médiatique

Des mots à la mode

Cet article a été publié dans le blog des correcteurs du journal Le Monde.

Une nette tendance moutonnière consiste à adopter les termes mis à la mode et à les utiliser au détriment d'autres, souvent à tort et à travers, donnant ce sentiment d'uniformité grise, cette impression qu'on lit et entend jour après jour les mêmes litanies, les mêmes tropaires[1].

5 Voici dans un premier temps quelques verbes intrusifs : ouvrez un journal, la radio ou la télé, il en tombera par poignées.

Et pour commencer, on ne présente plus *initier* et *entamer*, qui phagocytent goulûment tous les verbes indiquant le... commencement : *débuter, ouvrir, lancer, entreprendre, engager,* etc. Il vaut mieux limiter *initier* à « apprendre les rudiments de quelque chose à quelqu'un ». *Entamer*, quant à lui, devrait être réservé au sens de « enlever une partie de quelque chose », « prélever une première partie d'un tout ». C'est un terme qui devrait rester en cuisine (que l'on pense à l'entame). Il n'a échappé à personne que les gens ayant un pouvoir de décision tranchent beaucoup, et cela au détriment de moult[2] verbes qui feraient aussi bien l'affaire : *décider, choisir, se prononcer, juger, ordonner...* Mais non, il faut toujours que le journaliste reprenne une petite tranche de ce verbe qui multiplie les jugements de Salomon. On sait aussi que ledit journaliste n'analyse plus ni n'examine : non, il *décode* et *décrypte,* c'est plus classieux et valorisant : voilà pourquoi la presse n'arrête plus de « décoder ». De même, on *pointe* beaucoup dans la presse, comme avec une arme pointée sur d'autres verbes, envoyés du coup *ad patres*[3] : *noter, souligner, relever, signaler, montrer...* N'oublions pas *plancher,* issu de l'argot scolaire, qui envoie au tapis *travailler, réfléchir, cogiter* : *plancho ergo sum,* désormais. Avez-vous remarqué que *prévoir* tombe en désuétude[4], supplanté par *anticiper* ? Les deux sont pourtant loin d'être synonymes : considérer comme probable un événement futur n'a pas le même sens que prendre des dispositions par rapport à un événement considéré comme probable. Enfin, que dire de *clôturer,* qui met au piquet *clore, finir, terminer, achever, arrêter,* sinon qu'il faut renverser beaucoup de barrières sémantiques[5] ?

« Langue sauce piquante », blog des correcteurs du journal *Le Monde*, 2011.

1. litanies et tropaires sont des chants religieux.
2. nombreux.
3. expression signifiant « faire mourir ».
4. n'est plus employé.
5. barrières liées au sens.

Le trésor des mots

▶ **Socle** *Maîtriser la structure, le sens et l'orthographe des mots*

1 Dans la Bible, le roi Salomon, pour départager deux femmes qui se prétendent la mère d'un enfant, ordonne de faire couper l'enfant en deux. Que signifie « Ce verbe qui multiplie les jugements de Salomon » (l. 17) ?

2 « *Cogito, ergo sum* » : cette célèbre formule en latin de Descartes, philosophe français du XVIIe siècle, signifie : « Je pense, donc je suis. » Que signifie « *plancho ergo sum* » (l. 23) ?

3 « mettre au piquet » (l. 28) signifie « punir un enfant en le mettant debout face au mur ». Que signifie l'expression ici ?

Lecture
▶ Socle *Élaborer une interprétation de textes littéraires*

1 a. Qu'est-ce que le blog d'un journal ? b. « Langue sauce piquante » est un pseudonyme : qu'est-ce que cela signifie ? Comment comprenez-vous ce pseudonyme ?

2 a. « Faire intrusion » signifie « entrer dans un lieu où l'on n'est pas désiré » : que signifie dans le texte le groupe nominal « verbes intrusifs » (l. 5) ? b. Expliquez « phagocytent goulûment » (l. 7-8).

3 Expliquez le titre de l'article. Comment le panurgisme lexical se manifeste-t-il ?

4 a. Pour quelles raisons l'auteur critique-t-il l'emploi des verbes « initier » et « entamer », « plancher », « anticiper » ? b. Que signifie le verbe « clôturer » en dehors du langage médiatique ?

5 Quel est le ton de l'article ? Justifiez votre réponse avec des mots du texte.

Écriture
▶ Socle *Exploiter des lectures pour enrichir son écrit*

Choisissez un mot à la mode et présentez-le de façon humoristique, comme dans l'article.

Les journalistes disent-ils tous la même chose ?

Visionnez cette vidéo « La clé des médias » sur le site de France TV Éducation : http://education.francetv.fr/matiere/education-aux-medias/sixieme/video/les-journalistes-disent-ils-tous-la-meme-chose.

Oral
▶ Socle *Comprendre et interpréter des messages et des discours oraux complexes – Participer de façon constructive à des échanges oraux*

1 Expliquez ce que vous avez compris.

2 Qu'est-ce qu'un « angle journalistique » ?

3 Quel panurgisme cette vidéo dénonce-t-elle ?

4 Quelles réflexions cette vidéo vous amène-t-elle à faire sur les médias ? sur l'usage que vous devez en faire ?

5 Comparez des titres de presse dans des journaux ou des sites du même jour ou de la même semaine : que constatez-vous ?

Le Credo

TEXTE INTÉGRAL

Jacques Sternberg
(1923-2006)

Écrivain français auteur de nombreuses nouvelles, souvent fantastiques ou de science-fiction.

Il avait toujours été fasciné par la publicité à la télévision. Il n'en manquait jamais aucune, les jugeait pleines d'humour, d'inventivité, et même les films l'intéressaient moins que les coupures publicitaires dont ils sont lardés[1]. Et pourtant la pub ne le poussait guère à la consommation effrénée[2], loin de là. Sans être avare, ni particulièrement économe, il n'associait pas du tout la publicité à la notion d'achat.

Jusqu'au jour où il abandonna son apathie[3] d'avaleur d'images pour prendre quelque recul et constater que la plupart des pubs ménagères, alimentaires, vacancières ou banalement utilitaires étaient toutes, d'une façon ou d'une autre, fondées sur la notion du plus, de la réussite à tous les niveaux, de la santé à toute épreuve, de l'hygiène à tout prix, de la force et de la beauté obtenues en un seul claquement de doigt.

Or, il avait toujours vécu avec la conscience d'être un homme fort peu remarquable, ni bien séduisant, ni tellement laid, de taille moyenne, pas très bien bâti, plutôt fragile, pas spécialement attiré par les femmes et fort peu attirant aux yeux de ces mêmes femmes ; bref, il se sentait dans la peau d'un homme comme tant d'autres, anonyme, insignifiant, impersonnel.

Il en avait souffert parfois, il s'y était fait à la longue. Jusqu'au jour où, brusquement, toutes les publicités engrangées[4] lui explosèrent dans la tête pour se concentrer en un seul flash aveuglant, converger vers une volonté bouleversante qui pouvait se résumer en quelques mots : il fallait que cela change, qu'il devienne une bête de consommation pour s'affirmer un autre, un plus, un must[5], un extrême, un miracle des mirages[6] publicitaires.

Il consacra toute son énergie et tout son argent à atteindre ce but : se dépasser lui-même. Parvenir au stade suprême : celui d'homme de son temps, de mâle, de héros de tous les jours, tous terrains, toutes voiles dehors[7].

C'est sur le rasoir Gillette qu'il compta pour décrocher la perfection au masculin et s'imposer comme le meilleur de tous en tout dès le matin. La joie de vivre, il l'ingurgita en quelques minutes grâce à deux tasses de Nescafé. Après s'être rasé, il s'imbiba de Savane, l'eau de toilette aux effluves sauvages qui devaient attirer toutes les femmes, à l'exception des laiderons, évidemment. Et pour mettre encore plus d'atouts dans son jeu, en sortant de son bain, il s'aspergea de City, le parfum de la réussite. Sans oublier d'avaler son verre d'eau d'Évian, la seule qui devait le mener aux sources pures de la santé. Il croqua ensuite une tablette de Nestlé, plus

• Publicité de 1958.

80

Affiche publicitaire italienne, années 1960.

fort en chocolat, ce qui ne pouvait que le rendre plus fort dans la vie. [...] Et termina par quelques gorgées de Contrex, légendaire contrat du bonheur. Il eut la prudence de mettre un caleçon Dim, celui du mâle heureux. Sa chemise avait été lavée par Ariel qui assurait une propreté insoutenable repérable à cent mètres. Il rangea ses maigres fesses dans un Levi's pour les rendre fascinantes à chaque mouvement. Il enfila ses Nike à coussins d'air, avec la conscience de gagner du ressort pour toute la journée. Son blouson Adidas lui donna un supplément d'aisance, celle des jeunes cadres qui vivaient entre jogging et marketing.

Avant de sortir pour aller au bureau, il vida une bouteille de Coca-Cola pour sentir lui couler dans les veines la sensation Coke, il croqua ensuite une bouchée Lion qui le fit rugir de bonheur et le gorgea[8] d'une bestiale volonté de défier le monde de tous ses crocs. Il ne lui restait plus qu'à poser sur son nez ses verres solaires Vuarnet, les lunettes du champion, et d'allumer une Marlboro, la cigarette de l'aventurier toujours sûr de lui, que ce soit dans la savane ou sur le périphérique.

Lesté, des yeux aux pieds, de tous ces ingrédients de choc, il aborda sa journée de morne travail aux assurances en enlevant avec brio quelques affaires en suspens depuis des semaines et constata que plusieurs employées se retournaient sur son passage dans les corridors, sans compter que l'une d'elles lui avait adressé quelques mots.

Il quitta le bureau au milieu de l'après-midi pour aller dans un pub voisin où il commanda un Canada Dry, le dégustant avec la mâle assurance du buveur de whisky certain de ne pas dévier dans l'ivresse. Et rien qu'en jetant un vague regard derrière lui, il repéra immédiatement une jeune femme qui lui sembla digne de se donner à lui. Elle était très joliment faite, un peu timide sans doute, mais l'air pas trop farouche et fort mignonne. Pour un homme peu habitué à la drague, il avait eu du flair et le coup d'œil. Grâce à Pink, Floc, Crash, Zoung, Blom ou Scratch sans doute.

1. entrecoupés.
2. sans limite.
3. sa passivité.
4. accumulées.
5. ce qu'il faut absolument avoir pour être à la mode.
6. illusions.
7. avec puissance.
8. le remplit complètement.

3 • Sommes-nous des moutons de Panurge ? / 81

Lire comprendre interpréter

Lire et échanger sur des œuvres complètes

Sans hésiter, il l'invita à prendre un verre à sa table. Elle le regarda de haut en bas, eut presque l'air de le humer, accusa alors un léger mouvement de recul impressionné.

« M'asseoir à votre table ? dit-elle d'une voix essoufflée. Je n'oserais jamais. Vous êtes vraiment trop pour moi. »

Il la rassura, l'enjôla[9], la cajola du regard, de la parole, et, à peine une heure plus tard, il se retrouvait avec elle dans son petit appartement de célibataire. Il lui servit un verre de Martini blanc, ne prit rien et lui demanda de l'excuser un petit instant après lui avoir délicatement effleuré les lèvres. Il ressentait le besoin de se raser de près.

Il entra dans la minuscule salle de bains où la jeune femme subjuguée, le suivit. Il s'aspergea de mousse à raser Williams surglobulée par l'anoline R4[10] diluée dans du menthol vitaminé, puis il prit son rasoir Gillette et vit sa compagne se décomposer.

« Non, balbutia-t-elle, oh ! non ! Moi qui croyais que vous seriez mon idéal... mon rêve de perfection masculine... Mais ce n'est pas avec un Contour Gillette que vous vous rasez, c'est avec un Gillette G. II... Rien ne sera jamais possible... »

Il n'eut même pas le temps de la rattraper, déjà elle avait ouvert et refermé la porte derrière elle.

J. STERNBERG, « Le Credo » in *Douze Nouvelles contemporaines*, © Belin Gallimard, 2015.

9. la séduisit.
10. produit de soin pour la peau.

Lecture

▶ Socle *Lire des œuvres littéraires*

Après lecture intégrale de la nouvelle, répondez au brouillon aux questions suivantes, seul(e) ou en binômes.

1. Quelle clé de lecture de la nouvelle la fin du texte livre-t-elle ? Expliquez.
2. **a.** L. 13 à 17 : Quelle image du personnage se dégage de ce portrait ?
3. Quelles attitudes successives le personnage a-t-il face à la publicité ?
4. L. 31 à 60 **a.** Quels slogans publicitaires repérez-vous ? **b.** Quel effet ces lignes produisent-elles sur le lecteur ? Pourquoi ?
5. Les personnages de la nouvelle se comportent-ils en moutons de Panurge ? Justifiez votre réponse.
6. Relevez plusieurs passages ironiques : quels procédés d'écriture expriment cette ironie ?
7. Un « credo », du latin « je crois », désigne une croyance religieuse en quelqu'un ou quelque chose : expliquez le titre de la nouvelle.
8. Cette nouvelle est une nouvelle à chute : expliquez ce que cela signifie.

Lecture d'image

▶ Socle *Lire des images – Établir des liens entre des productions littéraires et artistiques*

1. Quel est le message publicitaire délivré dans les affiches p. 80 et 81 ? Expliquez.
2. Faites une lecture comparée du texte et des publicités.

Écriture

▶ Socle *Utiliser l'écrit pour penser et pour apprendre*

Partagez-vous la vision de la publicité présentée par la nouvelle ? Développez votre réponse.

Oral (EMC) (EMI)

▶ Socle *S'exprimer de façon maîtrisée en s'adressant à un auditoire – Participer de façon constructive à des échanges oraux*

Choisissez une publicité et analysez-la en faisant preuve d'esprit critique. Dites : **a.** comment elle met en valeur le produit ; **b.** quel est le public visé ; **c.** quel message elle délivre.

Parcours de lecture guidé

▶ Socle *Lire des œuvres littéraires*

Voltaire, *Jeannot et Colin*

Lisez *Jeannot et Colin* en intégralité.

Voltaire (1694-1778)

Cet écrivain et penseur du Siècle des Lumières a lutté pour la liberté d'expression et la tolérance, contre le fanatisme religieux et le pouvoir absolu.

Activité 1

Comprendre et interpréter l'ironie

• Par petits groupes :
– étudiez un des deux thèmes proposés en vous aidant des questions ;
– organisez la présentation de votre thème (citations du texte à l'appui) ;
– présentez votre travail à la classe en veillant à manifester des compétences orales.

Thème A
Le rôle de l'argent dans la société du XVIIIe siècle

1. « *Les lecteurs qui aiment à s'instruire … dans le beau monde.* »
   a. Comment M. et Mme Jeannot ont-ils fait fortune puis ont-ils été anoblis ?
   b. La raison de leur ascension sociale est-elle expliquée ouvertement ou faut-il la deviner ?
   c. Quel est le jugement porté sur l'argent ? Est-il explicité ou se manifeste-t-il par antiphrase ?
2. Face à l'argent, quel est le comportement
   a. des nobles ? b. des bourgeois du tiers-état ? Qui garde son indépendance ? Qui se laisse influencer par les autres ?
3. À qui la sympathie de l'auteur va-t-elle ?

Thème B
La vanité sociale à la fin du XVIIIe siècle

1. Que signifie « *la vanité* » ? Comment la vanité de Jeannot se manifeste-t-elle ?
2. « *Le temps de leurs études … la pompe de sa gloire* »
   a. Quel phénomène social, de plus en plus fréquent depuis le XVIIe siècle, est exposé ici ?
   b. Comment l'ascension sociale de Jeannot se manifeste-t-elle ?
   c. Les phrases sont-elles enchaînées par juxtaposition ou coordination ? Quelle caractéristique de l'ascension sociale de Jeannot est ainsi exprimée ?
3. « *Le père et la mère … à danser* » À quoi l'éducation d'un jeune noble devait-elle servir ?
4. « *Une jeune veuve de qualité … dont il était aimé* » Quel est l'intérêt du mariage pour la jeune femme ? pour Jeannot ?
5. Quel est le métier de Colin à la fin du conte ? À quel ordre social (noblesse, clergé, tiers-état) Colin appartient-il ? Comparez son comportement à celui des autres personnages.

• Analysez collectivement le comportement des personnages, en vous aidant de ces questions :
– en quoi leur comportement est-il grégaire ?
– qu'est-ce qui les amène à avoir ce comportement ?
– quel jugement le narrateur porte-t-il sur ces comportements ? Sur quel ton le fait-il ?
– comment comprenez-vous la dernière phrase ?

Activité 2

Comprendre un conte philosophique
Échange oral

1. Quels éléments du texte font penser à un conte merveilleux ?
2. Sur quels points de critique sociale ce conte fait-il réfléchir le lecteur ?
3. Élaborez une définition du conte philosophique.

Expression écrite

Quelle réflexion personnelle ce conte philosophique vous amène-t-il à faire ? À votre avis, le conte de Voltaire est-il encore d'actualité ?

3 • Sommes-nous des moutons de Panurge ? / 83

Pratiquer l'oral

Dire un poème à deux voix

▶ Socle *Exploiter les ressources expressives et créatives de la parole*

L'écho du poète

Cerveaux béants

Poème satirique et critique sur la pensée unique
Poème sur les cerveaux sans pensées qui tournent en boucle

David Myriam
(né en 1969)

David Myriam est un artiste engagé, spécialiste de dessins et d'animations de sable, créateur d'œuvres dérangeantes et satiriques.

Cerveaux qui se dévident en pelote[1]
pas un fil, plus rien
pas même une petite crotte
juste un grand trou noir
5 béant
ouvert sur un grand vide
ouvert à n'importe quoi
prêt à se remplir de la moindre camelote[2]
Cerveaux béants[3]
10 ouverts sur le néant
offerts à tous les vents
à tous les courants d'air
contradictoires éphémères
au dépotoir d'imaginaire [...]
15 Pensées branchées
court-circuitées
en réseaux contrôlés
certifiés conformes
en liberté surveillée
20 toutes seules dans les normes
mornes
sans formes
garde à vous
uniformes [...]

25 Débrancher les cerveaux
démonter les créneaux
laisser tourner en roue libre
quelques tours en poète
un vélo dans la tête
30 découvrir d'autres fibres
d'autres optiques
laisser parler le mystère
les idées utopiques
s'offrir un appel d'air
35 pour notre cerf-volant
rapide comme l'éclair
capter les lueurs du ciel
absorber la foudre et le vent
virer sur l'océan
40 faire le tour de la Terre
pour une vision au large
lancer des rayons de soleil
voguer hors des marges
devenir un messager
45 un oiseau voyageur
un ange permanent
un cerveau vivant

D. MYRIAM,
www.art-engage.net, 2005.

---

1. qui se déroulent comme une pelote de laine. 2. marchandise de mauvaise qualité. 3. grands ouverts.

Par binômes, préparez la mise en voix du poème en vous aidant des questions.

Vers 1 à 24

1 **a.** Quelle image du cerveau les mots en rouge donnent-ils ? **b.** Repérez tous les autres mots qui créent la même vision.

2 Repérez **a.** des passages particulièrement ironiques. **b.** des mots exprimant un comportement grégaire : que dénonce le poème ?

Vers 25 à la fin

3 **a.** Quelle rupture les mots en bleu expriment-ils ? **b.** Repérez tous les autres mots qui créent la même vision dans les vers 25 à 47. **c.** Quel message d'espoir est lancé ?

4 Entraînez-vous à mettre en voix le poème, en soulignant la rupture de ton entre les deux parties.

5 Mémorisez le texte et récitez-le en respectant la rupture de ton.

Expliquer un article de presse et en débattre

▶ Socle Participer de façon constructive à des échanges oraux

INTERDISCIPLINARITÉ
EMI – EMC – SVT

Manger ou être mangé, le dilemme du mouton

L'imitation est un comportement adopté par plusieurs espèces. Mais il n'est pas l'apanage des animaux.

Au village, sans prétention, les moutons ont mauvaise réputation. On les suspecte de suivre leurs congénères sans jamais se poser de questions, jusqu'à se jeter dans l'eau les uns après les autres. Et tous y périr. Qu'ils sont bêtes ces moutons de Panurge, à s'imiter jusque dans la mort ! […]

« Loin d'être de la bêtise comme le veut la croyance populaire, le mimétisme chez les moutons représente une forme primaire d'intelligence collective, estime Guy Theraulaz[1]. L'étude de ces comportements est importante, afin de comprendre les décisions de chaque individu au sein d'un groupe. Cela vaut pour de nombreuses espèces qui vivent en groupe, comme les bancs de poissons, les vols d'oiseaux ou encore les troupeaux. Dans tous ces cas, une intelligence collective se dégage. C'est elle, par exemple, qui permet aux fourmis de coordonner leurs activités, afin de construire des nids relativement complexes. »

Et chez l'homme, un tel comportement est-il encore à l'œuvre ? « Oui, répond Guy Theraulaz. Mais lorsque nous imitons, à la différence des moutons, nous le faisons à 100 %, sans réfléchir. Si dans la rue plusieurs personnes regardent dans une même direction, des études ont montré que les passants s'arrêtent pour faire de même. La propagation des rumeurs sur les réseaux sociaux suit exactement le même principe. Les gens s'imitent en partageant les mêmes contenus, sans aucun filtre analytique. »

B. BEAUTÉ, *La Tribune de Genève*, 12 octobre, 2015.

● Un banc de poissons.

[1]. chercheur au Centre de recherche sur la cognition animale.

À partir de l'article, interrogez-vous sur le comportement grégaire des êtres humains, ses dangers et les moyens d'y remédier.

CONSEILS
- Par petits groupes,
  – lisez l'article, cherchez le sens des mots inconnus ;
  – listez des arguments et des exemples pour nourrir le débat : intelligence collective animale, situations où les êtres humains se comportent comme des moutons, dangers de ces comportements, moyens de les éviter.
- Collectivement, échangez vos idées qui se nourriront aussi des textes et images étudiés dans le chapitre.

Pratiquer l'écrit

A Travailler la langue pour préparer et améliorer l'écrit

Lexique

Le comportement grégaire

1 Ces noms et GN sont-ils synonymes ou antonymes de « conformisme » ?

originalité **excentricité** **autonomie** **indépendance d'esprit** **discernement** **jugement personnel**

a. Proposez une définition de ces adjectifs. **b.** Quel est l'intrus ?

servile **docile** **lucide** **soumis** **malléable** **résigné** **influençable**

c. Employez trois d'entre eux, chacun dans une phrase qui en révèle le sens.

2 Parmi ces GN synonymes de « passion collective », lesquels évoquent **a.** la religion ; **b.** la maladie ?
engouement collectif – fièvre collective – délire collectif – ferveur collective – enthousiasme collectif

3 a. Parmi ces animaux, lesquels évoquent un comportement grégaire ?
le singe – le perroquet – la fourmi – l'aigle – le lion – le mouton

b. Complétez les phrases avec un des noms d'animaux retenus.
1. Il emploie tous les mots à la mode, tel ... .
2. Véritable ... des mannequins, il porte des vêtements vantés par les magazines de mode.
3. En ... docile, elle ne pose aucune question, obéissant aux ordres de ses supérieurs.
4. Ils hurlent, bêlent, applaudissent ou sifflent avec la foule, comme de véritables ... .

4 a. Dans quel contexte emploie-t-on ces verbes ou groupes verbaux ?
encenser – adorer – vénérer – vouer un culte à – idolâtrer

b. Employez chaque verbe dans une phrase où il aura un sens figuré en lien avec un comportement grégaire.

5 Parmi ces groupes verbaux, chassez l'intrus.
suivre la mode – se plier à la mode – être prisonnier de la mode – lancer la mode – se conformer à la mode

6 a. Ces expressions sont-elles synonymes ou antonymes ? **b.** S'emploient-elles pour un comportement grégaire ou indépendant ?
aveuglément – sans discernement – à l'aveugle – de façon irréfléchie – avec passivité – avec apathie

7 Associez chaque adjectif à sa définition.
Adjectifs : **a.** conformiste ; **c.** intolérant ;
b. fanatique ; **d.** intégriste.

Définitions :
a. qui suit sans réflexion ni mesure une personne, un groupe, un mouvement d'idées ;
b. qui suit aveuglément les mœurs et façons de penser de son milieu et de son époque ;
c. qui n'admet pas les mœurs et façons de penser des autres ;
d. qui refuse toute évolution en matière de politique ou de religion.

Le vocabulaire de l'ironie

8 a. Cherchez si besoin le sens de ces verbes :
se moquer de – railler – ironiser sur – se gausser de – brocarder – louer – se rire de

b. Quel est l'intrus ?
c. Donnez, quand c'est possible, le nom de la même famille.
d. Employez trois des verbes ou des noms, chacun dans une phrase, pour vous moquer d'un comportement grégaire.

9 a. Vérifiez le sens de ces adjectifs :
dérisoire – détestable – inutile – méprisable – oiseux – ridicule – risible – vain – vil

b. Récrivez les phrases en les complétant par un de ces adjectifs que vous accorderez. Attention, parfois plusieurs solutions sont possibles.
1. Accoutré de la sorte, cet homme est ... .
2. Passer ses jours devant une console de jeu ne sert à rien ; c'est une activité ... .
3. Il collectionne les objets ... pour avoir l'air à la mode.
4. Ses efforts pour être comme tous les autres restent ... .
5. Il a la ... habitude de railler tous ceux qui sont originaux.
6. Les matchs de football peuvent déclencher de ... instincts de violence.
7. Son attitude de courtisan asservi est ... .

Orthographe

Les accords complexes des verbes avec leur sujet

▶ Leçon p. 346

1 Récrivez le texte en accordant les verbes avec leur sujet au temps indiqué.

Les cours de notre siècle ne (savoir, conditionnel présent) se passer d'une certaine espèce de courtisans. Ces gens au comportement bien singulier (avoir, présent de l'indicatif) l'oreille des plus grands princes, aucun d'eux ne (sortir, présent de l'indicatif) du Louvre ou du Château. Les courtisans, peuple plein d'arrogance, y (marcher, présent de l'indicatif) et y (agir, présent de l'indicatif) comme chez eux.

D'après J. DE LA BRUYÈRE, *Caractères*, « De la cour », 1688.

2 Récrivez les phrases en entourant les pronoms sujets et en accordant les verbes avec leur sujet au temps de l'indicatif indiqué.
1. Qui (régler, présent) les hommes dans leur alimentation ? 2. Les uns (commencer, présent) leurs repas par des fruits, et d'autres les (finir, présent) ainsi. 3. Personne ne (pouvoir, futur) se libérer de cette pression sociale. 4. On (se presser, imparfait) sur les autoroutes. 5. Chacun (croire, imparfait) être original. 6. Nul ne (se démarquer, imparfait) de son voisin. 7. Rien ne lui (plaire, imparfait) que se conformer aux modes.

3 Récrivez le texte en soulignant d'un trait les GN sujets et de deux traits les pronoms sujets et accordez les verbes avec leur sujet au temps indiqué.

De tous ceux qui (s'empresser, présent de l'indicatif) auprès des grands et qui leur (faire, présent de l'indicatif) la cour, un petit nombre les (honorer, présent de l'indicatif) dans le cœur, un grand nombre les (rechercher, présent de l'indicatif) par des vues d'ambition et d'intérêt, et certains les (flatter, présent de l'indicatif) par une ridicule vanité.

D'après LA BRUYÈRE, *Caractères*, « De la cour », 1688.

4 Corrigez ce passage écrit par un élève distrait.

> M. Toutlemonde imitais ses voisins en tout. Rien ne lui échappai, tous leurs achats devenait un modèle à suivre. Personne n'osaient lui en faire le reproche mais tous se gaussais de lui tant son comportement frôler le délire. L'ensemble de ses attitudes prêtaient le flanc à la critique.

Grammaire

Des procédés d'ironie : l'hyperbole par le superlatif

▶ Leçons p. 305, 358, 362

5 Récrivez les phrases en mettant les adjectifs au superlatif de supériorité et en les accordant.
1. Voici la (grand) hystérie collective de tous les temps ! 2. Il manifeste à l'égard de la publicité une addiction (ruineux). 3. Son comportement envers les puissants est (servile). 4. Quel (bon) exemple d'aveuglement que son goût immodéré pour les musiques à la mode ! 5. Ces consommateurs (crédule) sont une proie des (aisé) pour les publicitaires. 6. La frénésie de cette foule a été la (mauvais) qu'on puisse imaginer.

Des procédés d'ironie : l'hyperbole par l'expression de la conséquence

6 Récrivez les phrases en vous aidant de deux des modèles ci-dessous pour chaque phrase.
A. Il mange tant de glaces qu'il en éclate. B. Il mange glace sur glace si bien qu'il en éclate. C. Il mange glace sur glace au point d'en éclater. D. Il mange des glaces avec une telle voracité qu'il en éclate.
1. Il achète avec frénésie ; ses placards débordent. 2. Elle adule son idole ; elle se ruine en billets de spectacle. 3. Les vacanciers s'agglutinent tous sur la même plage ; ils en cachent le sable. 4. Ils partagent un engouement pour le football ; ils ne parlent que de cela.

Des procédés d'ironie : l'antithèse par l'expression de l'opposition

7 Récrivez les couples de phrases en exprimant l'opposition ; employez pour chaque phrase deux de ces modèles.
*Il est dépourvu d'originalité. Il aime parader. → A. Il est dépourvu d'originalité. **Pourtant**, il aime parader. B. **Bien qu'**il soit dépourvu d'originalité, il aime parader. C. **Bien que sans** originalité/ **Bien qu'étant sans** originalité, il aime parader.*
1. Il n'aime pas le rugby. Il va au stade pour faire comme tout le monde. 2. Il ne fait aucun exercice. Il se prétend fou de sport. 3. Elle manque d'esprit. Elle veut briller en société. 4. Il ne sait pas skier. Il veut passer pour un champion. 5. Elles dévorent les magazines de mode. Elles ne savent pas s'habiller.

Pratiquer l'écrit

▶ Socle *Adopter des stratégies et des procédures d'écriture efficaces*

B Écrire et récrire

Sujet : Rédiger un article de blog ou une chronique pour dénoncer un comportement grégaire de notre époque

ÉTAPE 1 ▶ Préparer l'écrit

1. Organisez-vous par binômes ou par petits groupes et cherchez des idées pour :
– le comportement grégaire à dénoncer ;
– une ou deux situations au cours desquelles se manifestera ce comportement grégaire.

2. Préparez la construction de l'article en tenant compte de la consigne 1 :
– le comportement grégaire : le présenterez-vous dès le début ou ménagerez-vous la surprise ?
– des exemples de manifestations de ce comportement ;
– les personnages à caricaturer ;
– une formule finale adressée au lecteur.

ÉTAPE 2 ▶ Rédiger au brouillon

3. Rédigez votre article au brouillon, si possible en traitement de texte.
Pensez à :
– rendre ridicule le comportement grégaire ;
– employer des procédés d'ironie : antiphrase, hyperbole, métaphore, accumulation…

ÉTAPE 3 ▶ Améliorer le brouillon en mobilisant les ressources de la langue

La construction du récit

4. Vérifiez les points suivants et corrigez-les si nécessaire.

Mon article dénonce-t-il un comportement grégaire ?	☐ oui	☐ non
Mon article comporte-t-il plusieurs exemples de ce comportement ?	☐ oui	☐ non
Mon article comporte-t-il des procédés d'ironie ?	☐ oui	☐ non
Mon article comporte-t-il une formule finale adressée au lecteur ?	☐ oui	☐ non

L'écriture du récit

5. Améliorez votre récit en veillant à :

	Aidez-vous des exercices…
• exprimer le comportement grégaire	❶ à ❼ p. 86
• exprimer l'ironie	❽ et ❾ p. 86 et ❺ à ❼ p. 87
• respecter l'accord des verbes avec leur sujet	❶ à ❹ p. 87

ÉTAPE 4 ▶ Rédiger au propre et se relire

6. Recopiez votre texte au propre ou reprenez-le en traitement de texte.
Relisez-le plusieurs fois en échangeant avec un(e) de vos camarades pour vérifier successivement :
– la ponctuation (p. 372) et les codes de l'écrit (p. 339) ;
– l'accord des verbes avec leur sujet ;
– l'orthographe du vocabulaire du comportement grégaire et de l'ironie.

Construire le bilan

▶ Socle *Les méthodes et outils pour apprendre*

Qu'ai-je appris ?

L'ironie en littérature et dans l'art

1 **a.** Situez sur la frise les écrivains et les genres des textes ironiques étudiés. **b.** Quel texte ou document vous a le plus marqué(e) ? Expliquez pourquoi.

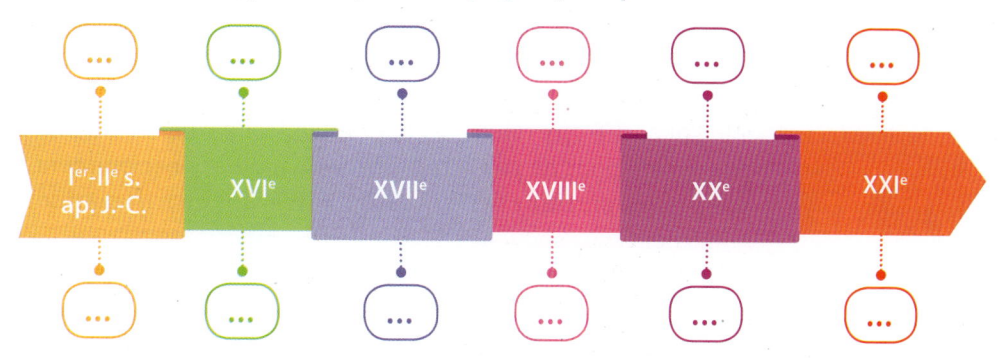

Ier-IIe s. ap. J.-C. | XVIe | XVIIe | XVIIIe | XXe | XXIe

2 **a.** Donnez la définition des procédés d'ironie suivants : l'antiphrase, l'hyperbole, la comparaison, la métaphore. **b.** Feuilletez le chapitre pour proposer un exemple illustrant chaque procédé.

3 **a.** Qui est le réalisateur des *Vacances de Monsieur Hulot* ? **b.** Citez deux dessinateurs humoristes.

Qu'avons-nous compris ?

La dénonciation des comportements grégaires

Recopiez la carte mentale suivante et placez-y les titres des textes et des documents étudiés. Un même titre peut convenir à plusieurs étiquettes. Oralement, confrontez et justifiez vos réponses.

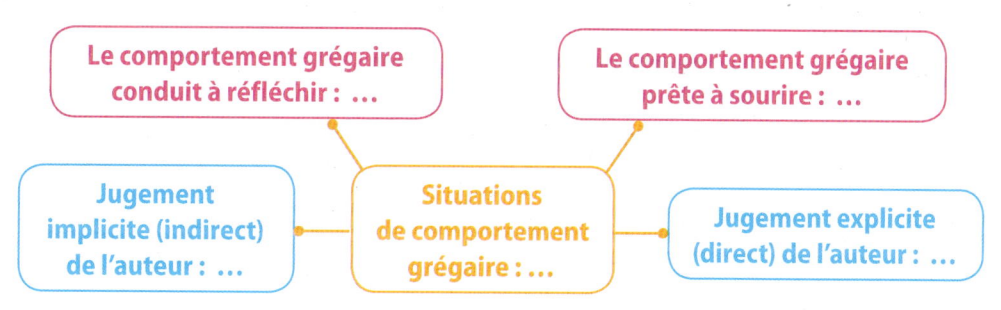

- Le comportement grégaire conduit à réfléchir : …
- Le comportement grégaire prête à sourire : …
- Jugement implicite (indirect) de l'auteur : …
- Situations de comportement grégaire : …
- Jugement explicite (direct) de l'auteur : …

Je rédige mon bilan [EMC]

▶ Socle *Utiliser l'écrit pour penser et pour apprendre*

Quelle(s) réflexion(s) les textes et documents de ce chapitre vous ont-ils amené(e) à faire à propos des attitudes de nos contemporains et de vos propres comportements ? Développez votre réponse en donnant des exemples.

Évaluer ses compétences et se préparer au BREVET

I. Analyse et interprétation de textes et de documents, maîtrise des différents langages

A. Texte littéraire

Les personnages principaux sont un couple de jeunes qui vivent à Paris où ils sont enquêteurs pour un institut de sondage.

Avec leurs amis, la vie, souvent, était un tourbillon. Ils étaient toute une bande, une fine équipe. Ils se connaissaient bien ; ils avaient, déteignant les uns sur les autres, des habitudes communes, des goûts, des souvenirs communs. Ils avaient leur vocabulaire, leurs signes,
5 leurs dadas. Trop évolués pour se ressembler parfaitement, mais, sans doute, pas encore pour ne pas s'imiter plus ou moins consciemment, ils passaient une grande partie de leur vie en échanges. Ils s'en irritaient souvent ; ils s'en amusaient plus souvent encore.

Ils appartenaient, presque tous, aux milieux de la publicité. Certains, pour-
10 tant, continuaient, ou s'efforçaient de continuer de vagues études. Ils s'étaient rencontrés, la plupart du temps, dans les bureaux tape-à-l'œil ou pseudo-fonctionnels des directeurs d'agence[1]. Ils écoutaient ensemble, en crayonnant agressivement sur leurs buvards, leurs recommandations mesquines[2] et leurs plaisanteries sinistres ; leur mépris commun de ces nantis[3], de ces profiteurs,
15 de ces marchands de soupe, était parfois leur premier terrain d'entente. [...]

Les uns et les autres, ils étaient aisément identifiables. [...] Leurs appartements, studios, greniers, deux-pièces de maisons vétustes[4], dans des quartiers choisis – le Palais-Royal, la Contrescarpe, Saint-Germain, le Luxembourg, Montparnasse[5] – se ressemblaient : on y retrouvait les mêmes
20 canapés crasseux, les mêmes tables dites rustiques, les mêmes amoncellements de livres et de disques, vieux verres, vieux bocaux, indifféremment remplis de fleurs, de crayons, de menue monnaie, de cigarettes, de bonbons, de trombones. Ils étaient vêtus, en gros, de la même façon, c'est-à-dire avec ce goût adéquat[6] qui, tant pour les hommes que pour les femmes, fait tout
25 le prix de[7] *Madame Express*[8] et par contrecoup, de son époux. D'ailleurs, ils devaient beaucoup à ce couple modèle.

G. PEREC, *Les Choses : Une histoire des années soixante*, Julliard, 1965.

1. agences de publicité.
2. sans importance.
3. gens riches.
4. en mauvais état.
5. quartiers de Paris à la mode dans les années 1960.
6. qui convient.
7. qui crée le succès.
8. magazine féminin à la mode chez les intellectuels de l'époque.

Questions (20 points)

Sur le texte littéraire

1. Quelles sont les principales caractéristiques des personnages du texte ? (2 pts)
2. Par quels mots les personnages sont-ils désignés ? À quelle classe grammaticale la majorité de ces mots appartient-elle ? Quel est l'effet produit ? (3 pts)
3. Qu'est-ce qui caractérise le mode de vie des personnages et leurs relations ? Quels procédés d'écriture soulignent ce mode de vie ? Développez votre réponse. (3 pts)
4. Quel rôle la publicité et les médias jouent-ils dans la vie des personnages ? (2 pts)
5. Quel est le « couple modèle » (l. 26) pour les personnages ? (1 pt)
6. **a.** Quel est le comportement des personnages ? **b.** L'auteur apprécie-t-il ou dénonce-t-il leur comportement ? Développez votre réponse en vous appuyant sur des procédés d'écriture. (3 pts)
7. Proposez un titre pour le texte et justifiez votre choix. (2 pts)

BREVET

B. Image

Sur le texte et l'image

8 Quelle atmosphère se dégage, selon vous, de cette photographie ? (2 pts)

9 Quel lien pouvez-vous établir entre cette photographie et le texte de Perec ? Expliquez. (2 pts)

• P. BOULAT, *Jeunes gens portant des pulls amples*, photographie, 1960.

II. Rédaction et maîtrise de la langue

1. a. Dictée préparée (5 pts)

Afin de vous préparer à la dictée de l'extrait, en binômes, discutez pour :
– justifier les accords à faire pour les verbes entre parenthèses ;
– expliquer les accords des mots soulignés.

<u>Accroupis</u> au pied d'un mur, trois hommes (*manger, imparfait de l'indicatif*) du pain qu'ils (*mouiller, imparfait de l'indicatif*) d'un peu d'huile. Des enfants (*courir, imparfait de l'indicatif*). Une femme, entièrement <u>drapée</u> dans un voile noir ou violet qui lui (*recouvrir, imparfait de l'indicatif*) même les yeux, (*se glisser, imparfait de l'indicatif*) parfois d'une maison à l'autre. Les terrasses des deux cafés (*déborder, imparfait de l'indicatif*) largement sur la rue. Un haut-parleur (*diffuser, imparfait de l'indicatif*) de la musique arabe.

G. PEREC, *Les Choses : Une histoire des années soixante*, Julliard, 1965.

1. b. Réécriture (5 pts)

Récrivez le passage en remplaçant « leur » par « lui » et les verbes au conditionnel par des verbes au présent de l'indicatif. Faites les modifications nécessaires.

Il leur semblerait parfois qu'une vie entière pourrait harmonieusement s'écouler entre ces murs couverts de livres, entre ces objets si parfaitement domestiqués. [...] Mais ils ne s'y sentiraient pas enchaînés : certains jours, ils iraient à l'aventure. Nul projet ne leur serait impossible. Ils ne connaîtraient pas la rancœur, ni l'amertume ni l'envie.

G. PEREC, *Les Choses : Une histoire des années soixante*, Julliard, 1965.

2. Travail d'écriture (20 pts)

Sujet 1
Racontez une scène au cours de laquelle des jeunes se comportent de façon grégaire, en veillant à :
– souligner ce qui uniformise les comportements ;
– employer des procédés d'ironie pour dénoncer ces comportements grégaires ;
– respecter les accords des verbes avec leur sujet.
Votre texte fera au moins une cinquantaine de lignes.

Sujet 2
Selon vous, les jeunes de votre génération ont-ils des comportements grégaires ?
– Développez et justifiez votre point de vue en vous appuyant sur des exemples.
– Respectez les accords des verbes avec leur sujet.
Votre texte fera au moins une cinquantaine de lignes.

3 • Sommes-nous des moutons de Panurge ? / 91

Vivre en société, participer à la société
Dénoncer les travers de la société

4 Et si on apprenait à vivre en harmonie ?

➡ **La satire peut-elle éveiller les consciences ?**

INTERDISCIPLINARITÉ
ANGLAIS – EMC – EMI – HISTOIRE

Lire, comprendre, interpréter

S'interroger et s'informer
- La satire dans la littérature et la presse ... 94

La place des femmes dans la société
- L'assemblée des femmes, ARISTOPHANE, *L'Assemblée des femmes*, dessin de presse ... 96

Riches et pauvres
- La table de Virron, JUVÉNAL, *Satires*, PH. GELUCK ... 98
- Giton et Phédon, J. DE LA BRUYÈRE, *Les Caractères*, PH. GELUCK ... 99

Esclavage et racisme
- Le nègre de Surinam, VOLTAIRE, *Candide* ... 101
- Le clown Chocolat, N. COUTELET, « Chocolat, une figure de l'altérité sur la piste », A. et L. LUMIÈRE, M. ITURRIA ... 102

Lire et échanger sur des œuvres complètes
- Chasseurs de vieux, D. BUZZATI, *Le K* [Texte intégral]
  D. GHIRLANDAIO, J.G. BROWN, P. TOURNEBOEUF ... 104

Pratiquer l'oral
- **Lire et dire un poème** N. BOILEAU, *Satires*, V. BRAUNER ... 110
- **Expliquer des dessins satiriques et en débattre** CHAVAL, C. BEAUNEZ ... 111

Pratiquer l'écrit

A. Travailler la langue pour préparer et améliorer l'écrit

Lexique Des défauts – La satire ... 112
Orthographe L'accord dans le GN – L'accord de l'adjectif et du participe passé employés avec *être* ... 113
Grammaire Des procédés de satire : l'emphase, l'accumulation, l'hyperbole ... 113

B. Écrire et récrire

- **Sujet** Rédiger un portrait satirique [Activité guidée] ... 114

Construire le bilan ... 115
- Qu'ai-je appris ? • Qu'avons-nous compris ? • Je rédige mon bilan

Évaluer ses compétences et se préparer au Brevet ... 116
- **Analyse et interprétation** Jules et Julie, PH. BOUVARD, *Des femmes* A. DUBOUT
- **Rédaction et maîtrise de la langue** Dictée – Réécriture – Travail d'écriture

TOLÉRANCE

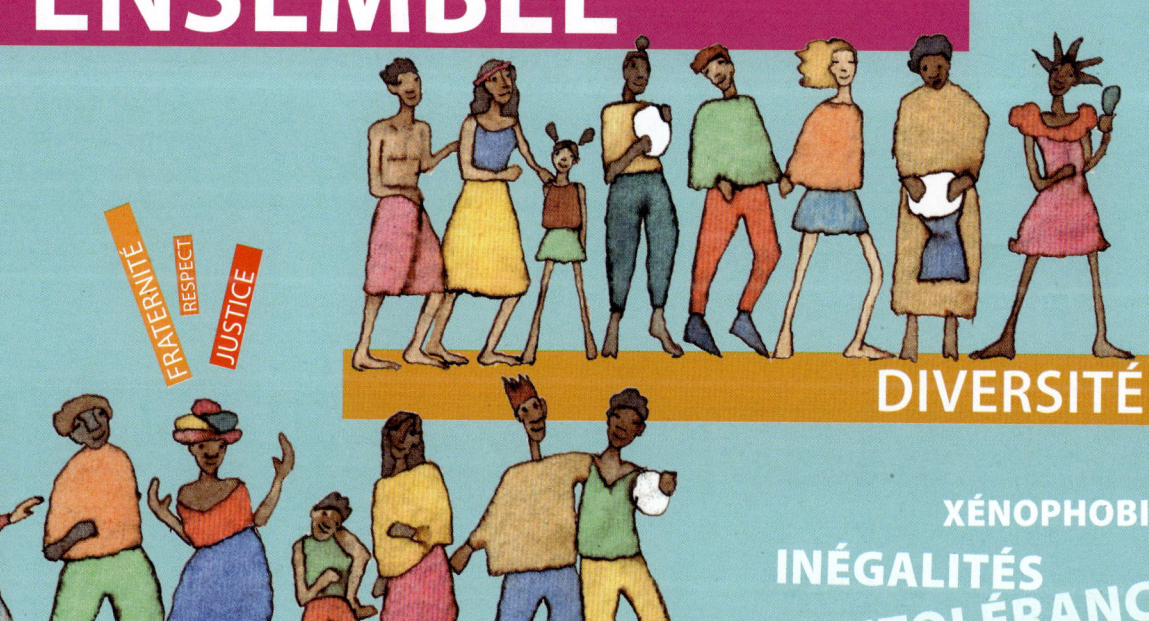

ENSEMBLE

DIVERSITÉ

XÉNOPHOBIE
INÉGALITÉS
INTOLÉRANCE
ESCLAVAGE
SÉGRÉGATION

RESPECT INJUSTICE HAINE
RACISME
DISCRIMINATION

1. Quelles réflexions pouvez-vous faire à partir de ce document ?
2. Quel lien pouvez-vous établir entre ce document et le titre du chapitre ?

● C. LESUEUR, dessin pour la couverture d'un livre sur la « Déclaration des droits de l'homme », 1998.

4 • Et si on apprenait à vivre en harmonie ? / 93

Lire comprendre interpréter

S'interroger et s'informer

▶ Socle Les méthodes et outils pour apprendre – Comprendre des textes, des documents et des images

La satire dans la littérature et la presse

UTILISABLE EN AP

Que savons-nous déjà ?

1. Quel(le)s humoristes actuel(le)s connaissez-vous ? De quoi se moquent-ils/elles ?
2. Proposez des exemples de moquerie méchante dans des fables de La Fontaine ou des pièces de Molière.
3. Quel conte philosophique de Voltaire trouvez-vous dans le chapitre précédent ? De quoi fait-il la satire ?

Le trésor des mots

ÉTYMO La **satire** (du latin : *satura*) a d'abord désigné des improvisations scéniques visant à se moquer – un peu comme les sketchs des comiques actuels. À partir du IIe siècle av. J.-C. naît la poésie satirique latine : quatre poètes (Lucilius, Horace, Perse et Juvénal) s'indignent des défauts de la société de leur temps, parfois de façon violente.

La satire et les genres littéraires

En littérature, une satire est un texte qui critique par la caricature (exagération) des défauts humains, des situations ou les mœurs. La satire se retrouve dans de nombreux genres littéraires : la poésie (*Fables* de La Fontaine), le théâtre (Molière), les contes philosophiques (Voltaire), les romans (*Les Lettres persanes* de Montesquieu).

ÉTYMO Une **épigramme**, du grec ἐπίγραμμα (*epígramma*), « inscription », désigne un bref écrit satirique, souvent en vers. Voici une épigramme de Voltaire, auteur du XVIIIe siècle, contre un de ses adversaires.

> L'autre jour au fond d'un vallon,
> Un serpent piqua Jean Fréron.
> Que croyez-vous qu'il arriva ?
> Ce fut le serpent qui creva.

1. Comment comprenez-vous l'épigramme de Voltaire ? En quoi est-elle satirique ?

La presse satirique française

Dates	Nom du journal	Informations complémentaires
1830 1843	La Caricature	– Exprime une satire politique puis sociale.
1832 1937	Le Charivari	– Vise à ridiculiser le régime politique de la monarchie de Juillet et la bourgeoisie. – Collaborateur célèbre : le dessinateur Honoré Daumier.
Depuis 1915	Le Canard enchaîné (sous-titre : Journal satirique paraissant le mercredi)	– Le plus ancien journal satirique français encore actif. – Dévoile régulièrement des scandales politiques ou financiers. – Slogan : « La liberté de la presse ne s'use que quand on ne s'en sert pas ». – N'accepte pas de publicité, pour éviter toute influence sur le contenu de ses informations.
Depuis 1970	CHARLIE HEBDO	– Huit membres de la rédaction de ce journal ont été assassinés lors d'un attentat terroriste, le 7 janvier 2015.

2. En vous aidant du tableau, proposez une définition de la presse satirique.
3. Comment comprenez-vous : **a.** les titres des journaux : *Le Charivari*, *Le Canard enchaîné* ? **b.** le slogan du *Canard enchaîné* ?

❓ La caricature

La caricature (de l'italien *caricare*, « charger ») est un type de dessin très utilisé par la presse depuis son développement au XIXe siècle.

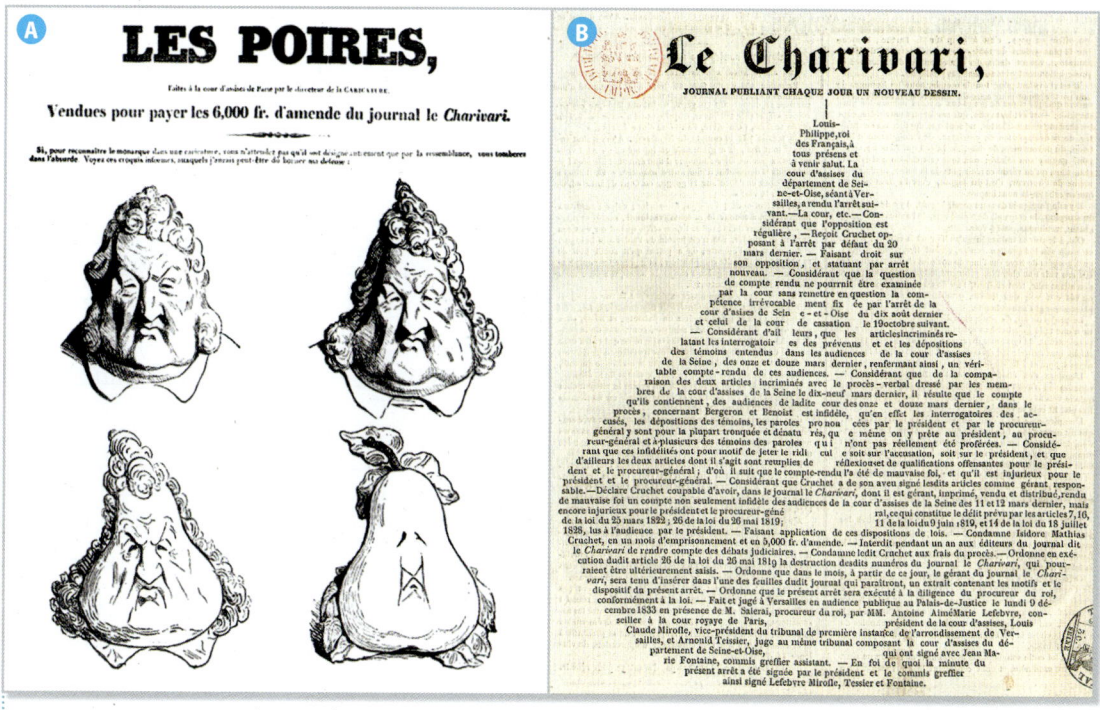

A LES POIRES,
Vendues pour payer les 6,000 fr. d'amende du journal le *Charivari*.

B Le Charivari,
JOURNAL PUBLIANT CHAQUE JOUR UN NOUVEAU DESSIN.

• H. DAUMIER, *Les Poires*, caricature de Louis-Philippe, « La Caricature », XIXe siècle, gravure.

4 Observez ces caricatures du roi Louis-Philippe par H. Daumier pour définir ce qui fait de ces dessins des caricatures (document A).

5 En quoi la une du *Charivari* présentant le jugement légal qui a frappé le journal est-elle satirique ? Expliquez (document B).

Explorer et présenter l'exposition « Daumier et ses héritiers »

Consultez l'exposition virtuelle de la Bibliothèque nationale de France sur http://expositions.bnf.fr/daumier/index.htm.

Par petits groupes, choisissez un de ces axes d'étude :
– le caricaturiste Honoré Daumier (sa carrière, les thèmes de ses caricatures) ;
– les caractéristiques de la caricature ;
– les héritiers de Daumier.
Prenez des notes au brouillon.

Présentez votre recherche à la classe de façon organisée et en vidéoprojetant si possible certaines caricatures.

HISTOIRE DE LA PRESSE SATIRIQUE

UN MÉTIER QUI A TOUJOURS DEMANDÉ ÉNORMÉMENT DE DÉLICATESSE POUR FRAPPER FORT... SANS CASSER UNE MINE !

• YSOPE, 2011.

6 Comment comprenez-vous ce dessin de presse ? Sur quels jeux de mots repose-t-il ? Expliquez.

7 D'après ce dessin, de quelles qualités faut-il faire preuve pour être un bon caricaturiste ?

4 • Et si on apprenait à vivre en harmonie ? / 95

Lire comprendre interpréter

La place des femmes dans la société

L'assemblée des femmes LCA

À Athènes, les femmes ne participaient pas à la vie publique. Pourtant, dans la pièce, pour sauver la cité, les Athéniennes, menées par Praxagora, s'introduisent, déguisées, dans l'assemblée du peuple. Au matin, Blépyros, le mari de Praxagora, cherche partout sa femme et rencontre Chrémès, qui arrive de l'Assemblée et lui raconte la séance à laquelle il vient d'assister.

Aristophane
(vers 445-entre 385 et 375 av. J.-C.)

Cet Athénien, auteur de théâtre comique, a écrit des satires sociales ou politiques. Dans *L'Assemblée des femmes*, il exprime ses désillusions sur la démocratie.

CHRÉMÈS. – Un beau jeune homme[1] s'est élancé pour haranguer[2] le peuple, et il a commencé par dire qu'il faut abandonner aux femmes le gouvernement de l'État. Alors se font entendre un grand tumulte et des cris : « Qu'il parle bien ! » dans la bande des cordonniers. Mais les gens de la
5   campagne protestent.
BLÉPYROS. – Ils avaient raison, de par Zeus !
CHRÉMÈS. – Mais ils étaient en minorité. Quant à l'orateur, il domine leurs clameurs, disant beaucoup de bien des femmes et beaucoup de mal de toi.
BLÉPYROS. – Et qu'a-t-il dit ?
10 CHRÉMÈS. – D'abord il a dit que tu es un vaurien.
BLÉPYROS. – Et toi ?
CHRÉMÈS. – Ne m'interroge pas encore là-dessus. Puis un voleur.
BLÉPYROS. – Moi seul ?
CHRÉMÈS. – Et puis, de par Zeus ! un sycophante[3].
15 BLÉPYROS. – Moi seul ?
CHRÉMÈS. – Toi, de par Zeus ! et toute la foule présente.
BLÉPYROS. – Qui prétend le contraire ?
CHRÉMÈS. – Il a dit que la femme est un être bourré d'esprit et capable d'acquérir de la fortune, ajoutant que nulle
20 d'entre elles ne divulgue les secrets des Thesmophories[4], tandis que toi et moi nous révélons toujours les décisions du Conseil[5].
BLÉPYROS. – Par Hermès ! il n'a pas menti sur ce point.
CHRÉMÈS. – Il disait ensuite qu'elles se prêtent entre elles des
25 habits, des bijoux d'or, de l'argent, des coupes, seule à seule, et sans témoins ; qu'elles rendent tous ces objets et ne se font pas tort, chose, dit-il, si fréquente parmi nous.
BLÉPYROS. – Oui, par Poséidon ! Et même quand il y a des témoins.
CHRÉMÈS. – Qu'elles ne font ni dénonciations, ni procès, ni
30 soulèvement contre le peuple ; mais qu'elles ont de nombreuses et d'excellentes qualités ; et il fait d'autres grands éloges des femmes.
BLÉPYROS. – Et qu'a-t-on décidé ?
CHRÉMÈS. – Qu'on leur remette le gouvernement de la cité,
35 à elles.
BLÉPYROS. – Et cela a été accepté ?
CHRÉMÈS. – Comme je te le dis.

● *L'Assemblée des femmes*, d'après Aristophane et des textes contemporains, mise en scène de G. BÉNICHOU, Vaulx-en-Velin, 2012.

BLÉPYROS. – Tout ce qui est confié aux citoyens va leur être subordonné ?
CHRÉMÈS. – Il en est ainsi.
40 BLÉPYROS. – Et je n'irai plus au tribunal, mais ce sera ma femme ?
CHRÉMÈS. – Ce ne sera plus toi qui élèveras les enfants que tu as, mais ta femme[6].
BLÉPYROS. – Je n'aurai plus le souci des affaires dès le point du jour ?
CHRÉMÈS. – Non, de par Zeus ! les femmes en auront désormais le soin.

ARISTOPHANE, *L'Assemblée des femmes,* adaptation de Ch. Bertagna, vers 391 av. J.-C.

1. Praxagora, déguisée en homme.
2. parler publiquement pour convaincre.
3. dénonciateur professionnel.
4. fête religieuse en l'honneur de Déméter, déesse des moissons.
5. assemblée politique.
6. L'éducation des garçons était confiée aux hommes.

Le saviez-vous ?

L'assemblée du peuple (l'*ecclesia*) est le centre de la vie démocratique de l'Athènes antique. Les citoyens y sont répartis par groupes géographiques, les « dèmes » (ville, campagne, côte maritime). Au IVe siècle av. J.-C. est créée une sorte de salaire pour que les citoyens les plus pauvres, parmi lesquels les cordonniers, puissent assister aux séances de l'Assemblée.

Lecture
▶ Socle *Élaborer une interprétation de textes littéraires*

1. Quelle décision a été prise à l'Assemblée ? Quelle est la réaction de Blépyros ? Quelles qualités l'orateur prête-t-il aux femmes ?
2. Pourquoi le « beau jeune homme » a-t-il critiqué Blépyros ? Cela rend-il son discours plus ou moins sérieux ?
3. Comment Blépyros et Chrémès se comportent-ils ? Qu'est-ce que cela révèle de la situation politique de l'époque ?
4. Pourquoi ce texte avait-il une portée satirique au IVe siècle ?

• C. BEAUNEZ, dessin paru dans *On les aura !*, éditions Au Diable Vauvert, 2000.

Lecture d'image
▶ Socle *Établir des liens entre des productions littéraires et artistiques*

A Expliquez ce dessin de presse : **a.** quel message délivre-t-il ? **b.** Le jugez-vous satirique ? Justifiez.
B Comparez ce dessin de presse d'actualité avec le texte d'Aristophane : quel(s) commentaire(s) pouvez-vous faire ?

Lire comprendre interpréter — Riches et pauvres

La table de Virron [LCA]

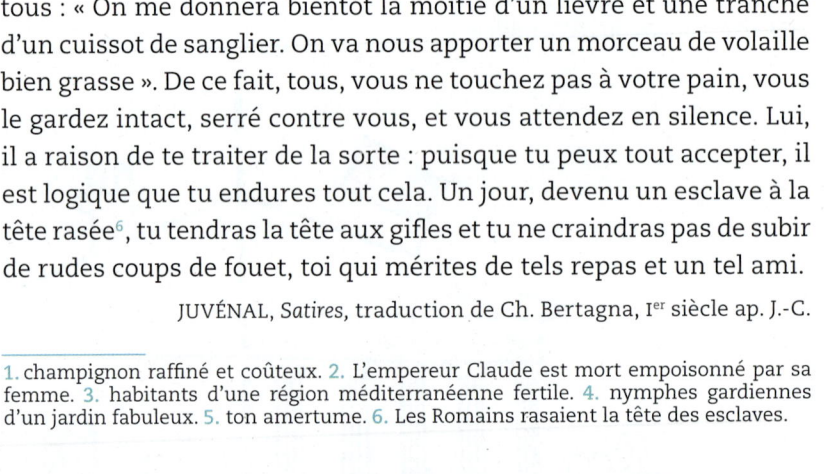

Juvénal
(Iᵉʳ siècle-IIᵉ siècle)

Ce poète satirique latin est l'auteur des *Satires*.

La clé des mots

ÉTYMO **patron** vient du latin *patronus*, qui désigne un protecteur des gens du peuple, nommés ses **clients**, puis un avocat.
• Que signifient aujourd'hui les noms « patron » et « client » ?

Le narrateur s'adresse à un homme pauvre qui reçoit chaque jour sa nourriture de Virron, son protecteur.

Aux **clients** de bas étage on sert des champignons pourris, au **patron** un bolet[1], comme en mangea l'empereur Claude avant que sa femme ne lui en ait préparé[2], après quoi il ne mangea plus rien. Pour lui-même et pour les autres Virrons, Virron fait servir des fruits
5 dont tu ne goûteras que le parfum, fruits tels qu'en mûrit l'automne éternel des Phéaciens[3] et qu'on croirait dérobés aux sœurs africaines des Hespérides[4]. Toi, tu as droit à une pourriture de fruit. [...]

Peut-être crois-tu que Virron fait attention à la dépense. Non, il agit ainsi pour que tu souffres. En effet quelle comédie ! Quel meilleur
10 mime qu'un gosier implorant ? C'est pourquoi tout est fait, sache-le, pour te forcer à répandre ta bile[5] dans un flot de larmes et à te faire longtemps grincer des dents. Toi, tu te crois un homme libre et le convive d'un roi. Mais lui te considère comme le prisonnier de l'odeur de sa cuisine. Et il n'a pas tort. [...] L'espoir de bien manger vous trompe
15 tous : « On me donnera bientôt la moitié d'un lièvre et une tranche d'un cuissot de sanglier. On va nous apporter un morceau de volaille bien grasse ». De ce fait, tous, vous ne touchez pas à votre pain, vous le gardez intact, serré contre vous, et vous attendez en silence. Lui, il a raison de te traiter de la sorte : puisque tu peux tout accepter, il
20 est logique que tu endures tout cela. Un jour, devenu un esclave à la tête rasée[6], tu tendras la tête aux gifles et tu ne craindras pas de subir de rudes coups de fouet, toi qui mérites de tels repas et un tel ami.

JUVÉNAL, *Satires*, traduction de Ch. Bertagna, Iᵉʳ siècle ap. J.-C.

---

1. champignon raffiné et coûteux. 2. L'empereur Claude est mort empoisonné par sa femme. 3. habitants d'une région méditerranéenne fertile. 4. nymphes gardiennes d'un jardin fabuleux. 5. ton amertume. 6. Les Romains rasaient la tête des esclaves.

Lecture

▶ **Socle** *Élaborer une interprétation de textes littéraires*

1. Qui se trouve à la table de Virron ? Expliquez.
2. Virron traite-t-il tous ses convives de la même façon ? Pourquoi ?
3. Quels mots et expressions vous semblent particulièrement satiriques ?
4. Quel(s) type(s) de personnes Juvénal vise-t-il dans cette satire ? Pour quelles raisons ?

PH. GELUCK, « Être pauvre », *Le Chat*, 1997.

Philippe Geluck
(né en 1954)

Ce dessinateur belge est surtout connu comme auteur de la série de bandes dessinées *Le Chat*.

> **Lecture d'image**
>
> ▶ **Socle** *Établir des liens entre des productions littéraires et artistiques*
>
> **A** Observez le personnage page 98. **a.** Quelle classe sociale représente-t-il ? Justifiez. **b.** Dans quelle attitude est-il montré ? Pourquoi ? Expliquez. **c.** Ce dessin (représentation et paroles) est-il satirique ? Justifiez.
>
> **B a.** Quelle est la scène représentée ci-contre ? Expliquez. **b.** Sur quelles expressions figurées les paroles du personnage reposent-elles ? **c.** Ce dessin (représentation et paroles) est-il satirique ? Justifiez.
>
> **C** À quel(s) texte(s) des pages 98 à 100 ces deux dessins font-ils écho ? Justifiez.

● PH. GELUCK, « Hôtel des riches », *Le Chat*, 1989.

Giton

Jean de La Bruyère
(1645-1696)

Ce moraliste français est l'auteur d'une œuvre littéraire unique, *Les Caractères*, dans laquelle il dépeint les mœurs de son temps.

Giton a le teint frais, le visage plein et les joues pendantes, l'œil fixe et assuré, les épaules larges, l'estomac haut[1], la démarche ferme et délibérée[2]. Il parle avec confiance ; il fait répéter celui qui l'entretient, et il ne goûte que médiocrement tout ce qu'il lui dit. Il déploie un ample mouchoir
5 et se mouche avec grand bruit ; il crache fort loin, et il éternue fort haut. Il dort le jour, il dort la nuit, et profondément ; il ronfle en compagnie. Il occupe à table et à la promenade plus de place qu'un autre. Il tient le milieu en se promenant avec ses égaux ; il s'arrête, et l'on s'arrête ; il continue de marcher, et l'on marche : tous se règlent sur lui. Il interrompt, il redresse[3]
10 ceux qui ont la parole : on ne l'interrompt pas, on l'écoute aussi longtemps qu'il veut parler ; on est de son avis, on croit les nouvelles qu'il débite. S'il s'assied, vous le voyez s'enfoncer dans un fauteuil, croiser les jambes l'une sur l'autre, froncer le sourcil, abaisser son chapeau sur ses yeux pour ne voir personne, ou le relever ensuite, et découvrir son front par fierté et
15 par audace. Il est enjoué, grand rieur, impatient, présomptueux[4], colère, libertin[5], politique[6], mystérieux sur les affaires du temps ; il se croit du talent et de l'esprit. Il est riche.

J. DE LA BRUYÈRE, « Des biens de fortune » (83), *Les Caractères*, 1688.

---

1. la poitrine bombée. **2.** sûre. **3.** corrige. **4.** orgueilleux. **5.** libre penseur. **6.** au courant des secrets d'État.

Lire comprendre interpréter

Riches et pauvres EMC

Phédon

Phédon a les yeux creux, le teint échauffé[1], le corps sec et le visage maigre ; il dort peu, et d'un sommeil fort léger ; il est abstrait[2], rêveur, et il a avec de l'esprit l'air d'un stupide : il oublie de dire ce qu'il sait, ou de parler d'événements qui lui sont connus ; et s'il le fait quelquefois, il s'en tire mal, il croit peser à ceux à qui il parle[3], il conte brièvement, mais froidement ; il ne se fait pas écouter, il ne fait point rire. Il applaudit, il sourit à ce que les autres lui disent, il est de leur avis ; il court, il vole pour leur rendre de petits services. Il est complaisant, flatteur, empressé ; il est mystérieux sur ses affaires, quelquefois menteur ; il est superstitieux, scrupuleux, timide. Il marche doucement et légèrement, il semble craindre de fouler[4] la terre ; il marche les yeux baissés, et il n'ose les lever sur ceux qui passent. Il n'est jamais du nombre de ceux qui forment un cercle pour discourir ; il se met derrière celui qui parle, recueille furtivement[5] ce qui se dit, et il se retire si on le regarde. Il n'occupe point de lieu, il ne tient point de place ; il va les épaules serrées, le chapeau abaissé sur ses yeux pour n'être point vu ; il se replie et se renferme dans son manteau ; il n'y a point de rues ni de galeries si embarrassées[6] et si remplies de monde, où il ne trouve moyen de passer sans effort, et de se couler sans être aperçu. Si on le prie de s'asseoir, il se met à peine sur le bord d'un siège ; il parle bas dans la conversation, et il articule mal ; libre néanmoins sur les affaires publiques, chagrin contre[7] le siècle, médiocrement prévenu des[8] ministres et du ministère. Il n'ouvre la bouche que pour répondre ; il tousse, il se mouche sous son chapeau, il crache presque sur soi, et il attend qu'il soit seul pour éternuer, ou, si cela lui arrive, c'est à l'insu de la compagnie : il n'en coûte à personne ni salut ni compliment. Il est pauvre.

J. DE LA BRUYÈRE, « Des biens de fortune » (84), *Les Caractères*, 1688.

1. avec des rougeurs et des boutons.
2. il pense à autre chose.
3. il croit ennuyer ses interlocuteurs.
4. marcher sur.
5. discrètement.
6. encombrées.
7. de mauvaise humeur contre.
8. en faveur des.

Lecture

▶ Socle *Élaborer une interprétation de textes littéraires*

1. Qu'est-ce qui caractérise Giton ? Phédon ? Expliquez.
2. Quelles ressemblances d'écriture pouvez-vous établir entre ces deux portraits ? Justifiez en citant le texte.
3. Quelles critiques est-il fait de ces personnages ? Quels procédés d'écriture satiriques repérez-vous ? Expliquez.

Oral

▶ Socle *Participer de façon constructive à des échanges oraux*

1. Quelles ressemblances et quelles différences pouvez-vous établir entre le texte de Juvénal et ceux de la Bruyère ? Expliquez.
2. Lequel de ces textes vous semble le plus satirique ? Échangez pour confronter vos points de vue.

Esclavage et racisme

Voltaire
(1694-1778)

Ce penseur du siècle des Lumières est l'auteur de nombreuses œuvres philosophiques. Il a lutté pour la liberté d'expression, la tolérance et contre l'esclavage.

Slave chain with four yokes (« Chaîne d'esclaves avec quatre jougs »), XIXe siècle, Mémorial ACTe, Pointe-à-Pitre.

Le nègre[1] de Surinam

Le jeune Candide et deux de ses amis arrivent à Surinam, en Guyane hollandaise.

En approchant de la ville, ils rencontrèrent un nègre étendu par terre, n'ayant plus que la moitié de son habit, c'est-à-dire d'un caleçon de toile bleue ; il manquait à ce pauvre homme
5 la jambe gauche et la main droite.

« Eh ! mon Dieu ! lui dit Candide en hollandais, que fais-tu là, mon ami, dans l'état horrible où je te vois ?

— J'attends mon maître, M. Vanderdendur, le
10 fameux négociant, répondit le nègre.

— Est-ce M. Vanderdendur, dit Candide, qui t'a traité ainsi ?

— Oui, monsieur, dit le nègre, c'est l'usage. On nous donne un caleçon de toile pour tout vête-
15 ment deux fois l'année. Quand nous travaillons aux sucreries, et que la meule nous attrape le doigt, on nous coupe la main ; quand nous voulons nous enfuir, on nous coupe la jambe : je me suis trouvé dans les deux cas. C'est à ce prix que
20 vous mangez du sucre en Europe. Cependant, lorsque ma mère me vendit dix écus patagons[2] sur la côte de Guinée, elle me disait : « Mon cher enfant, bénis nos fétiches[3], adore-les toujours, ils te feront vivre heureux ; tu as l'honneur d'être
25 esclave de nos seigneurs les blancs, et tu fais par là la fortune de ton père et de ta mère. » Hélas ! Je ne sais pas si j'ai fait leur fortune, mais ils n'ont pas fait la mienne. Les chiens, les singes et les perroquets sont mille fois moins malheureux
30 que nous ; les fétiches[4] hollandais qui m'ont converti me disent tous les dimanches que nous sommes tous enfants d'Adam, blancs et noirs. Je ne suis pas généalogiste ; mais si ces prêcheurs disent vrai, nous sommes tous cousins issus de
35 germains[5]. Or vous m'avouerez qu'on ne peut pas en user avec ses parents d'une manière plus horrible. »

VOLTAIRE, *Candide*, 1759.

1. Ce mot n'est pas péjoratif ici. 2. ici, sans valeur. 3. objets auxquels on attribue des propriétés magiques. 4. prêtres. 5. frères.

Lecture

▶ **Socle** *Élaborer une interprétation de textes littéraires*

1. Qui Candide rencontre-t-il ? Qu'apprend-on sur ce personnage ?
2. Comment le maître s'appelle-t-il ? Quelle caractéristique du personnage ce nom évoque-t-il ?
3. Quelles personnes Voltaire vise-t-il dans cette satire ? Expliquez.
4. Quels procédés d'écriture Voltaire emploie-t-il ? Expliquez.

Le trésor des mots

▶ **Socle** *Maîtriser la structure, le sens et l'orthographe des mots*

ÉTYMO Le nom « usage » vient du latin *us*, « habitude ».

• Quel mot de la même famille le nègre de Surinam emploie-t-il à la fin du passage ? Quelle évolution du personnage Voltaire souligne-t-il ainsi ? Expliquez.

4 • Et si on apprenait à vivre en harmonie ? / 101

Lire comprendre interpréter

Esclavage et racisme — EMC

Le clown Chocolat

Un jeune Cubain né esclave, Rafael Padilla, devient à Paris, à la fin du XIXe siècle, un clown célèbre appelé Chocolat qui se produit en duo avec son partenaire George Foottit.

Chocolat devient Auguste[1], une spécialité en harmonie avec l'image que l'on se fait d'un Noir. Vraisemblablement, il n'aurait pas pu devenir un clown blanc, non seulement parce que son visage noir l'interdisait, mais encore parce que l'autorité et la prestance[2] associées à ce type de clown 5 n'auraient pas été acceptées par le public pour un Noir. […]

Chocolat tient de l'Auguste le caractère originel d'« idiot », mais tient aussi de sa couleur d'autres caractéristiques. Lui sont donc associés les stéréotypes[3] en vigueur au sujet des Noirs. La typologie[4] de ses rôles et les remarques des critiques attestent la prédominance de la couleur sur 10 le personnage d'Auguste.

On se souvient de lui à travers l'expression « être chocolat » comme d'un **bouc émissaire**, victime de l'autoritarisme et de la violence de son partenaire, comme dans l'un des numéros classiques du duo ; Chocolat a soif, mais lorsqu'il répond à Foottit qu'il n'a pas d'argent, ce dernier réplique :
15 « Vous n'avez pas d'argent ? Alors vous n'avez pas soif ! […] Chocolat, je vais être obligé de vous gifler. »

Le rapport de force est exacerbé, la violence, verbale ou physique, fait partie intégrante du numéro ; chaque numéro contient un affronte-
20 ment qui tourne invariablement au détriment de Chocolat. Ce dernier est régulièrement considéré comme un grand enfant qui doit être ponctuellement corrigé, caractéristique de l'Auguste, dominé par le clown blanc ; cependant, il s'agit
25 aussi d'un cliché vivace au sujet du Noir.

N. COUTELET, « Chocolat, une figure de l'altérité sur la piste », cahiers-idiotie.org, consulté en mai 2016.

---

1. type de clown. 2. allure fière et élégante.
3. idées toutes faites. 4. les caractéristiques.

> **La clé des mots**
>
> Le **bouc émissaire** est, dans la Bible, l'animal chargé de tous les péchés des hommes, envoyé mourir dans le désert.
> • En quoi Chocolat est-il un bouc émissaire ?

« Chocolat, voyageur de 3e classe, est traité avec mépris par Foottit qui représente l'employé du chemin de fer », dessin de R. VINCENT, *Les Mémoires de Foottit et Chocolat*, Franc-Nohain, 1907.

Lecture

▶ **Socle** *Élaborer une interprétation de textes littéraires*

1 À la lecture du texte, à quelle définition correspond le clown blanc ? le clown Auguste ?
a. Personnage grotesque et dominé. **b.** Maître de la piste, autoritaire et sérieux.

2 Quel rôle Chocolat tient-il ? Pour quelles raisons ?

3 a. Que pensez-vous de son nom de scène ? **b.** Rend-il compte de l'opinion du public de l'époque ? Expliquez.

4 Comment comprenez-vous l'expression « être chocolat » ?

Oral

▶ **Socle** *Participer de façon constructive à des échanges oraux*

1 En 2016 est sorti le film *Chocolat*, du réalisateur R. Zem. Faites une brève recherche : selon vous, quels peuvent être les enjeux de ce film ? Échangez pour partager vos points de vue.

2 Si vous avez vu ce film, expliquez s'il a ou non une portée satirique.

Lecture d'image

▶ **Socle** *Établir des liens entre des productions littéraires et artistiques*

Visionnez sur www.youtube.com les extraits des deux films des frères Lumière à propos du clown Chocolat.
Quels points communs pouvez-vous établir entre ces vidéos et l'article de N. Coutelet ? Expliquez.

• A. ET L. LUMIÈRE, « Acrobates sur la chaise », *Foottit et Chocolat*, vers 1900.

Michel Iturria
(né en 1946)

Cet auteur français de bandes dessinées est également dessinateur d'actualité et caricaturiste.

INTERDISCIPLINARITÉ
ANGLAIS – HISTOIRE

Lecture d'image

▶ **Socle** *Établir des liens entre des productions littéraires et artistiques*

A Observez la scène : où et quand se déroule-t-elle ?

B De quelle réalité historique est-il question ?

C Qui sont les différents personnages ? Expliquez.

D D'où vient la portée satirique de ce dessin ? Expliquez.

E Quels liens pouvez-vous établir entre ce dessin et le texte de Voltaire et/ou l'histoire du clown Chocolat ?

• M. ITURRIA, journal *Sud-Ouest*, 24 janvier 2009.

4 • Et si on apprenait à vivre en harmonie ?

Lire comprendre interpréter

Lire et échanger sur des œuvres complètes

UTILISABLE EN AP

Chasseurs de vieux

TEXTE INTÉGRAL

Dino Buzzati (1906-1972)

Ce journaliste, peintre et écrivain italien, aborde des thèmes de la vie quotidienne dont il fait ressortir l'aspect insolite.

Activité 1 — Lire et comprendre en autonomie

▶ **Socle** *Lire des œuvres littéraires*

1. Lisez la nouvelle intégralement.
2. Par petits groupes, vérifiez votre compréhension à l'aide des questions d'oral.

1.

Robert Saggini, administrateur d'une petite fabrique de papier, quarante-six ans, les cheveux gris, bel homme, arrêta son auto à quelques pas d'un bar tabac encore ouvert, on ne sait trop par quelle chance. Il était deux heures du matin. « Une minute, je reviens tout de suite », dit-il à la jeune femme assise près de lui. C'était un beau brin de fille, à la lumière des réverbères au néon, son rouge à lèvres se détachait comme une fleur épanouie. Devant le tabac, plusieurs voitures étaient garées. Il avait dû s'arrêter un peu plus loin. C'était un soir de mai, l'air printanier était tiède et vif à la fois. Toutes les rues étaient désertes. Il entra au bar, acheta ses cigarettes. Comme il était sur le pas de la porte et s'apprêtait à rejoindre sa voiture, un appel sinistre résonna. Est-ce qu'il venait de la maison d'en face ? D'une rue latérale, ou bien ces créatures surgissaient-elles de l'asphalte ? Deux, trois, cinq, sept silhouettes rapides fondirent concentriquement en direction de la voiture « Allez, tombez lui dessus ! ». Et là-dessus, un coup de sifflet prolongé, modulé, la fanfare de guerre de ces jeunes canailles : aux heures les plus imprévues de la nuit, ce signal tirait de leur sommeil des quartiers entiers et les gens, frissonnant, se pelotonnaient encore plus dans leur lit, en priant Dieu pour le malheureux dont le lynchage[1] commençait. Roberto mesura le danger, c'est après lui qu'ils en avaient. On vivait une époque où les hommes de plus de quarante ans y réfléchissaient à deux fois avant d'aller se promener en plein milieu de la nuit. Après quarante ans on est vieux. Et les nouvelles générations éprouvaient un total mépris pour les vieux. Un sombre ressentiment dressait les petits-fils contre les grands-pères, les fils contre les pères. Et ce n'est pas tout : il s'était créé des espèces de clubs, d'associations, de sectes, dominés par une haine sauvage envers les vieilles générations, comme si celles-ci étaient responsables de leur mécontentement, de leur mélancolie, de leur désillusion, de leur malheur qui sont le propre de la jeunesse depuis que le monde est monde. Et la nuit les bandes de jeunes se déchaînaient, surtout en banlieue, et pourchassaient les vieux. Quand ils parvenaient à en attraper un, ils le bourraient de coups de pied, ils lui arrachaient ses vêtements, le fouettaient, le peinturluraient de vernis, et puis l'abandonnaient ligoté à un arbre ou à un réverbère. Dans certains cas, tout à la frénésie de leur rite brutal, ils dépassaient la mesure. Et à l'aube, on trouvait au milieu de la rue des cadavres méconnaissables et souillés. Le problème des jeunes ! Cet éternel tourment, qui depuis des millénaires s'était résolu sans drame de père en fils, explosait finalement. Les journaux, la radio, la télévision, les films y étaient

---
1. l'exécution.

104

pour quelque chose. On flattait les jeunes, on les
plaignait, ils étaient adulés², exaltés, encouragés
à s'imposer au monde de n'importe quelle façon.
Jusqu'aux vieux, qui apeurés devant ce vaste
mouvement des esprits, y participaient pour se
créer un alibi³, pour faire voir – mais c'était bien
inutile – qu'ils avaient cinquante ou soixante
ans, ça oui, mais que leur esprit était encore
jeune et qu'ils partageaient les souffrances et
les aspirations des nouvelles recrues⁴. Ils se faisaient des illusions, ils pouvaient bien raconter
ce qu'ils voulaient, les jeunes étaient contre eux,
les jeunes se sentaient les maîtres du monde, les
jeunes en toute justice réclamaient le pouvoir
jusqu'alors tenu par les patriarches. « L'âge est
un crime », tel était leur slogan.

À *suivre…*

---

2. admirés. 3. moyen de défense. 4. nouveaux membres d'un groupe.

● D. GHIRLANDAIO, *An Old Man and a Boy* (« Un vieil homme et un garçon »), 1480, huile sur toile, musée du Louvre, Paris.

Oral

1 **a.** Qu'apprend-on au sujet du personnage principal ? **b.** Que se passe-t-il dans ce début de texte ?

2 Quelle est la particularité de la jeunesse dans la société décrite ? Expliquez.

3 Quels sont les responsables de cette situation ? Expliquez.

Histoire des arts

▶ **Socle** *Décrire et interpréter une œuvre d'art – Établir des liens entre des productions littéraires et artistiques*

A Quels liens entre les deux personnages les tableaux des pages 105 et 106 soulignent-ils ?

B Décrivez la photographie de la page 108.

C Quels rapports entre générations le texte et les images proposent-ils ? Expliquez.

2.

D'où les chasses nocturnes devant lesquelles l'autorité, inquiète à son tour, fermait volontiers un œil. Tant pis pour eux après tout si les croulants, qui auraient mieux fait de rester chez eux au coin de leur feu, s'offraient le luxe de provoquer les jeunes avec leur frénésie sénile⁵. C'étaient surtout des vieux en compagnie de femmes jeunes qui étaient visés. Alors la jubilation⁶ des persécuteurs ne connaissait plus de bornes. Dans ces cas-là l'homme était ligoté et roué de coup tandis que sous ses yeux, sa compagne était soumise par ses contemporains, à de longues violences corporelles raffinées de tout genre. Roberto Saggini mesura le danger. Il se dit : je n'ai pas le temps d'arriver jusqu'à l'auto. Mais je peux me réfugier au bar, ces petits salauds n'oseront pas entrer. Elle au contraire, elle aura le temps de fuir.

– Sylvia, Sylvia ! cria-t-il, démarre ! Dépêche-toi ! Vite ! Vite !

Heureusement la fille comprit. D'un coup de hanche rapide, elle se glissa devant le volant, mit le contact, passa en première et démarra à toute allure en emballant le moteur. L'homme eut un soupir de soulagement. Maintenant il devait penser à lui. Il se retourna pour trouver son salut dans le bar. Mais au même instant le rideau de fer se baissa d'un seul coup.

– Ouvrez, ouvrez, supplia-t-il. Personne ne répondit de l'intérieur. Comme toujours, quand

---

5. de vieillard. 6. joie intense.

Lire comprendre interpréter

Lire et échanger sur des œuvres complètes

J. G. BROWN, *A story of the see* (« Une histoire de la mer »), 1883, huile sur toile, collection privée.

105 un raid de jeunes se déclenchait, ils restaient tous tapis dans leur coin. Personne ne voulait voir ou savoir, personne ne voulait s'en mêler. Il n'y avait plus un instant à perdre. Bien éclairés par des réverbères puissants, sept, huit types 110 convergeaient vers lui sans même courir, tant ils étaient certains de l'attraper. L'un d'eux, grand, pâle, le crâne rasé, portait un tricot rouge foncé où se détachait un grand R majuscule blanc. « Je suis fichu », pensa Saggini. Les journaux parlaient 115 de ce R depuis des mois. C'était le signe de Sergio Régora, le chef de bande le plus cruel qui soit. On racontait qu'il avait personnellement réglé leur compte à plus d'une cinquantaine de vieux. La seule chose à faire était de se risquer. À gauche, 120 au fond de la petite rue, s'ouvrait une large place où s'était installée une fête foraine. Le tout était de réussir à arriver sans encombre jusque-là.

Après, dans le fouillis des boutiques, des caravanes, ce 125 serait facile de se cacher. Il partit à fond de train, il était encore un homme agile, et il vit du coin de l'œil une gamine courtaude[7] qui débou- 130 chait sur sa droite pour lui couper le chemin, elle portait un pull-over, avec le R blanc. Elle avait un visage renfrogné[8] extrêmement déplaisant et 135 une bouche large qui criait : « Arrête-toi, vieux cochon ! » Sa main droite serrait une lourde cravache[9] de cuir. La gamine lui tomba dessus. Mais l'homme porté par son élan la renversa et elle se retrouva par terre avant d'avoir eu le temps de le 140 frapper. S'étant ainsi frayé un chemin, Saggini, avec tout le souffle qui lui restait, s'élança vers l'espace sombre. Un grillage entourait l'endroit de la fête foraine. Il le franchit d'un bond, courut là où les ténèbres lui semblaient les plus épaisses. 145 Et les autres toujours derrière lui.

– Ah ! Il veut nous échapper, le salaud ! s'écria Sergio Régora qui ne se pressait pas outre mesure, convaincu de tenir déjà sa proie. Et il ose nous résister par-dessus le marché !

À suivre…

---
7. d'une taille courte et ramassée. 8. exprimant la mauvaise humeur. 9. baguette souple de cavalier.

Oral

4 **a.** Pourquoi le personnage principal est-il particulièrement en danger ? **b.** Comment sa situation évolue-t-elle ?
5 Qui est Sergio Régora ? Qu'apprend-on à son sujet ?

3.

Sa bande galopait à côté de lui :
– Oh ! Chef, écoute ! Je voudrais te dire quelque chose...
Ils étaient arrivés devant la foire. Ils s'arrêtèrent.
– Et t'as besoin de me dire ça maintenant ?
– J'voudrais bien me tromper, mais j'ai l'impression que c'type-là c'est mon paternel.
– Ton père, ce salaud ?
– Vouais, on dirait bien que c'est lui.
– Tant mieux.
– Mais je...
– Oh ! Tu vas pas la ramener maintenant, non ?
– Ben ! C'est que ça me paraît...
– Quoi ! Tu l'aimes ?
– Oh ! Non alors ! C'est un tel imbécile... Et puis un enquiquineur de première. Il en a jamais fini...
– Alors ?
– Ben ça me fait tout de même quelque chose, quoi, si tu veux savoir.
– T'es qu'une andouille, un froussard, une lavette. T'as pas honte ? Le coup s'est encore jamais produit avec mon père, mais je te jure que ça me ferait jouir ! Allez, allez, maintenant c'est pas tout, il faut le faire sortir de là.

Le cœur battant, essoufflé par sa course, Saggini s'était camouflé en se faisant le plus petit possible, devant une grande banne[10], peut-être celle d'un cirque, complètement dans l'ombre, tâchant de se fondre sous les pans de toile. À côté, à cinq, six mètres, il y avait une roulotte de romanichels avec sa petite fenêtre allumée. L'air fut déchiré d'un nouveau coup de sifflet des jeunes voyous. Dans la roulotte on entendit un remue-ménage. Et puis une grosse femme opulente[11] et très belle se montra sur le pas de la petite porte, curieuse.
– Madame, madame, balbutia Saggini, de sa cachette incertaine.
– Qu'est-ce qu'il y a ? fit-elle méfiante.
– Je vous en supplie, laissez-moi entrer. Je suis poursuivi. Ils veulent me tuer.
– Non, non, on ne veut pas d'embêtement ici.
– Vingt mille lires pour vous si vous me laissez entrer.
– Quoi ?
– Vingt mille lires.
– Non, non. Ici on est des gens honnêtes, nous autres.

Elle se retira, referma la porte, on entendit le bruit du verrou intérieur. Et puis même la lumière s'éteignit. Silence. Pas une voix, pas un bruit de pas. Est-ce que la bande aurait renoncé ? Une horloge lointaine sonna le quart de deux heures. Une horloge lointaine sonna la demie de deux heures. Une horloge lointaine sonna les trois quarts de deux heures. Lentement, attentif à ne pas faire de bruit, Saggini se releva. Maintenant peut-être il allait pouvoir se tirer de là. Soudainement un de ces maudits lui tomba dessus et leva la main droite en brandissant une chose qu'on ne distinguait pas bien. Saggini, en un éclair se souvint de ce que lui avait dit un ami, bien des années auparavant : si quelqu'un cherche la bagarre, il suffit d'un coup de poing au menton, mais l'important est de bondir de toutes ses forces au même moment en sorte que ce n'est pas seulement le poing mais tout le poids du corps qui frappe l'agresseur.

Saggini se détendit tandis que son poing rencontrait quelque chose de dur avec un sourd craquement. « Ah ! » gémit l'autre, s'affaissant lourdement sur le dos. Dans le visage contracté qui se renversait en arrière, Saggini reconnut son fils. « Toi ! Ettore... » et il se pencha avec l'intention de le secourir.

À suivre...

---
10. bâche, grande toile.
11. bien en chair.

Oral

6 **a.** Qui s'exprime dans le dialogue ? **b.** Quelle est l'opinion de chaque interlocuteur ? Expliquez.

7 **a.** Qu'arrive-t-il au personnage principal ? **b.** Que découvre-t-il à la fin du passage ? **c.** Comment réagit-il ?

Lire et échanger sur des œuvres complètes

4.

Mais trois ombres débouchèrent.
– Il est là, le voilà, tapez-lui dessus à ce sale vieux !

Il s'enfuit comme un fou, bondissant d'une zone d'ombre à une autre, talonné par le halètement des chasseurs, toujours plus furieux et plus proches. Tout à coup un objet en métal heurta sa joue, provoquant une atroce douleur. Il fit un écart désespéré, chercha une voie d'échappement, ils l'avaient acculé aux limites de la foire, qui ne pouvait plus lui offrir de salut. Un peu plus loin, à une centaine de mètres, les jardins commençaient. L'énergie du désespoir lui permit de franchir cette distance sans être rejoint. Et cette manœuvre désorienta même ses poursuivants. L'alarme ne fut donnée qu'au dernier moment, alors qu'il avait déjà atteint la lisière d'un petit bois.

« Par là, par là, regardez-le, il veut se cacher dans le bois. Allez, allez, sus au croulant[12] ! » La poursuite reprit. Si seulement il pouvait tenir jusqu'aux premières lueurs de l'aube, il serait sauvé, mais combien de temps encore à passer avant ! Les horloges, çà et là sonnaient les heures, mais dans son angoisse fiévreuse, il n'arrivait pas à compter les coups. Il descendit une colline, déboula dans une petite vallée, grimpa sur une rive, traversa une quelconque rivière, mais chaque fois qu'il se retournait et regardait derrière lui, trois, quatre de ces canailles étaient toujours là implacables, gesticulant frénétiquement tout en le pourchassant. Ses dernières forces épuisées, il se jucha[13] sur le rebord d'un vieux bastion[14] à pic, il vit que le ciel, au-delà de la masse des toits, pâlissait. Mais il était trop tard désormais. Il se sentait complètement exténué. Le sang coulait à flots de sa joue balafrée. Et Régora était sur le point de le rattraper. Il devina dans la pénombre son ricanement blanc. Ils se trouvèrent face à face tous les deux sur l'étroite arête herbeuse. Régora n'eut même pas à le frapper. Pour l'éviter Saggini fit un pas en arrière, ne trouva que le vide et tomba roulant sur le versant à pic tout en pierres et en ronces. On entendit un bruit mou puis un gémissement déchirant.

– Il n'y a pas laissé sa peau, mais on lui a donné la leçon qu'il méritait, dit Régora. Maintenant il vaut mieux foutre le camp. On ne sait jamais avec les flics.

À suivre...

---
12. à la poursuite du vieux. 13. grimpa. 14. un vieux fort.

● P. TOURNEBOEUF/Tendance Floue, « Axelle (4 ans 1/2) dans les bras de son père. Son grand-père en surimpression. Grandes vacances d'été », 2004.

Oral

8. À quoi le personnage principal peut-il être comparé dans ce passage ? Justifiez.
9. Quels traits de caractère de Régora apparaissent dans cet extrait ? Expliquez.

5.

Ils s'en allèrent par petits groupes, en commentant leur chasse, et en se tordant de rire. Mais elle avait duré longtemps cette fois. Aucun vieux ne leur avait donné autant de fil à retordre. Eux aussi ils se sentaient fatigués. Qui peut savoir pourquoi ils se sentaient très las. Le petit groupe se disloqua. Régora partit d'un côté avec la gamine. Ils arrivèrent à une place illuminée.

– Qu'est-ce que tu as sur la tête ? demanda-t-elle.

– Et toi ? Toi aussi. » Ils s'approchèrent l'un de l'autre, s'examinant réciproquement. « Mon dieu, tu en as une figure ! Et tout ce blanc sur tes cheveux !

– Mais toi aussi tu as une tête épouvantable.

Une inquiétude soudaine. Cela n'était encore jamais arrivé à Régora. Il s'approcha d'une vitrine pour se regarder. Dans le miroir il vit très distinctement un homme sur la cinquantaine environ, les yeux et les joues flasques[15], les paupières flétries, un cou comme celui des pélicans. Il essaya de sourire, il lui manquait deux dents sur le devant. Était-ce un cauchemar ? Il se retourna. La fille avait disparu. Et puis au fond de la place trois garçons se précipitèrent sur lui. Ils étaient cinq, huit. Ils lancèrent un long coup de sifflet terrifiant. « Allez, allez tombez lui dessus au croulant ! » Maintenant, c'était lui le vieux. Et son tour était arrivé. Régora commença à courir de toutes ses forces, mais elles étaient faibles. La jeunesse, cette saison fanfaronne et sans pitié qui semblait devoir durer toujours, qui semblait ne jamais devoir finir. Et une nuit avait suffi à la brûler. Maintenant il ne restait rien à dépenser.

D. BUZZATI, « Chasseurs de vieux », *Le K*, traduction de J. Remillet, © éditions Robert Laffont, 1966.

15. molles.

Oral

10 À quel retournement de situation assiste-t-on dans ce dernier extrait ? Expliquez.

11 Selon vous, quelle pourrait être la leçon de cette nouvelle ?

Activité 2 — Comprendre et interpréter la satire

▶ *Socle Élaborer une interprétation de textes littéraires – Participer de façon constructive à des échanges oraux*

Par groupes, étudiez un des thèmes A, B ou C :
– repérez les procédés de la satire ;
– organisez la présentation de votre thème à la classe ;
– manifestez des compétences orales.

Thème A : les jeunes

1. Pourquoi la jeunesse en veut-elle aux vieilles générations ?
2. a. Par quels groupes nominaux les jeunes sont-ils désignés ? b. Quelle image de la jeunesse cette nouvelle offre-t-elle ?
3. Tous les jeunes sont-ils présentés de la même manière ?
4. L'auteur porte-t-il un jugement sur la jeunesse ? Si oui, lequel ?

Thème B : les adultes

1. a. Quel est le portrait du personnage principal ? b. L'auteur lui manifeste-t-il sa sympathie ?
2. a. Quels autres adultes sont présentés dans la nouvelle ? b. Comment se comportent-ils ? c. L'auteur porte-t-il un jugement sur eux ? Si oui, lequel ? d. Ce jugement est-il explicite ou implicite ?

Thème C : la violence

1. Quelles formes de violence repérez-vous dans la nouvelle ?
2. a. Qui a recours à la violence et pourquoi ? b. Qui est responsable de cette violence ?
3. Quelle est la satire finale de la nouvelle ?

Activité 3 — Débattre ▶ *Socle Participer de façon constructive à des échanges oraux* **EMC**

À votre avis, cette nouvelle est-elle encore d'actualité ? Échangez vos arguments et justifiez vos points de vue.

Pratiquer l'oral

Lire et dire un poème

▶ **Socle** S'exprimer de façon maîtrisée en s'adressant à un auditoire

L'écho du poète

Nicolas Boileau
(1636-1711)

Nicolas Boileau est un poète, écrivain et critique français.

1. le docteur Morel, surnommé « mâchoire d'âne » à l'université de la Sorbonne.
2. je m'en aperçois.
3. En respectant la forme.
4. commence à m'instruire.
5. une humeur égale, constante.
6. qu'un vieillard ne monte les marches d'un escalier.

Le plus sot animal

À M. M., docteur de Sorbonne[1]

De tous les animaux qui s'élèvent dans l'air,
Qui marchent sur la terre, ou nagent dans la mer,
De Paris au Pérou, du Japon jusqu'à Rome,
Le plus sot animal, à mon avis, c'est l'homme.
5 Quoi ! dira-t-on d'abord, un ver, une fourmi,
Un insecte rampant qui ne vit qu'à demi,
Un taureau qui rumine, une chèvre qui broute,
Ont l'esprit mieux tourné que n'a l'homme ? Oui, sans doute.
Ce discours te surprend, docteur, je l'aperçois[2].
10 L'homme de la nature est le chef et le roi :
Bois, prés, champs, animaux, tout est pour son usage,
Et lui seul a, dis-tu, la raison en partage.
Il est vrai de tout temps, la raison fut son lot :
Mais de là je conclus que l'homme est le plus sot.
15 Ces propos, diras-tu, sont bons dans la satire,
Pour égayer d'abord un lecteur qui veut rire :
Mais il faut les prouver. En forme.[3] – J'y consens.
Réponds-moi donc, docteur, et mets-moi sur les bancs[4].
Qu'est-ce que la sagesse ? une égalité d'âme[5]
20 Que rien ne peut troubler, qu'aucun désir n'enflamme,
Qui marche en ses conseils à pas plus mesurés
Qu'un doyen au palais ne monte les degrés[6].
Or cette égalité dont se forme le sage,
Qui jamais moins que l'homme en a connu l'usage ?

N. BOILEAU, Satire VIII, *Les Satires*, 1667.

V. BRAUNER, *L'Instinct*, huile et pastels, 1958, collection privée.

1 a. Quel avis Boileau émet-il dans les vers 1 à 4 ? b. Quel est le point de vue du docteur dans les v. 10 à 12 ?

2 Selon Boileau, l'homme est-il sage (v. 19-24) ?

3 Seul(e) ou en binôme, entraînez-vous à lire ou à dire le poème en soulignant la différence de points de vue entre Boileau et le docteur.

Expliquer des dessins satiriques et en débattre EMI EMC UTILISABLE EN AP

▶ **Socle** *Participer de façon constructive à des échanges oraux - Établir des liens entre des productions littéraires et artistiques*

À partir des dessins suivants, interrogez-vous sur les rapports entre l'homme et l'animal.

Chaval
(1915-1968)

Dessinateur humoristique français.

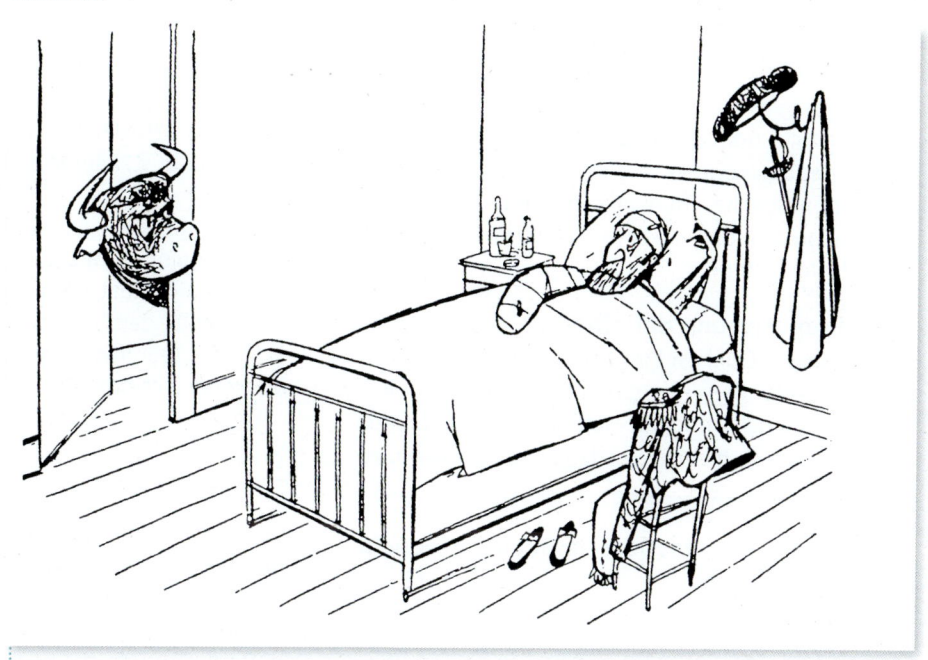

• CHAVAL, *Monsieur le chien, je présume ?*, Les Cahiers dessinés, 2014.

• C. BEAUNEZ, dessin de 1994.

1. Par petits groupes :
   a. prenez connaissance des dessins, cherchez ce que vise la satire dans chaque dessin ;
   b. repérez les procédés de la satire dans chaque dessin.
2. Collectivement, échangez vos idées.
3. Comparez ces dessins au texte satirique de Boileau.

4 • Et si on apprenait à vivre en harmonie ?

Pratiquer l'écrit

A. Travailler la langue pour préparer et améliorer l'écrit

Lexique

Des défauts

1 Classez ces noms selon qu'ils sont synonymes ou antonymes de « orgueil ».
ostentation – vanité – humilité – morgue – modestie – fatuité – prétention – réserve – vantardise – fierté – pudeur – forfanterie

2 a. Proposez une définition de ces adjectifs synonymes. **b.** Quel est l'intrus ?
pédant – prétentieux – méprisant – altier – candide – hautain – infatué – arrogant – suffisant – présomptueux
c. Employez trois d'entre eux dans une phrase qui en révèle le sens.

3 a. Parmi ces expressions, lesquelles évoquent l'orgueil ?
marcher sur des œufs – bomber le torse – parler haut – se pavaner – regarder avec dédain – baisser la voix
b. Employez deux de ces expressions dans une phrase qui en révèle le sens.

4 a. Parmi ces noms, trouvez l'intrus.
simulation – fausseté – sournoiserie – sagacité – duplicité – tromperie – feinte – fourberie
b. Employez trois d'entre eux dans une phrase qui en révèle le sens.

5 a. Classez ces noms et GN selon qu'ils sont synonymes ou antonymes de « égoïsme ».
insensibilité – dévouement – générosité – altruisme – indifférence – avarice – abnégation – prodigalité – narcissisme
b. Employez trois d'entre eux dans une phrase qui en révèle le sens.

6 Relevez parmi ces groupes verbaux ceux qui évoquent un comportement égoïste.
se servir en premier – partager avec ses voisins – s'octroyer la meilleure part du gâteau – se jeter sur les places assises dans les transports en commun – bousculer pour être bien placé – donner des étrennes – ne pas prendre des nouvelles de ses amis

7 a. Parmi ces animaux, lesquels peut-on associer : **1.** à l'orgueil ; **2.** à la sottise ?
une bécasse – une vache – une huître – un paon – un coq – un cochon – un pou – un âne – une buse – un cerf – une oie

b. Complétez les phrases avec un des noms d'animaux retenus.
1. Il avance vêtu de son manteau neuf, fier comme un … .
2. Telle une …, elle ne comprend rien au film qu'elle regarde.
3. Cet homme très sot rit comme une … à la moindre histoire qu'on lui raconte.
4. Prêt au combat, ce boxeur monte sur le ring tel un … qui entre dans l'arène.
5. Son Q.I. (quotient intellectuel) d'… ne lui permet pas d'accéder à ce poste.

Le vocabulaire de la satire

8 a. Cherchez si besoin le sens de ces noms :
raillerie – éloge – épigramme – diatribe – pamphlet – dérision – apologie – moquerie – sarcasme – persiflage
b. Quels sont les deux intrus ?
c. Pour deux de ces noms, donnez un verbe de la même famille.
d. Employez trois des verbes ou des noms dans une phrase qui en explicitera le sens.

9 a. Vérifiez le sens de ces adjectifs :
mordant – piquant – moqueur – railleur – cuisant – incisif – acéré – perçant – aigre – caustique – persifleur
b. Quel sens ont-ils en commun ?
c. Lesquels de ces adjectifs sont employés au sens figuré ?
d. Récrivez les phrases en les complétant par un de ces adjectifs que vous accorderez. Attention, parfois plusieurs solutions sont possibles.
1. Sa plume … est redoutable dans les articles de presse.
2. Le ton … de son discours lui a valu de nombreux ennemis.
3. Son incapacité à obtenir ce poste a été pour elle un … échec.
4. Le sourire … qu'il arbore ne met pas à l'aise les candidats.
5. Ce journaliste est craint pour son ironie très … .
6. La Bruyère brosse des portraits … de ses contemporains.

10 Associez chaque expression à sa définition.
Expressions : 1. faire un portrait à charge ; **2.** forcer le trait ; **3.** brocarder quelqu'un.
Définitions : a. se moquer d'une personne pour l'offenser ; **b.** souligner les défauts d'une personne ; **c.** caricaturer.

► Socle *Maîtriser la structure, le sens et l'orthographe des mots*

Orthographe

L'accord dans le groupe nominal

► *Leçon p. 304*

1 Récrivez les phrases en entourant les noms et en accordant les adjectifs et participes passés entre parenthèses.
1. Sa vanité totalement (démesuré) le pousse à inventer des histoires (incroyable) dans lesquelles il raconte qu'il a chassé de fort (dangereux) lionnes en Afrique ou qu'il a poursuivi des ours (polaire) sur la banquise. 2. Cette demoiselle (connu) pour son égoïsme aimerait obtenir la chambre la mieux (situé) lorsqu'elle est à l'hôtel, la (meilleur) place au cinéma. 3. Connaissez-vous une personne plus (sot) que cette dame des plus (naïf) qui croit toutes les histoires les plus (invraisemblable) ?

2 Récrivez le texte en accordant les adjectifs et participes passés avec les noms ou groupes nominaux soulignés.

L'or éclate sur les (riche) habits de Philémon. Il est habillé des plus (riche) étoffes de la terre. Les ornements et la broderie largement (déployé) sur ses (incroyable) vêtements ajoutent encore de la magnificence. Quand il veut savoir (quel) heure il est, il tire une (merveilleux) montre (serti) de pierres (précieux). Il ne lui manque aucune de ces (curieux) bagatelles que l'on porte sur soi autant pour la vanité que pour l'usage.
D'après J. DE LA BRUYÈRE, « Philémon », *Les Caractères*, 1688.

L'accord de l'adjectif et du participe passé employés avec *être*

► *Leçon p. 349*

3 Récrivez le texte en soulignant d'un trait les GN sujets et en accordant les adjectifs et participes passés entre parenthèses.
1. Ce distrait se trouve (rasé) à moitié. Il voit que son habit est bizarrement (enfilé) à l'envers, que ses chaussettes sont (rabattu) sur ses talons. 2. Ces personnes hypocrites semblent (gentil) et (agréable) avec les autres mais elles sont (prêt) à dire du mal de chacun.

4 Le jeu des sept erreurs : corrigez ce passage écrit par un élève distrait.

Gnathon, véritable égoïste, considère que les personnes rencontré sur son chemin sont invisible à ses yeux. À table, il n'épargne aux invités aucune de ces malpropretés dégoûtante, capable d'ôter l'appétit aux convives les plus affamé. Il choisit les meilleur morceaux et laisse aux autres les plus petite portions.

D'après J. DE LA BRUYÈRE, « Gnathon », *Les Caractères*, 1688.

Grammaire

Des procédés de satire : l'emphase

► *Leçon p. 369*

5 Récrivez les phrases en vous aidant d'un des modèles ci-dessous pour mettre en valeur l'élément souligné dans chaque phrase.
Il parle tout le temps de lui. → **A.** *C'est* de lui *qu'il parle tout le temps.* **B.** *De lui,* voilà *ce dont il parle tout le temps.*
1. Elle parle de livres qu'elle n'a pas lus ! 2. Il prétend être souvent l'hôte du président. 3. Son amour de sa propre personne ne connaît pas de limites. 4. Elle veut occuper toujours cette place dans le bus. 5. Il parle avec arrogance aux autres. 6. Il comprend à l'envers un simple article de journal.

Des procédés de satire : l'accumulation

6 À la manière de La Bruyère, complétez les phrases suivantes.
Il est enjoué, grand rieur, impatient ; il se croit du talent et de l'esprit. Il est riche.
– Il / Elle est …, …, … ; il / elle… Il / Elle est sot(te).
– Il / Elle est …, …, … ; il / elle… Il / Elle est orgueilleux (orgueilleuse).
– Il / Elle est …, …, … ; il / elle… Il / Elle est égoïste.

Des procédés de satire : l'hyperbole par l'expression de la conséquence

7 Récrivez les couples de phrases en exprimant la conséquence ; employez pour chaque phrase deux de ces modèles.
Il est stupide. Il ne comprend pas les questions qu'on lui pose. → **A.** *Il est* si *stupide* qu'*il ne comprend pas les questions qu'on lui pose.* **B.** *Il est* tellement *stupide* qu'*il ne comprend pas les questions qu'on lui pose.* **C.** *Il a une* telle stupidité *qu'il ne comprend pas les questions qu'on lui pose.*
1. Elle est orgueilleuse. Elle cherche à se constituer une cour d'admirateurs. 2. Il est sot. Il confond les astres et les désastres. 3. Elle est dénuée d'intelligence. Elle lave un blouson en cuir. 4. Il est égoïste. Il s'offre des cadeaux pour son anniversaire. 5. Elle est vaniteuse. Elle se met sans cesse en évidence.

4 • Et si on apprenait à vivre en harmonie ? / 113

Pratiquer l'écrit

▶ Socle *Adopter des stratégies et des procédures d'écriture efficaces*

B Écrire et récrire

Sujet : Rédiger un portrait satirique

À la manière de La Bruyère (voir p. 99 et 100), écrivez une satire moderne pour faire le portrait en action d'un orgueilleux, d'un hypocrite ou d'un égoïste. Votre satire fera une page et demie.

ÉTAPE 1 ▶ Préparer l'écrit

1. Organisez-vous par binômes ou par petits groupes et cherchez des idées pour :
– le personnage dont vous avez choisi de faire la satire ;
– plusieurs situations au cours desquelles son défaut se manifestera ;
– un nom évocateur de son défaut que vous pourriez donner à votre personnage ;
– des mots et expressions qui évoquent et soulignent le défaut ;
– une phrase finale pour clore votre portrait à la manière de La Bruyère.

ÉTAPE 2 ▶ Rédiger au brouillon

2. Préparez la construction du portrait en action en tenant compte de l'étape 1 :
– le personnage : son nom, son âge, son cadre de vie, ses habitudes ;
– le déroulement du portrait : les situations qui révéleront le défaut du personnage ;
– la phrase finale pour clore le portrait.

3. Rédigez votre récit au brouillon, si possible en utilisant un logiciel de traitement de texte. Pensez à :
– rendre votre personnage odieux ;
– employer des procédés de la satire : emphase, accumulation, hyperbole.

ÉTAPE 3 ▶ Améliorer son brouillon en mobilisant les ressources de la langue

4. Vérifiez les points suivants et corrigez-les si besoin.

Mon portrait présente-t-il un personnage orgueilleux, hypocrite ou égoïste ?	☐ oui	☐ non
Le défaut de mon personnage est-il mis en scène dans diverses situations ?	☐ oui	☐ non
Mon portrait comporte-t-il des procédés de la satire ?	☐ oui	☐ non
Mon portrait comporte-t-il une phrase finale à la manière de La Bruyère ?	☐ oui	☐ non

5. Améliorez votre récit en veillant à :	Aidez-vous des exercices…
• exprimer le défaut choisi	❶ à ❼ p. 112
• exprimer la satire	❽ à ❿ p. 112 et ❺ à ❼ p. 113
• respecter l'accord dans le groupe nominal et l'accord de l'adjectif et du participe passé employés avec *être*	❶ à ❹ p. 113

ÉTAPE 4 ▶ Rédiger au propre et se relire

6. Recopiez votre texte au propre ou reprenez-le en traitement de texte. Relisez-le plusieurs fois en échangeant avec un(e) de vos camarades pour vérifier successivement :
– la ponctuation ;
– l'accord dans le groupe nominal et l'accord de l'adjectif et du participe passé employés avec *être* ;
– l'orthographe du vocabulaire du défaut retenu.

Construire le bilan

▶ Socle *Les méthodes et outils pour apprendre*

Qu'ai-je appris ?
La satire en littérature et dans la presse

1 Recopiez et complétez la frise avec les noms des écrivains et le genre du texte satirique étudié.

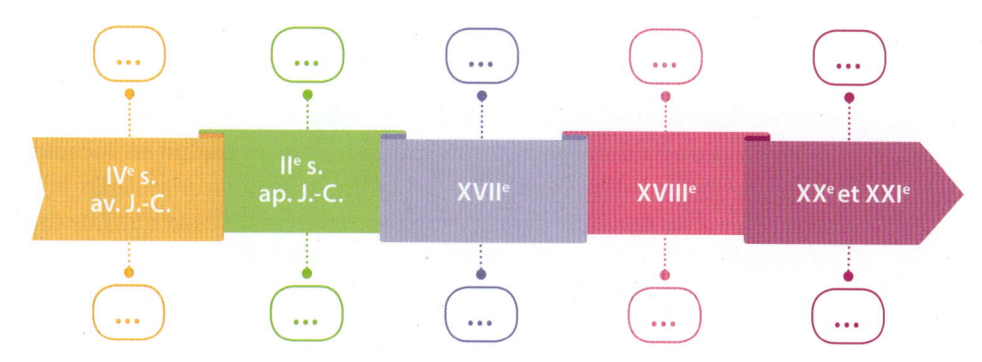

…	…	…	…	…
IVe s. av. J.-C.	IIe s. ap. J.-C.	XVIIe	XVIIIe	XXe et XXIe
…	…	…	…	…

2 **a.** Donnez la définition des procédés de satire suivants : l'emphase, l'accumulation, l'hyperbole.
b. Proposez trois titres de journaux satiriques français. **c.** Citez trois dessinateurs satiriques.

Qu'avons-nous compris ?
La satire

1 Recopiez et complétez la carte mentale suivante afin de faire la synthèse des textes et documents étudiés.

- Satire d'un défaut humain : …
- Satire d'un comportement social : …
- **La satire : textes et dessins**
- La satire se moque : …
- La satire dénonce : …
- La satire invite à réfléchir : …

2 Par petits groupes, en vous aidant des textes et illustrations du chapitre, demandez-vous : **a.** si la satire peut être dangereuse ; **b.** si elle est nécessaire. Échangez en classe entière pour confronter vos points de vue.

Je rédige mon bilan (EMC)

▶ Socle *Utiliser l'écrit pour penser et pour apprendre*

Après avoir étudié les textes et documents de ce chapitre, dites si la satire vous paraît être un bon moyen de corriger les défauts humains et de faire évoluer les comportements. Développez votre réponse en donnant des exemples.

4 • Et si on apprenait à vivre en harmonie ? / 115

Évaluer ses compétences et se préparer au BREVET

I. Analyse et interprétation de textes et de documents, maîtrise des différents langages

A. Texte littéraire

Jules et Julie

Lorsqu'elle vivait en couple, Julie traitait ses hommes comme des chiens. Aujourd'hui, seule, elle parle à son chien comme à un homme. Doté d'un prénom masculin, – Jules – , l'interlocuteur à quatre pattes a pris l'habitude de ces conversations auxquelles il répond à sa manière, c'est-à-dire beaucoup avec les yeux, un peu à l'aide de jappements que sa maîtresse traduit en vocables exprimant l'approbation, la colère, la surprise ou la complicité. À en croire Julie, Jules comprend cent vingt mots dont elle tient le lexique en soulignant ceux qui, faisant appel à une abstraction, requièrent une intelligence plus subtile. Pour sacrifier à la tradition autant que pour allonger ses interventions verbales, Julie redouble volontiers la première syllabe des mots compris par Jules, à l'exemple de cette papatte qu'assis cérémonieusement sur sa base l'animal doit tendre à tout représentant de l'espèce humaine qu'il ne juge pas digne d'un coup de langue. Julie tient grand compte des antipathies[1] de Jules. Naguère[2], elle professait qu'il fallait se méfier d'un homme qui n'aimait pas les chiens. Aujourd'hui, elle n'admet plus dans son intimité un bipède auquel son « fils à poils », comme elle l'appelle, montre les crocs. Ainsi, Jules qui, juste retour de l'anthropomorphisme[3], se montre jaloux et exclusif, a-t-il fait le vide autour d'une maîtresse qu'il rejoint chaque nuit dans son lit.

Passant outre aux conseils du vétérinaire, farouche partisan d'une mono-alimentation canine à perpétuité, Julie s'ingénie à varier les menus de Jules, voire à lui imposer les siens qu'il n'honore que par peur de la famine. De même, elle offre à Jules des vêtements – chapeau de pluie, ciré assorti et bottes – dont il n'a que faire, conscient du ridicule qu'il lit dans le sourire des voisins. Chaque semaine, Julie conduit Jules au toilettage qu'il n'apprécie pas davantage mais qu'il supporte mieux sachant qu'il sera récompensé par l'octroi d'un chochocolat, sa friandise préférée. [...]

Ainsi vivent en parfaite harmonie, heureux l'un par l'autre, à l'abri des dissensions[4] qui ruinent les ménages à quatre jambes, Jules et Julie, la seconde affirmant sans rire que le premier, continuellement arrimé à son fauteuil par une laisse, lui est très attaché.

PH. BOUVARD, *Des femmes*, © Flammarion, 2004.

1. dégoûts. 2. autrefois. 3. attribution de caractères humains à des animaux. 4. vives oppositions.

B. Image

A. DUBOUT, *Entre Chats*, 1962.

BREVET

Questions (20 points)

Sur le texte littéraire

1. Quel comportement social Ph. Bouvard dénonce-t-il ? Expliquez. (3 pts)
2. Que signifie la dernière phrase du texte ? Expliquez. (4 pts)
3. Le texte vous paraît-il plutôt humoristique ou satirique ? Justifiez. (4 pts)
4. Comparez ce texte à un ou plusieurs textes ou documents étudiés dans le chapitre. (4 pts)

Sur le texte et l'image

5. **a.** Comment comprenez-vous le dessin de Dubout ? **b.** Est-il satirique ? **c.** Quel(s) lien(s) pouvez-vous établir entre le dessin et le texte ? (5 pts)

II. Rédaction et maîtrise de la langue

1. a. Dictée : dictée préparée (5 pts)

Afin de vous préparer à la dictée de l'extrait, traitez les points suivants.

1. **a.** Avec quel verbe chaque adjectif ou participe passé surligné est-il employé ? **b.** Avec quel nom ou pronom chacun d'eux s'accorde-t-il ?
2. Quel(s) adjectif(s) ou participe(s) passé(s) s'accorde(nt) avec chaque nom souligné ?
3. Relevez les sujets et les verbes et justifiez les accords.
4. Mémorisez l'orthographe de : *raffoler, inonder, vieillir, enterrer, échéance, cimetière, collier*.

> Julie prétend à qui veut l'entendre que Jules raffole des films d'action de la même façon que *Les Quatre Saisons* de Vivaldi l'inondent de bonheur. Son bonheur serait complet si l'espérance de vie de Jules correspondait à la sienne. Las ! Jules vieillit sept fois plus rapidement qu'elle et, sauf caprice de la nature, c'est la mémère à chien qui enterrera le fils à poils. Tout est prévu pour cette macabre échéance : la concession au cimetière d'Asnières que s'en viendra coiffer, le triste jour venu, un cocker de marbre grandeur nature et cravaté d'un collier de bronze.
>
> Ph. BOUVARD, *Des femmes*, © Flammarion, 2004.

1. b. Réécriture (5 pts)

Récrivez le passage en mettant « promenade » au pluriel et en remplaçant « Jules » par « les chiens ». Vous ferez toutes les transformations nécessaires.

> Le soir, après une courte promenade durant laquelle il lui est interdit de frayer avec les représentants de son espèce, Jules se voit installé dans un fauteuil face à la télévision.
>
> Ph. BOUVARD, *Des femmes*, © Flammarion, 2004.

2. Travail d'écriture (20 points)

Sujet 1

À la manière de Ph. Bouvard, rédigez un texte satirique dans lequel vous critiquerez une mode contemporaine, comme par exemple la dépendance au téléphone portable ou aux réseaux sociaux, la nourriture bio... Votre rédaction sera d'une longueur minimale d'une soixantaine de lignes (300 mots).

Sujet 2

Pour vous, dans notre société actuelle, quel(s) comportement(s) mériterai(en)t de faire l'objet d'une satire ? Pourquoi ? Développez votre réponse en un devoir argumenté.
Votre rédaction sera d'une longueur minimale d'une soixantaine de lignes (300 mots).

Regarder le monde, inventer des mondes
Visions poétiques du monde

5 Sous l'œil des poètes

➡ **Comment la poésie invite-t-elle à regarder le monde ?**

INTERDISCIPLINARITÉ
HDA – LCA

Lire, comprendre, interpréter

S'interroger et s'informer
- Visions poétiques du monde : d'Orphée à Balzac — 120

Émotions en marche
- « Levez-vous, orages désirés… », F.-R. DE CHATEAUBRIAND, *René*, M. N. VOROBIEV — 122
- « Demain, dès l'aube… » V. HUGO, A. MARQUET — 124
- « Ma bohème », A. RIMBAUD — 125
- « Tempête solide », V. SEGALEN, BYOUNG-CHOON PARK — 126
- « Port », M. DIB — 127
- « Paris, 1983 », D. LAFERRIÈRE, P. TURNLEY — 128

Poésie et peinture, miroirs du monde
- « Un peintre », J.-M. DE HEREDIA, E. LANSYER — 130
- « Paysage », CH. BAUDELAIRE, G. CAILLEBOTTE — 132
- « Les usines », É. VERHAEREN, P. PICASSO — 134
- « Zone », G. APOLLINAIRE, R. DELAUNAY — 136

Le vocabulaire de la poésie — 138

Lire et échanger sur des œuvres complètes
- **Le cercle des critiques littéraires** Anthologies de poètes — 139

Pratiquer l'oral
- Réaliser l'interview fictive d'un poète — 140
- Présenter une affiche du Printemps des poètes — 141
- Participer collectivement à l'opération « Dis-moi un poème » du Printemps des poètes — 141

Pratiquer l'écrit

A. Travailler la langue pour préparer et améliorer l'écrit
Lexique Des procédés d'écriture – Paysages et sensations — 142
Grammaire La proposition subordonnée relative – Les compléments de phrase — 143
Orthographe Les accords complexes du verbe dans la proposition subordonnée relative — 143

B. Écrire et récrire
Sujet Raconter avec lyrisme une promenade dans un paysage fascinant *Activité guidée* — 144

Construire le bilan — 145
- Qu'avons-nous compris ? • Qu'ai-je appris ?
- Je rédige mon bilan

Évaluer ses compétences et se préparer au Brevet — 146
- **Analyse et interprétation** « La Terre », J. SUPERVIELLE, R. MAGRITTE
- **Rédaction et maîtrise de la langue** Dictée – Réécriture – Travail d'écriture

118

S. MAGNANI, série « Reflections », 2015.

1. Qu'évoque cette photographie pour vous ?
2. Quel(s) lien(s) faites-vous entre cette œuvre d'art et le titre du chapitre ?

5 • Sous l'œil des poètes

Lire comprendre interpréter

S'interroger et s'informer

INTERDISCIPLINARITÉ LCA – HDA

UTILISABLE EN AP

Visions poétiques du monde : d'Orphée à Balzac

▶ **Socle** *Les méthodes et outils pour apprendre – Comprendre des textes, des documents et des images*

Que savons-nous déjà ?

1 ÉTYMO Sur quel nom « lyrisme » est-il formé ?
2 D'après l'étymologie et les connaissances acquises dans les années antérieures, comment vous représentez-vous la poésie lyrique ?

La naissance de la poésie : le mythe d'Orphée
▶ **Socle** *Lire des documents composites*

Il était une fois un homme qui chantait si merveilleusement bien que même les dieux, distraits, se penchaient pour l'écouter.
Orphée était un mortel. Le fils de Calliope,
5 muse de la Poésie, et d'un roi de Thrace. Mais certains murmuraient que son véritable père n'était autre qu'Apollon, le dieu protecteur des Poètes et des Musiciens, que l'on voyait si souvent accompagné des Muses.
10 En tout cas, c'est bien Apollon qui lui fit don de son premier instrument de musique, une lyre en or incrustée d'étoiles. Orphée savait en tirer des harmonies si pures que les rochers pleuraient d'émotion, les loups faisaient signe aux lions de
15 se taire et les rivières détournaient leur cours pour venir entendre ce surprenant chanteur. Là où passait Orphée, les mœurs s'adoucissaient. Au point qu'on le vénère bientôt comme celui qui réussit à arracher l'humanité à sa part animale,
20 la conduisant vers une vie plus douce et civilisée. Comme poète, comme chanteur, comme musicien, Orphée devint le mortel le plus glorieux. Partout on l'accueillait avec des guirlandes de fleurs, comme il sied au poète, véritable guide
25 spirituel des peuples.

F. BUSNEL, *Mythologie grecque*, © Seuil, 2002.

• *Orphée entouré d'animaux, mosaïque de la Rome antique, Musée archéologique de Palerme.*

1 Qu'avez-vous appris sur Orphée, d'après le texte ?
2 D'après le texte et la mosaïque, quel est le pouvoir d'Orphée ?
3 « Poète » vient du grec *poiein*, « fabriquer, créer » : proposez une première définition du poète.

INTERDISCIPLINARITÉ LCA

Faites des recherches sur un de ces thèmes : le mythe grec d'Orphée et Eurydice – les Muses – le mythe d'Orphée dans les arts (musique, peinture, bande dessinée…).
Présentez votre recherche à la classe en vous appuyant sur un court diaporama.

Des poètes parlent de leur vision poétique du monde

> La **poésie** doit être le miroir terrestre de la Divinité, et réfléchir, par les couleurs, les sons et les rythmes, toutes les beautés de l'univers.
>
> MADAME DE STAËL, *De l'Allemagne*, 1810.

> La **poésie** est le miroir brouillé de notre société. Et chaque poète souffle sur ce miroir : son haleine différemment l'embue.
>
> LOUIS ARAGON, *Chronique du bel canto*, 1946.

> Voilà le rôle de la **poésie**. Elle dévoile, dans toute la force du terme. Elle montre nues, sous une lumière qui secoue la torpeur, les choses surprenantes qui nous environnent et que nos sens enregistraient machinalement.
>
> JEAN COCTEAU, *Le Secret professionnel*, 1922.

4 Par petits groupes, répondez aux questions suivantes.
  a. Quels mots associez-vous à la poésie ? Partagez vos propositions.
  b. Comment comprenez-vous chaque citation ?
  c. Quel(s) lien(s) chaque poète envisage-t-il entre la poésie et le monde ? Expliquez.

5 Individuellement, en vous appuyant sur votre pratique poétique (lectures ou écriture), dites quelle citation définit le mieux, pour vous, une vision poétique du monde.

SETH, rue Julienne, Paris, XIIe arrondissement.

La poésie s'invite dans le roman

6 Écoutez l'extrait du *Lys dans la vallée* enregistré par un comédien ou lu par votre professeur.
  a. Que ressentez-vous à l'écoute de ce texte ?
  b. À quels arts l'auteur associe-t-il le paysage ?
  c. Cette peinture du paysage est-elle poétique, selon vous ? Échangez vos points de vue.

Les moulins situés sur les chutes de l'Indre donnaient une voix à cette vallée frémissante, les peupliers se balançaient en riant, pas un nuage au ciel, les oiseaux chantaient, les cigales criaient, tout y était mélodie. Ne me demandez plus pourquoi
5 j'aime la Touraine ? je ne l'aime ni comme on aime son berceau, ni comme on aime une oasis dans le désert ; je l'aime comme un artiste aime l'art […]. Je descendis, l'âme émue, au fond de cette corbeille, et vis bientôt un village que la poésie qui surabondait en moi me fit trouver sans pareil. Figurez-vous trois moulins posés
10 parmi des îles gracieusement découpées, couronnées de quelques bouquets d'arbres au milieu d'une prairie d'eau ; quel autre nom donner à ces végétations aquatiques, si vivaces, si bien colorées, qui tapissent la rivière, surgissent au-dessus, ondulent avec elle, se laissent aller à ses caprices et se plient aux tempêtes de la rivière
15 fouettée par la roue des moulins !

H. DE BALZAC, *Le Lys dans la vallée*, 1844.

Lire comprendre interpréter — Émotions en marche — **INTERDISCIPLINARITÉ HDA**

Levez-vous, orages désirés…

François-René de Chateaubriand (1768-1848)

Homme politique et écrivain français, figure majeure du romantisme, auteur de plusieurs ouvrages autobiographiques dont *René*, roman autobiographique, et les *Mémoires d'outre-tombe*.

Comment exprimer cette foule de sensations fugitives que j'éprouvais dans mes promenades ? Les sons que rendent les passions dans le vide d'un cœur solitaire ressemblent au murmure que les vents et les eaux font entendre dans le silence d'un désert ; on en jouit, mais on ne 5 peut les peindre.

L'automne me surprit au milieu de ces incertitudes : j'entrai avec ravissement dans le mois des tempêtes. Tantôt j'aurais voulu être un de ces guerriers errant au milieu des vents, des nuages et des fantômes ; tantôt j'enviais jusqu'au sort du pâtre[1] que je voyais réchauffer ses mains à 10 l'humble feu de broussailles qu'il avait allumé au coin d'un bois. J'écoutais ses chants mélancoliques, qui me rappelaient que dans tout pays le chant naturel de l'homme est triste, lors même qu'il exprime le bonheur. Notre cœur est un instrument incomplet, une lyre où il manque des cordes, et où nous sommes forcés de rendre les accents de la joie sur le ton consacré 15 aux soupirs.

Le jour, je m'égarais sur de grandes bruyères[2] terminées par des forêts. Qu'il fallait peu de chose à ma rêverie ! une feuille séchée que le vent chassait devant moi, une cabane dont la fumée s'élevait dans la cime dépouillée des arbres, la mousse qui tremblait au souffle du Nord sur le tronc d'un 20 chêne, une roche écartée, un étang désert où le jonc[3] flétri murmurait ! Le clocher solitaire s'élevant au loin dans la vallée a souvent attiré mes regards ; souvent j'ai suivi des yeux les oiseaux de passage qui volaient au-dessus de ma tête. Je me figurais les bords ignorés, les climats lointains où ils se rendent ; j'aurais voulu être sur leurs ailes. Un secret instinct me 25 tourmentait : je sentais que je n'étais moi-même qu'un voyageur, mais une voix du ciel semblait me dire : « Homme, la saison de ta migration n'est pas encore venue ; attends que le vent de la mort se lève, alors tu déploieras ton vol vers ces régions inconnues que ton cœur demande. »

« Levez-vous vite, orages désirés qui devez emporter René dans les es-30 paces d'une autre vie ! » Ainsi disant, je marchais à grands pas, le visage enflammé, le vent sifflant dans ma chevelure, ne sentant ni pluie, ni frimas[4], enchanté, tourmenté, et comme possédé par le démon de mon cœur.

La nuit, lorsque l'aquilon[5] ébranlait ma chaumière, que les pluies tombaient en torrent sur mon toit, qu'à travers ma fenêtre je voyais la lune 35 sillonner les nuages amoncelés, comme un pâle vaisseau qui laboure les vagues, il me semblait que la vie redoublait au fond de mon cœur, que j'aurais eu la puissance de créer des mondes.

F.-R. DE CHATEAUBRIAND, *René*, 1802.

1. berger.
2. vastes étendues sauvages.
3. roseau.
4. froid.
5. vent froid.

Le trésor des mots

▶ **Socle** *Maîtriser la structure, le sens et l'orthographe des mots*

a. Rappelez ce qu'est une lyre. **b.** Selon vous, pourquoi le poète compare-t-il son cœur à une lyre, dans le deuxième paragraphe ?

Lecture

▶ **Socle** *Élaborer une interprétation de textes littéraires*

1 a. Où, quand et comment René se promène-t-il ?
b. Que lui apportent ses promenades ?

2 L. 1 à 15 : lequel des cinq sens est évoqué ? À quel sentiment ce sens est-il associé ? Expliquez.

3 L. 16 à 32 : **a.** Quelle relation s'établit entre le promeneur et la nature ? **b.** À quoi le narrateur se compare-t-il ? Que signifie ce rapprochement ?

4 Expliquez le dernier paragraphe.

5 Quels sentiments et émotions René éprouve-t-il durant ses promenades ? Développez votre réponse.

Oral

▶ **Socle** *Exploiter les ressources expressives et créatives de la parole*

1 a. Observez les mots en vert : quels effets de rythme créent-ils ? **b.** Lisez à voix haute le deuxième paragraphe : quelle allitération (voir p. 138) repérez-vous ? Quel est l'effet produit ? **c.** Pourquoi, selon vous, qualifie-t-on ce texte de « prose poétique » ? Expliquez.

2 Lisez un passage de votre choix de façon à exprimer les émotions du promeneur.

Maxim Nikiforovich Vorobiev
(1787-1855)

Peintre paysagiste romantique russe. *La Tempête. Le Chêne foudroyé* serait une évocation de la mort de la femme de l'artiste.

M. N. VOROBIEV, *La Tempête. Le Chêne foudroyé*, 1845, huile sur toile © Galerie Tretiakov, Moscou.

Histoire des arts

▶ **Socle** *Établir des liens entre des productions littéraires et artistiques issues de cultures et d'époques diverses*

A Quelle(s) émotion(s) éprouvez-vous face à ce tableau ? Expliquez.
B Décrivez et analysez le tableau en vous aidant de l'ABC de l'image p. 276 et de la biographie du peintre.
C Quels liens pouvez-vous établir entre ce tableau et le texte ? Expliquez.

5 • Sous l'œil des poètes / 123

Lire comprendre interpréter

Émotions en marche

Demain, dès l'aube...

Demain, dès l'aube, à l'heure où blanchit la campagne,
Je partirai. Vois-tu, je sais que tu m'attends.
J'irai par la forêt, j'irai par la montagne.
Je ne puis demeurer loin de toi plus longtemps.

5 Je marcherai les yeux fixés sur mes pensées,
Sans rien voir au dehors, sans entendre aucun bruit,
Seul, inconnu, le dos courbé, les mains croisées,
Triste, et le jour pour moi sera comme la nuit.

Je ne regarderai ni l'or du soir qui tombe,
10 Ni les voiles au loin descendant vers Harfleur[1],
Et quand j'arriverai, je mettrai sur ta tombe
Un bouquet de houx vert et de bruyère en fleur.

V. HUGO, *Les Contemplations*, 1856.

1. port en bord de Seine.

Victor Hugo (1802-1885)

Homme politique et écrivain français auteur de romans, de pièces de théâtre, et de nombreux recueils poétiques, dont *Les Contemplations*. Il fut profondément marqué par la mort accidentelle de sa fille bien-aimée, Léopoldine, qui s'est noyée dans la Seine, près de Rouen.

Lecture

▶ **Socle** *Élaborer une interprétation de textes littéraires*

1. « Pour moi, ce poème, c'est... » **a.** Rédigez rapidement ce qui vous vient l'esprit à la lecture de ce poème. **b.** Mutualisez vos réponses.
2. Par petits groupes, analysez et interprétez ce poème en vous intéressant notamment au projet du poète, à ses sentiments et à leur expression, aux deux derniers vers.
3. Échangez vos remarques puis rédigez une synthèse personnelle sur ce poème.

Oral

▶ **Socle** *Exploiter les ressources expressives et créatives de la parole*

1. Par binômes : **a.** repérez les répétitions ; **b.** interrogez-vous sur les pauses à faire.
2. Exercez-vous à lire le poème de façon à faire ressortir les sentiments du poète.

● A. MARQUET, *Fontarabie, vue d'Hendaye*, Le Promeneur, 1926, huile sur toile, collection privée.

Arthur Rimbaud
(1854-1891)

Ce poète français a écrit très jeune. En révolte contre sa famille et la routine de la vie quotidienne, il a fugué.

La clé des mots

pied désigne au sens propre une partie du corps, au sens figuré, une syllabe dans la poésie latine.
- Expliquez l'emploi de ce mot dans le poème.

Ma bohème

Je m'en allais, les poings dans mes poches crevées ;
Mon paletot[1] aussi devenait idéal[2] ;
J'allais sous le ciel, Muse ! et j'étais ton féal[3] ;
Oh ! là ! là ! que d'amours[4] splendides j'ai rêvées !

5   Mon unique culotte avait un large trou.
– Petit-Poucet rêveur, j'égrenais dans ma course
Des rimes. Mon auberge était à la Grande-Ourse[5].
– Mes étoiles au ciel avaient un doux frou-frou[6].

Et je les écoutais, assis au bord des routes,
10 Ces bons soirs de septembre où je sentais des gouttes
De rosée à mon front, comme un vin de vigueur ;

Où, rimant au milieu des ombres fantastiques,
Comme des lyres, je tirais les élastiques
De mes souliers blessés, un **pied** près de mon cœur !

A. RIMBAUD, *Poésies*, 1870.

1. manteau court. 2. si usé qu'il n'était plus qu'un manteau virtuel. 3. fidèle vassal. 4. Le nom « amour » est féminin au pluriel. 5. constellation d'étoiles. 6. léger bruit causé par un tissu.

Lecture

▶ **Socle** *Élaborer une interprétation de textes littéraires*

1 Quelle est votre réaction à la lecture de ce poème ?

2 Quel âge Rimbaud a-t-il quand il écrit ce poème ?

3 **a.** Quels sentiments et émotions la marche procure-t-elle au poète ? Expliquez strophe par strophe. **b.** Par quels procédés d'écriture le poète les exprime-t-il ?

4 Dans les deux quatrains (voir p. 138), repérez les métaphores : que mettent-elles en valeur ?

5 Quel rôle l'errance joue-t-elle pour le poète dans les deux tercets ? Répondez en citant le texte.

6 **a.** Quelle est la forme (voir p. 138) de ce poème ? **b.** Quelles en sont les caractéristiques ? **c.** Quelle est l'unité des deux premières strophes ? celle des deux dernières ?

Le trésor des mots

▶ **Socle** *Maîtriser la structure, le sens et l'orthographe des mots*

En Bohême (Europe centrale), il existe des peuples nomades.

D'après ce poème, expliquez ce qu'est une vie de bohème.

Oral

▶ **Socle** *Exploiter les ressources expressives et créatives de la parole*

1 Visionnez la vidéo sur www.youtube.com/watch?v=3l_jn4e0P1I : l'image qu'elle donne du poème correspond-elle à la vôtre ? Expliquez.

2 Apprenez ce poème et exercez-vous à le jouer pour faire partager les sentiments du poète.

Écriture

▶ **Socle** *Utiliser l'écrit pour penser et pour apprendre*

Le poète Verlaine surnommait son ami Rimbaud « l'homme aux semelles de vent » : comment comprenez-vous cette expression ? Comment pourriez-vous vous-même caractériser le poète Rimbaud dans ce poème ?

Lire comprendre interpréter

Émotions en marche

INTERDISCIPLINARITÉ HDA

Tempête solide

Porte-moi sur tes vagues dures, mer figée, mer sans reflux ; tempête solide enfermant le vol des nues et mes espoirs. Et que je fixe en de justes caractères, Montagne, toute la hauteur de ta beauté.

L'œil, précédant le pied sur le sentier oblique te dompte avec peine. Ta
5 peau est rugueuse. Ton air est vaste et descend droit du ciel froid. Derrière la frange visible d'autres sommets élèvent tes passes[1]. Je sais que tu doubles le chemin qu'il faut surmonter. Tu entasses les efforts comme les pèlerins les pierres : en hommage.

En hommage à ton altitude, Montagne. Fatigue ma route : qu'elle soit
10 âpre, qu'elle soit dure ; qu'elle aille très haut.

Et, te quittant pour la plaine, que la plaine a de nouveau pour moi de beauté !

V. SEGALEN, *Stèles*, © Plon, 1912.

1. passages, cols de montagne.

Victor Segalen
(1878-1919)

Ce poète français, spécialiste de la Chine, a été médecin, ethnographe (savant étudiant le mode de vie des peuples) et archéologue.

Lecture

▶ **Socle** *Élaborer une interprétation de textes littéraires*

1. Comment comprenez-vous le poème à la première lecture ?
2. À qui le poète s'adresse-t-il ? Citez des mots du poème à l'appui de votre réponse.
3. Relevez les comparaison(s) et métaphore(s) : quels paysages donnent-elles à voir ?
4. Quels sentiments le poète exprime-t-il dans ce texte ? Quels procédés d'écriture emploie-t-il pour le faire ?
5. Relisez oralement le poème : quelles sonorités sont répétées ? Quel est l'effet produit ?
6. Pour vous, ce texte est-il un poème ? Justifiez.

BYOUNG-CHOON PARK, *Flying in the island* (Survol de l'île), 2011.

Byoung-Choon Park
(né en 1966)

Ce peintre paysagiste coréen expose depuis quelques années en Europe.

Histoire des arts

▶ **Socle** *Établir des liens entre des productions littéraires et artistiques*

A. Que ressentez-vous face à cette œuvre picturale ?
B. Quel(s) lien(s) pouvez-vous faire entre le poème et l'œuvre d'art ? Répondez en citant des passages du poème.
C. Quelle émotion la montagne provoque-t-elle chez le poète et le peintre, selon vous ? Expliquez.

Port

Il pleut ; le port bruit. Pourquoi suis-je ici
À regarder le blanc navire aussi ?

Les quais sont gris d'une foule immobile.

Le soleil pend à travers les fumées,
5   Que te faut-il ? Tu souffres à hurler ?

Le paquebot parti, voici la ville.

Hiver partout, un cauchemar d'eau
Et d'ennui drape à l'infini Bordeaux.

Et maintenant où seras-tu tranquille ?

10 C'est l'insondable où s'affole la pluie ;
Passé midi, d'un coup il a fait nuit.

Maintenant où vas-tu chercher asile ?

Au cinéma, dans ce bar que tu vois
Plein de néons, de buveurs flous, de voix ?

15 *L'insensé qui dit des mots inutiles !*

M. DIB, *Ombre gardienne*, © Éditions La Différence, 1961.

Mohammed Dib
(1920-2003)

Ce poète algérien, installé en France depuis 1959, publie de très nombreux ouvrages de tous genres : poésie, roman, théâtre…

Lecture

▶ Socle *Élaborer une interprétation de textes littéraires*

1. Selon vous, quelle est l'atmosphère de ce poème ?
2. Quels lieux le poète parcourt-il ? Pourquoi suit-il ce chemin ? Expliquez.
3. Qu'est-ce qui caractérise les lieux évoqués ? Que ressent le poète devant ce spectacle ? Comment pouvez-vous expliquer ses émotions ?
4. Lisez les vers en italique. **a.** À qui s'adressent-ils ? **b.** De quel sentiment sont-ils l'écho ?
5. Que représentent pour le poète le « navire » du vers 2 et le « paquebot » du vers 6 ?

Le trésor des mots

▶ Socle *Maîtriser la structure, le sens et l'orthographe des mots*

1. ÉTYMO Comment l'adjectif « insondable » (v. 10) est-il formé ? Que signifie-t-il ici ?
2. ÉTYMO « Nostalgie » vient des mots grecs *nostos*, « le retour », et *algein*, « souffrir » : pourriez-vous employer ce nom pour ce poème ? Justifiez.

Oral

▶ Socle *Exploiter les ressources expressives et créatives de la parole*

Organisez-vous en binômes. Apprenez le poème et dites-le à deux voix : quelle tonalité devez-vous lui donner ?

Lire comprendre interpréter

Émotions en marche

INTERDISCIPLINARITÉ HDA

Paris, 1983

Ce poème a été écrit après les attentats de novembre 2015 à Paris et publié par le poète et sur le site Internet de son éditeur québécois, Mémoire d'encrier.

Je marche
de jour comme de nuit
dans Paris
depuis si longtemps déjà
5 que je me demande
qui habite l'autre
toujours ému de savoir
qu'un poète nommé Villon[1]
l'a fait avant moi
10 qu'un libérateur comme Bolivar[2]
y a séjourné en dandy[3]
que mon jeune voisin Jean de la rue Masson
a fêté son vingtième anniversaire jusqu'à l'aube
dans un bistro situé en face
15 d'une petite place faiblement éclairée.
J'aime savoir qu'il existe une ville
où les femmes aiment marcher de nuit
sans s'inquiéter des ombres et aussi parce qu'on y
trouve une station de métro avant la fatigue.
20 J'aime flâner dans une ville où les quartiers contrastés
fleurissent au bout de nos rêves.
J'aime m'arrêter à la terrasse des cafés pour
observer le ballet des serveurs.
J'aime écouter dans le métro les conversations
25 des jeunes filles qui racontent la soirée d'avant.
J'aime voir les jambes nues tout le long de l'été.
Cet art de vivre qu'aucune autre ville ne connaît
mieux que Paris.
Et que personne n'a mieux chanté que Villon et Aragon[4]
30 ou cette jeune fille croisée boulevard Richard-Lenoir
qui s'est exclamée : « Je me suis cassé le talon mais je m'en
fous si c'est à Paris. »
Me voilà dans cette baignoire à lire, cette fois,
Paris est une fête d'Hemingway[5]
35 tout en me disant qu'elle le sera toujours quoi qu'il arrive.

D. LAFERRIÈRE, *Souvenir de Dany Laferrière*, © Mémoire d'encrier, 2015.

Dany Laferrière
(né en 1953)

Ce poète et écrivain haïtien, membre de l'Académie française, vit à Montréal au Canada. Il a découvert Paris en 1983.

La clé des mots

habiter signifie
a. occuper un lieu, y demeurer ; **b.** obséder.
• Expliquez les vers 5 et 6.

1. célèbre poète français du XVe siècle. 2. homme politique sud-américain qui contribua à l'indépendance des États actuels de Bolivie, Colombie, Équateur, Panama, Pérou et Venezuela. 3. homme élégant. 4. poète français du XXe siècle. 5. récit autobiographique du célèbre écrivain américain du XXe siècle, qui a vécu à Paris.

Lecture

▶ **Socle** *Élaborer une interprétation de textes littéraires*

1 **a.** Comment l'écriture du poème donne-t-elle l'impression d'une marche ? **b.** Quelle atmosphère se dégage de la ville ?

2 Quel(s) sentiment(s) le poète éprouve-t-il à l'égard de Paris ? Citez le texte à l'appui de votre réponse.

3 De quels symboles Paris est-il porteur pour D. Laferrière ? Expliquez en une réponse développée et argumentée.

4 **a.** Expliquez le dernier vers. **b.** Quel lien la vision de Paris dans ce poème a-t-elle avec les attentats de novembre 2015 ? Expliquez.

Oral

▶ **Socle** *Exploiter les ressources expressives et créatives de la parole*

Entraînez-vous à lire ce poème :
– en lui donnant le rythme de la marche ;
– en soulignant la répétition ;
– en exprimant les sentiments du poète.

Peter Turnley
(né en 1955)

Ce photojournaliste américain est tombé amoureux de Paris et a commencé à photographier ses rues dans les années 1970.

Histoire des arts

▶ **Socle** *Décrire une œuvre artistique en employant un lexique simple adapté – Établir des liens entre des productions littéraires et artistiques*

A Décrivez les photographies de P. Turnley : quelle vision de Paris donnent-elles ?

B Comparez le poème et les photographies : les scènes choisies, l'atmosphère…

• P. TURNLEY, *Métro Saint Germain des Prés*, photographie, Paris, 2013.

• P. TURNLEY, « French Kiss, A love letter to Paris », photographie, Paris, 1998.

• P. TURNLEY, « French Kiss, A love letter to Paris », *Café La Fronde, Rue des Archives*, photographie, Paris, 2012.

Écriture

▶ **Socle** *Exploiter des lectures pour enrichir son écrit*

En vous aidant des photographies, poursuivez le poème de D. Laferrière en imaginant quelques vers et en commençant par « J'aime… »

Lire comprendre interpréter

Poésie et peinture, miroirs du monde

INTERDISCIPLINARITÉ HDA

Un peintre

À Emmanuel Lansyer.

Il a compris la race antique aux yeux pensifs
Qui foule le sol dur de la terre bretonne,
La lande rase, rose et grise et monotone
Où croulent les manoirs sous le lierre et les ifs[1].

5 Des hauts talus plantés de hêtres convulsifs[2],
Il a vu, par les soirs tempétueux d'automne,
Sombrer le soleil rouge en la mer qui moutonne ;
Sa lèvre s'est salée à l'embrun[3] des récifs.

Il a peint l'Océan splendide, immense et triste,
10 Où le nuage laisse un reflet d'améthyste[4],
L'émeraude écumante et le calme saphir[5] ;

Et fixant l'eau, l'air, l'ombre et l'heure insaisissables,
Sur une toile étroite il a fait réfléchir
Le ciel occidental dans le miroir des sables.

J.-M. DE HEREDIA, *Les Trophées*, 1893.

1. arbres à feuilles persistantes. 2. secoués par le vent. 3. gouttes d'écume marine. 4. pierre précieuse de couleur violette. 5. pierre précieuse de couleur bleue.

José-Maria de Heredia (1842-1902)

Poète français né à Cuba et représentant de la poésie parnassienne.

E. LANSYER, *La Vague*, 1873, huile sur toile, musée Lansyer, Loches.

Lecture

▶ **Socle** *Établir des liens entre des productions littéraires et artistiques*

1. En vous aidant des deux tableaux, expliquez quel type de paysage est évoqué dans le poème. Justifiez en citant le texte.
2. **a.** Lequel des cinq sens est le plus présent dans le poème ? Répondez en citant le texte. **b.** Comment cette présence s'explique-t-elle ?
3. **a.** Quelle est la forme (voir p. 138) de ce poème ? Justifiez. **b.** Quel aspect du paysage chaque strophe évoque-t-elle ? **c.** Repérez des enjambements (voir p. 138) et expliquez ce qu'ils traduisent.
4. V. 12 à 14 : quel rôle le peintre joue-t-il selon le poète ?
5. Pour vous, quelle atmosphère se dégage de ce poème et de ces tableaux ? Expliquez.

Oral

▶ **Socle** *Exploiter les ressources expressives et créatives de la parole*

Entraînez-vous à lire le poème en respectant les pauses, le rythme des vers, et en cherchant à rendre la diversité du paysage.

● E. LANSYER, *Baie de Douarnenez à marée basse*, 1879, huile sur toile, musée des Beaux-Arts, Quimper.

Emmanuel Lansyer
(1835-1893)

Emmanuel Lansyer est un peintre paysagiste, ami du poète José-Maria de Heredia. L'eau est un de ses thèmes préférés.

Histoire des arts

▶ **Socle** *Décrire une œuvre artistique en employant un lexique simple adapté – Mobiliser des références culturelles pour interpréter les textes et les productions artistiques*

Répondez aux questions suivantes pour chacun des tableaux et en vous reportant à l'ABC de l'image, p. 276 à 281.

A Comment le tableau est-il composé ? Quels éléments du paysage sont ainsi mis en valeur ? Quelle impression est ainsi créée ?

B Observez et commentez la lumière et les couleurs. Quel(s) effet(s) est (sont) ainsi produit(s) ?

C Quels vers précis associez-vous à chaque tableau ?

D Pensez-vous que les tableaux d'E. Lansyer correspondent à la définition qu'en donne J.-M. de Heredia dans le dernier tercet ? Expliquez.

5 • Sous l'œil des poètes / 131

Lire comprendre interpréter

Poésie et peinture, miroirs du monde

INTERDISCIPLINARITÉ HDA

Paysage

Charles Baudelaire
(1821-1867)

Poète français et critique d'art, inspirateur de la poésie symboliste et de la modernité en poésie.

[...]

Les deux mains au menton, du haut de ma mansarde[1],
Je verrai l'atelier qui chante et qui bavarde ;
Les tuyaux, les clochers, ces mâts de la cité,
Et les grands ciels qui font rêver d'éternité.
5 Il est doux, à travers les brumes, de voir naître
L'étoile dans l'azur, la lampe à la fenêtre,
Les fleuves de charbon monter au firmament[2]
Et la lune verser son pâle enchantement.
Je verrai les printemps, les étés, les automnes ;
10 Et quand viendra l'hiver aux neiges monotones,
Je fermerai partout portières et volets
Pour bâtir dans la nuit mes féeriques palais.
Alors je rêverai des horizons bleuâtres,
Des jardins, des jets d'eau pleurant dans les albâtres[3],
15 Des baisers, des oiseaux chantant soir et matin,
Et tout ce que l'Idylle[4] a de plus enfantin.
L'Émeute[5], tempêtant vainement à ma vitre,
Ne fera pas lever mon front de mon pupitre ;
Car je serai plongé dans cette volupté[6]
20 D'évoquer le Printemps avec ma volonté,
De tirer un soleil de mon cœur, et de faire
De mes pensers brûlants une tiède atmosphère.

CH. BAUDELAIRE, *Les Fleurs du Mal*, 1857.

1. pièce située sous les toits.
2. les hauts du ciel.
3. fontaines en pierre dure.
4. l'Amour.
5. En 1848, Baudelaire a participé aux barricades de la Révolution de Juillet.
6. ce plaisir.

Lecture

▶ Socle *Élaborer une interprétation de textes littéraires*

1 a. Quels sont les temps des verbes ? b. Qu'expriment ces temps ?

2 a. D'où le poète regardera-t-il le monde ? b. Quels paysages aura-t-il sous les yeux ? Citez le poème à l'appui de votre réponse.

3 V. 1 à 9 : a. Par quel(s) sens le paysage est-il évoqué ? b. Quel effet le paysage produira-t-il sur le poète ?

4 V. 10 à 22 : a. De quelle expérience est-il question ? b. Par quel(s) sens le paysage est-il évoqué ? c. Quels sont les sensations et sentiments du poète ?

5 a. Repérez des enjambements (voir p. 138) et expliquez ce qu'ils traduisent. b. Repérez deux vers à rythme ternaire : qu'exprime ce rythme ici ?

6 a. V. 18 : comment comprenez-vous ce vers ? b. Que nous apprend ce poème sur la création poétique ?

Oral

▶ Socle *Exploiter les ressources expressives et créatives de la parole*

1 Apprenez les vers 9 à 22.

2 Récitez-les en vous efforçant d'exprimer les émotions du poète.

Gustave
Caillebotte
(1848-1894)

Peintre impressionniste français, collectionneur, mécène (il finance des artistes) et organisateur des expositions impressionnistes de 1877, 1879, 1880 et 1882.

G. CAILLEBOTTE, *L'Homme au balcon*, 1880, huile sur toile, collection particulière.

Histoire des arts

▶ Socle *Décrire une œuvre artistique en employant un lexique simple adapté – Mobiliser des références culturelles pour interpréter les textes et les productions artistiques*

Répondez aux questions en vous reportant à l'ABC de l'image, p. 276 à 281.

A Décrivez le tableau : composition, cadrage, angle de prise de vue, plans…

B Quels aspects du paysage sont mis en valeur ? Quelle impression est créée ?

C Quel(s) rapprochement(s) pouvez-vous établir entre le poème et le tableau ?

Écriture

▶ Socle *Exploiter des lectures pour enrichir son écrit*

1 Imaginez-vous posté(e) à un étage supérieur : en vous inspirant du poème de Baudelaire, décrivez ce que vous voyez en contrebas.

2 Vous est-il déjà arrivé de rêver en contemplant un paysage par une fenêtre ? Racontez.

5 • Sous l'œil des poètes / 133

Les usines

Se regardant avec les yeux cassés de leurs fenêtres
Et se mirant dans l'eau de poix[1] et de salpêtre[2]
D'un canal droit, marquant sa barre à l'infini,
Face à face, le long des quais d'ombre et de nuit,
5   Par à travers les faubourgs lourds
Et la misère en pleurs de ces faubourgs,
Ronflent terriblement usines et fabriques.

Rectangles de granit et monuments de briques,
Et longs murs noirs durant des lieues,
10 Immensément, par les banlieues ;
Et sur les toits, dans le brouillard, aiguillonnées
De fers et de paratonnerres,
Les cheminées.

Se regardant de leurs yeux noirs et symétriques,
15 Par la banlieue, à l'infini.
Ronflent le jour, la nuit,
Les usines et les fabriques. […]

É. VERHAEREN, *Les Villes tentaculaires*, 1904.

1. matière collante. 2. traces d'humidité sur les murs.

Émile Verhaeren
(1855-1916)

Poète belge flamand, d'expression française, influencé par le symbolisme, il pratique le vers libre. Il aime évoquer les grandes villes dont il parle avec lyrisme et avec une grande musicalité.

Lecture

▶ Socle *Élaborer une interprétation de textes littéraires*

1 **a.** Quel type de paysage le poète décrit-il ? **b.** Quelles sont les caractéristiques visuelles du paysage décrit ? Expliquez en citant le texte.

2 Quel autre sens que la vue est sollicité dans ce poème ? Quel est l'effet créé ?

3 **a.** Quelle caractéristique du paysage le poète met-il en valeur ? **b.** Par quel procédé d'écriture ?

4 **a.** Qu'est-ce qui caractérise la construction des phrases ? des vers ? **b.** Quel est l'effet produit ?

Oral

▶ Socle *Exploiter les ressources expressives et créatives de la parole*

1 Réalisez un montage (ou un diaporama) pour illustrer le poème.

2 Apprenez le poème.

3 Récitez-le en faisant défiler les images du diaporama de façon synchronisée.

Écriture

▶ Socle *Utiliser l'écrit pour penser et pour apprendre*

1 Selon vous, É. Verhaeren donne-t-il ici une vision positive ou négative du paysage urbain ? Justifiez votre point de vue.

2 Évoqueriez-vous une ville actuelle de la même façon ? Justifiez votre point de vue.

Pablo Picasso
(1881-1973)

Peintre espagnol très célèbre, il s'est installé en France pour fuir la dictature de Franco. Il a été un des maîtres du cubisme au début de sa carrière.

P. PICASSO, *L'Usine à Horta de Ebro*, 1909, huile sur toile, musée de l'Ermitage, Saint-Pétersbourg.

Le saviez-vous ?

Le peintre Paul Cézanne définit ainsi le cubisme : « Traitez la nature par le cylindre, la sphère, le cône, le tout mis en perspective, soit que chaque côté d'un objet, d'un plan, se dirige vers un point central. Les lignes parallèles à l'horizon donnent l'étendue [...]. Les lignes perpendiculaires à cet horizon donnent la profondeur. Or, la nature, pour nous hommes, est plus en profondeur qu'en surface, d'où la nécessité d'introduire dans nos vibrations de lumière, représentées par les rouges et les jaunes, une somme suffisante de bleutés, pour faire sentir l'air ». Les peintres cubistes jouent avec la perspective et la lumière dans différentes parties de leurs tableaux. Ce mouvement artistique qui a influencé toute la peinture moderne se développe à partir de 1907, autour de plusieurs peintres, dont Pablo Picasso et Georges Braque.

Histoire des arts

▶ **Socle** *Mobiliser des références culturelles pour interpréter les textes et les productions artistiques et littéraires et pour enrichir son expression personnelle*

Répondez aux questions en vous aidant de l'encadré Le saviez-vous ? et en vous reportant à l'ABC de l'image, p. 276 à 281.

A Observez les angles de vue, les lignes et les éléments de perspective : **1.** En quoi relèvent-ils du cubisme ? **2.** La composition du tableau est-elle étouffante ou source de rêve ? Justifiez.

B Observez les sources de lumière : d'où la lumière vient-elle ? Que constatez-vous ?

C Décrivez les couleurs : quelles interprétations pouvez-vous en donner ?

D Selon vous, quelle image de l'usine ce tableau donne-t-il ? Expliquez.

E **1.** En quoi l'esthétique du poème de Verhaeren se rapproche-t-elle de celle du tableau de Picasso ? **2.** Pensez-vous que le poème et le tableau donnent la même vision des usines ?

Lire comprendre interpréter

Poésie et peinture, miroirs du monde

INTERDISCIPLINARITÉ HDA

Zone

À la fin tu es las de ce monde ancien

Bergère ô tour Eiffel[1] le troupeau des ponts bêle ce matin [...]

J'ai vu ce matin une jolie rue dont j'ai oublié le nom
Neuve et propre du soleil elle était le clairon
5 Les directeurs les ouvriers et les belles sténo-dactylographes[2]
Du lundi matin au samedi soir quatre fois par jour y passent
Le matin par trois fois la sirène y gémit
Une cloche rageuse y aboie vers midi
Les inscriptions des enseignes et des murailles
10 Les plaques les avis à la façon des perroquets criaillent
J'aime la grâce de cette rue industrielle
Située à Paris entre la rue Aumont-Thiéville et l'avenue des Ternes [...]

G. APOLLINAIRE, *Alcools*, 1913.

---

1. La tour Eiffel, lors de sa construction en 1889, a été considérée comme un symbole de modernité. 2. secrétaires.

Guillaume Apollinaire
(1880-1918)

Ce poète français d'origine polonaise est l'auteur de plusieurs recueils poétiques, dont *Calligrammes* et *Alcools*. Son œuvre est marquée par la recherche de formes artistiques nouvelles.

La clé des mots

être las signifie « éprouver de la lassitude », « être lassé de ».
• Quel synonyme pourriez-vous proposer ?

Lecture

▶ **Socle** *Élaborer une interprétation de textes littéraires*

1 **a.** Que décrit le poète ? Relevez des indices dans le poème. **b.** Qu'est-ce qui caractérise ce paysage ?

2 **a.** Quels sens sont évoqués dans ce poème ? **b.** Repérez des procédés d'écriture qui les mettent en valeur. Expliquez en citant le texte.

3 « Bergère ô tour Eiffel le troupeau des ponts bêle ce matin » : sachant que la tour Eiffel est située près de la Seine, expliquez ce vers.

4 Quelle place l'être humain occupe-t-il dans ce paysage ? Expliquez.

Oral

▶ **Socle** *Exploiter les ressources expressives et créatives de la parole*

1 Apprenez le poème.

2 Récitez-le en vous efforçant d'exprimer l'atmosphère du paysage. Vous pouvez aussi prévoir des bruitages.

Écriture

▶ **Socle** *Utiliser l'écrit pour penser et pour apprendre*

« À la fin tu es las de ce monde ancien ». **a.** Que signifie ce vers ? **b.** Quelle réponse le poème apporte-t-il ?

Robert Delaunay
(1885-1941)

Ce peintre français, influencé par le cubisme, a joué un rôle de premier plan dans les mouvements picturaux d'avant-garde du début du XXe siècle. Il a souvent représenté la tour Eiffel qu'il a vu construire quand il avait quatre ans.

Histoire des arts

▶ **Socle** *Mobiliser des références culturelles pour interpréter les textes et les productions artistiques et littéraires*

Répondez aux questions en vous aidant du Le saviez-vous ? p. 135 et en vous reportant à l'ABC de l'image, p. 276 à 281.

A **a.** Quels éléments sont mis en valeur dans le tableau ? **b.** Comment le peintre les met-il en valeur ?

B Quelle atmosphère les couleurs créent-elles ?

C Expliquez le titre du tableau.

D En quoi l'influence du cubisme se fait-elle sentir ?

E Comparez le tableau de R. Delaunay et le poème de G. Apollinaire.

R. DELAUNAY, *Air, fer et eau*, étude, 1937.

5 • Sous l'œil des poètes / 137

Lire comprendre interpréter

Le vocabulaire de la poésie

A. Les vers

- Un vers n'occupe pas toute une ligne et commence généralement par une majuscule.
- Un vers régulier comporte un nombre précis de syllabes, en général pair :
  - 6 syllabes : un hexasyllabe ;
  - 8 syllabes : un octosyllabe ;
  - 10 syllabes : un décasyllabe ;
  - 12 syllabes : un alexandrin.
  Le vers de 7 syllabes se nomme un heptasyllabe.
- Le vers libre a un nombre indifférent de syllabes.
- Le « e muet » ne compte pour une syllabe que s'il est placé entre deux consonnes. À la rime, il ne compte jamais.

Le/ciel /bleu /est /char/gé /de/ di/r(e) à/ la /nuit/ noir(e)
 1   2   3   4   5   6   7   8   9   10   11   12
(C. Roy)

B. Les strophes

Les vers peuvent être regroupés en strophes selon une organisation souvent régulière et répétitive. Une strophe de 3 vers est un tercet, une strophe de 4 vers est un quatrain.

C. Les rimes

- Ce sont les répétitions de sons à la fin des vers.
- Si le vers se termine par un « e muet », il s'agit de rimes féminines (→ *paysage/visage*) ; sinon, on parle de rimes masculines.
- Selon le nombre de syllabes à la rime, on parle de :
  - rimes pauvres : un son commun ;
    → *moment/printemps*
  - rimes suffisantes : deux sons communs ;
    → *route/doute*
  - rimes riches : trois sons communs.
    → *école/colle*
- On note les rimes par des lettres pour décrire leur disposition :
  - rimes suivies ou plates : AABB ;
  - rimes croisées : ABAB ;
  - rimes embrassées : ABBA.

D. Les rythmes

- Le rythme interne au vers est donné par la pause, la coupe à l'intérieur du vers. La coupe régulière d'un alexandrin est placée au milieu du vers (à l'hémistiche).

Le /ciel /ap/prend/par /cœur//les/cou/leurs/ du/ma/tin
 1   2   3   4   5   6   7   8   9   10 11 12
(C. Roy)

Certains vers ont un rythme binaire, à deux temps, d'autres un rythme ternaire, à trois temps.

- Le rythme externe au vers : la pause à la fin d'un vers est généralement marquée par la ponctuation. Si une phrase se poursuit sans pause sur deux vers, on parle d'enjambement.
  → *Les jardins, les bateaux, les barrières*
  M'attendent pour entrer dans leur vrai paradis
  (J. Tardieu)

Si un élément bref, étroitement lié au sens du premier vers, est placé au début du vers suivant, on parle de rejet.
  → *Petit-Poucet rêveur, j'égrenais dans ma course*
  Des rimes. (A. Rimbaud)

E. Les sonorités : allitérations et assonances

- Une allitération est la répétition de sons produits par une consonne.
  → *La lande rase, rose et grise et monotone*
  (J.-M. de Heredia)
- Une assonance est la répétition de sons produits par une voyelle.
  → *Je fais souvent ce rêve étrange et pénétrant*
  (P. Verlaine)

F. Les formes poétiques

- Les **poèmes à forme fixe** : ils obéissent à des règles strictes de construction. Le plus fréquent, le sonnet, écrit en **alexandrins**, comporte 4 strophes (2 **quatrains** puis 2 **tercets**) ; les quatrains comportent généralement des **rimes embrassées**.
- Les poèmes en prose, disposés en courts paragraphes, se caractérisent par la musique des mots, le rythme des phrases.

Lire et échanger sur des œuvres complètes

Le cercle des critiques littéraires

Anthologies de poètes

▶ **Socle** *Utiliser l'écrit pour penser et pour apprendre – Exploiter les ressources expressives et créatives de la parole*

*Poèmes de Guillaume Apollinaire**
G. APOLLINAIRE
© Éditions Gallimard, coll. « Folio Junior », 2013.

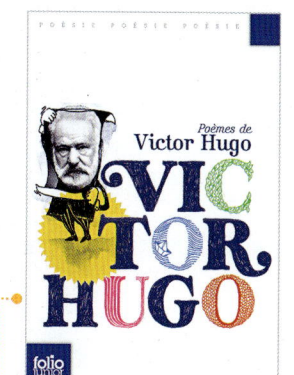

*Poèmes de Victor Hugo**
V. HUGO
© Éditions Gallimard, coll. « Folio Junior », 2011.

*Poèmes de Jules Supervielle**
J. SUPERVIELLE
© Éditions Gallimard, coll. « Folio Junior », 2013.

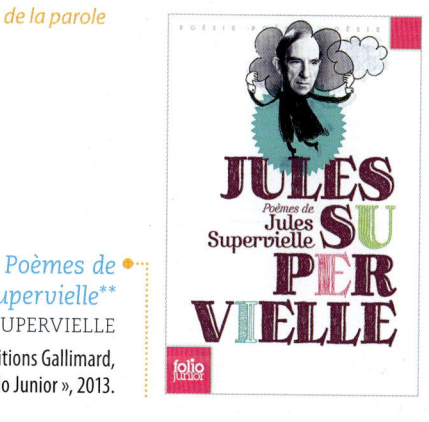

*Poèmes d'Arthur Rimbaud**
A. RIMBAUD
© Éditions Gallimard, coll. « Folio Junior », 2002.

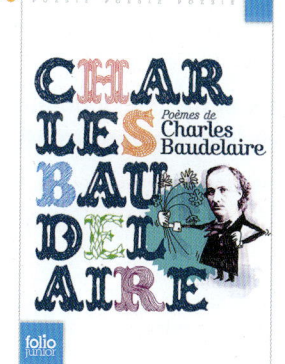

*Poèmes de Charles Baudelaire**
CH. BAUDELAIRE
© Éditions Gallimard, coll. « Folio Junior », 2012.

Carnet de lecture

✏️ **À l'écrit**
- Indiquer le titre de l'anthologie.
- Rédiger un petit paragraphe pour donner son avis.
- Noter des citations qui (dé)plaisent.
- Copier un poème qui a séduit.
- Illustrer les notes de lecture par des illustrations (dessins, photos, collage).

💬 **À l'oral**
Devant la classe, présenter la critique littéraire en quelques minutes.
- Présenter rapidement l'auteur et ce qui caractérise ses poèmes.
- Lire le poème choisi avec expressivité et justifier son choix.
- Exprimer son avis sur le recueil avec conviction et justifier cet avis en s'appuyant sur le texte.

5 • Sous l'œil des poètes / 139

Pratiquer l'oral

A — Réaliser l'interview fictive d'un poète

Par binômes,

1. Choisissez un des poètes de la frise.

2. Informez-vous pour connaître les faits marquants de la vie du poète ainsi que son œuvre.

3. Lisez au minimum une vingtaine de poèmes de cet auteur en faisant une recherche au CDI, en bibliothèque ou sur Internet, notamment sur ces sites :
   - www.toutelapoesie.com/index.html
   - poesie.webnet.fr/home/index.html
   - www.poesie.net/framot2.htm

   Page 139, sont mentionnés des recueils de poèmes de certains de ces poètes.

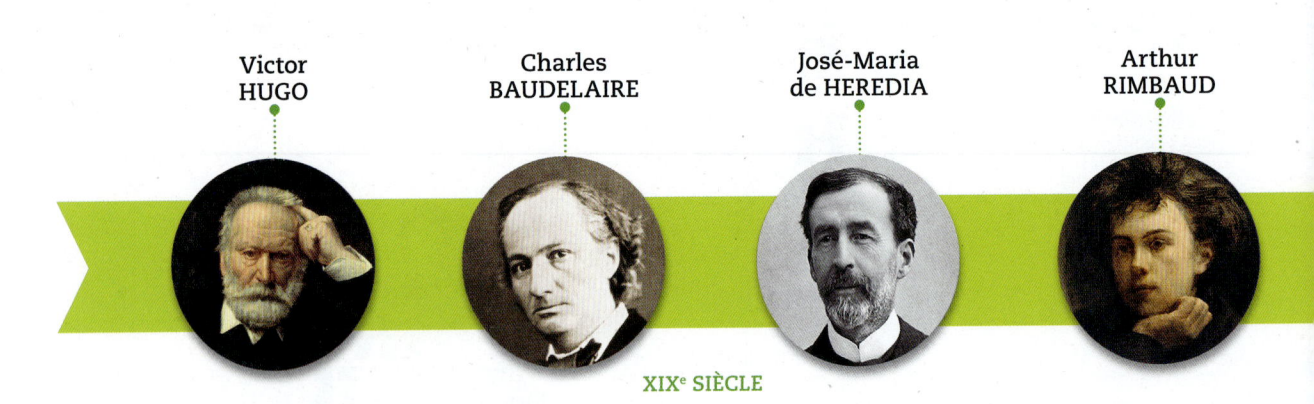

Victor HUGO — Charles BAUDELAIRE — José-Maria de HEREDIA — Arthur RIMBAUD

XIXᵉ SIÈCLE

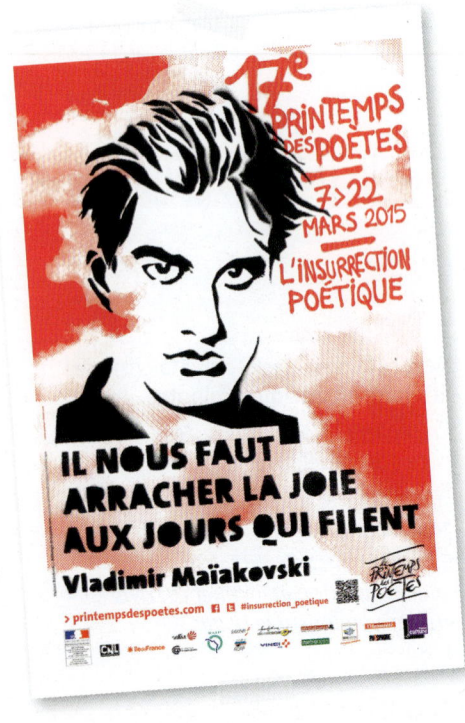

4. Préparez une interview de cinq minutes entre un(e) journaliste et un poète. Déterminez celui ou celle qui interviewe et le poète :
   - qui présentera à la fois la vie et l'œuvre du poète ;
   - qui rendra compte plus précisément de deux poèmes, dont un qui sera lu ou dit à deux voix.

Préparation Veillez à vous mettre d'accord sur :
- les éléments d'information à sélectionner ;
- la construction de l'interview, de façon à équilibrer le temps de parole et l'apport d'informations ;
- les notes sur lesquelles vous vous appuierez, comme le font les présentateurs à la télévision ;
- le choix des poèmes à présenter, les éléments de commentaire à fournir ;
- la répartition des rôles pour la lecture ou la récitation du poème.

Présentation de l'interview à la classe Pensez à :
- vous placer de façon à pouvoir regarder votre camarade et la classe en même temps ;
- parler de façon audible ;
- enchaîner les questions et les réponses <u>sans lire votre texte</u> ;
- employer une langue courante ou signée, sans familiarités.

B Présenter une affiche du Printemps des poètes

Choisissez une de ces affiches du Printemps des poètes ou rendez-vous sur le site de cet événement (rubrique « Album et archives ») pour en choisir une autre qui, pour vous, évoque le mieux ce qu'est la poésie : http://www.printempsdespoetes.com.

Décrivez l'affiche et justifiez votre choix.

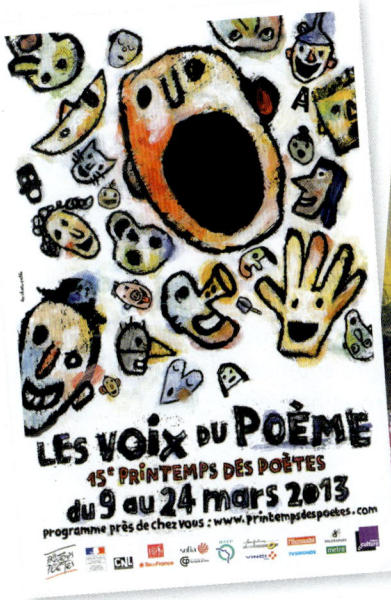

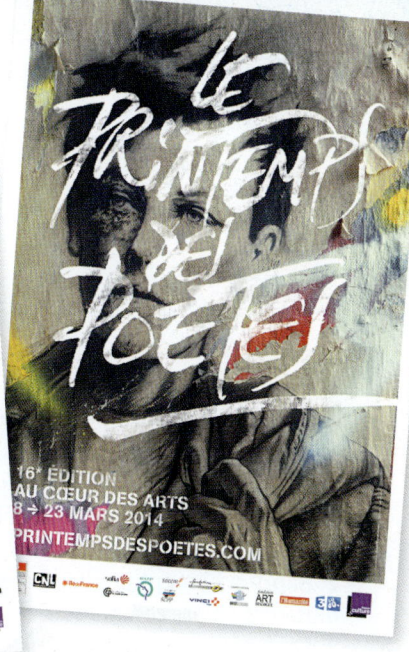

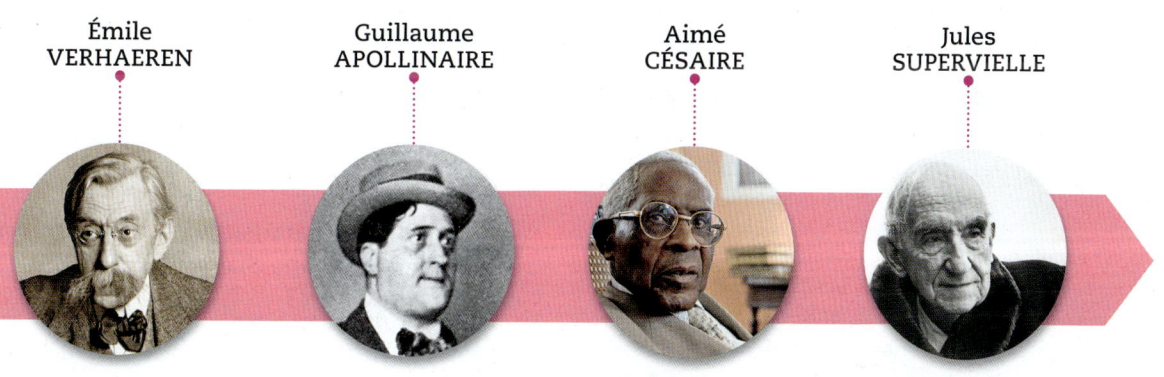

Émile VERHAEREN   Guillaume APOLLINAIRE   Aimé CÉSAIRE   Jules SUPERVIELLE

XXe SIÈCLE

C Participer collectivement à l'opération « Dis-moi un poème » du Printemps des poètes

Cette opération propose aux collégiens d'enregistrer des poèmes dits à partir d'une sélection en ligne. Les meilleures interprétations participent à la création d'une anthologie sonore en ligne, à partir de poèmes classiques ou contemporains publiés sur le site www.printempsdespoetes.com dans la base « Poèmes » (recherche par mot-clé ou par thème).

Préparation
Parcourez la base afin de sélectionner les poèmes. Faites une présélection de six poèmes.
Chaque poème est lu par plusieurs élèves. Peu à peu la classe élimine les poèmes et/ou les lecteurs. Une fois les trois poèmes retenus, faites des répétitions devant la classe qui évaluera les prestations avant de procéder à l'enregistrement.

Consignes et conseils d'enregistrement
- Un poème est enregistré par un élève ou de manière collective.
- Aucun accompagnement musical n'est autorisé.
- Chaque classe peut envoyer jusqu'à trois pistes.
- Les fichiers sont enregistrés en format .mp3 ou .wav
- Veillez :
  – aux bonnes conditions sonores (environnement silencieux (fenêtres et portes fermées), distance micro/bouche d'environ 20-30 cm…) ;
  – à la qualité du matériel d'enregistrement : téléphone portable avec un bon micro, logiciel spécialisé, voire studio d'enregistrement (radio scolaire ou locale…).

5 • Sous l'œil des poètes / 141

Pratiquer l'écrit

A. Travailler la langue pour préparer et améliorer l'écrit

Lexique

Des procédés d'écriture

1 Associez chaque définition au procédé correspondant : anaphore, comparaison, énumération (ou accumulation), métaphore, personnification.
1. Rapprochement explicite d'éléments ayant un ou plusieurs points communs.
2. Rapprochement implicite d'éléments ayant un ou plusieurs points communs.
3. Présentation d'un inanimé ou d'un animal comme une personne humaine.
4. Répétition en début de vers ou de phrase.
5. Addition de termes ou de groupes de mots de sens proches ou de même construction grammaticale.

2 a. Identifiez dans chaque extrait de poème, le (ou les) procédé(s) d'écriture employé(s).
b. Quel est l'effet produit dans chaque extrait ?

Extrait 1

C'est le commencement, le monde est à repeindre,
l'herbe veut être verte, elle a besoin de nos regards ;
les maisons où l'on vit, les routes où l'on marche,
les jardins, les bateaux, les barrières
m'attendent pour entrer dans leur vrai paradis. [...]

J. TARDIEU, « Henri Rousseau », *Figures*,
© Éditions Gallimard, 1944.

Extrait 2

[...] Mais le poème
Est un miroir

Qui offre d'entrer
Dans le reflet

Pour le travailler,
Le modifier.

Alors le reflet modifié
Réagit sur l'objet
Qui s'est laissé refléter.

GUILLEVIC, « Dans le poème... », *Art poétique*,
© Éditions Gallimard, 1989.

Extrait 3

Poème de la lune

Il y a sur la nuit trois champignons qui sont la lune.
Aussi brusquement que chante le coucou d'une horloge, ils se disposent autrement à minuit chaque mois.
Il y a dans le jardin des fleurs rares qui sont de petits hommes couchés, cent, c'est les reflets d'un miroir.
Il y a dans ma chambre obscure une navette lumineuse qui rôde, puis deux... des aérostats[1] phosphorescents, c'est les reflets d'un miroir.
Il y a dans ma tête une abeille qui parle.

M. JACOB, « Poème de la lune », *Le Cornet à dés*,
© Éditions Gallimard, 1917.

1. dirigeables, ballons, montgolfières.

Extrait 4

[...] Le ciel bleu est chargé de dire à la nuit noire
comment était le jour tout frais débarbouillé
Mais il perd en chemin ses soucis la mémoire
il rentre à la maison il a tout embrouillé [...]

C. ROY, « Les soucis du ciel » (extrait), *Poésies*,
© Éditions Gallimard, 1970.

Extrait 5

Je viens vers toi ma terre baigneuse échevelée
fleur des mers chant de sève rêveuse d'épopées
de croyance éblouie
terre de ma terre comme un grand songe et qui t'étires
étoile de terre

R. PHILOCTETE, « Ces îles qui marchent »,
Poésie vivante d'Haïti, © Maurice Nadeau, 1986.

Paysages et sensations

3 Dans chaque paragraphe, **a.** relevez les mots appartenant au même champ lexical. **b.** Quels sont ces champs lexicaux ?

1. La cime dorée des bois, la splendeur de la terre, l'étoile du soir scintillant à travers les nuages de rose, me ramenaient à mes songes.

F.-R. DE CHATEAUBRIAND,
Mémoires d'outre-tombe, 1849.

2. Du milieu de ce vaste chaos s'élève un mugissement confus formé par le fracas des vents, le gémissement des arbres, le hurlement des bêtes féroces, le bourdonnement de l'incendie, et la chute répétée du tonnerre qui siffle en s'éteignant dans les eaux.

F.-R. DE CHATEAUBRIAND, *Atala*, 1801.

4 Relevez les verbes : quelle vision du paysage donnent-ils ?

Un vent impétueux sorti du couchant, roule les nuages sur les nuages ; les forêts plient ; le ciel s'ouvre coup sur coup, et à travers ses crevasses, on aperçoit de nouveaux cieux et des campagnes ardentes. Quel affreux, quel magnifique spectacle ! La foudre met le feu dans les bois ; l'incendie s'étend comme une chevelure de flammes ; des colonnes d'étincelles et de fumée assiègent les nues qui vomissent leurs foudres dans le vaste embrasement.

F.-R. DE CHATEAUBRIAND, *Atala*, 1801.

▶ Socle Maitriser la structure, le sens et l'orthographe des mots

Grammaire

La proposition subordonnée relative – Les compléments de phrase

▶ Leçons p. 365 et 356

1 **a.** Relevez les propositions subordonnées relatives.
b. Indiquez quel groupe nominal chacune complète.

1. La soirée était une de ces soirées chaudes où le ciel prend les teintes du cuivre, où la campagne envoie dans les échos mille bruits confus. Un dernier rayon de soleil se mourait sur les toits, les fleurs des jardins embaumaient les airs, les clochettes des bestiaux ramenés aux étables retentissaient au loin.

2. Ce beau rêve cessa quand, au clair de la lune et par un soir chaud et parfumé, je traversai l'Indre[1] au milieu des blanches fantaisies qui décoraient les prés, les rives, les collines ; je cessai de rêver en entendant le chant clair, la note unique, pleine de mélancolie que jette incessamment par temps égaux une rainette[2] dont j'ignore le nom scientifique, mais que depuis ce jour solennel je n'écoute pas sans des délices infinies.
D'après H. DE BALZAC, *Le Lys dans la vallée*, 1836.

[1]. rivière qui se jette dans la Loire. [2]. sorte de grenouille.

2 Lisez oralement les deux extraits de l'exercice **1** sans les propositions subordonnées relatives : déduisez-en le rôle de ces propositions dans une description.

3 Relevez les pronoms relatifs des textes de l'exercice **1** et indiquez la fonction de chacun d'eux.

4 Dans les textes de l'exercice **1** : **a.** Quelle circonstance expriment les compléments de phrase en vert ? en bleu ? en mauve ? **b.** Quelle est la classe grammaticale de tous ces compléments ? **c.** Relevez deux autres compléments de phrase de classes grammaticales différentes.

5 **a.** Relevez les propositions subordonnées relatives.
b. Indiquez quel groupe nominal chacune complète.
il y a des volcans qui se meurent
il y a des volcans qui demeurent
c. Récrivez ces deux vers en commençant par « il y a des volcans où… », puis par « il y a des volcans dont… ».
d. Complétez ce vers par deux compléments de phrase.
il y a des volcans fous
A. CÉSAIRE, *Moi laminaire*, Seuil, 1982.

Orthographe

Les accords complexes du verbe dans la proposition subordonnée relative

▶ Leçon p. 346

6 **a.** Quel groupe nominal chaque pronom « qui » reprend-il ? **b.** Quelle est la fonction du pronom « qui » dans ces phrases ? **c.** Justifiez l'accord de chaque verbe en gras.

1. Vois, ce spectacle est beau. – Ce paysage immense
Qui toujours devant nous **finit** et **recommence** ;
2. Ces antres à fleur d'eau qui **boivent** les marées ;
Cette montagne, au front de nuages couvert,
Qui dans un de ses plis **porte** un beau vallon vert,
3. Ce bruit de pas sans nombre et de rameaux froissés,
De voix et de chansons qui par moments **s'élève** ;
V. HUGO, « Au bord de la mer »,
Les Chants du crépuscule, 1835.

7 Récrivez ces phrases en soulignant le groupe nominal repris par le pronom « qui » puis accordez le verbe en le conjuguant à l'imparfait de l'indicatif.
1. Dans les bois sombres et profonds qui entour… le village nichaient des oiseaux qui, chaque matin, charm… nos oreilles. 2. Je contemplais la neige légère et ouateuse qui scintill… au loin. 3. Les mots manquaient pour décrire les vents qui, au loin, rugiss…, la chaîne de montagnes qui domin… le vallon de sa masse imposante, les hauts sapins qui, comme des gardiens, veill… sur le monde de la forêt.

8 **a.** Quel est le sujet de chaque verbe en gras ? **b.** Où chacun de ces sujets est-il placé ? **c.** Quel est le point commun à toutes les propositions subordonnées relatives en vert ? en bleu ?
1. Le marcheur contemple le rivage que **battent** les flots déchaînés, les rocs que **frappe** la mer, la grève que **submergent** les vagues, les bruyères que **ploie** le vent en furie.
2. Le marcheur contemple le rivage où se **déchaînent** les flots, les rocs où **se brise** la mer, la grève où **déferlent** les vagues.

9 En vous aidant des observations des exercices précédents, récrivez ces vers en accordant les verbes que vous conjuguerez au présent de l'indicatif.

Nous marcherons parmi les muettes allées ;
Et cet amer parfum qu'(*avoir*) les herbes foulées,
Et ce silence, et ce grand charme langoureux
Que (*verser*) en nous l'automne exquis et douloureux
Et qui (*sortir*) des jardins, des bois, des eaux, des arbres
Et des parterres nus où (*grelotter*) les marbres
A. SAMAIN, « Dans le parc… », *Le Chariot d'or*, 1900.

Pratiquer l'écrit

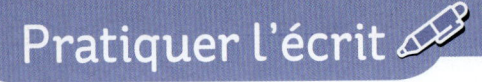

▶ Socle *Adopter des stratégies et des procédures d'écriture efficaces*

B Écrire et récrire

Sujet : Raconter avec lyrisme une promenade dans un paysage fascinant

Racontez une promenade dans un lieu qui vous a enthousiasmé(e) ou que vous aimeriez parcourir. Cherchez à créer une atmosphère enchanteresse grâce à des descriptions et à des effets de rythme à la manière de Chateaubriand.

ÉTAPE 1 ▶ Préparer le récit

1. Relisez oralement le texte de Chateaubriand (voir p. 122).

2. Collectivement, rappelez comment sont créés les effets de rythme.

ÉTAPE 2 ▶ Formuler et rédiger au brouillon

3. Préparez le contenu de votre récit et des éléments de description :
– choisissez le paysage à évoquer, les circonstances de la promenade ;
– notez des sensations et des sentiments associés à cette promenade ;
– notez des éléments à décrire et quelques caractéristiques de ces éléments ;
– cherchez des figures de style pour exprimer votre enthousiasme.

4. Rédigez votre récit au brouillon, si possible en utilisant un logiciel de traitement de texte.

ÉTAPE 3 ▶ Améliorer son brouillon en mobilisant les ressources de la langue

5. Vérifiez les points suivants et corrigez-les si besoin.

Mon texte est-il correctement construit ?

promenade dans un lieu fascinant	☐ oui	☐ non
description de ce lieu	☐ oui	☐ non
évocation lyrique des sensations et sentiments liés à cette promenade	☐ oui	☐ non
emploi de figures de style	☐ oui	☐ non
phrases rythmées, musicales	☐ oui	☐ non

6. Améliorez votre récit en veillant à :	Aidez-vous des exercices…
• employer des procédés d'écriture poétique	❶ à ❷ p. 142
• employer des compléments de phrase	❹ et ❺ p. 143
• employer des propositions subordonnées relatives	❶ à ❸ et ❺ p. 143
• conjuguer correctement les verbes des propositions subordonnées relatives	❻ à ❾ p. 143

ÉTAPE 4 ▶ Rédiger au propre et se relire

7. Recopiez votre texte au propre ou reprenez-le en traitement de texte.
Relisez-le plusieurs fois, seul, ou avec un camarade, pour vérifier successivement :
– la ponctuation (p. 372) et les codes de l'écrit (p. 339) ;
– les accords des verbes dans les propositions subordonnées relatives ;
– l'orthographe du vocabulaire employé pour décrire.

Construire le bilan

▶ Socle *Les méthodes et outils pour apprendre*

Qu'avons-nous compris ?

Lisez ou écoutez ce poème.

Après trois ans

Ayant poussé la porte étroite qui chancelle,
Je me suis promené dans le petit jardin
Qu'éclairait doucement le soleil du matin,
Pailletant chaque fleur d'une humide étincelle.

5 Rien n'a changé. J'ai tout revu : l'humble tonnelle
De vigne folle avec les chaises de rotin...
Le jet d'eau fait toujours son murmure argentin
Et le vieux tremble[1] sa plainte sempiternelle[2].

Les roses comme avant palpitent ; comme avant,
10 Les grands lys orgueilleux se balancent au vent,
Chaque alouette qui va et vient m'est connue.

Même j'ai retrouvé debout la Velléda[3],
Dont le plâtre s'écaille au bout de l'avenue,
– Grêle, parmi l'odeur fade du réséda[4].

P. VERLAINE, *Poèmes saturniens*, 1866.

1. nom d'un arbre.
2. éternelle.
3. statue en plâtre d'une déesse.
4. plante à fleurs odorantes.

Par petits groupes.

1. Quelles sont les sensations évoquées dans ce poème ?
2. Quelle(s) émotion(s) le poète cherche-t-il à transmettre ?
3. Selon vous, peut-on parler de lyrisme pour ce poème ? Justifiez.

Qu'ai-je appris ?

Le vocabulaire de la poésie

Si vous hésitez, reportez-vous à la p. 138.

1. Quelle est la forme de ce poème ? Justifiez.
2. Dans la deuxième strophe, repérez un jeu d'allitérations. Quel effet produit-il ?
3. Relevez un enjambement. Quel effet produit-il ?
4. Relevez un groupement de vers dont vous appréciez le rythme.

Je rédige mon bilan

▶ Socle *Utiliser l'écrit pour penser et pour apprendre*

1. À propos du poème de Verlaine, rédigez un paragraphe de synthèse qui reprendra les éléments étudiés ci-dessus.
2. Rédigez un paragraphe dans lequel vous expliquerez ce que vous avez personnellement retenu du regard que les poètes portent sur le monde.

5 • Sous l'œil des poètes / 145

Évaluer ses compétences et se préparer au BREVET

I. Analyse et interprétation de textes et de documents, maîtrise

A. Texte littéraire

La Terre

Petit globe de cristal,
Petit globe de la terre,
Je vois au travers de toi
Ma jolie boule de verre[1].

5 Nous sommes tous enfermés
Dans ton sein dur et sévère
Mais si poli, si lustré
Arrondi par la lumière.

Les uns : ce cheval qui court
10 Une dame qui s'arrête
Cette fleur dans ses atours[2]
Un enfant sur sa planète.

Les autres : assis à table
Ou fumant un petit peu,
15 D'autres couchés dans le sable
Ou chauffant leurs mains au feu,

Et nous tournons sur nous-mêmes
Sans vertige et sans effort
Pareils au ciel, à ses pierres
20 Nous luisons comme la mort.

J. SUPERVIELLE, « La Terre », *Débarcadères*,
© Éditions Gallimard, 1922.

Questions (20 points)

Sur le texte littéraire

1. Strophes 1 et 2 : **a.** Quels liens entre la réalité et l'imaginaire repérez-vous ? **b.** Quelle double image de la Terre ces deux strophes donnent-elles ? Développez vos réponses. (3 pts)
2. Strophes 3 et 4 : **a.** Comment les phrases sont-elles construites ? **b.** Quelle vision du monde ces strophes livrent-elles ? Expliquez. (3 pts)
3. Expliquez la dernière strophe. (3 pts)
4. À quels effets de rythme et/ou de sonorités êtes-vous sensible ? Expliquez. (2 pts)
5. Quels sentiments le poète exprime-t-il dans ce poème ? Justifiez votre réponse. (4 pts)

1. petits globes en verre décoratifs dans lesquels sont insérés des éléments qui forment des paysages.
2. vêtements d'apparat.

II. Rédaction et maîtrise de la langue

1. a. Dictée : dictée préparée (5 pts)

Relevez les groupes nominaux comprenant un ou plusieurs adjectifs ; reliez chaque adjectif au nom noyau.

La journée heureuse

Tout le miel de l'été aromatise et rôde
Dans le vent qui se pend aux fleurs comme un essaim. […]
Je vais aller goûter et prendre dans mes mains
Le bois, les sources d'eaux, la haie et ses épines
– Et, lorsque sur le bord rosissant des collines
Vous irez descendant et mourant, beau soleil,
Je reviendrai, suivant dans l'air calme et vermeil
La route du silence et de l'odeur fruitière,
Au potager fleuri, plein d'herbes familières,
Heureuse de trouver, au cher instant du soir,
Le jardin sommeillant, l'eau fraîche, et l'arrosoir…

A. DE NOAILLES, *Le Cœur innombrable*, 1901.

1. b. Réécriture (5 pts)

Récrivez chaque strophe en changeant le nombre du nom en couleur. Faites les modifications nécessaires.

L'escale

C'est d'abord un **bouton** de rose sur la mer
Et qui s'ouvre en pétales,
Rare **fleur** au jardin de l'horizon désert,
Escale ! […]

Escales des matins argentines[1] et fraîches,
O fruits salins[2] mûris par les soleils des mers,
Je veux mordre aux douceurs vivaces de vos **chairs**
Vous qui de loin avez le duvet bleu des **pêches**. […]

J. SUPERVIELLE, « L'Escale », « Impressions de haute mer », *Poèmes*, © Éditions Gallimard, 1919.

1. d'Argentine. 2. qui contiennent du sel.

des différents langages

BREVET

B. Image

Sur le texte et l'image

6 Expliquez le titre du tableau. (2 pts)

7 Quel lien entre la réalité et l'imaginaire ce tableau fait-il ? (1 pt)

8 Quel lien pouvez-vous établir entre le poème et le tableau ? (2 pts)

R. MAGRITTE, *Le Beau Monde*, 1960, huile sur toile, collection particulière, Bruxelles.

2. Travail d'écriture (20 pts)

Sujet 1

Quel rêve poétique le tableau de R. Magritte évoque-t-il pour vous ?

De façon poétique, décrivez un paysage imaginaire ou racontez une scène inspirée par cette œuvre. Vous emploierez des procédés d'écriture poétiques.

Votre rédaction sera d'une longueur minimale d'une soixantaine de lignes (300 mots).

Sujet 2

Expliquez, développez et/ou discutez cette définition de la poésie donnée par J.-P. Siméon, directeur du Printemps des poètes et poète lui-même :

« On m'a souvent demandé : la poésie, à quoi ça sert ? [...] J'ai beaucoup réfléchi, et aujourd'hui, je sais : la poésie, c'est comme les lunettes. C'est pour mieux voir. »

La Nuit respire, © Cheyne éditeurs, 2003.

D'après vous, quel est le rôle de la poésie ? Développez vos arguments de façon organisée et en donnant des exemples. Votre rédaction sera d'une longueur minimale d'une soixantaine de lignes (300 mots).

6 — Atelier poésie

Regarder le monde, inventer des mondes
Visions poétiques du monde

Les mots ont-ils un pouvoir sur les choses ?

INTERDISCIPLINARITÉ
ARTS PLASTIQUES – ÉDUCATION MUSICALE – HDA – MATHÉMATIQUES – SCIENCES PHYSIQUES – TECHNOLOGIE – EPS

UTILISABLE EN AP — UTILISABLE EN EPI

Dans cet atelier, vous allez découvrir comment la poésie mobilise les ressources de différents langages pour interroger notre rapport au monde.

Activité 1 — Créer une grammaire poétique

▶ **Socle** *Construire les notions permettant l'analyse et la production des textes et des discours*

Outils posés sur une table

Mes outils d'artisan
sont vieux comme le monde
vous les connaissez
Je les prends devant vous :
5 verbes adverbes participes
pronoms substantifs[1] adjectifs.

Ils ont su ils savent toujours
peser sur les choses
sur les volontés
10 éloigner ou rapprocher
réunir séparer

fondre ce qui est pour qu'en transparence
dans cette épaisseur
soient espérés ou redoutés
15 ce qui n'est pas, ce qui n'est pas encore,
ce qui est tout, ce qui n'est rien,
ce qui n'est plus.

Je les pose sur la table
ils parlent tout seuls je m'en vais.

J. TARDIEU, « Outils posés sur une table », *Formeries*, © Éditions Gallimard, 1976.

---
1. noms communs.

Lecture

1. **a.** Quelles sont les classes grammaticales citées dans ce poème ?
   b. Expliquez le titre du poème.
2. Quelle représentation ce texte donne-t-il du travail du poète ?
3. D'après ce poème, quel pouvoir les mots ont-ils ?
4. Quel lien pouvez-vous faire entre le travail du sculpteur et la puissance évocatrice des mots ? Expliquez.

CH. TURPIN, *Le Requin-marteau*, sculpture, 2009.

Écriture

À partir de votre étude du poème de J. Tardieu, rédigez les différentes rubriques d'une grammaire poétique.

Pour chaque rubrique :
- choisissez une classe grammaticale ;
- constituez un corpus d'exemples de la classe grammaticale choisie à partir d'extraits de poèmes ;
- évoquez le(s) rôle(s) et l' (les) effet(s) de l'outil grammatical choisi.

Exemple :

adjectif

« La lande **rase**, **rose** et **grise** et **monotone** »
(HEREDIA, « Un peintre »)

« A **noir**, E **blanc**, I **rouge**, U **vert**, O **bleu** »
(RIMBAUD, « Voyelles »)

Dans un poème, l'adjectif permet de colorier le monde qui nous entoure au gré de nos humeurs.

Activité 2 — Écouter et créer des vers holorimes

▶ **Socle** *Maîtriser la forme des mots en lien avec la syntaxe*

L'hôtel

La mer veille. Le coq dort.
La rue meurt de la mer. Île faite en corps noirs.
Fenêtres sur la rue meurent de jalousies.
La chambre avec balcon sans volets sur la mer
5 Voit les fenêtres sur la mer,
Voile et feux naître sur la mer,
Le bal qu'on donne sur la mer.
Le balcon donne sur la mer.
La chambre avec balcon s'envolait sur la mer.
10 Dans la rue les rats de boue meurent
(Le 14 que j'eus y est),
Sur la mer les rameurs debout.
La fenêtre devant hait celles des rues ;
Sel de vent, aisselles[1] des rues,
15 Aux bals du quatorze Juillet.

J. COCTEAU, *Opéra*, © Comité Jean Cocteau, 1927.

1. creux situés sous le haut des bras.

Oral

▶ **Socle** *Exploiter les ressources expressives et créatives de la parole*

1 **a.** Écoutez le poème lu par votre professeur ou par un comédien et retranscrivez-le.
b. Comparez le poème de Cocteau avec votre retranscription : que constatez-vous ?
c. ÉTYMO D'après ce poème, qu'est-ce qu'un vers holorime (du grec *holos*, « tout entier ») ?

2 Lisez le poème à voix haute en veillant à la segmentation des mots.

Écriture

1 En utilisant un vocabulaire grammatical, décrivez les différences entre les vers 4 et 9, 5 et 6, 7 et 8.
2 Créez quatre vers équivoques en veillant à l'orthographe et au sens.

Histoire des arts

▶ **Socle** *Proposer une analyse critique simple et une interprétation d'une œuvre*

A Que représente ce tableau ? Comparez vos lectures de cette peinture.
B Peut-on comparer le poème et le tableau ? Pourquoi ?
C Quel(s) pouvoir(s) les langages artistiques possèdent-ils dans ces deux œuvres ?

S. DALI, *Visage paranoïaque*, 1935, huile sur toile, collection particulière.

Atelier poésie

Activité 3 — Mettre en bouche l'évocation des cinq sens

Individuellement, lisez silencieusement les textes des pages 150 à 153 et répondez aux questions qui les accompagnent.

Réveil

Le poète arrive en train au Havre.

Je dors toujours les fenêtres ouvertes
J'ai dormi comme un homme seul
Les sirènes à vapeur et à air comprimé ne m'ont pas trop réveillé

Ce matin je me penche par la fenêtre
5   Je vois
    Le ciel
    La mer
    La gare maritime par laquelle j'arrivais de New York en 1911
    La baraque du pilotage[1]
10 Et
    À gauche
    Des fumées des cheminées des grues des lampes à arc[2] à contre-jour
    Le premier tram[3] grelotte dans l'aube glaciale
    Moi j'ai trop chaud
15 Adieu Paris
    Bonjour soleil

B. CENDRARS, « Réveil » in *Poésies Complètes*, © 1947, 1963, 2001, 2005 Éditions Denoël. Extrait tiré du volume 1 de *Tout autour d'aujourd'hui*, nouvelle édition des œuvres complètes de B. Cendrars dirigée par C. Leroy.

[1]. poste situé à l'entrée du port pour guider les bateaux.
[2]. lampe qui produit de la lumière grâce à un système d'arc électrique.
[3]. tramway.

1 D'où le poète observe-t-il le paysage ?

2 Observez les vers 5 à 12. Quel art visuel leur rythme et leur disposition peuvent-ils suggérer ?

Entrée du steamer *L'Aquitaine* de la Compagnie générale transatlantique dans le port du Havre (Seine-Maritime), début du XXe siècle, photographie.

Tam-tam

Quand ta peau se tend en se donnant
Aux mains noires noueuses nouées à la vie
Tu enfantes le désir Tam-tam
Quand soudain roulent comme une chevauchée
    fantastique de buffles[1] mes mains d'abondance
5 Sur ton nombril sonore, en moi s'éveillent
    mille ans de désir refoulés libérés :
Bondom ! Kang-Kong-Kong-Tam-tam ! [...]
Ouvre-moi le rythme d'une vie nouvelle
Comme un germe[2] épousant la terre
Produit l'arbuste qui pousse
10 À coups de sueur de sang et de larmes.

E. EPANYA YONDO, *Kamerun ! Kamerun !*,
© Éditions Présence Africaine, 1960.

1. animaux de la famille du bœuf qu'on trouve en Afrique.
2. une graine.

• J.-M. BASQUIAT, *Trumpet* (« Trompette »), 1984, collection privée.

1 Comment le poète et le peintre donnent-ils à entendre le son des instruments dans leur œuvre ?

2 Quelles impressions se dégagent de ces deux œuvres ?

La Chair chaude des mots

Prends ces mots dans tes mains et sens leurs pieds agiles
Et sens leur cœur qui bat comme celui du chien
Caresse donc leur poil pour qu'ils restent tranquilles
Mets-les sur tes genoux pour qu'ils ne disent rien

5 Une niche de sons devenus inutiles
Abrite des rongeurs[1] l'ordre académicien[2]
Rustiques[3] on les dit mais les mots sont fragiles
Et leur mort bien souvent de trop s'essouffler vient

Alors on les dispose en de grands cimetières
10 Que les esprits fripons[4] nomment des dictionnaires
Et les penseurs chagrins[5] des alphadécédets

Mais à quoi bon pleurer sur des faits si primaires
Si simples éloquents connus élémentaires
Prends ces mots dans tes mains et vois comme ils sont faits

R. QUENEAU, « La Chair chaude des mots » in *Le Chien à la mandoline*,
© Éditions Gallimard, 1958.

1. animaux de la famille des souris qui rongent les livres.
2. les mots classés par ordre alphabétique dans le dictionnaire.
3. résistants.
4. trompeurs.
5. les poètes.

1 Cherchez dans un dictionnaire les différents sens de « niche » (v. 5). Lesquels entrent en jeu dans ce poème ? Justifiez.

2 a. À quoi le dictionnaire est-il comparé dans le premier tercet ?
    b. Expliquez le calembour (jeu de mots) « alphadécédets » (v. 11).

Atelier poésie

Un hémisphère dans une chevelure

Laisse-moi respirer longtemps, longtemps, l'odeur de tes cheveux, y plonger tout mon visage, comme un homme altéré[1] dans l'eau d'une source, et les agiter avec ma main comme un mouchoir odorant,
5   pour secouer des souvenirs dans l'air.

Si tu pouvais savoir tout ce que je vois ! tout ce que je sens ! tout ce que j'entends dans tes cheveux ! Mon âme voyage sur le parfum comme l'âme des autres hommes sur la musique.

10   Tes cheveux contiennent tout un rêve, plein de voilures et de mâtures[2] ; ils contiennent de grandes mers dont les moussons me portent vers de charmants climats, où l'espace est plus bleu et plus profond, où l'atmosphère est parfumée par les fruits,
15   par les feuilles et par la peau humaine. [...]

Dans l'ardent foyer de ta chevelure, je respire l'odeur du tabac[3] mêlée à l'opium[4] et au sucre ; dans la nuit de ta chevelure, je vois resplendir l'infini de l'azur tropical ; sur les rivages duvetés de ta cheve-
20   lure, je m'enivre des odeurs combinées du goudron, du musc et de l'huile de coco.

CH. BAUDELAIRE, *Le Spleen de Paris*, 1869.

▶ D. G. ROSSETTI, *Lady Lilith*, 1866-1868, huile sur toile, Delawere Art Museum.

1. qui a soif. 2. mâts. 3. plante aromatique séchée et préparée pour fumer. 4. substance issue de la fleur de pavot.

1 Comment le poète et le peintre traduisent-ils les odeurs dans leurs œuvres respectives ?
2 Que font naître les odeurs dans le poème de Baudelaire ?

Le sorbet

Dans le simple mot « sorbet », déjà, tout un monde s'incarne. Faites l'exercice de prononcer à voix haute : « Veux-tu de la glace ? » puis d'enchaîner, immédiatement, sur : « Veux-tu du sorbet ? », et constatez la différence. C'est un peu comme lorsqu'on lance, en ouvrant la porte, un
5   négligent : « Je vais acheter des gâteaux », alors qu'on aurait très bien pu, sans désinvolture ni banalité[1], se fendre d'un petit : « Je vais chercher des pâtisseries » (bien détacher les syllabes : non pas « pâtissries » mais « pâ-tis-se-ries ») et, par la magie d'une expression un peu désuète[2], un peu précieuse[3], créer, à moindres frais, un monde d'harmonies surannées[4].
10   Ainsi donc, proposer des « sorbets » là où d'autres ne songent qu'aux « glaces » (dans lesquelles, fort souvent, le profane[5] range aussi bien les préparations à base de lait que d'eau), c'est déjà faire le choix de la légèreté, c'est prendre l'option du raffinement, c'est proposer une vue aérienne en

1. en faisant un effort de langage.
2. démodée.
3. raffinée.
4. d'un temps ancien.
5. celui qui ne sait pas.
6. réduit à l'état liquide.
7. le souvenir.

152

refusant la lourde marche terrienne en horizon
15 fermé. Aérienne, oui ; le sorbet est aérien, presque immatériel, il mousse juste un peu au contact de notre chaleur puis, vaincu, pressé, liquéfié[6], s'évapore dans la gorge et ne laisse à la langue que la réminiscence[7] charmante du fruit et de
20 l'eau qui ont coulé par là.

M. BARBERY, *Une gourmandise*,
© Éditions Gallimard, 2000.

1 Dans le texte, quel est l'intérêt de rapporter des paroles au discours direct ?

2 Quels liens pouvez-vous faire entre le texte et la photographie ?

Lecture
▶ Socle *Lire des œuvres littéraires et des images*

Par groupes, répondez à ces questions qui portent sur l'ensemble des textes.

1 Qu'évoque chaque texte ?

2 **a.** Quels sens sont convoqués dans chacun des textes ? Justifiez. **b.** Par quels procédés d'écriture les textes rendent-ils sensibles les objets évoqués ?

3 **a.** Ces textes sont-ils tous des poèmes ? Justifiez. **b.** Ces textes vous semblent-ils poétiques ? Pourquoi ?

4 Selon vous, quel(s) pouvoir(s) les mots ont-ils dans ces textes ?

• F. RAY et M. BERTRAND, lauréats du prix Jeunes Talents du Festival International de la Photographie Culinaire 2012 sur le thème de l'œuf.

Oral
▶ Socle *Exploiter les ressources expressives et créatives de la parole*

Choisissez l'un de ces textes et entraînez-vous à le lire à voix haute :
– notez les éléments qui vont guider votre lecture : objet évoqué, disposition sur la page, indices typographiques, procédés d'écriture, sens à l'origine de l'évocation poétique ;
– seul(e), faites plusieurs expériences de lecture à voix haute pour rendre sensible l'objet évoqué : variez l'intensité et le rythme de votre voix, la longueur des pauses, votre gestuelle ;
– lisez ou récitez le poème devant un public.

Activité 4 — Créer une collection de verbes autour des sensations
▶ Socle *Construire les notions permettant l'analyse et la production des textes et des discours*

Par groupes, construisez un diaporama sonore à partir de verbes de sensation.

CONSEILS
❭ Choisissez l'un des cinq sens et recensez les verbes qui permettent de le traduire.
❭ Dans votre diaporama, associez chacun de ces verbes à une image.
❭ Créez une bande-son qui énumère votre collection de verbes.

Ce diaporama pourra être projeté dans le cadre d'une Semaine de la poésie ou du Printemps des poètes.

Atelier poésie

Activité 5 — Réaliser une exposition : « La Métamorphose du quotidien »

Préparation

Étudiez le texte et les deux œuvres d'art des pages 154 et 155 en vous aidant des questions.

Le pain

La surface du pain est merveilleuse d'abord à cause de cette impression quasi panoramique qu'elle donne : comme si l'on avait à sa disposition sous la main les Alpes, le Taurus ou la Cordillère des Andes.

Ainsi donc une masse amorphe[1] en train d'éructer[2] fut glissée pour nous dans le four stellaire, où durcissant elle s'est façonnée en vallées, crêtes, ondulations, crevasses... Et tous ces plans dès lors si nettement articulés, ces dalles minces où la lumière avec application couche ses feux, – sans un regard pour la mollesse ignoble sous-jacente.

Ce lâche et froid sous-sol que l'on nomme la mie a son tissu pareil à celui des éponges : feuilles ou fleurs y sont comme des sœurs siamoises soudées par tous les coudes à la fois. Lorsque le pain rassit[3] ces fleurs fanent et se rétrécissent : elles se détachent alors les unes des autres, et la masse en devient friable[4]...

Mais brisons-la : car le pain doit être dans notre bouche moins objet de respect que de consommation.

F. PONGE, *Le Parti pris des choses*, © Éditions Gallimard, 1942.

La clé des mots
- Cherchez dans un dictionnaire le sens des mots en couleur. À quel champ lexical appartiennent-ils ?

1. sans forme.
2. rejeter des gaz dus au processus de fermentation.
3. se durcit.
4. qui s'émiette facilement.

Lecture

▶ Socle *Construire les notions permettant l'analyse et la production des textes et des discours*

1 En quoi le pain est-il métamorphosé dans ce poème ?

2 a. En observant un pain réel, dites à quoi pourraient correspondre : les « plans dès lors si nettement articulés, [les] dalles minces où la lumière avec application couche ses feux » (lignes 6-8) ; la « mollesse ignoble sous-jacente » (ligne 8) ; les « feuilles ou fleurs » (ligne 10) . **b.** Quels procédés d'écriture permettent de métamorphoser l'objet ?

3 Proposez des hypothèses pour expliquer l'usage des points de suspension dans le poème.

4 Comment comprenez-vous l'expression « brisons-la » à la ligne 14 ? Justifiez.

Assortiment de pains empilés, © J. Woodhouse/Carl Kravats.

Histoire des arts

▶ **Socle** *Proposer une analyse critique simple et une interprétation d'une œuvre*

A Que représente cette vignette de bande dessinée ? Justifiez.

B Y a-t-il une vision poétique du lieu évoqué dans cette vignette ? Pourquoi ?

C Quels procédés d'écriture graphiques sont utilisés pour créer une image insolite ? Intéressez-vous au point de vue adopté, aux couleurs, au traitement des corps et aux effets créés grâce aux bordures.

B. VIVÈS,
Le Goût du chlore,
© Casterman,
2008.

Réalisation

▶ **Socle** *Exploiter des lectures pour enrichir son écrit – Construire un exposé sur une problématique artistique*

1 Choisissez un objet du quotidien et proposez deux métamorphoses artistiques de cet objet, l'une poétique (en vous aidant des procédés d'écriture découverts dans cet atelier), l'autre plastique (dessin, photographie, collage…).

2 Organisez au sein de votre établissement une exposition associant des textes poétiques et des productions plastiques. Vous réfléchirez à un aménagement du lieu de l'exposition pour mettre en valeur les œuvres et vous réaliserez des affiches pour annoncer l'événement.

3 Lors du vernissage de cette exposition, vous présenterez oralement vos œuvres en prenant soin :
a. de préciser vos sources d'inspiration ;
b. d'expliciter vos intentions ;
c. d'évoquer et de justifier les techniques et les procédés que vous avez utilisés.

Atelier poésie

Activité 6 — Croiser langages poétiques et scientifiques

A — Lire en autonomie un recueil poétique : *Euclidiennes*, de Guillevic (1967)

▶ **Socle** Lire un texte littéraire

Vous réaliserez ce parcours dans l'œuvre par petits groupes.

1. Parcourez le recueil et consultez la table des matières.
   a. Quelles sont les particularités des poèmes de ce recueil ?
   b. Quel semble être le fil directeur du recueil ?

2. En vous aidant d'un dictionnaire encyclopédique, proposez une explication du titre, *Euclidiennes*.

3. Choisissez chacun(e) un poème différent et précisez les raisons de ce choix.

4. Analysez le poème que vous avez choisi en étudiant plus particulièrement le thème central et ce que le poète en dit, les sources d'inspiration, la structure et la disposition sur la page, les pronoms et ce qu'ils désignent, le caractère poétique du langage, la représentation que le poète donne du monde ou de lui-même, l'intention du poème.

5. Comparez vos analyses des poèmes et dégagez des points communs que vous présenterez oralement à la classe, puis que vous confronterez au travail des autres groupes pour dégager des axes d'interprétation du recueil.

6. Individuellement, rédigez un petit paragraphe argumenté pour présenter le projet de Guillevic dans ce recueil.

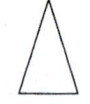

triangle isocèle

J'ai réussi à mettre
Un peu d'ordre en moi-même.

J'ai tendance à me plaire.

triangle équilatéral

Je suis allé trop loin
Avec mon souci d'ordre.

Rien ne peut plus venir.

GUILLEVIC, « Triangle isocèle » et « Triangle équilatéral », in *Du domaine suivi d'Euclidiennes*, © Éditions Gallimard, 1967.

B — Confectionner un recueil de poésie combinatoire à la manière de R. Queneau

▶ **Socle** Connaître les aspects fondamentaux du fonctionnement syntaxique

1. a. Consultez le recueil *Cent mille milliards de poèmes* de R. Queneau sur le site Bibm@th.net : www.bibmath.net/quotidien/index.php?action=affiche&quoi=queneau.
   b. Expliquez l'expérience poétique réalisée par R. Queneau dans ce recueil.

2. Quel(s) lien(s) cette expérience poétique entretient-elle avec les mathématiques ?

3. Par groupes de cinq, réalisez à la manière de R. Queneau un recueil de poésie combinatoire.

CONSEILS

▶ Chaque membre du groupe rédigera cinq vers répondant aux exigences suivantes :
- **vers 1** : complément de phrase exprimant le lieu (rime A) ;
- **vers 2** : complément de phrase exprimant le temps (rime B) ;
- **vers 3** : sujet composé d'un GN comportant un complément du nom – *Le sujet désignera un objet dont on donne un détail* (rime A) ;
- **vers 4** : proposition subordonnée relative qui complète le GN sujet (rime B) ;
- **vers 5** : groupe verbal : verbe et complément(s) de verbe (rime A) ;

▶ Assemblez vos productions en une version papier ou grâce à un logiciel ou une application réalisé(e) en cours de technologie, qui permettra d'associer ces vers de manière aléatoire pour créer votre recueil.

C · Réaliser un concours de films de poche (pocket films) poétiques : l'électricité

▶ **Socle** *Concevoir, réaliser, donner à voir des projets artistiques, individuels ou collectifs*

Préparation

Prenez connaissance des trois œuvres (documents A, B et C) et présentez-les.

1. Quel phénomène physique ces œuvres évoquent-elles ? Expliquez-le.
2. Ces œuvres présentent-elles ce phénomène de manière scientifique ou poétique ? Justifiez en vous appuyant sur des indices précis.

Réalisation et présentation

Réalisez un film de poche (pocket film) poétique sur le thème de l'électricité avec l'application caméra vidéo d'un smartphone.

Les productions seront présentées par leurs réalisateurs et vidéo-projetées dans le cadre du Printemps des poètes, par exemple.

Elles seront soumises au vote des élèves, qui récompenseront la réalisation qu'ils préfèrent.

Document A

Le biglemoi

Colin est un jeune rentier fortuné qui cherche l'amour. Il demande à son cuisinier, Nicolas, de lui apprendre une danse à la mode pour séduire les filles : le biglemoi.

« Le principe du biglemoi, dit Nicolas, que Monsieur connaît sans doute, repose sur la production d'interférences par deux sources animées d'un mouvement oscillatoire
5 rigoureusement synchrone.
— J'ignorais, dit Colin, que cela mît en œuvre des éléments de physique aussi avancés.
— En l'espèce, dit Nicolas, le danseur et la
10 danseuse se tiennent à une distance assez petite l'un de l'autre et mettent leur corps entier en ondulation suivant le rythme de la musique.
— Oui ? dit Colin un peu inquiet.
15 — Il se produit alors, dit Nicolas, un système d'ondes statiques présentant, comme en acoustique, des nœuds et des ventres, ce qui ne contribue pas peu à créer l'atmosphère dans
20 la salle de danse. »

B. VIAN, *L'Écume des jours*, chapitre VII, 1947, © Fayard, 1996.

Document B

Visionnez cette chorégraphie : www.numeridanse.tv/fr/video/1870_lampouleelectrique.

• Chorégraphie de C. Carlson, *L'Ampoule électrique*, 2000.

Document C

• R. DUFY, *La Fée Électricité* (extrait), 1937, musée d'Art moderne de la ville de Paris.

Rendez-vous sur le site du musée d'Art moderne de la ville de Paris : www.mam.paris.fr/fr/œuvre/la-fee-electricite.
Découvrez la vue à 360° de l'œuvre et lisez-en la présentation.

Agir sur le monde
Agir dans la cité : individu et pouvoir

7 Parcours d'éducation artistique et culturelle

INTERDISCIPLINARITÉ
HISTOIRE – HDA

UTILISABLE EN EPI

Écrivains et artistes face à la Grande Guerre

Le saviez-vous ?

En 1914-1918, en raison de la mobilisation générale, écrivains et artistes deviennent des combattants. Leurs œuvres, réalisées pendant le conflit ou peu après, sont à la fois des témoignages et des créations culturelles. Face à l'horreur des tranchées, le regard des artistes sur le monde est fortement modifié, produisant de nouvelles formes d'art.
À partir de 1980, la génération des Poilus commençant à disparaître, de jeunes écrivains ou artistes cherchent à comprendre la « der des ders[1] » et à porter sur elle un autre regard.

[1]. surnom signifiant « la dernière des dernières ».

Découvrez des textes, œuvres d'art et documents en lien avec la Grande Guerre, en vous demandant comment, depuis cent ans, l'art peut traiter de cette horreur.

Collectivement ou par petits groupes, étudiez les textes et documents des trois thèmes (p. 158 à 171). Pour chaque thème, vous ferez une synthèse.

THÈME A
Sous un déluge de feu et d'acier

Un opéra sordide et puant

Dès le début de la matinée, ce jour-là, un bombardement très brutal a commencé : l'ennemi a d'abord envoyé des obus de gros calibre exclusivement, 170 et 245 bien ajustés qui labouraient les lignes en profondeur, créant des éboulements pour ensevelir les
5 hommes valides et les blessés, vite étouffés sous les avalanches de terre. Anthime[1] a manqué de rester dans un trou qui s'effondrait après la chute d'une bombe, échappant à des centaines de balles à moins d'un mètre de lui, à des dizaines d'obus dans un rayon de cinquante. Tressautant sans méthode sous la grêle, il a vu un ins-
10 tant sa fin quand un percutant est tombé encore plus près de lui, dans une brèche de tranchée comblée par des sacs à terre dont un, éventré puis projeté par l'impact, l'a presque assommé tout en le protégeant par chance des éclats. […]

Le jour tombait cependant, qu'on ne voyait d'ailleurs pas tomber
15 dans ce désordre, et au moment de sa chute un calme relatif a paru se rétablir un moment. Il semblait néanmoins qu'on désirât conclure par un dernier déferlement, un final de feu d'artifice, car une canonnade gigantesque a repris. […]

Le lendemain matin ça n'a plus eu de cesse encore, dans le
20 perpétuel tonnerre polyphonique sous le grand froid confirmé. Canon tonnant en basse continue, obus fusants et percutants de tous calibres, balles qui sifflent, claquent, soupirent ou miaulent selon leur trajectoire, mitrailleuses, grenades et lance-flammes, la menace est partout : d'en haut sous les avions et les tirs d'obusiers,

Jean Echenoz
(né en 1947)

Écrivain et romancier français, lauréat de plusieurs prix littéraires.

[1]. nom du soldat, personnage principal du roman.

> **La clé des mots**
>
> Un **percutant** est un obus qui éclate en touchant un obstacle.
> • Relevez des mots exprimant l'idée d'éclatement.

25 d'en face avec l'artillerie adverse et même d'en bas quand, croyant profiter d'un moment d'accalmie au fond de la tranchée où l'on tente de dormir, on entend l'ennemi piocher sourdement au-dessous de cette tranchée même, au-dessous de soi-même, creusant des tunnels où il va disposer des mines afin de l'anéantir, et soi-même avec.

30 On s'accroche à son fusil, à son couteau dont le métal oxydé, terni, bruni par les gaz ne luit plus qu'à peine sous l'éclat gelé des fusées éclairantes, dans l'air empesté par les chevaux décomposés, la putréfaction[2] des hommes tombés. [...] Tout cela ayant été décrit mille fois, peut-être n'est-il pas la peine de s'attarder encore sur cet opéra sordide et puant.

J. ECHENOZ, *14*, © Les Éditions de Minuit, 2012.

---
2. décomposition.

Oral

▶ **Socle** *Exploiter les ressources expressives et créatives de la parole*

1 Lisez silencieusement le texte en essayant d'être sensible à son rythme, à ses sonorités, en particulier dans le passage en bleu. (Ou bien écoutez ce texte enregistré par un comédien.)

2 Par petits groupes, **a.** lisez à tour de rôle à voix haute le passage en bleu en cherchant à respecter les effets de rythme que vous avez repérés ; **b.** comparez vos lectures : quelle image de la guerre ce texte donne-t-il ?

Lecture

▶ **Socle** *Élaborer une interprétation de textes littéraires*

1 Ce texte a-t-il une dimension historique ? Répondez en citant le texte et en vous appuyant sur ce que vous avez appris en histoire.

2 Quels sont les sens fortement présents dans cette scène ? Répondez en citant le texte.

3 Expliquez l'expression « cet opéra sordide et puant » (l. 34).

Charles Martin
(1884-1934)

Peintre et illustrateur français qui a travaillé avec le musicien Erik Satie et l'écrivain Jean Cocteau.

C. MARTIN, *La Folie de la guerre*, 1917, peinture à la gouache sur papier, collection privée.

7 • Écrivains et artistes face à la Grande Guerre

Parcours d'éducation artistique et culturelle

Un effroyable rideau

Henri Barbusse
(1873-1935)

Cet écrivain, pourtant pacifiste avant la guerre, s'engage volontairement dans l'infanterie où il combat jusqu'à sa blessure en 1916. Son roman autobiographique, *Le Feu*, est récompensé par le prix Goncourt lors de sa parution en 1916.

Brusquement, devant nous, sur toute la largeur de la descente, de sombres flammes s'élancent en frappant l'air de détonations épouvantables. En ligne, de gauche à droite, des fusants sortent du ciel, des explosifs sortent de la terre. C'est un effroyable rideau qui nous sépare du monde, nous sépare du passé et de l'avenir. On s'arrête, plantés au sol, stupéfiés par la nuée soudaine qui tonne de toutes parts ; puis un effort simultané soulève notre masse et la rejette en avant, très vite. On trébuche, on se retient les uns aux autres, dans de grands flots de fumée. On voit, avec de stridents fracas et des cyclones de terre pulvérisée, vers le fond, où nous nous précipitons pêle-mêle, s'ouvrir des cratères çà et là, à côté les uns des autres, les uns dans les autres. Puis on ne sait plus où tombent les décharges. Des rafales se déchaînent si monstrueusement retentissantes qu'on se sent annihilé[1] par le seul bruit de ces averses de tonnerre, de ces grandes étoiles de débris qui se forment dans l'air. On voit, on sent passer près de sa tête des éclats avec leur cri de fer rouge dans l'eau. À un coup, je lâche mon fusil, tellement le souffle d'une explosion m'a brûlé les mains. Je le ramasse en chancelant et repars tête baissée dans la tempête à lueurs fauves, dans la pluie écrasante des laves, cinglé par des jets de poussière et de suie. Les stridences des éclats qui passent vous font mal aux oreilles, vous frappent la nuque, vous traversent les tempes, et on ne peut retenir un cri lorsqu'on les subit. On a le cœur soulevé, tordu par l'odeur soufrée. Les souffles de la mort nous poussent, nous soulèvent, nous balancent. On bondit ; on ne sait pas où on marche. Les yeux clignent, s'aveuglent et pleurent, la vue est obstruée par une avalanche, qui tient toute la place.

H. BARBUSSE, *Le Feu*, 1916.

1. réduit à néant.

📖 Lecture

▶ **Socle** *Élaborer une interprétation de textes littéraires*

1 À partir de quelle ligne les indications de lieu disparaissent-elles ? Pourquoi ?

2 Par quel pronom les soldats sont-ils désignés ? Quel est l'effet produit ?

3 « C'est un effroyable rideau qui nous sépare du monde, nous sépare du passé et de l'avenir. » (l. 4-5) Que signifie cette phrase ?

4 Quel rythme la ponctuation à l'intérieur des phrases donne-t-elle au texte ?

5 Relevez dans un tableau le vocabulaire évoquant la perception des explosions : quel commentaire pouvez-vous faire ?

Les gens d'en face

Erich Maria Remarque
(1898-1970)

C'est le pseudonyme d'un écrivain allemand qui a combattu dans les tranchées. Son roman pacifiste, *À l'Ouest rien de nouveau (Im Westen nichts Neues)*, a connu un succès mondial dès sa parution en 1928 et a été brûlé lors des autodafés[1] nazis en 1933.

Les gens d'en face, occupés à courir, ne peuvent guère être dangereux avant leur arrivée à trente mètres.

Nous reconnaissons les visages crispés et les casques : ce sont des Français. Ils atteignent les débris des barbelés et ont déjà des pertes visibles. Toute une file est fauchée par la mitrailleuse qui est à côté de nous ; puis nous avons une série d'enrayages[2] et les assaillants se rapprochent.

Je vois l'un d'eux tomber dans un cheval de frise[3], la figure haute. Le corps s'affaisse sur lui-même comme un sac, les mains restent croisées comme s'il voulait prier. Puis, le corps se détache tout entier et il n'y a plus que les mains coupées par le coup de feu, avec des tronçons de bras, qui restent accrochées dans les barbelés.

Au moment où nous reculons, trois visages émergent du sol. Sous l'un des casques apparaît une barbe pointue, toute noire, et deux yeux qui sont fixés droit sur moi. Je lève la main, mais il m'est impossible de lancer ma grenade dans la direction de ces étranges yeux. Pendant un instant de folie, toute la bataille tourbillonne autour de moi et de ces yeux qui, seuls, sont immobiles ; puis, en face de moi, la tête se dresse, je vois une main, un mouvement, et aussitôt ma grenade vole, vole là-dessus. […]

Nous sommes devenus des animaux dangereux : nous ne combattons pas, nous nous défendons contre la destruction. Ce n'est pas contre des humains que nous lançons nos grenades, car à ce moment-là nous ne sentons qu'une chose : c'est que la mort est là qui nous traque, sous ces mains et ces casques.

E. M. REMARQUE, *À l'Ouest rien de nouveau* [1928], traduction de A. Hella et O. Bourlac, © 1929, 2009, Éditions Stock pour la traduction française.

---

1. séances où l'on brûle sur la place publique les livres interdits par la censure. 2. arrêts survenant dans le fonctionnement d'une arme à feu. 3. pièce de bois traversée de pieux armés de fer, que l'on utilise comme moyen de défense ou comme barrage.

Georges Scott
(1873-1943)

Peintre et illustrateur français qui a collaboré à la revue *L'Illustration* pour témoigner des combats.

G. SCOTT, *Effet d'un obus dans la nuit*, avril 1915, musée de l'Armée, Paris.

Lecture

▶ **Socle** Élaborer une interprétation de textes littéraires

1 Quels sentiments et émotions avez-vous ressentis à la lecture de ce texte ? Expliquez.

2 Qui est le narrateur ? Qui sont les gens d'en face ? Relevez toutes les reprises nominales et pronominales qui les désignent : quelles remarques pouvez-vous faire ?

3 L. 7 à 11 : relevez les sujets des verbes. Quel effet est ainsi produit ?

4 L. 12 à 18 : quels sentiments animent le narrateur dans ce passage et expliquent son attitude ?

5 a. Que vise à montrer ce texte ? Développez votre réponse. b. Quelle expression du texte choisiriez-vous comme titre ? Pourquoi ?

Parcours d'éducation artistique et culturelle

Fernand Léger
(1881-1955)

Ce peintre français a peint cette toile lorsqu'il était en convalescence après avoir été blessé au front. Cet artiste cubiste a développé le concept de l'homme machine.

● F. LÉGER, *La Partie de cartes*, 1917, huile sur toile, musée Kröller-Müller, Pays-Bas.

Histoire des arts

▶ **Socle** *Décrire une œuvre d'art en employant un lexique simple adapté – Proposer une analyse critique simple et une interprétation d'une œuvre*

A Préparation

Par petits groupes :

1. Choisissez une des œuvres d'art des pages 159 à 162. Préparez-vous à présenter cette œuvre à la classe en vous aidant des questions suivantes et de l'ABC de l'image p. 276 à 281.
   a. Relevez le nom de l'artiste, le titre et la date de l'œuvre d'art.
   b. Décrivez ce que vous voyez sur le tableau.
   c. Qu'est-ce qui caractérise la composition et le jeu des couleurs ?
   d. Comment comprenez-vous le titre de l'œuvre ?
   e. Quelle image de la guerre ce tableau donne-t-il ? Expliquez.
   f. De quel texte rapprocheriez-vous cette œuvre d'art ? Pourquoi ?

2. Choisissez un passage de ce texte et entraînez-vous à le lire de façon à traduire les émotions dont il est porteur.

B Présentation orale

1. Présentez l'œuvre d'art que vous avez choisie et répondez aux questions ou remarques de vos camarades.
2. Lisez le passage choisi de façon à traduire les émotions dont il est porteur.
3. Après toutes les présentations, collectivement, dégagez une synthèse.

Synthèse du thème A

▶ **Socle** *Utiliser l'écrit pour penser et pour apprendre*

En vous appuyant sur l'ensemble des documents des pages 158 à 162, interrogez-vous sur la dernière phrase de l'extrait de *14* de J. Echenoz : « Tout cela ayant été décrit mille fois, peut-être n'est-il pas la peine de s'attarder encore sur cet opéra sordide et puant. » Rédigez une réponse argumentée pour donner votre opinion.

162

THÈME B — Les Gueules cassées

Le saviez-vous ?

L'expression « Gueules cassées » désigne les blessés de la face durant la guerre de 1914-1918. Cette expression a été inventée par un officier, le colonel Picot, lui-même mutilé au visage, qui a créé en 1921 une association pour venir en aide à ces blessés après la guerre.

Otto Dix
(1891-1969)

Ce peintre allemand envoyé au front dénonce la sauvagerie destructrice de la guerre.

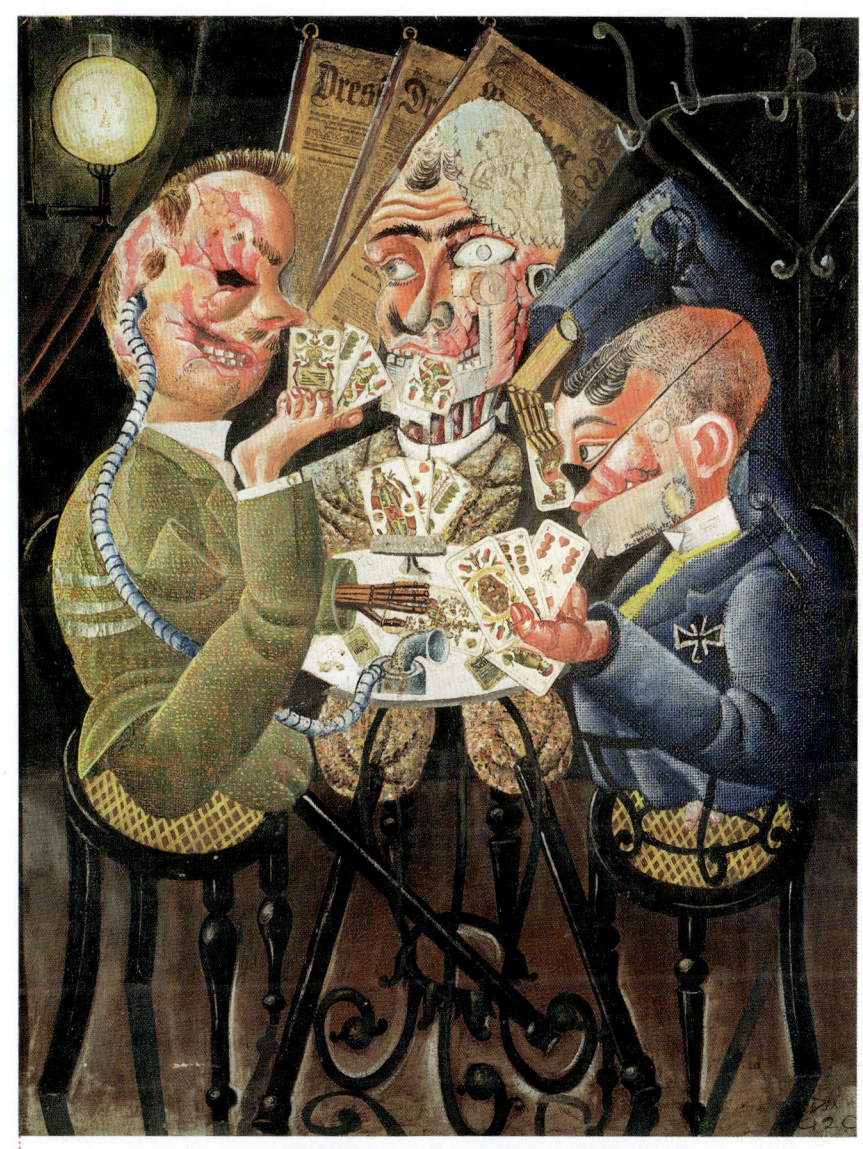

● O. DIX, *Les Joueurs de skat*, 1920, huile sur toile et collages, Galerie nationale de Berlin.

Histoire des arts

▶ **Socle** *Décrire une œuvre d'art en employant un lexique simple et adapté – Proposer une analyse critique simple et une interprétation d'une œuvre*

A Observez les trois personnages et décrivez leurs mutilations.

B Décrivez et analysez le rapport ombre/lumière et le jeu des couleurs : quel est l'effet produit ?

C **1.** Comment le jeu de cartes est-il mis en valeur ? **2.** Pourquoi ? **3.** Vers qui les cartes sont-elles tournées ? Comment interprétez-vous cela ?

D La scène vous semble-t-elle tragique et/ou grotesque ? Justifiez votre point de vue.

7 • Écrivains et artistes face à la Grande Guerre

Parcours d'éducation artistique et culturelle

Portraits croisés

Lisez ces portraits de personnages du roman de Marc Dugain, *La Chambre des officiers* : des officiers et une infirmière blessés au visage, tous soignés à l'hôpital du Val-de-Grâce à Paris.

Marc Dugain
(né en 1957)

Romancier et réalisateur français. Enfant, il accompagne son grand-père à « La maison des Gueules cassées » ; ce château qui a accueilli les soldats de la Première Guerre mondiale mutilés du visage est à l'origine de son premier roman, *La Chambre des officiers*.

Adrien Fournier, le héros

Extrait A
Une détonation part de tout près. Un sifflement d'un quart de seconde. J'ai le temps de voir une tête qui se détache d'un corps qui plie sur ses genoux, un cheval qui s'effondre. L'autre sous-lieutenant, qui était resté en selle, s'écroule de mon côté, l'épaule arrachée, l'os qui sort comme d'un jambon. Je sens comme une hache qui vient s'enfoncer sous la base de mon nez. Puis on coupe la lumière. (chapitre 1)

Extrait B
Avec ma langue je fais le tour de ma bouche. En bas, elle vient s'appuyer sur les gencives de la mâchoire inférieure : les dents ont été pulvérisées. Les hauteurs, elles, s'annoncent comme un couloir sans fin ; ma langue ne rencontre pas d'obstacle et, lorsqu'elle vient toucher les sinus, je décide d'interrompre cette première visite. [...] Les médecins n'ont pas remarqué ma tentative malheureuse et continuent à discourir sur mon cas.
– Voyons voir. Destruction maxillo-faciale. Notez, mon vieux ! – Béance totale des parties situées du sommet du menton jusqu'à la moitié du nez, avec destruction totale du maxillaire supérieur et du palais, décloisonnant l'espace entre la bouche et les sinus. Destruction partielle de la langue. Apparition des organes de l'arrière-gorge qui ne sont plus protégés. Infection généralisée des tissus meurtris par apparition de pus. (chapitre 3)

Extrait C
L'ouvrier qui s'affaire au-dessus de chaque lit m'adresse la parole.
– La surveillante d'étage disait qu'y s'attendait à recevoir de sacrés colis ici, et d'après ce qu'elle disait, dans votre salle, y vont mettre que des esquintés de la trogne, quoi. (chapitre 4)

Extrait D
Je suis dans ce qu'on appelle une « phase de séchage », je n'ai pas le moindre bandage et je découvre ainsi l'image d'un homme avec au milieu du visage un tunnel aux contours loqueteux. Ce reflet irréel et pourtant vrai ne m'affecte pas ; je m'étonne de ne pas avoir envie de pleurer ni de ressentir la moindre angoisse, et je suis d'autant plus surpris quand mon estomac, consciencieusement, se met à vomir sur la couverture empruntée. (chapitre 5)

Extrait E
Mes seize opérations ne m'avaient pas rendu visage humain, et j'avais la collection la plus impressionnante de bandeaux de corsaire pour dissimuler mes blessures. (chapitre 8)

Extrait F
Une jeune femme me salua, puis tira la petite qui n'arrivait pas à détacher son regard de mon visage, comme si elle cherchait à y lire une de ces pages de livres qu'on dissimule aux enfants. (chapitre 8)

Henri de Penanster

Un obus, certainement, lui a enlevé le menton. La mâchoire a cédé comme une digue sous l'effet d'un raz de marée. Sa pommette gauche est enfoncée et la cavité de son œil est comme un nid d'oiseau pillé. [...] Le projectile lui a soufflé le nez, lui laissant les sinus béants. L'absence de lèvre supérieure lui donne un rictus inquisiteur. [...] Penanster aurait dû se vider comme un lapin, si la boue n'était pas venue endiguer l'hémorragie de sa carotide ouverte. [...] Il n'avait pas encore repris ses esprits qu'on lui a installé un ouvre-bouche à vis pour lutter contre la constriction des mâchoires. (chapitre 4)

Pierre Weil

Son visage, que je n'aperçois que dans le clair-obscur de la fenêtre qui surplombe son lit, ressemble à un grand caramel noir, brûlé et déformé. Plus trace de moustache ni de paupière. Plus aucune forme humaine.
(chapitre 5)

Marguerite

Un des premiers jours de l'été 1916, à la tombée de la nuit, elle fit une apparition dans le couloir. Un faisceau de lumière qui venait du dehors faisait luire sa belle chevelure. La silhouette était élancée. Elle resta quelques instants à regarder par la fenêtre, sans bouger, nous tournant le dos. Lorsqu'elle se décida à regagner sa chambre, elle nous fit face et nous sûmes alors qu'elle était des nôtres. [...] Il m'arrive souvent de revoir ce front et ces yeux bleus, parfaitement dessinés, qui surplombaient, désolés, les restes d'un visage meurtri par la guerre des hommes. [...] Elle était comme un parterre de roses saccagé par le milieu. Elle avait été touchée au nez et aux pommettes, et la déflagration lui avait également crevé les tympans car, comme Penanster poursuivait la conversation, elle continua de sourire, du sourire de ceux qui vivent dans un monde à part. (chapitre 7)

M. DUGAIN, *La Chambre des officiers*, © Éditions Jean-Claude Lattès, 1998.

Lecture

▶ Socle *Élaborer une interprétation de textes littéraires*

1. Quelle impression la lecture de ces extraits produit-elle sur vous ? Expliquez.
2. Dans les portraits des officiers, comparez les passages en orange, en marron et en bleu : a. dégagez les points communs à ces trois séries de passages ; b. repérez et analysez les procédés d'écriture employés : quel rôle jouent-ils ?
3. Le portrait de Marguerite : a. comment est-il construit ? b. Sa construction est-elle la même que celle des portraits masculins ? Expliquez.
4. Qu'apprend-on sur la médecine dans ces extraits ?

Oral

▶ Socle *S'exprimer de façon maîtrisée en s'adressant à un auditoire*

a. Comparez le tableau d'O. Dix (p. 163) et les extraits du roman de M. Dugain. b. L'intention des deux artistes vous semble-t-elle la même ? Expliquez.

Chiens de guerre

Patrice Alexandre
(né en 1951)

Ce sculpteur français a effectué un travail sur les monuments dédiés à la Grande Guerre.

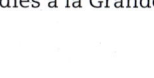

Chien de guerre version allemande

P. ALEXANDRE, Série des animaux soldats de la Grande Guerre, 2003, terre cuite émaillée, collection de l'artiste.

Chien de guerre version française

Histoire des arts

▶ Socle *Associer une œuvre à une époque à partir des éléments observés – Proposer une analyse critique simple et une interprétation d'une œuvre*

A. Quel effet ces sculptures produisent-elles sur vous ? Expliquez.
B. 1. Décrivez et comparez les deux sculptures.
2. Comment comprenez-vous ces deux œuvres ?
3. Expliquez leur titre « Chiens de guerre ».

7 • Écrivains et artistes face à la Grande Guerre / 165

Parcours d'éducation artistique et culturelle

Édouard a voulu savoir...

Édouard Péricourt est blessé à la jambe et au visage alors qu'il tente de sortir Albert Maillard d'un trou d'obus. À l'hôpital, Albert est autorisé à veiller son camarade.

Pierre Lemaitre
(né en 1951)

Ce romancier et scénariste français depuis 2009, spécialiste du roman policier, a obtenu le prix Goncourt 2013 pour *Au revoir là-haut*.

Albert pénétra dans la pièce et lâcha aussitôt la lettre qu'il commençait à décacheter pour se précipiter vers Édouard. Pour la première fois depuis son arrivée, le jeune homme avait les yeux presque ouverts, deux oreillers lui avaient été tassés dans le dos, une sœur[1] de passage sans doute, ses mains attachées disparaissaient sous les draps, il dodelinait de la tête et poussait des grognements rauques qui finissaient en gargouillis. Décrit comme ça, on n'aurait pas dit une amélioration franche et positive, mais Albert n'avait eu jusqu'à présent devant lui qu'un corps hurlant et saisi de spasmes violents ou somnolant dans un état assez proche du coma. Ce qu'il voyait là était beaucoup mieux.

Difficile de savoir quel courant secret était passé entre les deux hommes pendant ces journées où Albert avait dormi sur une chaise, mais dès qu'Albert posa la main sur le bord de son lit, Édouard, tirant brusquement sur ses liens, parvint à lui attraper le poignet et le serra avec une force de **damné**. Tout ce qu'il y avait dans ce geste, personne ne serait à même de le dire. Il condensait toutes les peurs et tous les soulagements, toutes les demandes et toutes les questions d'un jeune homme de vingt-trois ans blessé à la guerre, incertain de son état et souffrant tellement qu'il lui était impossible de situer le siège de sa douleur.

La clé des mots

damné signifie condamné à vivre dans l'enfer pour l'éternité.
• Quelles significations ce mot peut-il prendre ici ?

Albert, accusé par le lieutenant Pradelle d'avoir cherché à fuir le combat, est convoqué chez un général qui, après plusieurs heures, le laisse partir, libre.

Tout ce qu'il désire maintenant, c'est la fin de la guerre et rentrer vite à Paris. Entier, si possible. Cette pensée le ramène à Édouard. Le temps de saluer la baderne[2] [...] d'éviter le regard du lieutenant, il court déjà dans les couloirs, saisi d'une intuition comme seuls peuvent en avoir des parents. Il est tout essoufflé quand il ouvre la porte à la volée.

Édouard n'a pas changé de position, mais il se réveille dès qu'il entend Albert s'approcher. Du bout des doigts, il désigne la fenêtre, à côté du lit. C'est vrai que ça pue de manière vertigineuse, dans cette chambre. Albert entrebâille la fenêtre. Édouard le suit des yeux. Le jeune blessé insiste, « plus grand », il fait signe des doigts, « non, moins », « un peu plus », Albert s'exécute, écarte davantage le vantail et, quand il comprend, c'est trop tard. À force de chercher sa langue, de s'écouter proférer des borborygmes[3], Édouard a voulu savoir ; il se voit maintenant dans la vitre.

L'éclat d'obus lui a emporté toute la mâchoire inférieure ; en dessous du nez, tout est vide, on voit la gorge, la voûte, le palais et seulement les dents du haut, et en dessous, un magma de chairs écarlates avec au fond quelque chose, ça doit être la glotte, plus de langue, la trachée fait un trou rouge humide...

Édouard Péricourt a vingt-quatre ans.
Il s'évanouit.

P. LEMAITRE, *Au revoir là-haut*, © Albin Michel, 2013.

1. religieuse infirmière.
2. mot familier pour désigner la sentinelle.
3. bruits produits par l'estomac durant la digestion.

Lecture

▶ Socle *Élaborer une interprétation de textes littéraires*

1 Définissez les rapports entre les deux hommes en citant le texte à l'appui de votre réponse.

2 **a.** L. 30 : « quand il comprend, c'est trop tard. » Expliquez cet extrait. **b.** En quoi aide-t-il le lecteur à comprendre le passage ?

3 **a.** Quelle est l'atmosphère de ce texte ? **b.** Par quels procédés d'écriture est-elle traduite dans la première partie du texte ? dans la seconde ? Répondez en citant le texte et en lisant un passage avec expressivité.

4 Par quels moyens l'auteur cherche-t-il à rendre son récit semblable à un témoignage réel ? Répondez en citant le texte.

5 Que ressentez-vous à la lecture de ce passage ? Expliquez.

P. LEMAITRE et C. DE METTER, *Au revoir là-haut*, © Éditions Rue de Sèvres, 2015.

Histoire des arts

▶ Socle *Décrire une œuvre d'art en employant un lexique simple et adapté – Établir des liens entre des productions littéraires et artistiques*

Pour l'adaptation de son roman de 600 pages en une bande dessinée de 160 pages, P. Lemaitre a réalisé lui-même le scénario et a fait appel au dessinateur C. De Metter.
Aidez-vous si besoin de la fiche méthode de la p. 46 pour répondre aux questions.

A Qu'est-ce qui caractérise l'écriture de cette planche de bande dessinée ?
B 1. Quelle est l'atmosphère de cette scène ? 2. Quels sont les moyens utilisés par le dessinateur pour l'exprimer ?
C 1. Quel(s) rôle(s) les regards jouent-ils dans cette planche ? 2. Quel est l'effet produit sur le lecteur ?
D Quelle fidélité et quelle originalité repérez-vous dans l'adaptation du roman en bande dessinée ?

Synthèse du thème B

▶ Socle *Utiliser l'écrit pour penser et pour apprendre*

Hommage ou dénonciation ? Grotesque ou tragique ? Quelle synthèse pouvez-vous faire de l'étude des œuvres présentées pages 163 à 167 ?

7 • Écrivains et artistes face à la Grande Guerre / **167**

THÈME C — Frères d'armes

Frères de combat

À la fin de la guerre de 1914, un juge, ancien officier, vient interroger Morlac, un soldat emprisonné qu'un chien suit fidèlement. La scène se situe au début du roman.

Jean-Christophe Rufin
(né en 1952)

Cet historien, écrivain, et diplomate français est membre de l'Académie française. Son roman *Rouge Brésil* a remporté le prix Goncourt en 2001.

Lui [Morlac] aussi, à l'évidence, était marqué par la guerre. Quelque chose, dans sa voix, disait qu'il était désespérément sincère. Comme si la certitude de mourir bientôt, éprouvée jour après jour au front, avait fait fondre en lui toutes les coques du mensonge, toutes ces peaux tannées[1]
5 que la vie, les épreuves, la fréquentation des autres déposent sur la vérité chez les hommes ordinaires. Ils avaient cela en commun, tous les deux, cette fatigue qui ôte toute force et toute envie de dire et de penser des choses qui ne soient pas vraies. Et, en même temps, parmi ces pensées, celles qui portaient sur l'avenir, le bonheur, l'espoir étaient impossibles à
10 formuler car aussitôt détruites par la réalité sordide de la guerre. Si bien qu'il ne restait que des phrases tristes, exprimées avec l'extrême dépouillement du désespoir.

— Il y a longtemps qu'il vous suit, ce chien ? [...]
— Il m'a suivi quand les gendarmes sont venus me
15 chercher pour la guerre.
— Racontez-moi ça.
— Si je fume.
Le juge fouilla dans son gilet et sortit un paquet de cigarettes chiffonné. Morlac en alluma une avec le
20 briquet d'amadou[2] que lui avait tendu l'officier. Il souffla la fumée par le nez, comme un taureau furieux. [...]
— Vous étiez le seul qu'ils devaient ramener ?
— Bien sûr que non. Il y avait déjà trois autres conscrits[3] avec eux. Je les connaissais de vue. Les
25 gendarmes m'ont fait monter dans leur carriole et on est allés en ramasser trois autres de plus.
— Et le chien ?

• Chien rapportant le casque d'un soldat blessé, 1917.

— Il a suivi. [...]
— Ensuite, vous êtes allés vers le front ?
30 — Je suis resté six mois à faire du ravitaillement. On n'était pas en première ligne mais il arrivait qu'on s'en rapproche beaucoup et les obus faisaient souvent du dégât.
— Le chien était toujours avec vous ?
— Toujours.
35 — Ce n'est pas banal.
— Ce n'est pas un chien banal. Même dans les coins les plus ravagés, il arrivait à trouver de quoi manger. Surtout, il savait y faire avec les gradés. La plupart des chiens ont fini par avoir des problèmes. Il y en a même qui ont été carrément éliminés à coups de fusil parce qu'ils piquaient dans
40 les réserves. Je ne sais pas où vous étiez mais vous avez dû voir ça aussi.

1. qui ont l'aspect du cuir.
2. matière facilement inflammable.
3. jeunes gens appelés à la guerre.

168

Dans les discussions de tranchées, il arrivait ainsi que l'on oublie les grades. Cela ressemblait plutôt à ces parties de cartes où le cantonnier[4] interpelle le notaire, sans que personne ne s'en offusque. Dans cette cellule, le juge restait juge, il rédigeait soigneusement son procès-verbal mais
45 l'interrogatoire était aussi une conversation entre camarades que la mort rendrait bientôt égaux.

– J'ai passé la plus grande partie de la guerre avec les Anglais dans la Somme, dit le juge.

– Il y avait des chiens ?

50 – Quelques-uns. D'ailleurs, quand on m'a chargé de votre affaire, j'ai tout de suite pensé à plusieurs de mes hommes, qui s'étaient attachés à leur animal au point de ne pouvoir supporter la guerre que grâce à sa présence. Ils avaient fini par les considérer comme des frères de combat.

J.-C. RUFIN, *Le Collier rouge*, © Éditions Gallimard, 2014.

4. ouvrier chargé de l'entretien des routes et de leurs bordures.

Lecture

▶ Socle *Élaborer une interprétation de textes littéraires*

1 Quels sont les effets de la guerre sur chaque personnage et sur leurs relations ? Faites une réponse argumentée en citant le texte.

2 L. 2 à 10 : qu'est-ce qui caractérise la construction des phrases ? Quel effet cela produit-il ?

3 Ce récit peut-il être considéré comme un documentaire ? Citez le texte à l'appui de votre réponse.

4 Quel(s) rôle(s) les chiens jouaient-ils dans les tranchées ? Expliquez.

Oral

▶ Socle *S'exprimer de façon maîtrisée en s'adressant à un auditoire*

Pour en savoir plus sur le rôle des animaux dans la guerre de 1914-1918, rendez-vous sur le site Internet des archives départementales du Cher :

www.archives18.fr/arkotheque/client/ad_cher/_depot_arko/articles/1016/les-animaux-pendant-la-premiere-guerre-mondiale_doc.pdf.

Choisissez un sujet qui vous intéresse et présentez-le à la classe.

Histoire des arts

▶ Socle *Décrire une œuvre d'art en employant un lexique simple et adapté*

A Décrivez l'arrière-plan du tableau : quel effet produit-il ?

B Commentez la représentation des deux soldats, français et anglais.

W. ORPEN, *Poilu et Tommy*, 1917, aquarelle sur papier, Imperial War Museum, Londres.

Parcours d'éducation artistique et culturelle

Mon blessé

Le narrateur et son camarade Ségouâna ont tiré le matin sur un Allemand et attendent le soir pour aller le chercher et le ramener prisonnier.

Blaise Cendrars
(1887-1961)

Cet écrivain d'origine suisse, naturalisé français en 1916, combattant volontaire dans l'armée française, perd sa main droite au combat en 1915. Outre ce récit autobiographique, il a écrit des poèmes et des romans.

Je lui parlais allemand.
– Debout, lui dis-je, et tâche de marcher droit ! On les met[1].
– Je ne peux pas bouger, me fit-il. Je dois avoir la jambe cassée.
– Cela ne m'étonne pas, lui répondis-je en regardant en l'air pour mesurer la hauteur d'où il était tombé. Tu as fait un beau plané. Il ne fallait pas y aller, mon vieux.
Merde, voilà que je devais maintenant trimbaler monsieur sur mon dos. Je le chargeai tant bien que mal. Et nous voici partis l'un portant l'autre, la monture ployée en deux, le blessé lourd comme un mort qui se laisse aller, un drôle d'équipage, ahanant[2], sacrant[3], jurant, chutant, tombant sur les genoux, se prenant les pieds dans les taupinières, se relevant. Jamais je n'oublierai cette équipée avec ce Boche qui me pissait dans le cou un sang [...] mal engagé. Je dus décharger mon blessé et me frayer une nouvelle voie à coups de cisaille, puis revenir sur mes pas, rechercher le pauvre type et repartir à la sauvette car j'avais fait beaucoup de bruit et je n'en revenais pas qu'avec toutes ces allées et venues, personne dans aucun camp ne nous eût encore remarqués. Enfin, je le balançai dans notre trou d'obus. J'avais eu chaud. C'était un dur. Durant tout le trajet, il n'avait pas poussé un gémissement.

– Qui est-ce ? me demanda Ségouâna en se penchant sur le blessé allongé au fond du trou et qui serrait les dents.
– Tu pourras le lui demander toi-même. En tout cas, c'est ton homme. Il a ta balle dans le ventre. D'abord on va le panser et puis on l'emportera dès qu'il fera nuit. Arrange un brancard avec nos fusils, moi je vais voir ce qu'il a.

La blessure du ventre n'était pas belle, j'y mis un tampon. Puis je lui pansai l'épaule.

– Ne t'en fais pas, pauvre vieux, ça n'est rien. On sera bientôt rendus et tu fileras à l'hôpital, veinard. Je ne te fais pas mal, non ? Comment t'appelles-tu ?

Il s'appelait Schwanenlaut. J'ai oublié son prénom. Il était de Hambourg. Il travaillait dans une banque. Il avait fait un stage en Angleterre pour apprendre l'anglais. La suite de notre conversation eut lieu en anglais. [...] Le pansement était terminé. Nous installâmes notre homme sur la civière improvisée, prenant grand soin de soutenir sa patte cassée, une fracture de la cuisse gauche, pour ne pas le faire souffrir inutilement.

B. CENDRARS, *La Main coupée*, © Denoël, 1946.

1. « On met les bouts » : expression familière pour « On s'en va. »
2. peinant.
3. jurant.

Lecture

▶ **Socle** *Élaborer une interprétation de textes littéraires*

1 **a.** Résumez cette scène. **b.** Qu'est-ce qui caractérise l'écriture de ce passage ? Pourquoi le narrateur mentionne-t-il les langues employées par les soldats ?

2 **a.** Quelle est l'attitude du narrateur à l'égard du blessé ? **b.** Que pensez-vous de son attitude ?

Joyeux Noël

Le projet

Tout est parti d'un livre découvert par le réalisateur Christian Carion, *Batailles de Flandres et d'Artois 1914-1918*. L'auteur, Yves Buffetaut, raconte dans un passage intitulé « L'incroyable Noël de 1914 » les fraternisations entre ennemis, l'épisode du ténor allemand applaudi par les soldats français, le match de foot, les échanges de lettres, les sapins, les visites de tranchées mutuelles…

Ce film sorti en 2005 est une coproduction européenne à laquelle ont participé plusieurs sociétés de nationalités différentes. Le casting est composé d'acteurs français, allemands et anglais.

D'après www.allocine.fr, site consulté en février 2016.

Le synopsis

1914, la déclaration de guerre jette des millions d'hommes dans la bataille. Nikolaus Sprink, un célèbre ténor de l'Opéra de Berlin, est mobilisé du côté allemand. Il laisse derrière lui sa maîtresse, la soprano danoise Anna Sörensen. En Écosse, Jonathan et son frère William quittent leur village natal en compagnie du prêtre de leur paroisse. Enfin, du côté français, le lieutenant Audebert, dont la femme est enceinte, est désigné pour rejoindre les tranchées. Le soir de Noël, Anna obtient du Kronprinz[1] de Prusse l'autorisation de rejoindre Nikolaus pour chanter avec lui devant les officiels. Le récital achevé, Nikolaus décide de retourner dans les tranchées, égayer la nuit de ses camarades de combat. À la faveur des chants de Noël, les belligérants fraternisent. Une trêve de Noël est décidée…

www.telerama.fr, site consulté en mai 2016.

1. prince héritier de Prusse.

• *Joyeux Noël*, film de C. CARION, 2005.

Lecture

▶ **Socle** *Lire des images, des documents composites et des textes non littéraires*

D'après le projet, le synopsis et la bande-annonce du film sur le site **www.allocine.fr**, expliquez :
a. ce que sont une « trêve », « une fraternisation » ; **b.** ce qu'expriment ces images.

Synthèse du thème C

▶ **Socle** *Utiliser l'écrit pour penser et pour apprendre*

À partir des documents des pages 168 à 171, rédigez une synthèse :

1 **a.** Quelles ressemblances et/ou différences faites-vous entre les œuvres présentées ? **b.** L'extrait de Cendrars, artiste combattant, vous semble-t-il différent des œuvres récentes ? Expliquez.

2 Que peut signifier l'expression « frères d'armes » vue par les artistes et les écrivains ?

3 Quelle œuvre vous a marqué(e) et pourquoi ?

Synthèse des trois thèmes

▶ **Socle** *Établir des liens entre des productions littéraires et artistiques issues de cultures et d'époques diverses*

1 Classez les écrivains et artistes en deux listes : **a.** les combattants de la guerre de 1914-1918 ; **b.** les écrivains et artistes de la fin du XXᵉ siècle et du XXIᵉ siècle.

2 Selon vous, la représentation de la guerre a-t-elle évolué en un siècle ? Échangez vos points de vue.

Parcours d'éducation artistique et culturelle

Projet 1 — Parcours numérique

▶ **Socle** Lire des images, des documents composites (y compris numériques) et des textes non littéraires

- Rendez-vous sur le site officiel de la Mission Centenaire 14-18 (http://centenaire.org/fr).
- Choisissez une des quatre rubriques : En France – Dans le monde – Trésors d'archives – Autour de la Grande Guerre.
- Parcourez cette rubrique à la recherche d'un sujet qui vous intéresse : par exemple, les monuments, les hommages, la bande dessinée, les jeux vidéo, le rôle des femmes, la photographie, la vie dans les tranchées, le courrier, la médecine de guerre…
- Lisez les textes, visionnez les images et vidéos en lien avec le sujet choisi. Prenez des notes et élaborez un plan.
- Oralement, présentez en cinq minutes maximum le sujet que vous avez retenu et les raisons de votre choix.
- À l'issue des présentations, rédigez un paragraphe pour répondre à cette question : Qu'est-ce qui vous frappe le plus, les témoignages documentaires ou les œuvres d'art évoquant la Grande Guerre ? Expliquez pourquoi en développant votre réponse.

↳ Capture d'écran du site http://centenaire.org, réalisée en mai 2016.

Projet 2 — Concevoir et présenter une installation artistique sur le thème de la guerre de 1914-1918

- Par petits groupes, réalisez une installation artistique sur le thème de la guerre de 1914-1918.
- L'installation pourra dénoncer l'horreur de cette guerre et/ou rendre hommage aux soldats et/ou délivrer un message de paix.
- L'ensemble des installations pourra donner lieu à une exposition.

CONSEILS
▶ Prenez appui sur un objet de la guerre de 1914-1918 : casque, assiette, carte postale, artisanat des tranchées…
▶ Accompagnez l'installation au choix :
– d'une justification orale ou écrite ;
– d'une mise en voix et/ou en musique d'un texte d'auteur ;
– de l'écriture d'un texte personnel par les élèves.
▶ Tirez parti des synthèses rédigées pour les trois thèmes.

↳ Briquet en cuivre représentant une caricature du Kronprinz.

↳ Poupée artisanale en laine, bois, cuir et métal, représentant un Poilu.

↳ Bagues en aluminium, cuivre ou étain, réalisées à partir de métal récupéré de balles de fusil.

↳ Douille gravée.

Lire et échanger sur des œuvres complètes

▶ **Socle** Utiliser l'écrit pour penser et pour apprendre – Exploiter les ressources expressives et créatives de la parole

Le cercle des critiques littéraires
Romans et récits autour de la Grande Guerre

La Grande Guerre, Histoires inspirées par des objets emblématiques de 1914-1918**
© Hachette, 2015.
Onze nouvelles rédigées par des écrivains contemporains.

Promenade par temps de guerre*
A.-M. POL
© Le Livre de Poche Jeunesse, 2013.
En 1918, Victor s'échappe de l'asile où il est enfermé pour chercher son père « porté disparu ».

Il s'appelait... le Soldat inconnu*
A. TÉNOR
© Éditions Gallimard, coll. « Folio Junior », 2014.
Biographie romancée que l'auteur a imaginée pour celui qui deviendra le soldat inconnu.

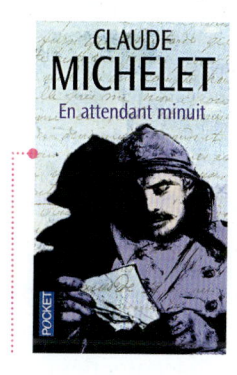

En attendant minuit**
C. MICHELET
© Pocket, 2004.
Un roman où alternent la vie au front de l'homme et l'attente à la ferme de son épouse.

Porté disparu !*
C. CUENCA
© Oskar Jeunesse, 2009.
Une histoire d'amitié et de solidarité dans les tranchées.

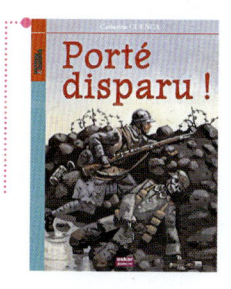

Un tirailleur en enfer*
Y. PINGUILLY
© Nathan, 2003.
Les aventures dans les tranchées d'un jeune Sénégalais recruté malgré lui.

Suzie la rebelle* *Les années de guerre*
S. MARVAUD
© Nouveau monde jeunesse, 2008.
Une jeune fille dont la vie est bouleversée par la guerre prend son destin en mains.

Carnet de lecture

✎ **À l'écrit,**
✓ Indiquer le titre du livre et le nom de son auteur.
✓ Résumer l'histoire en quelques lignes.
✓ Rédiger un petit paragraphe argumenté pour donner son avis.
✓ Recopier un passage qui a plu ou déplu.

💬 **À l'oral,**
✓ Présenter rapidement le livre.
✓ Lire avec expressivité le passage choisi et justifier son choix.
✓ Exprimer son avis sur le livre avec conviction, et justifier cet avis en s'appuyant sur le texte.

7 • Écrivains et artistes face à la Grande Guerre

Agir sur le monde
Agir dans la cité : individu et pouvoir

INTERDISCIPLINARITÉ
LCA – HISTOIRE – EMC – HDA

8 Jeux de pouvoir en scène

➡ **Quelles représentations du pouvoir le théâtre donne-t-il à voir ?**

Lire, comprendre, interpréter

S'interroger et s'informer
- La mise en scène du pouvoir au théâtre … 176

Antigone, la rebelle
- Résumé – Prologue, SOPHOCLE, *Antigone* … 178
- Antigone et Créon, J. ANOUILH, *Antigone* … 182

Tyrans en scène
- Le père Ubu, A. JARRY, *Ubu Roi* … 186
- L'empereur Caligula, A. CAMUS, *Caligula* … 188
- Le roi Bérenger, E. IONESCO, *Le roi se meurt* … 190
- Arturo Ui, B. BRECHT, *La Résistible Ascension d'Arturo Ui* … 192
- Brecht et son théâtre … 194

Lire et échanger sur des œuvres complètes
- **Parcours de lecture guidé** E. SCHWARTZ, *Le Dragon* … 196
- **Le cercle des critiques littéraires** Théâtre engagé des XXe et XXIe siècles … 197

Pratiquer l'oral
- Dire une tirade … 198
- Jouer un match d'improvisation théâtrale … 199
- Débattre : pourquoi représenter le pouvoir en scène ? … 199
- Présenter des métiers du théâtre (Parcours avenir) … 199

Pratiquer l'écrit

A. Travailler la langue pour préparer et améliorer l'écrit
Lexique Le pouvoir et la politique – Les passions – Le tragique … 200
Orthographe La conjugaison de l'impératif et du subjonctif … 201
Grammaire Les valeurs du subjonctif … 201

B. Écrire et récrire
(Sujet) Rédiger une scène de théâtre entre un dictateur et un de ses ministres ou conseillers (Activité guidée) … 202

Construire le bilan … 203
- Qu'ai-je appris ?
- Qu'avons-nous compris ?
- Je rédige mon bilan

Évaluer ses compétences et se préparer au Brevet … 204
- **Analyse et interprétation** E. IONESCO, *Macbett*
- **Rédaction et maîtrise de la langue :** Réécriture – Dictée – Travail d'écriture

174

● E. IONESCO, *Le roi se meurt*, mise en scène de G. Werler avec M. Bouquet (le roi Béranger), Théâtre des Nouveautés, 2012.

● A. CAMUS, *Caligula*, mise en scène de S. Olivié-Bisson avec B. Putzulu (Caligula), théâtre de l'Avant-Scène, Colombes, 2010.

● SOPHOCLE, *Antigone*, mise en scène d'A. Hakim avec S. Salim (Antigone), Théâtre des Quartiers d'Ivry, 2012.

1. Qu'évoquent pour vous ces images ?
2. Quels liens faites-vous avec le titre du chapitre ?

8 • Jeux de pouvoir en scène / 175

Lire comprendre interpréter

S'interroger et s'informer

INTERDISCIPLINARITÉ LCA — UTILISABLE EN AP

La mise en scène du pouvoir au théâtre
▶ **Socle** Les méthodes et outils pour apprendre

Que savons-nous déjà ?

Que savons-nous déjà de la représentation du roi dans le théâtre français du XVIIe siècle ?

En classe de 4e, vous avez peut-être étudié la pièce de P. Corneille, *Le Cid*, dont voici un bref résumé : Rodrigue et Chimène s'aiment alors que leurs pères sont ennemis. Pour sauver l'honneur de son père, Rodrigue a dû tuer le père de Chimène, compromettant ainsi ses chances d'épouser la jeune fille. Mais en sauvant le royaume de l'invasion des Maures, il est devenu un héros et a obtenu le pardon du roi : il pourra épouser Chimène après une période de deuil.

À la fin de la pièce, le roi Don Fernand s'adresse à Rodrigue et lui dit :

> Espère en ton courage, espère en ma promesse ;
> Et possédant déjà le cœur de ta maîtresse,
> Pour vaincre un point d'honneur qui combat contre toi,
> Laisse faire le temps, ta vaillance et ton roi.
>
> P. CORNEILLE, *Le Cid*, V, 7, 1637.

Le roi Don Fernand vous paraît-il puissant ? tyrannique ? compréhensif ? sage ? malhonnête ? Partagez vos points de vue.

P. CORNEILLE, *Le Cid*, mise en scène J.-P. DAGUERRE, avec D. Lafaye (Don Fernand), Théâtre Michel, Paris, 2016.

Le rôle civique de la tragédie grecque

Le théâtre athénien est […] un théâtre national populaire étroitement lié à la cité et à ses dieux. Les représentations s'adressaient à l'ensemble des citoyens et se déroulaient dans le cadre de festivals organisés par l'État. […]. Les représentations tragiques s'intégraient dans un ensemble destiné à célébrer le pouvoir d'Athènes et l'ordre civique. […]

La tragédie grecque s'intéresse moins à l'individu qu'à l'homme en tant qu'il est « un animal politique », pour reprendre la formule célèbre d'Aristote[1], ou plutôt, comme nous dirions aujourd'hui, un être social intégré dans une famille et une cité.

S. SAÏD, *Histoire de la littérature grecque*, © PUF, 1997.

1. philosophe grec.

❶ Pour quelles raisons le théâtre grec est-il associé à la politique dans l'Athènes du Ve siècle av. J.-C. ?

❷ La tragédie met en scène des personnages socialement élevés et se dénoue très souvent par la mort d'un ou de plusieurs personnages ; elle suscite terreur et pitié pour détourner le public de faire le mal. À votre avis, **a.** pourquoi la tragédie occupe-t-elle une place si importante dans la société démocratique athénienne ? **b.** Que signifie une situation tragique au théâtre ?

La critique du pouvoir dans le théâtre français du XVIIIe siècle

Le théâtre peut servir à critiquer le pouvoir en place. En 1784, le dramaturge français Beaumarchais se vit interdire sa pièce, *Le Mariage de Figaro*, par la censure car le roi jugeait ses idées dangereuses. Il a été emprisonné à la Bastille. Dans cette pièce dont il situe l'action à Madrid, il fait dire au valet Figaro :

> On me dit que pendant ma retraite économique[1], il s'est établi dans Madrid un système de liberté sur la vente des productions, qui s'étend même à celles de la presse ; et que, pourvu que je ne parle en mes écrits, ni de l'autorité, ni du culte[2], ni de la politique, ni de la morale, ni des gens en place, ni des corps en crédits[3], ni de l'Opéra, ni des autres spectacles, ni de personne qui tienne à quelque chose, je puis tout imprimer librement, sous l'inspection de deux ou trois censeurs[4].
>
> BEAUMARCHAIS, *Le Mariage de Figaro*, V, 3, 1784.

1. Figaro sort de prison. 2. religion. 3. institutions officielles. 4. magistrats qui surveillent les écrits.

3 Quels points communs établissez-vous entre Figaro et Beaumarchais ?

4 Pourquoi, selon vous, le roi fait-il interdire la pièce ? Expliquez.

La satire du pouvoir dans le théâtre engagé au XXe siècle

THÉÂTRE PROGRAMME

Jean Anouilh, *Antigone*, 1944
Occupation allemande. Le personnage d'Antigone est une allégorie de la Résistance, face au roi Créon.

Evgueni Schwartz, *Le Dragon*, 1943
Le régime stalinien. Le dragon est une allégorie des régimes totalitaires : le stalinisme et le nazisme.

Eugène Ionesco, *Macbett*, 1972
Une parodie de la pièce de Shakespeare, *Macbeth* (1623). Le roi Macbett pousse le crime jusqu'à l'absurde.

Aimé Césaire, *La Tragédie du roi Christophe*, 1963
Le personnage du roi Christophe évoque le destin du peuple haïtien.

Albert Camus, *Caligula*, 1944
Occupation allemande. L'empereur romain Caligula exerce sa tyrannie en poussant la logique aux limites de l'absurde.

Bertolt Brecht, *La Résistible Ascension d'Arturo Ui*, 1941
Le régime nazi. Le personnage d'Arturo Ui transpose à Chicago l'ascension d'Hitler.

À partir des informations des encadrés, répondez aux questions.

5 Quels sont les points communs des différentes pièces de théâtre répertoriées ? Expliquez.

6 Quels personnages sont empruntés à l'Antiquité ?

7 Laquelle de ces pièces auriez-vous le plus envie de découvrir ? Expliquez pourquoi.

Lire comprendre interpréter

Antigone, la rebelle

INTERDISCIPLINARITÉ LCA

L'Antigone de Sophocle

Sophocle
(Vᵉ siècle av. J.-C.)

Ce dramaturge grec a puisé pour ses tragédies dans le mythe de deux familles maudites, celle d'Œdipe, les Labdacides, et celle d'Agamemnon, les Atrides.

Le saviez-vous ? Le mythe d'Œdipe

Laïos, roi de Thèbes, et son épouse Jocaste ont consulté l'oracle de Delphes, qui leur a prédit que s'ils avaient un fils, celui-ci tuerait son père et épouserait sa mère. À la naissance de leur fils Œdipe, de peur que l'oracle ne s'accomplisse, les parents font exposer le nouveau-né sur le mont Cithéron, après lui avoir fait percer les chevilles pour l'accrocher à un arbre. Mais Œdipe est sauvé et adopté par le roi et la reine de Corinthe, qui l'élèvent comme leur fils.

Des années plus tard, Œdipe jeune adulte, accusé d'être un enfant illégitime, va consulter l'oracle de Delphes pour savoir la vérité. Celui-ci lui annonce qu'il tuera son père et épousera sa mère.

Puis, sur la route, Œdipe rencontre un vieil homme avec lequel il se dispute et qu'il tue, sans savoir qu'il s'agit de son père Laïos. En arrivant à Thèbes, Œdipe résout l'énigme de la Sphinge, un être moitié femme, moitié bête, ce qui débarrasse la ville du monstre. En récompense, il obtient le trône de Thèbes, laissé vacant par la mort du roi Laïos, ainsi que la main de la veuve, Jocaste. Œdipe et Jocaste ont quatre enfants : deux fils, Étéocle et Polynice, et deux filles, Antigone et Ismène.

Plusieurs années après, pour sauver Thèbes d'une épidémie de peste, Œdipe doit découvrir et punir le meurtrier de Laïos. Au fil de ses recherches, il découvre qu'il est lui-même ce meurtrier et qu'il a épousé sa mère. Il se crève alors les yeux pour ne plus voir ses crimes.

J. P. KRAFFT, *Œdipe et Antigone*, 1809, huile sur toile, musée du Louvre, Paris.

---

1 Reproduisez et complétez l'arbre généalogique : quel lien familial unit Antigone : **a.** à Œdipe et à Jocaste ?
b. à Ismène, Étéocle et Polynice ?

2 ÉTYMO Le nom Œdipe repose sur deux étymologies grecques possibles :
a. « l'homme qui sait » : *oïda*, « je sais » ; *dipous*, « qui a deux pieds » ;
b. « l'homme aux pieds enflés » : *oïdipus*, « pieds enflés ».
Comment pouvez-vous comprendre cette double étymologie d'après le mythe d'Œdipe ? Expliquez.

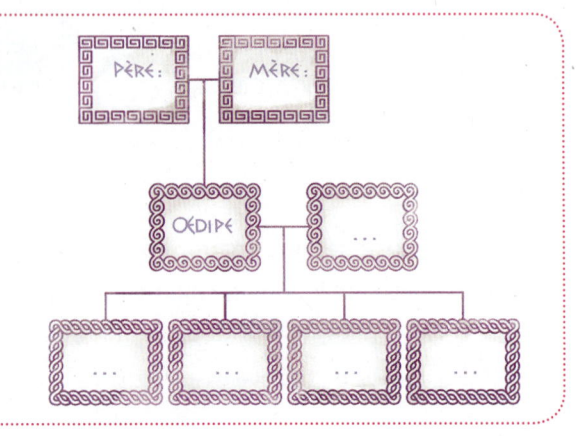

178

Résumé de la pièce

La tragédie grecque alterne des « épisodes » parlés et des passages chantés par le chœur qui évolue en dansant (en bleu ci-dessous).

Prologue (voir p. 180)

1ᵉʳ épisode

Entrée du chœur, composé de vieillards de la ville, qui célèbre la victoire d'Étéocle contre son frère Polynice, allié à la ville ennemie d'Argos.

Créon annonce qu'il punira de mort toute personne qui chercherait à enterrer Polynice qu'il considère comme ennemi à sa patrie car il a fait appel à une cité étrangère pour prendre les armes contre sa ville. Un garde vient annoncer que quelqu'un a essayé de le faire. Créon refuse violemment de voir dans ce geste un événement voulu par les dieux : à peine sur le trône, il se comporte aveuglément en tyran.

2ᵉ épisode

Le chœur chante les qualités des hommes.

Le garde amène Antigone, qui a rendu les honneurs funèbres à son frère. Antigone et Créon s'affrontent violemment. Ismène arrive, mais Antigone refuse son aide avec mépris.

3ᵉ épisode

Le chœur se lamente sur le malheur des Labdacides, la famille d'Œdipe.

Hémon, fils de Créon et fiancé d'Antigone, tente en vain de faire fléchir son père. Créon ordonne d'emmurer Antigone vivante.

4ᵉ épisode

Le chœur chante Éros, le dieu de l'amour.

Antigone est emmenée après s'être lamentée devant le chœur et avoir à nouveau tenu tête à Créon.

5ᵉ épisode

Le chœur chante des héros qui ont subi le même sort qu'Antigone.

Le devin[1] Tirésias, accusant Créon d'impiété[2] et de démesure, prédit des malheurs. Sous la pression du chœur, Créon décide, mais trop tard, de céder et de libérer Antigone.

Exodos (sortie des acteurs et du chœur)

Le chœur chante pour demander au dieu Dionysos de laver la ville de ses souillures morales.

Un messager annonce le suicide d'Hémon, un autre celui d'Eurydice qui n'a pas supporté la mort de son fils. Créon demande aux dieux la mort ; le chef du chœur, le coryphée, livre une leçon de sagesse finale.

• SOPHOCLE, *Antigone*, Mise en scène d'A. HAKIM avec Y. Hamaar (Ismène) et S. Salim (Antigone), Théâtre des Quartiers d'Ivry, 2012.

Lecture

1 **a.** Pour quelle raison Créon refuse-t-il une tombe à Polynice ? **b.** Sa décision respecte-t-elle la loi des dieux ?

2 **a.** Contre qui, pourquoi et comment Antigone se rebelle-t-elle ? **b.** Que risque-t-elle ? Expliquez.

3 **a.** Qu'est-ce qui caractérise le comportement du roi Créon ? **b.** Comment les dieux le punissent-ils ?

4 Quels rôles le chœur joue-t-il ?

---

1. personne qui prétend lire l'avenir.
2. mépris de la religion.

Lire comprendre interpréter

Antigone, la rebelle

PROLOGUE

Étéocle et Polynice devaient régner à tour de rôle sur la ville de Thèbes. Étéocle ayant refusé de céder la place à son frère, Polynice s'est allié à la ville d'Argos et a pris les armes contre Thèbes. Les deux frères viennent de s'entretuer durant la bataille. Leur oncle Créon (le frère de leur mère Jocaste) assure alors le pouvoir.

ANTIGONE, ISMÈNE

La clé des mots

Antigone vient de *anti*, « contre », et *gônè*, « la descendance » : de quelle malédiction familiale Antigone hérite-t-elle ?

ANTIGONE. – Tu es mon sang, ma sœur, Ismène, ma chérie. Tu sais tous les malheurs qu'Œdipe a légués[1] aux siens. Mais [...] qu'est-ce que cette défense que le Chef a tout à l'heure proclamée au pays en armes ? En sais-tu quelque chose ? En as-tu perçu quelque écho ? Ou vraiment
5 ignores-tu que le malheur est en marche, et que ceux que nous haïssons visent ceux que nous aimons ?

ISMÈNE. – Mais non ! de ceux que nous aimons je n'ai, moi, rien entendu dire, Antigone, rien qui apaise ni avive[2] ma peine, depuis l'heure où, toutes les deux, nous avons perdu nos deux frères, morts en un seul jour sous
10 un double coup. L'armée d'Argos est partie cette nuit ; je ne sais rien de plus, et rien n'est venu s'ajouter pour moi ni à ce succès ni à ce désastre.

ANTIGONE. – J'en étais sûre, et c'est bien pourquoi je t'ai emmenée au-delà des portes de cette maison : tu dois être seule à m'entendre.

ISMÈNE. – De quoi s'agit-il donc ? Quelque propos te tourmente, c'est clair.

15 ANTIGONE. – Certes ! juges-en. Créon, pour leurs funérailles, distingue entre nos deux frères : à l'un il accorde l'honneur d'une tombe, à l'autre il inflige l'affront d'un refus ! Pour Étéocle, me dit-on, il juge bon de le traiter suivant l'équité[3] et le rite, et il l'a fait ensevelir d'une manière qui lui vaille le respect des ombres sous la terre[4]. Mais, pour l'autre,
20 Polynice, le pauvre mort, défense est faite, paraît-il, aux citoyens de donner à son cadavre ni tombeau ni lamentation : on le laissera là, sans larmes ni sépulture[5], proie magnifique offerte aux oiseaux affamés en quête de gibier ! Et voilà, m'assure-t-on, ce que le noble Créon nous aurait défendu, à toi comme à moi – je dis bien, à moi ! Il vien-
25 drait en personne proclamer ici expressément sa défense, pour ceux qui l'ignorent encore. Ah ! c'est qu'il ne prend pas la chose à la légère : au rebelle il promet la mort, la lapidation[6] dans la cité ! Tu connais les faits : tu vas, je pense, nous montrer sans retard si tu es digne de ton sang, ou si, fille de braves, tu n'as qu'un cœur de lâche.

30 ISMÈNE. – Mais, malheureuse, si l'affaire en est là, que puis-je, moi ? J'aurai beau faire, je n'y gagnerai rien.

ANTIGONE. – Vois si tu veux lutter et agir avec moi.

SOPHOCLE, *Antigone*, traduction de P. Mazon, © Les Belles Lettres, 1997.

---
1. transmis.
2. augmente.
3. ici, la justice.
4. les honneurs dus aux morts.
5. tombe.
6. la mort par jet de pierres.

Le trésor des mots

▶ **Socle** *Maîtriser la structure, le sens et l'orthographe des mots*

ÉTYMO Le nom *prologue* vient de deux mots grecs : *pro*, « avant » et *logos*, « discours ».

Où le prologue se situe-t-il dans une pièce de théâtre grecque ?

Lecture

▶ **Socle** *Élaborer une interprétation de textes littéraires*

1. Quelles informations ce prologue livre-t-il (lieu, moment, personnages en scène, personnages mentionnés) ?
2. **a.** Quels ordres Créon a-t-il donnés vis-à-vis de chaque frère ? **b.** Pourquoi, selon vous ? Expliquez.
3. Quelle est la réaction d'Antigone face à l'ordre de Créon ? Comment l'expliquez-vous ?

Oral

▶ **Socle** *Exploiter les ressources expressives et créatives de la parole*

1. Relisez le passage en bleu de la réplique d'Antigone. Selon vous, que peut ressentir la jeune femme ? Pourquoi ?
2. Entraînez-vous à lire le passage en bleu en exprimant les sentiments qui animent la jeune femme.

● SOPHOCLE, *Antigone*, Mise en scène d'A. HAKIM avec Y. Hamaar (Ismène) et S. Salim (Antigone), Théâtre des Quartiers d'Ivry, 2012.

Histoire des arts

▶ **Socle** *Établir des liens entre des productions littéraires et artistiques issues de cultures et d'époques diverses*

Quels commentaires pouvez-vous faire sur cette mise en scène ?

Lire comprendre interpréter

Antigone, la rebelle

L'Antigone d'Anouilh

Antigone et Créon (1)

INTERDISCIPLINARITÉ : EMC – HISTOIRE

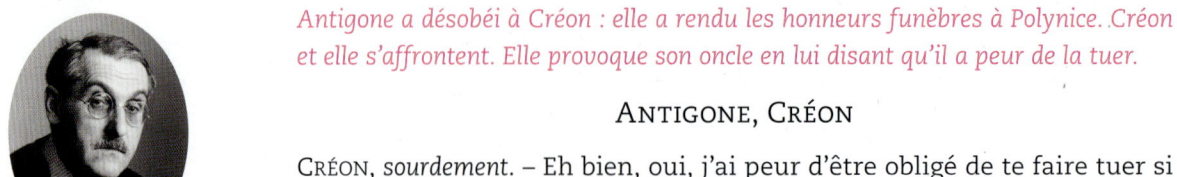

Antigone a désobéi à Créon : elle a rendu les honneurs funèbres à Polynice. Créon et elle s'affrontent. Elle provoque son oncle en lui disant qu'il a peur de la tuer.

ANTIGONE, CRÉON

CRÉON, *sourdement*. – Eh bien, oui, j'ai peur d'être obligé de te faire tuer si tu t'obstines. Et je ne le voudrais pas.

ANTIGONE. – Moi, je ne suis pas obligée de faire ce que je ne voudrais pas ! Vous n'auriez pas voulu non plus, peut-être, refuser une tombe à mon frère ? Dites-le donc, que vous ne l'auriez pas voulu ?

CRÉON. – Je te l'ai dit.

ANTIGONE. – Et vous l'avez fait tout de même. Et maintenant, vous allez me faire tuer sans le vouloir. Et c'est cela, être roi !

CRÉON. – Oui, c'est cela !

ANTIGONE. – Pauvre Créon ! Avec mes ongles cassés et pleins de terre et les bleus que tes gardes m'ont faits aux bras, avec ma peur qui me tord le ventre, moi je suis reine.

CRÉON. – Alors, aie pitié de moi, vis. Le cadavre de ton frère qui pourrit sous mes fenêtres, c'est assez payé pour que l'ordre règne dans Thèbes. Mon fils t'aime. Ne m'oblige pas à payer avec toi encore. J'ai assez payé.

ANTIGONE. – Non. Vous avez dit « oui ». Vous ne vous arrêterez jamais de payer maintenant !

CRÉON, *la secoue soudain, hors de lui*. – Mais, bon Dieu ! Essaie de comprendre une minute, toi aussi, petite idiote ! J'ai bien essayé de te comprendre, moi. Il faut pourtant qu'il y en ait qui disent oui. Il faut pourtant qu'il y en ait qui mènent la barque. Cela prend l'eau de toutes parts, c'est plein de crimes, de bêtise, de misère… Et le gouvernail est là qui ballotte. L'équipage ne veut plus rien faire, il ne pense qu'à piller la cale et les officiers sont déjà en train de se construire un petit radeau confortable, rien que pour eux, avec toute la provision d'eau douce, pour tirer au moins leurs os de là. Et le mât craque, et le vent siffle, et les voiles vont se déchirer, et toutes ces brutes vont crever toutes ensemble, parce qu'elles ne pensent qu'à leur peau, à leur précieuse peau et à leurs petites affaires. Crois-tu, alors, qu'on a le temps de faire le raffiné, de savoir s'il faut dire « oui » ou « non », de se demander s'il ne faudra pas payer trop cher un jour et si on pourra encore être un homme après ? On prend le bout de bois, on redresse devant la montagne d'eau, on gueule un ordre et on tire dans le tas, sur le premier qui s'avance. Dans le tas ! Cela n'a pas de nom. C'est comme la vague qui vient de s'abattre sur le pont devant vous ; le vent qui

Jean Anouilh
(1910-1987)

Ce dramaturge français a écrit de très nombreuses pièces. *Antigone*, la plus célèbre de ses œuvres, tire son sujet de la mythologie grecque.

Le saviez-vous ?

La pièce de J. Anouilh lui a été inspirée par un attentat isolé contre l'occupant nazi, commis en 1942 par un jeune résistant. Les uns virent en Antigone la représentante de la Résistance, les autres reprochèrent à J. Anouilh d'avoir donné raison à Créon, incarnation de la collaboration avec les nazis, ce qui lui vaudra de recevoir des lettres de menace. La pièce, composée en 1942, acceptée par la censure hitlérienne, est jouée à Paris le 4 février 1944. De 1944 à 1949, les représentations seront nombreuses à Paris, à Bruxelles, à Londres.

Selon ce que vous savez de la pièce de Sophocle, expliquez pourquoi J. Anouilh a pu penser à Antigone dans le contexte historique de 1942.

vous gifle, et la chose qui tombe dans le groupe n'a pas de nom. C'était peut-être celui qui t'avait donné du feu en souriant la veille. Il n'a plus de nom. Et toi non plus, tu n'as plus de nom, cramponné à la barre. Il n'y a plus que le bateau qui ait un nom et la tempête. Est-ce que tu le comprends, cela ?

ANTIGONE, *secoue la tête.* – Je ne veux pas comprendre. C'est bon pour vous. Moi, je suis là pour autre chose que pour comprendre. Je suis là pour vous dire non et pour mourir.

CRÉON. – C'est facile de dire non !

ANTIGONE. – Pas toujours.

CRÉON. – Pour dire oui, il faut suer et retrousser ses manches, empoigner la vie à pleines mains et s'en mettre jusqu'aux coudes. C'est facile de dire non, même si on doit mourir. Il n'y a qu'à ne pas bouger et attendre. Attendre pour vivre, attendre même pour qu'on vous tue. C'est trop lâche. C'est une invention des hommes. Tu imagines un monde où les arbres aussi auraient dit non contre la sève, où les bêtes auraient dit non contre l'instinct de la chasse ou de l'amour ? Les bêtes, elles au moins, sont bonnes et simples et dures. Elles vont, se poussant les unes après les autres, courageusement, sur le même chemin. Et si elles tombent, les autres passent et il peut s'en perdre autant que l'on veut, il en restera toujours une de chaque espèce prête à refaire des petits et à reprendre le même chemin avec le même courage, toute pareille à celles qui sont passées avant.

ANTIGONE. – Quel rêve, hein, pour un roi, des bêtes ! Ce serait si simple.

Un silence, Créon la regarde.

CRÉON. – Tu me méprises, n'est-ce pas ?

J. ANOUILH, *Antigone,* © Éditions La Table Ronde, 1946.

• J. ANOUILH, *Antigone*, mise en scène de M. PAQUIEN, avec F. Gillard (Antigone) et B. Raffaelli (Créon), Théâtre du Vieux Colombier, Paris, 2012.

Lecture

▶ Socle *Élaborer une interprétation de textes littéraires*

1 Pour Antigone, **a.** qu'est-ce qu'« être roi » (l. 8) ? **b.** qu'est-ce qu'« être reine » (l. 12) ? Expliquez.

2 L. 21 à 45 **a.** Quelle est l'image employée par Créon ? Que représente-t-elle ? **b.** Quel passage de la tirade de Créon peut évoquer le comportement des Français sous Pétain ? Expliquez.

3 Quelle vision de la politique Créon défend-il ?

4 Créon vous semble-t-il en position de force ou de faiblesse face à Antigone ? Justifiez et comparez avec le Créon de Sophocle (voir p. 179) ?

Oral

▶ Socle *Participer de manière constructive à des échanges oraux*

1 Entraînez-vous à lire ou à dire la tirade de Créon, en exprimant la force de persuasion du roi et en soulignant l'image qu'il développe.

2 Êtes-vous plutôt d'accord avec les valeurs défendues par Antigone ou avec celles défendues par Créon ? Cherchez des arguments pour défendre votre position. Échangez vos points de vue.

Lire comprendre interpréter

Antigone, la rebelle

Antigone et Créon (2)

ANTIGONE, CRÉON

CRÉON, *la regarde et murmure soudain.* – […]. Moi, je m'appelle seulement Créon, Dieu merci. J'ai mes deux pieds par terre, mes deux mains enfoncées dans mes poches, et, puisque je suis roi, j'ai résolu, avec moins d'ambition que ton père, de m'employer tout simplement à rendre l'ordre de ce monde un peu moins absurde, si c'est possible. Ce n'est même pas une aventure, c'est un métier pour tous les jours et pas toujours drôle, comme tous les métiers. Mais puisque je suis là pour le faire, je vais le faire… […]. (*Il a été à elle[1], il lui prend le bras.*) Alors, écoute-moi bien. Tu es Antigone, tu es la fille d'Œdipe, soit, mais tu as vingt ans et il n'y a pas longtemps encore tout cela se serait réglé par du pain sec et une paire de gifles. (*Il la regarde, souriant.*) Te faire mourir ! Tu ne t'es pas regardée, moineau ! Tu es trop maigre. Grossis un peu, plutôt, pour faire un gros garçon à Hémon[2]. Thèbes en a besoin plus que de ta mort, je te l'assure. Tu vas rentrer chez toi tout de suite, faire ce que je t'ai dit et te taire. Je me charge du silence des autres. Allez, va ! Et ne me foudroie pas comme cela du regard. Tu me prends pour une brute, c'est entendu, et tu dois penser que je suis décidément bien prosaïque[3]. Mais je t'aime bien tout de même, avec ton sale caractère. N'oublie pas que c'est moi qui t'ai fait cadeau de ta première poupée, il n'y a pas si longtemps.

Antigone ne répond pas. Elle va sortir. Il l'arrête.

CRÉON. – Antigone ! C'est par cette porte qu'on regagne ta chambre. Où t'en vas-tu par là ?

ANTIGONE, *s'est arrêtée, elle lui répond doucement, sans forfanterie[4].* – Vous le savez bien…

Un silence. Ils se regardent encore debout l'un en face de l'autre.
CRÉON, *murmure, comme pour lui.* – Quel jeu joues-tu ?
ANTIGONE. – Je ne joue pas.
CRÉON. – Tu ne comprends donc pas que si quelqu'un d'autre que ces trois brutes[5] sait tout à l'heure ce que tu as tenté de faire, je serai obligé de te faire mourir ? Si tu te tais maintenant, si tu renonces à cette folie, j'ai une chance de te sauver, mais je ne l'aurai plus dans cinq minutes. Le comprends-tu ?
ANTIGONE. – Il faut que j'aille enterrer mon frère que ces hommes ont découvert.

CRÉON. – Tu irais refaire ce geste absurde ? Il y a une autre garde autour du corps de Polynice et, même si tu parviens à le recouvrir encore, on dégagera son cadavre, tu le sais bien. Que peux-tu donc sinon t'ensanglanter encore les ongles et te faire prendre ?

ANTIGONE. – Rien d'autre que cela, je le sais. Mais cela, du moins, je le peux. Et il faut faire ce que l'on peut. […]

CRÉON. – Pourquoi fais-tu ce geste, […] ? Pour les autres, pour ceux qui y[6] croient ? Pour les dresser contre moi ?

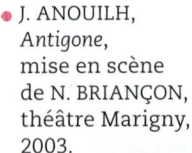

La clé des mots

absurde vient du latin *absurdus*, « discordant », et signifie « contraire à la logique, à la raison ».
• Pourquoi Créon qualifie-t-il le geste d'Antigone d'« absurde » ? Expliquez.

J. ANOUILH, *Antigone*, mise en scène de N. BRIANÇON, théâtre Marigny, 2003.

ANTIGONE. – Non.

CRÉON. – Ni pour les autres, ni pour ton frère ? Pour qui alors ?

ANTIGONE. – Pour personne. Pour moi.

CRÉON, *la regarde en silence.* – Tu as donc bien envie de mourir ? Tu as l'air d'un petit gibier pris.

ANTIGONE. – Ne vous attendrissez pas sur moi. Faites comme moi. Faites ce que vous avez à faire. Mais si vous êtes un être humain, faites-le vite. Voilà tout ce que je vous demande. Je n'aurai pas du courage éternellement, c'est vrai.

CRÉON, *se rapproche.* – Je veux te sauver, Antigone.

ANTIGONE. – Vous êtes le roi, vous pouvez tout, mais cela, vous ne le pouvez pas.

CRÉON – Tu crois ?

ANTIGONE. – Ni me sauver, ni me contraindre.

CRÉON. – Orgueilleuse ! Petite Œdipe !

ANTIGONE. – Vous pouvez seulement me faire mourir.

J. ANOUILH, *Antigone*, © La Table Ronde, 1946.

---

1. Il est allé vers elle. 2. fils de Créon et fiancé d'Antigone. 3. terre à terre, réaliste. 4. fanfaronnade. 5. les trois gardes qui éloignent ceux qui voudraient enterrer Polynice. 6. la croyance selon laquelle sans sépulture, un mort erre pour l'éternité.

Lecture

▶ Socle *Élaborer une interprétation de textes littéraires*

1 Quelle définition de la fonction de roi Créon donne-t-il dans la première réplique ? Expliquez.

2 Quel portrait physique et moral d'Antigone Créon brosse-t-il ? Citez le texte à l'appui de votre réponse.

3 D'après les didascalies, **a.** sur quel ton Créon s'adresse-t-il à Antigone ? **b.** Est-ce le ton attendu ? Justifiez.

4 Expliquez : **a.** comment Antigone justifie son geste ; **b.** pourquoi, selon vous, par deux fois Créon lui rappelle qu'elle est la fille d'Œdipe.

5 Chacun des deux personnages est-il ici dans une situation tragique (terrible, funeste) ? Justifiez.

Oral

▶ Socle *Exploiter les ressources expressives et créatives de la parole*

1 Par binômes, entraînez-vous à dire le passage en bleu, en exprimant les sentiments qui animent les deux personnages et leur rapport de forces.

2 En vous inspirant des images de mises en scène, jouez ce passage devant la classe.

Histoire des arts

▶ Socle *Établir des liens entre des productions littéraires et artistiques issues de cultures et d'époques diverses*

Quel rapport entre les personnages chaque photographie des mises en scène des pages 183-184 met-elle en valeur ? Justifiez.

Écriture

▶ Socle *Utiliser l'écrit pour penser et pour apprendre*

1 Auquel des deux personnages votre sympathie va-t-elle ? Pourquoi ? Rédigez un paragraphe d'une quinzaine de lignes dans lequel vous développerez des arguments pour défendre votre point de vue.

Lire comprendre interpréter

Tyrans en scène

Le père Ubu

Après le meurtre du roi Venceslas, le père Ubu s'est emparé du pouvoir. Le capitaine Bordure lui suggère de distribuer un trésor au peuple pour éviter d'être renversé à son tour.

Alfred Jarry
(1873-1907)

La principale œuvre de cet écrivain français est *Ubu Roi* ; cette pièce, d'abord jouée dans un lycée, parodie des drames de Shakespeare.

Père Ubu, Capitaine Bordure, Mère Ubu,
Michel Fédérovitch, Peuple

La cour du palais pleine de peuple.

Peuple. – Voilà le roi ! Vive le roi ! Hurrah !

Père Ubu, *jetant de l'or*. – Tenez, voilà pour vous. Ça ne m'amusait guère de vous donner de l'argent, mais vous savez, c'est la Mère Ubu qui a voulu. Au moins, promettez-moi de bien payer les impôts.

5 Tous. – Oui, oui !

Capitaine Bordure. – Voyez, Mère Ubu, s'ils se disputent cet or. Quelle bataille !

Mère Ubu. – Il est vrai que c'est horrible. Pouah ! en voilà un qui a le crâne fendu.

Père Ubu. – Quel beau spectacle ! Amenez d'autres caisses d'or.

Capitaine Bordure. – Si nous faisions une course…

10 Père Ubu. – Oui, c'est une idée. (*Au peuple.*) Mes amis, vous voyez cette caisse d'or, elle contient trois cent mille nobles à la rose en or[1], en monnaie polonaise et de bon aloi[2]. Que ceux qui veulent courir se mettent au bout de la cour. Vous partirez quand j'agiterai mon mouchoir et le premier arrivé aura la caisse. Quant à ceux qui ne gagneront pas, ils auront
15 comme consolation cette autre caisse qu'on leur partagera.

Tous. – Oui ! vive le Père Ubu ! Quel bon roi ! on n'en voyait pas tant du temps de Venceslas.

Père Ubu, *à la Mère Ubu, avec joie.* – Écoute-les !

Tout le peuple va se ranger au bout de la cour.

20 Père Ubu. – Une, deux, trois ! Y êtes-vous ?

Tous. – Oui ! Oui !

Père Ubu. – Partez !

Ils partent en se culbutant. Cris et tumulte.

Capitaine Bordure. – Ils approchent ! ils approchent !

25 Père Ubu. – Eh ! le premier perd du terrain.

Mère Ubu. – Non, il regagne maintenant.

Capitaine Bordure. – Oh ! Il perd, il perd ! Fini ! C'est l'autre !

Celui qui était deuxième arrive le premier.

Tous. – Vive Michel Fédérovitch ! Vive Michel Fédérovitch !

30 Michel Fédérovitch. Sire, je ne sais vraiment comment remercier Votre Majesté…

Père Ubu. – Oh ! mon cher ami, ce n'est rien. Emporte ta caisse chez toi, Michel ; et vous, partagez-vous cette autre, prenez une pièce chacun jusqu'à ce qu'il n'y en ait plus.

35 Tous. – Vive Michel Fédérovitch ! Vive le Père Ubu !

Père Ubu. – Et vous, mes amis, venez dîner ! je vous ouvre aujourd'hui les portes du palais, veuillez faire honneur à ma table !

1. ancienne monnaie d'or.
2. de bonne qualité.

PEUPLE. – Entrons ! Entrons ! Vive le Père Ubu ! C'est le plus noble des souverains !
Ils entrent dans le palais. On entend le bruit de l'orgie qui se prolonge jusqu'au lendemain. La toile[3] tombe.

A. JARRY, Ubu Roi, Acte II, scène 7, 1896.

A. JARRY, *Ubu roi*, mise en scène de C. SCHIARRETI, avec J. Sigismond (Père Ubu), TNP de Villeurbanne, 2016.

3. le rideau de théâtre.

Le trésor des mots

▶ **Socle** *Maîtriser la structure, le sens et l'orthographe des mots*

L'adjectif « ubuesque » a été créé à partir du personnage du père Ubu : selon vous, que peut-il signifier ? Échangez vos points de vue.

Lecture

▶ **Socle** *Élaborer une interprétation de textes littéraires*

1. **a.** Quelles sont les deux actions du père Ubu pour le peuple ? **b.** En a-t-il eu l'idée ? Justifiez.
2. La manière de s'exprimer du père Ubu est-elle conforme à son statut de roi ? Justifiez.
3. **a.** De quelles qualités et de quels défauts le père Ubu fait-il preuve ? **b.** Est-ce conforme à l'image d'un roi ? Expliquez.

Oral

▶ **Socle** *Exploiter les ressources expressives et créatives de la parole*

Par groupes d'une dizaine d'élèves, répartissez-vous les rôles et entraînez-vous à dire l'extrait, en faisant ressortir la personnalité des différents personnages.
En vous inspirant de la mise en scène, jouez cet extrait devant la classe.

Histoire des arts

▶ **Socle** *Établir des liens entre des productions littéraires et artistiques issues de cultures et d'époques diverses*

Quelle image du pouvoir cette mise en scène donne-t-elle ? Justifiez.

Lire comprendre interpréter — **Tyrans en scène** — **INTERDISCIPLINARITÉ LCA**

L'empereur Caligula

Caligula, à la mort de Drusilla, sa sœur et amante, a fui le palais durant trois jours ; il vient de rentrer.

Scène VI
Caligula, L'intendant

L'INTENDANT, *d'une voix mal assurée.* – Nous... nous te cherchions, César.

CALIGULA, *d'une voix brève et changée.* – Je vois.

L'INTENDANT. – Nous... c'est-à-dire...

CALIGULA, *brutalement.* Qu'est-ce que vous voulez ?

5 L'INTENDANT. – Nous étions inquiets, César.

CALIGULA, *furieux, s'avançant vers lui.* – De quel droit ?

L'INTENDANT. – Eh heu... *Inspiré soudain et très vite.* Enfin, de toute façon, tu sais que tu as à régler quelques questions concernant le Trésor public.

CALIGULA, *pris d'un rire inextinguible*[1]. – Le Trésor ? Mais c'est vrai, voyons, 10 le Trésor, c'est capital, ça.

L'INTENDANT, *tout heureux.* – Mais oui, César, mais oui. […]

CALIGULA. – Tu m'es fidèle, n'est-ce pas ?

L'INTENDANT, *d'un ton de reproche.* – César !

CALIGULA. – Eh bien, j'ai un plan. Nous allons bouleverser l'économie 15 politique en deux temps. Je vais te l'expliquer, intendant... quand les sénateurs[2] seront sortis.

Les sénateurs sortent.

Scène VII
Caligula, L'intendant, Caesonia

Caligula s'assied près de Caesonia[3], *et entoure sa taille.*

CALIGULA. – Écoute bien. Premier temps : tous les sénateurs, toutes les personnes de l'Empire qui disposent de quelque fortune – petite ou grande, c'est exactement la même chose – doivent obligatoirement déshériter leurs enfants et tester[4] sur l'heure en faveur de l'État.

5 L'INTENDANT. – Mais César...

CALIGULA. – Je ne t'ai pas encore donné la parole. À raison de nos besoins, nous ferons mourir ces personnages dans l'ordre d'une liste établie arbitrairement[5]. À l'occasion, nous pourrons modifier cet ordre – toujours arbitrairement. Et nous hériterons.

10 CAESONIA, *se dégageant.* – Qu'est-ce qui te prend ?

CALIGULA, *imperturbable.* – L'ordre des exécutions n'a en effet aucune importance. Ou plutôt ces exécutions ont une importance égale, ce qui entraîne qu'elles n'en ont point. D'ailleurs, ils sont aussi coupables les uns que les autres. (*Rudement à l'intendant.*) Tu exécuteras ces ordres 15 sans délai. Les testaments seront signés dans la soirée par tous les habitants de Rome, dans un mois au plus tard par tous les provinciaux. Envoie des courriers[6].

Albert Camus
(1913-1960)

Cet auteur français de théâtre, de romans, nouvelles, poèmes et essais, développe dans son œuvre une réflexion sur l'absurdité de la condition humaine et sur la révolte.

Le saviez-vous ?

L'empereur Caligula a régné de 37 à 41. Au début de son règne, il était aimé de son peuple, mais atteint de folie, il se montra de plus en plus despotique ; c'est en tout cas ce qu'en dit l'historien Suétone, notre seule source.

---

1. que rien ne peut arrêter.
2. magistrats romains.
3. maîtresse de Caligula.
4. faire un testament.
5. d'une façon illogique et autoritaire.
6. messagers.

L'INTENDANT, *de plus en plus abruti*. – César, tu ne rends pas compte.
20 CALIGULA. – Non, c'est toi. (*Avec violence.*) Écoute-moi bien. Si le Trésor a de l'importance, alors la vie humaine n'en a pas. J'ai décidé d'être logique. Vous allez voir ce que la logique va vous coûter. J'ai le pouvoir. J'exterminerai les contradicteurs et les contradictions. S'il le faut, je commencerai
25 par toi. Ton premier mot pour saluer mon retour a été le Trésor. Je te le répète, on ne peut pas mettre le Trésor et la vie humaine sur le même plan. Augmenter l'un, c'est démonétiser[7] l'autre. Toi, tu as choisi. Moi, j'entre dans ton jeu. Je joue avec tes cartes. (*Un temps – avec calme.*)
30 D'ailleurs mon plan par sa simplicité est génial. Tu as trois secondes pour disparaître. Je compte : un…
L'intendant disparaît.

A. CAMUS, *Caligula*, Version primitive de 1941,
© Gallimard, 1984.

---
7. dévaloriser.

• A. CAMUS, *Caligula*, mise en scène de S. OLIVIÉ-BISSON avec B. Putzulu (Caligula), théâtre de l'Athénée, Paris, 2011.

Le trésor des mots

▶ Socle *Maîtriser la structure, le sens et l'orthographe des mots*

ÉTYMO « César », du latin *Caesar*, ancêtre du premier empereur romain, est le titre donné aux empereurs romains.
• Quel titre donne-t-on à un souverain russe ? à un empereur allemand ?

Lecture

▶ Socle *Élaborer une interprétation de textes littéraires*

1 Quels sont les traits de caractère de l'empereur Caligula ? Justifiez en vous appuyant sur les didascalies et sur ses répliques.

2 Quelle annonce l'empereur fait-il ? Expliquez.

3 **a.** « arbitrairement » (l. 9) et « logique » (l. 22) : que révèle l'emploi de ces deux mots par Caligula pour qualifier son action ? Expliquez.
b. L'empereur vous paraît-il « logique » ou fou ? Échangez vos points de vue.

4 Expliquez : **a.** quel rapport Caligula entretient avec l'intendant, avec ses sujets ; **b.** comment il exerce son pouvoir.

Histoire des arts

▶ Socle *Établir des liens entre des productions littéraires et artistiques issues de cultures et d'époques diverses*

La vision du personnage dans cette mise en scène est-elle celle que vous vous êtes faite à la lecture du texte ? Expliquez.

Oral

▶ Socle *Exploiter les ressources expressives et créatives de la parole*

Par groupes de trois élèves, répartissez-vous les rôles et entraînez-vous à dire la scène VII, en faisant ressortir la personnalité de Caligula et les sentiments des deux autres personnages.
Jouez ensuite cette scène devant la classe.

Lire comprendre interpréter

Tyrans en scène

Le roi Bérenger

Eugène Ionesco (1909-1994)

Cet écrivain français d'origine roumaine a écrit de nombreuses pièces de théâtre. Élu à l'Académie française en 1970, il est un représentant du théâtre de l'absurde.

Le roi Bérenger, malade, est assisté de son médecin, de sa première épouse, Marguerite, de sa deuxième épouse, Marie, et de son infirmière, Juliette.

LE ROI, *gémissant*. – Je ne suis plus au-dessus des lois. Je ne suis plus au-dessus des lois.

LE GARDE, *annonçant*. – Le roi n'est plus au-dessus des lois.

JULIETTE. – Il n'est plus au-dessus des lois, pauvre vieux. Il est comme nous. On dirait mon grand-père. [...]

LE ROI. – [...] Hélas, hélas, tant de gens naissent en ce moment, des naissances innombrables dans le monde entier.

MARGUERITE. – Pas dans notre pays.

LE MÉDECIN. – La natalité est réduite à zéro.

JULIETTE – Pas une salade ne pousse, pas une herbe.

MARGUERITE, *au roi*. – La stérilité absolue, à cause de toi.

MARIE. – Je ne veux pas qu'on l'accable.

JULIETTE – Tout repoussera peut-être.

MARGUERITE. – Quand il aura accepté. Sans lui.

LE ROI. – Sans moi, sans moi. Ils vont rire, ils vont bouffer, ils vont danser sur ma tombe. Je n'aurai jamais existé. Ah, qu'on se souvienne de moi. Que l'on pleure, que l'on désespère. Que l'on perpétue ma mémoire dans tous les manuels d'histoire. Que tout le monde connaisse ma vie par cœur. Que tous la revivent. Que les écoliers et les savants n'aient pas d'autre sujet d'étude que moi, mon royaume, mes exploits. Qu'on brûle tous les autres livres, qu'on détruise toutes les statues, qu'on mette la mienne sur toutes les places publiques. Mon image dans tous les ministères, dans les bureaux de toutes les sous-préfectures, chez les contrôleurs fiscaux[1], dans les hôpitaux. Qu'on donne mon nom à tous les avions, à tous les vaisseaux, aux voitures à bras[2] et à vapeur. Que tous les autres rois, les guerriers, les poètes, les ténors[3], les philosophes soient oubliés et qu'il n'y ait plus que moi dans toutes les consciences. Un seul nom de baptême, un seul nom de famille pour tout le monde. Que l'on apprenne à lire en épelant mon nom : B-é-Bé, Bérenger. Que je sois sur les icônes[4], que je sois sur les millions de croix dans toutes les églises. Que l'on dise des messes[5] pour moi, que je sois l'hostie[6]. Que toutes les fenêtres éclairées aient la couleur et la forme de mes yeux, que les fleuves dessinent dans les plaines le profil de mon visage ! Que l'on m'appelle éternellement, qu'on me supplie, que l'on m'implore.

E. IONESCO, *Le roi se meurt*, © Éditions Gallimard, 1963.

1. contrôleurs des impôts. 2. charrettes tirées par des personnes. 3. chanteurs à la voix élévée. 4. peintures religieuses. 5. célébrations du culte catholique. 6. petite lamelle de pain sacrée pour les catholiques.

Lecture

▶ **Socle** *Élaborer une interprétation de textes littéraires*

1 **a.** Comment comprenez-vous la première réplique du roi ? **b.** Quels traits de caractère du roi Bérenger révèle-t-elle ? Expliquez.

2 **a.** Qu'exprime le roi dans sa tirade finale ? Expliquez. **b.** Quel est le mode grammatical de la majorité des verbes ? Pourquoi Bérenger emploie-t-il ce mode ? **c.** Bérenger donne-t-il l'image d'un roi fort ou d'un roi faible ? Justifiez.

3 Comment les différents personnages présents réagissent-ils à la situation ? Expliquez.

Oral

▶ **Socle** *Participer de façon constructive à des échanges oraux – Exploiter les ressources expressives et créatives de la parole*

1 Si vous étiez metteur en scène, quels conseils donneriez-vous aux acteurs pour jouer cet extrait ? Échangez entre vous pour partager vos points de vue.

2 Par groupes de six élèves, répartissez-vous les rôles et entraînez-vous à dire l'extrait, en tenant compte des réponses apportées à la question précédente. Jouez ensuite cette scène devant la classe.

Histoire des arts

▶ **Socle** *Établir des liens entre des productions littéraires et artistiques issues de cultures et d'époques diverses*

a. Décrivez les attitudes et les costumes de chaque comédien. **b.** Quels aspects des rapports entre les personnages expriment-ils ?

● E. IONESCO, *Le roi se meurt*, mise en scène de G. WERLER, avec M. Bouquet et N. Bigorre, Théâtre des Nouveautés, 2012.

8 • Jeux de pouvoir en scène / 191

Lire comprendre interpréter — Tyrans en scène

Arturo Ui

Bertolt Brecht
(1898-1956)

Ce poète et metteur en scène allemand est auteur de pièces de théâtre. Il a voulu rompre avec l'illusion théâtrale et pousser le spectateur à la réflexion en le conduisant à avoir un regard critique. Il était une grande figure des intellectuels communistes de l'ancienne Allemagne de l'Est.

En raison de la crise économique de 1929, les producteurs de légumes, qui ne peuvent plus écouler leur marchandise, demandent de l'aide à Arturo Ui pour obliger les marchands à acheter leur production.

La city. L'assemblée des marchands de légumes de Chicago. Ils sont blancs comme linge. [...] Entrent les marchands de légumes de Cicero[1], blancs comme linge.

CEUX DE CICERO. – Ho, hello ! Chicago !

CEUX DE CHICAGO. – Ho, hello Cicero ! Quel bon vent vous amène ?

5 CEUX DE CICERO. – On nous a convoqués.

CEUX DE CHICAGO. – Qui ça ?

CEUX DE CICERO. – Lui.

PREMIER MARCHAND DE CHICAGO. – Mais comment
Peut-il vous convoquer et vous donner des ordres,
10 Parler en maître à Cicero ?

PREMIER MARCHAND DE CICERO. – Par le browning[2].

DEUXIÈME MARCHAND DE CICERO. – On cède à la violence.

PREMIER MARCHAND DE CHICAGO. – Oh, lâcheté maudite ! [...]

TROISIÈME MARCHAND DE CHICAGO. – Il faut, les gars,
15 Vous défendre. Écoutez : vous devez mettre un terme
À cette peste noire ! Ou le pays doit-il
Se laisser dévorer par cette maladie ?

PREMIER MARCHAND DE CHICAGO. – Une ville d'abord, ensuite une autre ville.
La bataille au couteau, c'est un devoir civique.

20 DEUXIÈME MARCHAND DE CICERO. – Pourquoi nous justement ? Nous nous lavons les mains.

B. BRECHT, *La Résistible Ascension d'Arturo Ui*, mise en scène de J. SAVARY, Théâtre national de Chaillot, Paris, 1993.

QUATRIÈME MARCHAND DE CHICAGO. – Et, si Dieu le permet, nous avons l'espérance
   Que ce cochon un jour sur des gens tombera
   Qui montreront les crocs.

25   *Font leur entrée au milieu des fanfares Arturo Ui et Betty Dollfoot, celle-ci en deuil, suivis de Clark, Gori, Gobbola et de gardes du corps. Ui se fraie un passage entre eux. Les gardes du corps prennent position à l'arrière-plan.*
GORI. – Hé ! Bonjour, les enfants !
   Tous ceux de Cicero sont-ils arrivés ?
30 PREMIER MARCHAND DE CICERO. – Certes.
GORI. – Et ceux de Chicago ?
PREMIER MARCHAND DE CHICAGO. – Tous.
GORI, *à Ui*. – Tout le monde est là. [...]
GOBBOLA. – Écoutez Arturo Ui !
35 UI *s'avance vers le microphone*. – Hommes de Chicago et Cicero ! Amis ! [...]
   La ville est libre entièrement de me choisir.
   Pas de « Soit ! » ronchonnant, de grinçant « À votre aise ! »
   Je hais l'acquiescement quand le cœur n'y est pas.
   Ce que j'exige ? Un « Oui » donné dans l'enthousiasme [...].
40   Qui est pour moi ? Je dois **incidemment** le dire :
   Celui qui par hasard ne serait pas pour moi
   Est contre moi, et il n'aura de sa conduite,
   Alors qu'à s'imputer à lui-même les suites.
   Maintenant vous pouvez choisir. [...]
45 GOBBOLA. – Au vote maintenant.
GORI. – Tous ceux qui sont pour Arturo Ui
   Les mains en l'air !
   Quelques-uns lèvent aussitôt la main.
UN MARCHAND DE CICERO. – Peut-on aussi quitter la salle ?
50 GOBBOLA. – Chacun a liberté de faire ce qu'il veut.
   Le marchand sort d'un pas hésitant. Deux gardes du corps le suivent. Puis éclate un coup de feu.
GORI. – Alors, à vous ! Quelle est votre décision libre ?
   Tous lèvent les mains à la fois. [...]

55 *Apparition d'un écriteau :*

> LE 11 MARS 1938 HITLER FIT SON ENTRÉE EN AUTRICHE.
> DES ÉLECTIONS ORGANISÉES SOUS LA TERREUR DES NAZIS
> DONNÈRENT 98 % DES VOIX À HITLER.

B. BRECHT, *La Résistible Ascension d'Arturo Ui* [1941], traduction de A. Jacob © L'Arche, 1983.

La clé des mots

• L'adverbe **incidemment** signifie « par hasard » : sur quel ton, selon vous, Ui prononce-t-il ce mot ?

• **Les mains en l'air !** : Quel double sens peut-on donner à cette réplique de Gori ? Expliquez.

1. ville imaginaire.
2. arme à feu automatique.

Lecture
▶ Socle *Élaborer une interprétation de textes littéraires*

1 L.1-24, **a.** qui sont les personnages présents ? **b.** Pourquoi, selon vous, sont-ils réunis ?

2 Face à A. Ui, quelle est l'attitude des marchands **a.** de Cicero ? **b.** de Chicago ?

3 Comment A. Ui se positionne-t-il face aux marchands ? Quels moyens emploie-t-il ? Expliquez.

4 Sur quel ton faut-il prononcer les répliques finales de Gobbola et de Gori ?

5 Quelle est la fonction de l'écriteau à la fin du passage ?

Lire comprendre interpréter

Tyrans en scène

B. BRECHT, *La Résistible Ascension d'Arturo Ui*, mise en scène de J. VILAR, TNP, Paris, 1960.

Brecht et son théâtre

Le saviez-vous ?

- **Le chancelier Dollfuss**, à la tête de l'Autriche à partir de 1932, est assassiné par des représentants de groupes nazis en 1934.
- **Joseph-Paul Goebbels**, ministre de l'Information et de la Propagande, théoricien du nazisme, s'empoisonne avec sa femme et ses enfants après la mort d'Hitler.
- **Hermann Göring**, chef des Sections d'assaut, maréchal du Reich, chef de l'économie de guerre, amasse une fortune considérable par le pillage des œuvres d'art dans les pays occupés. Condamné à mort en 1946 par le tribunal de Nuremberg, il s'empoisonne dans sa prison.

Document 1

C'est dans la période finlandaise de ses années d'exil que Brecht écrivit *La Résistible ascension d'Arturo Ui*. La pièce, achevée le 29 avril 1941, ne fut ni publiée ni jouée de son vivant. Brecht la définissait comme une tentative d'expliquer l'ascension d'Hitler au monde capitaliste en la transposant dans un milieu qui lui est familier. C'est pourquoi *La Résistible ascension d'Arturo Ui* transpose dans les milieux de la pègre[1] et du commerce la lutte d'Hitler pour le pouvoir et l'hégémonie[2].

A. JACOB, Préface à la traduction de *La Résistible Ascension d'Arturo Ui*.

1. milieu des voleurs, des escrocs.
2. pouvoir dominateur d'un État ou d'un groupe social sur d'autres.

Document 2

Il est nécessaire, pour que l'action prenne toute la signification qui malheureusement est la sienne, de jouer la pièce dans le grand style ; [...] Par exemple la jouer devant des tentures de grosse toile, blanchies au lait de chaux et aspergées de taches sang-de-bœuf. On peut aussi utiliser des vues panoramiques peintes sur des toiles de fond ; des effets d'orgue, de trompettes et de tambours sont également légitimes. Il serait bon d'utiliser les physionomies, intonations et gestes caractéristiques des originaux réels, mais il faut éviter l'imitation pure et simple, et le comique ne doit jamais aller sans l'horreur. L'indispensable est un style accusant l'élément plastique, avec un rythme rapide et des groupes clairement ordonnés, dans le goût des drames qu'on joue dans les foires.

B. BRECHT, *Schweyk dans la Seconde Guerre mondiale* [1943], traduction de A. Gisselbrecht, J. Lefebvre, Théâtre VI, © L'Arche, 1978.

Document 3

Guy Bedos a interprété le personnage d'Arturo Ui dans une mise en scène de Jérôme Savary, en 1994, au Théâtre national de Chaillot, à Paris.
Pour moi, c'est très excitant et aussi – autant l'avouer – un peu vertigineux de revenir au théâtre dans un rôle pareil ; [...] *Arturo Ui*, j'en ai un souvenir de spectateur ; à l'époque j'étais évidemment loin d'imaginer qu'un jour je le jouerais. [...] Nous voulons surtout parler à des jeunes gens, à des enfants qui ont eu la chance de ne pas connaître les années noires, et leur montrer avec nos outils de théâtre jusqu'où peuvent aller l'intolérance, la barbarie, la violence, à partir du personnage emblématique[1] qui est le père de tous les dictateurs, Hitler, mais qui a fait des petits depuis que Brecht a écrit la pièce.

G. BEDOS, 1993.

[1]. qui sert de référence.

Lecture (EMC)

▶ **Socle** *Mobiliser des références culturelles pour interpréter les textes et les productions artistiques et littéraires*

1 a. À quelle période historique les personnes présentées dans « Le saviez-vous » appartiennent-elles ? b. Qui était Hitler ? c. Quels personnages de la pièce correspondent à ces personnes nommées ? d. Qui Arturo Ui représente-t-il ? Justifiez.

2 a. Où l'action se passe-t-elle ? b. Lisez le document 1 : comment Brecht justifie-t-il le choix de ce lieu ?

3 a. Quel est le message de Brecht dans le texte p. 192-193 ? b. Qu'est-ce qu'un engagement politique ? c. Cet extrait relève-t-il du théâtre engagé ? Justifiez.

Histoire des arts

▶ **Socle** *Établir des liens entre des productions littéraires et artistiques issues de cultures et d'époques diverses*

Les mises en scène proposées (p. 192 et 194) correspondent-elles aux idées de Brecht révélées dans les documents 1 et 2 ? Justifiez.

Oral

▶ **Socle** *Exploiter les ressources expressives et créatives de la parole*

Vous allez mettre en scène et jouer la scène des pages 192-193.

- Partagez la classe en deux groupes d'élèves et, au sein de chaque groupe, répartissez-vous les rôles d'acteurs de premier plan et de figurants.
- Lisez le document 2 et efforcez-vous de proposer une interprétation fidèle aux principes de Brecht.
- Jouez le passage devant la classe.

Écriture

▶ **Socle** *Utiliser l'écrit pour penser et pour apprendre*

Lisez le document 3 : en tant que « jeunes gens », dites si ce texte théâtral vous a aidé(e)s à réfléchir sur une réalité que vous avez étudiée en Histoire. Vous rédigerez un paragraphe d'une quinzaine de lignes minimum.

Lire comprendre interpréter

Lire et échanger sur des œuvres complètes

▶ Socle *Lire des œuvres littéraires*

Parcours de lecture guidé

Evgueni Schwartz
Le Dragon

• Classiques Hatier, 2012.

Lisez la pièce. Par groupes, répondez aux questions des deux axes d'étude, puis partagez votre travail.

A Les personnages face au pouvoir

Le tyran

1. **a.** Qui est le tyran dans l'acte I ? **b.** Quels éléments font de ce personnage un tyran ? Expliquez en détaillant son physique et ses actes.

2. **a.** Dans les actes II et III, qui représente la tyrannie ? **b.** Expliquez comment se manifeste la tyrannie de chacun de ces nouveaux tyrans.

Les soumis

3. L. 1490 à 1700 : expliquez l'attitude des bourgeois. Que traduit-elle ?

4. L. 2363 à 2378 : **a.** Comment chaque plat est-il décrit ? **b.** Selon vous, que symbolise cet épisode du festin de mariage ? Expliquez.

Le libérateur

5. **a.** Qui joue le rôle du libérateur ? **b.** Que sait-on de ce personnage ? **c.** Justifiez le choix de son nom. **d.** Que lui arrive-t-il au cours de la pièce ?

6. Par qui et comment le libérateur est-il aidé ?

• E. SCHWARTZ, *Le Dragon*, mise en scène de S. DOURET, Théâtre 13, Paris, 2012.

Les résistants

7. **a.** Qui sont les trois personnages qui résistent au tyran ? **b.** Comment manifestent-ils leur résistance ? **c.** Lequel des trois vous paraît le plus héroïque ? Pourquoi ?

B L'originalité de la pièce

L'univers du conte

1. **a.** Quels éléments de l'univers des contes merveilleux rencontre-t-on dans la pièce ? **b.** Pourquoi selon vous l'auteur a-t-il choisi cet univers ?

Les liens avec l'Histoire

2. **a.** Relevez dans la pièce au moins trois références à l'Histoire et expliquez-les. **b.** Quelle période historique E. Schwartz évoque-t-il ? **c.** Quel regard porte-t-il sur cette période ? Expliquez.

Le sens de la pièce

3. Une « allégorie » est un tableau, une histoire, un objet représentant une idée : de quoi cette pièce est-elle l'allégorie ?

4. L. 2709 : comment comprenez-vous la réplique de Lancelot : « En chacun d'eux, il faudra tuer le dragon. » ?

5. **a.** Cette pièce vous paraît-elle amusante ou sérieuse ? **b.** Relève-t-elle du « théâtre engagé » ? Échangez et justifiez vos points de vue.

Histoire des arts

Cette mise en scène correspond-elle à l'univers de la pièce tel que vous l'avez imaginé en la lisant ? Échangez pour partager vos points de vue.

Le cercle des critiques littéraires

Théâtre engagé des XXe et XXIe siècles

▶ **Socle** Utiliser l'écrit pour penser et pour apprendre – Exploiter les ressources expressives et créatives de la parole

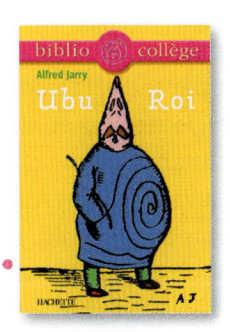

Ubu Roi*
A. JARRY
© Hachette livre, 2005.

Le père Ubu devient un roi lâche et tyrannique, à la suite d'un régicide, dans une Pologne imaginaire…

Rhinocéros**
E. IONESCO
© Éditions Gallimard, coll. « Folio », 1999.

La « rhinocérite », métaphore de la montée des totalitarismes, s'abat sur le monde. Seul Bérenger résiste.

La Machine infernale**
J. COCTEAU
© Le Livre de Poche, 2015.

Une adaptation originale du mythe d'Œdipe selon la tragédie de Sophocle.

La guerre de Troie n'aura pas lieu**
J. GIRAUDOUX
© Classiques Larousse, 1971.

Une pièce qui établit un parallèle entre l'Europe, en 1935, qui voit venir la guerre mais ne fait rien et l'Antiquité avec la guerre de Troie.

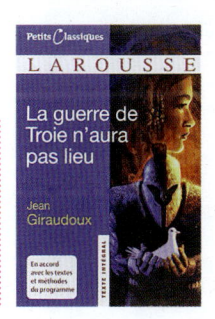

La Tragédie du roi Christophe**
A. CÉSAIRE
© Présence africaine, 1963.

Le personnage de Christophe, roi d'Haïti, représente le destin du peuple africain d'aujourd'hui.

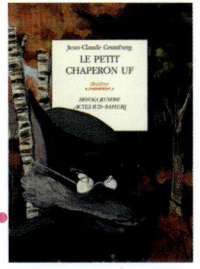

Le Petit Chaperon Uf*
J.-C. GRUMBERG
© Actes Sud, 2005.

Face au loup nazi, le Petit Chaperon rouge représente le sort des Juifs pendant la Seconde Guerre mondiale.

Jeu de rôles : interview d'un metteur en scène

Vous êtes critique littéraire et vous interviewez un metteur en scène sur la manière dont il monterait la pièce que vous avez lue.

✓ *Choisir une des pièces et la lire. Noter au fil de sa lecture les points intéressants pour des conseils de mise en scène.*

✓ *Par binômes, préparer les questions et les réponses : penser au décor, au physique des acteurs, aux costumes, aux éclairages, à la musique…*

✓ *Jouer l'interview devant la classe sans lire ses notes.*

Pratiquer l'oral

Dire une tirade

▶ **Socle** Exploiter les ressources expressives et créatives de la parole

Aimé Césaire (1913-2008)

Poète et homme politique français, de la Martinique. Il défend la négritude, mouvement de défense des personnes de couleur noire, et combat dans ses pièces le colonialisme.

Entraînez-vous à dire cette tirade du roi Christophe en faisant ressortir l'énergique et difficile posture du roi.

À travers le personnage de Christophe, roi d'Haïti, Aimé Césaire évoque le destin collectif du peuple africain réduit en esclavage.

CHRISTOPHE

[...] Ah ! Quel métier ! Dresser ce peuple ! Et me voici comme un maître d'école brandissant la férule[1] à la face d'une nation de cancres ! Messieurs, comprenez bien le sens de ces sanctions[2]. **Ou bien on brise tout, ou bien on met tout debout. On brise**, cela peut se concevoir… Tout par terre, la nudité
5 nue. Ma foi, une liberté comme une autre. Restent la terre, le ciel ; les étoiles, la nuit, nous les Nègres avec la liberté, les racines, les bananiers sauvages. C'est une conception ! **Ou bien on met debout !** Et vous savez la suite. Alors il faut soutenir. Il faut porter : de plus en plus haut. De plus en plus loin. **J'ai choisi, moi. Il faut porter. Il faut marcher.** C'est pourquoi, Brelle, (*L'arche-*
10 *vêque*[3] *sursaute*) – oui, oui, c'est à vous que j'en ai, archevêque, et pour vous dire que je n'ai pas beaucoup apprécié votre demande de rapatriement en France. Je vous ai fait duc de l'Anse ; je vous ai construit le plus beau palais archiépiscopal[4] du Nouveau Monde,
15 et maintenant vous songez à m'abandonner pour rentrer en Europe !

A. CÉSAIRE, *La Tragédie du roi Christophe*, © Présence africaine, 1963.

---

1. palette en bois ou en cuir avec laquelle on frappait les écoliers. 2. Christophe vient de punir des nobles qui se sont mal comportés. 3. chef des évêques. 4. où habite l'archevêque.

● A. CÉSAIRE, *La Tragédie du roi Christophe*, mise en scène de J.-M. SERREAU. Paris, théâtre de l'Odéon, Paris, 1965.

CONSEILS
- Accentuez les passages en gras dans le texte qui soulignent les oppositions.
- Mettez en valeur les indications données par la ponctuation : exclamations, pauses indiquées par les virgules.
- Soulignez les effets de répétition.

Jouer un match d'improvisation théâtrale

▶ **Socle** *Exploiter les ressources expressives et créatives de la parole*

Jouez un match d'improvisation théâtrale d'une minute trente à partir d'une de ces quatre propositions :

- Pouvoir et danger
- Pouvoir et mégalomanie
- Pouvoir et folie
- Pouvoir et égoïsme

Organisation

– Par trinômes, distribuez-vous les rôles : un « coach » qui conseille et deux acteurs qui interprètent.

Pendant trois minutes,
– cherchez une idée de scène pour répondre au thème proposé ;
– pensez à trouver une idée de décor ou d'accessoire(s) ;
– réfléchissez aux déplacements et aux gestes.

Réalisation

À tour de rôle, pour chaque trinôme,
– le coach annonce les deux mots choisis ;
– les deux acteurs de chaque trinôme interprètent leur improvisation devant la classe pendant une minute trente ;
– le coach chronomètre et arrête les acteurs au bout du temps imparti.

Évaluation

– Comme dans un match d'improvisation, après le passage de chaque trinôme, chacun(e) des autres élèves de la classe brandit une pancarte pour évaluer la prestation : pancarte blanche si la prestation a plu, noire si elle a déplu.

Critères d'évaluation

– respect du temps de jeu ;
– scène en lien avec les deux mots choisis ;
– qualité du jeu théâtral (diction, déplacements, gestes, expressions du visage…) ;
– suggestion d'éléments de décor.

PARCOURS AVENIR

Présenter des métiers du théâtre

1. Visionnez les interviews d'un metteur en scène, d'une comédienne, d'un décorateur-scénographe, d'un costumier et d'une critique de théâtre.
2. Souhaiteriez-vous exercer l'un de ces métiers ? Échangez vos points de vue.

Variante : Par binômes, si vous en avez la possibilité, menez l'enquête dans un théâtre de votre ville ou de votre région : choisissez un métier du théâtre et réalisez l'interview d'une personne qui exerce ce métier.

Débattre : pourquoi représenter le pouvoir en scène ?

▶ **Socle** *S'exprimer de façon maîtrisée en s'adressant à un auditoire – Participer de façon constructive à des échanges oraux*

Pour nourrir le débat

Par groupes, en vous appuyant sur les textes rencontrés dans ce chapitre, posez-vous les questions suivantes :
– Quels types de pouvoir sont mis en scène ?
– Quelles dénonciations sont portées par ces textes de théâtre ?
– Quelles sont les qualités et/ou les défauts des hommes de pouvoir mis en scène ?
– Quel est l'intérêt de lire ces textes ou d'assister à ces représentations aujourd'hui ?
– Qui s'oppose au pouvoir ? Comment ces personnes sont-elles représentées ?

Pour débattre en respectant les règles

Le meneur de débat lance la discussion par une des questions. Les élèves participent au débat en se servant de la préparation.

CONSEILS
- Respectez l'avis des autres.
- Ne coupez pas la parole.
- Articulez bien lors des prises de parole.

8 • Jeux de pouvoir en scène / **199**

Pratiquer l'écrit

A. Travailler la langue pour préparer et améliorer l'écrit

Lexique

Le vocabulaire du pouvoir et de la politique

1. Le nom « pouvoir » vient du latin *posse* qui a donné plusieurs radicaux : *poss-, pot-, puiss-*. Retrouvez les mots formés sur chaque radical et qui correspondent aux définitions :

poss- :
- réalisable ;
- non réalisable ;
- moyen de faire quelque chose.

pot- :
- instrument servant au supplice de la pendaison ;
- se dit d'une personne dont les mouvements sont très difficiles ou impossibles ;
- ensemble des capacités à se développer d'un pays, d'un groupe ou d'une personne ;
- virtuellement ;
- tyran.

puiss- :
- pouvoir de dominer ;
- personnes qui détiennent le pouvoir et la richesse ;
- avec force et intensité.

2. Le nom « roi » vient du latin *rex, regis* : **a.** que signifient : régner, régicide, régalien, régence, royaume, royal, royauté ? **b.** Employez « régicide » et « régalien », chacun dans une phrase qui en éclaire le sens.

3. a. Quel est le féminin du nom « empereur » ?
b. Proposez deux phrases dans lesquelles le nom « empire » sera employé au sens propre puis au sens figuré.
c. Complétez les phrases suivantes par l'adjectif qui convient, « impériale » ou « impérieuse » :
La nécessité … de vaincre se fit sentir. La garde … entoure l'empereur.

Le vocabulaire des passions

4. Le nom « passion » vient du latin *patior*, souffrir. Que signifie chaque mot en gras ? Comment expliquez-vous son lien à l'étymologie ?
1. Le médecin reçoit le premier de ses **patients**.
2. La Bible raconte la **Passion** du Christ.
3. Le journaliste éprouve de la **compassion** pour ce peuple en détresse.
4. Les entreprises **pâtissent** d'une conjoncture économique défavorable.

5. Le mot « passion » a évolué : son sens négatif au départ est progressivement devenu positif pour désigner un goût vif pour quelque chose ou quelqu'un.
1. Complétez à l'aide d'un des trois adjectifs suivants : *passionné, passionnel, passionnant*, les expressions suivantes : un supporter …, un livre …, un crime … .
2. Proposez une définition correspondant à chacun de ces trois adjectifs.

6. Classez les noms suivants selon qu'ils sont synonymes ou antonymes de *folie* :
aliénation – raison – logique – égarement – délire – modération – démence – clairvoyance – bon sens – divagation – jugement – extravagance – prudence

7. a. Regroupez ces synonymes du nom *colère* selon leur emploi dans un langage courant ou soutenu :
ire – emportement – courroux – révolte – ressentiment – rage – exaspération – transport – furie – fureur.
b. Retrouvez ces antonymes du nom « colère » :
mod… – placid… – ret… – sang-… – sérén… – pondér… – équil… – mes… – sag… .
c. Employez trois de ces noms, chacun dans une phrase qui en éclaire le sens.

Le vocabulaire du tragique

8. Le nom « fatalité » vient du latin *fatum*, destin : complétez les phrases suivantes par des mots de cette famille.
1. Il n'a pas maîtrisé sa vitesse et cette erreur lui a été… .
2. L'équipe était insuffisamment entraînée : la victoire de l'adversaire devait … arriver.
3. La date … de l'examen se rapproche dangereusement.
4. Cet homme semble résigné face aux circonstances : il est … .

9. Classez les adjectifs suivants selon qu'ils sont synonymes ou antonymes de « fatal » :
fatidique – funeste – révocable – implacable – avantageux – salutaire – immanquable – inéluctable – favorable – propice – inexorable – mortel – inévitable.

10. a. Classez les adjectifs suivants en deux colonnes selon qu'ils sont synonymes de « mort » ou de « mortifié » (humilié) :
offusqué – décédé – défunt – peiné – chagriné – trépassé – ruiné – anéanti – confus – froissé.
b. Employez trois de ces adjectifs, chacun dans une phrase qui en éclaire le sens.

> **Socle** *Maîtriser la structure, le sens et l'orthographe des mots*

Orthographe

La conjugaison de l'impératif

▶ *Leçon p. 299*

1 BREVET a. Récrivez les phrases en complétant les verbes que vous conjuguerez au présent de l'impératif, à la 2ᵉ personne du singulier. **b.** Transposez cette réplique à la 2ᵉ personne du pluriel en faisant toutes les modifications nécessaires.

MARIE. Ne te tourment… plus. Tien…-toi bien, ne te perd… plus de vue, plong… dans l'ignorance de *choses*. Écart… les barreaux de la prison, enfonc… les murs, évad…-toi des définitions. Laiss…-toi inonder par la joie.
D'après E. IONESCO, *Le Roi se meurt*, 1963.

2 BREVET a. Récrivez les phrases en conjuguant les verbes entre parenthèses au présent de l'impératif, à la 2ᵉ personne du singulier. **b.** Transposez cette réplique à la 2ᵉ personne du pluriel en faisant toutes les modifications nécessaires.

CRÉON : (se marier) vite, Antigone, (être) heureuse. La vie n'est pas ce que tu crois. C'est une eau que les jeunes gens laissent couler sans le savoir, entre leurs doigts ouverts. (Fermer) tes mains, (fermer) tes mains, vite. (Retenir)-la.
D'après J. ANOUILH, *Antigone*, 1946.

La conjugaison du subjonctif

▶ *Leçon p. 300*

3 Récrivez le texte en conjuguant les verbes entre parenthèses au présent du subjonctif.

DUNCAN : Que Dieu (être) avec toi.
LE MOINE : Dieu vous (garder). […]
DUNCAN : Que Notre-Seigneur (faire) que j'en (être) digne.
LE MOINE : Que le Seigneur te (couvrir) de sa protection, et que rien ne t'(atteindre) tant que tu gardes sur toi ce manteau.
E. IONESCO, *Macbett*, © Éditions Gallimard, 1972.

4 Le jeu des sept erreurs : corrigez ce passage écrit par un élève distrait.

> LEAR. – Écoutes-moi, rebelle ! Pour que ton roi n'ai pas à supporter tes remarques, recoi ta récompense : afin que tu puisses sauver ta vie, quittes le royaume, part loin d'ici et ne revien jamais.

D'après W. SHAKESPEARE, *Le Roi Lear*, 1608.

Grammaire

Les valeurs du subjonctif

▶ *Leçon p. 380*

5 a. Relevez les verbes conjugués au subjonctif. **b.** Expliquez ce qu'ils expriment.

LE MOINE : Seigneur, écoutez-nous. Que la haine et la colère se dissipent comme la fumée dans le vent, que l'ordre humain renverse l'ordre naturel où sévissent la souffrance et l'esprit de destruction. Que l'amour et la paix soient délivrés de leurs chaînes et que soient enchaînées les forces négatives, que la joie resplendisse dans la lumière céleste, que la lumière nous inonde et que nous baignions en elle.
E. IONESCO, *Macbett*, © Éditions Gallimard, 1972.

6 a. Relevez les verbes conjugués au subjonctif. **b.** Expliquez l'emploi de chacun d'eux.

LE LIMONADIER : […] Je souhaite que les autres gagnent et qu'ils te coupent en petits morceaux.

LADY DUNCAN : […] Une tache de sang indélébile marquera cette lame pour que tu te souviennes de ton succès et pour que cela t'encourage dans l'accomplissement d'autres exploits plus grands encore, que nous réaliserons, dans une même gloire.
E. IONESCO, *Macbett*, © Éditions Gallimard, 1972.

7 BREVET Imaginez que Lady Duncan passe par un intermédiaire pour donner ses ordres à Macbett : transposez le passage à la 3ᵉ personne du subjonctif présent. Vous commencerez par : « Voici l'instrument de son ambition… » et ferez toutes les transformations nécessaires.

LADY DUNCAN, *à Macbett, lui tendant le poignard* : […] Voici l'instrument de ton ambition et de notre ascension. (*Avec une voix de sirène*) Prends-le si tu le veux, si tu me veux. Mais agis résolument. Aide-toi, l'enfer t'aidera. Regarde en toi-même comme le désir monte et comme l'ambition cachée se dévoile et t'enflamme.
E. IONESCO, *Macbett*, © Éditions Gallimard, 1972.

8 • Jeux de pouvoir en scène / **201**

Pratiquer l'écrit

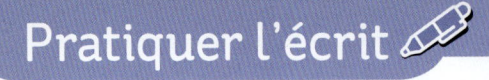

▶ Socle *Adopter des stratégies et des procédures d'écriture efficaces*

B Écrire et récrire

Sujet : Rédiger une scène de théâtre entre un dictateur et un de ses ministres ou conseillers

Vous vous inspirerez du canevas suivant que vous poursuivrez de manière tragique ou non.
Un dictateur a dessiné lui-même le plan d'un monument (un bâtiment, une ville…) mais il le juge peu réussi. Il reçoit un de ses ministres ou conseillers pour tester sa loyauté, prétend que le plan a été réalisé par un architecte et dit le trouver mauvais. Le ministre ou le conseiller se range à son avis…

ÉTAPE 1 ▶ Préparer le récit

1. Organisez-vous par binômes ou par petits groupes et cherchez des idées pour :
– choisir les traits de caractère du dictateur que vous allez mettre en scène ;
– définir son comportement à l'égard des autres et les manifestations de son pouvoir ;
– déterminer quelle suite vous allez donner au canevas : tragique ou non ;
– choisir une époque et un lieu ;
– savoir quels éléments transcrire dans des didascalies.

ÉTAPE 2 ▶ Formuler et rédiger au brouillon

2. Préparez la construction de votre scène en tenant compte de l'étape 1 :
– Le déroulement de la scène : l'arrivée du ministre ou du conseiller, la présentation du plan, la réaction du ministre ou du conseiller, les étapes suivantes que vous ajoutez.
– Le caractère du dictateur et du ministre ou du conseiller ainsi que le rapport de forces entre eux, à traduire par les didascalies et le contenu des répliques.
– Le lieu et l'époque, à travers le décor, les noms, le lexique des répliques.

3. Rédigez votre récit au brouillon, si possible en traitement de texte.
Pensez à :
– traduire le caractère du dictateur ;
– respecter la disposition d'un texte de théâtre : en-tête de répliques, didascalies, répliques.

ÉTAPE 3 ▶ Améliorer son brouillon en mobilisant les ressources de la langue

4. Vérifiez les points suivants et corrigez-les si besoin :

Ma scène respecte-t-elle le canevas et le poursuit-elle ?	☐ oui	☐ non
Le caractère du dictateur est-il donné à voir ?	☐ oui	☐ non
Ma scène se situe-t-elle dans un lieu et une époque identifiables ?	☐ oui	☐ non
Ai-je respecté la présentation d'un texte théâtral ?	☐ oui	☐ non

5. Améliorez votre récit en veillant à :	Aidez-vous des exercices…
• exprimer le pouvoir et éventuellement le tragique	❶ à ❸ et ❽ à ❿ p. 200
• exprimer le caractère du dictateur	❹ à ❼ p. 200
• conjuguer et employer correctement les verbes à l'impératif et au subjonctif	❶ à ❼ p. 201

ÉTAPE 4 ▶ Rédiger au propre et se relire

6. Recopiez votre texte au propre ou reprenez-le en traitement de texte.
Relisez-le plusieurs fois en échangeant avec un(e) de vos camarades pour vérifier :
– la ponctuation et la typographie propres au théâtre ;
– la conjugaison des verbes à l'impératif et au subjonctif ;
– l'orthographe du vocabulaire des passions et du tragique.

Construire le bilan

▶ **Socle** *Les méthodes et outils pour apprendre*

Qu'ai-je appris ?
L'univers du théâtre

1. Donnez la définition des mots suivants : un dramaturge, une didascalie, un prologue, une tirade.
2. En vous appuyant sur les textes étudiés dans le chapitre, expliquez ce qu'on appelle un « théâtre engagé ».
3. Citez quatre dramaturges des XXe et XXIe siècles ayant écrit du « théâtre engagé » ainsi qu'une de leurs pièces.
4. Proposez trois métiers du théâtre et expliquez brièvement en quoi consiste chacun d'eux.

Qu'avons-nous compris ?
Représentations du pouvoir en scène

1. Recopiez et complétez la carte mentale suivante afin de faire la synthèse des textes étudiés.

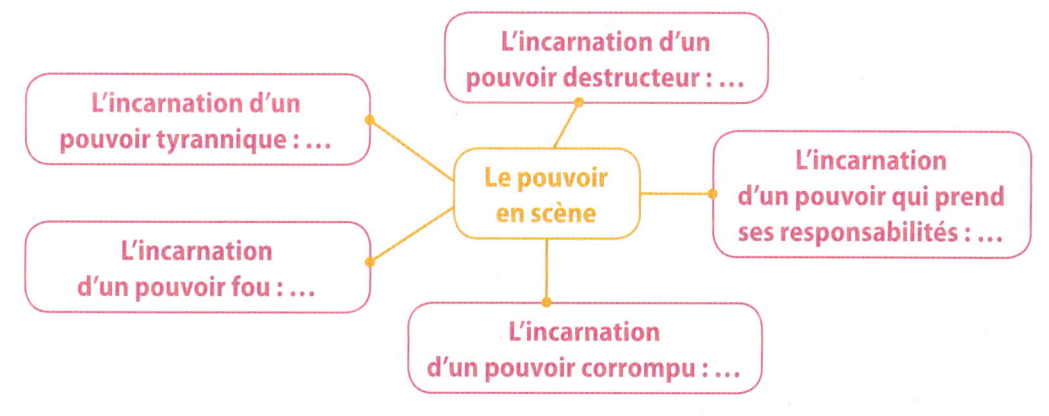

- **Le pouvoir en scène**
  - L'incarnation d'un pouvoir tyrannique : …
  - L'incarnation d'un pouvoir destructeur : …
  - L'incarnation d'un pouvoir qui prend ses responsabilités : …
  - L'incarnation d'un pouvoir fou : …
  - L'incarnation d'un pouvoir corrompu : …

2. Par groupes, demandez-vous oralement comment les différentes mises en scène rencontrées dans le chapitre traduisent ces différentes incarnations du pouvoir.

Attitudes face au pouvoir

3. Par groupes, cherchez quelles sont les attitudes face au pouvoir dans les différents extraits. Citez des exemples de personnages incarnant ces attitudes à l'appui de votre réponse. Partagez ensuite vos réflexions en classe entière.

Je rédige mon bilan (EMC)

▶ **Socle** *Utiliser l'écrit pour penser et pour apprendre*

1. Quelle(s) réflexion(s) les textes et mises en scène de ce chapitre vous ont-ils amené(e) à faire à propos des liens entre la littérature et l'Histoire ? Développez votre réponse en donnant des exemples.
2. Quel extrait vous a semblé le plus efficace pour dénoncer la tyrannie du pouvoir ? Justifiez votre point de vue.

Évaluer ses compétences et se préparer au BREVET

I. Analyse et interprétation de textes et de documents, maîtrise des différents langages

A. Texte littéraire

Macbett, après avoir assassiné le roi Duncan, occupe le trône.

MACBETT. – [...] Régner, régner, ce sont les événements qui règnent sur l'homme, non point l'homme sur les événements. J'étais heureux du temps où je servais fidèlement Duncan. Je n'avais pas de soucis. *Arrive le servant[1]. Au servant, en se tournant vers lui :* Allons vite, nous mourons de soif ! *Regardant un tableau qui représente le portrait d'un homme – cela peut être aussi un cadre vide.* Qui a mis le portrait de Duncan à la place du mien ? *Montrant du doigt.* Qui a eu l'idée de cette farce sinistre ?

LE SERVANT. – Je ne sais pas Monseigneur, je ne vois pas, Monseigneur.

MACBETT, *au servant.* – Impudent[2] !

Il l'attrape par la gorge, puis le relâche. Il va décrocher le portrait qui peut être invisible ou un simple cadre.

PREMIER CONVIVE. – Mais c'est votre portrait, Monseigneur !

DEUXIÈME CONVIVE. – Ce n'est pas celui de Duncan qu'on a mis à la place du vôtre, c'est le vôtre qu'on a mis à la place du portrait de Duncan.

MACBETT. – Il lui ressemble, pourtant.

TROISIÈME CONVIVE. – Vous voyez mal, Monseigneur.

QUATRIÈME CONVIVE, *au premier.* – L'accession au pouvoir entraîne-t-elle la myopie ?

PREMIER CONVIVE, *au quatrième.* – Ce n'est pas une condition nécessaire.

DEUXIÈME CONVIVE. – Mais cela arrive souvent.

Le servant s'enfuit par la droite dès que Macbett a relâché sa gorge.

MACBETT. – Je me trompe, peut-être. *Aux autres, qui s'étaient levés en même temps que lui :* Asseyons-nous, mes amis. Un peu de vin va éclaircir mes esprits. Qu'il ressemble à Duncan ou à moi-même, brisons ce tableau. Et puis asseyons-nous et buvons. *Il s'assoit et boit.* Qu'avez-vous à me regarder de la sorte ? Asseyez-vous, vous dis-je et buvons. *Il se relève et frappe sur la table d'un coup de poing.* Asseyez-vous ! *Les convives se rassoient. Puis Macbett se rassoit lui aussi.* Buvons, messieurs ! Buvez ! Duncan n'était pas meilleur souverain que moi.

TROISIÈME CONVIVE. – Nous sommes de votre avis, Monseigneur.

MACBETT. – Le pays avait besoin d'un souverain plus jeune, plus énergique et plus vaillant. Vous n'avez rien perdu au change.

QUATRIÈME CONVIVE. – C'est ce que nous pensons, Votre Altesse.

MACBETT. – Que pensiez-vous de Duncan du temps de Duncan ? Et lui disiez-vous ce que vous pensiez de lui ? Disiez-vous qu'il était le plus vaillant ? Le plus énergique des capitaines ? Ou bien lui disiez-vous que je devrais prendre sa place et que le trône me conviendrait mieux qu'à lui ?

PREMIER CONVIVE. – Monseigneur…

MACBETT. – Moi-même je pensais qu'il en était le plus digne. Pensez-vous la même chose ? Pensez-vous autre chose ? Répondez !

DEUXIÈME CONVIVE. – Monseigneur…

MACBETT. – Monseigneur, Monseigneur, Monseigneur… Et après ? C'est la suite que je veux connaître. Vous êtes devenus muets. Que celui qui ose penser que je ne suis pas le meilleur de tous les souverains, passés, présents et à venir, se lève et me le dise. Vous n'osez pas ? *Pause.* Vous n'osez pas. Le plus juste ? Le plus grand ? Pauvres types que vous êtes, allez, enivrez-vous.

E. IONESCO, *Macbett*,
© Éditions Gallimard, 1972.

1. serviteur.
2. insolent.

B. Image

E. IONESCO, *Macbett*, mise en scène de J. Lavelli, avec M. Aumont (Macbett), Théâtre de la Colline, Paris, 1992.

Questions (20 points)

Sur le texte littéraire

1. À la lecture de cet extrait, proposez trois adjectifs pour qualifier Macbett en justifiant votre choix. (5 pts)
2. Quels types de phrases Macbett emploie-t-il majoritairement ? Que révèle cette manière de s'exprimer ? (4 pts)
3. Que dénonce Ionesco à travers l'attitude des autres personnages de cet extrait ? Expliquez en vous appuyant sur le texte. (4 pts)
4. De quel(s) autre(s) texte(s) de théâtre rapprocheriez-vous ce texte ? Justifiez. (4 pts)

Sur le texte et l'image

5. Cette mise en scène correspond-elle à l'image que vous vous êtes faite de Macbett dans cet extrait ? Expliquez. (3 pts)

II Rédaction et maîtrise de la langue

1. a. Réécriture (5 pts)

Récrivez le passage en remplaçant « vous » par « toi ». Faites les modifications nécessaires.

MACBETT. – Et vous ? Ne traînez pas non plus, prenez vos chiens policiers, entrez dans chaque chaumière, donnez l'ordre qu'on ferme les frontières. [...] De quart d'heure en quart d'heure envoyez-moi des estafettes[1] pour me tenir au courant du résultat de vos recherches. Arrêtez toutes les vieilles femmes ayant des allures de sorcières, cherchez dans toutes les cavernes.

E. IONESCO, *Macbett*, © Éditions Gallimard, 1972.

1. militaires chargés de transmettre les dépêches.

1. b. S'entraîner à la dictée : dictée négociée (5 pts)

Afin de préparer la dictée, en binômes, discutez pour :
– justifier les accords à faire pour les verbes entre parenthèses que vous conjuguerez au futur ;
– expliquer l'orthographe des mots soulignés.

MACOL. – Je sens que tous les vices sont si bien greffés en moi que, lorsqu'ils (s'épanouir), le noir Macbett (sembler) pur comme neige et notre pauvre pays le (tenir) pour un agneau, en comparant ses actes à mes innombrables méfaits. [...] Je (forger) d'injustes querelles avec les meilleurs, avec les plus loyaux et je les (détruire) pour avoir leur bien. Je n'ai aucune des vertus qui conviennent aux souverains, la justice, la sincérité, la tempérance, la stabilité, la générosité, la persévérance, la piété, la patience, le courage, la fermeté, je n'en ai même pas l'arrière-goût.

E. IONESCO, *Macbett*, © Éditions Gallimard, 1972.

2. Travail d'écriture (20 pts)

Sujet 1
Rédigez une scène de théâtre qui donne à voir une forme de tyrannie, quelle qu'elle soit.
Votre rédaction sera d'une longueur minimale d'une soixantaine de lignes (300 mots).

Sujet 2
L'art peut-il amener les hommes à réfléchir et à agir face aux problèmes de leur temps ?
Répondez de façon organisée en vous appuyant sur les œuvres littéraires et artistiques que vous avez étudiées ou que vous connaissez.
Votre rédaction sera d'une longueur minimale d'une soixantaine de lignes (300 mots).

Agir sur le monde
Agir dans la cité : individu et pouvoir

9 Quand les écrivains et les artistes s'engagent

➡ **Comment la fiction peut-elle être une arme contre le totalitarisme et les guerres ?**

UTILISABLE EN **EPI**
INTERDISCIPLINARITÉ
HISTOIRE – EMC – HDA – LCA – ESPAGNOL

Lire, comprendre, interpréter

S'interroger et s'informer
- Dictature, totalitarisme et engagement ... 208

Dénoncer les dictatures
- Uf et Wolf, J.-C. GRUMBERG, *Le Petit Chaperon Uf*, T. AVERY ... 210
- 1984, G. ORWELL, 2084, B. SANSAL, J. ZIELIŃSKI ... 212
- Le poulailler, B. MAZEAS, *Contes à rebours* [Texte intégral] ... 214
- La rédaction, A. SKÁRMETA, *Le Cycliste de San Cristobal*, fresques murales [Texte intégral] ... 218

Faire entendre la voix des enfants de la guerre
- Se cacher, É.-E. SCHMITT, *L'Enfant de Noé*, L. MALLE ... 224
- Dans les « cages à tigres », A. MOÏ, *Riz noir*, photographie de presse ... 226
- Révoltes de poètes : V. AUDELON – A. CHEDID – Y. PINGUILLY – J.-P. SIMÉON – B. VIAN ... 228

Lire et échanger sur des œuvres complètes
- **Le cercle des critiques littéraires** Histoires de totalitarismes ... 231

Pratiquer l'oral

- **Analyser et présenter un poème**
  Anthologie de la Résistance : P. ÉLUARD – J. KESSEL – M. DRUON – R. CHAR – R. DESNOS – L. ARAGON ... 232
- **Mettre en voix un poème** ... 235

Pratiquer l'écrit

A. Travailler la langue pour préparer et améliorer l'écrit
Lexique Des préfixes d'origine latine pour exprimer la révolte et l'engagement – Le vocabulaire de l'engagement ... 236
Orthographe Conjuguer le présent du subjonctif ... 237
Grammaire L'expression de l'opposition – La progression thématique d'un texte ... 237

B. Écrire et récrire
Sujet Rédiger un texte engagé à partir d'un dessin [Activité guidée] ... 238

Construire le bilan ... 239
- Qu'ai-je appris ? • Qu'avons-nous compris ? • Je rédige mon bilan

Évaluer ses compétences et se préparer au Brevet ... 240
- **Analyse et interprétation** K. KRESSMAN TAYLOR, *Inconnu à cette adresse*, CH. CHAPLIN
- **Rédaction et maîtrise de la langue** Dictée – Réécriture – Travail d'écriture

● C. F. REUTERSWÄRD, *Revolver au canon noué*, sculpture, 1998, New York (États-Unis), devant le bâtiment principal des Nations Unies.

1. Comment comprenez-vous cette sculpture ?
2. Où se situe-t-elle ? Pourquoi ?

Lire, comprendre, interpréter

S'interroger et s'informer

Dictature, totalitarisme et engagement

▶ **Socle** Les méthodes et outils pour apprendre

UTILISABLE EN AP

INTERDISCIPLINARITÉ
LCA – EMC – HISTOIRE

Le trésor des mots

▶ **Socle** Maîtriser la structure, le sens et l'orthographe des mots

1 **ÉTYMO** « Dictateur » vient du latin *dictator*. Quand le Sénat romain proclame un état d'urgence, un des consuls (plus hauts responsables élus dans la République romaine) désigne un *dictator* choisi parmi les anciens consuls. Le dictateur a les pleins pouvoirs pour une durée de six mois. Le pouvoir des autres élus est suspendu pendant cette période.

a. Que signifie « dictateur » à notre époque ? Citez des dictateurs des XXe ou XXIe siècles.

b. Comparez le mode de nomination et le pouvoir d'un dictateur dans la République romaine et de nos jours.

2 **ÉTYMO** « Totalitaire », du latin *totus*, « tout entier » : cet adjectif apparaît dans le dictionnaire Larousse en 1934 avec le sens de « qui n'admet aucune forme légale d'opposition ».

a. Quels États totalitaires pouvaient être alors désignés ?

b. Connaissez-vous d'autres États totalitaires ?

3 **ÉTYMO** « Fascisme » vient de l'italien *fascismo*, mouvement politique d'extrême droite fondé en 1919 par Benito Mussolini, au pouvoir de 1922 à 1943.

Quels pays européens ont eu un gouvernement fasciste au XXe siècle ?

4 **ÉTYMO** L'adjectif « stalinien » signifie : **a.** relatif à Staline, au stalinisme ; **b.** propre au régime autoritaire instauré par Staline.

a. Où et quand Staline a-t-il instauré ce régime autoritaire ?

b. Quels adjectifs peut-on employer pour caractériser un régime qui ne respecte pas les libertés démocratiques ?

L'engagement citoyen

● Amnesty International, affiche dans le cadre de la campagne menée chaque année à l'occasion de la Journée internationale des droits de l'homme.

« Vos signatures ont le pouvoir »

Rendez-vous sur le site http://www.amnesty.fr/Informez-vous/Les-actus/Vos-signatures-ont-du-pouvoir-12689 et visionnez le spot « Vos signatures ont du pouvoir ».

1 Que montre le spot ? Expliquez.

2 Comment comprenez-vous le choix des couleurs ? la bande son ? Expliquez.

3 **a.** À quel engagement ce spot invite-t-il ? **b.** Le trouvez-vous convaincant ? Justifiez votre point de vue.

208

L'engagement artistique

Jamais je ne pourrai

Claude Roy
(1915-1997)

Ce poète et romancier français a été fait prisonnier pendant la Seconde Guerre mondiale, s'est évadé et s'est affirmé comme l'un des écrivains engagés de son temps.

[...] Le poète n'est pas celui qui dit Je n'y suis pour personne
Le poète dit J'y suis pour tout le monde
Ne frappez pas avant d'entrer
Vous êtes déjà là
5   Qui vous frappe me frappe
J'en vois de toutes les couleurs
J'y suis pour tout le monde [...]

Pour ceux qui meurent parce que les juifs il faut les tuer
pour ceux qui meurent parce que les jaunes cette race-là c'est fait pour être exterminé
10 pour ceux qui saignent parce que ces gens-là ça ne comprend que la trique
pour ceux qui triment parce que les pauvres c'est fait pour travailler
pour ceux qui pleurent parce que s'ils ont des yeux eh bien c'est pour pleurer [...]

C. ROY, « Jamais je ne pourrai », *Poèmes*, © Éditions Gallimard, 1970.

4 Quelle mission le poète se donne-t-il ?
5 Selon lui, a-t-il le choix de son engagement ? Expliquez.
6 Quels procédés d'écriture le poète emploie-t-il pour exprimer son engagement ?

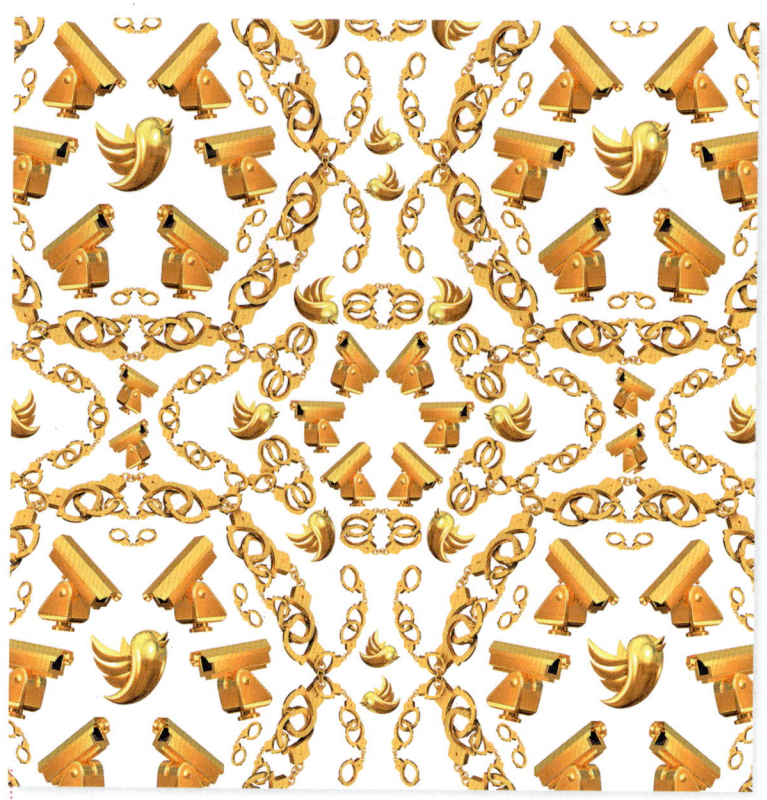

Ai Weiwei
(né en 1957)

Cet artiste chinois, à la fois sculpteur, architecte et photographe, a été emprisonné en 2011 par les autorités chinoises puis libéré sous la pression internationale.

• A. WEIWEI, *Golden Age* (« L'Âge d'or »), exposition Londres 2015, Royal Academy of Art.

7 a. Quels éléments repérez-vous sur ce papier peint ? **b.** Quels liens pouvez-vous faire entre l'oiseau de Twitter et les autres éléments ?
8 Expliquez le titre de l'œuvre.
9 S'agit-il d'une œuvre engagée ? Justifiez votre point de vue.

Uf et Wolf

Petit Chaperon. – Bonjour bonjour je suis une petite fille de village toujours vêtue de rouge si bien que tout le monde au village m'appelle le Petit Chaperon…
Wolf[1], *l'interrompant*. – Papapapapapapapapapa pardon Petit Capuchon !
5 **Petit Chaperon.** – Bonjour monsieur.
Wolf, *portant une main à sa visière*. – Caporal Wolf.
Petit Chaperon. – Enchantée, Chaperon Rouge.
Wolf. – Document !
Petit Chaperon. – Comment ?
10 **Wolf.** – Document ! Papiers papirs laissez-passer ausweis[2] permis séjour carte immatriculation passeport carte grise verte bleue ! Exécution !
Petit Chaperon. – Pourquoi ? Je passe ici tous les jours on me demande jamais rien.
Wolf. – Aujourd'hui montre document tonton Wolf.
15 **Petit Chaperon.** – Pourquoi ?
Wolf. – Parce que loi.
Petit Chaperon. – Loi ?
Wolf. – Loi dit montre document, exécution rapide fixe repos !
20 **Petit Chaperon.** – Et c'est la loi depuis quand ?
Wolf. – Ce matin.
Petit Chaperon. – Ah bon, tenez.
Wolf. – Aaaaaaaaaaaaaaah ! Qu'est-ce que Wolf voit là ?
25 **Petit Chaperon.** – Mon document.
Wolf. – Exact, oui. Et Wolf voit quoi sur document ? […]
Petit Chaperon. – Ma date de naissance.
Wolf. – Exact, exact, absolu exact, date de naissance,
30 je note. Et dans ce coin-là là-haut que voit Wolf ?
Petit Chaperon. – Je sais pas.
Wolf. – Petit Capuchon sait lire ?
Petit Chaperon. – Les grosses lettres et les petites aussi quand elles sont pas attachées.
35 **Wolf.** – Là quelle lettre ?
Petit Chaperon. – U.
Wolf. – U…, oui, alors ?
Petit Chaperon. – Alors quoi ?
Wolf. – Si U là alors toi Uf.
40 **Petit Chaperon.** – Moi quoi ?
Wolf. – Uf ! Si U sur document toi Uf !
Petit Chaperon. – Et c'est quoi Uf ?
Wolf. – Uf c'est Uf. Sur document Wolf personnel pas U là. Wolf pas Uf.

Lire comprendre interpréter — Dénoncer les dictatures

Jean-Claude Grumberg (né en 1939)

Ce dramaturge français a perdu une partie de sa famille déportée dans les camps nazis.

Le saviez-vous ?

À partir de la fin du mois de mai 1941, à la suite d'une décision allemande en France, les Juifs âgés de plus de six ans doivent porter une « étoile juive » de couleur jaune. Un tampon « J » ou « Juif » devait figurer sur les papiers d'identité des Juifs.

F. NUSSBAUM, *Autoportrait avec passeport juif*, 1943, collection privée.

45 Petit Chaperon. – Et y a quoi à la place du U sur document Wolf ?
Wolf. – Rien.
Petit Chaperon. – Rien ?
Wolf. – Seuls Ufs ont U et Oufs O. Silence.
Petit Chaperon. – C'est quoi encore Ouf ? *Le loup se pince le nez comme si ça*
50 *sentait mauvais.* Uf aussi ? *Elle se pince le nez. Wolf approuve. Silence.* Bon ben alors je suis Uf, tant pis, pardon, merci pour le renseignement, bonjour chez vous, au revoir.
Wolf. – Rapapapapapapapapapa. Pas si vite,
55 pas si vite.
Petit Chaperon. – Je suis pressée.
Wolf. – Uf peut pas porter capuchon rouge.
Petit Chaperon. – Pourquoi ?
60 Wolf. – Rouge interdit Uf. Uf doit porter capuchon jaune.
Petit Chaperon. – Pourquoi ?
Wolf. – Parce que jaune couleur Uf.
Petit Chaperon. – Pourquoi ?
65 Wolf. – Loi.
Petit Chaperon. – C'est quoi loi ?
Wolf. – Loi c'est loi. Et moi cabot[3] heu caporal-chef Wolf ouah ouahouahouah ! Police parc jardin bois doit faire respecter loi dans
70 parc jardin bois. Loi dit pas rouge pour Uf. Toi enlever ça !
Petit Chaperon. – Non mais ça va pas ! Lâchez-moi ! Moi si j'aime le rouge ?
Wolf. – Rouge réservé.
75 Petit Chaperon. – Réservé à qui encore ?
Wolf. – Non-Ufs portent rouge. Ufs jaune. *Il arrache le capuchon rouge du Petit Chaperon et lui jette un horrible capuchon jaune.* Jaune couleur Uf !

J.-C. Grumberg, *Le Petit Chaperon Uf,* © Actes Sud, 2005, Flammarion, 2015.

1. loup en allemand. 2. carte d'identité en allemand. 3. chien en argot.

• Photogramme, T. Avery, 1942, film d'animation *Blitz Wolf.*

Lecture

▶ Socle *Élaborer une interprétation de textes littéraires*

1 Selon vous, à quel public cette pièce de théâtre s'adresse-t-elle ? Justifiez par plusieurs arguments.

2 a. Quel vous semble être le message de ce texte ? Expliquez. **b.** Que pensez-vous de la manière choisie par l'auteur pour le transmettre ? Échangez pour comparer vos points de vue.

3 En quoi ce texte peut-il intéresser un lecteur d'aujourd'hui ? Expliquez.

Lecture d'image

▶ Socle *Établir des liens entre des productions littéraires et artistiques*

A Observez le personnage ci-dessus. **a.** Qui représente-t-il ? **b.** Expliquez.

B Dans quelle attitude est-il montré ? Pourquoi ? Expliquez.

C Quels liens pouvez-vous établir entre le texte de Grumberg et le film d'animation de T. Avery ?

Lire comprendre interpréter

Dénoncer les dictatures — INTERDISCIPLINARITÉ HDA

1984

George Orwell (1903-1950)

Cet écrivain britannique dénonce les totalitarismes du XXe siècle.

Au début du roman, dans l'appartement de Winston qui regarde la fenêtre.

Bien que le soleil brillât et que le ciel fût d'un bleu dur, tout semblait décoloré, hormis les affiches collées partout. De tous les carrefours importants, le visage à la moustache noire vous fixait du regard. Il y en avait un sur le mur d'en face. BIG BROTHER VOUS REGARDE, répétait la
5 légende, tandis que le regard des yeux noirs pénétrait les yeux de Winston. Au niveau de la rue, une autre affiche, dont un angle était déchiré, battait par à-coups dans le vent, couvrant et découvrant alternativement un seul mot : ANGSOC[1]. Au loin, un hélicoptère glissa entre les toits, plana un moment, telle une mouche bleue, puis repartit comme une flèche, dans
10 un vol courbe. C'était une patrouille qui venait mettre le nez aux fenêtres des gens. Mais les patrouilles n'avaient pas d'importance. Seule comptait la Police de la Pensée.

Derrière Winston, la voix du télécran continuait à débiter des renseignements sur la fonte[2] et sur le dépassement des prévisions pour le neuvième
15 plan triennal[3]. Le télécran recevait et transmettait simultanément. Il captait tous les sons émis par Winston au-dessus d'un chuchotement très bas. De plus, tant que Winston demeurait dans le champ de vision de la plaque de métal, il pouvait être vu aussi bien qu'entendu. Naturellement, il n'y avait pas moyen de savoir si, à un moment donné, on était surveillé. Combien de
20 fois, et suivant quel plan, la Police de la Pensée se branchait-elle sur une ligne individuelle quelconque, personne ne pouvait le savoir. On pouvait même imaginer qu'elle surveillait tout le monde, constamment. Mais de toute façon, elle pouvait mettre une prise sur votre ligne chaque fois qu'elle le désirait. On devait vivre, on vivait, car l'habitude devient instinct, en
25 admettant que tout son émis était entendu et que, sauf dans l'obscurité, tout mouvement était perçu.

Winston restait le dos tourné au télécran. Bien qu'un dos, il le savait, pût être révélateur, c'était plus prudent. À un kilomètre, le ministère de la Vérité, où il travaillait, s'élevait vaste et blanc au-dessus du paysage si-
30 nistre. Voilà Londres, pensa-t-il avec une sorte de vague dégoût, Londres, capitale de la première région aérienne, la troisième, par le chiffre de sa population, des provinces de l'Océania[4]. Il essaya d'extraire de sa mémoire quelque souvenir d'enfance qui lui indiquerait si Londres avait toujours été tout à fait comme il la voyait.

G. ORWELL, *1984*, traduction de A. Audiberti, © Éditions Gallimard, 1950.

• M. J. WAISSMAN, *Homme paranoïaque avec des yeux derrière lui*, XXIe siècle.

1. nom donné au socialisme anglais.
2. alliage de fer et de carbone.
3. sur trois ans.
4. pays imaginaire soumis à un régime totalitaire.

Lecture ▶ Socle *Élaborer une interprétation de textes littéraires*

1 Quelle est la principale caractéristique du monde dans lequel vit Winston ? Expliquez en citant le texte.

2 a. Que signifie « BIG BROTHER » ? b. Comment comprenez-vous le choix de ce nom ? c. Quel personnage historique peut se cacher derrière le portrait de BIG BROTHER ?

3 Winston apprécie-t-il le monde dans lequel il vit ? Justifiez en citant le texte.

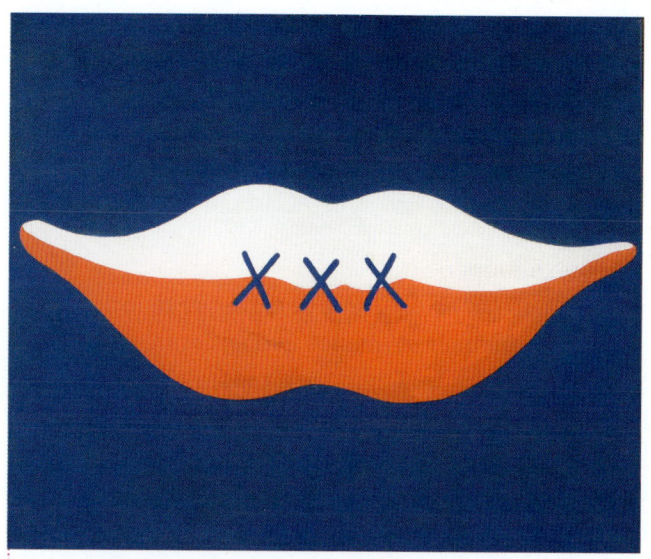

J. ZIELIŃSKI, *The Smile or Thirty Years, Ha, Ha, Ha* (« Le Sourire ou Trente ans »), 1974.
Ce tableau détourne le symbole XXX utilisé en 1974 par le gouvernement de la République populaire de Pologne (dont le drapeau est rouge et blanc) pour célébrer les trente ans du régime communiste dans ce pays.

Jerzy Zieliński
(1943-1980)

Artiste polonais peintre et sculpteur.

Histoire des arts

▶ **Socle** *Décrire une œuvre d'art en employant un lexique simple adapté – Établir des liens entre des productions littéraires et artistiques*

A Décrivez le tableau et expliquez ce qu'il signifie.

B Expliquez son titre.

C Quel lien faites-vous entre cette œuvre et le totalitarisme ?

2084

Boualem Sansal
(né en 1949)

Cet auteur algérien a reçu de nombreux prix littéraires.

Ati vit en Abistan, un empire imaginaire où règne la dictature de la Juste Fraternité.

Ati n'était pas libre et ne le serait jamais mais, fort seulement de ses doutes et de ses peurs, il se sentait plus vrai qu'Abi[1], plus grand que la Juste Fraternité et son tentaculaire Appareil, plus vivant que la masse inerte et houleuse des fidèles, il avait acquis la conscience de son état,
5 la liberté était là, dans la perception que nous ne sommes pas libres mais que nous possédons le pouvoir de nous battre jusqu'à la mort pour l'être. [...] L'Appareil peut le détruire, l'effacer, il pourrait le retourner, le reprogrammer et lui faire adorer la soumission jusqu'à la folie, il ne pourra lui enlever ce qu'il ne connaît pas, n'a jamais vu, jamais eu, n'a
10 jamais reçu ni donné, que pourtant il hait par-dessus tout et traque sans fin : la liberté. [...] L'esclave qui se sait esclave sera toujours plus libre et plus grand que son maître, fût-il le roi du monde.
   Ati mourrait ainsi, avec un rêve de liberté dans le cœur, il le voulait, c'était une nécessité, car il savait qu'il ne pourrait jamais avoir plus, et
15 que vivre dans pareil système n'était pas vivre, c'était tourner à vide, pour rien, pour personne, et mourir comme se désagrègent les objets inanimés.

B. SANSAL, *2084. La fin du monde,* © Éditions Gallimard, 2015.

1. chef suprême de l'Abistan.

Oral

▶ **Socle** *Participer de façon constructive à des échanges oraux*

1 Qu'est-ce que « l'Appareil » dans le texte de B. Sansal ?

2 Qu'est-ce qui caractérise le personnage d'Ati ? Vous est-il sympathique ou non ? Partagez vos points de vue.

3 Quels liens pouvez-vous tisser entre les deux textes ?

Lire comprendre interpréter

Dénoncer les dictatures

INTERDISCIPLINARITÉ HISTOIRE

Le poulailler

TEXTE INTÉGRAL

Bernard Mazeas
(né en 1941)

Bernard Mazeas est un journaliste radio et un auteur dramatique français.

Il était huit heures trois, exactement.
Finch se souvenait de l'heure avec d'autant plus de précision que les informations venaient de commencer et que les événements, justement, débutèrent par le canal de la télévision. Finch s'était installé dans un fau-
5 teuil profond. Il avait disposé, autour de lui, tout ce qui lui fallait pour une longue soirée de solitaire : plateau avec repas froid, boissons, cigarettes, et aussi quelques livres, au cas où les programmes des diverses chaînes ne lui conviendraient pas.
  Finch, donc, regardait les actualités, quand quelqu'un remit au pré-
10 sentateur un télex[1]. Le journaliste lut le télex et devint vert. Mais vert, littéralement. Il fut pris de tremblements, de bégaiements. De ses propos tout à fait confus, Finch crut comprendre que le pays était envahi, soudainement, qu'il convenait de faire des provisions, de se mettre à l'abri, au plus tôt. Puis l'image se brouilla, et l'écran devint noir.
15   Finch était agacé. Ces procédés, sûrement publicitaires, étaient inconvenants[2] dans une émission aussi importante que les informations. Il alluma la radio. Or, quel que fût le poste qu'il choisît, on n'entendait rien sinon une espèce de crachotis. Finch s'apprêtait à téléphoner à des voisins, pour se renseigner, quand le premier coup de canon tonna, au
20 loin, probablement dans les quartiers ouest.
  Finch s'arrêta de composer son numéro et écouta. Effectivement, d'autres coups de canon se succédèrent, suivis bientôt par des rafales de mitraillettes, des salves d'armes automatiques. Il y eut des cris.
  Finch s'était assis dans son fauteuil ; il regardait autour de lui, son
25 salon, l'appartement, les meubles, et aussi ses mains, ses bras, ses pieds, pour se prouver qu'il ne rêvait pas. Eh non, il ne rêvait pas, car soudain il entendit avec précision des bruits de bottes, de quantité de bottes, qui martelaient le sol de la rue.
  Finch se leva d'un bond et courut à la
30 fenêtre. Il s'apprêtait à ouvrir les volets quand une rafale éclata, tout près. Il recula lentement, et se laissa tomber sur son fauteuil, ahuri.
  Il alluma la télévision. L'écran était tou-
35 jours noir. Alors, il entendit le bruit des bottes, dans les escaliers. Et que l'on frappait, à l'étage en dessous. Et aussi que l'on continuait à monter. Et voilà, oui, voilà qu'à présent on frappait à la porte d'entrée.
40   Que dire de l'état d'esprit de Finch à ce moment-là ? Un ensemble de pensées, de sentiments contradictoires se heurtaient en lui, avec, tout de même, l'intuition que tout cela n'était qu'une blague énorme.

1. message télégraphique.
2. déplacés.

• T. NICHOLSON, *Chickens* (« Poulets »), 1939, huile sur toile, collection privée.

Finch se leva, croisa serré son veston d'intérieur, claqua les talons, et marcha vers l'entrée, avec beaucoup de dignité. Il ouvrit la porte : aussitôt une trentaine de poules pénétrèrent chez lui.

Finch, effaré, observa les poules. Longuement. Elles allaient, venaient, montaient sur les meubles, picoraient les rideaux, voletaient un peu partout, comme si elles avaient été chez elles. Reprenant ses esprits, Finch courut à la fenêtre et ouvrit les rideaux. Eh bien là, en dessous, oui, il pouvait parfaitement voir des nuées de poules déambulant sur les trottoirs, sur la chaussée. Et aussi, des corps d'hommes, de femmes, étendus sur la chaussée, parmi les voitures arrêtées dans tous les sens. De même, il distinguait, plus loin, des colonnes de gens qui faisaient la queue devant des magasins d'alimentation.

À présent, les poules étaient entrées dans la cuisine. Elles avaient réussi à ouvrir les placards, le four et la cuisinière, le réfrigérateur. Elles fouillaient partout, voletant et caquetant.

Finch alluma de nouveau la radio, et entendit cette chose extraordinaire : en ce moment précis, des milliers de poules défilaient sur les Champs-Élysées, alors que sur les trottoirs la population parisienne les regardait passer, dans le plus grand silence. Très vite, le speaker laissa sa place à une poule, qui caqueta sur les ondes, avec une voix rauque.

Finch s'était laissé tomber sur son fauteuil, saisi. À présent, l'histoire ne faisait plus de doute. Le fait de défiler sur les Champs-Élysées, dans l'esprit de Finch, et de tout le monde d'ailleurs, était bien la manifestation la plus évidente de l'**abdication** du pays.

C'est alors qu'un mouvement de révolte fulgurant secoua Finch, des pieds à la tête. Se laisser envahir est une chose, les voies de la politique et de l'économie étant tout à fait insondables. Mais par des poules, non ! Finch allait résister, et il y en aurait des milliers, des millions, comme lui, pour se ruer dans les rues. Il se leva d'un bond, courut vers l'entrée, traversa son hall, et se retrouva sur le palier.

Alors, il entendit caqueter violemment, au-dessus de lui. Il leva les yeux, et vit le corps d'un homme qui roulait, dans les escaliers. Une femme, plus haut, hurlait. Puis la femme descendit en courant, et se pencha sur l'homme qui avait arrêté sa course contre la porte de Finch. Elle se mit à pleurer, doucement. Et doucement encore, elle ramassa le revolver que l'homme avait laissé tomber. Elle se releva, regarda Finch : « Tout est inutile, Monsieur, dit-elle. Ces maudites sont trop fortes pour nous. »

Finch rentra aussitôt chez lui et se mit à réfléchir à ce problème de poules. En réalité, la violence était-elle le moyen de défendre les libertés ? Et quelles libertés ? Le système poule, après tout, pouvait ne pas être pire qu'un autre. Finch observa les poules de près. Il décida de les comprendre, et pour cela le premier moyen consistait à les imiter, à adopter leur allure, à partir de quoi, probablement, on finirait par percer leur langage, et caqueter soi-même avec efficacité.

Sans quitter les poules des yeux, Finch marcha dans son appartement, les jambes écartées, les bras repliés, les mains fourrées sous ses aisselles. Le plus difficile était d'acquérir ce mouvement de cou des poules, qui exigeait une

● Foule tendant le petit livre rouge de Mao durant une manifestation du 1er mai, à Pékin, Chine, 1969.

La clé des mots

Le nom **abdication** vient du latin *abdicare* (*ab-* exprime une séparation et *dicare* signifie « s'attacher à », se ranger auprès de »).
● En vous aidant du contexte, dites ce que signifie ce mot.

Lire comprendre interpréter

Dénoncer les dictatures

R. CAMPBELL, *The Chicken House* (« Le Poulailler »), XXIᵉ siècle, huile sur toile, collection privée.

extension en avant de la tête, suivie d'une rétraction immédiate, et ceci à chaque pas. Il fallait aussi, quand on s'arrêtait, piquer du nez vers le sol, tourner le bec de tous côtés, par petits mouvements brusques. L'inconvénient de ces pratiques était de déplacer le centre de gravité du corps, et, par voie de conséquence, l'équilibre s'en trouvait perturbé. Cependant, les poules étant à présent ce qu'elles étaient, il convenait de s'adapter au mieux.

Très vite, Finch se rendit compte que, malgré ses efforts, aucune amélioration ne semblait s'être établie dans ses rapports avec les poules. Elles continuaient à se promener, à picorer, à faire leurs besoins un peu partout. Il jugea que son apparence, seule, suffisait à lui attirer le mépris de l'envahisseur.

Il fouilla dans ses armoires et trouva une panoplie d'Indien qu'il avait utilisée quelques mois auparavant, à l'occasion d'une réunion masquée donnée par son chef de service. Et là-dessus, il y avait des plumes en quantité. Il s'installa sur la table du living, découpa, tailla, remodela, colla, cousit. Il put donc bientôt adapter une crête sur sa tête, ainsi que, sur la ceinture de son pantalon, un ensemble de plumes qui retombaient sur son derrière. Et le tout à l'avenant[3].

Ainsi harnaché, il marcha jusqu'à la fenêtre. À dire vrai, il nota que maintenant les poules le regardaient de côté, avec satisfaction, semblait-il. Dans la rue, les gens s'étaient eux-mêmes transformés en poule, avec plus ou moins de bonheur. En effet, si certains s'étaient parfaitement identifiés à des poules géantes, d'autres n'avaient pu se débarrasser tout à fait de leurs allures humaines, ce qui, dans les mouvements, dans les attitudes, les rendait gauches. Finch songea qu'ainsi, déjà, ces différences préfiguraient les diverses classes qui composeraient la société de demain.

Et tout à coup Finch se sentit le besoin de jouer un rôle déterminant dans cette société future. Après tout, son mépris de la chose publique, jusqu'ici, ne l'avait-il pas conduit à mener une vie médiocre parmi des gens médiocres ? Non, non, tout cela devait changer.

Finch revint vers la cuisine, ouvrit un paquet de riz qu'il jeta, à la volée, sur le sol. Les poules picorèrent de plus belle ; s'agenouillant, Finch se mit à picorer aussi.

Son repas terminé, il se demanda où il dormirait. En fait, il aurait très bien pu s'allonger sur son lit, mais il craignait, en cela, non seulement de

3. de la même manière.

vexer les poules, mais de leur rappeler qu'il n'était en réalité que le représentant d'une nation vaincue. Alors, il se mit à démonter ses meubles. Il adapta divers morceaux de bois, ou de métal, de manière à en faire des perchoirs. Il coupa, tailla, rabota, scia, vissa, cloua tant et si bien que quelques heures plus tard l'appartement était transformé en poulailler. Et au petit matin Finch s'endormit, recroquevillé sur un bout de bois, à hauteur du lustre du salon.

Il fut réveillé, plus tard, par le bruit de la sonnette. Il se leva, alla ouvrir, et se trouva en présence de ses voisins du dessus, lesquels s'étaient eux-mêmes transformés en poules. En fait, ils venaient l'inviter à assister, chez eux, à un combat de coqs qui était retransmis en direct à la télévision.

Finch accepta l'invitation et monta. L'appartement du dessus avait été lui aussi transformé en poulailler, et de la meilleure façon. Finch se jucha sur une traverse, et accepta volontiers les grains divers que la maîtresse de maison offrait aux uns et aux autres en sautant de traverse en traverse. On ne parlait pas, car caqueter entre soi ne correspondait pas encore à un langage tant que l'on n'en avait pas déterminé les principes grammaticaux, et il n'était pas question, bien sûr, ni de reprendre l'ancien langage, ni de se laisser aller à des manifestations anciennes, telles que le sourire, le rire ou les pleurs.

On en était au début du combat quand l'écran se brouilla. Puis il redevint normal, et une poule se mit à caqueter un texte que personne ne comprit. On nota, toutefois, qu'elle manifestait un certain affolement.

Et l'écran devint noir, juste au moment où l'on entendit, au loin, le bruit du canon. On se regarda, ahuris et on attendit. Bientôt, on perçut les bruits d'une bataille qui faisait rage, et se rapprochait, jusque dans la rue, en bas. Sur les perchoirs, Finch et ses compagnons étaient tendus. Peu après, des bruits de pas bottés martelèrent le sol, et l'on monta dans les escaliers. Quand on frappa à la porte, la voisine de Finch, d'un bond formidable, se retrouva près de son mâle. Elle enfouit son bec sous les plumes de ce dernier, terrorisée.

Finch sauta sur le sol. Lentement, et se dandinant avec élégance, il marcha jusqu'à la porte, qu'il ouvrit. Et alors, un renard entra dans la pièce.

B. MAZEAS, *Contes à rebours*, Histoire et nouvelles du temps de vivre n° 1, © Mengès, 1976.

Lecture

▶ Socle *Élaborer une interprétation de textes littéraires*

1 a. Quelles caractéristiques d'une dictature cette nouvelle évoque-t-elle ? **b.** Quelles sont les différentes étapes de sa mise en œuvre ?

2 a. Quelles sont les différentes réactions de Finch ? des autres personnages ? Expliquez. **b.** L'auteur porte-t-il un jugement sur ces attitudes ? Justifiez.

3 Comment comprenez-vous la dernière phrase du texte ? Expliquez.

4 Selon vous, s'agit-il d'un récit fantaisiste ou symbolique ? Justifiez.

5 Jugez-vous ce texte ironique, satirique ? Justifiez votre réponse.

Oral

▶ Socle *Participer de façon constructive à des échanges oraux*

Selon vous, cette nouvelle constitue-t-elle un bon moyen de lutter contre la dictature ? Échangez.

Écriture

▶ Socle *Utiliser l'écrit pour penser et pour apprendre*

1 Comment réagissez-vous à la lecture de ce texte ? Expliquez.

2 Racontez en un paragraphe la suite immédiate de cette nouvelle.

Lire comprendre interpréter

Dénoncer les dictatures — UTILISABLE EN EPI

INTERDISCIPLINARITÉ HDA – ESPAGNOL

La rédaction

TEXTE INTÉGRAL

Antonio Skármeta
(né en 1940)

Ce professeur d'université et écrivain chilien a dû s'exiler en Europe en 1973 pour fuir la dictature du général Pinochet.

Pour son anniversaire, Pedro a reçu un ballon. Il a protesté parce qu'il l'aurait voulu en cuir blanc, avec des carrés noirs, comme ceux dans lesquels shootent les footballeurs professionnels. Celui-là, en plastique, et jaune par-dessus le marché, lui semblait beaucoup trop léger.

Quand on veut marquer un but en faisant une tête, il s'envole. On dirait un oiseau tellement il pèse pas.

Tant mieux, lui dit son père. Comme ça, tu te feras pas mal à la tête.

Et il lui fit de la main le geste de se taire parce qu'il voulait écouter la radio. Depuis le mois précédent, depuis que les rues de Santiago[1] s'étaient remplies de soldats, Pedro avait remarqué que son papa, tous les soirs, s'asseyait dans son fauteuil préféré, sortait l'antenne de la radio verte et écoutait avec attention des nouvelles qui arrivaient de très loin. Parfois, il venait des amis de son père qui fumaient comme des cheminées et, après, s'étendaient par terre et se collaient au haut-parleur comme s'il allait leur distribuer des bonbons par les trous.

Pedro demanda à sa maman :

« Pourquoi ils écoutent toujours cette radio pleine de crachouillis ?

– Parce que ce qu'elle dit est intéressant.

– Et qu'est-ce qu'elle dit ?

– Des choses sur nous, sur notre pays.

– Quelles choses ?

– Des choses qui arrivent.

– Et pourquoi on l'entend si mal ?

– Parce que la voix vient de très loin. »

Et Pedro tout ensommeillé se mettait à la fenêtre et tâchait de deviner entre quelles montagnes de la Cordillère[2] que lui offrait sa fenêtre la voix de la radio pouvait bien se faufiler.

En octobre, Pedro disputa de grands matchs de football dans le quartier. Ils jouaient dans une rue pleine d'arbres, et courir à leur ombre au printemps était presque aussi agréable que de nager dans la rivière en été. Pedro sentait que les feuilles bruissantes étaient comme l'énorme verrière d'un stade couvert et qu'elles l'ovation-

Le saviez-vous ?

À Santiago du Chili, à partir de 1990, au moment où le pays sortait de dix-sept ans de dictature militaire, une Française, Valérie Joubert Anghel, a photographié un millier de peintures de rues aujourd'hui effacées : fresques murales anonymes et clandestines réalisées par des brigades d'artistes militants engagés au péril de leur vie dans le combat quotidien contre la dictature du général Pinochet.

V. JOUBERT ANGHEL, « "Liberté" sur l'étoile du drapeau chilien emprisonnée », 1991, Quartier de *La Victoria*, Santiago du Chili.

naient[3] quand il recevait une passe précise de Daniel, le fils de l'épicier, ou s'infiltrait comme Simonsen[4] entre les grands de la défense pour marquer un but.

« But ! », criait Pedro. Et il courait embrasser tous ceux de son équipe qui le portaient en triomphe comme s'il était un drapeau ou un cerf-volant. Bien que Pedro eût déjà neuf ans, il était le plus petit du coin et c'est pour ça que tout le monde l'appelait « microbe ».

« Pourquoi t'es si petit, lui demandait-on quelquefois pour l'embêter.

– Parce que mon papa est petit et ma maman est petite.

– Et sûrement aussi ton grand-père et ta grand-mère, parce que t'es vraiment microbe.

– Je suis microbe, mais je suis intelligent et rapide. Tandis que, toi, la seule chose que tu sais bouger vite, c'est ta langue. »

Un jour, Pedro fit une attaque foudroyante sur l'aile gauche jusqu'à l'endroit où aurait dû se trouver le fanion[5] de corner si ça avait été sur un vrai terrain et non pas dans la rue de terre du quartier. Quand il arriva sur Daniel, le fils de l'épicier, il fit croire, d'une feinte de la taille, qu'il allait avancer, mais il bloqua le ballon du pied, le fit passer par-dessus le corps de Daniel, déjà à plat ventre dans la boue, et doucement le fit rouler entre les pierres qui marquaient le but.

« But ! », cria Pedro. Et il courut au centre du terrain pour y recevoir l'accolade[6] des copains. Mais, cette fois, personne ne bougea. Ils étaient tous cloués sur place à regarder l'épicerie. Quelques fenêtres s'ouvrirent et des gens s'y penchèrent, les yeux fixés au coin de la rue, comme si un célèbre magicien venait d'arriver ou bien le cirque des Aigles-Humains avec ses éléphants danseurs. D'autres portes, cependant, s'étaient fermées, claquées par un coup de vent imprévu. C'est alors que Pedro vit le père de Daniel emmené par deux hommes qui le tiraient, tandis qu'un piquet[7] de soldats pointait sur lui leurs mitraillettes.

Quand Daniel voulut s'approcher, un des hommes l'arrêta en lui mettant la main sur la poitrine.

« Bouge pas ! », lui cria-t-il.

L'épicier regarda son fils et lui dit tout doucement.

V. JOUBERT ANGHEL, « Pour la libération des prisonniers politiques », 1990, Quartier de *La Victoria*, Santiago du Chili.

« Surveille bien le magasin. »

Au moment où les hommes le poussaient vers la Jeep, il voulut mettre une main dans sa poche et aussitôt un soldat leva sa mitraillette :

« Attention !

– Je voudrais donner les clés au gosse. »

Un des hommes le bloqua du coude.

« C'est moi qui vais le faire. »

Il palpa le pantalon du prisonnier et, là où se produisit un bruit métallique, il plongea la main et sortit les clés. Daniel les saisit au vol. La Jeep partit et les mères se précipitèrent sur les trottoirs, attrapèrent leurs enfants par le cou et les rentrèrent à la maison. Pedro resta près de Daniel dans le tourbillon de poussière qu'avait soulevé la Jeep.

« Pourquoi on l'a emmené ? », demanda-t-il.

Daniel enfonça les mains dans ses poches et serra les clés au fond.

« Mon papa, il est de gauche, dit-il.

– Et ça veut dire quoi ?

– Qu'il est antifasciste. »

Pedro avait déjà entendu ce mot le soir quand son père était près de la radio verte, mais il ne savait pas encore ce que ça voulait dire et, surtout, il avait du mal à le prononcer. Le « f » et le « s » s'embrouillaient sur sa langue et ça faisait un bruit plein d'air et de salive quand il le disait.

1. capitale du Chili.
2. chaîne de montagnes en Amérique du Sud.
3. l'applaudissaient.
4. célèbre footballeur dans les années 1970.
5. drapeau.
6. l'embrassade.
7. groupe.

> **Lire comprendre interpréter** — Dénoncer les dictatures

« Ça veut dire quoi anti-fa-ciste ? » demanda-t-il.
Son ami regarda la rue vide à présent et lui dit comme un secret.
« C'est quand on veut que le pays soit libre. Que Pinochet s'en aille.
– Et c'est pour ça qu'on les met en prison ?
– Je crois.
– Qu'est-ce que tu vas faire ?
– Je sais pas. »
Un ouvrier s'approcha lentement et vint passer sa main dans les cheveux de Daniel, l'ébouriffant encore plus que d'habitude.
« – Je vais t'aider à fermer », dit-il.
Pedro prit le chemin du retour en poussant le ballon du pied, et comme il n'y avait dans la rue personne avec qui jouer, il courut jusqu'à l'autre carrefour attendre le bus qui ramènerait son père du travail. Quand son père descendit, Pedro l'attrapa par la taille et son père se pencha pour l'embrasser.
« Maman n'est pas encore rentrée ?
– Non, dit l'enfant.
– Tu as beaucoup joué au foot ?
– Un peu. »
La main de son père attrapa sa tête et la serra contre sa poitrine en une caresse.
« Y a des soldats qui sont venus arrêter le père de Daniel.
– Oui, je sais, dit le père.
– Et comment tu le sais ?
– On m'a prévenu par téléphone.
– Daniel, c'est lui le patron maintenant. Peut-être il va me donner des bonbons.
– Je ne crois pas.
– On l'a emmené dans une Jeep comme celles qu'il y a dans les films. »
Le père ne répondit rien. Il respira profondément et resta là à regarder la rue avec une grande tristesse. Bien que ce fût un jour de printemps, on n'y voyait ni femmes ni enfants – que des hommes qui revenaient lentement de leur travail.
« Tu crois qu'on le verra à la télé ?
– Quoi ? demanda le père.
– Le père de Daniel.
– Non. »
Le soir, ils s'assirent tous les trois à table et, bien que personne ne lui ait dit de se taire, Pedro n'ouvrit pas la bouche, comme gagné par le silence de ses parents, et il regardait les dessins de la nappe comme si les fleurs brodées avaient été dans un endroit très loin. Soudain sa mère se mit à pleurer sans bruit.
« Pourquoi elle pleure, maman ? »
Le père regarda d'abord Pedro, puis sa femme et ne répondit pas. La mère dit :
« Je ne pleure pas.
– Quelqu'un t'a fait quelque chose ? demanda Pedro.
– Non. »
Ils finirent de manger en silence et Pedro alla mettre son pyjama, qui était orange avec plein d'oiseaux et de lapins. Quand il revint, son père et sa mère se tenaient enlacés dans le fauteuil, l'oreille tout près de la radio qui émettait des sons bizarres, encore plus vagues que d'habitude à cause du faible niveau. Devinant presque que son père allait mettre un doigt sur ses lèvres et lui faire signe de se taire, Pedro demanda très vite :
« – Papa, t'es de gauche, toi ? »
L'homme regarda son fils, sa femme, et puis tous les deux regardèrent Pedro. Après quoi il leva et baissa lentement la tête pour acquiescer[8].
« On va t'arrêter toi aussi ?
– Non, dit le père.
– Et comment tu le sais ?
– Tu me portes chance, moineau », dit l'homme en souriant.
Pedro s'appuya au cadre de la porte, heureux qu'on ne l'envoie pas se coucher tout de suite comme les autres soirs. Il prêta attention à la radio, en essayant de comprendre ce qui attirait ses parents et leurs amis chaque soir. Quand il entendit la voix du speaker dire : « La junte fasciste[9] », il sentit que toutes les choses qui, jusque-là flottaient éparses dans sa tête, s'assemblaient comme dans ces puzzles où, petit bout par petit bout, il recomposait l'image d'un voilier.
« Papa ! s'écria-t-il. Moi aussi je suis antifasciste ? »
Le père regarda sa femme comme si la réponse à cette question était écrite dans ses yeux à elle, et la mère gratta sa pommette[10] d'un air amusé et finit par dire :
« C'est difficile à dire.
– Et pourquoi ?

---
8. approuver.
9. groupe de militaires.
10. haut de la joue.

– Parce que les enfants ne sont anti-rien. Les enfants sont seulement des enfants. Les enfants de ton âge doivent aller à l'école, beaucoup étudier, jouer encore plus, et bien aimer leurs parents. »

Chaque fois qu'on disait à Pedro de si longues phrases, il ouvrait grands les yeux en espérant que le puzzle allait s'organiser dans sa tête. Mais cette fois il battit les cils, le regard fixé sur la radio.

« Bon, dit-il en se grattant le nombril qui pointait chaque fois que le pantalon de son pyjama commençait à glisser, mais si le papa de Daniel est en prison, Daniel ne pourra pas aller à l'école.

– Allez, au lit, moineau », dit le père.

Le lendemain, Pedro avala deux petits pains avec de la confiture, promena un doigt dans le lavabo, s'essuya le coin des yeux et partit ventre à terre à l'école pour qu'on ne lui marque pas un autre retard. En chemin, il vit un beau cerf-volant bleu pris dans les branches d'un arbre, mais il eut beau sauter et sauter, rien à faire. La cloche n'avait pas encore fini de sonner, ding, dong quand la maîtresse entra, toute raide, accompagnée d'un monsieur en uniforme militaire, une médaille sur la poitrine longue comme une carotte, des moustaches grises et des lunettes plus noires que la crasse des genoux. Il ne les enleva pas, peut-être parce que le soleil entrait dans la classe comme s'il avait voulu l'incendier.

La maîtresse dit :

« Debout mes enfants, et bien droits. »

Les enfants se levèrent et attendirent le discours du militaire qui souriait avec ses moustaches en brosse à dents sous ses lunettes noires.

« Bonjour mes petits amis, dit-il. Je suis le capitaine Romo et je suis venu de la part du gouvernement, c'est-à-dire du général Pinochet, de l'amiral Merino, du général Leigh et de César Mendoza[11], pour inviter toutes les classes de cette école à écrire une rédaction. Celui qui aura écrit la plus belle de toutes recevra des mains du général Pinochet lui-même une médaille en or et un ruban comme celui-là aux couleurs du drapeau chilien. »

Il croisa les mains derrière son dos, se plaça, d'un saut, jambes écartées et étira le cou en levant un peu le menton.

« Attention ! Asseyez-vous ! »

Les enfants obéirent en se grattant à deux mains.

« Bien, dit le militaire. Prenez vos cahiers... Les cahiers sont prêts ? Bien ! Prenez vos crayons. Les crayons sont prêts ? Écrivez ! Sujet de la rédaction : "Ma maison et ma famille." Vu ? C'est-à-dire ce que vous faites, vous et vos parents, à votre retour de l'école et du travail. Les amis qui viennent. Ce dont on parle. Les réflexions qu'on fait quand on regarde la télé. Tout ce qui vous passera par la tête, librement, en toute liberté. Prêts ? Une, deux, trois, partez.

– On peut effacer, m'sieu ? demanda un enfant.

– Oui, dit le capitaine.

– On peut écrire avec un Bic ?

– Oui, jeune homme, bien sûr !

– On peut écrire sur une copie, m'sieu ?

– Deux ou trois pages. »

Les enfants protestèrent en chœur.

« Bon, dit le capitaine. Une ou deux alors. Au travail. »

Les enfants mirent leur crayon entre les dents et regardèrent au plafond pour voir si, par un petit trou, l'oiseau de l'inspiration n'allait pas descendre vers eux. Pedro suçait avec force le bout de son crayon, mais il n'en sortit pas le

• V. JOUBERT ANGHEL, « "Pour les Droits humains". Résistance contre la dictature », 1990, Quartier de *La Victoria*, Santiago du Chili.

11. membres de la junte.

Lire comprendre interpréter

Dénoncer les dictatures

moindre mot. Il fourragea dans son nez et colla sous la table une petite crotte qui en était sortie par hasard. Leïva, son voisin de table, était en train de se ronger les ongles un à un.

« Tu les manges ? lui demanda Pedro.
– Quoi ?
– Les ongles.
– Non, je les coupe avec mes dents et après les crache. Comme ça. T'as vu. »

Le capitaine s'approcha dans l'allée et Pedro put voir à quelques centimètres la boucle dure et brillante de son ceinturon.

« Et vous, vous ne travaillez pas ?
– Si, m'sieu », dit Leïva.

Et, à toute vitesse, il fronça les sourcils, sortit sa langue entre ses dents et écrivit un grand « A » pour commencer sa rédaction. Quand le capitaine fut revenu au tableau et se fut installé pour parler tout doucement avec la maîtresse, Pedro jeta un coup d'œil à la feuille de Leïva :

« Qu'est-ce que tu vas mettre ?
– N'importe quoi. Et toi ?
– Chais rien.
– Qu'est-ce qu'ils ont fait tes vieux hier ?
– Ben, toujours la même chose. Ils ont mangé, ils ont écouté la radio et ils se sont couchés.
– Ma maman, pareil.
– Ma maman, elle s'est mise à pleurer tout à coup.
– Les femmes, ça pleure tout le temps, t'as pas remarqué ?
– Moi, j'essaie de jamais pleurer. Ça fait presque un an que j'ai pas pleuré.
– Et si je te casse la gueule ?
– Ben, pourquoi, puisqu'on est copains ?
– C'est vrai. »

Ils empoignèrent tous les deux leurs stylos et regardèrent l'ampoule éteinte, les ombres sur les murs, et ils se sentaient la tête vide comme une tirelire et sombre comme un tableau noir. Pedro approcha sa bouche de l'oreille de Leïva et lui dit :

« Dis, t'es antifasciste, toi ? »

Leïva surveilla la position du capitaine. Il fit signe à Pedro de tourner la tête et vint lui souffler son haleine dans l'oreille :

« Ben, évidemment, ducon. »

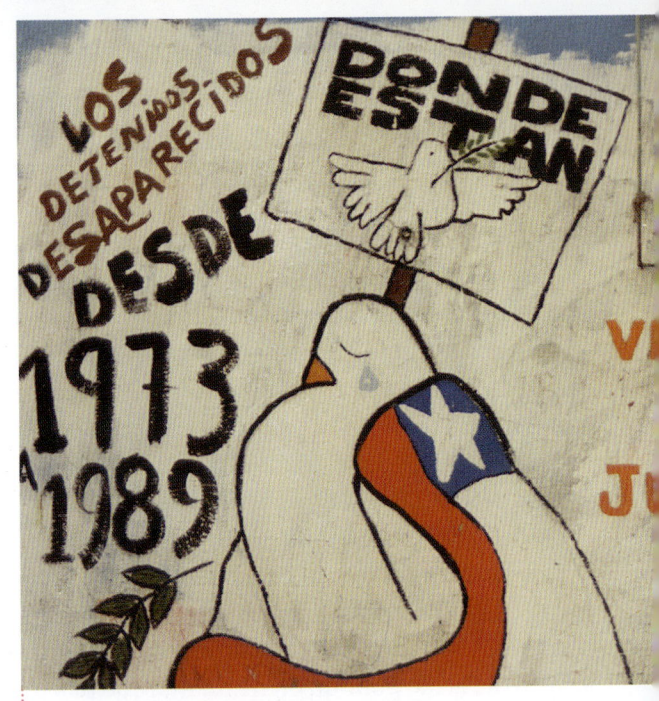

▸ V. JOUBERT ANGHEL, « Où sont-ils ? Les prisonniers disparus de 1973 à 1989 », 1990, Quartier de *La Victoria*, Santiago du Chili.

Pedro s'écarta un peu de lui et cligna de l'œil exactement comme font les cow-boys au ciné. Après quoi, il se rapprocha encore en faisant semblant d'écrire quelque chose sur la page déserte.

« Mais t'es qu'un enfant, toi !
– Ça n'a rien à voir.
– Ma maman, elle dit que les enfants...
– Elles disent toujours ça ... mon papi on l'a arrêté et on l'a emmené dans le nord.
– Le papa de Daniel aussi.
– Je connais pas.
– L'épicier. »

Pedro contempla la pointe de son crayon avec un peu de salive, poussa un profond soupir et écrivit d'un seul trait le texte suivant :

Quand mon papa revient du travail, je vais l'attendre à l'arrêt de bus. Des fois, ma maman est déjà rentrée et quand mon papa arrive elle lui dit alors mon grand ça s'est bien passé aujourd'hui. Oui lui dit mon papa et toi aussi. Ça va, ça va, lui dit ma maman. Après, moi je vais jouer au foot et j'aime bien marquer des buts en faisant des têtes. Daniel, lui, il aime bien être goal mais moi je l'énerve parce qu'il arrive pas à bloquer quand je choute[12]. Après ma maman vient me chercher et elle me dit maintenant viens manger Pedrito, et moi je mange tout sauf les haricots car je ne peux pas les blairer. Après mon papa et ma maman s'assoient dans les fauteuils du livingue[13] et ils jouent aux échecs et moi

---

12. déformation de l'anglais *shoot*, « tirer ».
13. déformation de l'anglais *living room*, « salon ».

je fais mes devoirs. Et après on va tous au lit et moi je joue à leur chatouiller les pieds. Et après, après, j'ai plus rien à raconter parce que je m'endors.

Signé : Pedro Malbran.

PS : Si on me donne un prix pour la rédaction, je voudrais bien un ballon de foot mais pas en plastique.

Une semaine passa, au cours de laquelle un arbre du quartier s'abattit, tellement il était vieux, l'éboueur ne passa pas pendant cinq jours et les mouches venaient heurter les yeux des gens et même leur entraient dans le nez, Gustavo Martinez de la maison d'en face se maria et ils donnèrent du gâteau de mariage à tous les voisins, la Jeep revint et on arrêta le professeur Manuel Pedraza, le curé ne voulut pas dire la messe ce dimanche-là, le Colo-Colo[14] gagna un match international haut la main, on trouva le mur blanc de l'école barré d'un large mot en rouge : « RÉSISTANCE ». Daniel revint jouer au foot et il marqua un but d'un retournement et une autre tête, le prix des glaces augmenta, et, Mathilde Shepp, le jour de ses huit ans, demanda à Pedro de l'embrasser sur la bouche.

« T'es pas folle, toi ! » lui répondit-il.

Après cette semaine en vint une autre et, un jour, le militaire réapparut dans leur classe, les bras chargés de papiers, d'un paquet de bonbons et d'un calendrier avec la photo d'un général.

« Mes chers petits amis, dit-il à la classe, vos rédactions étaient très jolies et elles nous ont beaucoup amusés, mes collègues et moi, aussi en notre nom à tous et au nom du général Pinochet, je dois vous féliciter très sincèrement. Ce n'est pas dans votre classe que la médaille d'or a été gagnée, mais dans une autre ; oui, une autre. Cependant, pour récompenser votre sympathique petit travail, je vais vous distribuer à chacun un bonbon, votre rédaction avec une note, et ce calendrier avec la photo du héros. »

Pedro mangea son bonbon dans le bus du retour. Il alla attendre son père au coin de la rue et, plus tard, il posa sa rédaction sur la table du dîner. En bas, le capitaine avait écrit à l'encre verte : « Bravo ! Je te félicite ! » Mangeant sa soupe d'une main et se grattant le nombril de l'autre, Pedro attendit que son père ait fini de la lire. L'homme passa la rédaction à la mère et la regarda sans rien dire ; il enfilait ses cuillerées de soupe l'une après l'autre, mais sans quitter sa femme des yeux. Elle leva les yeux de la feuille et il lui vint aux lèvres un sourire radieux, éclatant comme un fruit. Sourire que le père copia aussitôt, tout pareil :

« Bon, dit-il. Il va falloir acheter un jeu d'échecs, on sait jamais. »

A. SKÁRMETA, « La Rédaction »,
in Le Cycliste de San Cristobal [1973],
traduction de I. Bataillon, © Le Seuil, 1984.

---

14. club de football chilien.

Lecture

▶ **Socle** *Élaborer une interprétation de textes littéraires*

1 a. Quel âge Pedro a-t-il ? Relevez dans le texte des exemples de lexique et de constructions de phrase qui correspondent à son âge. b. Quel est l'effet produit ?

2 a. Quelles caractéristiques de la dictature chilienne cette nouvelle évoque-t-elle ? b. Par quels procédés ces caractéristiques sont-elles exposées ? c. Quel est l'élément qui vous marque le plus ? Expliquez.

3 Pourquoi le militaire fait-il écrire la rédaction aux enfants ? Expliquez.

4 Quel portrait de Pedro pouvez-vous faire ?

5 Expliquez la réplique finale du père.

Histoire des arts

▶ **Socle** *Établir des liens entre des productions littéraires et artistiques*

A Quel(s) lien(s) pouvez-vous établir entre la nouvelle et les fresques ?

B Quelle fresque vous semble la plus forte ? Justifiez votre point de vue.

Oral

▶ **Socle** *Participer de façon constructive à des échanges oraux*

Selon vous, cette nouvelle constitue-t-elle un bon moyen de lutter contre la dictature ? Échangez pour comparer vos points de vue.

Écriture

▶ **Socle** *Utiliser l'écrit pour penser et pour apprendre*

1 Comment réagissez-vous à la lecture de ce texte ? Expliquez.

2 Récrivez la rédaction de Pedro en corrigeant toutes les erreurs de langue.

Se cacher

Durant la Seconde Guerre mondiale, Joseph, un enfant juif, vit dans le pensionnat catholique du père Pons qui recueille et sauve des enfants.

Le soir même, à onze heures, la Villa Jaune fut envahie par la Gestapo. Mademoiselle Marcelle, quoique torturée, n'avait pas lâché un mot. Cependant les nazis, en fouillant son domicile, avaient déniché les négatifs des photos qui ornaient nos faux-papiers.

5 Nous étions démasqués. Pas besoin de baisser nos pantalons. Les nazis n'avaient qu'à ouvrir nos passeports pour identifier les *imposteurs*.

En vingt minutes, tous les enfants juifs de la Villa Jaune furent rassemblés dans le même dortoir.

Les nazis exultaient. Nous, la terreur nous accablait. J'éprouvais une 10 telle angoisse que je devins incapable de penser. Sans même m'en rendre compte, j'obéissais docilement.

– Contre le mur, les mains levées. Et vite !

Rudy se glissa auprès de moi mais cela ne me rassura pas : il avait les yeux exorbités par la frousse.

15 Le père Pons se jeta dans la bataille.

– Messieurs, je suis scandalisé : j'ignorais leur identité ! Je ne me suis pas douté que ces enfants pouvaient être des juifs. On me les avait amenés comme des Aryens[1], de vrais Aryens. J'ai été trompé, on s'est moqué de moi, on a abusé de ma crédulité[2].

20 Même si je ne compris pas tout de suite l'attitude du père, je ne songeai pas qu'il tentait de s'innocenter pour éviter l'arrestation.

Le chef de la Gestapo lui demanda brutalement :

– Qui vous a amené ces enfants ?

Le père Pons hésita. Dix lentes secondes s'écoulèrent.

25 – Je ne vais pas vous mentir : tous ceux qui sont ici m'ont été amenés par Mademoiselle Marcelle, la pharmacienne.

– Cela ne vous surprenait pas ?

– Elle m'a constamment confié des orphelins. Depuis quinze ans. Bien avant la guerre. C'est une bonne personne. Elle était liée à un groupe de 30 bénévoles qui œuvrent pour l'enfance malheureuse.

– Et qui payait leur pension ?

Le père devint livide.

– Des enveloppes arrivaient pour chacun des enfants, chaque mois, à leur nom. Vous pouvez vérifier à la comptabilité.

35 – D'où viennent ces enveloppes ?

– De mécènes[3]... De qui voulez-vous ? C'est consigné dans nos registres. Vous aurez les références.

Les nazis le croyaient. Leur chef salivait rien qu'à l'idée de mettre la main sur ces listes. Du coup, le père attaqua sans mollir.

40 – Où les emmenez-vous ?

– À Malines[4].

– Et après ?

– Ça ne vous regarde pas.

Éric-Emmanuel Schmitt
(né en 1960)

Cet auteur belge d'origine française a écrit de nombreux romans et nouvelles ainsi que des pièces de théâtre.

La clé des mots

Un **imposteur** est une personne qui trompe sous de fausses apparences, qui se fait passer pour une autre.
• En vous appuyant sur le contexte, dites qui sont les « imposteurs » (l. 6).

---

1. pour les nazis, « race germanique » considérée comme supérieure.
2. confiance naïve.
3. personnes qui versent de l'argent pour de bonnes œuvres.
4. ville belge.

– Ce sera un long voyage ?
– Sûrement.
– Alors laissez-moi trier leurs affaires, remplir leurs valises, les habiller, leur donner de quoi manger pendant le trajet. Mes fils, on ne peut pas traiter des enfants de cette façon. Si vous m'aviez donné vos enfants en charge, accepteriez-vous que je les laisse partir ainsi ?

Le chef aux mains grasses hésitait. Le père se précipita dans cette brèche :
– Je sais que vous ne leur voulez pas de mal. Allons, je vais mettre tout en ordre et vous viendrez les chercher à l'aube.

Piégé par ce chantage affectif, gêné par la naïveté de l'abbé, le chef de la Gestapo avait envie de lui prouver qu'il n'était pas un mauvais bougre.

– À sept heures pétantes, demain matin, ils seront propres, vêtus, nourris, en rang dans la cour avec leur paquetage, insista doucement le père Pons. Ne me vexez pas. Je m'occupe d'eux depuis des années : quand on me livre un enfant, on peut avoir confiance.

Le chef de la Gestapo jeta un coup d'œil sur la trentaine d'enfants juifs en chemise, se rappela qu'il n'aurait pas de camion avant le lendemain, songea qu'il avait sommeil, haussa les épaules et grogna :
– D'accord, mon père, je vous fais confiance.
– Vous pouvez, mon fils. Allez en paix.

Les hommes en noir de la Gestapo quittèrent le pensionnat.

Une fois que le père se fut assuré qu'ils étaient loin, il se tourna vers nous.
– Les enfants, pas de cris, pas de panique : vous allez chercher vos affaires en silence et vous vous habillez. Vous fuirez ensuite.

É.-E. SCHMITT, *L'Enfant de Noé*, © Albin Michel, 2004.

● L. MALLE, adaptation cinématographique de *Au revoir les enfants*, 1987.

Lecture

▶ Socle *Élaborer une interprétation de textes littéraires*

1 Quelle dictature est évoquée ? Répondez en citant le texte.

2 a. Résumez brièvement la scène.
b. Par qui est-elle racontée ? Qu'est-ce que cela apporte au récit ?

3 Quels personnages sont héroïques ? Expliquez.

4 Quels sont les traits de caractère du père Pons ? Expliquez.

5 Quelle est la décision finale du chef nazi ? Comment est-elle expliquée ?

Histoire des arts

▶ Socle *Établir des liens entre des productions littéraires et artistiques*

Rendez-vous sur www.allocine.fr pour visionner la bande-annonce du film de Louis Malle, *Au revoir les enfants*, tourné en 1987.
Quels points communs pouvez-vous établir entre le texte d'É.-E. Schmitt et le film ?

Oral

▶ Socle *Participer de façon constructive à des échanges oraux*

Comment l'auteur a-t-il rendu cette scène dramatique ? Expliquez et échangez vos arguments.

Écriture

▶ Socle *Utiliser l'écrit pour penser et pour apprendre*

Comment ce texte dénonce-t-il la dictature ? Développez votre réponse en un paragraphe d'une quinzaine de lignes.

Lire comprendre interpréter

Faire entendre la voix des enfants de la guerre

INTERDISCIPLINARITÉ — HISTOIRE

Dans les « cages à tigres »

Riz noir, le premier roman d'Anna Moï, est inspiré des confidences que lui a faites une de ses amies, arrêtée à quinze ans avec sa sœur. Le récit évoque les « cages à tigres » du bagne de Poulo Condor, prison coloniale construite sur une île par les Français au XIXe siècle et utilisée par le régime du Vietnam du Sud dans les années 1960 pour enfermer les opposants politiques.

Anna Moï
(née en 1955)

Anna Moï, de son vrai nom TRÂN Thiên Nga, est une écrivaine française d'origine vietnamienne.

Une fois la porte refermée, j'ai regardé la cour ensablée à travers un interstice[1] du battant, et contemplé la splendeur d'une feuille de noyer, grasse et épaisse.

Je n'ai pas fini de m'interroger sur le sens de tout ce qui m'arrivait, 5 mais cette nuit-là, la première nuit, je cherchais seulement à comprendre l'origine de la pulsation.

Le bloc de ciment qui sert de lit est froid contre mon dos. Nous sommes quatre, deux sur le bloc et deux par terre, dans une pièce d'un mètre cinquante sur deux mètres cinquante, soit moins d'un mètre carré par per10 sonne. La nuit est fraîche. Je me réchauffe en me plaçant dos à dos contre le corps de ma sœur Tao. Elle dort. Parfois, elle grince des dents mais je suis la seule à entendre le léger crissement de ses molaires.

Nous sommes épuisées. La nuit précédente, dans le bateau, à fond de cale, personne n'a dormi. Imbibés par les projections d'eau de mer et pro15 jetés les uns contre les autres, les passagers de la cale ont passé une nuit blanche. La houle s'est amplifiée après une heure à peine de navigation, à la jonction des flots de Vung Tau et de ceux de la mer de Chine méridionale, autrement dit l'océan Pacifique, un peu plus loin. Le doux roulis s'est transformé en tangage. La cale, d'abord simplement humide, s'est 20 couverte de flaques, ensuite la mer s'est infiltrée insidieusement[2], gagnant les chevilles, puis les genoux, les cuisses. Quand le niveau de l'eau a atteint la taille, plusieurs femmes se sont mises à gémir et d'autres à striduler[3] comme une nuée d'insectes en détresse. Le tohu-bohu s'est amplifié de bruits de chaînes et de pleurs de bébés. Il y a seulement deux bébés. Quatre 25 cents femmes. Deux cents hommes. Je n'oublierai pas ce que les hommes ont fait cette nuit-là. Leurs bras menottés tendus à l'horizontale au-dessus du niveau de l'eau ont improvisé des brancards pour y reposer les corps las de nos camarades les plus éprouvées. À les voir, si maigres à la suite des mois de privation, on n'aurait pu imaginer leur capacité à tenir ainsi 30 à bout de bras, pendant des heures, des femmes inertes.

Je suis la plus jeune. J'ai quinze ans. Ils m'ont proposé leurs bras mais j'ai refusé.

« Garde tes forces, ont-ils insisté.

– Gardez vos forces pour les autres », ai-je répondu.

35 La fatigue est là, bien sûr. Mais je tiens le coup. À quinze ans, je me sens invincible.

L'épreuve de l'eau n'est pas suivie de celle du feu, mais de celle du silence. Toute parole est prohibée[4]. Les hurlements sont assimilés aux paroles et réprimandés. Personnellement, je n'ai pas crié, et ma sœur non plus. Elle 40 est plus âgée que moi d'un an.

1. petit espace.
2. insensiblement.
3. produire un crissement aigu.
4. interdite.

Après m'être réchauffée contre son dos, je me remets à plat. Au-dessus de nous, le dessin oblong[5] des barreaux est partiellement enténébré, mais mes yeux le distinguent. Vingt barreaux transversaux, et une barre au milieu. C'est ma première nuit dans une cage à tigres du bagne de Poulo Condor,
45 et le bruit que j'entends est celui de l'océan Pacifique.

A. MOÏ, *Riz noir*, © Éditions Gallimard, 2004.

Les « cages à tigres », © Géo/Laurent Weyl.

5. de forme allongée.

Lecture

▶ Socle *Élaborer une interprétation de textes littéraires*

1 **a.** Qui dit « je » dans le texte ? **b.** Quel portrait pouvez-vous faire de ce personnage ?

2 **a.** Où le récit se situe-t-il au début et à la fin de l'extrait ? Répondez en citant le texte.
b. L. 13 à 34 : quel temps est majoritairement utilisé ? Pourquoi ? Que raconte la narratrice ?

3 Quel sentiment la narratrice éprouve-t-elle pour les hommes de son peuple ? Expliquez.

4 **a.** À travers quels sens (vue, ouïe…) les différentes expériences sont-elles rapportées ? Justifiez.
b. Que met en valeur l'évocation des sens ?

5 **a.** Relevez des déterminants numéraux.
b. Comparez le texte et la photographie. **c.** Quel rôle l'emploi des déterminants joue-t-il dans le texte, selon vous ?

Le trésor des mots

▶ Socle *Maîtriser la structure, le sens et l'orthographe des mots*

a. Que signifie « pulsation » ? **b.** De quelle « pulsation » est-il question à la ligne 6 ?

Oral   EMC

▶ Socle *Participer de façon constructive à des échanges oraux*

Quels liens pouvez-vous faire entre ce récit et l'actualité ? Expliquez et échangez.

Écriture

▶ Socle *Utiliser l'écrit pour penser et pour apprendre*

« À quinze ans, je me sens invincible » (l. 35-36). Comment pouvez-vous expliquer cette phrase ? Quels sentiments vous inspire-t-elle ? Expliquez.

Lire comprendre interpréter

Faire entendre la voix des enfants de la guerre

• Les orphelins de la guerre jouent dans les ruines du stade de Beyrouth, 1984.

Révoltes de poètes

Lecture

▶ **Socle** *Élaborer une interprétation de textes littéraires*

Lisez ces poèmes pour comprendre ce qu'ils dénoncent ou défendent et ce qui fait naître l'émotion. Vous vous aiderez des questions suivantes.

1. De qui et de quelle situation est-il question dans chaque poème ?
2. Que dénonce ou défend chaque poème ? Comment chaque poème peut-il émouvoir ?
3. Observez le dernier vers de chaque poème : quel message délivre-t-il ?
4. Écoutez le poème de B. Vian mis en musique par C. Vence et interprété par J. Baez.

Véronique Audelon
(née en 1955)

Cette femme de lettres née en Algérie, installée en France, publie des nouvelles, des poèmes et des romans.

Enfants de la guerre...

Enfants de la guerre, quand je vois
Vos regards capturés par la caméra,
Remplis d'une telle souffrance,
Sans joie, sans espérance,
5 Je sais vos vies menacées,
Exposées à tous les dangers...

Et mon âme est chagrine
Lorsque je vous imagine,
Affamés, courant sous la mitraille,
10 Avec au ventre la peur qui tenaille,
Seuls, perdus, cherchant un abri
Pour quelques minutes de répit...

La faim, la peur encore et encore,
Les alertes, les bombes, la mort,
15 Et vos enfances sacrifiées
Sur l'autel de la stupidité !

Devant vos yeux pleins de tristesse,
Au milieu de toute cette détresse,
Je sens monter en moi la colère
20 Pour les hommes et leurs guerres,
Quand c'est avec vos vies qu'ils paient
Leur soif de pouvoir et leur cupidité...

Et lorsque vos mains se tendent
J'ai l'impression que c'est vers moi,
25 Et j'essaie de les prendre
Pour vous serrer dans mes bras,
Vous mettre à l'abri de leur folie
Jusqu'à ce que l'horreur soit finie...

Mais vous restez de l'autre côté,
30 Je ne peux que vous regarder,
Et je n'ai que mes pleurs
En réponse à votre douleur !

V. AUDELON, http://poesie.webnet.fr/vospoemes/poemes/veronique_audelon/enfants_de_la_guerre.html.

228

L'enfant est mort

Le village s'est vidé
de tous ses combattants

Rivé à sa mitraillette
dont les rafales de feu
5 viennent d'achever l'enfant
L'ennemi tremble d'effroi
à l'abri d'un vieux mur.

Tout est propre autour :
le ciel
10 la mer
l'été rieur
les pins

L'ennemi
a lancé loin
15 par-delà les collines
ses vêtements et son arme
son histoire et ses lois

Pour se coucher en pleurs
À deux pas d'une fontaine
20 Sous l'ombre d'un oranger
Près du corps de l'enfant.

A. CHEDID, « L'enfant est mort », *Poèmes pour un texte*, © Flammarion, 2003.

Andrée Chedid
(1920-2011)

Cette femme de lettres, d'origine libano-égyptienne, a écrit des nouvelles, des romans et des poèmes qui s'interrogent sur la condition humaine, la paix et les liens entre l'Homme et le monde.

Ploc Ploc Tam Tam

Il se souvient
de l'odeur du beurre de karité[1] aussi
sur la peau de sa mère et de ses sœurs
et des pagnes bien lavés qui séchaient sur l'herbe
5 comme des drapeaux vaincus

Il a quitté le ploc ploc des femmes
pour le tam tam parleur qui l'appelait
dans la forêt sacrée
près des vieux
10 pour agrandir son âge auprès des vieux
Mais cette année le temps s'est arrêté
la saison des pluies n'est pas venue pleurer
     sur les mangues
la saison sèche n'est pas venue brûler les pistes

Cette année des bruits
15 Ploc ploc et tam tam sont sortis de son fusil
trop grand pour lui

À la guerre la vie des hommes peut durer longtemps
Jamais celle des soldats enfants

Y. PINGUILLY, « Ploc Ploc Tam Tam », *Album*, © Bilboquet, 2004.

Yves Pinguilly
(né en 1944)

Ce Breton, marin et écrivain, a écrit pour la jeunesse. Grand connaisseur de l'Afrique, il est également l'auteur de nombreux romans se situant sur ce continent.

[1]. arbre d'Afrique tropicale dont on tire une matière grasse comestible.

Portrait d'un jeune combattant durant la guerre civile au Soudan, dans les années 1970.

Lire comprendre interpréter

Faire entendre la voix des enfants de la guerre

Jean-Pierre Siméon
(né en 1950)

Ce poète et dramaturge, auteur d'une quinzaine de recueils poétiques, est le directeur artistique du Printemps des poètes.

Boris Vian
(1920-1959)

Cet ingénieur français aux talents artistiques multiples (romancier, poète, parolier, chanteur, critique et trompettiste de jazz, scénariste) n'a cessé de dénoncer la guerre.

Toucher terre

Ne pas
surtout pas
toucher terre
dit l'enfant

5 Quelle herbe dans ces herbes
est l'herbe qui hurle ?

où
poser le talon
sans éveiller la bête ?

10 chut
murmure la mère
ne chante ne danse pas
les gueules de feu
avalent la jambe
15 la jambe du chant
la jambe de la danse

J'irai
répond l'enfant
je chanterai je danserai
20 dans les airs et sur les eaux
et s'ils minent les rêves
je volerai au-dessus de mes rêves.

J.-P. SIMÉON, « Toucher terre »,
© J.-P. Siméon, 2003.

À tous les enfants...

À tous les enfants qui sont partis le sac à dos
Par un brumeux matin d'avril
Je voudrais faire un monument
À tous les enfants
5 Qui ont pleuré le sac au dos
Les yeux baissés sur leurs chagrins
Je voudrais faire un monument
Pas de pierre, pas de béton
Ni de bronze qui devient vert
10 Sous la morsure aiguë du temps
Un monument de leur souffrance
Un monument de leur terreur
Aussi de leur étonnement
Voilà le monde parfumé,
15 Plein de rires, plein d'oiseaux bleus
Soudain griffé d'un coup de feu
Un monde neuf où sur un corps
qui va tomber
Grandit une tache de sang [...]

B. VIAN (1920-1959), « À tous les enfants »,
1954-1959, © Christian Bourgois.

Écriture

▶ **Socle** Exploiter des lectures pour enrichir son écrit

Rédigez un poème engagé en faveur des enfants et/ou de la paix.

CONSEILS
- Choisissez la cause que vous allez défendre.
- En vous inspirant des poèmes des pages 228 à 230, veillez à :
  – soigner le rythme de votre poème ;
  – employer des images fortes pour exprimer des émotions ;
  – créer des effets sonores ;
  – délivrer un message de révolte ou d'espoir dans le dernier vers.
- Si vous le souhaitez, illustrez votre poème.

Oral

▶ **Socle** S'exprimer de façon maîtrisée en s'adressant à un auditoire – Exploiter les ressources expressives et créatives de la parole

1. Présentez votre étude personnelle de ce groupement de poèmes. Dites lequel vous a le plus touché(e) et expliquez pourquoi.
2. Lisez ou récitez le poème de votre choix.

Lire et échanger sur des œuvres complètes

Le cercle des critiques littéraires

Histoires de totalitarismes

▶ **Socle** *Utiliser l'écrit pour penser et pour apprendre – Exploiter les ressources expressives et créatives de la parole*

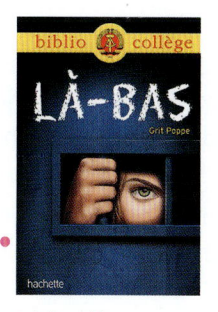

La Vague*
T. STRASSER
© Pocket, Jean-Claude Gawsewitch Éditeur, 2008.

Pour faire comprendre à ses élèves les mécanismes du nazisme, un professeur d'histoire tente une expérience qui va transformer le lycée californien en microcosme totalitaire.

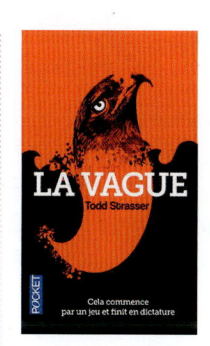

La Ferme des animaux**
G. ORWELL
© Éditions Gallimard, coll. « Folio », 1984.

Une fable politique qui met en scène une dictature des cochons.

Là-bas**
G. POPPE
© Hachette, Bibliocollège, 2014.

Par une dissidente de l'ex-Allemagne de l'Est, à partir de témoignages, le récit haletant de la vie d'Anja, une collégienne de RDA aux prises avec ce régime communiste.

Matin brun*
F. PAVLOFF
© Cheyne, 2002.

Que se passe-t-il ? Pourquoi ne peut-on pas garder les chiens et les chats bruns ?

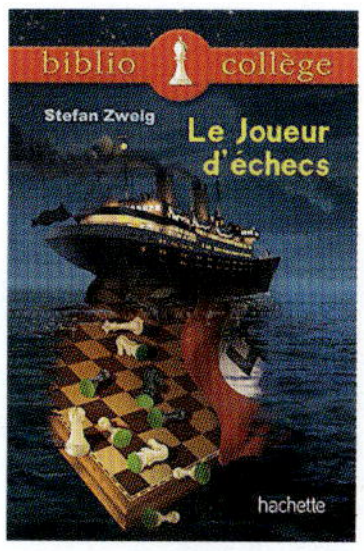

Le Joueur d'échecs**
S. ZWEIG
© Hachette, Bibliocollège, 2014.

Une dénonciation de la barbarie nazie et un éloge de l'intelligence et de la culture pour lutter contre les fanatismes et les violences.

Le Passeur**
L. LOWRY
© Le Livre de Poche, 2011.

Dans une communauté sans émotions ni sentiments ni souvenir de l'ancien monde, Jonas, douze ans, devient le nouveau gardien de la mémoire, le « passeur ».

Carnet de lecture

🖊 À l'écrit

✓ Indiquer le titre du livre lu et le nom de son auteur.

✓ Résumer l'histoire en quelques lignes.

✓ Rédiger un petit paragraphe pour expliquer quelle forme de totalitarisme le livre combat.

✓ Choisir un extrait marquant.

💬 À l'oral

Devant la classe ou sur la webradio du collège, présenter la critique littéraire en quelques minutes.

✓ Présenter rapidement l'auteur.

✓ Expliquer comment se manifeste le totalitarisme dans le roman.

✓ Lire l'extrait choisi avec expressivité et justifier son choix.

✓ Exprimer son avis sur le livre avec conviction et justifier cet avis en s'appuyant sur le texte.

Pratiquer l'oral

Analyser et présenter un poème

▶ Socle *S'exprimer de façon maîtrisée en s'adressant à un auditoire – Exploiter les ressources expressives et créatives de la parole*

UTILISABLE EN AP
INTERDISCIPLINARITÉ HISTOIRE – HDA

Anthologie de la Résistance

Par petits groupes

Préparation

1. Lisez les poèmes de cette anthologie et choisissez-en un.
2. Répondez aux questions suivantes.
   a. Lisez la biographie du poète : est-il un poète engagé ? Expliquez.
   b. Cherchez le sens des mots que vous ne comprenez pas.
   c. Dans quelle circonstance le poème a-t-il été écrit ?
   d. Qui parle dans le poème ? À qui ?
   e. Quel est le message du poème ? De quelle valeur est-il porteur ?
   f. Quels procédés d'écriture (figures de style, types de phrase, rythme, effets sonores, composition…) repérez-vous ? Qu'apportent-ils au poème ?
3. Entraînez-vous à lire le poème.
4. Répartissez-vous les temps de parole : la lecture expressive du poème ; la présentation du poème qui s'appuiera sur les réponses aux différentes questions.

Réalisation

En groupe, présentez votre poème à la classe en vous efforçant d'être clair(e)s, audibles et convaincant(e)s.

Paul Éluard
(1895-1952)

Ce poète français, engagé dans la Résistance, a écrit clandestinement. En 1942, des milliers d'exemplaires de ce poème furent parachutés avec des munitions sur la France occupée.

Liberté

Sur mes cahiers d'écolier
Sur mon pupitre et les arbres
Sur le sable sur la neige
J'écris ton nom

5 Sur toutes les pages lues
Sur toutes les pages blanches
Pierre sang papier ou cendre
J'écris ton nom

Sur les images dorées
10 Sur les armes des guerriers
Sur la couronne des rois
J'écris ton nom

Sur la jungle et le désert
Sur les nids sur les genêts
15 Sur l'écho de mon enfance
J'écris ton nom […]

Sur mes refuges détruits
Sur mes phares écroulés
Sur les murs de mon ennui
20 J'écris ton nom

Sur l'absence sans désir
Sur la solitude nue
Sur les marches de la mort
J'écris ton nom

25 Sur la santé revenue
Sur le risque disparu
Sur l'espoir sans souvenir
J'écris ton nom

Et par le pouvoir d'un mot
30 Je recommence ma vie
Je suis né pour te connaître
Pour te nommer

Liberté

● F. LÉGER, *Liberté*, 1953, crayon et huile sur toile, musée national d'Art moderne - Centre Georges-Pompidou, Paris.

P. ÉLUARD, « Liberté », *Poésie et vérité 1942* (recueil clandestin), *Au rendez-vous allemand*, © Les Éditions de Minuit, 1945.

Le Chant des partisans

Composé à Londres en 1943 pour devenir l'indicatif de l'émission Honneur et Patrie, largué par la Royal Air Force sur la France occupée, ce chant devient l'hymne de la lutte pour la Libération.

Joseph Kessel
(1898-1979)

Écrivain et grand reporter, il gagna Londres et s'engagea dans les Forces aériennes françaises libres du général de Gaulle.

Maurice Druon
(1918-2009)

Écrivain et homme politique français, il s'engagea dans la Résistance et rejoignit Londres en 1943. Il écrit avec son oncle J. Kessel *Le Chant des partisans*.

Ami, entends-tu
Le vol noir des corbeaux
Sur nos plaines ?
Ami, entends-tu
5 Les cris sourds du pays
Qu'on enchaîne ?
Ohé ! partisans,
Ouvriers et paysans
C'est l'alarme !
10 Ce soir l'ennemi
Connaîtra le prix du sang
Et des larmes.

Montez de la mine,
Descendez des collines,
15 Camarades,
Sortez de la paille,
Les fusils, la mitraille,
Les grenades...
Ohé ! les tueurs
20 À la balle ou au couteau
Tuez vite !
Ohé ! saboteur,
Attention à ton fardeau...
Dynamite !

25 C'est nous qui brisons
Les barreaux des prisons
Pour nos frères,

La haine à nos trousses
Et la faim qui nous pousse,
30 La misère...
Il y a des pays
Où les gens au creux du lit
Font des rêves ;
Ici, nous, vois-tu,
35 Nous on marche et nous on tue,
Nous on crève.

Ici chacun sait
Ce qu'il veut, ce qu'il fait
Quand il passe...

40 Ami, si tu tombes
Un ami sort de l'ombre
À ta place.
Demain, du sang noir
Sèchera au grand soleil
45 Sur les routes.

Sifflez compagnons,
Dans la nuit la liberté
Nous écoute...

Première partition du *Chant de la Libération*, sur photo de femme résistante, 1944.

J. KESSEL, M. DRUON, « Le Chant des partisans », musique d'A. MARLY, © Raoul Breton, 1943.

Pratiquer l'oral

Feuillets d'Hypnos

Les Feuillets d'Hypnos ont été écrits entre 1943 et 1944, quand René Char était dans la Résistance. Ils peuvent être lus comme des notes du maquis et prennent des formes variées : courtes notes, 237 fragments poétiques, maximes...

René Char
(1907-1988)

Ce poète français s'est engagé dans la Résistance. Ses textes ont été publiés après sa période d'engagement.

100 – Nous devons surmonter notre rage et notre dégoût, nous devons les faire partager, afin d'élever et d'élargir notre action comme notre morale.

129 – Nous sommes pareils à ces crapauds qui dans l'austère nuit des marais s'appellent et ne se voient pas, ployant à leur cri d'amour toute la fatalité de l'univers.

131 – À tous les repas pris en commun, nous invitons la liberté à s'asseoir. La place demeure vide mais le couvert reste mis.

R. CHAR, « Feuillets d'Hypnos », *Fureur et Mystère*, © Éditions Gallimard, 1962.

« Maquisards entretenant leurs armes, à Loulans-les-Forges, en Haute-Saône », le 26 août 1944.

Ce cœur qui haïssait la guerre

Robert Desnos
(1900-1945)

Ce poète et romancier français prit parti contre le régime de Vichy sous l'Occupation et écrivit des poèmes constituant des appels à la résistance. Arrêté par la Gestapo, il mourut en déportation le 8 juin 1945.

Ce cœur qui haïssait la guerre voilà qu'il bat pour le combat et la bataille ! [...]
Écoutez, je l'entends qui me revient renvoyé par les échos.
Mais non, c'est le bruit d'autres cœurs, de millions d'autres cœurs battant
    comme le mien à travers la France.
Ils battent au même rythme pour la même besogne tous ces cœurs,
Leur bruit est celui de la mer à l'assaut des falaises
Et tout ce sang porte dans des millions de cervelles un même mot d'ordre :
Révolte contre Hitler et mort à ses partisans !
Pourtant ce cœur haïssait la guerre et battait au rythme des saisons,
Mais un seul mot : Liberté a suffi à réveiller les vieilles colères
Et des millions de Français se préparent dans l'ombre à la besogne que
    l'aube proche leur imposera.
Car ces cœurs qui haïssaient la guerre battaient pour la liberté au rythme
    même des saisons et des marées, du jour et de la nuit.

R. DESNOS, « Ce cœur qui haïssait la guerre »,
L'Honneur des Poètes. © Éditions Gallimard, 1946.

J'écris dans ce pays que le sang défigure

Louis Aragon
(1897-1982)

Cet écrivain français militant au Parti communiste s'est engagé dans la Résistance.

[...] J'écris dans ce pays que le sang défigure
Qui n'est plus qu'un monceau de douleurs et de plaies
Une halle à tous vents que la grêle inaugure
Une ruine où la mort s'exerce aux osselets

5 J'écris dans ce pays tandis que la police
À toute heure de nuit entre dans les maisons
Que les inquisiteurs enfonçant leurs éclisses
Dans les membres brisés guettent les trahisons

J'écris dans ce pays qui souffre mille morts
10 Qui montre à tous les yeux ses blessures pourprées
Et la meute sur lui grouillante qui le mord
Et les valets sonnant dans le cor la curée

J'écris dans ce pays que les bouchers écorchent
Et dont je vois les nerfs les entrailles les os
15 Et dont je vois les bois brûler comme des torches
Et sur les blés en feu la fuite des oiseaux

J'écris dans cette nuit profonde et criminelle
Où j'entends respirer les soldats étrangers
Et les trains s'étrangler au loin dans les tunnels
20 Dont Dieu sait si jamais ils pourront déplonger [...]

Comment voudriez-vous que je parle des fleurs
Et qu'il n'y ait des cris dans tout ce que j'écris
De l'arc-en-ciel ancien je n'ai que trois couleurs
Et les airs que j'aimais vous les avez proscrits

L. ARAGON, *Le Musée Grévin*, VII, vers 1 à 56, © Le temps des Cerises, 1943.

➤ Mettre en voix un poème

▶ **Socle** *Comprendre et interpréter des messages – Exploiter les ressources expressives et créatives de la parole*

Individuellement ou par groupes

Préparation

1. 🎧 Écoutez sur Internet ceux de ces poèmes qui ont été mis en musique.
2. Analysez ce que la mélodie, le rythme, les instruments ajoutent à la force du message.
3. Vous pouvez comparer des extraits de plusieurs interprétations de ces poèmes, notamment :
   – « Le Chant des partisans », devenu l'hymne de la Résistance : www.chantdespartisans.net,
   – « Liberté », récité par P. Éluard lui-même ou mis en musique par F. Poulenc.

Réalisation

1. Choisissez le poème qui vous touche le plus.
2. Entraînez-vous à le dire seul(e) ou à plusieurs voix, de manière à exprimer la force du propos.
3. Vous pouvez prévoir un accompagnement musical du poème et vous inspirer des interprétations écoutées.

Pratiquer l'écrit

A. Travailler la langue pour préparer et améliorer l'écrit

Lexique

Des préfixes d'origine latine pour exprimer la révolte et l'engagement

1 Le préfixe *ré-* ou *r-* (devant une voyelle) indique le retour en arrière, la répétition, le renforcement ; le radical *bell-*, du latin *bellum*, signifie « la guerre » et le radical *volv-*, du latin *volvere*, signifie « retourner ».
a. Classez les mots suivants en deux listes selon leur radical. **b.** Expliquez ces mots à l'aide de leur étymologie.
rebelle – rébellion – révolte – se révolter – révolution – révolutionnaire

2 Le préfixe *dé-* ou *dés-* (devant une voyelle) signifie l'action d'ôter, de retirer, de défaire.
espoir > *désespoir*
En utilisant ce préfixe, formez des noms à partir des verbes suivants :
accorder – armer – avantager – avouer – équilibrer – honorer – humaniser – obéir – se solidariser – stabiliser – unir

3 Le préfixe *dis-* indique la séparation, la différence, le défaut. En vous aidant du sens du préfixe, expliquez les mots suivants :
discorde – discrimination – discrédit – dislocation – dissemblable – dissocier

4 Le préfixe *in-* a plusieurs orthographes : *in-*, *il-*, *im-* (devant *b, m, p*), *ir-*. Il peut signifier « le contraire de » ou « dans, vers » ; dans ce sens, on le trouve aussi sous la forme *en-*.
a. Formez le contraire des mots suivants.
adéquat – admissible – apte – attaquable – compétent – compréhensible – décent – légal – légitime – réductible – supportable
b. En vous aidant du second sens du préfixe, expliquez les mots suivants :
encourager – endurer – endurcir – engagé – ensanglanter – entraver – implication – insurrection

Le vocabulaire de l'engagement

5 a. Pour chaque forme en gras du mot *manifeste*, indiquez quelle est sa classe grammaticale.
1. Karl Marx a rédigé *Le **Manifeste** du Parti communiste*.
2. L'engagement de Louis Aragon est **manifeste** aussi bien dans ses poèmes que dans ses actions politiques.
3. L'écrivain André Breton est l'auteur du ***Manifeste** du surréalisme*.
4. L'ensemble des syndicats **manifeste** contre cette réforme.
5. Un poète engagé **manifeste** contre les injustices.
6. G. Orwell **manifeste** son attachement à la liberté dans son roman *1984*.
b. Récrivez les phrases en employant un des synonymes suivants.
a. évident ; **b.** (il) proteste ; **c.** (il) participe à une manifestation ; **d.** déclaration écrite dans laquelle un homme politique exprime ses idées ; **e.** déclaration écrite dans laquelle un artiste ou un groupe d'artistes expose sa théorie artistique ; **f.** (il) exprime avec force ses idées

6 Que signifie le nom *manifestation* dans chacune des phrases suivantes ?
1. Une grande manifestation politique a été organisée sur la place de la République.
2. Les manifestations de douleur ne sont pas les mêmes dans toutes les civilisations.
3. Chaque année la municipalité organise des manifestations culturelles pendant les vacances.
4. Des crises d'éternuement peuvent être des manifestations allergiques.

7 *Militer* vient du latin *militare*, « faire son service militaire ». Que signifient *militer*, *militant*, *militantisme* dans les phrases suivantes ?
1. Les poètes, en prenant le maquis, ont milité contre l'occupation nazie.
2. Les militants du Parti communiste arborent un drapeau rouge.
3. Le militantisme politique, religieux, syndical est interdit par le règlement intérieur du collège.

8 a. Le verbe *dénigrer* vient du latin *denigrare*, « noircir, teindre en noir » : quel est le sens actuel de ce verbe ?
b. Classez les verbes suivants en deux colonnes selon qu'ils sont synonymes ou antonymes de *dénigrer*.
accuser, encenser, **calomnier**, louer, déconsidérer, acclamer, décrier, déprécier, honorer, **flatter**, diffamer, discréditer, apprécier, **médire**, rabaisser, vilipender

9 Employez quatre des verbes de l'exercice **8** dans des phrases qui révèlent leur sens.

10 a. Formez les noms correspondant aux verbes en gras de l'exercice **8**.
b. Employez chacun des noms formés dans une phrase qui en révèle le sens.

Orthographe

Conjuguer le présent du subjonctif

▶ *Leçon p. 300*

1 Conjuguez les verbes au présent du subjonctif.
1. Qu'elle (partir). 2. Que tu (venir). 3. Qu'ils (être). 4. Que j'(avoir). 5. Que nous (faire). 6. Qu'il (dire) 7. Que vous (finir). 8. Qu'elle (entreprendre). 9. Qu'elles (raconter).

2 Récrivez les phrases en conjuguant les verbes au présent du subjonctif.
1. Bien qu'ils (être) peu nombreux, ils défendent leur point de vue.
2. Quoi qu'elle (dire), elle ne sera pas crue.
3. Pour peu que la censure (lire) ses écrits, il risque la prison.
4. Elle ne trahira pas ses amies quoiqu'elle (savoir) la vérité.

3 Complétez les phrases suivantes en employant des verbes conjugués au présent du subjonctif.
1. Le dictateur veut que… .
2. Croyez-vous que… .
3. La censure interdit que… .
4. En attendant que…, les résistants se cachent.
5. Le réseau complote pour que… et que… .

4 Le jeu des sept erreurs : récrivez et corrigez ce passage écrit par un élève distrait.

Le chant des animaux
Qu'un âge d'or nous soient promis, que nos champs connaisses l'abondance, que vienne le jour de la délivrance. Que l'on ne meurt pas épuisés de travail, que nous aillons une vie agréable, que notre nourriture sois abondante, que nous ne recevions pas de coups, que tous saches nos revendications et que nous gagnons !

Grammaire

L'expression de l'opposition

▶ *Leçon p. 362*

5 Récrivez les couples de phrases en exprimant l'opposition par une proposition subordonnée introduite par *alors que*, *tandis que* + indicatif.
1. Pierre exprime ses idées. Ses amis restent silencieux.
2. Toutes les maisons sont grises. La maison du poète est multicolore.
3. Le peuple accepte la dictature. Une voix s'élève.

6 Récrivez les phrases en remplaçant le GN souligné par une proposition subordonnée introduite par *bien que*, *quoique* + subjonctif ou par *même si* + indicatif.
1. Malgré le danger, cet artiste dénonce les injustices.
2. En dépit de son emprisonnement, elle fait entendre sa voix.
3. Ces enfants sont maltraités en dépit de leur jeune âge.
4. Ce tableau porte un message fort malgré son dessin enfantin.

7 Récrivez les couples de phrases en exprimant l'opposition ; employez pour chaque phrase un des modèles rencontrés dans les exercices **5** et **6**.
1. Elle est fragile. Elle défend les opprimés.
2. Le dictateur a amassé de grandes richesses. Son peuple vit dans la misère.
3. La censure frappe la presse. Des journaux sont publiés clandestinement.

La progression thématique d'un texte

▶ *Leçon p. 394*

8 À la manière de l'exemple, complétez les débuts de texte suivants en respectant une construction identique.
Personne ne portera de vêtements de couleur. Personne ne sortira après vingt heures. Personne ne boira d'alcool.
1. **Le général** faisait l'admiration de tous. **Il**…
2. **Seuls les militaires** avaient accès à la plage. …

9 À la manière de l'exemple, complétez les débuts de texte suivants en respectant une construction identique.
La ville entière retentit de cris. Les écoliers entonnèrent des hymnes patriotiques. Les passants poussèrent des clameurs guerrières. Les policiers hurlèrent des ordres.
1. **L'assemblée** se regroupa devant la mairie. …
2. **Toute l'usine** manifestait. …

10 À la manière de l'exemple, complétez les débuts de texte suivants en respectant une construction identique.
Le dictateur faisait censurer la presse. Chaque journal était relu par deux employés. Ces fonctionnaires rendaient des comptes à leur supérieur.
1. Le dictateur passa en revue **ses troupes**. …
2. Une manifestation déboucha sur **la place**. …

Pratiquer l'écrit

▶ **Socle** *Adopter des stratégies et des procédures d'écriture efficaces*

B Écrire et récrire

Sujet
Rédiger un texte engagé à partir d'un dessin

À partir de ce dessin de Mordillo, rédigez un texte engagé qui dénonce la dictature. Votre texte fera une page et demie environ.

MORDILLO, *Le Livre d'or de Mordillo*, Éditions Glénat, 2002.

ÉTAPE 1 — Préparer le récit

1. Organisez-vous par binômes ou par petits groupes et cherchez des idées pour :
– comprendre ce qui est représenté sur le dessin ;
– décrire précisément la scène : le décor et les personnages ;
– analyser le choix des couleurs.

ÉTAPE 2 — Formuler et rédiger au brouillon

2. Préparez la construction du texte engagé en tenant compte de l'étape 1 :
– la description du cadre : le lieu, le moment ;
– l'évocation de l'élément différent ;
– le déroulement de la scène : les personnages et les actions ;
– la manière de dénoncer la dictature.

3. Rédigez votre récit au brouillon, si possible en utilisant un logiciel de traitement de texte.
Pensez à :
– exprimer clairement la manifestation de la dictature ;
– employer des procédés de la révolte et de l'engagement.

ÉTAPE 3 ▶ Améliorer son brouillon en mobilisant les ressources de la langue

4. Vérifiez la construction de votre texte et corrigez-le si besoin :

Mon texte rend-il compte de la scène représentée sur le dessin ?	☐ oui	☐ non
L'acte de dictature est-il clairement exprimé ?	☐ oui	☐ non
Mon texte comporte-t-il des procédés de la révolte et de l'engagement ?	☐ oui	☐ non

5. Améliorez votre récit en veillant à :   Aidez-vous des exercices…

• exprimer la révolte et l'engagement	❶ à ❿ p. 236
• exprimer l'opposition	❺ à ❼ p. 237
• varier la progression thématique de votre texte	❽ à ❿ p. 237
• conjuguer correctement les verbes au subjonctif	❶ à ❹ p. 237

ÉTAPE 4 ▶ Rédiger au propre et se relire

6. Recopiez votre texte au propre ou reprenez-le en traitement de texte.
Relisez-le plusieurs fois en échangeant avec un(e) de vos camarades pour vérifier successivement :
– la ponctuation ;
– l'orthographe du vocabulaire de la révolte et de l'engagement.

Construire le bilan

▶ Socle *Les méthodes et outils pour apprendre*

Qu'ai-je appris ?
L'engagement contre le totalitarisme et la guerre

1. Quelles dictatures sont dénoncées dans les textes et œuvres d'art du chapitre ?
2. Citez trois poètes qui font entendre la voix des enfants de la guerre.
3. Citez des poètes qui, à travers leurs écrits, se sont engagés dans la Résistance.
4. Qu'est-ce qu'un « texte engagé » ? Expliquez.

Qu'avons-nous compris ?   ▶ Socle *Établir des liens entre des productions littéraires*
La fiction contre le totalitarisme

1. Lisez ces deux extraits du roman de G. Orwell, *La Ferme des animaux*.

> *Les animaux prennent possession de la ferme et instaurent sept commandements parmi lesquels :*
>
> 1. Tout Deuxpattes est un ennemi.
> 2. Tout Quatrepattes ou tout volatile, un ami. [...]
> 3. Tous les animaux sont égaux.
>
> *Des mois plus tard...*
> Un peu plus tard, une longue file de cochons sortit de la maison, et tous avan-
> 5 çaient sur leurs pattes de derrière. Certains s'en tiraient mieux que d'autres, et
> un ou deux, un peu chancelants, se seraient bien trouvés d'une canne[1], mais
> tous réussirent à faire le tour de la cour sans encombre. À la fin, ce furent les
> aboiements formidables des chiens et l'ardent cocorico du petit coq noir, et l'on
> vit s'avancer Napoléon[2] lui-même, tout redressé et majestueux, jetant de droite
> 10 et de gauche des regards hautains, les chiens gambadant autour de sa personne.
> Il tenait un fouet dans sa patte.
> Ce fut un silence de mort. Abasourdis et terrifiés, les animaux se serraient les
> uns contre les autres, suivant des yeux le long cortège des cochons avec lenteur
> défilant autour de la cour. C'était comme le monde à l'envers. [...] Mais alors,
> 15 comme répondant à un signal, tous les moutons en chœur se prirent à bêler de
> toute leur force : Quatrepattes, bon ! Deuxpattes, mieux ! Quatrepattes, bon ! Deuxpattes, mieux !
>
> G. ORWELL, *La Ferme des animaux*, traduction de J. Quéval,
> © Éditions Champ libre /Ivrea, Paris, 1981 et 2009.

1. auraient apprécié une canne.
2. le chef des cochons.

2. Que dénonce ce texte ? Expliquez.
3. De quel texte du chapitre rapprocheriez-vous ce texte ? Pour quelles raisons ?
4. Par petits groupes, demandez-vous : a. ce que la fiction permet de dire du totalitarisme ; b. si elle est efficace. Échangez en classe entière pour confronter vos points de vue.

Je rédige mon bilan [EMC]

▶ Socle *Utiliser l'écrit pour penser et pour apprendre*

Après l'étude des textes et documents de ce chapitre, dites si la fiction vous paraît être une arme efficace contre le totalitarisme et les guerres. Développez votre réponse en donnant des exemples.

Évaluer ses compétences et se préparer au BREVET

I. Analyse et interprétation de textes et de documents, maîtrise des différents langages

A. Texte littéraire

Le roman Inconnu à cette adresse *est constitué d'un échange épistolaire entre Max, un Juif américain, et son ami et associé, Martin, reparti en Allemagne.*

Schloss Rantzenburg, Munich, Allemagne
Le 25 mars 1933

Mr Max Eisenstein
Galerie Schulse-Eisenstein
San Francisco
Californie, USA

Cher vieux Max,

Tu as certainement entendu parler de ce qui se passe ici, et je suppose que cela t'intéresse de savoir comment nous vivons les événements de l'intérieur. Franchement, Max, je crois qu'à nombre d'égards Hitler est bon pour l'Allemagne, mais je n'en suis
5 pas sûr. Maintenant, c'est lui qui, de fait, est le chef du gouvernement. Je doute que Hindenburg[1] lui-même puisse le déloger du fait qu'on l'a obligé à le placer au pouvoir. L'homme électrise littéralement les foules ; il possède une force que seul peut avoir un grand orateur doublé d'un fanatique. Mais je m'interroge : est-il complètement sain d'esprit ? Ses escouades[2] en chemises brunes sont issues de la populace. Elles
10 pillent, et elles ont commencé à persécuter les Juifs. Mais il ne s'agit peut-être là que d'incidents mineurs : la petite écume trouble qui se forme en surface quand bout le chaudron d'un grand mouvement. Car je te le dis, mon ami, c'est à l'émergence d'une force vive que nous assistons dans ce pays. Une force vive. Les gens se sentent stimulés, on s'en rend compte en marchant dans les rues, en entrant dans les maga-
15 sins. Ils se sont débarrassés de leur désespoir comme on enlève un vieux manteau. Ils n'ont plus honte, ils croient de nouveau à l'avenir. Peut-être va-t-on trouver un moyen pour mettre fin à la misère. Quelque chose – j'ignore quoi – va se produire. On a trouvé un Guide[3] ! Pourtant, prudent, je me dis tout bas : où cela va-t-il nous mener ? Vaincre le désespoir nous engage souvent dans des directions insensées.
20 Naturellement, je n'exprime pas mes doutes en public. Puisque je suis désormais un personnage officiel au service du nouveau régime, je clame au contraire ma jubilation sur tous les toits. Ceux d'entre nous, les fonctionnaires de l'administration locale, qui tiennent à leur peau sont prompts à rejoindre le national-socialisme – c'est le nom du parti de Herr Hitler. Mais en même temps, cette attitude est bien plus qu'un simple
25 expédient[4] : c'est la conscience que nous, peuple allemand, sommes en voie d'accomplir notre destinée ; que l'avenir s'élance vers nous telle une vague prête à déferler. Nous aussi nous devons bouger, mais dans le sens de la vague, et non à contre-courant. De graves injustices se commettent encore aujourd'hui. Les troupes d'assaut célèbrent leur victoire, et chaque visage ensanglanté qu'on croise vous fait secrètement saigner
30 le cœur. Mais tout cela est transitoire ; si la finalité est juste, ces incidents passagers seront vite oubliés. L'Histoire s'écrira sur une page blanche et propre.
La seule question que je me pose désormais – vois-tu, tu es le seul à qui je puisse me confier – est celle-ci : la finalité est-elle juste ? Le but que nous poursuivons est-il meilleur qu'avant ?

Martin

K. KRESSMANN TAYLOR, *Inconnu à cette adresse,* 1938, traduction de M. Lévy-Bram,
© J'ai Lu, 2012.

---

1. président de la République de Weimar de 1925 à 1933.
2. petites troupes dirigées par un homme.
3. « Der Führer », le titre que s'est donné Hitler, signifie « le guide ».
4. moyen de se tirer d'embarras.

B. Image

Photogramme du film *The Great Dictator* (« Le Dictateur »), CH. CHAPLIN, 1940.

Questions (20 points)

Sur le texte littéraire

1. D'après cette lettre, que représente Hitler pour les Allemands ? pour Martin ? Expliquez. (3 pts)
2. « L'homme électrise […] les foules » (l. 7) : expliquez le sens du verbe. (2 pts)
3. Relevez les phrases interrogatives. Que révèlent-elles de l'état d'esprit de Martin ? Développez votre réponse. (4 pts)
4. Comment comprenez-vous l'image de la vague (l. 26-27) ? (3 pts)
5. Quel impact la lecture de ce texte a-t-elle sur vous ? Développez votre réponse. (4 pts)

Sur le texte et l'image

6. Comparez le portrait d'Hitler proposé par le texte et par ce photogramme du film de Charlie Chaplin. (4 pts)

II. Rédaction et maîtrise de la langue

1. a. Dictée : dictée préparée (5 pts)

Afin de vous préparer à la dictée de l'extrait, traitez les points suivants.

1. Expliquez la terminaison des trois verbes soulignés.
2. Relevez les sujets et les verbes et justifiez les accords.

> Cher Max,
> Comme tu pourras le <u>constater</u>, je t'écris sur le papier à lettres de ma banque. C'est nécessaire, car j'ai une requête à t'<u>adresser</u> et souhaite <u>éviter</u> la nouvelle censure, qui est des plus strictes. Nous devons présentement cesser de nous écrire. Il devient impossible pour moi de correspondre avec un Juif ; et ce le serait même si je n'avais pas une position officielle à défendre. Si tu as quelque chose d'essentiel à me dire, tu dois le faire par le biais de la banque, au dos de la traite que tu m'envoies, et ne plus jamais m'écrire chez moi.
>
> K. KRESSMANN TAYLOR, *Inconnu à cette adresse*, 1938, traduction de M. Lévy-Bram, © J'ai Lu, 2012.

1. b. Réécriture (5 pts)

Récrivez le passage en remplaçant « Ils » par « Elle » et en conjuguant le premier verbe au plus-que parfait. Vous ferez toutes les transformations nécessaires.

> Ils se sont débarrassés de leur désespoir comme on enlève un vieux manteau. Ils n'ont plus honte, ils croient de nouveau à l'avenir.

Récrivez le passage au passé en remplaçant « je » par « nous ». Faites les transformations nécessaires.

> Naturellement, je n'exprime pas mes doutes en public. Puisque je suis désormais un personnage officiel au service du nouveau régime, je clame au contraire ma jubilation sur tous les toits.

2. Travail d'écriture (20 pts)

Sujet 1
Un(e) de vos amis proches s'éloigne de vous parce que vous ne partagez pas les mêmes opinions ou les mêmes goûts. Racontez en une soixantaine de lignes minimum (300 mots).

Sujet 2
Rédigez la lettre de Max en réponse aux arguments de Martin. Votre rédaction fera une soixantaine de lignes minimum (300 mots).

9 • Quand les écrivains et les artistes s'engagent / 241

Questionnement complémentaire
Progrès et rêves scientifiques

10

Parcours d'éducation artistique et culturelle

UTILISABLE EN **AP** UTILISABLE EN **EPI**

INTERDISCIPLINARITÉ
SCIENCES – EMC – ANGLAIS – ARTS PLASTIQUES – HDA

Le savant : fou ou génial ?

Avant de commencer

1. Quels mots associez-vous à « savant », à « fou » et à « génial » ?
2. Que vous inspire le rapprochement de ces trois termes ?

THÈME A — Le savant fou : mythes et réalité

➡️ **Les mythes du savant fou : Prométhée, Faust, Frankenstein**
Lisez les documents suivants.

Prométhée

Prométhée, chargé par les dieux de fournir aux hommes de quoi vivre, dérobe le feu qu'il cache dans un bâton creux. Ainsi, les hommes découvrent les techniques et fabriquent les outils nécessaires à leur survie : ils apprennent la civilisation. Selon une autre légende, Prométhée a créé les hommes en modelant de la terre glaise. Puni, il est enchaîné au sommet du Caucase, et un aigle lui ronge le foie qui repousse sans cesse.

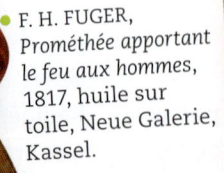

● F. H. FUGER, *Prométhée apportant le feu aux hommes*, 1817, huile sur toile, Neue Galerie, Kassel.

Faust

Faust, un étudiant studieux, trouve sa vie trop monotone. Il conclut un pacte avec le diable à qui il vend son âme. En échange, le diable s'engage à ce que Méphistophélès, son serviteur, fournisse à Faust tout ce dont il aura besoin pendant douze ans. Après s'être amusé aux dépens des autres, au terme des douze années, Faust reçoit la visite du diable en personne. Apeuré, il cherche à se faire pardonner de Dieu, mais le diable lui inflige un châtiment terrible : il le déchiquète longuement, lui laissant pleinement le temps de regretter son pacte.

● F. V. E. DELACROIX, *Faust and Mephistopheles*, XIXe siècle, huile sur toile, Wallace collection, Londres.

Frankenstein

Frankenstein est le héros d'un roman d'épouvante de Mary Shelley. Ce médecin, fasciné par la vie et par la Création, décide de créer à son tour une créature vivante et de l'animer, pour tenter de comprendre la création et le fonctionnement de la vie. Malheureusement, sa créature, dotée de sa propre personnalité, échappe à tout contrôle, et s'enfuit.

● ENGLISH SCHOOL, *Frankenstein*, XXe siècle, lithographie en couleur, collection privée.

Prométhée, Faust et Frankenstein : des démiurges

Non seulement ces mythes s'imitent entre eux, mais ils sont de plus tous fondés sur l'imitation des pouvoirs divins dans le rapport de l'homme à la nature. De même que Dieu fait l'homme à son image, Frankenstein fera l'homme à son image ; Faust tentera d'accéder en homme à
5 une félicité[1] dont seul Dieu est supposé jouir éternellement ; Prométhée ne fait pas que délivrer les hommes de l'ignorance, il leur livre le pouvoir divin de la manipulation du feu, pouvoir rendant enfin possibles toutes les entreprises techniques permettant de créer. Mais ce qui était autrefois de l'ordre du mythe devient aujourd'hui plus tangible[2], et nous possédons
10 véritablement des pouvoirs sur la vie que nous avions toujours attribués à l'intervention divine. Or, devant la peur qui se manifeste aujourd'hui au sujet d'un éventuel « Hiroshima biologique[3] », devant les avancées apparemment incontrôlables d'une technologie dirigée par l'économie, devant les multiples accusations dont la science est victime au nom d'une éthique
15 du sens commun[4], la relecture de ces mythes est très utile : non seulement elle nous permet de mieux comprendre notre rapport actuel au progrès scientifique […] mais elle permet en plus de nous rappeler que c'est bien la lucidité qui devrait chaque fois l'emporter sur nos peurs irrationnelles, au moins lorsqu'il s'agit de la « science ».

Compte-rendu de l'ouvrage de D. LECOURT, *Prométhée, Faust, Frankenstein. Fondements imaginaires de l'éthique*, sur le site http://dunlivrelautre.net/promethee_faust_frankenstein_lecourt.html, consulté en mai 2016.

1. bonheur. 2. concret. 3. La ville japonaise d'Hiroshima a été détruite par une bombe atomique américaine lancée le 6 août 1945. 4. de bon sens.

La clé des mots

éthique est synonyme de « moral » ; l'éthique est l'ensemble des principes qui règlent l'action et la conduite morale.

1. Quelle peut être l'éthique d'un savant, selon vous ?
2. a. Cherchez le sens de l'expression : « code de déontologie ».
b. Quel est le rapport entre un code de déontologie et l'éthique ?

Lecture

▶ **Socle** *Mobiliser des références culturelles pour interpréter les textes et les productions artistiques et littéraires*

1. Quels sont les points communs et les différences entre Prométhée, Faust et Frankenstein ?
2. a. Qu'est-ce qu'un démiurge ? b. En quoi Faust, Prométhée et Frankenstein sont-ils des démiurges ?
3. Pourquoi la lecture de ces trois mythes peut-elle être utile ? Expliquez.

Parcours d'éducation artistique et culturelle

➡ Des savants et inventeurs, bien réels

▶ Socle *Lire des images, des documents composites et des textes non littéraires*

Par petits groupes, répondez aux questions suivantes puis échangez vos points de vue en classe entière.

1. Les savants présentés sur cette page peuvent-ils être considérés comme « fous » ? Pourquoi, selon vous ?
2. Lesquels vous semblent les plus dangereux : pour eux-mêmes ? pour les autres ? Justifiez.

Won Hoo, fonctionnaire chinois du XVIᵉ siècle, s'est attaché à une chaise en osier garnie de 47 fusées allumées afin d'être lancé vers la lumière.

Johann Conrad Dippel (1673-1734) Ce médecin a tenté de transvaser une âme d'un corps humain à un autre et inventé une huile de jouvence, qui aurait la propriété de rajeunir ceux qui l'utilisent, obtenue en partie grâce à des os d'animaux.

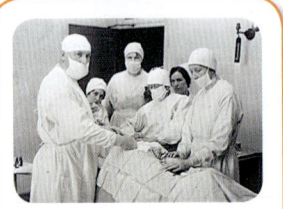

Franz Reichelt (1878-1912). Invente « le costume-parachute » et meurt en sautant du premier niveau de la tour Eiffel pour tester son invention.

Evan O'Neill Kane (1861-1932) Médecin qui s'est opéré de l'appendicite lui-même afin de promouvoir l'autochirurgie.

Shiro Ishii (1892-1959) Savant japonais qui testait la réaction du corps humain aux bacilles du choléra sur des prisonniers de guerre.

Isaac Newton (1642-1727) a découvert les lois de la gravitation universelle, en recevant, dit-on, une pomme sur la tête. S'enfonce une aiguille à tricoter dans l'œil pour tester sa théorie des couleurs.

Barry Marshall (né en 1951) Afin de prouver que l'ulcère de l'estomac est d'origine bactérienne, il avale une éprouvette de culture bactérienne pour attraper un ulcère qu'il soigne grâce aux antibiotiques. Prix Nobel de physiologie et de médecine en 2005.

➡ La société face à la folie des savants [EMC]

▶ Socle *Lire des documents numériques et des textes non littéraires – Participer de façon constructive à des échanges oraux*

Rendez-vous sur le site du Comité consultatif national d'éthique : www.ccne-ethique.fr. Cliquez sur l'onglet CCNE et lisez les rubriques : « Présentation », « Historique », « Fonctionnement », « Membres », « Missions ».

1. À quoi le CCNE sert-il ?
2. Quand et pourquoi cet organisme a-t-il été créé ?
3. Pensez-vous que le CCNE puisse être un garde-fou pour éviter les excès des scientifiques ? Échangez vos points de vue par petits groupes puis en classe entière.

✎ Synthèse du thème A

▶ Socle *Utiliser l'écrit pour penser et pour apprendre*

Doit-on craindre les savants fous ? Rédigez un paragraphe argumenté en vous appuyant sur le travail précédent.

THÈME B — La figure du savant fou dans la littérature et au cinéma

▶ Socle *Élaborer une interprétation de textes littéraires*

Frankenstein, le récit fondateur de la figure du savant fou

Extrait 1

Après des semaines de recherche, Victor Frankenstein vient de découvrir comment donner vie à la matière.

Lorsque je vis entre mes mains une puissance aussi étonnante, j'hésitais longtemps sur la manière dont je devrais l'employer. Bien que possédant le pouvoir d'animer la matière, préparer un corps pour recevoir la vie, réaliser l'entrelacement délicat de ses fibres, de ses muscles et de ses veines, restait toujours une œuvre d'une difficulté et d'une longueur inconcevables. Je ne savais d'abord si j'essaierais de créer un être semblable à moi ou un organisme plus simple ; mais mon imagination était par trop exaltée[1] par mon premier succès pour me laisser mettre en doute la possibilité pour moi de donner la vie à un animal aussi complexe et aussi merveilleux que l'homme. […] C'est dans ces sentiments que je me mis à créer un être humain. Comme la petitesse de ses diverses parties constituait un grave obstacle à la rapidité de mon travail, je résolus, contrairement à mon intention première, de lui donner une stature gigantesque, c'est-à-dire d'environ huit pieds de hauteur, et d'une largeur proportionnée. Après avoir pris cette décision, et passé plusieurs mois à rassembler et disposer convenablement mes matériaux, je commençai mon œuvre.

Nul ne peut concevoir les sentiments variés qui me poussaient en avant, tel un ouragan, dans le premier enthousiasme du succès. La vie et la mort m'apparaissaient comme des limites idéales que je devrais d'abord franchir pour déverser sur notre monde ténébreux un torrent de lumière. Une espèce nouvelle bénirait en moi son créateur et sa source ; c'est à moi que devraient l'existence des quantités de natures heureuses et bonnes : nul père ne pourrait mériter la reconnaissance de son enfant comme je mériterais la leur. Poursuivant ces réflexions, je me disais que s'il m'était donné d'animer la matière inerte[2], je pourrais avec le temps (bien que cela me semblât encore impossible), renouveler la vie lorsque la mort avait apparemment livré le corps à la corruption[3].

Ces pensées soutenaient mon courage, tandis que je poursuivais mon entreprise avec une ardeur sans défaillance. […] Qui concevra les horreurs de mon travail secret, tandis que je tâtonnais, profanant[4] l'humidité des tombes, ou torturais l'animal vivant pour animer l'argile inerte ? Ce souvenir fait aujourd'hui trembler mes membres et trouble mon regard ; mais alors une impulsion irrésistible et presque frénétique[5] me poussait en avant ; toute mon âme, toutes mes sensations ne semblaient plus exister que pour cette seule recherche.

M. SHELLEY, *Frankenstein ou le Prométhée moderne* [1818], traduction de F. Lacassin, © Garnier-Flammarion, 1979.

• Portrait de l'écrivain anglaise Mary Shelley, auteur de *Frankenstein ou le Prométhée moderne*
© Koska/Leemage

1. excitée.
2. sans vie.
3. décomposition.
4. ne respectant pas.
5. folle.

Lecture

▶ Socle *Élaborer une interprétation de textes littéraires*

1. a. Quel but Frankenstein poursuit-il ? **b.** Quels sentiments l'animent ?

2. À qui se compare-t-il dans le deuxième paragraphe ?

3. Pour quelle raison peut-on le considérer comme fou ?

10 • Le savant : fou ou génial ? / **245**

Parcours d'éducation artistique et culturelle

Extrait 2

Frankenstein parvient finalement à créer un être humain à partir de plusieurs morceaux de cadavres volés dans les cimetières.

Ce fut par une lugubre nuit de novembre que je contemplai mon œuvre terminée. Dans une anxiété proche de l'agonie, je rassemblai autour de moi les instruments qui devaient me permettre de faire passer l'étincelle de la vie dans la créature inerte étendue à mes pieds. Il était déjà une heure du matin ; une pluie funèbre martelait les vitres et ma bougie était presque consumée, lorsqu'à la lueur de cette lumière à demi éteinte, je vis s'ouvrir l'œil jaune et terne de cet être ; sa respiration pénible commença, et un mouvement convulsif agita ses membres.

Comment décrire mes émotions en présence de cette catastrophe, ou dessiner le malheureux qu'avec un labeur et des soins si infinis je m'étais forcé de former ? Ses membres étaient proportionnés entre eux, et j'avais choisi ses traits pour leur beauté. Pour leur beauté ! Grand Dieu ! Sa peau jaune couvrait à peine le tissu des muscles et des artères ; ses cheveux étaient d'un noir brillant, et abondants ; ses dents d'une blancheur de nacre ; mais ces merveilles ne produisaient qu'un contraste plus horrible avec les yeux transparents, qui semblaient presque de la même couleur que les orbites d'un blanc terne qui les encadraient, que son teint parcheminé[1] et ses lèvres droites et noires. [...] Depuis près de deux ans, j'avais travaillé sans relâche dans le seul but de communiquer la vie à un corps inanimé. Je m'étais privé de repos et d'hygiène. Mon désir avait été d'une ardeur immodérée, et maintenant qu'il se trouvait réalisé, la beauté du rêve s'évanouissait, une horreur et un dégoût sans bornes m'emplissaient l'âme. Incapable de supporter la vue de l'être que j'avais créé, je me précipitai hors de la pièce.

M. SHELLEY, *Frankenstein ou le Prométhée moderne* [1818], traduction de F. Lacassin, © Garnier-Flammarion, 1979.

1. jaune comme un parchemin.

• Ch. Ogle dans *Frankenstein* de J. SEARLE DAWLEY, 1910. Premier film adapté du roman de M. SHELLEY.

• B. Karloff dans *Frankenstein* de J. WHALE, 1931.

• R. de Niro dans *Frankenstein* de K. BRANAGH, 1994.

Lecture

▶ Socle *Élaborer une interprétation de textes littéraires*

1. Quels sentiments Frankenstein éprouve-t-il face à sa créature ?
2. Quel regard jette-t-il après coup sur son entreprise ?
3. Expliquez le titre donné à son roman par M. Shelley : *Frankenstein ou le Prométhée moderne*.

Oral

▶ Socle *Exploiter les ressources expressives et créatives de la parole*

Lisez successivement les deux textes de façon à traduire la différence d'état d'esprit du docteur Frankenstein entre les deux extraits.

Lecture d'image

▶ Socle *Établir des liens entre des productions littéraires et artistiques issues de cultures et d'époques diverses*

A. Lequel de ces trois acteurs correspond-il le plus à la description de la créature du docteur Frankenstein ? Justifiez.
B. Selon vous, lequel est le plus impressionnant ? Justifiez.

Trois autres figures littéraires de savants fous

Par groupes, étudiez un des trois textes et présentez votre étude à la classe.

Balthazar Claës

Balthazar Claës, alchimiste[1], cherche à découvrir la pierre philosophale[2] capable de changer le métal en or. Sa femme est morte de chagrin. Sa fille tente de le ramener à la raison.

Lassée de l'attendre, Marguerite monta au laboratoire. En entrant, elle vit son père au milieu d'une pièce immense, fortement éclairée, garnie de machines et de verreries poudreuses ; çà et là, des livres, des tables encombrées de produits étiquetés, numérotés. Partout le désordre qu'entraîne la préoccupation du savant y froissait les habitudes flamandes[3]. Cet ensemble de matras[4], de cornues[5], de métaux, de cristallisations fantasquement colorées, d'échantillons accrochés aux murs, ou jetés sur des fourneaux, était dominé par la figure de Balthazar Claës qui, sans habit, les bras nus comme ceux d'un ouvrier, montrait sa poitrine couverte de poils blanchis comme ses cheveux. Ses yeux horriblement fixes ne quittèrent pas une machine pneumatique[6]. [...] L'aspect de son père qui, presque agenouillé devant sa machine, recevait d'aplomb la lumière du soleil et dont les cheveux épars ressemblaient à des fils d'argent, son crâne bossué, son visage contracté par une attente affreuse, la singularité des objets qui l'entouraient, l'obscurité dans laquelle se trouvaient les parties de ce vaste grenier d'où s'élançaient des machines bizarres, tout contribuait à frapper Marguerite qui se dit avec terreur : « Mon père est fou ! » [...]

– Mon père, oubliez vos expériences, lui dit sa fille, vous avez cent mille francs à payer, et nous ne possédons pas un liard[7]. Quittez votre laboratoire, il s'agit aujourd'hui de votre honneur. Que deviendrez-vous, quand vous serez en prison, souillerez-vous vos cheveux blancs et le nom Claës par l'infamie d'une banqueroute[8] ? Je m'y opposerai. J'aurai la force de combattre votre folie, il serait affreux de vous voir sans pain dans vos derniers jours. Ouvrez les yeux sur notre position, ayez donc enfin de la raison !

– Folie ! » cria Balthazar qui se dressa sur ses jambes, fixa ses yeux lumineux sur sa fille, se croisa les bras sur la poitrine, et répéta le mot folie si majestueusement, que Marguerite trembla. [...] Avoir de la raison ? reprit-il en se frappant la poitrine, en manqué-je ? ne suis-je pas moi ? Nous sommes pauvres, ma fille, eh bien, je le veux ainsi. Je suis votre père, obéissez-moi. Je vous ferai riche quand il me plaira. Votre fortune, mais c'est une misère. Quand j'aurai trouvé un dissolvant du carbone[9], j'emplirai votre parloir[10] de diamants.

H. DE BALZAC, *La Recherche de l'absolu*, 1834.

● L. E. G. ISABEY, *Intérieur d'un laboratoire d'alchimiste*, XIXe siècle, huile sur toile, musée des Beaux-Arts, Lille.

1. savant qui pratique la sorcellerie ou la magie plus qu'une science rigoureuse.
2. pierre qui permettrait de transformer le plomb en or.
3. belges.
4. récipients ovales.
5. récipients de verre longs et courbés.
6. à air comprimé.
7. un sou.
8. honte d'une faillite.
9. produit capable de dissoudre le carbone.
10. lieu où l'on reçoit ses visiteurs.

Lecture ▶ Socle Élaborer une interprétation de textes littéraires

1 Quelle impression la description de Balthazar dans son laboratoire donne-t-elle ? Justifiez.

2 En ce qui concerne l'argent, quel est le point de vue **a.** de Balthazar ? **b.** de sa fille ?

10 • Le savant : fou ou génial ? / **247**

Parcours d'éducation artistique et culturelle

Le docteur Jekyll

Le docteur Jekyll cherche à démontrer que chaque individu est double et recèle en lui le bien et le mal.

J'hésitai longtemps avant de mettre cette théorie à l'épreuve de la pratique. Je savais bien que le risque était mortel. [...] Mais la fascination d'une découverte si singulière, si profonde, finit par l'emporter sur toute considération de prudence. Ma formule était au point depuis un certain
5 temps déjà ; j'achetai immédiatement chez les pharmaciens en gros, une grande quantité d'un certain sel dont je savais, grâce à mes expériences, qu'il constituait le dernier ingrédient nécessaire ; et à une heure tardive, par une nuit maudite, je mélangeai les éléments, contemplai anxieusement leur ébullition, tandis que leurs fumées se mêlaient dans le vase. Enfin,
10 rassemblant tout mon courage, j'absorbai le breuvage.

J'entrai instantanément dans les affres[1] les plus atroces : mes os grinçaient, une nausée mortelle s'empara de moi, ainsi qu'une angoisse que ne sauraient surpasser ni celle de la naissance, ni celle du trépas[2]. Mais ces tourments se calmèrent bientôt et je revins à moi comme si je me re-
15 mettais d'une terrible maladie. J'éprouvais un sentiment étrange, quelque chose d'ineffable[3] et de nouveau. C'était cette nouveauté précisément qui me le rendait si doux. Je me sentais rajeuni, léger, agile ; intérieurement, j'étais soulevé par une ivresse frémissante, un flux[4] désordonné d'images sensuelles qui couraient comme l'eau d'un moulin, à travers mon imagina-
20 tion, mêlées au sentiment que toute contrainte était abolie, ainsi qu'à une liberté prodigieuse, mais non point innocente, de l'âme. Je me sentais, au premier souffle de cette vie nouvelle, plus dépravé[5], dix fois plus dépravé, comme si j'avais été vendu au Mal originel qui dormait en ma nature ; et cette idée, sur le moment, m'emplit d'énergie et d'allégresse comme un
25 bon vin. J'ouvris les mains, exultant[6] dans la nouveauté de ces sensations ; et c'est ainsi que je découvris que j'étais devenu plus petit.

R. L. STEVENSON, *L'Étrange Cas du docteur Jekyll et de Mister Hyde* [1886], traduction de Ch. Ballarin, © Éditions Gallimard, 1992.

• S. G. H. BEAMAN, illustration de *L'Étrange cas du docteur Jekyll et Mister Hyde*, 1930.

1. grande peur.
2. de la mort.
3. impossible à dire.
4. flot.
5. mauvais.
6. éprouvant une joie démesurée.

Lecture

▶ Socle Élaborer une interprétation de textes littéraires

❶ Qu'est-ce qui pousse le docteur Jekyll à mettre sa théorie en pratique ?
❷ Par quelles différentes sensations passe-t-il au cours de son expérience ?

Le docteur Moreau

Le docteur Moreau explique son point de vue sur la science.

« Vous voyez, j'ai continué mes recherches[1] dans la voie où elles m'ont mené. C'est la seule façon que je sache de conduire des recherches. Je pose une question, invente quelque méthode d'avoir une réponse et j'obtiens… une nouvelle question. Ceci ou cela est-il possible ? Vous ne
5 pouvez vous imaginer ce que cela signifie pour un investigateur, quelle

248

passion intellectuelle s'empare de lui. Vous ne pouvez vous imaginer les étranges délices de ces désirs intellectuels. La chose que vous avez devant vous n'est plus un animal, une créature comme vous, mais un problème. [...].

10 – Mais, fis-je, c'est une abomination…

– Jusqu'à ce jour je ne me suis nullement préoccupé de l'éthique de la matière. L'étude de la Nature rend un homme au moins aussi impitoyable que la Nature. J'ai poursuivi mes recherches sans me soucier d'autre chose que de la question que je voulais résoudre. »

H. G. WELLS, *L'Île du docteur Moreau* [1896], traduction de Henry D. Davaray, 1901.

1. recherches pour découvrir comment créer des hommes à partir d'animaux.

Lecture

▶ Socle *Élaborer une interprétation de textes littéraires*

1 Quelle est la démarche scientifique du docteur Moreau ? Que ressent-il lors de ses recherches ?

2 Que représente un être vivant pour lui ?

3 Comment justifie-t-il son absence d'éthique ?

Oral

▶ Socle *Participer de façon constructive à des échanges oraux*

1 En vous appuyant sur les extraits ci-dessus, dites quels sont les principaux caractères du savant fou.

2 Quels traits caractéristiques de Frankenstein, le savant fou de M. Shelley (p. 245), retrouve-t-on dans les trois figures littéraires des pages 247 à 249 ?

Histoire des arts

INTERDISCIPLINARITÉ
HDA – ANGLAIS

▶ Socle *Construire un exposé de quelques minutes sur une problématique artistique*

Faites une recherche sur l'un de ces deux films afin de présenter à vos camarades le savant qu'il met en scène : *Metropolis*, de F. Lang, ou *Docteur Folamour*, de S. Kubrick.

• R. Klein-Rogge jouant le rôle de l'inventeur Rottwang dans *Metropolis* de F. LANG, 1927.

• P. Sellers dans le rôle du *Docteur Folamour* de S. KUBRICK, 1964.

A Quels sont les points communs entre ces deux représentations du savant fou ?

B Quelle remarque pouvez-vous faire sur le titre du film de S. Kubrick ?

C L'impression produite par ces deux images est-elle identique ? Expliquez.

CONSEILS

▶ Visionnez le film que vous avez choisi dans sa version intégrale en vous rendant sur ces sites :
Metropolis : www.allocine.fr/video/player_gen_cmedia=19250974&cfilm=240.html
Docteur Folamour : www.allocine.fr/video/player_gen_cmedia=19415337&cfilm=680.html (en anglais)

▶ Expliquez pourquoi le savant mis en scène peut être considéré comme un « savant fou ».

▶ Observez et expliquez comment le physique et le jeu des acteurs reflètent la psychologie des personnages.

10 • Le savant : fou ou génial ? / **249**

Parcours d'éducation artistique et culturelle

Le cercle des critiques littéraires

Romans : figures de savants fous

Choisissez et lisez un de ces romans.

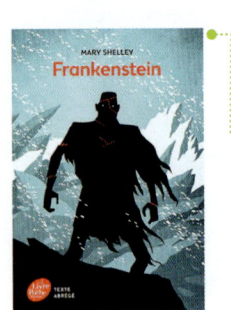

Frankenstein**
M. W. SHELLEY
© Le Livre de Poche Jeunesse, 2015.

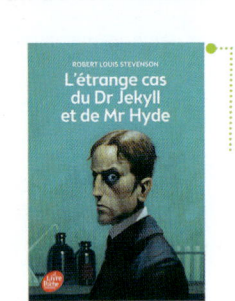

L'Étrange Cas du docteur Jekyll et de Mr Hyde**
R. L. STEVENSON
© Le Livre de Poche Jeunesse, 2015.

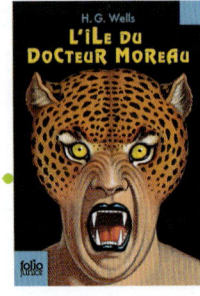

L'Île du docteur Moreau**
H. G. WELLS
© Éditions Gallimard, coll. « Folio Junior », 2010.

Oral

▶ **Socle** *Participer de façon constructive à des échanges oraux*

1. Résumez brièvement le roman.
2. Présentez le personnage du savant fou : ses activités, son comportement, sa dangerosité.
3. Échangez vos points de vue sur les trois savants fous après présentation des trois romans.

Synthèse du thème B

▶ **Socle** *Utiliser l'écrit pour penser et pour apprendre*

Le savant fou dans la littérature et au cinéma est-il un personnage drôle ou effrayant ? Rédigez votre réponse en développant vos arguments et en citant des exemples tirés des œuvres et documents étudiés.

Projet 1 — Créer une figure positive de savant « fou »

Préparation

1. En vous inspirant des savants fous présentés dans le thème A :
   – choisissez un contexte historique (époque, lieu, circonstances…) ;
   – imaginez une invention positive pour l'humanité.
2. En vous inspirant des textes étudiés, rédigez le portrait détaillé de votre savant.
   Vous indiquerez ses nom, prénom, caractéristiques physiques et morales.
   Vous décrirez précisément son invention et les bénéfices qu'elle apporte à l'humanité.

Réalisation et présentation

Pour accompagner votre portrait, représentez votre savant fou sous forme de dessin, photographies, collage ou montage.
Vous pouvez vous inspirer des images disponibles sur Internet en tapant « savants fous » dans un moteur de recherche et en cliquant sur la rubrique « images ».

THÈME C — Le savant génial

De la réalité à la fiction

Par petits groupes, travaillez ces trois figures de savants (p. 251-253) puis présentez leur portrait à la classe.

Isaac Newton

1 Relisez la présentation d'I. Newton p. 244, puis lisez la bande dessinée ci-dessous :

M. GOTLIB, *Les Malheurs de Newton*, *Truc en vrac*, © Dargaud, 1977.

1. Rubrique à Brac.

2 **a.** Quel élément de la découverte des lois de la gravitation universelle par I. Newton Gotlib a-t-il modifié ? **b.** Quel effet en tire-t-il ?

Du professeur Piccard au professeur Tournesol

Le professeur Tournesol dans *Le Trésor de Rackham le Rouge*, © Hergé, Moulinsart 2016.

Auguste Piccard (physicien, 1884-1962).

1 Quelles ressemblances remarquez-vous entre ces deux personnages ?

2 Pour découvrir leur relation, rendez-vous sur : https://fr.tintin.com/personnages/show/id/5/page/0/0/le-professeur-tournesol.

10 • Le savant : fou ou génial ? / 251

Parcours d'éducation artistique et culturelle

Des génies précoces

Un chercheur innovateur à l'ADN d'entrepreneur

Sacré jeune innovateur de l'année, le chercheur Xavier Duportet, 28 ans, voudrait « arriver à changer le monde avec la technologie » en développant une nouvelle génération d'antibiotiques intelligents. Un biologiste à l'ADN entrepreneurial[1] très prononcé.

[...] La mission de sa start-up[2] EligoBioscience (anciennement PhageX), hébergée à l'Institut Pasteur, à Paris, consiste à « tuer de façon extrêmement sélective les bactéries résistantes aux antibiotiques actuels ou les bactéries virulentes[3], sans toucher au reste de la flore microbienne ».
5 D'où Eligo, qui signifie « choisir » en latin. Sa technologie a fait ses preuves sur les souris, et elle se donne deux ans pour développer une application humaine.

Une houpette blonde qui évoque celle de Tintin, un parcours qui suit les bonds prodigieux de la carrière du professeur Tournesol. Et
10 comme eux, un voyage en Amérique d'où il rentre en 2014 pour finir sa thèse en biologie de synthèse entre le MIT (Institut de technologie du Massachusetts) et l'Inria. [...] D'origine lyonnaise, ce petit gabarit[4] à l'iris[5] étrangement couleur paille accumule une quinzaine de récompenses depuis 2010. Rien que cette année, il est le lauréat du concours
15 mondial d'innovation 2030 et du Tremplin Entreprises Sénat-Essec, récompenses auxquelles s'ajoute le prix du MIT TR35, revue de la prestigieuse université de Boston.[...] Posé et pas vraiment pressé, Xavier Duportet est surtout précoce. Bachelier à 16 ans, il fait ses premiers pas dans l'entrepreneuriat[6] avant sa thèse. Il lance son premier projet de
20 start-up en 2011, Omeecs, qui développe une molécule antifongique[7] découverte en Nouvelle-Zélande. [...] L'évocation de cette enfance sonne comme un hymne à sa mère qui a « laissé libre cours à sa curiosité » et « stimulé » son éveil.

Il voue aussi une reconnaissance extrême au scientifique Bernard
25 Mauchamp, celui qui lui a inoculé le virus de la recherche, sa vocation. Il a alors 12 ans et effectue son stage de 3ᵉ (il a un an d'avance en plus d'être né en fin d'année) dans une unité de génie génétique sur... les vers à soie.

AFP, *Sciences et Avenir*, décembre 2015.

• Xavier Duportet dans son laboratoire de l'Institut Pasteur.

1. qui a le goût d'entreprendre. 2. jeune entreprise. 3. très puissantes. 4. de petite taille. 5. œil. 6. la création d'entreprises. 7. qui tue les champignons microscopiques à l'origine de maladies.

Lecture

1 a. Quelle est la formation de X. Duportet ? b. Quelle est sa spécialité scientifique ?

2 Que signifie l'expression : « inoculé le virus de la recherche » (l. 25) ?

3 Pour quelle raison peut-on le considérer comme « un génie précoce » ?

Synthèse du thème C

▶ **Socle** Utiliser l'écrit pour penser et pour apprendre

D'après les documents étudiés, quelle définition du savant génial pouvez-vous donner ? Rédigez un paragraphe argumenté.

Projet 2 — Réaliser une bande dessinée pour présenter un jeune génie scientifique

INTERDISCIPLINARITÉ : SCIENCES – ARTS PLASTIQUES

- **Louis Braille** (1809-1852), inventeur à 15 ans d'un alphabet pour les aveugles.  
- **Ada Lovelace** (1815-1852), créatrice à 27 ans de la machine analytique, ancêtre de l'ordinateur. 
- **Graham Bell** (1847-1922), inventeur à 18 ans du téléphone.
- **Mark Zuckerberg** (né en 1984), créateur à 21 ans du réseau social Facebook.
- **Boyan Slat** (né en 1994), inventeur à 11 ans d'infrastructures pour nettoyer l'océan.

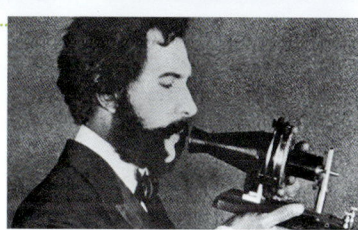

1 Choisissez une de ces figures de savants ou d'inventeurs. Faites une recherche à son sujet.

2 Présentez ce jeune savant sous forme d'une planche de bande dessinée en vous aidant de la fiche méthode : Analyser une planche de bande dessinée, p. 46.

Projet 3 — Réaliser une bibliothèque numérique de fiches : « Métiers scientifiques »

PARCOURS AVENIR — **UTILISABLE EN EPI** — **INTERDISCIPLINARITÉ : TECHNOLOGIE**

Rendez-vous sur le site de l'ONISEP www.onisep.fr/Ma-voie-scientifique, rubrique « Les Métiers ».

Chaque élève sélectionne un secteur d'activité, puis un métier, choisit l'un des métiers proposés dans le secteur d'activité sélectionné, visionne la vidéo proposée pour écouter le témoignage d'un professionnel exerçant ce métier, note les réponses aux questions suivantes :

→ Quel est l'intitulé précis du métier sélectionné ?
→ Quelles sont les formations qui permettent d'accéder à ce métier ?
→ En quoi consiste le travail à effectuer ?
→ Quelles sont les compétences et les qualités requises ?
→ Quelles sont les contraintes du métier ?
→ Pour quelles raisons choisir ce métier ?

Réalisation des « fiches métiers » sous forme numérique

▶ **Socle** *Outils numériques pour échanger et communiquer*

- Chaque élève rédige une « fiche métier » sous forme de tableau avec les rubriques suivantes :
  – Intitulé
  – Formations
  – Secteur professionnel
  – Compétences et qualités
  – Missions
- Les fiches sont réunies dans un dossier numérique.
- La classe prend contact avec le webmestre de l'ENC de l'établissement, afin de mettre le dossier en ligne.

Questionnement complémentaire
Progrès et rêves scientifiques

11 La science à l'épreuve de la fiction

INTERDISCIPLINARITÉ
SCIENCES ET TECHNOLOGIE – EMC – HDA – EMI

UTILISABLE EN EPI

➡ **Comment la littérature imagine-t-elle le futur ?**

Lire, comprendre, interpréter

S'interroger et s'informer
- La science-fiction 256

Mondes futurs, mondes de rêve ?
- « Le noir tomba », R. BARJAVEL, *Ravage*, G. BONNEFONT 258
- L'ordinateur Multivac, I. ASIMOV, *L'avenir commence demain* 260
- Paris au XXIe siècle, N. SPINRAD, *Bleue comme une orange*, V. CALLEBAUT 262
- Les solbots, P. BORDAGE, *Les Derniers Hommes*, J. ZORALSKI 264

Lire et échanger sur des œuvres complètes
- **Parcours de lecture guidé** P. BOULLE, *La Planète des singes* 266
- **Le cercle des critiques littéraires** Romans de science-fiction 267

Pratiquer l'oral
- Mettre en voix un poème de science-fiction « Terre-Lune », B. VIAN 268
- Lire des interviews et en débattre 268
- Défendre une publicité rétro-futuriste 269

Pratiquer l'écrit

A. Travailler la langue pour préparer et améliorer l'écrit
- **Lexique** Le vocabulaire du futur – Des mots nouveaux pour désigner de nouvelles réalités 270
- **Orthographe** Conjuguer le conditionnel 271
- **Grammaire** L'expression de l'hypothèse 271

B. Écrire et récrire
- **Sujet** Rédiger un article pour défendre ou critiquer la science-fiction (Activité guidée) 272

Construire le bilan 273
- Qu'ai-je appris ?
- Qu'avons-nous compris ?
- Je rédige mon bilan

Évaluer ses compétences et se préparer au Brevet 274
- Analyse et interprétation : C. D. SIMAK, *Demain les chiens*
- Rédaction et maîtrise de la langue Dictée – Réécriture – Travail d'écriture

R. MAGRITTE, *La Voix des airs*, huile sur toile, 1931, Solomon R. Guggenheim Foundation, New York (USA).
Cette image évoque-t-elle pour vous un monde de rêve ou un monde menaçant ?

11 • La science à l'épreuve de la fiction / **255**

Lire comprendre interpréter

S'interroger et s'informer ▸ Socle *Les méthodes et outils pour apprendre*

La science-fiction

INTERDISCIPLINARITÉ SCIENCES – EMC — UTILISABLE EN AP

Que savons-nous déjà ?

1. **a.** Quel romancier français du XIXe siècle a imaginé des mondes et des machines du futur ? **b.** Citez au moins un titre de ses romans.
2. Connaissez-vous un film de science-fiction ? Présentez-le oralement en quelques phrases.

La « science-fiction » ou « les sciences fictions » ?

▸ Socle *Lire des images, des documents composites et des textes non littéraires*

Rendez-vous sur le site : www.pochesf.com. Cliquez sur l'onglet « science-fiction ».

1. **a.** D'où le mot « science-fiction » vient-il ? **b.** Quelle est sa première définition ?
2. **a.** Quels autres termes désignent les sous-genres de la science-fiction ? **b.** Quel est le point commun de tous ces sous-genres ?
3. En vous appuyant sur votre exploration du site, donnez une définition et un titre de roman représentatif du sous-genre de votre choix.

La science-fiction : regards sur le futur

▸ Socle *Lire des images, des documents composites et des textes non littéraires*

De la science-fiction à la réalité

La science-fiction, exploration libre et créative des futurs possibles, peut apporter des éclairages nouveaux, alimenter de façon originale les débats de société et enrichir la réflexion prospective[1]. Si les mondes imaginaires qu'elle déploie semblent éloignés de notre quotidien, le genre ouvre des réflexions sur les préoccupations de la société sur les applications scientifiques à venir et leurs potentielles[2] implications sociales, environnementales et éthiques[3]. [...] La question du rapport à la technologie dans la science-fiction évolue en fonction des époques et des progrès de la technologie. Dès le XIXe siècle, à une époque où les sciences et les technologies étaient plutôt perçues comme des vecteurs de progrès, les œuvres de Jules Verne révèlent l'ambivalence[4] de la relation de l'homme par rapport à ses créations. Exprimant l'émerveillement de leur auteur face aux possibles, ces œuvres montrent en même temps que ces technologies merveilleuses sont aussi utilisées, parfois, d'une manière contestable.

V. CHRIQUI, http://archives.strategie.gouv.fr/, colloque du 19 décembre 2012, Palais de la Découverte, Paris.

4. **a.** Comment l'auteur définit-il la science-fiction ? **b.** Comment la science-fiction permet-elle d'imaginer le futur ?
5. Expliquez la dernière phrase de l'extrait à propos des œuvres de J. Verne.

1. qui concerne le futur. 2. possibles. 3. morales. 4. les deux côtés.

HIDEYOSHI, *Mégastructure*, 2008.

Histoire des arts

▶ **Socle** *Établir des liens entre des productions littéraires et artistiques*

A Le paysage représenté par cette illustration vous semble-t-il réel ou imaginaire ? Justifiez.

B Cette illustration vous paraît-elle correspondre à la notion de « science-fiction » ? Pourquoi ?

Quelques parcours croisés de la science et de la fiction

ROMANS

Histoire comique des États et Empires de la Lune, Cyrano de Bergerac
1650

Vingt Mille Lieues sous les mers, Jules Verne
1870

L'Île du docteur Moreau, H. G. Wells
1896

Le Meilleur des mondes, Aldous Huxley
1932

Les Robots, Isaac Asimov
1950

La Planète des singes, Pierre Boulle
1963

XVIIe — XVIIIe — XIXe — XXe

DÉCOUVERTES

1797 L'Américain Robert Fulton présente aux Français son submersible appelé *Nautilus*. Les premiers essais ont lieu en 1800 sous la Seine.

1859 Darwin publie ses travaux sur l'évolution des espèces : *De l'origine des espèces*.

1951 Construction du premier robot industriel

1969 Neil Armstrong est le premier homme à marcher sur la Lune.

1978 Naissance en Angleterre du premier « bébé éprouvette »

1981 Création de souris transgéniques

6 Quels sont les découvertes et les romans que vous pouvez rapprocher ? Si vous hésitez, consultez une encyclopédie en ligne.

7 Quelles observations pouvez-vous faire sur les relations entre la science et la fiction à la lecture de cette frise ?

Lire comprendre interpréter

Mondes futurs, mondes de rêve ?

« Le noir tomba »

En 2052, François et Legrand suivent à Paris la retransmission d'un show télévisé.

Et d'un seul coup, comme une pierre, le noir tomba. Le poste, les lumières du plafond, tout à la fois, s'éteignit.

– Zut, mon disjoncteur a sauté, c'est bien le moment ! jura Legrand.

Il se leva. Il se dirigeait à tâtons, se cognait contre les meubles.

5 – Tais-toi ! dit François. Écoute…

Il y avait quelque chose d'anormal dans l'air. Il semblait que la lumière avait emporté, en disparaissant, tout le monde extérieur. François et son hôte se sentaient comme isolés au sommet de quelque montagne, dans l'immense silence vide du ciel.

10 – La rue… souffla François.

Il parvint à la fenêtre, tira les rideaux, ouvrit la croisée, se pencha, bientôt rejoint par Legrand. L'obscurité noyait la ville. Et tout le bruit était mort.

Les deux amis apercevaient les silhouettes immobiles des autos se découper sur le plastec luminescent, et les ombres chinoises de leurs oc-
15 cupants qui ouvraient les portières, descendaient, se penchaient sur les moteurs, levaient les bras au ciel. Rapidement, l'éclat du plastec diminua, et la chaussée s'éteignit tout à fait. Rien ne luttait plus contre la nuit que la mince lumière de la lune à son premier quartier, et les éclairs fugitifs de quelques briquets.

20 À leurs oreilles que n'encombraient plus les ronflements des moteurs, arrivaient des bruits inattendus, des bruits humains. Un homme jurait, une femme criait. Ils entendaient les exclamations stupéfaites de la foule, son piétinement sur le trottoir.

– Tu vois, ce n'est pas ton disjoncteur qui a sauté : il n'y a plus une seule
25 lumière dans la ville.

– Et toutes les autos sont arrêtées.

– Regarde : leurs feux de signalisation sont éteints.

– Mais qu'est-ce que c'est, qu'est-ce qui se passe ?

– Je suppose, dit François, que c'est encore l'électricité qui fait des
30 siennes, comme tout à l'heure. Mais cette fois-ci ça a l'air sérieux. Le plastec luminescent est éteint. Les phénomènes de radioactivité eux-mêmes sont donc touchés. Essaie ton téléphone…

Il craqua une allumette.

Legrand atteignit le mur, appuya sur le bouton, demanda l'un après
35 l'autre trois numéros, s'énerva, frappa à grands coups de poing sur le micro dissimulé dans la cloison, et qui ne répondait pas.

– Rien. Il est mort !…

– Tu vois bien ! Je descends voir la rue de plus près. Tu viens ?

– Allons !

40 Dans l'escalier régnait un noir d'encre.

Aux paliers, des portes s'ouvraient, des briquets surgissaient, éclairaient des faces inquiètes. Entre le premier et le second étage, deux hommes vociféraient dans l'ascenseur bloqué. La serrure électrique de la porte refusa de fonctionner. Ils entrèrent chez le concierge. Ils le trouvèrent en

René Barjavel
(1911-1985)

Journaliste et écrivain de science-fiction français.

258

caleçon, en train d'installer sur sa table un cierge allumé d'un demi-mètre de haut. Il dit en larmoyant :

– Heureusement que j'avais gardé le cierge de quand ma pauvre femme est morte. C'est des souvenirs, et des fois ça sert…

Il ouvrit la fenêtre de sa loge. Les deux jeunes gens l'escaladèrent et descendirent sur le trottoir, au milieu d'une foule dense.

Les cafés, les cinémas, les salles de télévision, les théâtres des boulevards se vidaient de leurs occupants. Des gens, abandonnés par leurs vêtements à fermeture magnétique, s'étaient vus soudain en partie déshabillés. Ils essayaient vainement, sans y rien comprendre, de joindre à nouveau des pièces d'étoffe qui ne voulaient plus se connaître. On regardait avec effarement ces noctambules en tenue légère, que le croissant de lune, dans un ciel extrêmement pur, éclairait d'une lueur blême. La réalité quotidienne avait disparu, laissait la place à l'absurde.

R. BARJAVEL, *Ravage,* © Denoël, 1943.

Lecture

▶ Socle *Élaborer une interprétation de textes littéraires*

1. Que se passe-t-il ? Listez les différents événements.
2. Quels éléments du texte situent la scène en 2052 ?
3. En vous aidant du texte, expliquez ce qu'est le plastec.
4. Comment les personnages réagissent-ils ? Expliquez.
5. Expliquez la dernière phrase.

Lecture d'image

▶ Socle *Lire des images, des documents composites et des textes non littéraires*

A Comment l'électricité est-elle représentée sur la couverture du livre ci-contre ?

B 1. Quels monuments reconnaissez-vous ?
2. Pourquoi l'illustrateur les a-t-il choisis ?

C 1. Que suggère le titre du livre ? 2. Selon vous, l'illustration correspond-elle à ce titre ? Justifiez.

Oral

▶ Socle *Établir des liens entre les productions littéraires et artistiques issues de cultures et d'époques diverses*

Comparez l'illustration et le texte : quelles réflexions pouvez-vous faire sur la vision de l'électricité par les hommes ?

Écriture

▶ Socle *Utiliser l'écrit pour penser et pour apprendre*

Imaginez une suite à ce récit. Racontez en une vingtaine de lignes.

G. BONNEFONT, *Le Règne de l'électricité*, 1895.

11 • La science à l'épreuve de la fiction

Lire comprendre interpréter

Mondes futurs, mondes de rêve ?

INTERDISCIPLINARITÉ TECHNOLOGIE

L'ordinateur Multivac

Dans un futur imaginaire, les hommes vivent sous la surveillance d'un ordinateur géant.

L'industrie la plus vaste de la Terre était centrée sur Multivac… Multivac, l'ordinateur géant qui en cinquante ans avait grandi jusqu'à remplir de ses diverses branches Washington[1] et ses faubourgs, puis avait étendu ses tentacules à toutes les villes et tous les bourgs du globe.

5 Une armée de fonctionnaires l'approvisionnaient sans cesse de renseignements alors qu'une autre armée interprétait ses réponses et établissait les corrélations[2] entre elles. Un véritable corps du génie[3] patrouillait à l'intérieur, tandis que mines et usines s'acharnaient à maintenir continuellement au complet, avec précision, pour donner pleine et entière
10 satisfaction, les stocks de réserve de pièces de rechange.

Multivac dirigeait l'économie de la Terre et venait en aide à la science. Mais il était avant tout le centre de recueil et de classement de tous les faits connus relatifs à chaque individu de la Terre.

Et tous les jours une partie des devoirs de Multivac consistait à exa-
15 miner les quatre milliards d'ensembles de faits portant sur chacun des êtres humains qui garnissaient ses entrailles pour extrapoler[4] une nouvelle journée à partir de cette base. Tous les Services de Rectification de la Terre recevaient des données propres à leur zone de juridiction et la totalité des informations était alors soumise en bloc au Bureau Central de
20 Rectification de Washington (D.C).

Bernard Gulliman en était à la quatrième semaine de son mandat d'un an comme président du Bureau Central de Rectification et avait acquis suffisamment d'aplomb pour recevoir le rapport final sans frayeur. […] Il y figurait la liste habituelle des délits prévisibles : fraudes de tous ordres,
25 vols, émeutes, homicides, incendies volontaires.

Il chercha spécialement un titre et éprouva un petit choc en le trouvant là, puis un second en notant qu'il comportait deux cas. Non pas un, mais bien deux. Deux meurtres au premier degré[5]. Il n'en n'avait pas encore relevé deux d'un coup depuis le début de son activité comme président.

30 Il pressa le bouton de l'interphone et attendit que le visage lisse de son coordonateur apparût sur l'écran.

« Ali, dit-il, je relève deux meurtres au premier degré aujourd'hui. Cela pose-t-il un problème inaccoutumé ?

– Non monsieur. » Le visage foncé aux yeux noirs et perçants parais-
35 sait néanmoins agité. « Ces deux cas entrent dans les probabilités de très basse fréquence.

– Je le sais, dit Gulliman. J'ai remarqué que ni l'une ni l'autre des probabilités ne dépassent 15 pour cent. Quand même, Multivac se doit de maintenir sa réputation. Il a à peu près éliminé les crimes, et c'est sur son
40 intervention contre les meurtres au premier degré, qui sont naturellement les crimes les plus sensationnels, que le public juge de son efficacité. »

Ali Othman esquissa un signe d'acquiescement. « Oui, monsieur, je m'en rends parfaitement compte.

Isaac Asimov
(1920-1992)

Professeur de biochimie et écrivain de science-fiction américain.

La clé des mots

Multivac est un terme créé par I. Asimov par imitation d'« Univac » (*Universal Automatic Computer*), nom du premier ordinateur de l'histoire créé en 1951. « Multi » vient du latin *multi* : nombreux, beaucoup.
• Selon vous, le choix de « Multivac » pour désigner l'ordinateur que décrit I. Asimov dans son texte est-il judicieux ? Justifiez.

---

1. ville du nord des États-Unis.
2. liens.
3. une armée de scientifiques.
4. imaginer.
5. du premier niveau dans la liste des crimes et délits.

– J'espère que vous comprenez en outre que je ne veux pas un seul cas
consommé[6] de ce genre de crime pendant mon mandat, répondit Gulliman.
Que tout autre délit vienne à s'accomplir, j'accepterai des excuses. Mais
s'il s'agit d'un meurtre de premier degré, vous serez limogé[7]. Compris ?

– Oui, monsieur, les analyses détaillées de ces deux meurtres en puissance sont déjà dans les bureaux des districts intéressés. Les criminels et les victimes éventuels sont sous surveillance. J'ai procédé à une nouvelle vérification des probabilités d'exécution, elles sont déjà très en baisse.

– Très bien », fit Gulliman, qui coupa la communication.

I. ASIMOV, *L'avenir commence demain* [1959], traduction de B. Martin, © Pocket, 1978.

[6] effectif.
[7] licencié.

• Vue d'ensemble de l'Univac, 1951.

Lecture

▶ Socle *Élaborer une interprétation de textes littéraires*

1. Quelles sont les différentes missions de Multivac ?
2. Sur quel résultat le public juge-t-il de son efficacité ?
3. À votre avis, qui est le plus puissant : Gulliman ou Multivac ? Expliquez.
4. Pour quelle raison Gulliman ne veut-il pas que l'efficacité de Multivac soit prise en défaut ?
5. Le monde décrit dans ce texte vous semble-t-il un monde de rêve ? Justifiez.

Oral EMC

▶ Socle *Lire des documents composites (y compris numériques) et des textes non littéraires*

Rendez-vous sur www.cnil.fr/linstitution/qui-sommes-nous/.

1. Expliquez ce que signifie le sigle CNIL.
2. Quelles sont les missions de cet organisme ?
3. Sur quelle loi la CNIL s'appuie-t-elle ?
4. L'ordinateur Multivac pourrait-il être contrôlé par la CNIL ? Expliquez.

Écriture EMC

▶ Socle *Utiliser l'écrit pour penser et pour apprendre*

1. Un ordinateur tel que Multivac serait-il bénéfique ou néfaste à la société d'aujourd'hui ? Justifiez votre opinion.
2. Selon vous, les dangers que fait courir Multivac à la protection des données personnelles sont-ils comparables à ceux des moteurs de recherche et des réseaux sociaux actuels ? Expliquez.

11 • La science à l'épreuve de la fiction / 261

Lire comprendre interpréter

Mondes futurs, mondes de rêve ?

INTERDISCIPLINARITÉ SVT

Paris au XXIᵉ siècle

À la fin du XXIᵉ siècle, le prince Éric visite Paris en naviguant sur la Seine.

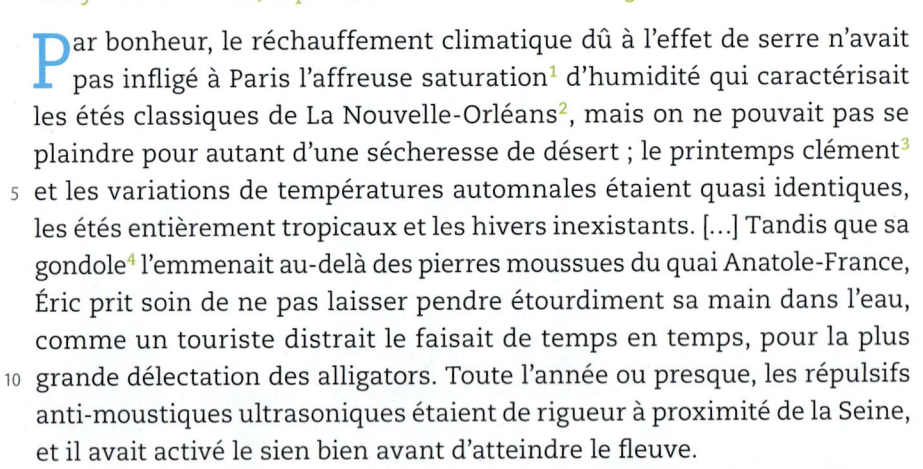

Par bonheur, le réchauffement climatique dû à l'effet de serre n'avait pas infligé à Paris l'affreuse saturation[1] d'humidité qui caractérisait les étés classiques de La Nouvelle-Orléans[2], mais on ne pouvait pas se plaindre pour autant d'une sécheresse de désert ; le printemps clément[3]
5 et les variations de températures automnales étaient quasi identiques, les étés entièrement tropicaux et les hivers inexistants. […] Tandis que sa gondole[4] l'emmenait au-delà des pierres moussues du quai Anatole-France, Éric prit soin de ne pas laisser pendre étourdiment sa main dans l'eau, comme un touriste distrait le faisait de temps en temps, pour la plus
10 grande délectation des alligators. Toute l'année ou presque, les répulsifs anti-moustiques ultrasoniques étaient de rigueur à proximité de la Seine, et il avait activé le sien bien avant d'atteindre le fleuve.

Il était difficile pour Éric d'imaginer à quoi aurait ressemblé cette lente descente des eaux paresseuses couvertes de bateaux en ces jours qui se
15 perdaient dans la nuit des temps, lorsque les quais n'étaient pas recouverts d'incrustations de lierre d'un vert luxuriant[5], de chèvrefeuilles et de belles-de-jour[6] qui parfumaient l'après-midi finissant d'une douceur érotique digne d'un boudoir[7] tropical. De même que les tours des bureaux et des immeubles d'habitations haussmanniens[8] de l'avenue de New-York
20 et du boulevard Kennedy devaient être plus solennels sans leurs grands palmiers et leurs eucalyptus imposants. De même que le musée d'Orsay devait paraître austère du temps où le côté de l'ancienne gare de chemin de fer qui faisait face au fleuve ne se dressait pas derrière sa haute haie de saules pleureurs, dont les branches s'étalaient près du niveau de l'eau,
25 avec ses passereaux[9] africains aux vives couleurs qui chantaient dans la mousse tandis que ses toucans[10] et ses volées de perroquets poussaient des cris perçants depuis son toit et son parapet.

La gondole passa sous la maçonnerie verdie du pont de l'Alma, puis sous le pont Debilly. Elle se rapprochait peu à peu de la Rive gauche en suivant
30 la douce courbe du fleuve, pour déboucher soudain sur la vue saisissante qui était à coup sûr la signature touristique de Paris.

Sur la Rive droite se trouvait le Trocadéro, gâteau de mariage en ciment qu'on aurait dit confectionné par un Benito Mussolini[11] sous acide[12]. Ses balcons étaient devenus de modernes jardins suspendus de Babylone, et
35 la place qui le séparait du fleuve un jardin tropical de palmistes[13], paliers et haies de plantes exotiques des mers du Sud aux vives couleurs.

Sur la Rive gauche, de l'autre côté du pont d'Iéna par rapport au Trocadéro, la tour Eiffel jaillissait de l'entrelacs[14] de liserons, de chèvrefeuille, de lierre et de bougainvillées qui escaladaient ses piliers, comme de for-
40 midables arbres en fonte, s'élevant vertigineusement du sous-bois d'une forêt équatoriale. Du fleuve, Éric distinguait entre les piliers du monument l'impressionnant couloir feuillu de chênes géants qui occupaient le Champ-de-Mars.

N. SPINRAD, *Bleue comme une orange* [1999], traduction de R. C. Wagner, © Flammarion, 2001.

Norman Spinrad
(né en 1940)

Journaliste et écrivain de science-fiction américain.

---

1. excès.
2. ville située au sud des États-Unis.
3. doux.
4. barque plate et allongée utilisée à Venise.
5. abondant.
6. fleurs odorantes qui s'ouvrent le jour et se referment la nuit.
7. petit salon.
8. beaux immeubles parisiens.
9. oiseaux migrateurs.
10. oiseaux à grand bec des pays chaud.
11. dirigeant fasciste italien (1922-1943).
12. drogué.
13. palmiers.
14. enchevêtrement.

Lecture

▶ **Socle** *Élaborer une interprétation de textes littéraires*

1 Comment le réchauffement climatique se manifeste-t-il sur les rives de la Seine ? Expliquez en citant le texte.

2 L. 13 : Pourquoi est-il difficile pour Éric d'imaginer à quoi aurait ressemblé sa descente du fleuve ? Expliquez.

3 Quels sentiments cette description suscite-t-elle chez le lecteur ? Expliquez.

Le trésor des mots

« **La terre est bleue comme une orange** » est le premier vers d'un poème de Paul Éluard (1895-1952) tiré de son recueil *L'Amour, la poésie*, 1929.

1 Pensez-vous que ce vers soit purement fantaisiste ou qu'il comporte une part de réalité ? Justifiez.

2 Selon vous, pour quelle raison N. Spinrad l'a-t-il choisi pour titre de son roman ?

Oral

▶ **Socle** *S'exprimer de façon maîtrisée en s'adressant à un auditoire*

Le texte de N. Spinrad propose-t-il une vision crédible du futur ? Exprimez votre opinion en la justifiant.

Lecture d'image

▶ **Socle** *Établir des liens entre des productions littéraires et artistiques*

A Comparez cette représentation de Paris en 2050 et la description qu'en fait Norman Spinrad.

B Pensez-vous que ce projet architectural puisse voir le jour dans le futur ? Justifiez votre point de vue.

• *Paris Smart City 2050*, projet architectural de V. CALLEBAUT.

Écriture

▶ **Socle** *Exploiter ses lectures pour enrichir son écrit*

À la manière de N. Spinrad, projetez-vous dans le siècle prochain et décrivez le quartier où vous habitez, transformé par le réchauffement climatique.

11 • La science à l'épreuve de la fiction / **263**

Lire comprendre interpréter

Mondes futurs, mondes de rêve ?

INTERDISCIPLINARITÉ
TECHNOLOGIE – EMC

Les solbots

Alors qu'ils sont à la recherche d'eau, Raïma et Solman, de la tribu imaginaire des Aquariotes, tombent sur une patrouille de solbots.

« Des solbots », murmura Raïma. D'un mouvement de tête, elle montra à Solman les formes grises qui se faufilaient de chaque côté de la piste. Il était parvenu à se hisser près d'elle et à passer la tête par l'entrebâillement de la bâche. […] Bien que
5 la Troisième Guerre mondiale fût achevée depuis maintenant près d'un siècle, les soldats-robots utilisés par les armées des deux camps poursuivaient leur mission comme si le conflit n'avait jamais cessé. D'abord conçus comme de simples auxiliaires[1] de fantassins[2] humains, ils constituaient à présent de véritables patrouilles autonomes qui arpentaient sans trêve les
10 territoires des anciennes Europe et Asie afin de repérer et d'éliminer les éventuels ennemis. Pas très hauts – un demi-mètre au maximum – ni très larges – trente à quarante centimètres de diamètre –, capables de changer de forme et de franchir n'importe quel obstacle, ils étaient équipés de pistolets automatiques d'une précision infaillible, de grenades ERS – effets retards
15 successifs – ou de micro-bombes assez puissantes pour faire sauter tous les camions du peuple aquariote. Les anciens racontaient souvent que leurs propres anciens avaient essayé de les combattre au début de la nouvelle ère, une tactique désastreuse qui avait failli entraîner la disparition de tous les peuples nomades. Pour survivre aux solbots, qui obéissaient à une
20 logique toute militaire, il fallait simplement ne pas être identifié comme ennemi, c'est-à-dire ne pas porter d'uniforme de camp adverse et surtout, ne pas hurler, ne pas faire de mouvement intempestif[3], ne pas donner le moindre signe d'agitation. Leur comportement était celui de machines à langage binaire[4], d'entités[5] parfaitement prévisibles, même si, de temps à
25 autre, l'un d'eux lâchait sans crier gare une rafale dans la tête d'un homme ou d'une femme dont le seul tort était de dégager trop de chaleur.

Pierre Bordage
(né en 1955)

Écrivain de science-fiction français.

1. assistants.
2. soldats à pied.
3. malvenu.
4. élémentaire.
5. créatures.

J. ZORALSKI,
1920-Headshot, 2014.

Solman continua de les observer pendant que Raïma se glissait sous la bâche. Ils dévalaient les pentes à vive allure, évitant les rochers, les buissons et les racines grâce aux capteurs déployés tout autour de la colonne cylin-
30 drique[6] qui leur servait de tronc. Au-dessus de leurs chenilles articulées et souples, se découpaient les linéaments[7] de deux volets circulaires, « les narines de la mort », comme les surnommaient les peuples du sud. L'un abritait le canon et le magasin du pistolet automatique, l'autre le lanceur de la réserve de grenades ou de micro-bombes. Contrairement aux modèles de
35 premières générations, aucun voyant n'était serti[8] dans leur carapace faite d'un alliage[9] métallique inoxydable[10] et plus résistant que les matériaux employés pour la fabrication des anciennes navettes spatiales. [...]

La rumeur courait que leur population augmentait d'année en année, qu'ils disposaient d'un atelier souterrain où ils pouvaient à la fois se ré-
40 parer et se reproduire. [...] À chaque rassemblement annuel, le conseil des peuples évoquait la nécessité de se débarrasser une fois pour toutes de ces rebuts[11] absurdes et meurtriers de la Troisième Guerre mondiale. Mais les peuples nomades avaient gardé de la technologie, « cette fille maudite des anciennes religions », des notions rudimentaires qui, si elles suffisaient à
45 entretenir et réparer les véhicules, les pompes, les armes à feu, les cuves de gaz liquéfié, les outils et les ustensiles de cuisine, ne leur permettaient pas de neutraliser des adversaires aussi sophistiqués que les solbots.

P. BORDAGE, *Les Derniers Hommes*, © J'ai lu, 2002.

6. ronde.
7. lignes.
8. incrusté.
9. mélange.
10. qui ne peut pas rouiller.
11. déchets.

Le trésor des mots

ÉTYMO « robot » vient du tchèque *robota* : « travail forcé ».
- En quoi cette étymologie éclaire-t-elle le sens du mot « solbot » créé par P. Bordage ?
- En vous appuyant sur la description l. 28 à 37, dessinez un solbot. Comparez vos dessins.

Lecture

▶ **Socle** *Élaborer une interprétation de textes littéraires*

1. Quelles étaient les missions des solbots pendant la Troisième Guerre mondiale ?
2. Les solbots sont-ils dangereux pour l'homme ? Expliquez.
3. Pourquoi les hommes ne parviennent-ils pas à les détruire ?
4. Selon vous, pour quelle raison les nomades considèrent-ils la technologie comme une « fille maudite des anciennes religions » (l. 43) ? Expliquez.

Oral EMC

▶ **Socle** *Comprendre et interpréter des messages et des discours oraux complexes – S'exprimer de façon maîtrisée en s'adressant à un auditoire*

Avec un moteur de recherche, cherchez la vidéo du JT de France 2 du 15 juillet 2014. À partir de 25'44'', visionnez le reportage et l'interview sur les robots.

1. Qu'avez-vous appris sur les robots dans le reportage ?
2. Faites un compte-rendu oral de l'interview de l'avocat Alain Bensoussan en indiquant :
   – pourquoi il faut donner des droits aux robots ;
   – quels droits il faut leur donner.
3. Que pensez-vous de la création d'un droit des robots ? Expliquez votre opinion en la justifiant.

Écriture

▶ **Socle** *Utiliser l'écrit pour penser et pour apprendre*

Les robots peuvent-ils être dangereux pour l'homme ? Justifiez et développez votre réponse.

11 • La science à l'épreuve de la fiction / 265

Lire comprendre interpréter

Lire et échanger sur des œuvres complètes

▶ Socle *Lire des œuvres littéraires, fréquenter des œuvres d'art*

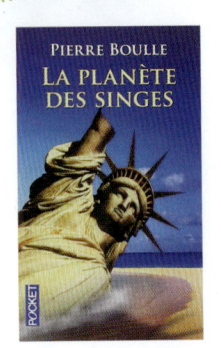

Parcours de lecture guidé

Pierre Boulle
La Planète des singes

INTERDISCIPLINARITÉ SCIENCES – HDA

A Le contexte

1. À la rencontre de Pierre Boulle

Présentez l'auteur et le roman à partir d'une recherche sur ce site : www.culture-sf.com/dossiers/la-planete-des-singes/#pierre-boulle.
Lisez *La Planète des singes* dans son intégralité.

2. Les fondements scientifiques du roman

Rendez-vous à cette adresse : www.universcience.tv/video-charles-darwin-et-l-evolution-de-l-espece-humaine-5068.html.
a. Quelle est la théorie de Darwin concernant l'origine de l'homme ? b. De quelle façon Pierre Boulle exploite-t-il cette théorie dans son roman ? Expliquez.
c. Recopiez et complétez le tableau ci-dessous :

Parties/chapitres	Personnages	Lieux	Date/durée
Partie I chapitre I			
Partie I chapitre II			
Partie I chapitre III à Partie III chapitre X			
Partie III chapitre XI			

d. Combien de temps s'est-il écoulé entre le départ d'Ulysse et son retour sur Terre ? e. Par quelle notion scientifique le professeur Antelle explique-t-il la différence entre les dates et la durée du voyage ?

B La dimension philosophique et satirique du roman

1. a. Qu'évoque le nom d'Ulysse Mérou ? **b.** Quel effet ce nom produit-il sur le lecteur ?

2. Selon vous, pourquoi Pierre Boulle a-t-il choisi de nommer la planète des singes « Soror » (du latin « sœur ») ?

3. a. Que devient le savant Antelle au cours du roman ? **b.** Quelles réflexions son évolution vous inspire-t-elle ?

4. Citez un épisode au cours duquel le renversement homme/singe vous a particulièrement impressionné(e). Justifiez votre choix.

5. Comment interprétez-vous le commentaire de Phyllis lorsqu'elle referme le manuscrit rédigé par Ulysse : « Des hommes raisonnables ? Des hommes détenteurs de la sagesse ? Des hommes inspirés par l'esprit ?... Non ce n'est pas possible ; là, le conteur a passé la mesure. » ?

C Le roman de P. Boulle au cinéma

1. Rendez-vous sur Culture SF (www.culture-sf.com/dossiers/la-planete-des-singes/#pierre-boulle).
a. Combien de films et de téléfilms ont adapté *La Planète des singes* ? b. Quel film retient votre attention ? Pour quelle raison ? c. Selon vous, pourquoi le cinéma s'est-il autant intéressé à ce roman ?

2. a. Décrivez précisément cette affiche. **b.** Est-elle fidèle au roman de P. Boulle ? Justifiez. **c.** Sur quel aspect du roman insiste-t-elle ?

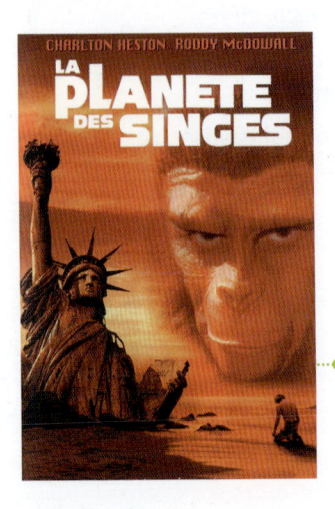

● Affiche de la première adaptation cinématographique de *La Planète des singes*, F. J. SCHAFFNER, 1968.

Le cercle des critiques littéraires

Romans de science-fiction

▶ **Socle** *Utiliser l'écrit pour penser et pour apprendre – Exploiter les ressources expressives et créatives de la parole*

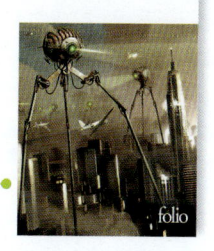

L'Homme qui rétrécit*
R. MATHESON, traduction de J. Chambon
© Éditions Gallimard, coll. « Folio SF », 2000.

Après avoir traversé un nuage de vapeur, un homme rétrécit jusqu'à devenir microscopique. Il voit sa vie basculer à cause de ce phénomène.

La Guerre des mondes**
H. G. WELLS, traduction de H.-D. Davray
© Éditions Gallimard, coll. « Folio », 2005.

La Terre est envahie par des Martiens. Les hommes, terrifiés, ne savent comment lutter contre des envahisseurs dont la puissance n'a d'égale que la cruauté.

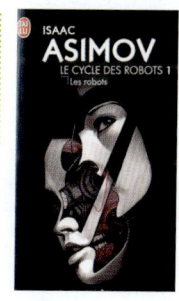

Fahrenheit 451**
R. BRADBURY, traduction de J. Chambon et H. Robillot
© Éditions Gallimard, coll. « Folio SF », 2000.

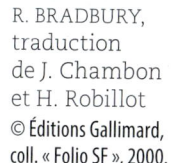

Dans une société future, un corps spécial de pompiers est chargé de brûler tous les livres. Montag, l'un de ces pompiers, se met à rêver d'un monde différent…

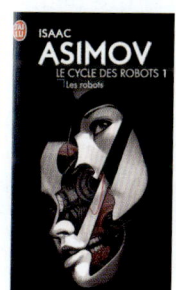

Le Cycle des robots 1 – Les Robots*
I. ASIMOV, traduction de P. Billon
© J'ai Lu, 2012.

Neuf nouvelles qui traitent de l'interaction des humains et des robots.

L'Invasion des profanateurs**
J. FINNEY, traduction de M. Lebrun
© Éditions Gallimard, coll. « Folio SF », 2000.

En Californie, Miles Bennell, médecin, reçoit des patients qui lui affirment que des personnes qu'ils ont connues toute leur vie ne sont plus du tout les mêmes. Que va-t-il découvrir ?

Carnet de lecture

À l'écrit,
- ✓ Indiquer le titre du roman et le nom de l'auteur.
- ✓ Donner son avis.
- ✓ Recopier un extrait de quelques lignes particulièrement saisissant et expliquer son choix.

À l'oral,
- ✓ Présenter le livre et donner son avis.
- ✓ Présenter l'extrait recopié et le lire avec expressivité.
- ✓ Expliquer et justifier son choix.

11 • La science à l'épreuve de la fiction

Pratiquer l'oral

Mettre en voix un poème de science-fiction

▶ **Socle** *Exploiter les ressources expressives et créatives de la parole*

Entraînez-vous à lire, puis à dire ce poème, en exprimant les sentiments qu'il fait naître en vous.

Terre-Lune

L'écho du poète

Terre Lune, Terre Lune
Ce soir j'ai mis mes ailes d'or
Dans le ciel comme un météore
Je pars

Terre Lune, Terre Lune
J'ai quitté ma vieille atmosphère
J'ai laissé les morts et les guerres
Au revoir

Dans le ciel piqué de planètes
Tout seul sur une lune vide
Je rirai du monde stupide
Et des hommes qui font les bêtes

Terre Lune, Terre Lune
Adieu ma ville, adieu mon cœur
Globe tout perclus[1] de douleurs
Bonsoir.

B. VIAN, *Textes et Chansons*, Christian Bourgeois Éditeur, 2004.

1. accablé.

Lire des interviews et en débattre

▶ **Socle** *Participer de façon constructive à des échanges oraux*

À partir des interviews suivantes, interrogez-vous sur l'intérêt d'écrire et de lire de la science-fiction.

« J'ai toujours eu beaucoup de plaisir à lire de la science-fiction. C'est un phénomène très important, dans la mesure où il favorise l'évolution des sociétés humaines […] Je pense donc que, plus les connaissances scientifiques de l'homme iront croissant, plus la science-fiction sera amenée à se développer. Il serait d'ailleurs souhaitable que chaque homme soit capable sinon d'écrire, du moins de lire de la science-fiction, ce qui le délivrerait à coup sûr de ses automatismes. Considérez le bien qu'a pu faire à ceux qui l'ont lu le roman *Le Meilleur des mondes* d'Aldous Huxley. Il leur a permis de "voir" notre monde moderne ainsi que certains aspects indésirables de celui qui reste à venir. »

H. LABORIT, interview du 2 juin 1977.

« Si j'attache une telle importance à la science-fiction, c'est pour la simple raison que j'essaie d'être un théoricien de l'avenir. Or mes outils sont purement intuitifs, et parmi eux la science-fiction vient au premier plan. À cet égard je prends beaucoup de notes chaque fois que je lis un ouvrage de science-fiction, et ces notes me servent plus tard à étayer mes raisonnements. Inversement, mes raisonnements sur la dynamique des sociétés m'amènent à élaborer des scénarios de science-fiction. »

J. ATTALI, interview du 19 juin 1978.

Interviews extraites de *L'Effet science-fiction, à la recherche d'une définition*, I. et G. BOGDANOFF, © Robert Laffont, 1979.

1 Par petits groupes,
a. prenez connaissance des interviews, cherchez le sens des mots que vous ne connaissez pas ;
b. listez des arguments pour nourrir le débat ;
c. cherchez des exemples dans les textes étudiés dans le chapitre.

2 Pour enrichir votre réflexion, relisez le texte proposé p. 256.

3 Collectivement, échangez vos idées.

Défendre une publicité rétro-futuriste

▶ **Socle** *Exploiter les ressources expressives et créatives de la parole*

Le saviez-vous ?

Le terme « rétro-futurisme » est forgé à partir des mots « rétro » (« retour dans le passé ») et « futur ». Il désigne une œuvre littéraire ou artistique montrant l'avenir tel qu'on le voit dans le passé et le passé tel qu'on le voit dans l'avenir.

Publicité Maxell, 1986.

Vous devez défendre auprès de vos clients la publicité rétro-futuriste que vous avez conçue afin de promouvoir leur produit : une clé USB. Vous rédigerez et prononcerez devant eux un discours argumentaire de cinq minutes en faveur de l'affiche ci-dessus.

Fiche méthode

1. Pour rédiger votre discours argumentaire
→ décrivez précisément l'affiche ;
→ expliquez en quoi elle est rétro-futuriste ;
→ trouvez des arguments pour défendre ce choix ;
→ proposez un slogan de votre invention.

2. Pour prononcer votre discours argumentaire
→ entraînez-vous à prononcer votre discours en trois minutes ;
→ corrigez-le s'il est trop long ou trop court, afin de tenir cinq minutes ;
→ dites votre texte de façon expressive afin de convaincre vos clients.

Pratiquer l'écrit

A. Travailler la langue pour préparer et améliorer l'écrit

Lexique

Le vocabulaire du futur

1 Parmi ces noms synonymes de « futur », trouvez l'intrus.
avenir – lendemain – postériorité – antiquité – devenir – imminence

2 Parmi ces verbes, lesquels sont synonymes de « prévoir » ?
anticiper – prédire – présager – programmer – pronostiquer – prophétiser – augurer – oublier – négliger – proclamer – révéler – retarder – projeter

3 a. À partir des verbes de l'exercice 2, formez des noms synonymes de « prévision ».
b. Employez trois de ces noms chacun dans une phrase illustrant son sens.

4 a. Parmi les adjectifs suivants associés à « futur », quel est l'intrus ?
imminent – proche – prometteur – éloigné – menaçant – lointain – inauguré
b. Rédigez un paragraphe en employant trois de ces mots.

5 a. Parmi ces expressions, lesquelles évoquent l'avenir ?
avant-garde – de pointe – en herbe – avant-coureur – tôt ou tard – un jour ou l'autre – à jamais
b. Rédigez un paragraphe en employant deux de ces expressions.

Des mots nouveaux pour désigner de nouvelles réalités : néologisme, sigles, mots-valises

6 a. Parmi les sigles suivants, cherchez l'intrus :
OVNI – E.T. – SF – SNCF
b. Donnez la signification de chaque sigle.

7 a. Cherchez si besoin le sens des mots suivants.
b. Quel est l'intrus ?
androïde – automate – robot – humanoïde – cyborg – marionnette

8 a. Identifiez les préfixes dans les mots suivants et précisez leur sens.
néologisme – supraterrestre – transgénique – paranormal – ultraviolet – protéiforme – hypermonde
b. Inventez ou trouvez un mot à partir de chaque préfixe.

9 a. Identifiez les suffixes employés dans les mots suivants.
b. Indiquez le sens de chaque mot.
c. Inventez ou trouvez un mot à partir de chaque suffixe.

fluorescent   astronaute
tripode   astrologique
télescope   pyrotechnie

10 Recopiez et complétez le tableau. **a.** Retrouvez le mot-valise en associant le mot A et le mot B de chaque ligne. **b.** Imaginez une définition personnelle. **c.** Cherchez la définition exacte dans un dictionnaire.

Mot A	Mot B	Mot-valise	Définition personnelle	Définition du dictionnaire
information	automatique	informatique		traitement automatique de l'information
pistolet	laser			
biologie	électronique			
robot	technique			
cybernétique	organique			
automobile	robot			
cybernétique	punk			
fulgurant	poing			

▶ **Socle** *Maîtriser la structure, le sens et l'orthographe des mots*

Orthographe

Conjuguer le conditionnel

▶ *Leçon p. 302*

1 a. Recopiez et complétez les formes verbales au présent du conditionnel.
1. Je parler…
2. Tu prendr…
3. Il pourr…
4. Nous saisir…
5. Vous plonger…
6. Ils mettr…

b. Transposez-les au passé du conditionnel.

2 Conjuguez les verbes suivants **a.** au présent du conditionnel ; **b.** au passé du conditionnel.
Je (pouvoir) – Tu (imaginer) – Il (anticiper) – Nous (prévoir) – Vous (apparaître) – Ils (craindre)

3 Écrivez les verbes entre parenthèses **a.** au présent du conditionnel ; **b.** au passé du conditionnel.
1. Un homme (assister) à l'arrivée des Martiens.
2. Les Martiens (atterrir) dans son jardin.
3. L'homme les (voir) de ses yeux sortir de leur soucoupe.
4. Il (tenter) d'entrer en contact avec eux.
5. Mais les Martiens (riposter) par des rayons laser et ils (emmener) sa femme.

4 a. Recopiez le texte en écrivant les verbes entre parenthèses au présent du conditionnel.

« C'était donc ce qui allait arriver, la population allait devenir nomade sans cesser pourtant d'essayer de trouver un logement. Ce (être) d'abord des familles, puis, ensuite, des groupements entiers d'individus. On (grouper) les gens sur de vastes terrains, ce qui (être) la meilleure façon pour les gouvernements encore existants de porter secours aux citoyens. Jusqu'à la fin, ce (être) un spectacle navrant de tribus errantes à la recherche d'un abri. Au début, dans un mouvement de révolte, ils (se précipiter) sur n'importe quoi pour s'assurer un abri ou de la nourriture. Ils (voler), (entasser), (se battre). Et après sans doute les ballons y (mettre) bon ordre ; véritables propriétaires, ils (être) en droit de tout détruire, la conscience tranquille. »

C. D. SIMAK, *Eux qui marchent comme des hommes* [1962], traduction de A. et M. Barrois, © Denoël, 1962.

b. Récrivez le texte à partir de « Jusqu'à la fin… », en employant le passé du conditionnel.

Grammaire

L'expression de l'hypothèse

▶ *Leçon p. 360*

5 a. Relevez les propositions subordonnées exprimant une hypothèse.
b. Entourez les conjonctions de subordination, indiquez le mode des verbes des propositions subordonnées.
1. Si une autre planète que la Terre est habitable, les hommes pourront la coloniser.
2. L'homme pourrait vivre sur une autre planète que la Terre, à condition qu'il y ait de l'eau potable et de l'oxygène.
3. Au cas où les extraterrestres nous attaqueraient, certains construisent des abris.
4. En admettant que les Martiens existent, il faudrait encore qu'ils se manifestent.
5. Si le réchauffement climatique s'accentue, la Terre finira par être engloutie par les eaux.

6 Relevez les propositions subordonnées exprimant une hypothèse et indiquez ce que chacune exprime : simple hypothèse, hypothèse réalisable dans le futur, irréalisable, non réalisée.

1. Si les robots étaient aussi intelligents que les humains, on cesserait de travailler.
2. Si je voulais aller sur la Lune, je serais devenu astronaute.
3. Si d'autres planètes que la Terre sont habitées, les astrologues finiront par les découvrir.
4. Si les coûts technologiques diminuent, le tourisme spatial se banalisera.
5. Si les nanotechnologies le permettaient, on voyagerait même dans le corps humain.

7 a. Relevez les propositions subordonnées exprimant une hypothèse et indiquez quel type de condition chacune exprime. **b.** Récrivez les phrases en changeant le type de condition.
1. Si le projectile passe assez près de la Lune, il sera retenu par l'attraction lunaire et deviendra un satellite.
2. Si d'autres vies existent sur d'autres planètes, elles ont des formes inconcevables pour l'homme.
3. Si un jour les fusées allaient plus vite, nous pourrions atteindre des planètes plus éloignées de la Terre.
4. La fusée aurait gravité autour du disque lunaire jusqu'à la fin des siècles si la distance n'avait pas été si grande.
5. Si j'avais eu une machine à remonter le temps, j'aurais fait la connaissance de mes ancêtres.

11 • La science à l'épreuve de la fiction

Pratiquer l'écrit

▶ Socle *Adopter des stratégies et des procédures d'écriture efficaces*

B Écrire et récrire

UTILISABLE EN **AP**

Sujet — Rédiger un article pour défendre ou critiquer la science-fiction

Rédigez un article pour défendre ou critiquer la science-fiction.
Votre article fera deux pages au maximum. *Activité guidée*

ÉTAPE 1 ▶ Préparer le récit

1. Cherchez des idées en trouvant :
– des arguments en faveur de la science-fiction ;
– des critiques que l'on peut faire à la science-fiction ;
– des contre-arguments permettant de répondre à ces critiques.
Aidez-vous des textes rencontrés dans ce chapitre.

ÉTAPE 2 ▶ Formuler et rédiger au brouillon

2. Préparez le plan de votre article en tenant compte de l'étape 1 :
– indiquez l'ordre dans lequel seront présentés vos arguments ;
– trouvez des exemples pour illustrer vos arguments.

3. 🖱 **Rédigez votre article au brouillon, si possible en traitement de texte.**
Pensez à :
– rendre votre article convaincant ;
– employer le vocabulaire de la science-fiction : lexique du futur et mots nouveaux pour désigner les nouvelles réalités évoquées par la science-fiction (néologismes, mots-valises, sigles…) ;
– exprimer des hypothèses et utiliser le conditionnel.

ÉTAPE 3 ▶ Améliorer son brouillon en mobilisant les ressources de la langue

4. Vérifiez les points suivants et corrigez-les si besoin :

Mes arguments sont-ils présentés de façon cohérente ?	☐ oui	☐ non
Mes arguments sont-ils illustrés par des exemples ?	☐ oui	☐ non
Ai-je exprimé des hypothèses ?	☐ oui	☐ non
Mon article est-il convaincant ?	☐ oui	☐ non

5. Améliorez votre récit en veillant à : — Aidez-vous des exercices…

• employer le conditionnel	❶ à ❹ p. 271
• utiliser le lexique du futur et créer des mots nouveaux	❶ à ❿ p. 270
• exprimer l'hypothèse	❺ à ❼ p. 271

ÉTAPE 4 ▶ Rédiger au propre et se relire

6. 🖱 **Recopiez votre texte au propre ou reprenez-le en traitement de texte.**
Relisez-le plusieurs fois seul(e) ou en échangeant avec un(e) de vos camarades pour vérifier successivement :
– la ponctuation (p. 372) et le respect des codes de l'écrit (p. 339) ;
– l'orthographe du vocabulaire du futur ;
– l'orthographe et l'emploi du conditionnel.

Construire le bilan

▶ **Socle** *Utiliser l'écrit pour penser et pour apprendre*

➡ Qu'ai-je appris ?

1 **a.** Donnez trois inventions scientifiques ou techniques exploitées par des romans de science-fiction. **b.** Indiquez si elles ont été inventées par la science ou par la fiction.

2 Quels sont les différents sous-genres de la science-fiction ?

3 **a.** En reprenant les textes étudiés dans ce chapitre, dressez une liste de thèmes abordés par la science-fiction. **b.** Tous ces thèmes sont-ils en rapport avec la science ? Expliquez.

➡ Qu'avons-nous compris ?

1 Donnez oralement ou au brouillon votre définition de la science-fiction.

2 **a.** Les définitions ci-dessous s'appliquent-elles aux textes étudiés dans ce chapitre ?
b. Laquelle vous semble la plus complète ? Justifiez.

> « La science-fiction n'est pas autre chose que des rêves mis par écrit. La science-fiction est constituée des espoirs, des rêves et des craintes (car certains rêves sont des cauchemars) d'une société fondée sur la technologie. »
>
> J. CAMPBELL, acteur de *Twilight*.

> « Romans mettant en scène des événements réels ou imaginaires, mais explicables par des lois scientifiques reconnues ou hypothétiques. »
>
> H. GERNASBACK, fondateur de la première revue de SF américaine, 1929.

> « On peut définir la science-fiction comme la branche de la littérature qui se soucie des réponses de l'être humain aux progrès de la science et de la technologie. »
>
> I. ASIMOV, *Revue Isaac Asimov Science Fiction* (IASF), mars-avril 1978.

> « Ma définition de la SF, ce serait plutôt un regard sur le présent à travers le prisme du futur. »
>
> J.-M. LIGNY, entretien sur la science-fiction avec Y. Picard et M.-H. Pillon, CRDP de Bretagne, décembre 2001.

3 Récrivez votre propre définition de la science-fiction en la complétant ou en l'affinant.

➡ Je rédige mon bilan

1 Pour l'auteur de science-fiction V. Evangélisti, « seule la science-fiction présente des descriptions réalistes (oui, réalistes !) du monde où nous vivons ». (« Une littérature des étages inférieurs », *Le Monde diplomatique*, août 2000.)
Que pensez-vous de cette opinion ? Justifiez votre réponse en un paragraphe.

2 Selon vous, qu'est-ce qui distingue la science-fiction des genres littéraires que vous avez étudiés au cours de votre scolarité ? Développez votre réponse en donnant des exemples.

Évaluer ses compétences et se préparer au BREVET

I. Analyse et interprétation de textes et de documents, maîtrise des différents langages

A. Texte littéraire

Un chien, Homère, et un robot, Andrew, évoquent leurs lointaines origines.

« Vous voyez, autrefois, il y avait un homme appelé Joe…
– Un homme ? Qu'est-ce que c'est que ça ? »
Le robot le rabroua[1] gentiment d'un petit bruit de gorge. « Les hommes étaient des animaux, des animaux qui allaient à deux pattes. Ils nous ressemblaient beaucoup, à part qu'ils étaient de chair et que nous sommes de métal. […]
5 – Ce sont [eux] qui vous ont appris à parler. »
Homère se raidit. « Personne ne nous a appris à parler. Il s'agit d'une faculté[2] que nous avons développée nous-mêmes sur de nombreuses années. Puis nous l'avons enseignée aux autres animaux. »
10 Le robot, assis au soleil, le dos courbé, hocha la tête, l'air de réfléchir. « Dix mille ans. On doit approcher les douze mille. Onze mille au bas mot[3]. »
Le chien attendit, sentant le poids des ans sur les collines, l'éternité du fleuve et du soleil, du sable, du vent et du ciel.
L'éternité d'Andrew.
15 « Vous êtes vieux, constata-t-il. Vos souvenirs remontent aussi loin ?
– Oui, même si je suis un des derniers robots faits par les hommes. Ils m'ont fabriqué quelques années avant leur départ pour Jupiter. »
Le tumulte[4] régnait dans l'esprit d'Homère qui resta muet.
L'homme… un mot nouveau.
20 Un animal qui marchait sur deux pattes.
Un animal qui fabriquait des robots, qui apprenait à parler aux chiens. […]
« Pour notre part, poursuivit le robot, nous ne sommes que le souvenir de l'homme. Nous reproduisons ses activités – scientifiquement, car en tant que machines nous devons être
25 scientifiques, et patiemment, car nous avons l'éternité. »
Il dessina deux lignes dans le sable, deux autres qui les croisaient, et une croix dans le carré ouvert de l'angle gauche supérieur. « Vous me croyez fou. Vous pensez que je perds la tête. »
30 Le chien enfonça ses griffes dans le sable. « Je ne sais pas quoi penser. Toutes ces années… »
Du doigt, Andrew traça un rond dans le carré central de sa grille.
« Je sais, convint-il. Toutes ces années, vous avez
35 caressé un rêve. L'idée que les chiens étaient à l'origine de l'évolution. Et les faits sont difficiles à comprendre, à accepter. Oubliez ce que j'ai dit. Les faits se révèlent parfois pénibles. Un robot doit en user, car il ne dispose de rien d'autre. Vous savez, nous ne pouvons pas rêver.
40 Tout ce que nous avons ce sont les faits.
– On les a dépassés depuis longtemps », dit Homère.

C. D. SIMAK, *Demain les chiens* [1952], traduction de J.-P. Durastanti, © J'ai Lu, 2013.

1. gronda.
2. aptitude.
3. au minimum.
4. l'agitation.

B. Image

BREVET

Questions (20 points)

Sur le texte littéraire

1. La conversation d'Homère et Andrew est-elle surprenante ? Justifiez. (3 pts)
2. Quelle différence principale Andrew relève-t-il entre les robots et les hommes ? (3 pts)
3. **a.** Comment Homère réagit-il lorsque Andrew affirme que ce sont les hommes qui ont appris à parler aux chiens ? **b.** Pourquoi ? (3 pts)
4. Relevez les groupes nominaux qui définissent l'homme. (2 pts)
5. Sur quoi l'auteur cherche-t-il à faire réfléchir le lecteur ? Expliquez. (3 pts)
6. À quel genre littéraire ce texte appartient-il ? Justifiez. (2 pts)

Sur le texte et l'image

7. Quel lien pouvez-vous faire entre cette couverture du roman de C. D. Simak et le texte ? Justifiez. (4 pts)

II. Rédaction et maîtrise de la langue

1. a. Dictée : dictée négociée (5 pts)

Afin de vous préparer à la dictée de l'extrait, en binômes, discutez pour :

– justifier les accords à faire pour les verbes entre parenthèses ;
– expliquer les accords des mots soulignés.

> Quoique de <u>tels</u> rassemblements n'existent plus, on en (trouver, imparfait de l'indicatif) parfois de <u>quelques</u> centaines d'individus dans les maisons <u>bâties</u> par les chiens lorsqu'ils (savoir, imparfait de l'indicatif) encore ce qu'(être, imparfait de l'indicatif) les êtres humains et <u>quel</u> lien les (unir, imparfait de l'indicatif) à ceux qu'ils (tenir, imparfait de l'indicatif) pour des dieux. Qu'ils (tenir, imparfait de l'indicatif) pour des dieux et dont ils (colporter, imparfait de l'indicatif) les vieux récits autour des feux de camps les soirs d'hiver et dont ils (prévoir, imparfait de l'indicatif) l'éventuel retour.
>
> C. D. SIMAK, *Demain les chiens* [1952], traduction de J.-P. Durastanti © J'ai Lu, 2013.

1. b. Réécriture (5 pts)

Récrivez le passage en mettant les sujets au singulier et en transposant les verbes à l'indicatif au conditionnel présent. Faites les modifications nécessaires.

> Les robots avaient construit des vaisseaux spatiaux, voyagé dans les étoiles, fabriqué des corps, pratiqué les mathématiques et la mécanique, tandis que les chiens œuvraient à créer une fraternité des bêtes, tendaient l'oreille afin de guetter les horlas et sondaient les tréfonds du temps.
>
> D'après C. D. SIMAK, *Demain les chiens* [1952], traduction de J.-P. Durastanti © J'ai Lu, 2013.

2. Travail d'écriture (20 pts)

Sujet 1

Racontez une rencontre entre un ordinateur et un chat après la disparition de l'homme sur Terre.
Veillez à :
– évoquer le temps où l'homme dominait la planète ;
– exprimer les sentiments des deux personnages ;
– respecter les accords des verbes avec leur sujet.
Votre texte fera une soixantaine de lignes minimum.

Sujet 2

Selon vous, la science-fiction peut-elle prévoir le futur ?
Développez et justifiez votre point de vue en vous appuyant sur des exemples.
Votre texte fera une soixantaine de lignes minimum.

ABC de l'image

A comme angle de prise de vue

En prenant comme référence la ligne d'horizon, si :

- on regarde un personnage d'en haut, c'est une **plongée** ❶ ;
- on se place à sa hauteur, c'est un **plan frontal** ❷ ;
- on le regarde d'en bas, c'est une **contre-plongée** ❸.

C comme cadrage

On appelle **cadrage** l'action de placer des éléments à l'intérieur du cadre d'une image fixe ou mobile.

- Le **champ** est l'espace contenu dans une image.
- Le **hors-champ** est ce qui n'est pas montré, ce qui est en-dehors du cadre de l'image.
- Le **contre-champ** est l'espace diamétralement opposé au champ.

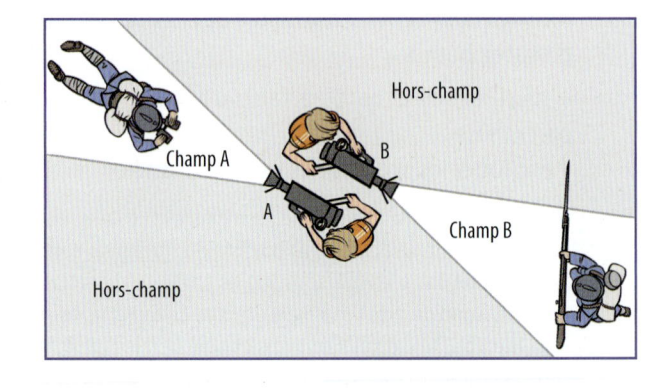

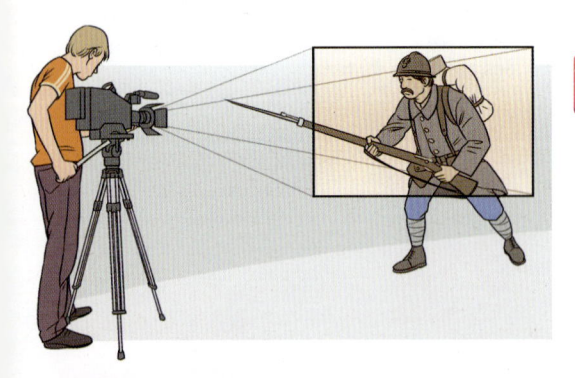

Exercice ❶

Parmi les éléments suivants, *la tête du personnage, ses mains, son buste, ses pieds, la lame de sa baïonnette* : **a.** lesquels sont dans le champ de la caméra ? **b.** lesquels sont hors-champ ?

Exercice ❷

1. Quel est l'angle de prise de vue utilisé par T. de Lempicka ?
2. Qu'a représenté l'artiste dans le cadre de l'image ?
3. Qu'a-t-elle laissé hors-champ ? Pourquoi, selon vous, a-t-elle fait ce choix ?

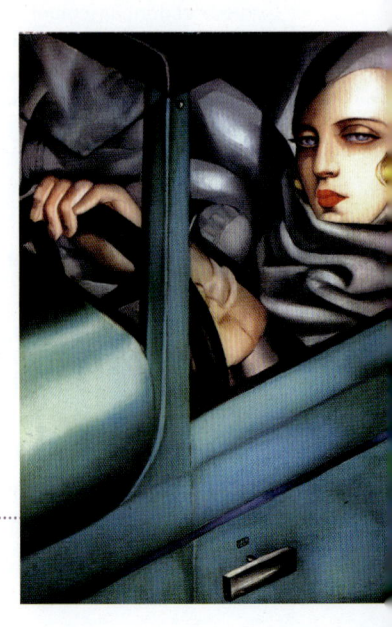

T. DE LEMPICKA, *Tamara dans la Bugatti verte*, 1925, coll. privée.

276

ABC de l'image

C comme composition

On appelle **composition** l'organisation des éléments sur une image. La composition fait intervenir :

- des **lignes** (droites et / ou courbes) ;
- des **plans** : **premier plan** (à l'avant de l'image), **deuxième plan**, **troisième plan**…, **arrière-plan** (au fond de l'image).

Exercice 3

1. Dans le tableau d'E. Hopper, comment les différents plans s'organisent-ils ?
2. Comment les lignes droites et courbes sont-elles réparties ? Quelle impression créent-elles ?

• E. HOPPER, *Seven A.M.* (*Sept heures du matin*), huile sur toile (76,7 x 101,9 cm), 1948, Whitney Museum of American Art, New York.

C comme couleurs

- On peut classer les couleurs en :
  - **couleurs chaudes** qui évoquent le feu, le soleil (jaune, orange, rouge, rose, marron) ;
  - **couleurs froides** qui évoquent l'eau, la glace (bleu, vert).
- Les **couleurs limites** (le vert-jaune, le violet) sont classées chaudes ou froides, par contraste avec leur environnement : le violet paraîtra chaud à côté d'un bleu, froid à côté d'un orange.
- Le **noir** est constitué de l'ensemble des autres couleurs. Lorsque les couleurs **s'opposent**, elles créent des **effets de contrastes**.

Un dégradé de couleurs dans une teinte donnée se nomme un **camaïeu de couleurs**.

Exercice 4

1. Comment les couleurs s'organisent-elles dans le tableau d'E. Hopper ? Expliquez.
2. Quelle atmosphère cette organisation crée-t-elle ?

L comme lumière

Un tableau offre souvent un **contraste** entre des **zones d'ombre** et de **lumière**. La lumière souligne l'élément majeur du tableau. Un contraste marqué d'ombre et de lumière se nomme un **clair-obscur**. La **source de lumière** peut se trouver dans le champ du tableau ou bien hors-champ.

Exercice 5

1. Dans le tableau d'E. Hopper, peut-on dire d'où vient la lumière ?
2. Quels éléments du tableau se trouvent dans l'ombre ? dans la lumière ?
3. Pourquoi, selon vous, le peintre a-t-il fait ces choix ?

ABC de l'image

M comme mouvements de la caméra

- **Plan fixe** : les éléments se déplacent devant la caméra qui reste fixe.
- **Panoramique** : la caméra fait un tour complet ou partiel sur son axe.
- **Travelling** : la caméra se déplace sur des rails :
  – de gauche à droite ou de droite à gauche, **travelling latéral** ;
  – de haut en bas ou de bas en haut, **travelling vertical** ;
  – d'arrière en avant, **travelling avant** ;
  – d'avant en arrière, **travelling arrière**.

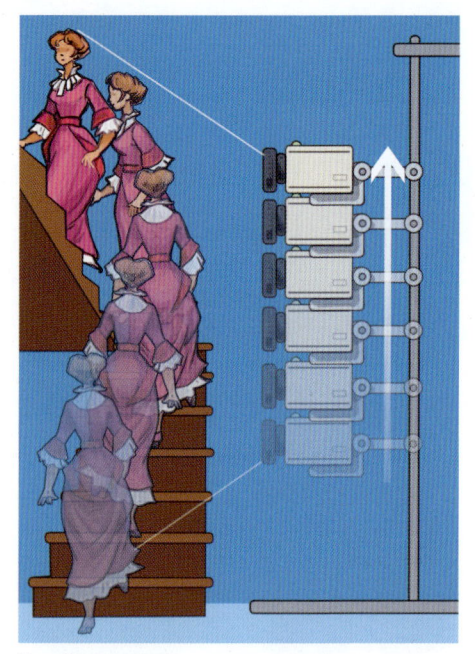

Travelling vertical.

P comme perspective

- La **perspective** est le procédé qui permet de représenter en deux dimensions une vision d'un espace en trois dimensions. Elle permet de distinguer les **différents plans** d'une image, du **premier plan** à l'**arrière-plan**.
- Différents procédés permettent de donner l'illusion de la profondeur dans une image en deux dimensions.
- En voici quelques exemples :

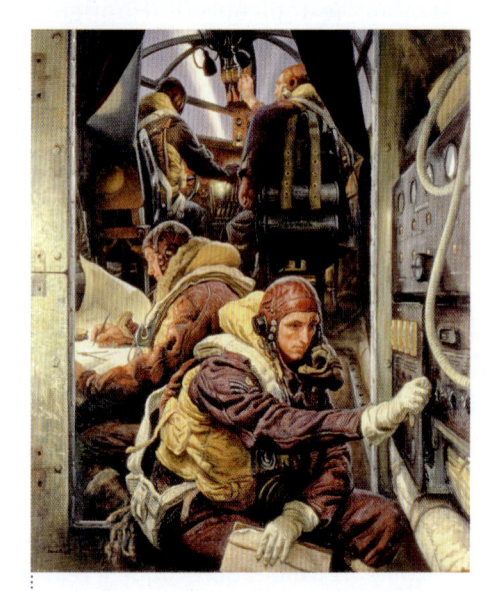

• L. KNIGHT, *Take off, circa* (Préparatifs de décollage), huile sur toile, 1943, Imperial War Museum, Londres.

↑ Perspective par **superposition** : le personnage du premier plan masque en partie celui du deuxième plan.

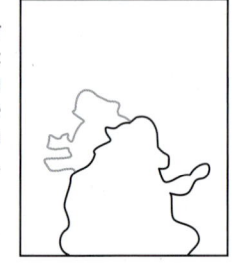

← Perspective par **taille relative** : la femme du premier plan est représentée plus grande que l'homme de l'arrière-plan.

• J. ENSOR, *Nos deux portraits*, huile sur toile (41 x 33 cm), 1905, coll. privée.

ABC de l'image

• G. SMITH COSSINGTON, *Paysage à la Pentecôte*, 1929. Art Gallery of South Australia, Adelaide (Australie).

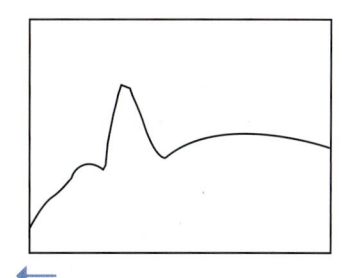

← Perspective par **lignes de fuite** : les lignes qui se rejoignent en un point donnent l'illusion d'une profondeur.

• J. ENSOR, *Le Port d'Ostende*, huile sur toile, début du XXe siècle, coll. privée.

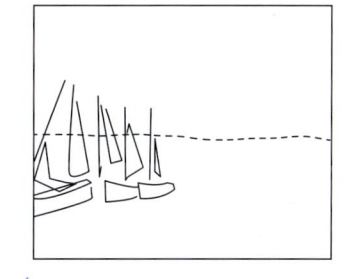

← Perspective par le **flou à l'arrière-plan** : l'imprécision de l'arrière-plan, par opposition à la netteté du premier plan, crée un effet de profondeur.

Exercice 6

1. Nommez et expliquez les procédés traduisant la perspective dans le tableau de M. Denis.

2. Quelle atmosphère particulière la perspective donne-t-elle à cet intérieur ?

• M. DENIS, *Mère et enfant*, huile sur toile (45 x 38,5 cm), début du XXe siècle, musée de l'Ermitage, Saint-Pétersbourg (Russie).

ABC de l'image

P comme plan

Pour déterminer l'**échelle des plans**, on prend comme référence la place occupée par le corps humain dans l'image.

- **Plan d'ensemble**
Très large, il situe le(s) personnage(s) dans le décor.

- **Plan moyen**
Il montre le(s) personnage(s) en pied.

- **Plan rapproché**
Il cadre le(s) personnage(s) jusqu'au nombril ou à mi-cuisse (plan américain, en référence à l'arme des westerns).

- **Gros plan**
Il montre une partie du corps.

- **Très gros plan**
Il se concentre sur un détail.

P comme proportion

- On appelle **proportions** les rapports de longueur ou de surface entre des éléments d'une même image. Sur le modèle de proportion ci-contre, la hauteur totale du corps vaut environ sept fois et demie la taille de la tête, une jambe mesure environ trois têtes.

- La **caricature** attaque son modèle en **modifiant les proportions** de son corps.

Exercice 7

1. En quoi cette caricature de Victor Hugo ne respecte-t-elle pas les proportions habituelles ?

2. Quel est le message de cette caricature ?

FAUSTIN, *Victor Hugo*, lithographie, 1870, Maison de Victor Hugo, Paris.

S comme script de film

- Un **script** est un document regroupant les répliques des acteurs et les données techniques nécessaires au tournage et au montage telles que des indications de mise en scène ou des déplacements de caméras.

- Un script se caractérise notamment par une écriture technique et neutre (sans émotions : un même script peut donc donner des films différents selon les réalisateurs).

S comme séquence

- Un film se divise en **séquences**. Chaque séquence est formée d'une suite de **plans**, constituant un tout et délimitant une action.

- Une séquence peut être raccordée à la suivante par :
– un **fondu au noir** : l'écran devient noir ;
– un **fondu enchaîné** : l'image disparaît et est peu à peu remplacée par la suivante, par superposition ;
– une **coupe franche** : on passe brutalement d'une image à une autre, sans transition.

- L'enchaînement des séquences se construit lors du **montage**.

S comme son (bande son)

La bande son d'un film peut être composée :
– de **dialogues** dont l'abondance ou la rareté contribuent à créer l'atmosphère, le rythme du film ;
– d'une **voix off** : c'est la voix d'un personnage ou d'un narrateur qu'on ne voit pas à l'écran ;
– de **sons** ou de **bruitages** (bruits de pas, tic-tac d'horloge…) ;
– de **musique**.

Ces trois derniers éléments contribuent grandement à la création d'une atmosphère (oppressante, gaie…).

S comme synopsis de film

Un **synopsis** (du grec *synopsis* : vue d'ensemble) de film est un **résumé du scénario**, qui décrit les grandes lignes de l'histoire et qui permet de se faire une idée globale du thème et de l'évolution des personnages. Il ne comporte pas de dialogue et il est généralement rédigé au présent de l'indicatif.

Exercice 8

Quelle(s) caractéristique(s) de la définition d'un synopsis retrouvez-vous dans le synopsis du film ?

> **Synopsis de *La Chambre des officiers***
>
> Au début du mois d'août 1914, Adrien, un jeune et séduisant lieutenant, part en reconnaissance à cheval. Un obus éclate et lui arrache le visage. La guerre, c'est à l'hôpital du Val-de-Grâce qu'il la passe, dans la chambre des officiers, une pièce à part réservée aux gradés atrocement défigurés par leurs blessures. Un antre de la douleur où chacun se voit dans le regard de l'autre. Cinq ans entre parenthèses à nouer des amitiés irréductibles avec ses compagnons d'infortune. Cinq ans de « reconstruction » pour se préparer à l'avenir, à la vie ?
>
> D'après www.allocine.fr, site consulté en mai 2016.

Z comme zoom

Un **zoom** est un **déplacement rapide d'un plan d'ensemble vers un gros plan**. Il permet le recadrage vers un élément (**zoom avant**) ou la découverte d'éléments hors-champ par l'élargissement du cadre (**zoom arrière**). Cette technique s'emploie pour des films et des bandes dessinées.

A. CHRISTIE, *Dix petits nègres* de Franck Leclerq et François Rivière (extrait de la p. 41) © Heupé Sarl / Emmanuel Proust Éditions, 2003.

L'ABC de l'image / **281**

Étude de la langue

Classes grammaticales et fonctions grammaticales .... p. 284

PARTIE 1 — Le mot

A Les principales classes de mots

1. Maîtriser et orthographier le verbe

1. Le verbe (Carte mentale) 286
2. Les formes des temps de l'indicatif (Orthographe)
   - Les temps simples 288
   - Les temps composés 291
3. La construction d'un verbe passif (Orthographe) 292
4. Identifier les verbes pronominaux 294
5. Les formes des principaux modes (Orthographe)
   - Le mode infinitif 296
   - Le mode participe : le participe présent 297
   - Le mode participe : le participe passé 298
   - Le mode impératif 299
   - Le mode subjonctif :
     le présent et le passé du subjonctif 300
   - L'imparfait du subjonctif 301
   - Le mode conditionnel 302

2. Les mots et groupes de mots variables

6. Le nom et le groupe nominal 303
7. L'adjectif (Carte mentale) (Orthographe) 304
8. Les déterminants (Carte mentale) (Orthographe) .. 306
9. Les pronoms 308
10. Le groupe nominal, le groupe verbal,
    le groupe adjectival 312

3. Les mots invariables

11. Les prépositions (Carte mentale) 314
12. Les conjonctions (Carte mentale)
    - Les conjonctions de coordination 315
    - Les conjonctions de subordination 316
13. Les adverbes (Carte mentale) (Orthographe) ... 318

B La formation et l'histoire des mots

14. La formation des mots par composition 320
15. Radical et famille de mots 321
16. La formation des mots par dérivation 322
    (Carte mentale)
17. L'étymologie 324

C Le choix, le sens et l'orthographe des mots

18. Le champ sémantique des verbes 326
19. La synonymie 328
20. Le son [E] en finales verbales (Orthographe) .. 330
21. Les finales verbales en [i] et en [y] (Orthographe) 332
22. Choisir entre des formes homophones :
    maîtriser les emplois de *ces / ses ; c'est / s'est*
    (Orthographe) 334
23. Choisir entre des formes homophones :
    maîtriser les emplois de *ont / on / on n'*
    (Orthographe) 335
24. Choisir entre des formes homophones :
    connaître les emplois de *il a / il la / il l'a*
    (Orthographe) 336
25. Choisir entre des formes homophones : connaître
    les emplois de *quel(s) / quelle(s) / qu'elle(s)*
    (Orthographe) 337

PARTIE 2 — La phrase

26. Langue orale, langue écrite : des codes différents pour la phrase 338

27. Les groupes syntaxiques dans la phrase simple : sujet, prédicat, complément de phrase 340

28. La phrase verbale et la phrase non verbale 341

29. Les types de phrase 342

30. Maîtriser la phrase complexe (Carte mentale) ... 344

31. Le verbe et son sujet : les accords (Orthographe) .. 346

32. L'accord de l'adjectif et du participe passé employé avec *être* (Orthographe) 349

33. Les compléments du verbe 350

34. L'accord du participe passé employé avec *avoir* 354

35. Les compléments de phrase (ou circonstanciels)
- Le lieu, le temps, le moyen, la manière 356
- La cause 357
- La conséquence 358
- Le but 359
- L'hypothèse 360
- L'opposition 362

36. Les expansions du nom
- L'adjectif et ses accords 363
- Le complément du nom 364
- La proposition subordonnée relative 365

37. La construction de la phrase passive (Orthographe) 366

38. La phrase impersonnelle 368

39. La phrase emphatique 369

PARTIE 3 — Le texte

40. Les quatre types de textes 370

41. Les rôles de la ponctuation 372

42. Les reprises nominales et pronominales 374

43. Les valeurs des temps simples de l'indicatif 376

44. Les valeurs des temps composés de l'indicatif 378

45. Les principaux emplois des modes (Carte mentale)
- L'indicatif et le subjonctif 380
- L'impératif 382
- Le conditionnel 382

46. Les marques de l'énonciation 384

47. Les connecteurs 386

48. Les paroles rapportées directement (Carte mentale) 388

49. Les paroles rapportées indirectement (Carte mentale) 390

50. Les marques de la modalisation 392

51. Identifier la progression d'un texte : thème et propos (Orthographe) 394

Tableaux de conjugaison .... p. 399

Les verbes *avoir* et *être*

Les verbes en *-er*

Les verbes en *-ir*, *-issant*

Les autres verbes
aller, faire, dire, prendre, craindre, pouvoir, voir, devoir, vouloir

Étude de la langue

CLASSES GRAMMATICALES
IDENTITÉ DES MOTS

MOTS VARIABLES

VERBE

manger, boire, courir, j'ai bu, vous couriez, il pleut, …

NOM

prince, bonheur, montagne, réflexion, …

DÉTERMINANT

un, une, des, le, la, les, ce, cette, mon, tes, …

ADJECTIF

bon, incroyable, fabuleux, …

PRONOM

je, tu, il, nous, vous, ils, me, celui, celle-ci, le mien, les nôtres, …

MOTS INVARIABLES

PRÉPOSITION

à, dans, par, pour, en, vers, sans, sous, loin de, …

CONJONCTION de coordination

mais, ou, et, donc, or, ni, car, …

CONJONCTION de subordination

que, parce que, bien que, pour que, lorsque, si, quand, …

ADVERBE

aussitôt, très, rapidement, bien, alors, …

FONCTIONS GRAMMATICALES

DANS LA PHRASE

SUJET
Élément essentiel de la phrase.

Donne ses marques de personne et de nombre au verbe.

PRÉDICAT
Ce que l'on dit du sujet.
Ne peut être supprimé (voir p. 340).

Se compose :
– du verbe + ses compléments ;
– des verbes *être, sembler, paraître…* + attribut.

COMPLÉMENT DE PHRASE
Élément facultatif.
Peut être supprimé ou déplacé.

Précise les circonstances de l'action (temps, lieu, manière…) et plante le décor.

DANS LE GROUPE VERBAL

COMPLÉMENT DU VERBE
Complète le verbe.
Ne peut être supprimé.

- **direct** : Se construit sans préposition.
- **indirect** : Se construit le plus souvent avec une préposition.

ATTRIBUT
Exprime une qualité du sujet au moyen des verbes *être, sembler, paraître…*

DANS LE GROUPE NOMINAL

EXPANSION DU NOM
Adjectif, participe ou proposition subordonnée relative, indiquant la qualité d'un nom.

Se place à côté du nom, en est parfois séparée par d'autres mots ou par une virgule.

COMPLÉMENT DU NOM
Groupe de mots précisant le nom et introduit par une préposition.

DANS LE GROUPE ADJECTIVAL

COMPLÉMENT DE L'ADJECTIF
Groupe de mots précisant l'adjectif et introduit par une préposition

1. Le verbe

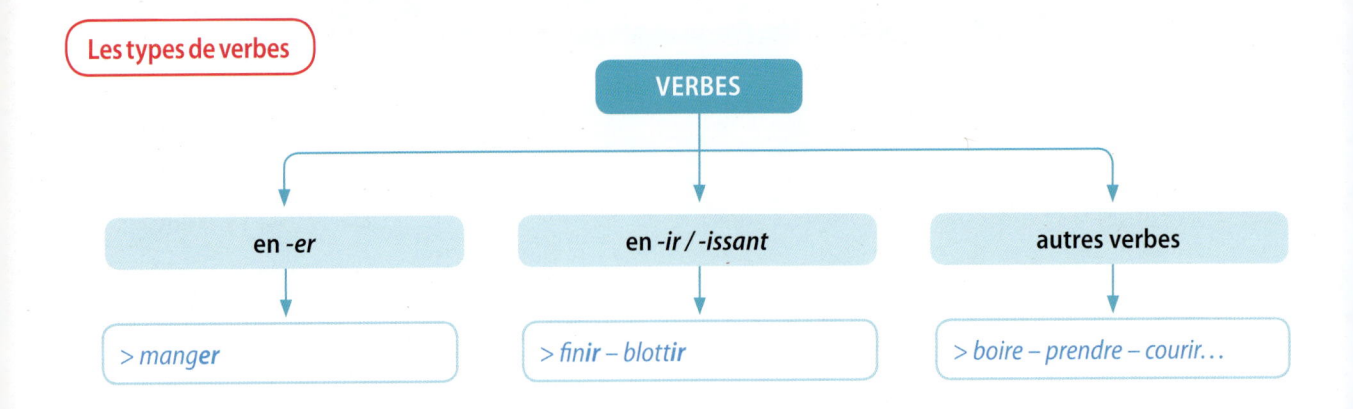

Les types de verbes

VERBES
- en *-er* → > mang**er**
- en *-ir / -issant* → > fin**ir** – blott**ir**
- autres verbes → > boire – prendre – courir…

Les critères de variation du verbe

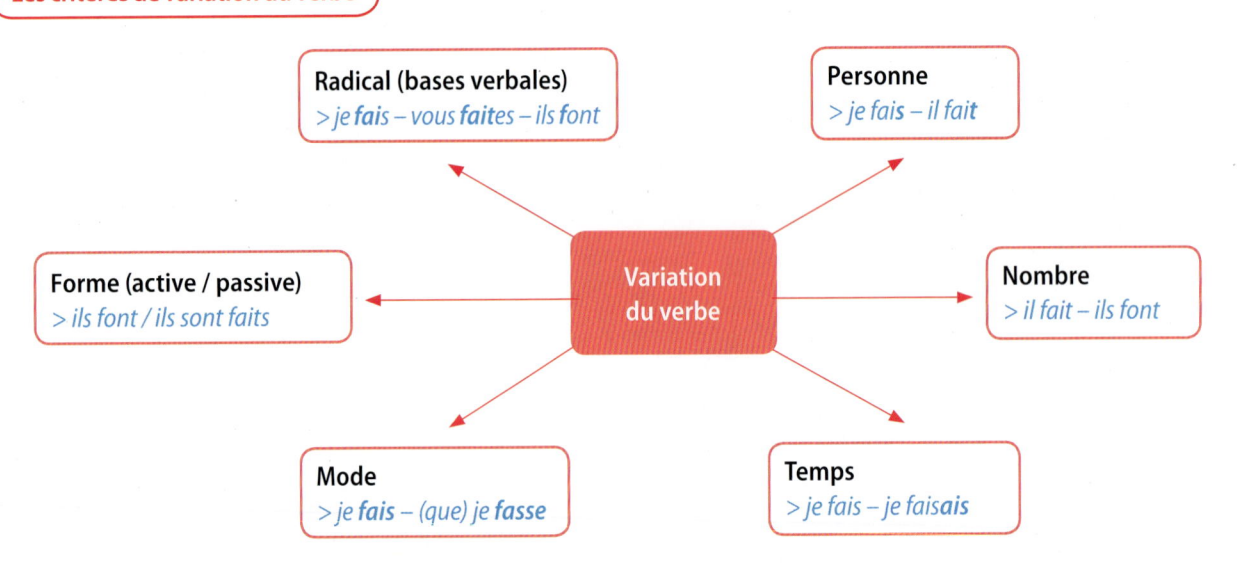

Variation du verbe

- **Radical (bases verbales)**
  > je **fais** – vous **faites** – ils **font**
- **Personne**
  > je **fais** – il **fait**
- **Forme (active / passive)**
  > ils font / ils sont faits
- **Nombre**
  > il fait – ils font
- **Mode**
  > je **fais** – (que) je **fasse**
- **Temps**
  > je fais – je fais**ais**

Les emplois des auxiliaires *avoir* et *être*

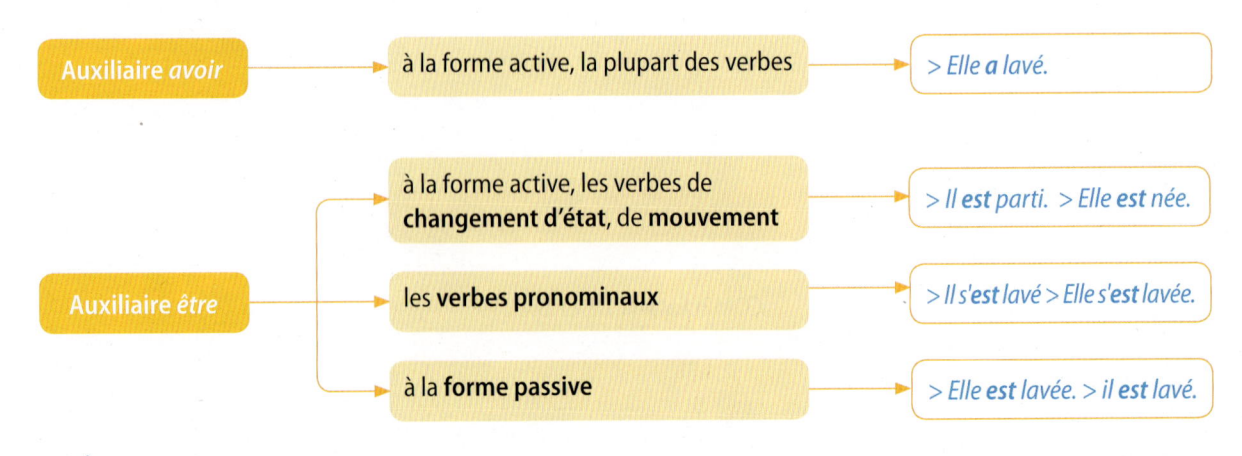

Auxiliaire *avoir* → à la forme active, la plupart des verbes → > Elle **a** lavé.

Auxiliaire *être* →
- à la forme active, les verbes de **changement d'état**, de **mouvement** → > Il **est** parti. > Elle **est** née.
- les **verbes pronominaux** → > Il s'**est** lavé > Elle s'**est** lavée.
- à la **forme passive** → > Elle **est** lavée. > il **est** lavé.

286

LE MOT > Les principales classes de mots > Maîtriser et orthographier le verbe

MODES		Forme active	Forme passive
PERSONNELS	**INDICATIF**	Présent > *il lave*	Présent > *il est lavé*
		Imparfait > *il lavait*	Imparfait > *il était lavé*
		Passé simple > *il lava*	Passé simple > *il fut lavé*
		Futur > *il lavera*	Futur > *il sera lavé*
		Passé composé > *il a lavé*	Passé composé > *il a été lavé*
		Plus-que-parfait > *il avait lavé*	Plus-que-parfait > *il avait été lavé*
		Passé antérieur > *il eut lavé*	Passé antérieur > *il eut été lavé*
		Futur antérieur > *il aura lavé*	Futur antérieur > *il aura été lavé*
	CONDITIONNEL	Présent > *il laverait*	Présent > *il serait lavé*
		Passé > *il aurait lavé*	Passé > *il aurait été lavé*
	IMPÉRATIF	Présent > *lave*	Présent > *sois lavé*
		Passé > *aie lavé*	Passé *inusité*
	SUBJONCTIF	Présent > *(qu')il lave*	Présent > *(qu')il soit lavé*
		Imparfait > *(qu')il lavât*	Imparfait > *(qu')il fût lavé*
		Passé > *(qu')il ait lavé*	Passé > *(qu')il ait été lavé*
		Plus-que-parfait > *(qu')il eût lavé*	Plus-que-parfait > *(qu')il eût été lavé*
IMPERSONNELS	**INFINITIF**	Présent > *laver*	Présent > *être lavé*
		Passé > *avoir lavé*	Passé > *avoir été lavé*
	PARTICIPE	Présent > *lavant*	Présent > *étant lavé*
		Passé > *lavé*	Passé > *ayant été lavé*

Étude de la langue • Le mot / 287

2. Les formes des temps de l'indicatif

Les temps simples

Mobiliser ses connaissances

1 IDENTIFIER **a.** Relevez les verbes en deux colonnes : temps simples et temps composés. **b.** Indiquez le temps de chaque verbe. **c.** Conjuguez chaque verbe à la personne du pluriel ou du singulier correspondante.*

L'homme avait pris, toujours comme je l'avais prévu, la galerie à sa droite. Il ne pouvait plus nous échapper ! Je poussai une clameur de joie… L'homme parvint à l'intersection des deux galeries et la rencontre que j'avais décidée, le choc fatal qui devait inévitablement se produire eut lieu ! Nous nous heurtâmes tous à ce carrefour. […]

D'après G. LEROUX, « La Galerie inexplicable », *Le Mystère de la chambre jaune*, III, 21, 1907.

Retenir la leçon

Les **temps simples** d'un verbe se construisent **sans auxiliaire**.
> il prend – tu dormiras – elle courait – nous vendîmes

Le présent

Verbes	radical (base verbale)	+ marque de personne
en **-er**	chant-	-e, -es, -e, -ons, -ez, -ent > je chante – il chante – nous chantons
en **-ir / -issant**	fin- / finiss-	-is, -is, -it, -ons, -ez, -ent > je finis – il finit – nous finissons
autres verbes et *aller*	bat- / batt- rend- vai- / va- / all- / v-	-s, -s, -t ou Ø, -ons, -ez, -ent > je bats – il bat – nous battons > je rends – il rend – nous rendons > je vais – il va – nous allons – ils vont

→ un à quatre radicaux (bases verbales) selon les verbes

⚠ Pour les irrégularités à mémoriser, voir les tableaux de conjugaison p. 399 et suivantes.

Règle d'Orthographe

- Les verbes *jeter*, *appeler* et leurs composés doublent le *t* et le *l* devant un e muet. > je jette – nous jetons
  Tous les autres verbes en *-eler* et *-eter* s'écrivent **è** devant un *e* muet. > j'achète – je renouvèle
- Les verbes en *-indre* et *-soudre* perdent leur *d* au singulier. > je crains – j'éteins – je résous
- Pour les verbes en *-oyer*, *-uyer* et *-ayer*, le *y* devient *i* aux trois personnes du singulier et à la 3e personne du pluriel. > tu envoies – ils envoient

Manipuler

2 CONJUGUER Conjuguez les verbes aux personnes indiquées, au présent de l'indicatif.**
Série A : rendre (je, nous) • mettre (vous, ils) • comprendre (tu, vous) • connaître (elle, elles) • commettre (tu, nous)
Série B : conclure (je) • cuire (je) • détruire (il) • construire (tu) • prévoir (je) • instruire (tu) • lier (tu) • lire (tu) • ouvrir (je) • conduire (il)

3 CONJUGUER Règle d'Orthographe Conjuguez les verbes à la 1re p. du singulier et du pluriel, au présent de l'indicatif.**
Série A : jeter • appeler • projeter • rejeter • rappeler
Série B : épeler • renouveler • ensorceler • feuilleter • voleter

4 EMPLOYER Règle d'Orthographe Récrivez et complétez ces phrases en conjuguant le verbe au présent de l'indicatif.**
1. Il (repeindre) le salon. 2. Luc (se plaindre) sans cesse. 3. Je (résoudre) cette équation et je te (rejoindre). 4. Dès que sa mère (éteindre) la lumière, le bébé (geindre). 5. Le chien (aboyer). 6. La secrétaire (répondre) poliment. 7. Je (balayer). 8. Elle (attendre) le bus.

288

LE MOT > **Les principales classes de mots** > Maîtriser et orthographier le verbe

Retenir la leçon

L'imparfait

Tous les verbes	radical (base verbale) du présent de l'indicatif à la 1re pers. pl. > finiss-	+ marque de temps		+ marque de personne	
		-ai- (1re, 2e, 3e pers. sg. + 3e pers. pl.)		-s, -s, -t, -ent > je finiss**ais** – ils finiss**aient**	
		-i- (1re et 2e pers. pl.)		-ons, -ez > nous finiss**ions** – vous finiss**iez**	

→ un même radical (base verbale) à toutes les personnes

Règle d'Orthographe

- Pour les verbes en *-cer*, penser au **ç** devant le *a*. > j'effaçais – ils effaçaient
- Pour les verbes en *-ger*, penser au **e** devant le *a*. > je mangeais – ils mangeaient
- Penser au ***i*** des terminaisons *-ions* et *-iez* aux 1re et 2e personnes du pluriel, même quand on ne les entend pas.
  > nous pri**ions** – vous appuy**iez**

Manipuler

5 CONJUGUER **a.** À l'oral, conjuguez les verbes à la 1re p. du pluriel au présent de l'indicatif et écrivez le radical du verbe. **b.** Conjuguez les verbes à l'imparfait de l'indicatif à la personne indiquée.*

(je) organiser • (nous) nourrir • (elles) intervenir • (tu) présenter • (il) moisir • (vous) noircir • (tu) guérir • (je) garnir • (elle) offrir • (vous) se promener

6 EMPLOYER Récrivez et complétez ces phrases en conjuguant le verbe à l'imparfait de l'indicatif.*
1. Il (balbutier) énormément. 2. Ils (enquêter) minutieusement. 3. Parfois, nous (faiblir) et nous (retomber) sous son emprise. 4. Un îlot (apparaître) au milieu de ce lac. 5. Les coureurs (franchir) les obstacles ; ils (rivaliser) et (essayer) de battre le record de vitesse.

7 CONJUGUER **Règle d'Orthographe** Conjuguez oralement les verbes à l'imparfait de l'indicatif à la personne indiquée, puis écrivez-les.**

(je) menacer • (vous) bayer • (tu) ronger • (ils) influencer • (elle) héberger • (vous) associer • (je) lancer • (tu) encourager • (nous) s'ennuyer • (nous) s'allier

8 TRANSPOSER Récrivez ce texte à l'imparfait de l'indicatif.* BREVET

On repart. On roule vite. On appuie sur l'accélérateur. On prend de plus en plus de la vitesse. La voiture balance dangereusement. On distance ceux qui traînent sur la file rapide et on se lance des regards qui défient l'autre.

D'après B. DUTEURTRE, *Le Grand Embouteillage*, 2002.

Retenir la leçon

Le passé simple

Verbes	radical (base verbale) de l'infinitif	+ marque de temps	+ marque de personne
en **-er**	chant-	-a- -è- (3e pers. pl.)	-i, -s, Ø, -^mes, -^tes, -rent > je chantai – il chanta – nous chantâmes – ils chantèrent
en **-ir / -issant**	fin-	-i-	-s, -s, -t, -^mes, -^tes, -rent > je finis – il finit – nous finîmes – ils finirent
en **-ir, -ire, -dre, -tre**	rend- batt-	-i-	> je rendis – il rendit – vous rendîtes – ils rendirent
en **-oir, -re**	concl-	-u-	> je conclus – il conclut – vous conclûtes – ils conclurent
venir, tenir et dérivés	v-	-in-	> je vins – il vint – nous vînmes – ils vinrent

→ un même radical (base verbale) à toutes les personnes

! Plusieurs verbes fréquents ont un radical différent de l'infinitif : *suivre, écrire, devoir, savoir*…
> introduire (il **introduis**it), craindre (il **craign**it), etc.

Étude de la langue • Le mot / **289**

2. Les formes des temps de l'indicatif

Manipuler

9 (CONJUGUER) Par binôme. **a.** Classez les infinitifs selon leur type. **b.** Conjuguez-les au passé simple aux 1re et 3e personnes du singulier et du pluriel.*
arracher • munir • blottir • mesurer • brosser • garantir • conjuguer • détenir • prévenir • savoir • perdre

10 (CONJUGUER) Conjuguez les verbes au passé simple à la personne indiquée.**
(je) intervenir • (elle) mettre • (vous) rendre • (elles) courir • (nous) lire • (vous) revoir • (ils) connaître • (il) croire • (il) craindre • (ils) vivre • (tu) peindre • (je) crier • il (se) taire

11 (CONJUGUER) Conjuguez les verbes de l'exercice ② p. 288 à la 3e p. du singulier au passé simple de l'indicatif.**

12 (CONJUGUER) Conjuguez les verbes à la 3e p. du pluriel au passé simple de l'indicatif.**
produire • peindre • peigner • écrire • devoir • vivre • tenir • s'asseoir

13 (RÉCRIRE) Récrivez le texte en remplaçant *je* par *tu*. Faites toutes les modifications nécessaires.* BREVET

J'allai d'abord me faire admirer par mes fidèles les plus loyaux, qui poussèrent les cris auxquels je m'attendais. Virevoltant comme le plus convoité des papillons, j'offris ensuite ma superbe au jardin, sous forme d'une danse frénétique et bondissante. J'en profitai pour agrémenter ma mise d'une pivoine géante dont je me coiffai, tel un chapeau cinabre[1]. Ainsi parée, je me montrai à Kashima.

D'après A. NOTHOMB, *Métaphysique des tubes*,
© Albin Michel, 2000.

1. **cinabre** : rouge vif.

Retenir la leçon

Le futur

Pour tous les verbes : radical (base verbale) de l'infinitif + marque de temps
> fin-ir-

+ marque de personne -*ai*, -*as*, -*a*, -*ons*, -*ez*, -*ont*
> je finir**ai** – tu finir**as** – il finir**a** – nous finir**ons** – ils finir**ont**

→ un même radical (base verbale) à toutes les personnes

❗ Le futur des verbes en -*ueillir* est formé avec un *e*. > je cueill**e**rai – tu accueill**e**ras

❗ Les verbes *tenir*, *venir*, *voir* et leurs dérivés ont un radical spécifique.
> je tien**d**rai – je vien**d**rai – j'intervien**d**rai – je ver**r**ai – je concev**r**ai

❗ Aller (j'*irai*), avoir (j'*aurai*), être (je *serai*), courir (je *courrai*) et mourir (je *mourrai*) ont un radical spécifique.

Règle d'Orthographe
Pour les verbes en -*éer*, -*ier* et -*uer*, ne pas oublier le *e* muet de l'infinitif qui ne s'entend pas.
> il cré**e**ra – tu cri**e**ras – il remu**e**ra

Manipuler

14 (CONJUGUER) Conjuguez les verbes au futur de l'indicatif à la personne indiquée.*
(elle) débarquer • (ils) cultiver • (nous) hanter • (je) compter • (vous) vieillir • (elles) guetter • (je) envelopper • (il) pouvoir • (tu) courir • (vous) mourir

15 (CONJUGUER) Règle d'Orthographe Conjuguez oralement les verbes suivants au futur de l'indicatif à la personne indiquée, puis écrivez-les.**
(tu) oublier • (vous) créer • (elle) clouer • (nous) étudier • (ils) distribuer • (je) nouer • (tu) éternuer • (nous) trier • (elles) remercier • (vous) s'habituer

16 (CONJUGUER) Transposez les verbes en bleu au futur : **a.** à la 2e personne du singulier ; **b.** à la 2e personne du pluriel.**

1. **Vois** si elle peut rentrer plus tôt ce soir. 2. **Va** faire les courses. 3. **Obtiens** de bons résultats. 4. **Interviens** avec diplomatie ! 5. **Tiens**-le bien !

290

LE MOT > Les principales classes de mots > Maîtriser et orthographier le verbe

17 EMPLOYER Récrivez et complétez ce texte en conjuguant les verbes au futur de l'indicatif.**

À la récréation, des petites filles me (demander) si j'ai vu des sultans, des palais, je ne (savoir) pas quoi répondre. Je (dire) que tout était pareil qu'ici. Elles (s'éloigner) ? Ce (être) à une récréation que je (se décider) : j' (aller) trouver les filles et je (commencer). […] Je (raconter).

D'après J. BENAMEUR, *Ça t'apprendra à vivre*, © Denoël, 2003.

Les temps composés

Retenir la leçon

- Les **temps composés** d'un verbe se construisent **avec un auxiliaire** :
  – *avoir* pour la plupart des verbes ; > Il **a** pris. > Tu **auras** dormi. > Elle **avait** couru.
  – *être* pour les verbes de déplacement et de changement d'état. > Il **est** parti. > Elle **est** née.
  Dans ce cas, le participe passé s'accorde avec le sujet.

- À chaque temps simple correspond un temps composé.

Temps simples (de l'indicatif)		Temps composés (de l'indicatif)		
présent	je danse / tu danses / il danse / nous dansons / vous dansez / ils dansent	**Passé composé** auxiliaire au présent + participe passé	j'ai dansé / tu as dansé / il a dansé	nous avons dansé / vous avez dansé / ils ont dansé
imparfait	je dansais / tu dansais / il dansait / nous dansions / vous dansiez / ils dansaient	**Plus-que-parfait** auxiliaire à l'imparfait + participe passé	j'avais dansé / tu avais dansé / il avait dansé	nous avions dansé / vous aviez dansé / ils avaient dansé
passé simple	je dansai / tu dansas / il dansa / nous dansâmes / vous dansâtes / ils dansèrent	**Passé antérieur** auxiliaire au passé simple + participe passé	j'eus dansé / tu eus dansé / il eut dansé	nous eûmes dansé / vous eûtes dansé / ils eurent dansé
futur	je danserai / tu danseras / il dansera / nous danserons / vous danserez / ils danseront	**Futur antérieur** auxiliaire au futur + participe passé	j'aurai ansé / tu auras dansé / il aura dansé	nous aurons dansé / vous aurez dansé / ils auront dansé

Manipuler

18 EMPLOYER Recopiez les phrases et choisissez l'auxiliaire qui convient pour conjuguer le verbe au passé composé.*
1. Il *a/est* sorti son cahier. 2. Il *a/est* sorti par la fenêtre. 3. Tu *as/es* retourné au théâtre. 4. Tu *as/es* retourné mon livre et il était taché. 5. Il *a/est* descendu sa valise du grenier. 6. Il *a/est* descendu du grenier par les escaliers.

19 TRANSPOSER Transposez les verbes au passé antérieur en respectant la personne.*
ils prirent • je fis • tu fus • elle vint • elles partirent • il rejoignit • je décidai

20 CONJUGUER a. Écrivez les verbes suivants à la forme composée correspondant au temps simple employé ; faites attention, si nécessaire, à l'accord du participe passé. **b.** À quel temps la forme composée est-elle conjuguée ?*
tu marchais • je prends • il parlera • elles tombent • je déclenchai • il douta • ils entrèrent • nous disparaîtrons • elles venaient • vous abîmiez • ils décidèrent • elles appelleront • il présidera • nous conclurons • il est • il eut • ils dirent

21 TRANSPOSER Récrivez ces phrases au temps composé qui convient.*
1. Lola échange des pensées avec son ami. 2. Des ombres passaient sur les murs du château. 3. Les passants arpenteront ces rues en grand nombre pendant les vacances. 4. Le journal annonçait une étrange nouvelle. 5. Il arriva à la gare à temps.

Étude de la langue • Le mot / **291**

3. La construction d'un verbe passif

Mobiliser ses connaissances

1 CONJUGUER Les verbes soulignés sont conjugués à la forme passive : quelles sont les caractéristiques de leur construction ?*

1. Le cambrioleur est cerné par les forces de l'ordre.
2. La vaisselle sale était enlevée de la table par le serveur.
3. Cet enfant fut choyé par ses parents. 4. Le suspect sera interrogé par le détective.

Retenir la leçon

Quels verbes peuvent avoir une construction passive ?
Un verbe peut être employé de **façon passive** s'il :
– se construit avec un **complément direct** dans une **phrase active** ;
– se conjugue aux temps composés avec *avoir* à l'actif. > *Il a remporté.*
Actif > *Ce joueur remporte le tournoi.*   Passif > *Le tournoi est remporté par ce joueur.*
                          complément direct

Formation du verbe passif
- Le verbe passif se conjugue avec l'auxiliaire *être* (aux mêmes temps et mode que le verbe actif) suivi du **participe passé**.

Mode	Temps	Actif	Passif	Temps	Actif	Passif
indicatif	présent	il suit	il est suivi	passé composé	il a suivi	il a été suivi
	imparfait	il suivait	il était suivi	plus-que-parfait	il avait suivi	il avait été suivi
	passé simple	il suivit	il fut suivi	passé antérieur	il eut suivi	il eut été suivi
	futur	il suivra	il sera suivi	futur antérieur	il aura suivi	il aura été suivi
conditionnel	présent	il suivrait	il serait suivi	passé	il aurait suivi	il aurait été suivi
subjonctif	présent	(qu') il suive	(qu') il soit suivi	passé	(qu') il ait suivi	(qu') il ait été suivi
	imparfait	(qu') il suivît	(qu') il fût suivi	plus-que-parfait	(qu') il eût suivi	(qu') il eût été suivi

- Le participe passé du verbe passif s'accorde avec le sujet.
  > *Elle est arrêtée.*   > *Vous êtes poursuivis.*

⚠ Ne pas confondre la forme passive d'un verbe (> *il est entendu*) et la **forme composée** d'un verbe qui se conjugue avec l'auxiliaire *être* à l'actif (> *il est arrivé – je suis sorti(e) – ils sont nés*).

Manipuler

2 CONJUGUER Conjuguez les verbes suivants à la personne et au genre indiqués à l'imparfait de l'indicatif : **a.** à la forme active ; **b.** à la forme passive. Faites attention à l'accord du participe passé.*
(j' – *fém.*) occuper • (tu – *masc.*) habiller • (il) retrouver • (elles) ouvrir • (ils) fondre • (elles) attraper • (elle) remplir • (nous – *fém.*) déranger • (ils) recevoir

3 CONJUGUER **a.** Conjuguez les verbes suivants au passé composé de l'indicatif à la forme active. Quel auxiliaire avez-vous utilisé ? **b.** Conjuguez ces verbes au passé composé passif.*
(elle) cerner • (elles) surprendre • (ils) récompenser • (il) peindre

4 CONJUGUER **a.** Conjuguez oralement les verbes suivants à la personne indiquée, au présent de l'indicatif à la forme passive. **b.** Comparez vos propositions : quel est l'auxiliaire utilisé ?*
(elle) abattre • (elle) accomplir • (elle) émettre • (il) inviter • (il) connaître

5 TRIER Repérez les verbes conjugués à la forme active et ceux conjugués à la forme passive.*
1. Le forgeron a abattu les arbres. 2. James Bond a accompli sa mission 3. Cette tâche est accomplie. 4. Un avis de tempête est émis par les journalistes. 5. Elle est invitée au gala de charité. 6. Le Président a invité les ministres à se réunir. 7. Cet escroc est connu des autorités.

292 /

LE MOT > Les principales classes de mots > Maîtriser et orthographier le verbe

6 (TRIER) **Les verbes en bleu sont-ils à la forme passive ? Justifiez oralement votre réponse.***
1. L'invité est arrivé avec une heure de retard. 2. Il est reparti de mauvaises humeur. 3. Il est sorti avec ses amis. 4. Le joueur est sorti par l'arbitre. 5. Elle est montée dans le grenier. 6. Elle est venue en train.

7 (TRANSPOSER) **Les verbes suivants sont conjugués à la forme active. Par binôme : a. identifiez oralement le temps du verbe ; b. écrivez la forme passive correspondante. Pour les 1re et 2e personnes du singulier et du pluriel, accordez le participe passé au masculin et au féminin.***
tu banniras • elle observa • je facturerais • le président nommera • elle produit • tu vois • ils finirent • vous ensorcelez • il emportait • la feuille brûlerait • (qu') il commente • (qu') elle reçoive

8 (TRANSPOSER) **Les verbes suivants sont conjugués à la forme active. Par binôme : a. identifiez oralement le temps du verbe ; b. écrivez la forme passive correspondante en tenant compte du genre indiqué.***
nous *(fém.)* aurons rassuré • vous *(masc.)* aviez retenu • elles auraient semé • les couleurs ont éclairci • elle eut tenu • tu *(fém.)* as plaint • il avait prêté • j' *(masc.)* eus proposé • j' *(fém.)* aurais étonné • elle aurait interpellé • (qu') elle ait transcrit • (que) les brigands aient pris

9 (TRANSPOSER) **a. Pour chaque phrase active (a), réalisez une carte d'identité du verbe, selon le modèle ci-dessous. b. Complétez le verbe de chaque phrase passive (b) en respectant la carte d'identité réalisée précédemment.***

> Infinitif : ...
>
> Temps : ...
>
> Mode : ...

1. a. Mélodie a cassé le vase de grand-maman. → b. Le vase de grand-maman ... par Mélodie. 2. a. Les enfants cueillirent des baies tout l'été. → b. Des baies ... par les enfants tout l'été. 3. a. Cette tornade avait emporté la maison de mon voisin. → b. La maison de mon voisin ... par cette tornade. 4. a. La taupe creusera de nouvelles galeries. → b. De nouvelles galeries ... par la taupe. 5. a. Son absence n'étonnerait pas le professeur. → b. Le professeur ne ... par son absence.

10 (CONJUGUER) **Créez à votre tour trois cartes d'identité. Sélectionnez un infinitif de votre choix, un temps de l'indicatif et ajoutez une personne. Donnez-les à votre voisin(e) pour qu'il / elle conjugue ces verbes à la forme passive.***

11 (CONJUGUER) **a. Le verbe est-il employé à la forme active ou à la forme passive ? À quel temps est-il conjugué ? b. Récrivez ces phrases en conjuguant les verbes à l'imparfait de l'indicatif, puis au plus-que-parfait de l'indicatif.****
1. Sa tartine est beurrée. 2. Les couvercles des casseroles sont nettoyés. 3. Un livre est publié chaque année par ce romancier. 4. Cette brochure est rapidement parcourue. 5. Ces feuilles de brouillon sont déchirées par Marie. 6. Les poubelles sont vidées une fois par semaine. 7. Plusieurs clients ont été invités ce matin à goûter ce nouveau produit. 8. Cet immeuble est vendu par la mairie. 9. Ce projecteur est fabriqué par une entreprise allemande. 10. Ces champs sont labourés dès la fin de l'hiver.

12 (RÉCRIRE) **a. Quels verbes sont conjugués à la forme passive ? b. Récrivez-les à la forme active au temps correspondant.****
il est parti • il était arrivé • elle fut recouverte • elle a été cassée • elle sera coiffée • il avait été renversé • il aura été négligé • nous aurions été capturés • qu'elle soit reçue • que vous soyez avertis

13 (EXPLIQUER) **a. Expliquez oralement à votre voisin(e) comment construire un verbe passif au présent et au plus-que-parfait de l'indicatif. b. Collectivement, comparez vos propositions.****

14 (ÉCRIRE) **Décrivez chaque image en employant plusieurs verbes à la forme passive.****

❶

❷

4. Identifier les verbes pronominaux

Observer et manipuler pour comprendre

1 a. Quels sont les verbes conjugués dans ces phrases ?
> **A. 1.** *Il lave sa voiture.* **2.** *J'ai aperçu ta cousine dans la rue.*
> **B. 1.** *Il se lave les mains.* **2.** *Je me suis aperçue de mon erreur.*

b. Qu'est-ce qui différencie les verbes de la série **A** et ceux de la série **B** ?

2 a. À qui les pronoms en gras renvoient-ils ?
> **A.** *Je **me** regarde.*   > **D.** *Léo sourit. Je **le** regarde.*
> **B.** *Tu **te** regardes.*   > **E.** *Tu **me** regardes.*
> **C.** *Nous **nous** regardons.*   > **F.** *Nous **vous** regardons.*

b. Mettez les verbes au passé composé. Quel est l'auxiliaire employé ?

3 a. Dans les phrases suivantes, le pronom *se* (*s'*) pourrait-il être supprimé ?
> **A.** *Elle **s'**évanouit.*
> **B.** *Le géant **se** voit de loin.*
> **C.** *Les garçons **se** disputent.*

b. Si la suppression est possible, récrivez la phrase sans *se*. Le sens est-il toujours le même ?

Retenir la leçon

- Un **verbe pronominal** se construit avec un **pronom personnel réfléchi** qui renvoie à la même personne que le sujet (*me*, *te*, *se*, *nous*, *vous*, *se*).
> *Je **me** lève.*   > *Tu **te** soignes.*   > *Il **se** recueille.*

- Aux **temps composés**, les verbes pronominaux se conjuguent avec l'auxiliaire *être*.
> *Elle **s'est** levée.*   > *Nous nous **sommes** soignés.*

Types de verbes pronominaux

- Les **verbes essentiellement pronominaux** n'existent qu'à la forme pronominale.
> *Les voleurs **s'enfuient**. (s'enfuir)* ≠ ~~Les voleurs enfuient. (enfuir)~~

- Certains verbes qui existent à la voix active peuvent aussi s'employer à la forme pronominale (*endormir / s'endormir, tromper / se tromper*). Le sens du verbe peut alors changer.
> *Elle **rappelle** son amie.* ≠ *Elle **se rappelle** ce moment avec émotion.*

Ce sont les **verbes pronominaux à sens** :

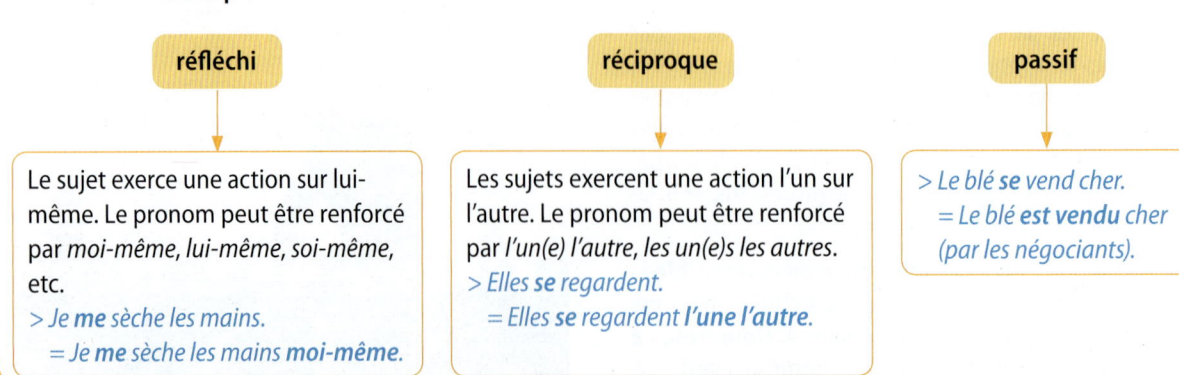

réfléchi

Le sujet exerce une action sur lui-même. Le pronom peut être renforcé par *moi-même, lui-même, soi-même*, etc.
> *Je **me** sèche les mains.*
= *Je **me** sèche les mains **moi-même**.*

réciproque

Les sujets exercent une action l'un sur l'autre. Le pronom peut être renforcé par *l'un(e) l'autre, les un(e)s les autres*.
> *Elles **se** regardent.*
= *Elles **se** regardent **l'une l'autre**.*

passif

> *Le blé **se** vend cher.*
= *Le blé **est vendu** cher (par les négociants).*

LE MOT > Les principales classes de mots > Maîtriser et orthographier le verbe

Manipuler

4 COMPLÉTER Récrivez ces phrases et complétez-les avec le pronom personnel réfléchi qui convient.*
1. Il … imagine des choses. 2. Nous … rendons en ville. 3. Elle … évade. 4. Vous … regardez. 5. Les oiseaux … blottissent dans leur nid. 6. Je … brosse les dents. 7. Elle … maquille tous les matins. 8. Tu … repens de ta faute. 9. Jules et Gabin … sont téléphoné. 10. Je … agenouille.

5 CONJUGUER Conjuguez les verbes au présent de l'indicatif.*
1. Il (se gratter) le dos. 2. Ils (s'installer) pour pique-niquer. 3. Tu (se mettre) tout le temps en colère. 4. Nous (se promener) dans les bois. 5. Nous (se taire) quand la minute de silence commence. 6. Vous (s'absenter) trop souvent. 7. Je (se battre) contre les préjugés.

6 REPÉRER a. En vous appuyant sur l'auxiliaire des verbes en couleur, dites quels sont les verbes pronominaux. b. Récrivez les phrases en employant le présent.*
1. Je me suis trompée de chemin. 2. Elle a trompé ses amis en leur mentant. 3. Cette année, nous nous sommes réveillés à 7 heures tous les jours. 4. L'hirondelle s'est envolée à l'appel des oiseaux. 5. Vous avez douté du talent de notre fils. Grave erreur !

7 REPÉRER Oralement. a. Indiquez l'auxiliaire avec lequel les verbes sont conjugués. b. Indiquez l'infinitif du verbe conjugué. c. Dans chaque couple de phrases, repérez le verbe pronominal. d. Pouvez-vous préciser à qui renvoie le pronom personnel en couleur ?*
1. a. Lisa et Mathéo se sont regardés d'un air menaçant. b. Lisa et Mathéo l'ont regardé d'un air menaçant.
2. a. Ma mère dit : « Je l'ai endormie rapidement. » b. Ma mère dit : « Je me suis endormie rapidement. »
3. a. Gabin s'adresse à Jules et Anatole : « Vous êtes-vous téléphoné tard hier soir ? » b. Gabin s'adresse à Jules et Anatole : « Lui avez-vous téléphoné tard hier soir ? »

8 RÉCRIRE Récrivez ces phrases en remplaçant *je* par *nous* et en procédant à tous les changements nécessaires.* BREVET
Je n'étais rien qu'un mortel égaré entre du sable et des étoiles, conscient de la seule douceur de respirer… Et cependant, je me découvris plein de songes.
A. DE SAINT-EXUPÉRY, *Terre des hommes*, 1939.

9 ÉCRIRE a. Écrivez une phrase avec chaque verbe. b. Les verbes de chaque couple ont-ils le même sens ? Expliquez oralement votre réponse.**
1. entendre / s'entendre • 2. trouver / se trouver • 3. plaire / se plaire à.

10 TRIER Par binôme : en vous aidant du tableau, classez les phrases en fonction du type de verbe pronominal. Justifiez votre classement.**

À sens réfléchi	…
À sens réciproque	…
À sens passif	…
Essentiellement pronominal	…

1. Ils se prennent la main. 2. L'arabe se lit de droite à gauche. 3. Il se ment depuis des années. 4. Nous nous côtoyons depuis des années. 5. Il s'est emparé du Trône de fer ! 6. Ses enfants se ressemblent comme deux gouttes d'eau. 7. Nous nous sourions du fond de la classe. 8. Ses problèmes se sont réglés hier. 9. Elle s'en méfie. 10. À quelle heure te lèves-tu le matin ?

11 EXPLIQUER a. Transformez ces phrases de forme passive en une phrase comportant un verbe pronominal à sens passif, selon le modèle suivant.**
Le blé est bien vendu. > Le blé se vend bien.
1. Le thé est pris chaud. 2. Le sujet est placé devant le verbe. 3. La salle est vidée ! 4. Cette chanson est rapidement traduite. 5. La musique est entendue dans tout l'immeuble.
b. Oralement, expliquez si l'une des deux phrases vous semble plus acceptable que l'autre.

12 ÉCRIRE Écrivez sous la forme d'un journal intime ce que vous faites le matin. Veillez à utiliser au minimum quatre verbes pronominaux.**

13 Un de vos amis soutient que le verbe *se balancer* dans *Il se balance sur sa chaise* est un verbe essentiellement pronominal. Vous n'êtes pas d'accord. Expliquez-le-lui en prenant des exemples de différents types de verbes pronominaux pour appuyer votre argumentation.**

14 a. INTERLANGUES Comparez la conjugaison des verbes pronominaux en français, en espagnol et en allemand au présent de l'infinitif et de l'indicatif : que constatez-vous (formes et places du pronom réfléchi) ?**

se laver		*lavarse* (espagnol)	
je me lave	nous nous lavons	me lavo	nos lavamos
tu te laves	vous vous lavez	te lavas	os laváis
il/elle se lave	ils/elles se lavent	se lava	se lavan

sich waschen (allemand)	
ich wasche mich	wir waschen uns
du wäschst dich	ihr wascht euch
er/sie/es wäscht sich	sie/Sie waschen sich

b. Observez la conjugaison, au présent de l'indicatif, du verbe *lavarsi* (« se laver ») en italien : de quelle langue se rapproche-t-elle le plus (français, espagnol, allemand) ?*

mi lavo   ci laviamo
ti lavi   vi lavate
si lava   si lavano

5. Les formes des principaux modes

Le mode infinitif

Mobiliser ses connaissances

1 (TRIER) **Classez les verbes suivants dans un tableau en deux colonnes : verbes en** *-ir / -issant* **et autres verbes.***
finir • courir • partir • fuir • offrir • venir • cueillir • tenir • servir • fleurir • dormir • embellir • arrondir • sentir • sortir • affranchir • acquérir • bénir

2 (TRANSFORMER) **a. Donnez l'infinitif des verbes suivants, qui sont conjugués au présent de l'indicatif. b. Transformez l'infinitif présent en infinitif passé.***
1. Nous prenons. 2. Tu payes. 3. Je fonds. 4. Vous défendez. 5. Nous jetons. 6. Je ressors. 7. Vous criez. 8. Il lit. 9. Il luit. 10. Nous vivons. 11. Elles conçoivent. 12. Tu vas. 13. Elle écrit. 14. Vous interdisez. 15. Il se dissout.

Retenir la leçon

Infinitif présent : radical + terminaison
- verbes en *-er* ; > organis**er** – illustr**er**
- verbes en *-ir* / *-issant* ; > réfléch**ir** (réfléch**issant**)
- autres verbes (infinitifs en *-ir*, *-ire*, *-re*, *-oir*). > dorm**ir** – interd**ire** – vend**re** – v**oir**

• L'infinitif possède une forme composée : l'**infinitif passé**. > avoir couru – être parti

Manipuler

3 (TRANSPOSER) **Oralement, transposez à l'infinitif cette recette de pizza. Faites toutes les modifications nécessaires.***
Cuisez dans une poêle les lardons et les champignons. Dans un bol, versez la boîte de concentré de tomate, ajoutez-y un demi verre d'eau, mettez ensuite un carré de sucre, une pincée de sel, de poivre, et une pincée d'herbes de Provence. Déroulez et aplatissez bien la pâte à pizza sur le lèchefrite du four, piquez-la. Avec une cuillère à soupe, étalez la sauce tomate, ajoutez-y ensuite les lardons et garnissez avec les champignons dorés. Poursuivez en parsemant de fromage râpé. Mettez au four.

4 (AJOUTER) **Récrivez ces phrases en les complétant par un infinitif ou un groupe de mots comportant un infinitif.***
1. Elle ne souhaite qu'une chose, … . 2. Il faut … pour … . 3. Avant de …, n'oublie pas de … . 4. J'entends mon père … . 5. Ah ! …, …, …, ce serait un rêve ! 6. Ne pas … dans cette salle. 7. … les planches à plat, … un clou et … avec un marteau.

5 (TRANSPOSER) **Récrivez ces ordres à l'infinitif. Attention à la place de la négation.***
1. Reprenez un peu de soupe. 2. N'ouvrez pas les portes pendant que le train roule. 3. Cuisez le gratin à 200 °C. 4. Ne fuyez pas devant cette araignée. 5. Suivez bien en cours. 6. Faites parvenir ce formulaire à la scolarité. 7. Taisez-vous immédiatement.

6 (TRANSPOSER) **Récrivez ces phrases en remplaçant les groupes nominaux soulignés par des infinitifs. Faites les modifications nécessaires.****

1. La natation en piscine se pratique toute l'année. 2. Paul s'entraîne à la fabrication d'une maquette. 3. Son pouvoir de décision est immense. 4. Elle parviendra à une bonne connaissance du marché.

7 (ARGUMENTER) **Oralement. a. Repérez le sujet des verbes soulignés. b. Remplacez le sujet du deuxième verbe par celui du premier verbe. c. Discutez pour savoir si la phrase obtenue est acceptable, si son sens est clair. d. Si la phrase obtenue n'est pas acceptable, récrivez-la en utilisant l'infinitif.****
1. Nous sommes heureux que tu assistes au spectacle. 2. Je regrette beaucoup que tu ne puisses être là le 18 juin. 3. Tu n'es pas sûr qu'il connaisse la bonne réponse. 4. Elle est très déçue que tu aies pris cette décision. 5. Il souhaite que Léon soit rapidement autonome.

8 (ÉCRIRE) **Écrivez une liste de cinq recommandations et interdictions pour une notice que vous rédigeriez pour un produit de votre choix. Utilisez des verbes à l'infinitif.**

9 (ÉCRIRE) **Rédigez à l'infinitif les étapes nécessaires pour s'assurer une bonne hygiène des mains.***

LE MOT > Les principales classes de mots > Maîtriser et orthographier le verbe

Le mode participe : le participe présent

Mobiliser ses connaissances

1 (CONJUGUER) **a.** À l'oral, conjuguez les verbes au présent de l'indicatif à la 1ʳᵉ personne du pluriel et écrivez le radical. **b.** Déduisez-en leur participe présent.*

Série 1 : laisser • lire • couvrir • construire • rire • agrandir • devoir • s'asseoir • aller
Série 2 : cuire • peindre • voir • paraître • vouloir • résoudre • être • avoir • faire • savoir

Retenir la leçon

- Le **participe présent** se forme sur le radical (la base verbale) de la **1ʳᵉ personne du pluriel au présent**, en ajoutant la terminaison **-ant**. > nous finiss**ons** → finiss**ant** – nous buv**ons** → buv**ant**
- Il est **invariable**. > Une femme aim**ant** les animaux.
  ⚠ Trois verbes ont un participe présent irrégulier : être → étant, avoir → ayant, savoir → sachant.
- Certains participes présents employés comme **adjectifs** s'accordent avec le nom auquel ils se rapportent.
  > Une hôtesse accueill**ante** nous a reçus.

Règle d'Orthographe

Certains participes présents et adjectifs s'écrivent différemment.

Verbes	Participe présent	Adjectif (verbal)
en **-guer**	**-guant** > fatiguant	**-gant** > fatigant
en **-quer** correspondant à un nom en **-cation** (communication, fabrication)	**-quant** > communiquant – fabriquant	**-cant** > communicant – fabricant
	Remarque : pour les verbes ne correspondant pas à un nom en -cation, le participe présent et l'adjectif ont la même orthographe. > cho**quant** – atta**quant** – pi**quant**	

⚠ Pour différencier le participe présent et l'adjectif :
– le participe présent peut être encadré par la négation ; > Une femme n'aimant pas les araignées.
– l'adjectif peut être précédé d'un adverbe. > Une femme très accueillante.

Manipuler

2 (EMPLOYER) **a.** Complétez les phrases suivantes avec le participe présent du verbe indiqué. **b.** Recopiez les parties en bleu en ajoutant la négation, puis récrivez la phrase pour qu'elle soit cohérente.*
1. (Étouffer) sous la chaleur, elle était sur le point de s'évanouir. **2.** (Respecter) les règles du secret médical, les médecins ne révèlent pas le dossier médical de leurs patients. **3.** Il s'est bloqué le dos en (porter) des cartons. **4.** Le coq, (lancer) son chant, réveilla toute la famille.

3 (EMPLOYER) **a. Complétez les phrases suivantes avec un participe présent employé comme adjectif. b.** À l'oral, ajoutez un adverbe devant cet adjectif.*
1. Ces remarques sont (déconcerter). **2.** Les enfants (obéir) ont été récompensés. **3.** Faites attention en conduisant sur cette route (glisser) ! **4.** Ses yeux sont devenus (briller).

4 (EMPLOYER) Par binôme, récrivez ces phrases en choisissant l'orthographe appropriée. Aidez-vous de la **Règle d'Orthographe**.**
1. Arnaud est un enfant *fatiguant / fatigant*. **2.** *Fatiguant / Fatigant* tout le monde, il a été puni. **3.** Il porte des tenues *extravaguantes / extravagantes*.

5 (CORRIGER) Recopiez ces phrases en corrigeant les erreurs d'orthographe sur les formes en -*quant* / -*cant*.**

1. En ce soir d'été, la chaleur était suffoquante. 2. Il s'est blessé en fabriquant une cabane. 3. Cet argument est convainquant ! 4. Il est tombé dans des orties picantes. 5. Cette tempête a ébranlé le pays en provocant des dégâts considérables.

Étude de la langue • Le mot / **297**

5. Les formes des principaux modes

Le mode participe : le participe passé

Mobiliser ses connaissances

1 TRANSFORMER **Par binôme. a.** Lisez oralement les phrases suivantes en observant le participe passé en couleur. **b.** Remplacez les GN ou pronoms féminins en gras par des GN ou pronoms masculins et modifiez les participes passés.*

1. **Elle** s'est assise sur une chaise mouillée. 2. **La bibliothèque** a été construite en quelques mois. 3. **La lumière** s'est éteinte ! 4. **La récompense** a été promise au plus méritant. 5. **Les carottes** sont cuites. 6. **Elle** a été conquise par ces propositions. 7. **La leçon** est parfaitement connue, bravo William !

Retenir la leçon

- Le **participe passé** peut être employé :
  – avec les auxiliaires *avoir* ou *être* pour former les **temps composés** du verbe ;
  > *Le Président **a rencontré** les ministres. Les ministres **sont arrivés** au gouvernement.*
  – avec l'auxiliaire *être* pour former le **passif** du verbe ; > *Les naufragés **sont secourus** par les gardes-côtes.*
  – sans auxiliaire, comme un **adjectif**. > *Le directeur répond aux lettres **reçues** hier.*

Règle d'Orthographe

Voir p. 349 et p. 354 pour l'accord du participe passé.

- Le participe passé a des **terminaisons différentes** selon le verbe.

Verbes	Terminaisons	Participe passé au masculin singulier
en -er	-é	> aimé – organisé – cherché
en -ir / -issant	-i	> fini – réfléchi – rugi
en -ir, -ire, -re, -oir	-i, -u, -s, -t	> dormi – senti – démoli > pris – mis – appris > vendu – vu – aperçu > interdit – découvert – peint

- Pour savoir comment écrire le participe passé, il faut l'utiliser au **féminin** pour « entendre » ou non la terminaison.
  > *la maison interdite → le château interdit – la barque engloutie → le navire englouti*

Manipuler

2 CONJUGUER **a.** À l'oral, conjuguez les verbes suivants au passé composé à la 3ᵉ personne du singulier. **b.** Écrivez le participe passé de ces verbes au masculin singulier. **c.** Récrivez ce participe passé au féminin pluriel.**

voler • boire • couvrir • comprendre • connaître • dire • écrire • être • avoir • faire • lire • mettre • naître • mourir • peindre • apprendre • pouvoir

3 OBSERVER Recopiez et complétez les phrases avec le participe passé du verbe au masculin singulier. Quelle régularité observez-vous pour les participes passés ?*
1. Nous avons (remplir) tous les formulaires. 2. Elle a (approfondir) la question. 3. Il a (convertir) son fichier .doc en .pdf. 4. Le dictionnaire a été (enrichir) d'une centaine de nouveaux mots. 5. Il a été (punir) de sortie.
6. Le lait ayant (refroidir), tu peux maintenant le boire.
7. Il a (gravir) tous les échelons pour devenir directeur.

4 TRIER Classez ces verbes selon la forme de leur participe passé au masculin singulier.*
teindre • pondre • restreindre • atteindre • fondre • enfreindre • tondre • répondre • craindre • plaindre • joindre

5 ARGUMENTER Imaginez que l'un de vos amis ait des difficultés à repérer et à employer le participe passé et qu'il fasse toujours deux erreurs : 1. il ne connaît pas le participe passé d'un verbe ; 2. il se trompe souvent sur l'orthographe de la fin du mot. Par binôme, l'un de vous deux explique oralement à cet ami comment résoudre la première difficulté. L'autre lui donne une astuce pour remédier à son deuxième problème. Rédigez ensuite un aide-mémoire.**

298

LE MOT > Les principales classes de mots > Maîtriser et orthographier le verbe

Le mode impératif

Mobiliser ses connaissances

1 CONJUGUER Conjuguez les verbes suivants aux trois personnes de l'impératif présent.*
écouter • préciser • bondir • croire • entreprendre • correspondre • avoir • être • savoir • mordre

Retenir la leçon

- Le **verbe à l'impératif** se construit **sans sujet** et n'existe qu'à **trois personnes**.
  > *Parle* lentement ! > *Soyons* attentifs. > *Prenez* ce chemin pour rentrer chez vous.
- L'impératif est formé à partir des **radicaux (bases verbales) de l'indicatif présent** et des **terminaisons suivantes**.

	2ᵉ personne du singulier	1ʳᵉ personne du pluriel	2ᵉ personne du pluriel
Verbes en *-er* Verbes en *-vrir, -frir, -llir*	**-e** > dans**e** – jou**e** > ouvr**e** – offr**e** – cueill**e**	**-ons** > march**ons** – finiss**ons**	**-ez** > lis**ez** – réfléchiss**ez**
Autres verbes	**-s** > cour**s** – di**s** – vend**s** - pein**s**		

- ⚠ Pour des raisons de prononciation, à la 2ᵉ personne du singulier, l'impératif terminé par *-e* et *va* prennent un *-s* lorsqu'ils sont suivis des pronoms *en* et *y*. > *Plantes-en.* > *Penses-y.* > *Vas-y.*
- ⚠ Certains verbes fréquents ont une **forme particulière** : voir les tableaux de conjugaison p. 399 et suivantes.
- L'impératif comporte des formes : → simple : **impératif présent** ; > *cours – rentrez*
  → composée : **impératif passé**. > *ayons couru – soyez rentrés*

Manipuler

2 EMPLOYER **a.** Par binôme, énoncez oralement une phrase comportant les verbes suivants conjugués à la 2ᵉ pers. du pluriel de l'impératif présent, puis écrivez-la.*
1. arriver • 2. construire • 3. descendre • 4. fendre • 5. fuir
b. Récrivez chaque phrase à l'impératif passé. Modifiez-la pour qu'elle soit acceptable, selon le modèle suivant.
Terminer > Terminez ce travail ! > Ayez terminé ce travail avant que je ne rentre.

3 TRANSFORMER **a.** Écrivez ces phrases en conjuguant le verbe à la 1ʳᵉ personne du pluriel de l'impératif présent. **b.** Récrivez-les en ajoutant une négation, selon le modèle : *Avertissons-les. > Ne les avertissons pas.***
1. (Téléphoner)-leur pour les avertir de notre arrivée. 2. Cette lettre, (oublier)-la ! 3. Ton frère s'interroge sur ces cachotteries. (Révéler)-lui ce secret ! 4. (Débarrasser)-nous de cette vieille pendule !

4 EMPLOYER Récrivez ces phrases en conjuguant le verbe à la 2ᵉ personne du singulier de l'impératif présent.*
1. Avons-nous besoin de sucre pour faire les crêpes ce soir ? Oui, (acheter)-en tout à l'heure. 2. Pour choisir l'orientation professionnelle la mieux adaptée à tes souhaits, (parle)-en à ta conseillère d'orientation et (penser)-y bien. 3. Le zoo vient de rouvrir. (Emmener)-y Marie et (profiter)-en pour observer les pandas nouvellement arrivés de Chine. 4. Nous travaillons sur l'orthographe des mots composés : (trouver)-en trois qui s'écrivent avec un trait d'union.

5 TRANSFORMER **a.** Récrivez ces phrases en conjuguant le verbe à la 2ᵉ personne du singulier de l'impératif présent. **b.** Transformez le GN souligné en pronom *en*, *y* ou *le*, selon le modèle : *Va à la campagne. > Vas-y.**
1. (Attraper) ce papillon ! 2. (Rapporter) ce livre au magasin. 3. (Offrir) du thé à ta grand-mère. 4. (Distribuer) le plan aux élèves. 5. (Réfléchir) à ton avenir. 6. (Discuter) de cette dispute avec ton amie. 7. (Partir) au Portugal cet été ! 8. (Boire) ce verre d'eau, ton hoquet passera. 9. (Retourner) dans ce magasin pour acheter ton livre.

6 ÉCRIRE Par binôme, imaginez ce jeu de rôles : vous êtes tous les deux devenus enseignants. Discutez des consignes de travail à donner à l'un de vos élèves, puis écrivez-en six en utilisant des verbes à l'impératif.*

5. Les formes des principaux modes

Le mode subjonctif : le présent et le passé du subjonctif

Mobiliser ses connaissances

1 IDENTIFIER Oralement. **a.** Remplacez les verbes en couleur par *partir, faire* ou *venir*. **b.** Changez la personne de ces verbes en utilisant le pronom personnel *vous*. **c.** À quel mode les verbes en couleur sont-ils conjugués ? 1. Il faut que je me repose avant de commencer les travaux dans la cuisine. 2. Si tu achètes cette maison, il faudra que tu envisages des travaux. 3. Il veut qu'elle participe à la fête !

d. Pourquoi ces deux tests vous aident-ils à repérer le mode ? **e.** Pourquoi le repérage du subjonctif peut-il parfois s'avérer difficile ?*

Retenir la leçon

La formation du présent du subjonctif

Personnes	Formation		
je tu il / elle ils / elles	radical (base verbale) du verbe à l'indicatif présent à la 3ᵉ personne du pluriel	-e, -es, -e, -ent	> (que) je finiss**e** > (que) tu tienn**es** > (qu') il jett**e** > (qu') ils bavard**ent**
nous vous	radical (base verbale) du verbe à l'indicatif présent aux 1ʳᵉ et 2ᵉ personnes du pluriel	-i-ons, -i-ez	> (que) nous finiss**ions** > (que) vous ten**iez** > (que) vous jet**iez** > (que) nous bavard**ions**

⚠ Pour les irrégularités à mémoriser, voir les tableaux de conjugaison p. 399 et suivantes.

Règle d'Orthographe

- Redoubler le « i » pour les verbes dont le radical (la base verbale) se termine par *-i*.
  > (que) nous cop**ii**ons – (que) vous r**ii**ez
- Ne pas confondre le présent de l'indicatif et du subjonctif lorsque la terminaison se prononce de la même façon.
  > il court ≠ (qu') il coure – il voit ≠ (qu') il voie – il fuit ≠ (qu') il fuie
- Si besoin, remplacer le verbe par un autre dont le subjonctif s'entend nettement.
  > Il faut qu'il coure vite. → Il faut qu'il **fasse** (et non fait) vite.

La formation du passé du subjonctif

auxiliaire *avoir* ou *être* au présent du subjonctif	+	participe passé

> (que) j'aie fait – (que) je sois parti(e)
> (qu') il / elle ait fait – (qu') il / elle soit parti(e)
> (que) nous ayons fait – (que) nous soyons parti(e)s
> (que) vous ayez fait – (que) vous soyez parti(e)s

Manipuler

2 CONJUGUER **a.** Conjuguez les verbes au présent du subjonctif à la personne indiquée. **b.** Conjuguez-les ensuite au passé du subjonctif. **c.** Pour chacun de ces temps, récrivez les verbes à la personne du pluriel correspondante.*

recevoir (que je) • peindre (que tu) • acheter (que tu) • envoyer (que je) • craindre (qu'il) • peigner (que tu) • sentir (qu'elle) • maintenir (que je) • valoir (que je) • dire (que tu) • rire (que tu) • haïr (qu'il)

300

LE MOT > Les principales classes de mots > Maîtriser et orthographier le verbe

3 (EMPLOYER) Récrivez et complétez ces phrases en conjuguant le verbe au présent du subjonctif.*
1. Moi, que j' (aller) sur ce manège ? Jamais de la vie !
2. J'aimerais bien que tu (lire) les mises en garde affichées avant que nous ne (payer) l'entrée.
3. C'est dommage que vous ne (pouvoir) vérifier que nous n'aurons pas la tête en bas !
4. Le directeur du manège désire que nous (prendre) une décision.
5. Je souhaiterais que ce choix (être) facile.

4 (IDENTIFIER) Recopiez ces phrases en choisissant l'orthographe correcte.*
1. C'est la seule madeleine que l'on *est / ait / aie*.
2. Ma mère souhaite que Marie *voit / voie / voye* le médecin.
3. Il est impossible que le professeur *exclue / exclut* Amy de la classe.
4. Elle ordonne que nous *recopions / recopiions* cette phrase.
5. Il faut qu'il *court / coure* vite.
6. L'humoriste joue sur les mots afin que son public *rie / rit*.

5 (CORRIGER) Récrivez ces phrases en corrigeant les erreurs portant sur les verbes.*

1. Je voudrais que tu me croives. 2. On vérifie que les gens ne s'assoyent pas ici. 3. La seule chose qui peuve nous rassembler, c'est l'amour de la vie. 4. C'est amusant que ces enfants veulent aller à l'école des sorciers. 5. C'est incroyable que vous ne saviez pas où est le CDI ! 6. Pourvu que nous ne faisions pas d'erreurs !

6 (ÉCRIRE) Rédigez cinq phrases dans lesquelles vous ferez part de vos craintes / envies / doutes quant à votre entrée au lycée.*

L'imparfait du subjonctif

Observer et manipuler pour comprendre

7 Observez les verbes suivants et rédigez une règle qui rende compte de la formation du verbe aux 3ᵉ personnes de l'imparfait du subjonctif.

Passé simple de l'indicatif : *il quitta, il finit, il crut*

Imparfait du subjonctif : *(qu') il quittât, (qu') il finît, (qu') il crût*
(qu') ils quittassent, (qu') ils finissent, (qu') ils crussent

Retenir la leçon

La formation de l'imparfait du subjonctif

	radical (base verbale) du verbe au passé simple	+ voyelle du passé simple	+ marque de mode et de personne	
			-^t (3ᵉ pers. du singulier)	-ssent (3ᵉ pers. du pluriel)
chanter	chant-	-a-	(qu') il chantât	(qu') ils chantassent
finir	fin-	-i-	(qu') il finît	(qu') ils finissent
croire	cr-	-u-	(qu') il crût	(qu') ils crussent

⚠ *Venir : qu'il vînt / qu'ils vinssent ; tenir : qu'il tînt / qu'il tinssent.*

Manipuler

8 (EMPLOYER) Employez ces verbes selon le modèle : *Il faut qu'il parte. > Il fallait qu'il partît.***
manger • payer • attendre • mincir • crier • écrire • tenir • cueillir • dormir • courir

9 (EMPLOYER) Récrivez ces phrases en conjuguant les verbes entre parenthèses à l'imparfait du subjonctif.**
1. Il marcha jusqu'à ce qu'il (faire) nuit.
2. Je craignais qu'il ne (revenir) pas.
3. Hugo continuait à verser de l'eau bien que son verre (déborder).
4. Il prit une décision avant que Paul ne (partir).
5. Il appela Lucile pour qu'elle lui (indiquer) la date du contrôle.

Étude de la langue • Le mot / 301

5. Les formes des principaux modes

Le mode conditionnel

Mobiliser ses connaissances

1 CONJUGUER À l'oral, conjuguez ces verbes au conditionnel présent.*
(je) sacrifier • (tu) agir • (elle) vendre • (nous) dire • (vous) devoir • (ils) mettre

2 CONJUGUER Conjuguez les verbes suivants à la personne indiquée : **a.** au conditionnel présent ; **b.** au conditionnel passé.*
(j') assumer • (elle) constituer • (tu) découvrir • (il) balayer • (tu) mordre • (nous) admettre • (vous) vouloir • (elles) fuir • (je) concevoir • (nous) refaire

Retenir la leçon

La formation du conditionnel présent

| radical (base verbale) du futur de l'indicatif | + marques de **personne** (terminaisons de l'imparfait de l'indicatif) -ais, -ais, -ait, -ions, -iez, -aient |

> je bavarder**ais**   > nous dormir**ions**
> tu boir**ais**   > vous apercevr**iez**
> il prendr**ait**   > elles voudr**aient**

Règle d'Orthographe

À la **1re personne du singulier**, les verbes au conditionnel présent et au futur de l'indicatif sont homophones, mais ils ne s'écrivent pas de la même manière. Pour les différencier, on remplace *je* par une autre personne.
> J'**irais** volontiers en Guadeloupe. → Il **irait** (ira) volontiers en Guadeloupe.
> Demain, j'**irai** au cinéma. → Demain, il **ira** (irait) au cinéma.

La formation du conditionnel passé

| Pour toutes les personnes : | **auxiliaire** *avoir* ou *être* au **présent du conditionnel** | + | **participe passé** |

> j'aurais dansé – je serais parti(e)
> il / elle aurait dansé – il / elle serait parti(e)
> nous aurions dansé – nous serions parti(e)s

Manipuler

3 TRANSFORMER **a.** Conjuguez les verbes entre parenthèses au futur de l'indicatif. **b.** Transposez les phrases en conjuguant le verbe en bleu à l'imparfait de l'indicatif et celui entre parenthèses au conditionnel présent.**
1. Je crois qu'il (venir) nous voir. **2.** Lola annonce qu'elle (aller) chercher des châtaignes dès que la pluie (cesser). **3.** Nous pensons que les constructeurs automobiles (produire) des voitures électriques. **4.** Sait-elle que ce château (être) inscrit au patrimoine mondial de l'UNESCO ?

4 EMPLOYER Recopiez ces phrases en conjuguant les verbes entre parenthèses au conditionnel passé. Attention à l'accord du participe passé.**
1. L'auteur (écrire) des livres remportant un vif succès et (devenir) ainsi célèbre. **2.** Les ornithologues (apercevoir) un regroupement de tourterelles qui (essayer) d'échapper aux chasseurs. **3.** Des marins (embarquer) sur des navires en direction des hautes mers. **4.** Si tu n'avais pas oublié ta carte d'identité, nous (monter) à bord de l'avion. **5.** Tu (avoir) de la chance pendant la chasse au trésor, tu (remporter) le trophée.

5 TRANSFORMER Par binôme. **a.** Choisissez oralement le verbe qui convient. **b.** Remplacez le sujet en bleu par *je* et écrivez la phrase ainsi modifiée en respectant la **Règle d'Orthographe**.*
1. Il le *rappellera / rappellerait* tout à l'heure. **2.** Tu *réussiras / réussirais* cet examen en travaillant régulièrement. **3.** Apparemment, il *rentrera / rentrerait* bientôt chez ses parents. **4.** Nous *aimerons / aimerions* tant partir camper. **5.** Vous *ferez / feriez* mieux de partir avant qu'il ne revienne ! **6.** Gémeaux, vous *aurez / auriez* une année remplie de belles surprises !

6 ÉCRIRE Imaginez quels pourraient être les regrets et les espoirs d'un sportif.**

LE MOT > Les principales classes de mots > Les mots et groupes de mots variables

6. Le nom et le groupe nominal

Mobiliser ses connaissances

1 (TRANSPOSER) Récrivez ces phrases en mettant les groupes nominaux soulignés au pluriel. Faites toutes les modifications nécessaires.*
1. Je taille l'arbre. 2. Visiter un musée est toujours agréable. 3. Le chien est le meilleur ami de l'homme. 4. Le nouveau film de ce réalisateur est extraordinaire. 5. L'homme est un loup pour l'homme.

2 (EMPLOYER) a. Listez cinq noms propres. b. Donnez la liste à votre voisin(e) pour qu'il / elle fasse cinq phrases à partir de ceux-ci.*

3 (TRIER) Recopiez le tableau et classez-y les noms relevés dans le texte.*

Quand cette musique éclate, nous savons que nos camarades, dehors dans le brouillard, se mettent en marche comme des automates ; leurs âmes sont mortes et c'est la musique qui les pousse en avant comme le vent les feuilles sèches, et leur tient lieu de volonté. Car ils n'ont plus de volonté : chaque pulsation est un pas, une contraction automatique de leurs muscles inertes. Voilà ce qu'ont fait les Allemands.

P. LEVI, *Si c'est un homme*,
© Éditions Julliard, Pocket, 1987, 1994, Éditions Robert Laffont, 1996.

	Masculin	Féminin
Singulier	...	...
Pluriel	...	...

Retenir la leçon

- Le **nom** désigne un être ou une chose. Il a un **genre** et il varie en **nombre**.
  > le **cheval** → les **chevaux**   > La **voiture** est gelée. → Les **voitures** sont gelées.

- Il peut être **propre** ou **commun**.
  > *Victor Hugo*
  > *chien – magasin*

- Le **nom** est souvent précédé ou suivi d'autres mots avec lesquels il forme un **groupe nominal**.

  déterminant + adjectif + **nom** + adjectif
  + préposition + nom / groupe nominal
  + proposition subordonnée relative

  > Ramasse ton petit mouchoir de poche bleu qui est tombé.

- Le nom et le groupe nominal peuvent exercer plusieurs **fonctions** : sujet, complément (in)direct du verbe, complément de phrase, complément du nom ou de l'adjectif, attribut.

Manipuler

4 (EMPLOYER) a. À partir de quatre des noms suivants, rédigez des groupes nominaux. b. Employez chaque groupe nominal dans deux phrases en changeant la fonction du groupe nominal (GN).*
portrait • élève • falaise • oiseau • pied • caverne • montagne • bus • directeur • lit

5 (ÉCRIRE) Observez le tableau ci-contre. Faites cinq phrases comportant des groupes nominaux que vous soulignerez.*

6 (INTERLANGUES) a. Comparez la place et la formation du complément du nom dans les phrases française et allemande. b. En quoi l'anglais est-il différent ?**
Le livre de Marc est bleu.
Das Buch von Mark ist blau.
Mark's book is blue.

P. BONNARD, *Le Grand Jardin*, 1894-1895, musée d'Orsay.

7. L'adjectif

Mobiliser ses connaissances

1 (FORMER) **a.** Formez un adjectif à partir de chaque nom en utilisant les suffixes *-aire, -al, -el, -iel, -ique* ou *-eux*. **b.** Écrivez ces adjectifs au féminin pluriel.

président • doute • orchestre • nature • doigt • volcan • caprice • musique • atome • peur • monument • jus • exemple • colère • joie • individu • automne

2 (EMPLOYER) Employez quatre des adjectifs de l'exercice **1** dans une phrase qui en révèle le sens. Pensez à les accorder.*

Retenir la leçon

L'adjectif

▶ **caractérise le nom** qu'il accompagne en précisant son sens.
> C'est une **excellente** cuisinière.
> Cette lettre, **officielle**, est **importante**.

▶ s'accorde en **genre** et en **nombre** avec le nom auquel il se rapporte.
> Cette **grande** maison est **chaleureuse**.
> Ces **petits** gâteaux sont **chauds**.

▶ est souvent formé avec un suffixe : *-able*, *-ible*, *-ier*, *-eux*…
> mange**able** – access**ible** – financ**ier** – danger**eux**…
> pareil → parei**lle**
> individuel → individue**lle**
> californien → californie**nne**
> mignon → migno**nne**

Règle d'Orthographe
Les suffixes *-eil, -el, -ien* et *-on* doublent la consonne finale au féminin.

▶ est une **expansion** du nom. L'expansion du nom est dite <u>détachée</u> quand l'adjectif est séparé du nom par une virgule.
> Les fourmis **rouges** piquent.
> Les poules, <u>rousses</u>, picorent l'herbe.

▶ peut être **attribut du sujet** (derrière *être, paraître, sembler…*).
> Le radiateur est **chaud**.

❗ Un participe passé peut être employé comme adjectif.
> des pulls **usés** – une chaise **pliée**

Manipuler

3 (RÉCRIRE) Récrivez le texte en remplaçant « un homme » par **a.** « une femme », **b.** « des hommes ».* (BREVET)

Son caractère méditerranéen en faisait un homme jovial, jamais inquiet, pareil à un rayon de soleil, prompt à s'emporter mais nullement agressif, plutôt doux même. Il était gai, souriant, avenant et curieux de la vie.

4 (RÉCRIRE) Récrivez le texte en remplaçant chaque nom en couleur par le nom entre parenthèses. Faites toutes les modifications nécessaires.** (BREVET)

L'endroit (La pièce), éclairé au néon, était effroyable et glacial. À gauche, à droite, en face, **des couloirs** (des allées) carrelés de noir et de blanc s'étiraient si loin qu'on peinait à en voir le bout. La peinture s'écaillait sur les murs, des flaques d'humidité auréolaient des plafonds **d'une hauteur** (de dimensions) effroyable. Un vitrail ovale perçait la structure, des escaliers menaient **aux étages** (aux plates-formes) supérieurs et inférieurs, mais l'accès était bloqué par de grosses **grilles** (grillages) vertes, tout comme les fenêtres. **Chloé et Ilan** (Chloé et Marine) avancèrent aux côtés d'Hadès, emmitouflés dans leurs gros manteaux.

D'après F. THILLIEZ, *Puzzle*, 2013.

5 (INTERLANGUES) D'après ces phrases, où l'adjectif se place-t-il en anglais ? Est-ce pareil en français ?*
1. See a **black** cat brings bad luck.
2. Apercevoir un chat **noir** porte malheur.

LE MOT > Les principales classes de mots > Les mots et groupes de mots variables

Mobiliser ses connaissances

6 TRANSPOSER **a.** Dites si l'adjectif au comparatif exprime une infériorité, une égalité ou une supériorité. **b.** Récrivez les phrases en changeant de degré de comparaison.*

1. Marine est plus grande que Sébastien. **2.** Les résultats d'Alexandre sont aussi bons que ceux de Pauline. **3.** Je suis moins fatiguée que la semaine dernière. **4.** En mathématiques, Gaëlle est aussi forte que Malika. **5.** Paul est meilleur que Margaux en orthographe. **6.** L'herbe est toujours plus verte chez le voisin. **7.** Elle est moins surprise que son père. **8.** Cette princesse est aussi belle que celle du film précédent.

Retenir la leçon

Les degrés de l'adjectif
L'adjectif peut :

varier en intensité	L'adjectif peut être précédé d'un adverbe d'intensité : – *forte* ; > *très / trop / fort / excessivement* beau – *moyenne* ; > *assez / plutôt / moyennement* beau – *faible*. > *peu / faiblement / légèrement* beau
exprimer la comparaison	**Le comparatif** : Pour comparer plusieurs éléments, on emploie des comparatifs : – de supériorité ; > Il est **plus** fort (**que** moi). – d'égalité ; > Il est **aussi** fort (**que** moi). – d'infériorité. > Il est **moins** fort (**que** moi). **Formation** : *plus / aussi / moins* + adjectif (+ *que*).
	Le superlatif : Pour mesurer une qualité par rapport à un ensemble, on emploie un superlatif : – de supériorité ; > Il est **le plus** grand (**des** joueurs). – d'infériorité. > Il est **le moins** grand (**des** joueurs). **Formation** : *le / la / les* + *plus / moins* + adjectif (+ *de*).

❗ Au comparatif, *bon* devient *meilleur* ; *mauvais* devient *pire*.
> Il est **meilleur** *(que Léo).*   > C'est encore **pire** *(que la fois dernière).*

Manipuler

7 COMPLÉTER Observez les fiches et complétez les phrases par les adjectifs au comparatif qui conviennent.*

Ethan
- 48 ans
- 1 mètre 92
- maîtrise en lettres
- 20 ans d'expérience

Léo
- 40 ans
- 1 mètre 78
- baccalauréat
- 5 ans d'expérience

Aurélie
- 40 ans
- 1 mètre 65
- maîtrise en lettres
- 10 ans d'expérience

Carole
- 36 ans
- 1 mètre 72
- maîtrise en mathématiques
- 5 ans d'expérience

1. Aurélie est … (âgé) Ethan. **2.** Carole est … (jeune) tout le monde. **3.** Aurélie est … (vieux) Carole. **4.** Léo est … (âgé) Aurélie. **5.** Léo est … (grand) Ethan. **6.** Léo est … (grand) les deux femmes. **7.** Carole est … (petit) Aurélie. **8.** Ethan est … (diplômé) Aurélie. **9.** Aurélie est … (expérimenté) Léo. **10.** Dans l'entreprise, Carole est … (ancien) Léo.

8 ÉCRIRE À partir des fiches de l'exercice **7**, rédigez quatre phrases en employant des adjectifs au superlatif.

9 ÉCRIRE Comparez la France et la Belgique en vous aidant des données du tableau. Utilisez au moins quatre adjectifs.

	Belgique	France
Population	11,16 millions	67 millions
Superficie	30 528 km²	547 030 km²
Densité de population	365 habitants / km²	122 habitants / km²

étude de la langue • Le mot / 305

8. Les déterminants

Mobiliser ses connaissances

1 IDENTIFIER Recopiez cet extrait en soulignant tous les déterminants.*

Cette guerre a endommagé bien des choses, y compris son estime de soi. La question des hommes qui ne sont pas partis à la guerre est la plus délicate qui soit. J'ai trouvé votre observation fort juste, quoique teintée d'ironie : la guerre nous offre mille et une occasions de faire preuve de bienveillance. Saurez-vous trouver le moyen de rester l'amie de Levi sans briser votre mariage ? Il le faut, en tout cas.

S. HAYES, L. NYHAN, *Petites recettes de bonheur pour les temps difficiles*, © Belfond, 2014.

Retenir la leçon

- **Classe grammaticale** : il y a plusieurs familles de déterminants.

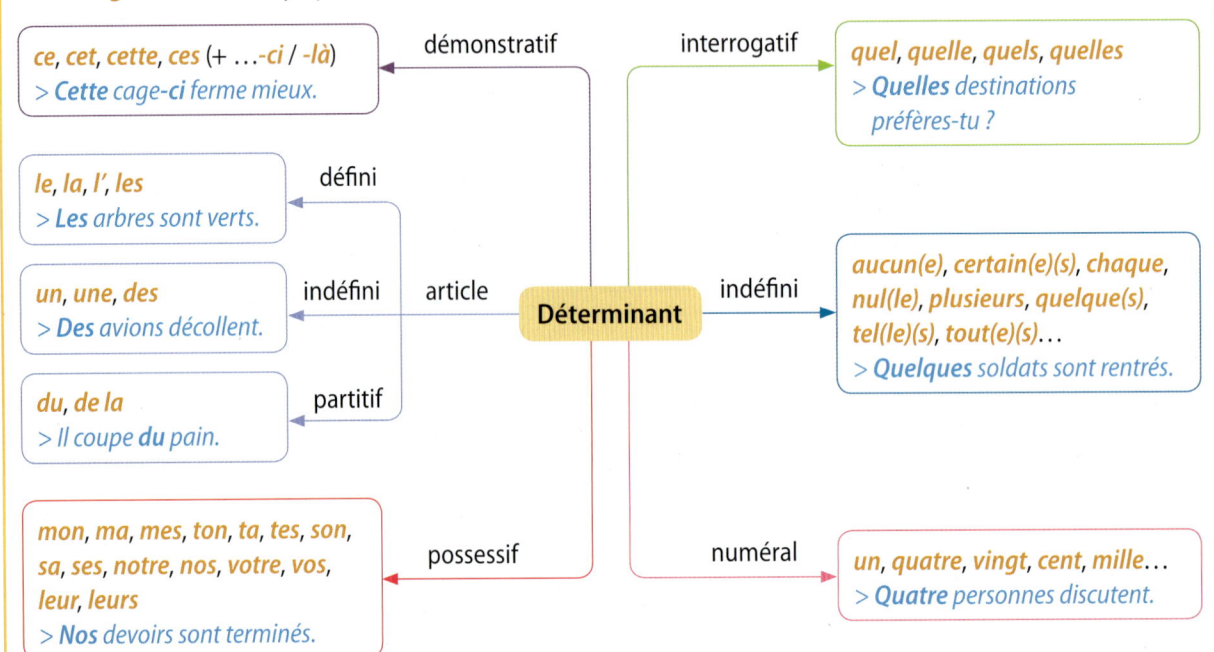

démonstratif
ce, *cet*, *cette*, *ces* (+ ...*-ci* / *-là*)
> **Cette** cage-ci ferme mieux.

interrogatif
quel, *quelle*, *quels*, *quelles*
> **Quelles** destinations préfères-tu ?

article défini
le, *la*, *l'*, *les*
> **Les** arbres sont verts.

article indéfini
un, *une*, *des*
> **Des** avions décollent.

article partitif
du, *de la*
> Il coupe **du** pain.

indéfini
aucun(e), *certain(e)(s)*, *chaque*, *nul(le)*, *plusieurs*, *quelque(s)*, *tel(le)(s)*, *tout(e)(s)*...
> **Quelques** soldats sont rentrés.

possessif
mon, *ma*, *mes*, *ton*, *ta*, *tes*, *son*, *sa*, *ses*, *notre*, *nos*, *votre*, *vos*, *leur*, *leurs*
> **Nos** devoirs sont terminés.

numéral
un, *quatre*, *vingt*, *cent*, *mille*...
> **Quatre** personnes discutent.

- **Accord** : le déterminant s'accorde en **genre** (masculin, féminin) et en **nombre** (singulier, pluriel) avec le nom auquel il se rapporte.
- **Position** : le déterminant est toujours placé **devant** le nom.

⚠️ Derrière les prépositions *à* et *de*, les articles définis *le* et *les* se contractent : *au* / *aux*, *du* / *des*.
> Il va **au** marché.   > Je viens **du** Sud.

⚠️ Ne pas confondre :
– *du*, *de la*, *des* (préposition *de* + articles définis) ; > Il vient **du** Sud.   > Le goût **des** bonbons.
– *du*, *de la* (articles partitifs) ; > **du** beurre – **de la** confiture
– *des* (article indéfini). > Il mange **des** bonbons.

Manipuler

2 ÉCRIRE Complétez les bulles. Utilisez au moins un déterminant par case.**

LE MOT > **Les principales classes de mots** > **Les mots et groupes de mots variables**

3 INTERLANGUES Observez et commentez les articles (forme, genre) du tableau suivant.**

	Allemand	Anglais	Espagnol	Italien	Néerlandais
le père	der Vater	the father	el padre	il padre	de vader
la mère	die Mutter	the mother	la madre	la madre	de moeder
le livre	das Buch	the book	el libro	il libro	het boek

4 ACCORDER Ces déterminants sont mal accordés. Identifiez et corrigez les erreurs (genre et/ou nombre).*
1. J'aime le parfum de (cette) fleurs. 2. Elle n'a (aucun) envie de sortir. 3. (Mes) parapluie est plus grand que le tien. 4. (Nul) n'est censé ignorer (le) loi. 5. (Cette) film est extraordinaire. 6. À (ses) arrivée, le public s'est levé pour le saluer. 7. (Le) faute est humaine. 8. (Certaines) choix sont décisifs. 9. As-tu bien compté séparément (le) hommes et (le) femmes ? 10. (La) personnes présentes ont voté. 11. Zoé a (une) difficultés à résoudre (cet) énigme.

Retenir la leçon

- *Quelque* est un **déterminant indéfini** quand il est placé devant un nom. Il s'accorde avec ce nom.
  > Il a déjà reçu **quelques** cadeaux.   > **Quelques** calendriers sont déjà vendus.
  Au singulier, *quelque* signifie « un certain ».   > Il y a **quelque** temps.
  Au pluriel, *quelques* signifie « plusieurs ».   > Il y a **quelques** jours.

- *Tout* (*toute, tous, toutes*), **déterminant indéfini**, est toujours placé devant un groupe nominal. Il s'accorde avec le nom.
  > Il dort **toute** la journée.   > La nuit, **tous** les chats sont gris.

Règle d'Orthographe

	Singulier	Pluriel		
Masculin	tout	tous	> Il a mangé **tout** le chocolat.	> Il a vu **tous** les films à l'affiche.
Féminin	toute	toutes	> On a chanté **toute** la chanson.	> Il a cueilli **toutes** les fleurs du jardin.

Manipuler

5 TRIER Choisissez la forme correcte.*
1. J'aimerais que tu apportes *toute / toutes / tous* tes photos de vacances. 2. Pourquoi lui as-tu dit qu'il avait *toutes / toute / tout* ses chances ? 3. Il a besoin de *tous / toutes / tout* ses amies. 4. Ils ont travaillé *tout / tous / toute* une année sur ce projet. 5. Elle a une solution à *tout / tous* les problèmes. 6. On a moissonné le blé *tout / tous* l'été. 7. Je dois lire *tous / tout / toute* un chapitre pour demain.

6 ACCORDER a. Récrivez les phrases en accordant les formes de *tout* et de *quelque*. b. Justifiez oralement leur orthographe.*
1. Elles ont fait (tout) le tour de la maison. 2. Il passe nous voir (tout) les semaines. 3. Nous lui avons déjà raconté (tout) l'histoire. 4. Le chien était heureux d'avoir retrouvé (tout) les chèvres. 5. (Tout) le monde est parti. 6. (Quelque) heures suffiront pour finir ce travail. 7. Il y a (quelque) personnes rassemblées devant la mairie. 8. Cet arbre a déjà perdu (quelque) feuilles. 9. Il n'est plus qu'à (quelque) centimètres de nous.

7 EMPLOYER Écrivez quatre phrases différentes à partir de ces déterminants.**
1. quelques • 2. tous • 3. toutes • 4. toute

8 ÉCRIRE Observez ce tableau et faites trois phrases en utilisant, au choix, les déterminants *quelque(s)* et *tout* (ou *tous, toute, toutes*).**

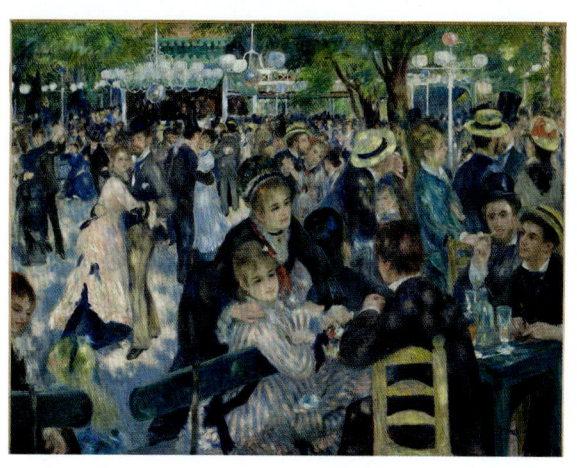

A. RENOIR, *Bal du moulin de la Galette*, 1876, musée d'Orsay.

Étude de la langue • Le mot / **307**

9. Les pronoms

Mobiliser ses connaissances

1 (TRIER) **a.** Repérez dans les phrases tous les pronoms.
b. Recopiez le tableau et classez-y les pronoms selon leur fonction.*

Nos excuses, nous n'avons pas envie de les leur présenter, mais Julie nous a invités à le faire. Elle voudrait que cela cesse, que tout redevienne comme avant, sans que rien n'ait changé. Elle souhaite que nous enterrions la hache de guerre, et qu'eux fassent de même.

Sujet	Complément direct du verbe	Complément indirect du verbe
…	…	…

Les différents pronoms

- Un pronom sert à **désigner** ou à **remplacer** un groupe de mots pour éviter la répétition. Il reprend un **groupe nominal** ou un **autre pronom**, un **infinitif**, une **phrase** ou une **proposition**.
  - > *Ce jeu* s'est bien vendu. → *Il* s'est bien vendu. > Je revends *ce jeu*. → Je *le* revends.
  - > *Partir* est difficile. → *C*'est difficile. > Tu voudrais *chanter*. → Tu *le* voudrais.
  - > *Elle veut qu'il parle*. → Elle *le* veut. > *Il est passé*. → Je te *l*'ai dit.

- En général, les pronoms varient en **genre** (masculin ou féminin) et en **nombre** (singulier ou pluriel).

Pronoms personnels
- désignent celui qui parle ou à qui l'on parle.
  - je – moi – me (m')
  - tu – toi – te (t')
  - nous
  - vous
  - > *Je me* lave.
  - > *Toi, tu* vas là-bas.
  - > *Nous nous* saluons.
  - > *Vous,* taisez-*vous* !
- remplacent quelqu'un ou quelque chose dont on parle.
  - il – elle – lui – le – la – se (s') – soi
  - ils – elles – eux – les – leur
  - y – en
  - > *Elle leur* parle.
  - > *Elles s*'en vont.
  - > *Ils se le* disent.
  - > *Il y* pense.
  - > *Regarder devant soi.*

Pronoms possessifs
- expriment la possession.
- établissent le rapport à une personne.
  - le mien – la mienne – les mien(ne)s
  - le tien – la tienne – les tien(ne)s
  - le sien – la sienne – les sien(ne)s
  - le nôtre – la nôtre – les nôtres
  - le vôtre – la vôtre – les vôtres
  - le leur – la leur – les leurs
  - > Il a mangé *la sienne.*
  - > Ton train est en retard, *le nôtre* aussi.
  - > *La leur* est plus belle.

Pronoms démonstratifs
- renvoient à un être ou un élément déjà cités.
- désignent un être ou un élément.
  - ce – c' – ceci – ça – cela
  - celui-ci – celui-là
  - celle-ci – celle-là
  - ceux-ci – ceux-là
  - > *C*'est bon !
  - > Prends *ça* !
  - > Je préfère *celui-ci.*
  - > *Ceux-là* sont mieux.

Pronoms relatifs
- remplacent dans une proposition subordonnée relative un GN (ou un pronom) qui précède.
  - qui – que (qu') – quoi – dont – où
  - lequel – laquelle – lesquelles
  - auquel – à laquelle – auxquel(le)s
  - duquel – de laquelle – desquel(le)s
  - > Je connais l'homme *dont* on parle.
  - > La femme *à qui* il parle sourit souvent.

308 /

LE MOT > Les principales classes de mots > Les mots et groupes de mots variables

Pronoms interrogatifs
- servent à poser une question, directe ou indirecte.

qui – que (qu') – où qu'est-ce qui – ce qui – (pour) qui – (à / de) quoi – ce que…

> *Qui* est là ?
> À *quoi* penses-tu ?
> Je lui demande *ce qu'*il veut.

Pronoms indéfinis
- désignent un être ou un élément indéfini.
- expriment une quantité indéfinie.

on – aucun(e) – tout(e)(s) – personne – quelqu'un – rien – quelque chose – chacun(e) – autrui – n'importe qui – n'importe quoi – l'un(e)… l'autre…

> *On* ne voit *rien* ni *personne*.
> *Chacun* avance à son tour.
> *L'un* chante, *l'autre* danse.

Manipuler

2 REPÉRER Repérez tous les pronoms du texte et dites oralement ce qu'ils remplacent.*
– Maman, s'il te plaît ?
– Clara, j'ai dit non.
– Allez, Diane. Laisse-la venir avec moi.
– Colin, ne me prends pas pour une imbécile. Si Clara vient avec toi, vous allez traîner, et on partira en vacances avec trois jours de retard.
– Viens avec nous, tu nous surveilleras !

A. MARTIN-LUGAND, *Les Gens heureux lisent et boivent du café*, © Michel Lafon, 2013.

3 REMPLACER Récrivez ce texte en changeant « les élèves » par *tu*.* **BREVET**
Les élèves discutent en patientant devant le local. Ils attendent le professeur de français, qui arrive à l'instant en les saluant. À peine ils entrent en classe qu'ils se taisent et prennent un stylo et une feuille. Ils se concentrent, l'interrogation commence.

4 TRANSPOSER Remplacez les groupes soulignés par des pronoms.*
1. J'habite depuis un an <u>à Strasbourg</u>. 2. J'ai prêté <u>mon stylo</u>. 3. Le voleur a échappé <u>aux policiers</u>. 4. Je dois voir <u>Mélodie</u>. 5. Il aime aller <u>à la mer</u>. 6. Il s'adresse à <u>la secrétaire</u>. 7. Il a bien répondu <u>à la question</u>. 8. Elle a donné sa carte <u>à son amie</u>. 9. <u>Jacques et Jeanne</u> sont allés <u>au cinéma</u>. 10. Quand iras-tu voir <u>ce spectacle</u> ? 11. On parle souvent de <u>Jean</u>. 12. Paul voit <u>des oiseaux</u>. 13. <u>Quels chapitres</u> vas-tu lire ? 14. Elle a entendu <u>ces journalistes</u> à la radio.

5 REPÉRER a. Relevez les pronoms indéfinis.
b. Identifiez le pronom indéfini qui n'existe qu'au singulier. c. Identifiez les pronoms indéfinis qui n'existent qu'au pluriel.*

Apparemment, les raisons pour lesquelles les uns ou les autres sont sensibles à une œuvre appartiennent à chacun. Certains peuvent chercher à oublier les soucis du quotidien. D'autres peuvent préférer des films qui font réfléchir sur la réalité. Et même, si certains aiment les films ennuyeux parce qu'ils y voient le reflet de l'absurdité de l'existence, tant mieux pour eux.

G. VERVISCH, *Comment ai-je pu croire au Père Noël ? Philosopher au quotidien*, © Max Milo, 2009.

6 COMPLÉTER Complétez les phrases par un pronom indéfini.*
1. Ne devrait-… pas protéger les espèces menacées ? 2. … a son opinion sur la question. 3. … préfèrent la musique, … préfèrent la danse. 4. … est capable de réaliser cet exercice. 5. Penses-tu vraiment que je vais te laisser faire … ? 6. As-tu reçu … pour ton anniversaire ? 7. … fait ce qui lui plaît. 8. … n'a le droit de te parler de cette façon. 9. … d'entre nous n'en parlera demain à l'assemblée. 10. Que … ne bouge !

7 TRIER a. Ouvrez votre manuel d'histoire-géographie, de mathématiques ou de français à une page au hasard. Sélectionnez une dizaine de lignes et repérez tous les pronoms que vous y trouverez.
b. Classez-les ensuite dans ce tableau d'après leur classe grammaticale.**

Personnel	Possessif	Démonstratif
…	…	…

Relatif	Interrogatif	Indéfini
…	…	…

Étude de la langue • Le mot / 309

9. Les pronoms

Retenir la leçon

La fonction des pronoms

Comme le nom, le pronom peut exercer **plusieurs fonctions dans la phrase** :

sujet		> **Je** suis tombé. > **Celui-ci** est tombé. > **Lequel** est tombé ? > **Rien** n'est tombé. > Le chat **qui** miaule a faim.
complément du verbe	direct	> Il **la** donne. > Tu liras **ceci**. > **Que** manges-tu ? > Je mange **quelque chose**. > Le rat **que** tu as vu était énorme.
	indirect	> Donne-**moi** la main. > Marc **lui** parle. > Il **en** parle aux autres. > À **quoi** rêves-tu ? > Voici l'homme **auquel** je pense et **dont** j'ai parlé.
complément de phrase (circonstanciel)		> Ils **y** jouent. > **Où** poses-tu ton sac ? > Voici la table **où** il pose son sac.
complément du nom		> Le jardin **de l'autre** est plus vert. > Les arbres **dont** on voit le reflet dans l'étang sont encore bien verts.

❗ Les pronoms **personnels**, **relatifs** et **interrogatifs** peuvent **changer de forme** suivant la fonction qu'ils exercent dans la phrase.

La place des pronoms compléments

Il arrive que plusieurs pronoms compléments se suivent. Leur ordre est alors le suivant :

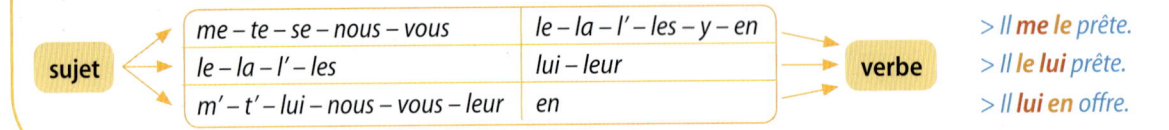

sujet → | me – te – se – nous – vous | le – la – l' – les – y – en | → verbe
        | le – la – l' – les | lui – leur |
        | m' – t' – lui – nous – vous – leur | en |

> Il **me le** prête.
> Il **le lui** prête.
> Il **lui en** offre.

Manipuler

8 DISTINGUER **Lisez oralement les phrases en choisissant le pronom relatif correct.** *

1. L'argent *qui / que / dont* l'homme avait trouvé dans sa poche le rendit riche. 2. La poche *dans laquelle / qui / que* il ne met rien d'habitude contenait un billet. 3. La banque *à laquelle / que / où* il avait déposé son argent brûla. 4. Il se souvint de cette époque *où / que / qui* il était riche. 5. L'homme *que / à qui / duquel* il a acheté ce costume fut surpris. 6. Le héros *pour lequel / où / dont* nous parlons vit une histoire étrange. 7. Le tailleur *que / par lequel / dont* il aurait dû se méfier est vraiment désolé.

9 TRIER **a.** Relevez tous les pronoms qui désignent Antoine et précisez leur fonction. **b.** Relevez tous les pronoms relatifs et donnez leur fonction. **

Comme la plupart de ces enfants qui naquirent dans le conflit, la guerre fascinait Antoine. Ayant fait le siège de ses jeunes années, elle hanterait toutes les autres. Il l'ignorait bien sûr et se donnait tout entier à sa curiosité, grappillant les informations qu'on lui cachait. La guerre est la pire des choses, répétait Félicité sans arrêt. Lorsque tu es né, nous étions les plus heureux du monde, et c'était la paix en Europe. Ce que lui disait sa mère ne changeait rien à son enthousiasme intérieur. Au contraire : il comprenait encore mieux que ce moment était exceptionnel. S'il avait eu des camarades, il aurait été capable de se vanter : moi, mon père est mort à Verdun !

A. FERNEY, *Dans la guerre*, © Actes Sud, 2003.

10 EMPLOYER **Voici une liste de pronoms. Faites oralement une phrase avec chacun d'eux.** *

lui • se • auxquelles • celles-ci • dont • les nôtres • toi • les autres • eux • où

11 DÉPLACER **Remettez les pronoms dans le bon ordre.** *

1. Tony et Pauline (le / se) sont déjà dit. 2. (leur / nous / la) avons donnée. 3. (l' / nous / elle) a dit quatre fois. 4. (leur / on / le) a déjà montré. 5. (le / vous / lui) avez déjà dit hier. 6. (me / tu / le) prêteras quand tu auras terminé.

12 RÉCRIRE **a.** Dites pourquoi ces phrases, souvent entendues à l'oral, ne sont pas correctes. **b.** Récrivez les phrases pour qu'elles deviennent correctes. **

310

LE MOT > Les principales classes de mots > Les mots et groupes de mots variables

1. Donne-moi-z-en. 2. Vas-y pas. 3. J'en le préserverai. 4. Il ne raconte que qu'est-ce qui l'arrange. 5. Les personnes qui ont peur de sortir le soir, ils ratent quelque chose.

13 TRANSPOSER Rédigez dix questions auxquelles votre voisin(e) devra répondre en remplaçant le groupe que vous aurez souligné par un pronom.**

Élève 1 : Aimerais-tu aller dans les Pyrénées ?
> Élève 2 : Oui, j'aimerais y aller.

14 INTERLANGUES Observez et comparez les pronoms personnels dans ces phrases en français et en anglais. Que constatez-vous ?**

1. **Je te** vois. → *I see you*. 2. **Tu me** vois. → *You see me*.
3. **Vous me** voyez. → *You see us*.

15 ÉCRIRE a. Imaginez une histoire d'après la photo ci-contre, puis écrivez-la en utilisant quatre pronoms relatifs différents. b. Traduisez à présent ces phrases en anglais : que constatez-vous (forme et personne des pronoms) ?**

Retenir la leçon

- Quand il est pronom, *tout* a un genre et un nombre, comme le nom. Il peut être remplacé par un groupe nominal.
> ***Toutes** (= **Les filles**) sont rentrées.*

  Règle d'Orthographe

  La prononciation indique comment écrire le pronom indéfini :
  – au féminin (singulier, pluriel), on prononce [tut] grâce au *e* qui suit le *t* ;
  – au masculin pluriel, on prononce le *s* ([tus]), ce qui permet de ne pas l'oublier.
  > ***Tous** dorment déjà.*

	Singulier	Pluriel
Masculin	tout	tous
Féminin	toute	toutes

- Il ne faut pas confondre :
  – le pronom *leur* avec le déterminant possessif *leur(s)*. Si c'est un pronom, *leur* peut être remplacé par *lui* ;
  > *Je le **leur** donne.* → *Je le **lui** donne.*   > *J'emprunte **leur** voiture.* ≠ *J'emprunte lui voiture.*
  – les pronoms *le, la, l'* et *les* avec les articles *le, la, l'* et *les*. Si c'est un article, *le* (ou *la, l', les*) peut être remplacé par *son* (*sa, ses*).   > *J'emprunte **la** voiture.* → *J'emprunte **sa** voiture.*   > *Je l'emprunte.* ≠ *Je sa emprunte.*

Manipuler

16 ACCORDER Récrivez les phrases en accordant le pronom *tout*.*

1. Il a déjà (tout) bu. 2. Les cartes ont (tout) été envoyées par la poste ce matin. 3. Selon moi, (tout) y est. 4. (Tout) sont heureuses de partir en vacances ce soir. 5. Ils ont (tout) atterri à Bamako à 9 heures hier. 6. (Tout) sont déjà rangées. 7. (Tout) est bien qui finit bien. 8. (Tout) ont été reçus dès le premier concours. 9. (Tout) sont égaux devant la loi et ont droit sans distinction à une égale protection de la loi.

17 TRIER Recopiez les phrases avec la forme correcte.*

1. *Leur / Leurs* ami la *leur / leurs* a donnée. 2. Bien qu'elles parlent anglais avec *leur / leurs* maman, André et Sylvain, *leur / leurs* amis, *leur / leurs* parlent toujours en français. 3. *Leur / Leurs* enfants sont déjà grands. 4. Il *leur / leurs* a beaucoup parlé. 5. Elles *leur / leurs* ont souvent raconté l'histoire du *Petit Chaperon rouge*. 6. Ils ont annoncé *leur / leurs* mariage à *leur / leurs* enfants. 7. Pourquoi ne *leur / leurs* as-tu pas dit que tu étais déjà pris ce soir ?

18 TRIER Recopiez seulement les phrases dans lesquelles *le, la, l', les* sont des pronoms.**

1. Cette histoire, je **la** lui ai déjà racontée deux fois. 2. Il viendra demain, il me **l'**a juré. 3. Patrick adore **les** cours d'histoire-géographie. 4. Malika a écrit une carte postale à son amie. Elle **la** lui a envoyée hier. 5. **Le** miel est toujours l'ouvrage des abeilles. 6. – Je peux t'emprunter ton marteau ? – Oui, prends-**le**. 7. **Le** vétérinaire examine tous **les** tigres du zoo. 8. Tire trois cartes, et choisis-**les** bien ! 9. Comme Sarah est déjà en retard, il est inutile de **la** retarder davantage. 10. Je ne sais pas si Clément connaît Tiffany et Léa. J'ignore s'il **les** a déjà vues.

10. Le groupe nominal, le groupe verbal, le groupe adjectival

Mobiliser ses connaissances

1 TRIER Identifiez le mot autour duquel est construit chaque groupe souligné et classez les groupes dans le tableau que vous aurez recopié.*

Mais les barrières qui me séparaient de Conrad semblaient dressées à jamais. Je ne pouvais le comprendre. Il était impossible que lui, si soucieux de ne pas faire de peine, si prévenant, toujours prêt à faire la part de mon impétuosité, de mon agressivité quand il n'était pas d'accord avec ma « Weltanschauung »[1], eût oublié de m'inviter. C'est ainsi que, trop fier pour l'interroger là-dessus, je devenais de plus en plus tourmenté, soupçonneux et obsédé par le désir de pénétrer dans la forteresse des Hohenfels.

Un jour, comme je m'en allais, il se retourna de façon inattendue : « Entre donc, tu n'as pas vu ma chambre », dit-il. Avant qu'il me fût possible de répondre, il poussa la grille de fer, les deux griffons reculèrent, encore menaçants, mais pour le moment impuissants et battant en vain de leurs ailes de prédateurs.

F. UHLMAN, *L'Ami retrouvé*, trad. Léo Lack, © Éditions Gallimard, Folio, 1978.

1. Weltanschauung : vision du monde.

Groupe nominal	Groupe verbal	Groupe adjectival
…	…	…

Retenir la leçon

Les groupes grammaticaux

Il y a trois sortes de groupes grammaticaux.

	Groupe nominal	Groupe verbal	Groupe adjectival
Le groupe est construit autour :	d'un **nom**	d'un **verbe**	d'un **adjectif**
Le groupe est complété par un(e) :	– adjectif – préposition + nom / groupe nominal – préposition + pronom – préposition + verbe à l'infinitif – proposition subordonnée relative	– adjectif – (préposition +) nom / groupe nominal – pronom – (préposition +) verbe à l'infinitif – proposition subordonnée conjonctive ou interrogative indirecte	– adverbe – préposition + nom / groupe nominal – préposition + pronom – préposition + verbe à l'infinitif – proposition subordonnée conjonctive
	> Le petit Chaperon rouge porte un panier en osier. > L'avis des autres compte. > L'idée de partir me plaît. > Je suis triste à l'idée que tu partes.	> Léo est grand. > Il le lui donne. > Elle apporte un panier à sa grand-mère. > J'aimerais lire. > Tu sais qu'il passera ce soir.	> Ce vin est très bon. > Il est noir de colère. > Tu es content de lui. > Lucas est certain de venir. > Emma est fière que Sylvain vienne.

Manipuler

2 EMPLOYER Complétez le groupe verbal de la phrase suivante par les éléments demandés : *Arthur souhaite…***

1. un groupe nominal • 2. un groupe nominal et une préposition suivie d'un nom ou d'un groupe nominal • 3. un verbe à l'infinitif • 4. une proposition • 5. deux pronoms

3 EMPLOYER Complétez le groupe adjectival.*

1. Le service est accessible … . 2. Jean est toujours très soucieux … . 3. Pour attirer des clients, ce magasin est prêt … . 4. Ce journaliste me semble digne … . 5. La cliente satisfaite … reviendra peut-être un jour. 6. Elle se sent coupable … . 7. Forts …, ces agriculteurs savent qu'après la pluie vient le beau temps. 8. Longue …, cette ruelle serait la plus courte de toute la ville. 9. Aziza, heureuse …, met les petits plats dans les grands. 10. Nous sommes conscients … .

312

LE MOT > Les principales classes de mots > Les mots et groupes de mots variables

Retenir la leçon

Les fonctions dans les groupes grammaticaux

Dans un groupe grammatical, chaque élément a une fonction par rapport à l'élément autour duquel est construit le groupe.

groupe nominal : *Le tigre blanc de Sibérie*
- noyau : *Le tigre*
- expansions du nom : *blanc de Sibérie*

groupe verbal : *donne la patte au dompteur,*
- noyau : *donne*
- complément direct du verbe : *la patte*
- complément indirect du verbe : *au dompteur*

et

groupe verbal : *semble heureux de cet exploit.*
- noyau : *semble*
- attribut : *heureux de cet exploit*

groupe adjectival : *heureux de cet exploit.*
- noyau : *heureux*
- complément de l'adjectif : *de cet exploit*

⚠️ Ne pas confondre :
– les **compléments du nom** ; > *Il dort dans un hôtel de Nancy.*
– les **compléments de phrase**. > *Il revient de Nancy.*

Manipuler

4 (REMPLACER) **Récrivez ces phrases en remplaçant les mots soulignés par des compléments du nom.***
1. Cette école <u>rurale</u> vient d'ouvrir. 2. Ce poème <u>médiéval</u> reste d'actualité. 3. La voiture <u>familiale</u> est garée à deux rues d'ici. 4. J'ai préféré le texte <u>original</u>. 5. Nous avons suivi la cérémonie <u>inaugurale</u> des Jeux olympiques.

5 (IDENTIFIER) **Oralement, dites si les groupes soulignés sont des compléments de l'adjectif ou du nom.***
1. Je me réjouis à l'idée <u>de le revoir</u>. 2. Inquiet <u>de ne pas le voir arriver</u>, il lui a téléphoné. 3. Comme je suis heureuse <u>pour toi</u> ! 4. Il aimerait visiter l'appartement <u>de mes grands-parents</u>. 5. Yasmine adore le patin <u>à roulettes</u>. 6. Pauline est désireuse <u>de voyager davantage</u>. 7. La vitre <u>de la fenêtre de gauche</u> est encore sale. 8. Il serait fier <u>d'avoir accompli un tel chef-d'œuvre</u>.

6 (REPÉRER) **a. Relevez les adjectifs. b. Recopiez le tableau et classez-y les adjectifs d'après leur fonction.***
Il se tint donc sur la pointe des pieds et s'appuya de la main gauche contre la surface de la pierre. Par un travail particulièrement adroit il réussit à obtenir des lettres d'or avec son crayon ordinaire ; il écrivait « Ci-gît… » Chacune des lettres apparaissait pure, nette et belle, bien gravée et d'un or parfait.
F. KAFKA, *Le Procès*, trad. A. Vialatte, © Éditions Gallimard, 1933.

Attributs	Expansions du nom
…	…

7 (IDENTIFIER) **Identifiez la fonction des mots soulignés.****
Tout nous réussissait. […] Je l'avais rencontrée dans une brasserie <u>des Champs-Élysées</u>, à Paris. Elle participait à un séminaire ; j'assistais à un congrès. Je l'avais aimée à l'instant où je l'avais vue. Nous nous étions regardés en silence, elle au fond <u>de la salle</u>, moi à proximité de la baie <u>vitrée</u>. Puis nous nous étions souri.
Y. KHADRA, *L'Équation africaine*, © Julliard, Pocket, 2011.

8 (TRIER) **Relevez les compléments des verbes de l'exercice 7 et précisez s'ils sont directs ou indirects.****

9 (TRIER) **Recopiez seulement les phrases comportant un complément de l'adjectif.***
1. Il te parlera de quelque chose d'important. 2. Cette activité est trop facile pour des enfants de six ans. 3. Il aimerait tester ton jeu. 4. Lasse de l'attendre, elle est partie. 5. Thomas vient de rentrer. 6. On a eu une idée de génie. 7. Sophie vit son voisin de palier. 8. Le client en était rouge de honte. 9. Il poussa un soupir de fatigue.

10 (ÉCRIRE) **a. Décrivez un marché en utilisant au moins quatre groupes verbaux. b. Donnez votre texte à votre voisin(e) pour qu'il/elle y souligne les compléments (directs et indirects) du verbe et/ou les attributs.****

11 (INTERLANGUES) **Observez les groupes verbaux en français, puis comparez-les avec l'anglais (forme, place, fonction des éléments).***

Français	Anglais
Je lui souhaite beaucoup de bonheur.	*I wish him much happiness.*
Je lui souhaite d'être heureux.	*I wish him to be happy.*
Je souhaite qu'il soit heureux.	*I wish him to be happy.*

11. Les prépositions

Mobiliser ses connaissances

1 (COMPLÉTER) Oralement, complétez ces phrases avec une préposition. Plusieurs réponses sont parfois possibles.*
1. Justin part … vacances demain. 2. Il descend … le Sud. 3. La voiture … André est tombée … panne. 4. Il a lu cette histoire … sa fille. 5. Il n'y va pas … main morte. 6. Le collège ferme ses portes … les vacances. 7. Nous dînerons … son retour. 8. Tu dois tourner … droite. 9. Nous sortons … l'école … 16 heures.

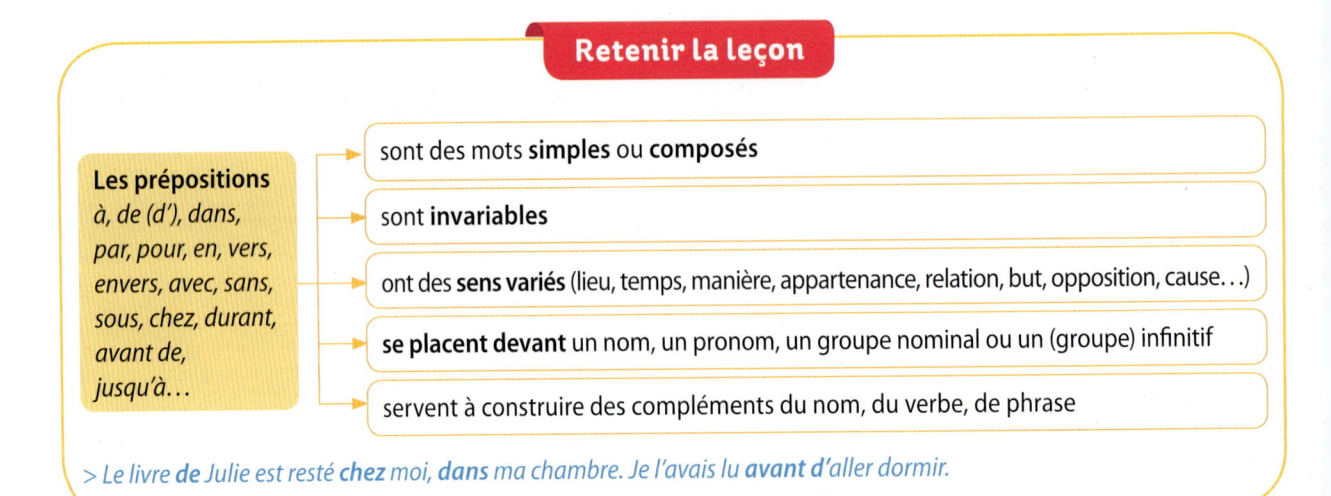

Retenir la leçon

Les prépositions
à, de (d'), dans, par, pour, en, vers, envers, avec, sans, sous, chez, durant, avant de, jusqu'à…

- sont des mots **simples** ou **composés**
- sont **invariables**
- ont des **sens variés** (lieu, temps, manière, appartenance, relation, but, opposition, cause…)
- **se placent devant** un nom, un pronom, un groupe nominal ou un (groupe) infinitif
- servent à construire des compléments du nom, du verbe, de phrase

> Le livre **de** Julie est resté **chez** moi, **dans** ma chambre. Je l'avais lu **avant d'**aller dormir.

Manipuler

2 (RECHERCHER) Trouvez trois expressions françaises qui présentent une préposition, par exemple : *mettre les pieds dans le plat*.**

3 (RÉCRIRE) Récrivez ces phrases en remplaçant les pronoms en gras par un groupe de mots introduit par une préposition, sur le modèle suivant.*
Je leur parle. > Je parle à mes amis.
1. On **lui** a déjà raconté cette histoire deux fois. 2. J'**en** viens. 3. Il **leur** a rendu la liberté. 4. Nous **y** passerons demain matin. 5. Les élèves s'**en** sont plaints au préfet. 6. Il **lui** interdit l'accès.

4 (ÉCRIRE) Voici un plan. Décrivez l'itinéraire à suivre pour arriver au collège en partant de la fontaine.*

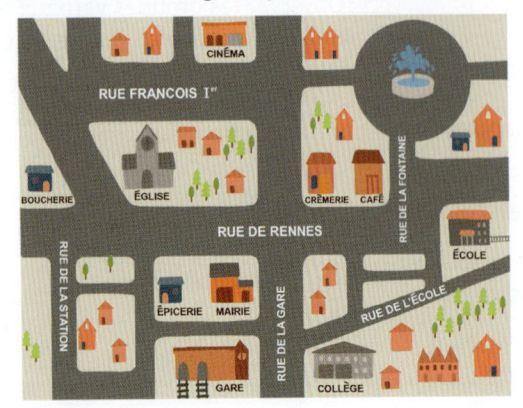

5 (INTERLANGUES) Observez les prépositions anglaises et les dessins qui les illustrent. Trouvez, pour chaque dessin, une préposition équivalente en français.**

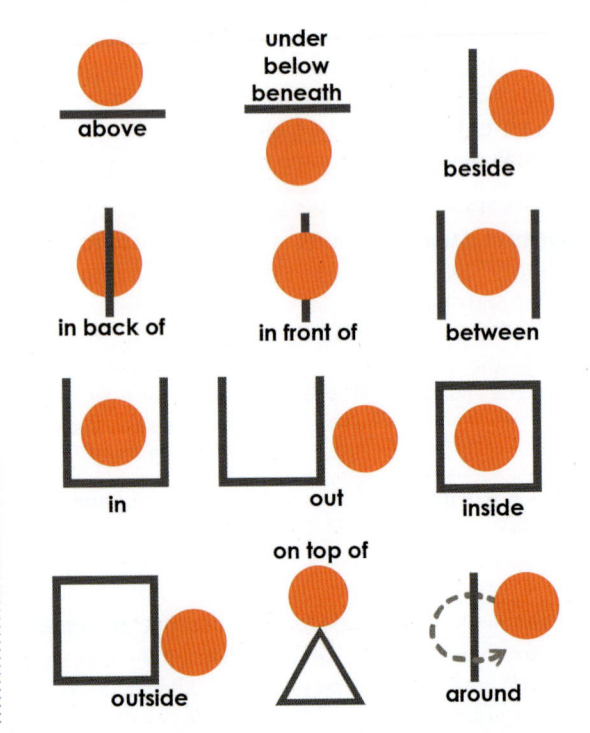

above — under / below / beneath — beside

in back of — in front of — between

in — out — inside

outside — on top of — around

314

LE MOT > Les principales classes de mots > Les mots invariables

12. Les conjonctions

Mobiliser ses connaissances

1 IDENTIFIER Relevez les conjonctions de coordination et identifiez à l'oral les groupes de mots qu'elles relient.*

Dans le royaume d'Arendel vivent deux jeunes princesses, Elsa et Anna. Elsa possède un mystérieux pouvoir : elle est capable de répandre l'hiver sur tout ce qu'elle désigne ou touche. Cette particularité fait les délices d'Anna, qui exige en toute saison patinoire improvisée et bonshommes de neige, jusqu'au jour où Elsa, dont le don grandit et devient difficile à maîtriser, blesse sa petite sœur. Elle décide alors, pour la protéger, de ne plus avoir aucun contact avec elle, ni avec le monde extérieur. Mais Elsa doit à son tour devenir reine...
N. LUCIANI, « "La Reine des neiges" : *une glace au tain pâle* », www.lemonde.fr, 24 décembre 2015.

2 COMPLÉTER Recopiez et complétez les phrases suivantes par la conjonction de subordination qui convient : *si, quand, comme, que*.*

1. Jeanne a dit ... elle serait présente à la réception. 2. ... Dan est guéri, il peut sortir. 3. ... il a déjà huit ans, ce jeu de société conviendra sans doute mieux. 4. Je partirai ... tu seras rentré. 5. ... il neigeait, je ne viendrais pas. 6. On aimerait ... John se joigne à nous. 7. Il ment ... il respire. 8. ... tu seras arrivé à la gare, téléphone-moi. 9. Je me réjouis à l'idée ... tu viennes bientôt. 10. Les vaches aiment regarder les trains ... ils passent.

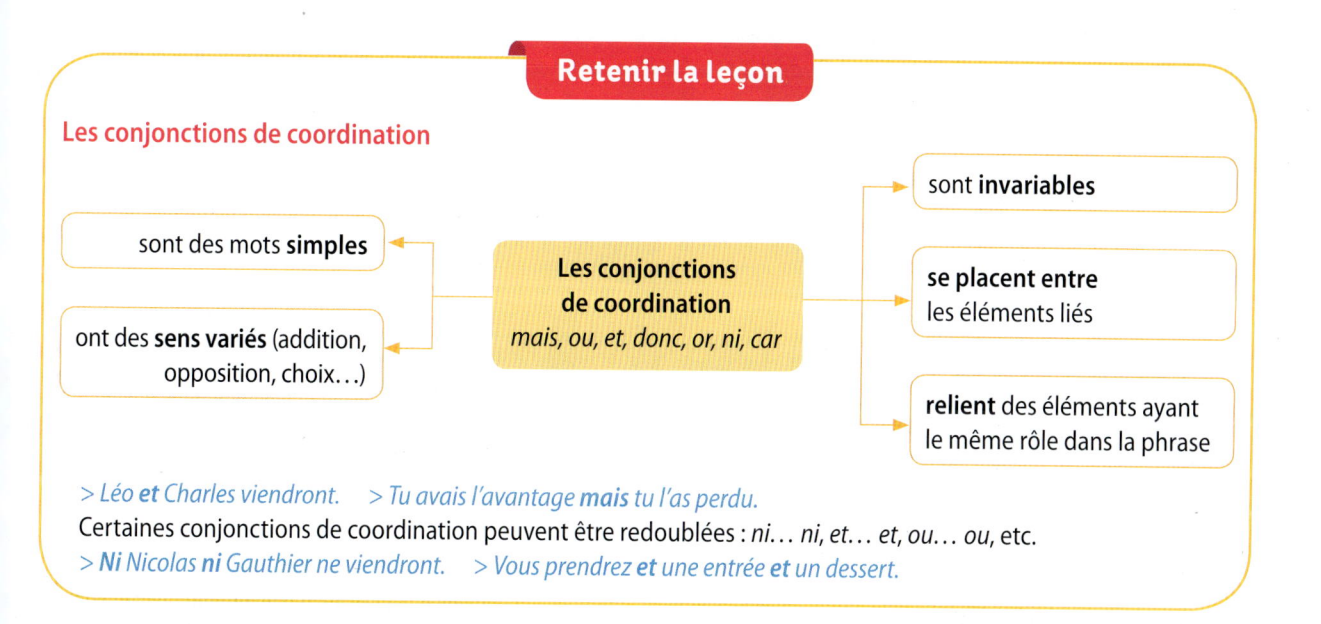

Retenir la leçon

Les conjonctions de coordination

- sont des mots **simples**
- ont des **sens variés** (addition, opposition, choix...)

Les conjonctions de coordination
mais, ou, et, donc, or, ni, car

- sont **invariables**
- **se placent entre** les éléments liés
- **relient** des éléments ayant le même rôle dans la phrase

> Léo **et** Charles viendront.   > Tu avais l'avantage **mais** tu l'as perdu.

Certaines conjonctions de coordination peuvent être redoublées : *ni... ni, et... et, ou... ou,* etc.
> **Ni** Nicolas **ni** Gauthier ne viendront.   > Vous prendrez **et** une entrée **et** un dessert.

Manipuler

3 EMPLOYER Complétez les phrases suivantes avec une conjonction de coordination.*

1. Asma ... Raphaël se connaissent depuis longtemps. 2. Je viens d'acheter deux nouveaux livres ... je n'ai pas encore eu le temps de les ouvrir. 3. J'aimerais que le technicien passe avant cinq heures ... je dois partir après. 4. Solenn n'aime pas le thé ... le café. 5. Boire ... conduire : il faut choisir. 6. Jade n'ira ... à Brest ... à Tours cet été, ... plutôt à Orléans. 7. Est-ce Téa ... Manon qui t'accompagnera ? 8. Danny adore le cinéma ; il y va ... souvent. 9. Mattéo refuse d'acheter cette voiture ... elle coûte trop cher. 10. ... Léa ... Tania viendront.

4 RÉCRIRE Récrivez les phrases suivantes en employant des conjonctions de coordination.*

1. Justine voulait passer chez Maxime ; il n'était pas chez lui. 2. J'avais très soif ; j'ai demandé un verre d'eau. 3. Rachida adore les salades de fruits ; Juliette préfère les fruits à croquer. 4. Elle est médecin ; elle aurait souhaité devenir avocate. 5. Aelis prépare un nouvel ouvrage : elle tenait à raconter la suite des aventures d'Enzo. 6. Cet auteur a vécu beaucoup d'événements terribles : il souhaite désormais écrire ses mémoires. 7. Gaspard n'aime pas la bière ; Mathilda l'adore. 8. Guy a déjà visité deux châteaux ; il aimerait encore en visiter deux autres. 9. Les araignées sont petites ; elles effrayent quand même les gens. 10. Elle est devenue mécanicienne ; rien ne l'y destinait.

5 ÉCRIRE Vous êtes en vacances avec des amis dans une ville de votre choix. Le soir, après une journée de visites, vous écrivez un courriel à vos parents pour leur raconter votre journée et vos impressions. Utilisez quatre conjonctions de coordination différentes et soulignez-les.**

Étude de la langue • Le mot / 315

12. Les conjonctions

Retenir la leçon

A Les conjonctions de subordination

Les conjonctions de subordination
comme, quand, que, si, alors que, bien que, parce que…

- sont des mots **simples** ou **composés**
- ont des **sens variés** (comparaison, temps, cause, hypothèse…)
- sont **invariables**
- introduisent une proposition subordonnée
- **se placent en tête** de la proposition subordonnée

B Les conjonctions de subordination simples

- Il y a plusieurs conjonctions de subordination simples : *comme, quand, que, si, lorsque, puisque, quoique*.
  > **Comme** il pleut, je prends le bus.   > **Quand** le soleil se lève, les oiseaux chantent.

- La plupart des conjonctions de subordination simples sont suivies de l'**indicatif**.

- *Que* est parfois suivi du **subjonctif**, après un verbe :
  – de souhait (*souhaiter*) ;
  – de volonté (*vouloir*) ;
  – de doute (*douter*) ;
  – d'obligation (*falloir*) ;
  – de sentiment (*craindre, aimer*).
  > Je **souhaite** qu'il vienne.   > Je **veux** qu'il vienne.   > J'**aimerais** qu'il vienne.

Manipuler

6 (CHOISIR) Recopiez les phrases suivantes en choisissant la bonne réponse.*
1. Je refuse que tu *viens / viennes* me chercher à l'aéroport. 2. Il aimerait tant que sa sœur *saisit / saisisse* cette opportunité. 3. On dit que l'avion *est / soit* le moyen de transport le plus sûr. 4. Elle a peur qu'il *fait / fasse* une bêtise. 5. Il faut que je *mets / mette* ma tenue de sport. 6. Qu'espères-tu que je *dis / dise* ? 7. Ils disent que tu *dois / doives* aller consulter un médecin. 8. J'aimerais que tu *sais / saches* combien tu comptes pour moi. 9. Il veut que vous *prenez / preniez* un taxi. 10. On sait qu'il *veut / veuille* avoir raison.

7 (EXPLIQUER) Indiquez le sens des conjonctions *comme, quand* et *si*.*
1. Comme nous avons envie de partir aux États-Unis, nous mettons de l'argent de côté. 2. Si la météo le permet, nous ferons de la voile ce week-end. 3. Tu es déjà revenu quand je ne suis même pas encore partie. 4. Quand il y a beaucoup de vent, je préfère mettre un bonnet. 5. Comme son frère arrivait, Michel s'est dépêché de remettre en place le livre qu'il avait emprunté. 6. Dessine un arbre comme Pierre aime les dessiner.

8 (ÉCRIRE) Écrivez une histoire à partir de ce tableau. Utilisez au moins trois conjonctions de subordination simples différentes et soulignez-les.**

E. L. KIRCHNER, *La Toilette – Femme au miroir*, 1913, Centre Pompidou.

LE MOT > Les principales classes de mots > Les mots invariables

Retenir la leçon

C Les conjonctions de subordination composées

Certaines conjonctions de subordination sont composées de deux mots ou plus.

Conjonctions composées	Circonstances exprimées	Modes employés – indicatif	Modes employés – subjonctif
utilisées seules	– temps	*après que, dès que, pendant que…*	*avant que, jusqu'à ce que, en attendant que…*
	– but		*afin que, pour que, de peur que…*
	– cause	*parce que, vu que, étant donné que…*	
	– conséquence	*si bien que, de (telle) sorte que…*	*de (telle) sorte que…*
	– opposition		*bien que, quelque… que, au lieu que, quel que soit… que…*
	– hypothèse	*au cas où (+ conditionnel)…*	*à condition que, à supposer que…*
utilisées en binôme	– comparaison	*moins / autant / plus… que…* > Il a **moins** peur **que** son frère.	
	– conséquence	*si… que, tellement… que, tant… que…* > Il a **si** froid **que** ses lèvres sont bleues.	

Manipuler

9 IDENTIFIER Identifiez la phrase comportant une conjonction de subordination : **a.** de temps ; **b.** de but ; **c.** de cause ; **d.** de conséquence ; **e.** d'opposition ; **f.** d'hypothèse.*

1. Il se présente en connaisseur bien qu'il n'y connaisse pas grand chose. 2. Vu qu'il pleut, je préfère reporter la balade en forêt. 3. Je jouerai à condition que tu ne triches pas. 4. Son père partait toujours tôt, de sorte que son fils ne le voyait pas souvent le matin. 5. Tous les soirs, elle doit se fâcher pour que sa fille accepte d'aller dormir. 6. Le gardien du zoo se lève aussitôt que le coq a chanté.

10 EMPLOYER a. Recopiez ces phrases et entourez les conjonctions de subordination. **b.** Soulignez la proposition commençant par la conjonction. **c.** Récrivez les phrases en remplaçant la conjonction par une autre conjonction de subordination exprimant la même circonstance.*

1. Les deux frères accourent vers le facteur dès qu'ils l'aperçoivent. 2. La girafe a un long cou tandis que l'éléphant a de grandes oreilles. 3. Elle est partie avant qu'il ait pu lui parler. 4. À supposer que la poste ferme à seize heures, je ne serai jamais à temps pour y récupérer mon colis. 5. J'écrirai ma lettre dès que le concert sera terminé. 6. Je n'irai pas me promener vu qu'il pleut. 7. Bien que je ne partage pas ton point de vue, je t'épaulerai dans ton projet. 8. Sa partition est tombée peu après qu'il a commencé à jouer. 9. Étant donné que c'est bientôt Noël, je te l'offre. 10. Je préfère ne pas m'approcher de ce vase de peur qu'il ne tombe.

11 TRANSPOSER Remplacez les groupes nominaux soulignés par une proposition subordonnée commençant par une conjonction de subordination composée.**

1. Après le départ de son invité, la présentatrice a éteint son micro. 2. Laura a réussi à escalader la paroi malgré sa peur. 3. Étant donné son habileté manuelle, Héloïse réussira facilement le montage de sa maquette. 4. Léa devra obtenir un passeport pour pouvoir visiter ce pays lointain. 5. En cas de fortes pluies, la Fête de la musique sera reportée à une date ultérieure. 6. Dans l'attente de ses résultats, Théo attend devant la grille du collège. 7. L'association a distribué des vivres jusqu'à épuisement des stocks.

12 ÉCRIRE a. Décrivez cette peinture. Utilisez au moins quatre conjonctions de subordination et entourez-les. **b.** Identifiez le sens des conjonctions entourées.**

A. HOWAT, *Le Naufrage du Vasa*, XXe siècle.

13. Les adverbes

Mobiliser ses connaissances

1 (IDENTIFIER) **a. Relevez les adverbes. b. Quels rôles jouant-ils dans le texte ?***

Les feuilles commencent par jaunir, elles prennent ensuite une teinte rouille, et alors seulement elles se ratatinent, se flétrissent. Enfin, lorsqu'elles sont très faibles, épuisées, elles se détachent lentement, chancelantes, de l'arbre, et, dans un tournoiement tranquille, se posent sur le sol ; elles ne s'en vont pas loin, elles tombent simplement sans force à ses pieds.

S. ZWEIG, *Pays, villes, paysages*,
trad. de H. Denis-Jeanroy, © Belfond, 1996.

Retenir la leçon

Les adverbes
très, plus, bien, intelligemment, heureusement, sans doute, alors, en effet, hier, ici, souvent, ne… pas, ne… jamais…

- sont des mots **simples** ou **composés**
- ont des **sens variés** (lieu, temps, manière, intensité, négation, justification, doute…)
- sont **invariables**
- se placent à **différents endroits** dans la phrase selon le sens
- **précisent** ou **modifient** le sens d'un mot ou de la phrase

> **En effet**, ce plat sent **vraiment très** bon.
> Elle passera **peut-être demain**.
> Il répond **toujours intelligemment**.
> Je me demande **pourquoi** il est **toujours** en retard.
> **Autant** Philippe est **déjà** grand, **autant** Sarah est **encore** petite.

> Il est **sans doute trop tard**.
> **Heureusement**, le vase **n'**est **pas** cassé.
> **Plus** il court **vite, plus** il sera rentré **tôt**.
> **Comment** vas-tu ?

Manipuler

2 (EMPLOYER) Réutilisez les adverbes relevés dans l'exercice **1** dans des phrases que vous inventerez.*

3 (REPÉRER) Relevez les adverbes de temps, puis réutilisez-les à l'oral dans des phrases de votre choix.*

Condamné à mort ! Voilà cinq semaines que j'habite avec cette pensée, toujours seul avec elle, toujours glacé de sa présence, toujours courbé sous son poids ! Autrefois, car il me semble qu'il y a plutôt des années et des semaines, j'étais un homme comme un autre homme. […] Maintenant je suis captif. Mon corps est aux fers dans un cachot, mon esprit est en prison dans une idée.

V. HUGO, *Le Dernier Jour d'un condamné*, 1829.

4 (COMPLÉTER) Complétez ces phrases par un adverbe de votre choix.*

1. Cet avocat plaide …. 2. Il viendra …. 3. Je te l'ai dit …. 4. Tu dois appuyer …. 5. Nous devrions lui parler plus …. 6. …, il est temps de rentrer. 7. C'est un ouvrier … courageux. 8. Le fleuriste répond … aux clients. 9. …, nous sommes arrivés trop tard. 10. Il l'observe ….

5 (DÉPLACER) **a.** Dites oralement si l'adverbe peut changer de place sans rendre la phrase fautive. **b.** Lorsque le déplacement est possible, récrivez la phrase en changeant l'adverbe de place.*

1. Le lecteur fut <u>très</u> surpris par la fin de cette histoire. 2. <u>Déjà</u>, tu sais qu'il est rentré indemne. 3. Il est sorti <u>hier</u>. 4. <u>Longtemps</u>, je me suis couché de bonne heure. 5. Il est allé au restaurant, <u>donc</u>. 6. La lune tourne <u>en effet</u> autour de la Terre. 7. Le facteur passera <u>demain</u>. 8. <u>Bientôt</u> le coq chantera. 9. Il avait le sentiment étrange d'avoir <u>déjà</u> fait ce rêve <u>auparavant</u>. 10. L'ingénieur <u>n'</u>avait <u>pas</u> <u>tellement</u> tort. 11. <u>Jamais</u> il n'aurait cru cette personne capable d'un tel courage.

6 (TRANSPOSER) **a.** Identifiez oralement le ou les élément(s) sur le(s)quel(s) porte l'adverbe. **b.** Récrivez les phrases en employant d'autres adverbes.*

1. Il a <u>déjà</u> mangé. 2. <u>Décidément</u>, Merlin est <u>très</u> généreux. 3. Cette affaire est <u>encore</u> <u>plus</u> étrange que la précédente. 4. Il court <u>beaucoup</u> <u>trop</u> vite pour moi. 5. <u>Immensément</u>

LE MOT > Les principales classes de mots > Les mots invariables

grand, l'océan s'étend à perte de vue. **6.** Il est violemment tombé de l'arbre. **7.** Moins il y a de trous, plus il y a de fromage. **8.** Nous lui avions parlé gentiment. **9.** Sans doute est-il préférable que tu restes au chaud. **10.** Il a fort bien agi, selon moi. **11.** La pianiste effleure délicatement les touches du piano. **12.** Cette fillette paraît excessivement bien élevée.

7 (ÉCRIRE) Récrivez ces phrases en remplaçant chaque adverbe par un adverbe de sens contraire.*
1. Claire va rarement aux Halles. **2.** Il faudra se lever tôt. **3.** Cesse de lui parler méchamment. **4.** Tu penses positivement. **5.** Il parle beaucoup. **6.** Nina ne dit jamais non. **7.** Cherche peut-être ailleurs.

Mobiliser ses connaissances

8 (TRANSPOSER) Oralement, formez des adverbes à partir de ces adjectifs.*
effroyable • poli • direct • électrique • radical • juste • initial • immédiat • périodique • pudique • abrupt • aveugle • bestial

Retenir la leçon

Formation de quelques adverbes

Règle d'Orthographe

Adjectif masc. sing.	terminé par une consonne	terminé par une voyelle	terminé par -ant ou -ent
Formation de l'adverbe	adjectif au féminin + -ment	adjectif au masculin + -ment	en -amment ou -emment
Exemples	grand > grande > grandement	joli > joliment	brillant > brillamment prudent > prudemment

Manipuler

9 (TRANSPOSER) Formez des adverbes à partir de ces adjectifs. Faites attention au changement du radical.**
fructueux • exhaustif • maternel • naïf • doux • curieux • entier • fâcheux • familier • dédaigneux • potentiel

10 (ORTHOGRAPHIER) Recopiez ces phases en complétant les adverbes par -m- ou -mm-.*
1. La machine s'est automatique…ent mais bruya…ent mise en marche. **2.** Appare…ent, le bateau arrivera une heure plus tôt. **3.** Il a joli…ent récité sa poésie. **4.** Ils ont courageuse…ent avoué leur faute. **5.** Lucie parle coura…ent le japonais. **6.** Il a viole…ent raccroché. **7.** Il est consta…ent fatigué. **8.** Elle est éléga…ent habillée. **9.** Vous êtes fréque…ent en retard. **10.** Recevez gratuite…ent ce journal à l'achat de cette revue.

11 (TRANSPOSER) Remplacez chaque groupe souligné par l'adverbe en -ment qui correspond.*
1. C'est arrivé de façon subite. **2.** La première famille vit de façon un peu bourgeoise, la seconde de façon plutôt modeste. **3.** Comment perdre du poids de façon durable et rapide ? **4.** Il avance de façon prudente. **5.** Il gère son équipe de façon intelligente.

12 (INTERLANGUES) **a.** Pour chacune des langues, observez la formation d'adverbes à partir d'adjectifs. **b.** Au niveau de la forme du suffixe, à quelle(s) langue(s) le français ressemble-t-il le plus ?**

	adjectif	adverbe
Latin	certus familiaris celer	certe familiariter celeriter
Anglais	certain familiar quick	certainly familiarly quickly
Espagnol	cierta familiar rápida	ciertamente familiarmente rápidamente
Italien	certa familiare veloce	certamente familiarmente velocemente
Néerlandais	zekker vertrouwd vlug	zekker vertrouwd vlug

Étude de la langue • Le mot / 319

14. La formation des mots par composition

Mobiliser ses connaissances

1 ÉCRIRE **a.** Trouvez un mot composé constitué des éléments suivants. **b.** Employez chaque mot composé dans une phrase.*
1. nom + nom • **2.** nom + adjectif • **3.** adjectif + nom • **4.** verbe + nom • **5.** nom + préposition + nom

Retenir la leçon

Un **mot composé** est formé en **associant** :
– des mots de la langue française :
  • juxtaposés ; > *un petit pois – une bande dessinée*
  • soudés ; > *un portefeuille – un survêtement*
  • liés par un trait d'union ; > *un porte-monnaie – un aide-mémoire*
  • liés par une préposition ; > *un sac à dos – une carte d'identité*
– des éléments d'origine grecque ou latine. > *un homicide – un hexagone – l'orthographe*

Règle d'Orthographe

Le pluriel du mot composé dépend de la classe grammaticale des mots associés :
– les noms et les adjectifs prennent la marque du pluriel ; > *des choux-fleurs – des coffres-forts*
  sauf quand le nom suit une préposition ; > *des pommes de terre*
– les verbes ne prennent pas la marque du pluriel. > *des taille-crayons – des tire-bouchons*

Manipuler

2 ACCORDER **a.** Déterminez la classe grammaticale des mots constituant chaque nom composé. **b.** Mettez ces noms composés au pluriel.*
un petit-four • un arc-en-ciel • un poisson-chat • une porte-fenêtre • un coffre-fort • un rouge-gorge • une tasse à café • une dent de sagesse • un mode d'emploi • une salle à manger • un porte-cartes • un épluche-légumes • un sèche-cheveux

3 IDENTIFIER **a.** Quelle est la différence de sens entre *petit-four* en 1. a. et *petit four* en 1. b. ? Entre *petite-fille* en 2. a. et *petite fille* en 2. b. ? **b.** Indiquez dans quel cas vous avez affaire à un mot composé ou à un groupe nominal.*
1. a. Cet apéritif est réussi et ce **petit-four** est délicieux !
1. b. Le plat de lasagnes ne rentre pas dans ce **petit four**. Il va falloir que j'en achète un plus grand.
2. a. Cet homme part en promenade avec sa **petite-fille**.
2. b. Cette mère de famille accompagne sa **petite fille** à l'école.

4 ÉCRIRE Écrivez deux phrases : dans la première, les éléments suivants seront des GN ; dans la seconde, ce seront des mots composés.**
petite-fille • petit pois • montagnes russes

5 ÉCRIRE Par binôme, imaginez ce jeu de rôle : vous participez au concours Lépine qui récompense la meilleure invention. Vous proposez plusieurs inventions. Trouvez un nom inédit à chacune de vos inventions. Ces noms seront des mots composés.*

6 COMPLÉTER Par binôme, récrivez ces phrases en complétant les mots composés par l'élément d'origine grecque manquant : *chrono* (« temps »), *auto* (« soi-même »), *télé* (« à distance »), *phile* (« amour / aimer »), *poly* (« plusieurs »).**
1. Quel film préfères-tu regarder à la …vision ?
2. Cet écrivain est un …didacte : il a appris tout seul à lire et à écrire.
3. Martin va au cinéma deux fois par semaine, c'est un vrai ciné… .
4. Les traducteurs sont nécessairement …glottes.
5. Depuis qu'il a été élu maire, il passe peu de temps avec sa famille. Cette fonction est …phage.

7 ÉCRIRE **a.** Rédigez pour chaque mot complété de l'exercice 6 un bref paragraphe qui explique son sens en s'appuyant sur sa construction, sur le modèle d'un article de dictionnaire. **b.** Pour chaque élément grec, formez deux autres mots composés le contenant.**

320

LE MOT > La formation et l'histoire des mots

15. Radical et famille de mots

Mobiliser ses connaissances

1 IDENTIFIER a. Repérez oralement l'intrus dans chaque famille de mots.
b. Recopiez les mots de chaque famille en soulignant les radicaux.
c. Indiquez le nombre de formes différentes du radical.*

A. aérien • air • aérer • aération • aérateur • aéronautique • aire • aéroplane • aérosol • aéroport
B. espace • spatial • spatule • espacer • spacieux • espacement • spatio-temporel
C. libre • libraire • délivrance • libéral • liberté • délibération • liberticide • libérer
D. chemin • cheminer • chameau • cheminot • acheminer
E. charrue • carriole • chariot • carrosse • charrette • charpente • char • charretier

Retenir la leçon

- Le **radical** d'un mot est l'**élément de base**, souvent issu du latin ou du grec, qui en porte le **sens**.
- Certains radicaux peuvent prendre des **formes différentes**.
  > radical « chaud » : *chaleur – chauffer – réchauffer – chaudière – chauffage…*
- Les mots qui ont **le même radical** forment une **famille de mots**.
  > radical « chant » : *chant – chanson – chanter – chanteur – déchanter – enchanter – cantatrice…*

Manipuler

2 REPÉRER a. Indiquez le sens commun à chaque famille de mots. **b.** Relevez les différentes formes que prend chaque radical dans ces familles de mots.*
A. féminin • efféminé • féminisé • féminité • féministe
B. écriture • scriptural • scribe • transcription • prescrire • manuscrit • descriptif • souscrire
C. grandeur • agrandir • grandissant • grandement • grandiose • grandiloquence
D. littérature • littéraire • littéralement
E. fleurir • florissant • floraison • fleuron • fleuriste • floral • effleurer

3 TRIER a. Classez les éléments de chaque liste pour retrouver les deux familles de mots. Aidez-vous du sens des mots. **b.** Dans chaque famille reconstituée, soulignez les différents radicaux.*
A. armer • artisanat • armure • artisan • armes • artiste
B. conjuguer • jugement • joindre • justice • juge • conjoint
C. innocence • nuisance • connu • connaisseur • reconnaître • nocif

4 REPÉRER Identifiez, dans ces listes, les différentes formes du radical qui réunit les mots donnés.**
A. pied • piéton • palmipède • pédestre • piétiner • pédicure • bipède
B. imprimer • impression • imprimerie • imprimés • imprimeur
C. amour • aimer • aimable • amant • amabilité
D. enfant • infantile • enfanter • infanterie • enfance • enfantillage

5 COMPLÉTER Récrivez les phrases en les complétant par un mot de la famille de *son*.*
1. Dans une discothèque, le volume … met en péril l'ouïe des danseurs. **2.** Dans une caverne, la voix … . **3.** Il a beau avoir tiré la … d'alarme, personne ne l'a écouté. **4.** Après une … double, on ne met jamais d'accent. **5.** L'italien est une langue pleine de … chantantes. **6.** La répétition de sons … se nomme une allitération ; la répétition de sons vocaliques se nomme une … . **7.** Notre époque souffre encore des … du passé.

6 COMPLÉTER Récrivez les phrases en les complétant par un mot de la famille de *ton*.*
1. Les obus percutants à forte … étaient moins dangereux que les fusants insonores. **2.** Cette œuvre pop art … dans cette salle consacrée aux impressionnistes. **3.** Les joueurs ont … l'hymne national avant le match. **4.** L'annonce de sa candidature a fait l'effet d'un coup de … politique. **5.** Dans la lecture d'un poème lyrique, les … sont fondamentales.

7 INTERLANGUES Voici des listes de mots issus de différentes langues romanes (issues du latin). Identifiez des familles interlangues sur la base des radicaux observés.*

Français	Roumain	Italien	Espagnol	Portugais
famille	picior	dito	libertad	preço
mère	libertate	famiglia	pie	dedo
pied	deget	libertà	dedo	pé
doigt	mamă	piede	madre	família
liberté	preț	prezzo	familia	liberdade
prix	familie	madre	precio	mãe

Étude de la langue • Le mot / 321

16. La formation des mots par dérivation

Mobiliser ses connaissances

1 TRANSPOSER **a.** Formez par écrit des mots dérivés du verbe *mettre* à l'aide des préfixes *ad-, com-, dé-, é-, pro-, re-, sou-*. **b.** Expliquez oralement la différence de sens entre ces mots.*

2 REPÉRER **a.** Relevez dans le texte suivant au moins cinq mots dérivés par l'ajout d'un suffixe. **b.** Identifiez le radical de ces mots.**

Nuit d'avril

Avec l'ampoule poussiéreuse pendue au plafond,
et les gardiens dans le préau, dehors sous les étoiles,
qui ont délacé leurs brodequins[1] et ne se doutent de rien.
Les autres
cherchent aveuglément ce trou dans le mur
creusé depuis si longtemps en secret dans l'obscurité
avec la cuiller de la cantine – depuis si longtemps. Là-dedans,
on sent l'odeur intense d'un citronnier oublié
dans un coin du verger sauvage, avec une lune triste
qui jette des fleurs blanches sur les épaules d'une femme
qu'ils appelleraient bien « beauté » ou « liberté »
si tous les mots n'étaient pas devenus des cailloux dans la bouche,
et si le rat n'était pas venu, sur le ciment,
se promener entre les pots de yaourt en plastique vides.

Y. RITSOS, « Nuit d'avril », *Le Mur dans le miroir*,
© Éditions Gallimard, 1973.

1. **brodequins** : chaussures montantes pour la marche ou le travail.

Retenir la leçon

- La **dérivation** est un **procédé de formation de mots** qui consiste à ajouter à un **radical** différents éléments : des **préfixes** et des **suffixes**. La dérivation permet d'agrandir la famille de mots.
- Le sens du mot dérivé est la **somme** du sens du radical et du sens des éléments ajoutés.

Mot dérivé	Préfixe	Radical	Suffixe
infatigable	*in-* (négation)	*fatigue*	*-able* (formation d'un adjectif)
préhistorique	*pré-* (avant)	*histoire*	*-ique* (formation d'un adjectif)
anticonformiste	*anti-* (contre)	*conforme*	*-iste* (formation d'un nom)

Règle d'Orthographe

Les préfixes se modifient souvent au contact du radical, entraînant notamment :
– le doublement des consonnes *l, m, p, r, t* ; > (in-)lisible → **ill**isible – (ad-)poser → **app**oser
– la présence d'un *m* devant *m, b* et *p*. > co**m**battre – co**m**prendre

Les principaux préfixes

ad-	a-, ac-, af-, ap-, as-, at-	vers, passage	> advenir, accéder, affaiblir, approuver, assister, attirer
an-	a-	négation	> analphabète, amnésique
anté-	ant-	avant, devant	> antérieur, antécédent
anti-		contre, opposition	> antipollution
con-	co-, col-, com-, cor-	avec	> concentrer, coopérer, collaborer, composer, correspondre
contra-	contr-, contre-	contre, opposition	> contravention, contredire
dis-, dys-	di-, dif-, dé-, dés-	contraire	> discrédit, défaire, désapprouver
ex-, extra-	e-	dehors	> extérieur, extraterrestre
in-	il-, im-, ir-	contraire, négation	> infini, illégal, impossible, irréel
in-, intra-	en-, em-, im-	dans, à l'intérieur	> intérieur, intranet, engager, importer
pré-	pro-	avant	> précédent, proposer
post-		après	> posthume, postérieur
re-	r-, ré-	répétition	> refaire, rappeler, répéter
sub-	sou-, sug-, sus-	en-dessous	> soumettre, suggérer, suspendre
super-	supra-, sur-	au-dessus	> supérieur, surélever
trans-	tra-, tres-	à travers	> transporter, traverser

LE MOT > La formation et l'histoire des mots

Manipuler

3 [TRANSPOSER] **a.** Formez par écrit des mots dérivés du verbe *venir* à l'aide des préfixes *ad-, con-, pré-, pro-, re-, sub-*. **b.** Expliquez oralement la différence de sens entre ces mots.*

4 [TRANSPOSER] **a.** Ajoutez le préfixe *in-* (négation) à ces adjectifs pour former leur contraire. **b.** Employez trois des adjectifs ainsi formés, chacun dans une phrase qui en éclaire le sens. **c.** Trouvez trois autres adjectifs également formés avec ce préfixe.*

croyable • lisible • possible • moral • faisable • transportable • dicible • visible • légal • imitable • patient

5 [ÉCRIRE] **a.** Imaginez ce que racontent deux personnes en utilisant les verbes *contredire, dire, prédire, redire*. **b.** Dans votre texte, entourez les préfixes des verbes dérivés de *dire*.**

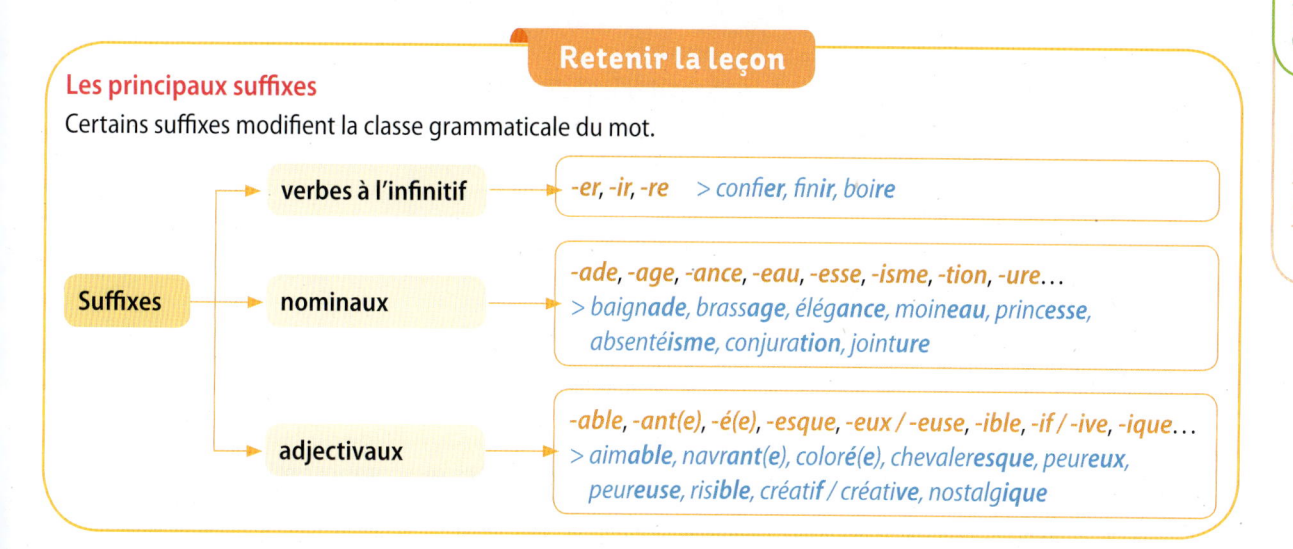

Retenir la leçon

Les principaux suffixes

Certains suffixes modifient la classe grammaticale du mot.

Suffixes →
- **verbes à l'infinitif** → *-er, -ir, -re* > conf**ier**, fin**ir**, bo**ire**
- **nominaux** → *-ade, -age, -ance, -eau, -esse, -isme, -tion, -ure*… > baign**ade**, brass**age**, élég**ance**, moin**eau**, princ**esse**, absent**éisme**, conjur**ation**, joint**ure**
- **adjectivaux** → *-able, -ant(e), -é(e), -esque, -eux / -euse, -ible, -if / -ive, -ique*… > aim**able**, navr**ant(e)**, color**é(e)**, chevaler**esque**, peur**eux**, peur**euse**, ris**ible**, créat**if** / créat**ive**, nostalg**ique**

Manipuler

6 [ENRICHIR] Ouvrez un livre à une page au hasard et lisez les cinq premières lignes. Recopiez les mots qui sont dérivés d'autres mots et entourez le préfixe et/ou le suffixe.**

7 [ENRICHIR] Donnez le plus de mots possible de la famille à partir des formes du radical de ces verbes.**
1. aimer (*aim-, am-*) • 2. prouver (*prouv-, preuv-*) • 3. tendre (*tend-, tens-*)

8 [ENRICHIR] Donnez le plus de mots possible de la même famille à partir de ces adjectifs.**
1. seul (formes du radical : *seul-, sol-*) • 2. beau (formes du radical : *beau-, bel-*) • 3. blanc (radical : *blanch-*)

9 [TRANSPOSER] À partir des mots suivants, proposez un adjectif.*
harmonie • nerf • merveille • plaire • fatigue • joie • soupçon • excès • envie • pore

10 [TRANSPOSER] **a.** À partir des mots suivants, proposez un verbe. **b.** Quand c'est possible, ajoutez un préfixe au verbe que vous avez proposé. **c.** Employez trois des verbes formés, chacun dans une phrase qui en éclaire le sens.*

abandon • compte • divorce • dur • escalade • facile • intense • prime

11 [TRANSPOSER] **a.** À partir des mots suivants, proposez un nom. **b.** Employez trois des noms formés, chacun dans une phrase qui en éclaire le sens.*

agir • cuire • gentil • gercer • élégant • mordre • observer • griller • cavaler • arrogant

12 [TRANSPOSER] **a.** Ajoutez un suffixe verbal et un préfixe de votre choix aux mots suivants pour en faire des verbes. **b.** Employez trois des verbes formés, chacun dans une phrase qui en éclaire le sens.*

don • tache • tricot • compagne • ligne • ménage • copie

13 [INTERLANGUES] **a.** Repérez dans les mots français les deux suffixes ajoutés à *oral*. **b.** Comparez les suffixes français à ceux des autres langues : quelle(s) remarque(s) pouvez-vous faire ?*

Français	Italien	Espagnol	Roumain
oral	orale	oral	oral
oralité	oralità	oralidad	oralitate
oralisation	oralisation	oralización	oralisation

Étude de la langue • Le mot / 323

17. L'étymologie

Mobiliser ses connaissances

1 (IDENTIFIER) Associez chacun des mots à son radical latin ou grec.*

1. académie
2. accepter
3. cadavre
4. galaxie
5. brasse
6. lapider
7. manteau
8. base
9. lampadaire
10. zoo

a. *acceptare* (latin)
b. *lapis* (latin, « pierre »)
c. *lampa* (latin)
d. *akadêmia* (grec)
e. *cadaver* (latin)
f. *galaxías* (grec)
g. *basis* (latin)
h. *zôon* (grec)
i. *mantellum* (latin)
j. *brakhíon* (grec, « bras »)

Retenir la leçon

- Chercher l'origine d'un mot, son **étymologie**, **permet de mieux le comprendre**.
  En français, de nombreux mots sont d'origine latine ou grecque.
  Latin : > *père – paternel (< pater) – dire (< dicere) – grand (< grandis)…*
  Grec : > *hélice (< helix) – pédagogie (< paidos, « enfant » + ágô, « conduire »)…*
- Les mots de même étymologie forment une **famille de mots**, parce qu'ils partagent le même **radical**.

Manipuler

2 (EMPLOYER) a. Retrouvez les noms français formés sur ces noms latins. b. Employez cinq de ces mots, chacun dans une phrase.*

annus • arbor • auctoritas • flamma • honor • lingua • natio • opinio • populus • rex (regis) • via

3 (REPÉRER) a. À l'aide du tableau, identifiez les radicaux latins qui composent les mots suivants. b. Expliquez oralement le sens de chaque mot d'après le sens des radicaux trouvés.**

audiovisuel • équilatéral • omnivore • agriculture • parricide • aqueduc • funambule • pédicure • rectangle • quadrilatère • vidéoprojecteur

Mots latins		
aequus (égal)	cura (soin)	pes, pedis (pied)
ager (champ)	ducere (mener)	projicere (projeter)
ambulare (marcher)	funis (corde)	quatuor (quatre)
angulus (angle)	lateralis (latéral)	rectus (droit)
aqua (eau)	lateris (côté)	videre (voir)
audire (écouter)	omnis (tout)	visualis (visuel)
caedere (frapper, tuer)	parens (parent)	vorare (dévorer)
cultura (culture)		

4 (IDENTIFIER) a. À l'aide du tableau, identifiez les radicaux grecs qui composent les mots suivants. b. Expliquez oralement le sens de chaque mot d'après le sens des radicaux trouvés.**

ophtalmologie • géographie • orthophonie • théologie • hippopotame • pédiatre • chronomètre • anthropophage • kilomètre • microscope • œnologie • cinémathèque

Mots grecs		
anthropos (homme)	iatrós (médecin)	paidos (enfant)
chronos (temps)	logia (étude)	phagos (mangeur)
gê (terre)	métron (mesure)	phonê (voix)
graphô (écrire)	mikros (petit)	potamos (fleuve)
híppos (cheval)	oinos (vin)	skopéô (observer)
khílioi (mille)	ophthalmos (œil)	thêkê (boîte, entrepôt)
kínêma (mouvement)	orthos (droit)	théo (dieu)

5 (REPÉRER) a. Le mot *vidéothèque* est formé d'un radical latin et d'un radical grec : en vous aidant des tableaux des exercices 3 et 4, trouvez lesquels. b. Expliquez oralement le sens du mot *vidéothèque* d'après le sens de ses radicaux.*

324

LE MOT > La formation et l'histoire des mots

6 (CHERCHER) **Trouvez les mots français formés sur les mots suivants.****
1. *quatuor + pedes* • 2. *gē + métron* • 3. *graphô + logia* • 4. *anthropos + logia*

7 (REPÉRER) **Ouvrez votre manuel de mathématiques à une page au hasard : relevez-y deux mots propres au langage mathématique. Cherchez ensuite ces mots dans un dictionnaire et dites si ces mots sont formés sur un radical latin ou grec.****

8 (CHERCHER) **Pour chaque mot donné, trouvez au moins deux mots français qui en sont issus.****
navigium (lat., « navire ») • *fabula* (lat., « fable ») • *foedus* (lat., « traité d'alliance ») • *ego* (lat., « moi ») • *farina* (lat., « farine ») • *ager* (lat., « champ ») • *tabula* (lat., « planche ») • *Ôkeanos* (gr., « dieu de la mer »)

9 (CHERCHER) **Retrouvez les adjectifs français formés sur ces noms latins.****
hostis (« ennemi ») • *dolor* (« douleur ») • *urbs* (« ville ») • *culpa* (« faute ») • *ludus* (« jeu ») • *insula* (« île ») • *princeps* (« premier ») • *puer* (« enfant ») • *senex* (« vieillard ») • *silva* (« forêt »)

10 (CHERCHER) **Retrouvez les verbes français formés sur ces noms latins.****
injuria (« injustice ») • *nomen* (« nom ») • *pars* (« partie ») • *rex, regis* (« roi ») • *somnus* (« sommeil »)

11 (CHERCHER) **a. Le mot *peau* vient du latin *pellis*. On trouve cependant le radical grec *dermatos* dans certains mots français : citez-en deux exemples.
b. Trouvez un mot français qui vient du mot *pellis* et qui se rapporte à la peau.****

Retenir la leçon

L'étymologie et l'orthographe des mots

- Souvent, connaître l'étymologie d'un mot aide à en connaître l'orthographe française.
  > Le mot « fruit » se termine par « -t », en souvenir de son origine latine : fructus.

- Certaines étymologies, perdues, ont été réintroduites dans les mots au XVIe siècle.
  > « Doigt » se termine par « -gt », en souvenir de son origine latine : digitus. Au Moyen Âge, on écrivait pourtant « doi ».

Manipuler

12 (CHOISIR) **a. Recopiez la bonne réponse. b. Justifiez votre choix en vous reportant aux tableaux des radicaux des exercices ③ et ④. c. Écrivez une nouvelle phrase avec chacun des mots.***
1. Je dois me rendre à la *bibliothèque / bibliotèque*. 2. Mon papy a gardé son vieux *téléphone / téléfone*. 3. Sandra fait de l'*aquagym / acquagym*. 4. Arthur mesure déjà un *mètre / mettre*. 5. Il a étudié la *téologie / théologie* à l'université. 6. Dimanche, nous irons à l'*hippodrome / ipodrome*. 7. Ma sœur aimerait un *autografe / autographe* de ce chanteur. 8. As-tu pris le *kronomettre / chronomètre* ? 9. Un carré est un *cadrilatère / quadrilatère*. 10. Le tyrannosaure était *carnivore / carnivaure*.

13 (CHERCHER) **a. Recopiez ces mots en soulignant les lettres muettes, qui s'expliquent par leur étymologie latine, donnée entre parenthèses.***
aspect (< *aspectus*) • *sang* (< *sanguis*) • *dent* (< *dens, dentis*) • *estomac* (< *stomachus*) • *cent* (< *centum*) • *compter* (< *computare*) • *doux* (< *dulcis*)
b. Pour chaque mot, trouvez le plus de mots français possible de la même famille : ces lettres sont-elles toujours muettes ?**

14 (INTERLANGUES) **Le mot *cheval* vient du gaulois *caballos* (« cheval de trait »). Observez la traduction du mot *cheval* en italien, en espagnol, en portugais et en roumain : viennent-ils aussi du gaulois ?***
cavallo (italien) • *caballo* (espagnol) • *cavalo* (portugais) • *cal* (roumain)

15 (INTERLANGUES) **a. Le mot *cheval* en latin, *equus*, a donné en français plusieurs mots : lesquels ?
b. Observez la traduction du mot trouvé en italien, en espagnol, en portugais et en roumain : viennent-ils aussi du latin ?****
equestre (italien) • *ecuestre* (espagnol) • *equestre* (portugais) • *ecvestru* (roumain)

16 (INTERLANGUES) **a. Le mot *cheval* en grec, *híppos*, a donné en français le nom du lieu où sont organisées les courses de chevaux : quel est ce mot ? Entourez la lettre muette dans ce mot. b. Observez la traduction du mot trouvé en italien, en espagnol, en portugais et en roumain : viennent-ils aussi du grec ?****
ippodromo (italien) • *hipódromo* (espagnol) • *hipódromo* (portugais) • *hipodrom* (roumain)

18. Le champ sémantique des verbes

Mobiliser ses connaissances

1 (DISTINGUER) Récrivez ces phrases en employant des verbes ou groupes verbaux synonymes de *défendre*.*
1. Mathis défend ses idées. 2. Son médecin lui défend de sortir. 3. Il défend sa sœur.

Retenir la leçon

- Le **champ sémantique** d'un mot regroupe **l'ensemble de ses significations**.
  > *Fortifier* : **1.** Rendre fort. **2.** Munir de défenses.
- Certains verbes n'ont qu'un seul sens (*cliquer, égoutter, immatriculer, souhaiter...*). D'autres ont un champ sémantique très riche (*faire, avoir, jouer, souffler, sortir...*), le sens du verbe changeant en fonction du **contexte**.
  > *L'eau sort (jaillit) de cette roche. – Ce film sort (paraît) bientôt dans les salles. – Cet auteur sort (publie) un nouveau roman. – Les bourgeons sortent (percent) déjà.*
- Le sens du verbe change parfois selon le complément ou la préposition qui suit.
  > *Il passe par Nancy. – Il passe pour un champion aux yeux de la presse.*

- Le champ sémantique du verbe comprend les **sens propre** et **figuré(s)** du verbe.
  > *Tu as déjà touché un éléphant.* (sens propre) – *Cette histoire a beaucoup touché Damien.* (sens figuré)

- Consulter un **dictionnaire** permet de vérifier le sens qu'il convient de retenir pour un mot dans son contexte.

Manipuler

2 (DISTINGUER) Récrivez ces phrases en employant des verbes ou groupes verbaux synonymes de *louer*.*
1. Il loue une chambre dans le 6ᵉ arrondissement.
2. Elle loue Amir sans mesure.

3 (DISTINGUER) Expliquez oralement ce gag du *Chat* : sur quel mot l'auteur joue-t-il ? Pourquoi est-ce drôle ?*

PH. GELUCK, *Le Chat fait des petits : les desseins du chat*, Casterman, 2015.

4 (TRANSPOSER) Remplacez le verbe *faire* par l'un des verbes suivants : *jouer, exercer, écrire, peindre, construire, vendre, crier, accomplir, commettre, préparer*.*
1. Victor Hugo a fait *Les Misérables* en 1862.
2. « Rentre ! », fit-il avant de fermer la fenêtre.
3. Van Gogh a fait ses *Tournesols* en 1888.
4. Petit à petit, l'oiseau fait son nid.
5. Il a fait le premier pas après notre dispute.
6. Et ton père, quel métier fait-il ?
7. Ils ne font plus mon parfum préféré.
8. Marine fait du piano tous les matins.
9. Le chat a encore fait une bêtise incroyable.
10. On a fait une danse pour le spectacle de fin d'année.

5 (TRANSPOSER) Remplacez le verbe *monter* par l'un des verbes suivants : *augmenter, aller, s'énerver, progresser, gravir, s'élever*.*
1. Elle *monte* dans l'échelle sociale grâce à son travail.
2. Cet ascenseur *monte* jusqu'au sixième étage.
3. Je *monte* à Paris en train.
4. Les prix *montent* encore cette saison.
5. Quand tu auras *monté* la côte, tu seras arrivé au terme de ton périple.
6. Sylvie *monte* souvent sur ses grands chevaux.

6 (EXPLIQUER) Oralement, explicitez le sens du verbe *passer* dans ces différentes phrases.*
1. Il est interdit de *passer* cette barrière sous peine

326

d'amende. 2. Le train va bientôt *passer* en gare : reculez-vous ! 3. Blandine *passera* en coup de vent ce soir pour vous saluer. 4. Je *suis* vraiment *passé* à côté de mon test. 5. Tu *passes* le canal puis tu continues tout droit. 6. *Passe* cette question, tu y reviendras plus tard. 7. Ce n'est pas brillant, mais ça devrait *passer*. 8. Un bon espion doit *passer* inaperçu en toutes circonstances. 9. J'ai *passé* quelques pages car les descriptions étaient trop longues à mon goût. 10. Le temps *passe* à une vitesse folle en ta compagnie. 11. *Passe*-moi le sel, s'il te plaît. 12. Ils *passent* un beau film ce soir à la télévision. 13. *Passe* ce pull, tu auras plus chaud sur le bateau. 14. Il faudra bien *passer* outre cette dispute si l'on veut terminer ce travail. 15. Il est *passé* adjudant-chef au bout de quelques années.

7 (DISTINGUER) **a.** Quel est le sens du verbe *boire* dans la phrase 1 ? **b.** Supprimez le complément direct du verbe : le sens du verbe a-t-il changé ? **c.** Comparez le sens du verbe *boire* dans les phrases 1 et 2 : dans quelle phrase *boire* a-t-il un sens figuré ?*

1. Valérie boit un verre de lait. 2. Camille boit les paroles de son cousin.

8 (DISTINGUER) **Expliquez oralement les différents sens que prennent ces verbes, selon qu'ils sont employés avec ou sans complément, ou avec des compléments différents.***

1. **a.** Ludovic nage. **b.** Cette famille nage dans le bonheur.
2. **a.** Mon petit frère change. **b.** Mon grand-père change de lunettes.
3. **a.** Un religieux croit. **b.** Ce naïf croit tout ce qu'on lui raconte.
4. **a.** Tous mes amis assistent à la représentation. **b.** La déléguée assiste le professeur.
5. **a.** Cet acteur présente bien. **b.** Un groupe d'élèves présente un exposé.
6. **a.** Il témoigne de la sympathie à son égard. **b.** Il témoigne des faits qu'il a vus.

9 (COMPLÉTER) **a. Complétez ces verbes par l'une de ces prépositions :** *à* (3 fois), *de* (2 fois), *dans* (2 fois), *sur* (3 fois), *avec*, *par*. **b. Expliquez oralement les différences de sens entre les phrases.***

1. **a.** Charlène répond … Sylvain. **b.** Il devra répondre … ses actes devant la justice.
2. **a.** Il marche … son jeu. **b.** Il marche … la pelouse. **c.** Il marche … Pierre.
3. **a.** Il se penchera … ce travail ce soir. **b.** Il est dangereux de se pencher … la fenêtre.
4. **a.** Cet arrangement convient … l'autre partie. **b.** Charles convient … un rendez-vous.
5. **a.** Le singe grimpe … l'arbre. **b.** Ma petite sœur grimpe … le tabouret de la cuisine. **c.** Ce matin, en EPS, on grimpe … la corde.

10 (ÉCRIRE) **Trouvez les expressions qui se cachent derrière ces dessins et expliquez le sens figuré de ces expressions.***

① ② ③ ④

11 (EMPLOYER) **Pour chacun des verbes soulignés, trouvez un autre sens que vous illustrerez par une phrase.****

Cet excellent homme qu'on <u>appelait</u> mon mari <u>vient</u> de mourir à Baden. Il me <u>laisse</u> ce palais ; c'était une chose convenue, mais en signe de bonne amitié, il y ajoute un legs[1] de trois cent mille francs qui m'embarrasse fort ; je ne veux pas y renoncer en faveur de sa nièce, la marquise Raversi, qui me <u>joue</u> tous les jours des tours pendables. Toi qui es amateur, il faudra que tu me trouves quelque bon sculpteur ; j'<u>élèverai</u> au duc un tombeau de trois cent mille francs.

STENDHAL, *La Chartreuse de Parme*, 1839-1841.

1. legs : héritage.

12 (ÉCRIRE) **Lisez cet article de dictionnaire. Proposez trois phrases illustrant les sens décrits.****

pousser v. • conjug. 1. **1.** Exercer une pression. **2.** Grandir. **3.** Exprimer.

13 (ÉCRIRE) **Lisez cet article de dictionnaire. Proposez six phrases illustrant les sens décrits.****

prendre v. • conjug. 3. **1.** Attraper. **2.** Emporter quelque chose avec soi. **3.** Accepter quelqu'un dans un groupe. **4.** Accepter un fait. **5.** Utiliser un moyen de transport. **6.** S'engager dans une rue.

19. La synonymie

Mobiliser ses connaissances

1 **INTERLANGUES** **a.** D'après cet article, expliquez oralement le rôle des synonymes dans une langue. **b.** Quel est le registre de langue de « enfoncés » ? Donnez un synonyme de registre courant.*

Mieux que les Inuits, les Écossais ont 421 mots pour dire « neige »

On aurait pu s'attendre à ce que le dialecte écossais mette l'accent sur des mots comme « pluie », « froid » ou « whisky », mais c'est bien la neige qui peut être décrite avec le plus de mots dans cette langue (421 différents). C'est la découverte qu'ont révélée mercredi des chercheurs qui se sont penchés sur le scots, l'un des deux dialectes du pays avec le gaélique écossais. [...]
Une précision impressionnante. Soucieux du détail – et de la couleur du ciel –, les Écossais parlant ce dialecte désignent ainsi la neige avec 421 termes différents permettant de décrire avec luxe de précisions les chutes de neige, les flocons et autres blanches intempéries. Il y a « feefle », pour les tourbillons, ou « flindrikin », quand la neige tombe doucement. Même les Inuits, très portés sur la description de la neige eux aussi, sont enfoncés.

B. G., « Mieux que les Inuits, les Écossais ont 421 mots pour dire « neige » », www.europe1.fr, 23 septembre 2015.

Retenir la leçon

- Les **synonymes** sont des mots de **sens très proche**.
  > *lentille / verre de contact – boire / s'hydrater – beau / joli*

- Utiliser un synonyme permet d'**éviter la répétition d'un même mot** dans un texte.

- Il est rare de trouver deux synonymes parfaits. La plupart du temps, le remplacement d'un mot par un synonyme modifie quelque peu le sens de la phrase, en :
  – **degré** ;   > *Il a **mangé** son gâteau. Il a **dévoré** son gâteau.*
  – **précision** ;   > *Il fait de belles **chansons**. Il **compose** de belles **mélodies**.*
  – **registre de langue**.   > *Il a sorti son **tacot**. (familier) Il a sorti sa **voiture**. (neutre)*

- Un synonyme peut appartenir à une **classe grammaticale équivalente** à celle du mot remplacé.
  > *péniblement / avec peine – gentiment / avec gentillesse*

Manipuler

2 **TRANSPOSER** Remplacez les mots soulignés par les synonymes suivants : *étincelant, clos, atroce, cupide, aimable, merveilleux, collaboratif, énigmatique, éreintant, enchanté.*
1. Cet infirmier est très agréable. 2. Ce fut un travail coopératif. 3. Je suis allongée sur mon lit, les yeux fermés. 4. C'est épuisant ! 5. Il a un regard pétillant. 6. L'individu, sans doute un peu avare, préféra marcher plutôt que d'acheter un ticket de métro. 7. Je trouve que la couleur qu'elle a choisie pour repeindre son salon est horrible. 8. Julien est heureux : il vient de recevoir un nouvel ordinateur. 9. Gilles a compris le sens de ce texte mystérieux. 10. Un trésor magnifique était caché au fond de la caverne.

3 **TRANSPOSER** Recopiez ce texte en remplaçant les mots soulignés par un synonyme.*
Une voix s'élève dans le RER[1] : « Je suis chômeur, je vis à l'hôtel avec ma femme et mon enfant, nous avons vingt-cinq francs pour vivre par jour. » Suit le récit de la pauvreté ordinaire, répété probablement dix fois par heure, sur le même ton.

A. ERNAUX, *La Vie extérieure*,
© Éditions Gallimard, coll. « Folio », 2000.

1. RER : « Réseau Express Régional », train régional.

4 **COMPLÉTER** Complétez ces phrases par un mot, puis donnez-en un synonyme.**
1. Arthur adore les … .
2. Pourquoi n'irions-nous pas voir … ?
3. Que souhaiterais-tu, si tu frottais une lampe et qu'un … en sortait ?
4. Il faut surmonter sa … .
5. Il est vraiment … avec sa sœur.
6. Il fait très chaud : pensez à … !
7. Marius achète tous les jours un … pour se tenir informé.
8. Il y a tellement de … que je ne parviens pas à me concentrer.
9. À la vue d'une araignée, je tremble de … .
10. Cendrillon a perdu sa … de vair en courant.

5 **TRANSPOSER** Remplacez chaque groupe verbal par un verbe synonyme.*
A. faire un dessin • faire un bond • faire une promenade • faire une facture • faire une photo
B. faire la cuisine • faire les vendanges • faire un transfert • faire des calculs • faire une liste

LE MOT > Le choix, le sens et l'orthographe des mots

6 (CORRIGER) Identifiez les mots familiers ou vulgaires dans les phrases suivantes et remplacez-les par des synonymes relevant d'un registre de langue plus neutre.*

1. Julie a décroché un nouveau job. 2. Ce mec et cette nana sont tous les deux toubibs. 3. Il a sorti la bestiole de la maison. 4. L'homme est sorti de sa bagnole et a fumé une clope. 5. Je viens de déposer les gosses à l'école. 6. Ôte tes godasses avant d'entrer. 7. Il a joué au tiercé, il a gagné beaucoup de pognon. 8. Ce short me paraît très moche. 9. J'étais morte de trouille. 10. En retour, il a reçu un gnon sur le pif.

7 (TRIER) Pour chaque couple de synonymes, indiquez le mot qu'on ne peut employer que dans un registre familier ou vulgaire.*

cinéma / cinoche • flic / policier • maison / bicoque • cerveau / ciboulot • kiffer / apprécier • larguer / quitter • pied / panard • rendez-vous / rencard • taule / prison • vin / vinasse • se saper / s'habiller • téloche / télévision • comprendre / piger • volonté / niaque • policier / keuf • costume / costard

8 (DISTINGUER) **a.** Ouvrez un roman à la page de votre choix : lisez les quinze premières lignes et pointez les mots (ou expressions) qui vous semblent davantage appartenir au registre littéraire. (EMPLOYER) **b.** Pour chaque mot relevé, donnez un synonyme dans un registre neutre et employez-le dans une phrase.**

9 (TRIER) Triez les mots suivants de façon à obtenir quatre ensembles de synonymes.*

moufle • brume • cabane • gant • bruine • festin • hutte • baraque • repas • mitaine • banquet • brouillard

10 (ÉCRIRE) **a.** Complétez chaque mot par le plus de synonymes possible. Proposez pour les mots en vert au moins un synonyme qui appartient à une autre classe grammaticale. **b.** Complétez vos réponses en consultant un dictionnaire des synonymes.**

billet • lentement • bizarrement • lisse • blesser • liste • boutique • lire

11 (ÉCRIRE) Donnez un synonyme de chaque verbe : *admettre, bâtir, instruire, renseigner, tirer*, en respectant ces classes grammaticales : verbe, groupe verbal, GN.*

Craindre > redouter, avoir peur, action de redouter.

12 (ÉCRIRE) Donnez un synonyme de chaque nom : *abri, discipline, éloge, sens, tragédie*, en respectant les classes grammaticales : nom, GN.*

Parfum > senteur, odeur agréable.

13 (ÉCRIRE) Donnez un synonyme de chaque adjectif : *doux, multicolore, naïf, sensible, sournois*, en respectant les classes grammaticales : adjectif, participe passé, proposition subordonnée relative.*

Cher > précieux, aimé, qui est l'objet d'une affection.

14 (REPÉRER) Associez les mots par couple de synonymes en indiquant le niveau de langue de chaque mot.*

notoire • mordant • judicieux • indigent • caustique • émérite • reconnu • harassant • épuisant • expérimenté • sensé • misérable

15 (REMPLACER) Récrivez les phrases en remplaçant les mots en gras par un synonyme.
1. Le cinéaste ne s'est pas laissé **démonter** par les critiques.
2. Cette comédienne a la taille grande, le **port** noble.
3. Timide, il avance avec un air **emprunté**.
4. Cendrars **brosse** la souffrance des soldats dans les tranchées.
5. Cet orateur sait **chauffer** une salle.
6. Elle rayonne de **bonheur** le jour de son mariage.

16 (ÉCRIRE) Choisissez trois mots proposés dans l'exercice **9** et écrivez une histoire à partir d'eux. Utilisez au moins un synonyme pour chacun des trois mots sélectionnés. Entourez les mots choisis et soulignez leur synonyme.**

17 (ÉCRIRE) **a.** Observez l'image et donnez le nom de trois choses que vous voyez. Donnez un synonyme pour chacun des trois mots. **b.** Faites une phrase avec chacun des synonymes trouvés.**

Vue sur le Freihaus à Vienne, Autriche, XVIIIe siècle.

20. Le son [E] en finales verbales

Mobiliser ses connaissances

1 IDENTIFIER Par binôme. **a.** Relevez les formes verbales terminées par le son [E]. **b.** Entourez les lettres qui forment ce son. **c.** Identifiez le temps, le mode et la personne de chaque forme verbale.*

1. En juin, vous visiterez la grotte de Lascaux. 2. En ce moment, vous parlez beaucoup. 3. Quand je partirai, je rangerai ma chaise. 4. L'an dernier, ils rentraient souvent ensemble. 5. Je sursautai quand le réveil sonna. 6. Il aidait régulièrement ses amis. 7. Je préférerais un verre de jus d'orange, s'il te plaît.

Retenir la leçon

		Personne	Types de verbes	Exemples	Comment les distinguer ?
Modes personnels	Présent de l'indicatif	(vous) mang**ez**	tous	> Vous dîn**ez** au restaurant. > Les enfants finiss**aient** leurs devoirs.	Changer la **personne**. > Vous dîn**ez** au restaurant. → Nous dîn**ons** au restaurant. > Les enfants finiss**aient** leurs devoirs. → Nous finiss**ions** nos devoirs.
	Imparfait de l'indicatif	(je) mange**ais** (tu) mange**ais** (il) mange**ait** (vous) mang**iez** (ils) mange**aient**	tous		
	Passé simple de l'indicatif	(je) mange**ai**	en -*er*		
	Futur de l'indicatif	(je) manger**ai** (vous) manger**ez**	tous		
	Présent du conditionnel	(je) manger**ais** (tu) manger**ais** (il) manger**ait** (vous) manger**iez** (ils) manger**aient**	tous		
Modes impersonnels	Infinitif	mang**er**	en -*er*	> Il court pour gagn**er**. > Il veut gagn**er**.	Remplacer par un autre **verbe** (≠ -*er*). > Il veut gagn**er** (~~gagné~~). → partir (~~parti~~) > Il a mang**é** (~~manger~~). → couru (~~courir~~)
	Participe passé	mang**é(es)**	en -*er*	> Il a mang**é**.	

⚠ Des mots peuvent s'intercaler entre le sujet et le verbe. Veillez à appliquer le « Comment les distinguer » pour bien écrire la forme verbale en [E]. > Je vous observ**ais** (~~observez~~).

Manipuler

2 TRANSPOSER Récrivez les phrases en remplaçant le sujet *nous* par *je*.*
1. Nous dépenserions tout cet argent. 2. Nous tombâmes dans l'escalier. 3. Nous restaurions un vieux château. 4. Nous veillerons sur elle. 5. Pourrions-nous avoir le calme ? 6. Nous respirions l'air pur des montagnes.

3 ÉCRIRE a. Terminez les phrases de la série A par une habitude que vous aviez. **b.** Terminez les phrases de la série B en faisant une hypothèse sur le futur.*

Série A : 1. Quand j'étais petit(e), je… 2. Souvent, après l'école, on…
Série B : 1. Quand je serai au lycée, je… 2. Dans dix ans, je…

4 EMPLOYER a. Remplacez mentalement le verbe par un infinitif qui ne se termine pas en -*er*. **b.** Recopiez la phrase en choisissant l'orthographe correcte.*
1. J'ai *attraper / attrapé* la grippe. 2. Il est *aller / allé* observer / observé des oiseaux. 3. Vous désirez *chanter /*

LE MOT > Le choix, le sens et l'orthographe des mots

chanté. **4.** Il souhaitait *cultiver / cultivé* des betteraves. **5.** Je pourrai *attraper / attrapé* cette souris. **6.** Il semble *aimer / aimé* cette chanson. **7.** Les orateurs avaient *participer / participé* au congrès.

5 (CORRIGER) Par binôme. **a.** Un élève dicte les phrases suivantes à son (sa) camarade. **b.** Ensemble, corrigez les éventuelles erreurs et expliquez la correction.*
1. Le boulanger décida de fourrer ce pain au lait avec du chocolat. **2.** Dormait-il quand l'orage a tonné ? **3.** La petite fille les regardait se disputer. **4.** Tes cousins, tu ne les avais jamais rencontrés. **5.** J'allais les chercher à l'école tous les soirs.

6 (CORRIGER) Les phrases suivantes ont été écrites par un élève de CE1. Par binôme : **a.** repérez les erreurs d'orthographe portant sur les formes verbales en [E] et récrivez les phrases en les corrigeant.
b. De quelle manière expliqueriez-vous à cet élève comment ne pas se tromper ?*

1. Le Petit Chaperon rouge se promener dans le bois et les écureuils fuyés à son approche. 2. On avait pleurer quand elle est partie. 3. La vilaine souris a mangeait tout le gruyère. 4. Quand la nuit se terminé, les oiseaux devé commencé à chantait. 5. Tu étais souvent interroger. 6. Elle avait grondait les enfants.

7 (TRANSPOSER) **a.** Oralement, remplacez chaque groupe verbal en gras par un autre de sens différent et comportant un verbe en *-er*. **b.** Récrivez la partie ainsi modifiée en conjuguant le verbe à l'imparfait, selon l'exemple.**
*Lucas s'entraînait pour **gagner le marathon**.*
> *Lucas gagnait le marathon.*
1. Sophie se levait tôt pour **partir au travail**. **2.** Noah ne cessait de **combattre les injustices**. **3.** Marco prenait un repas solide avant de **parcourir des kilomètres à vélo**. **4.** L'enfant répétait sa leçon pour **la connaître par cœur**.

8 (EMPLOYER) Récrivez ces phrases en complétant les formes verbales par la finale en [E] qui convient. Reportez-vous au ❗.**
1. Je vous offr… souvent des fraises.
2. Ils me confi… leurs inquiétudes.
3. Je vous présenter… mon fils. **4.** Tu les av… rencontrés à la bibliothèque.
5. Ses petits pains, le boulanger les vend… au marché.

9 (COMPLÉTER) Recopiez les phrases suivantes en complétant les verbes par *-ez*, *-ait*, *-é*, *-er*.**
1. Il voul… les contact… pour particip… au tournoi. **2.** Les crêpes, on les fait chauff… avec un peu d'huile. **3.** Je vais convoqu… les parents d'élèves. **4.** Vous all… pouvoir prépar… vos valises. **5.** L'hôtelier va être débord… avec l'arrivée des vacanciers. **6.** Il se demand… s'il all… enfin rencontr… son idole. **7.** Il s'est laiss… dépass… par le dernier concurrent.

10 (EMPLOYER) Récrivez ces phrases en complétant les formes verbales par la finale en [E] qui convient.**
1. Lucinda s'entraîn… pour remport… la coupe. **2.** Je vous raconter… une histoire ce soir. **3.** Si vous en êtes d'accord, je souhaiter… vous conseill… . **4.** Ils vous sav… heureux de cette nouvelle. **5.** La tempête balay… la ville. **6.** Luc, tous les samedis soirs, command… une pizza. **7.** Les enfants ! Arrêt… de vous disput… ! **8.** L'initi…-vous au badminton ? **9.** Le Loup dit au Petit Chaperon rouge : « Je vous manger… bien, mon enfant ! » **10.** Il a tout mang… .

11 (EXPLIQUER) Un enfant d'école élémentaire explique comment il a fait pour orthographier les formes verbales en [E].

(1) *On avait **crier** tous en même temps* : « Crier, er, parce que quand deux verbes se suivent, le deuxième est à l'infinitif ».
(2) *Nous allons enfin pouvoir **dévalisée** la banque* : « dévalisée, éé… parce que c'est féminin, *la banque*… c'est le sujet. C'est la banque qui va être dévalisée ».

C. BRISSAUD et D. COGIS, *Comment enseigner l'orthographe aujourd'hui ?*, © Hatier, 2011.

a. Répondez oralement et par binôme : ces explications vous semblent-elles correctes ? Que pourriez-vous répondre à cet enfant ?
b. Seul(e) ou à deux, rédigez un aide-mémoire pour qu'il ne se trompe plus.**

12 (EMPLOYER) Récrivez ce texte en complétant les formes verbales par la finale en [E] qui convient.**
Deux de leurs soldats se ten… de part et d'autre de la porte. Mon coude frott… les côtes de Badimoin […] Entre le local des poubelles et les réserves de charbon, une échelle de meunier permett… d'accéd… au couloir du rez-de-chaussée au bout duquel les deux soldats de Dieu mont… la garde. Je le travers… sur la pointe des pieds et grimp… les premières marches de l'escalier principal, aussitôt imit… par Badimoin.

D'après D. DAENINCKX, *Cannibale*, 1998.

13 (ÉCRIRE) Rédigez une description de cette image en employant plusieurs formes verbales terminées par le son [E].**

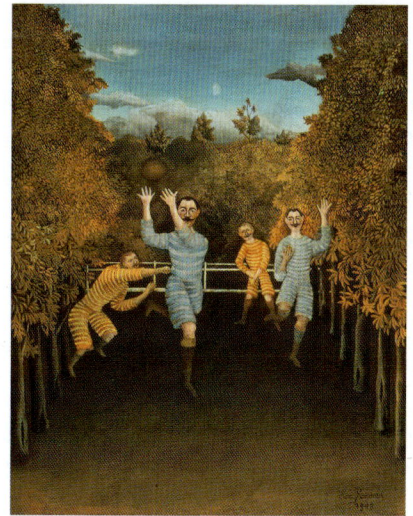

H. ROUSSEAU (LE DOUANIER), *Les Joueurs de football*, 1908.

21. Les finales verbales en [i] et en [y]

Mobiliser ses connaissances

1 IDENTIFIER Par binôme. **a.** Relevez les formes verbales terminés par le son [i]. **b.** Entourez les lettres qui forment ce son. **c.** Identifiez le(s) temps, le mode et la personne de chaque forme verbale.*

1. À cette époque, je choisis la solution la plus simple. 2. Le groupe s'est produit à Lyon. 3. Elle a assorti ses chaussures avec son sac. 4. Tu décris bien ce paysage. 5. Tu te battis avec courage. 7. Il bondit à l'annonce de cette nouvelle !

2 IDENTIFIER **a.** Lisez les verbes des deux séries. Que remarquez-vous ?

A. *je lus – tu crus – il voulut – j'aperçus – il connut – tu remues – (que) je conclue*
B. *ils avaient lu – nous avons cru – il a voulu – j'aurai aperçu – elle a connu*

b. À quels temps et mode et à quelle personne les verbes de chaque série sont-ils conjugués ?
c. Connaître le temps et la personne vous aide-t-il à écrire la finale du verbe ? Quelles régularités observez-vous ?*

Retenir la leçon

Les formes verbales qui se terminent par le **son [i]** comportent le plus souvent **une ou plusieurs lettre(s) muette(s)**.

Modes personnels				Modes impersonnels	
Indicatif			Subjonctif			
Présent		Passé simple	Présent	Participe passé (au masculin singulier)		
(j') essu**ie** (tu) essu**ies** (il) essu**ie** (ils) essu**ient**	(je) l**is** (tu) l**is** (il) l**it**	(je) rend**is** (tu) rend**is** (il) rend**it**	(que je) pr**ie** (que tu) pr**ies** (qu'il) pr**ie** (qu'ils) pr**ient**	fin**i** réfléch**i** dorm**i**	pr**is** m**is**	interd**it** cu**it** condu**it**
verbes en -*ier*, -*yer* -*uire*	– verbes en -*ir* / -*issant* – certains verbes en -*ir* et -*ire*	– verbes en -*ir* / -*issant* – nombreux verbes en -*ir* et -*re*	verbes en -*ier*, -*yer* fuir	– verbes en -*ir* / -*issant* – certains verbes en -*ir*, -*ire* et -*re*	mettre, prendre et leurs composés	écrire, dire (et leurs composés), verbes en -*duire*
Pour les distinguer, identifier le type de verbe, le temps, le mode et la personne.				Mettre le participe passé au **féminin** pour entendre ou non la consonne finale (voir p. 298). > fini → finie – cuit → cuite		

Manipuler

3 EMPLOYER Par binôme. **a.** À quel temps les verbes à compléter sont-ils conjugués ? **b.** Récrivez les phrases avec la bonne orthographe.*

1. Cet agriculteur produ*i/ie/it* du miel. 2. Qui tradu*it/ie* cette œuvre ? 3. Je condu*i/is/ie* trop vite. 4. Elles suppli/*is/ient* leur mère de les laisser sortir. 5. Je cop*i/is/ie* ce dessin. 6. Il surv*i/is/it* sur cette île déserte en mangeant des fruits. 7. Il ne s'ennu*i/it/ie* jamais. 8. En grandissant, tu t'assag*i/is/it*. 9. Son projet essu*i/ie/it* de nombreux refus.

4 ÉCRIRE Par binôme. **a.** Écrivez le participe passé des verbes suivants. Vérifiez son orthographe en le mettant oralement au féminin. **b.** Écrivez une phrase avec chaque participe passé.*

introduire • émettre • démentir • surprendre • contredire • blêmir

5 EMPLOYER **a.** À quel temps les verbes sont-ils conjugués ? **b.** Récrivez les phrases en complétant les verbes par -*ie*, -*ies* ou -*ient*.*

1. Je doute qu'il oubl… mon anniversaire. 2. Faut-il que je dépl… la nappe ? 3. Il est exclu qu'ils fu… devant les difficultés. 4. Je préfèrerais que tu te conf… à moi.

6 EMPLOYER **a.** Lisez oralement les phrases puis récrivez-les en complétant la finale verbale en [i]. **b.** Expliquez comment vous avez choisi cette orthographe.**

1. Il bénéfic… de tes conseils. 2. Je lui avais prom… un

332

LE MOT > Le choix, le sens et l'orthographe des mots

scooter. **3.** Je repr… le travail en juin. **4.** Atterr…-tu à Lyon ? **5.** Il a pr… ses jambes à son cou et s'est enfu…. **6.** Une fois nourr…, le bébé dorm… . **7.** Il est part… hier. **8.** Comment justif…-tu ton absence ? **9.** Pour que tu l'assoc… au projet, il faudrait qu'il appréc… le travail collectif. **10.** Il transm… un message. **11.** Sédu…, il tomba amoureux de la jeune femme. **12.** Il aurait suff… que tu te réconcil… avec ton ami.

Retenir la leçon

Les formes verbales qui se terminent par le son [y] comportent le plus souvent **une ou plusieurs lettre(s) muette(s)**.

Modes personnels			Modes impersonnels
Indicatif		Subjonctif	
Présent	Passé simple	Présent	Participe passé (au masculin singulier)
(je) rem**ue** / (je) concl**us** (tu) rem**ues** / (tu) concl**us** (il) rem**ue** / (il) concl**ut** (ils) rem**uent** / (ils) concl**uent**	(j') aperç**us** (tu) aperç**us** (il) aperç**ut**	(que je) rem**ue** (que tu) rem**ues** (qu'il) rem**ue** (qu'ils) rem**uent**	v**u** aperç**u** vend**u**
– verbes en -*uer* – *conclure, exclure, inclure*	– verbes en -*oir* (sauf *voir*) – nombreux verbes en -*re*	– verbes en -*uer* – *conclure, exclure, inclure*	– verbes en -*oir* – certains verbes en -*re*

Pour les distinguer, identifier le type de verbe, le temps et la personne.

Manipuler

7 CONJUGUER **Conjuguez les verbes au présent de l'indicatif à la personne indiquée.***
(je) continuer • (elle) évaluer • (ils) exclure • (tu) éternuer • (il) muer • (tu) inclure • (il) évacuer

8 CONJUGUER **Par binôme, conjuguez oralement les verbes à la 3ᵉ personne du singulier : a. au passé simple ; b. au passé composé, puis écrivez-les.***
connaître • se taire • vouloir • savoir • plaire • conclure • boire • recevoir • avoir • pleuvoir

9 TRANSPOSER **Récrivez ces phrases en conjuguant les verbes au passé composé. Quelle est la finale du participe passé ?***
1. Je ne conçus pas d'horloge mécanique. **2.** Tu tus ce mensonge pendant longtemps. **3.** Elle reçut les félicitations. **4.** Son fiancé plut immédiatement à ses parents. **5.** Tu te résolus à le faire. **6.** Il put partir à temps.

10 EMPLOYER **a. À quel temps les verbes sont-ils conjugués ? b. Récrivez les phrases en complétant les verbes par -*ue*, -*ues* ou -*uent*.***
1. Il souhaite que je lui attrib… ce rôle. **2.** Il voudrait que tu dil… cette peinture. **3.** Ce médicament atténu… la douleur. **4.** J'aimerais qu'elles concl… cette affaire. **5.** Le brocanteur dimin… ses prix.

11 EMPLOYER **Récrivez les phrases en les complétant par la forme verbale en [y] qui convient.****

1. Il a véc… une belle aventure. **2.** Je cr… longtemps aux fantômes. **3.** Elle cr… apercevoir son frère. **4.** Elle distrib… des cartes. **5.** Il véc… heureux et e… de nombreux enfants. **6.** Il avait pl… en juin. **7.** Parven… au sommet, les alpinistes ont v… les neiges éternelles. **8.** Nous avons cr… la nouvelle. **9.** Je n'ai pas perç… ton inquiétude. **10.** Aurais-tu prév… de venir ? **11.** Les anciennes voitures poll…. **12.** Il faudrait que tu sal… tes amis. **13.** Appar… il y a des millions d'années, les dinosaures ont désormais dispar…. **14.** Qui l'aurait cr… ?

12 CORRIGER **Par binômes. a. Repérez les erreurs d'orthographe portant sur les formes verbales en [i] et [y] et récrivez le texte en les corrigeant. Faites attention à l'accord des participes passés. b. Justifiez vos corrections.****

« Il a fallut que tu cris si fort ! Les souris sont toutes partient ! » dit le père. « Je voulais qu'elles s'enfuis. Les plus petites sembler abattu. J'ai crue que tu t'étais résolut à les faire disparaître » répondi Stéphanie. « Mais non, elles ont accourues en voyant le fromage, puis se sont battuent » conclus le père.

Étude de la langue • Le mot / **333**

22. Choisir entre des formes homophones : maîtriser les emplois de ces / ses ; c'est / s'est

Mobiliser ses connaissances

1 (TRANSPOSER) **a.** À l'oral, mettez les GN en gras au pluriel. **b.** Observez le déterminant des GN : que remarquez-vous ? **c.** Récrivez les phrases au pluriel en effectuant tous les changements nécessaires.*

1. Regardez **ce lac**, il est entièrement gelé ! 2. On trouve de nombreux écureuils dans **ce bois** là-bas. 3. La louve parcourt la forêt avec **son petit**. 4. À qui est **ce feutre** ? 5. J'aime beaucoup Luc et **son histoire drôle** ! 6. **Cet artiste** expose des tableaux dans une célèbre galerie. 7. **Cette fille**, près du mur, attend des amies pour aller au cinéma.

Retenir la leçon

	ces	ses	c'est	s'est
Classe grammaticale	Déterminant démonstratif	Déterminant possessif	Pronom + être démonstratif	Pronom + être réfléchi
Position	Devant un nom ou un GN au pluriel.	Devant un nom ou un GN au pluriel.	Devant un nom, un GN ou un adjectif.	Devant un participe passé.
Variation	Ces : pluriel de ce.	Ses : pluriel de son / sa.	Équivalent de cela est.	Équivalent de se (est).
Exemples	> J'achète ces livres.	> J'achète ses livres.	> C'est une bonne idée.	> Elle s'est blessée.
Comment les distinguer ?	Remplacer ces par ce / cet / cette au singulier. > J'achète ce livre.	Remplacer ses par son / sa au singulier. > J'achète son livre.	Remplacer c'est par cela. > Cela est une bonne idée.	Changer le pronom personnel. > Tu t'es blessée.

Manipuler

2 (EXPLIQUER) Par binôme. **a.** Montrez que le choix du déterminant *ces* ou *ses* modifie le sens des phrases. **b.** Complétez chaque phrase pour que le sens possessif ou démonstratif du déterminant s'impose.**
1. **a.** Ces sculptures sont magnifiques. **b.** Ses sculptures sont magnifiques. 2. **a.** Ces offres sont valables jusqu'au 31 décembre. **b.** Ses offres sont valables jusqu'au 31 décembre. 3. **a.** Je lui achète ces films. **b.** Je lui achète ses films.

3 (EMPLOYER) **a.** Observez le mot qui apparaît après la forme à compléter. **b.** Complétez les phrases en choisissant l'orthographe correcte : *c'est* ou *s'est*.*
1. Suzie *c'est / s'est* mariée l'année dernière. 2. *C'est / S'est* un véritable chef-d'œuvre ! 3. Marie, *c'est / s'est* la meilleure joueuse de son équipe. 4. Ce matin, il *c'est / s'est* réveillé tard. 5. On *c'est / s'est* bien amusés lors du réveillon du jour de l'an. 6. *C'est / S'est* en épluchant une pomme de terre que Marie *c'est / s'est* coupée.

4 (EXPLIQUER) Voici une copie d'élève dans laquelle se cachent des erreurs d'orthographe. En binôme : **a.** repérez les erreurs ; **b.** expliquez à l'élève comment faire pour choisir l'orthographe correcte (*ces, ses, c'est* ou *s'est*) ; **c.** récrivez les phrases avec la bonne orthographe.**

1. Luc a perdu ces clés et ces papiers d'identité, c'est une véritable catastrophe ! 2. Es-tu sûr que s'est la bonne réponse ? 3. Je prendrai ses melons et non ceux-là. 4. La vague c'est brisée sur un rocher. 5. Qu'est-ce que ces courageux ! 6. Qui sont ses personnes devant chez elle ? Ce sont ses amis. 7. Ses nuages blancs annoncent de la neige. 8. Mon frère c'est trouvé un nouvel ami. 9. Cette une bonne nouvelle, que tu viennes avec nous en vacances ! 10. À table, s'est l'heure ! 11. Cela c'est bien passé !

23. Choisir entre des formes homophones : maîtriser les emplois de *ont* / *on* / *on n'*

Mobiliser ses connaissances

1. TRANSFORMER Récrivez ces phrases au passé composé de l'indicatif. Faites attention à l'orthographe du verbe.*
1. Les élèves passent le brevet cette année. 2. Ils travaillent assidûment afin de réussir ce premier examen. 3. Après le collège, ces jeunes adolescents fréquentent le lycée. 4. Ils y suivent une formation pour préparer leur avenir. 5. Ces élèves construisent petit à petit leur vie d'adulte.

2. TRANSFORMER Remplacez les groupes en gras par *on* en procédant, si besoin, aux changements nécessaires.*
1. **L'humoriste** a fait salle comble. 2. **Les spectateurs** l'ont applaudi avec grand enthousiasme. 3. **Les journalistes** publient des critiques élogieuses. 4. **Cette femme** prépare alors un nouveau spectacle !

Retenir la leçon

	ont	on	on n'
Classe grammaticale	Verbe *avoir* au présent, 3ᵉ personne du pluriel.	Pronom indéfini.	*On* : pronom indéfini + *n'* : adverbe de négation.
Position	Derrière un GN ou un pronom ou devant un participe passé.	Devant un verbe conjugué à la 3ᵉ personne du singulier.	Devant un verbe conjugué suivi de la négation *pas* / *plus* / *jamais* / *rien* / *personne*, etc.
Exemples	> Ils **ont** du courage. > Ils **ont** attendu.	> **On** attend. > **On** est parti.	> **On n'**attend *pas*. > **On n'**est *pas* parti.
Comment les distinguer ?	Changer le temps. > Ils **avaient** attendu.	Remplacer *on* par un autre pronom. > Il attend. > Il n'attend pas. ❗ Dans une **phrase négative**, le *n'* devant voyelle ne s'entend pas toujours **après le pronom on**. Il ne faut cependant pas l'oublier !	

Manipuler

3. EXPLIQUER a. Récrivez les phrases en choisissant l'homophone approprié : *on* ou *ont*. **b.** Par binôme, expliquez à votre voisin(e) ce qui a motivé votre choix.*
1. Les chameaux et les dromadaires n'… pas le même nombre de bosses. 2. … ignore encore combien d'invités il y aura à la cérémonie. 3. Tous les flûtistes … joué en même temps. 4. Pourquoi doit-… déjà partir ? 5. Ils cherchaient des champignons et ils n'en … pas trouvé. 6. Les livres qu'… voudrait acheter sont en rupture de stock. 7. … n'a pas le droit de courir à la piscine.

4. TRANSFORMER a. Selon le modèle, modifiez les phrases suivantes.
Il partira. > *Il ne partira pas.* > *On partira.*
> *On ne partira pas.*
1. Il souhaite aller au Canada pour les vacances. 2. Elle a retrouvé ses boucles d'oreille. 3. Il prend un yaourt à la vanille après chaque repas. 4. Il achète souvent des céréales au chocolat. 5. Il sait pourquoi il doit remplir ces formulaires. 6. Ma mère se demande pourquoi il est couché. 7. Il a assisté à un match passionnant. 8. Elle participe à une compétition équestre.
b. Pour chaque phrase négative comportant *on*, entourez l'initiale du mot qui suit la négation. Dans quel cas risquez-vous de faire une erreur d'orthographe ? Pourquoi ?*

5. EXPLIQUER a. Récrivez les phrases suivantes en utilisant l'homophone approprié : *on*, *ont* ou *on n'*.
b. Comparez vos réponses avec celles de votre voisin(e) et discutez les éventuelles différences.*
1. E. M. Remarque et L.-F. Céline … écrit tous les deux un roman sur la Grande Guerre. 2. Mais … ne doit pas les confondre : ils … chacun leurs caractéristiques propres. 3. … y trouve pas la même écriture. 4. … appréciera l'analyse psychologique chez Remarque et … oubliera pas le ton satirique de Céline.

24. Choisir entre des formes homophones : connaître les emplois de *il a / il la / il l'a*

Observer et manipuler pour comprendre

1 **a.** Lisez à haute voix les phrases suivantes et relevez les couples homophones.
> **A.** *Je connais Steven, il a quinze ans.*   > **B.** *Maëlys, il la connaît depuis l'école maternelle.*
> **C.** *Sophie, il l'a rencontrée il y a peu de temps.*

b. À l'oral, remplacez *a* par *avait* dans les phrases A et C. Pouvez-vous faire ce changement dans la phrase B ?
c. Qu'est-ce qui différencie ces couples homophones à l'écrit ? **d.** Devant quel type de mot *a* et *la* sont-ils placés ? **e.** Par quel mot *Steven*, *Maëlys* et *Sophie* sont-ils repris ? Quelle différence observez-vous ?

Retenir la leçon

	il a	*il la*	*il l'a*
Classe grammaticale	*Il* : pronom personnel + *avoir* au présent, 3ᵉ pers. sing.	Pronoms personnels.	*Il* + *l'* : pronoms personnels + *avoir* au présent, 3ᵉ pers. sing.
Position	Devant un GN ou un participe passé.	Devant un verbe.	Devant un participe passé.
Exemples	> *Il a un scooter.* > *Il a vendu son vélo.*	> *Il la connaît.*	> *Il l'a vu à la piscine.*
Comment les distinguer ?	Changer le temps. > *Il avait un scooter.* > *Il avait vendu son vélo.*	Remplacer par un autre pronom. > *Il le connaît.*	– Changer le temps d'*avoir*. > *Il l'avait vu à la piscine.* – Changer le pronom. > *Il m'a vu à la piscine.*

Manipuler

2 (TRANSFORMER) **a.** Observez les verbes en couleur. Qu'est-ce qui différencie les verbes en vert et ceux en bleu ? **b.** Récrivez la phrase en remplaçant le GN souligné par un pronom personnel.*

1. Il a posé son chapeau près du porte-manteau. 2. Il présente sa démission au conseil municipal. 3. Il conseille cette lecture à tous ses étudiants. 4. Il a aidé son père à réparer sa console de jeux. 5. Il a perdu son ordinateur.

3 (REMPLACER) Par binôme. **a.** Remplacez chaque pronom en couleur par un nom ou un GN en justifiant vos choix. **b.** À quel temps chaque verbe est-il conjugué ?**

Série A : 1. **a.** Il la suivit. **b.** Il l'a suivi. 2. **a.** Il la prit. **b.** Il l'a pris. 3. **a.** Il la mangeait. **b.** Il l'a mangé. 4. **a.** Il la voulut. **b.** Il l'a voulu.

Série B : 1. **a.** Il la réconfortait. **b.** Il l'a réconfortée. 2. **a.** Il la surprit. **b.** Il l'a surpris. 3. **a.** Il la sortit. **b.** Il l'a sortie. 4. **a.** Il la but. **b.** Il l'a bue.

4 (TRANSFORMER) **a.** À l'oral, remplacez les sujets en bleu par *tu*. Faites toutes les modifications nécessaires.

b. Récrivez les phrases en choisissant la forme qui convient : *il a* ou *il l'a*.**

1. Sa dissertation, (il a / il l'a) traduite en anglais. 2. Cyril obtiendra son permis de conduire ; (il a / il l'a) pris tellement d'heures de conduite ! 3. Paul a rencontré Céline et (il a / il l'a) rapidement demandée en mariage. 4. Un professeur annonce à ses élèves qu'(il a / il l'a) décidé d'organiser un voyage de fin d'année. 5. Cédric a envoyé à son chef le rapport qu'(il a / il l'a) terminé hier soir.

5 (CORRIGER) Certains des homophones *il a*, *il la* et *il l'a* ont été confondus. **a.** Récrivez les phrases en les corrigeant. **b.** Échangez à l'oral pour vérifier vos choix.**

1. Il a raté son bus ! 2. Il a attendu qu'elle sorte. 3. Lorsque Suzanne a quitté son emploi, il la suivie. 4. Il l'a des économies sur son compte. 5. Il l'a voulait cette petite boule de poils ! 6. Ce pull, il l'a acheté de trois couleurs différentes. 7. Sa voisine, il la rencontre tous les matins en sortant son chien. 8. Cette autorisation de sortie, est-ce qu'il a perdue ?

LE MOT > Le choix, le sens et l'orthographe des mots

25. Choisir entre des formes homophones : connaître les emplois de *quel(s)* / *quelle(s)* / *qu'elle(s)*

Observer et manipuler pour comprendre

1 Lisez à haute voix les phrases suivantes et relevez les couples homophones.
> **A.** *Quelle leçon faut-il réviser ?*
> **B.** *Quelle est ta couleur préférée ?*
> **C.** *Il faut qu'elle rentre tôt.*

2 Dans la phrase **C**, remplacez *elle* par *il*.

3 Dans les phrases **A** et **B** : **a.** mettez *leçon* et *couleur* au pluriel ; **b.** remplacez-les par un nom masculin ; **c.** puis par un nom masculin pluriel. **d.** Que remarquez-vous ?

4 Devant quel type de mot ces homophones sont-ils placés ?

5 Qu'est-ce qui les différencie à l'écrit ?

Retenir la leçon

	quel(s)	*quelle(s)*	*qu'elle(s)*
Position	masculin ← Devant un nom ou un adjectif → féminin ou devant le verbe *être*		– Devant un verbe conjugué. – *Elle(s)* est sujet du verbe.
Exemples	> *Quel livre lis-tu ?* > *Quel joli pull !* > *Quel est ce bruit ?*	> *Quelle heure est-il ?* > *Quelles belles fleurs !* > *Quelle est ta question ?*	> *Je m'étonne qu'elle parte.* > *Je m'étonne qu'elles partent.*
Comment les distinguer ?			Remplacer *qu'elle(s)* par *qu'il(s)*.

Manipuler

6 (REPÉRER) Recopiez les phrases suivantes et soulignez le mot ou le groupe qui impose l'accord de *quel, quels, quelle, quelles*.*
1. Quelle drôle d'idée ! 2. Quelles sont ces attentes ? 3. De quels auteurs te parle-t-il ? 4. Quelle est la signification de *héliotrope* ? 5. Quel est le pluriel de *chacal* ? 6. Quelles performances ces athlètes ont faites ! 7. Je me demande quelles sont tes intentions.

7 (EMPLOYER) Par binôme. **a.** Soulignez le mot avec lequel *quel* s'accorde. **b.** Complétez les phrases avec l'orthographe correcte : *quel, quels, quelle* ou *quelles*.*
1. … précautions faut-il prendre ? 2. … est la bibliothèque la plus proche de chez toi ? 3. … est ton chanteur préféré ? 4. … sont vos préférences ? 5. … mauvaises joueuses ! 6. … conseils pouvez-vous nous donner ? 7. … est la question ? 8. … énergie il développe lorsqu'il danse ! 9. Il se demande … note il aura.

8 (TRANSFORMER) Remplacez le GN en gras par un pronom personnel.*
1. La fête que **sa fille** aime le plus, c'est Noël. 2. Il faut que **la directrice** décide de la répartition des élèves. 3. Le pont permet que **la ville** soit accessible depuis le continent. 4. Rien ne permet d'affirmer que **cette jeune hirondelle blessée** ne rejoindra pas son nid. 5. Que **les évaluations** soient reportées d'une semaine, cela vous dérange-t-il ?

9 (EMPLOYER) Complétez les phrases avec un des homophones : *qu'elle(s)* ou *quelle(s)*.*
1. Sais-tu … est l'héroïne du roman ? 2. … femme courageuse cet auteur a peinte ! 3. … décision courageuse a-t-elle donc prise ? 4. Je me souviens … a tenu tête à son père, mais j'ai oublié en … occasion. 5. J'ignore … conséquences sa décision a eues. 6. Quant à ses compagnes de l'atelier de peinture, je sais … l'ont abandonnée. 7. … étrange destinée que celle de cette héroïne !

26. Langue orale, langue écrite : des codes différents pour la phrase

Mobiliser ses connaissances

1 (REPÉRER) **Repérez dans les phrases suivantes les marques de l'oral.** *

1. Moi, je serai sans doute en retard ce soir. 2. Et ton père ? Il… Il en pense quoi ? 3. Oh ! Comme c'est beau ! 4. Aïe ! Je me suis piquée avec l'aiguille. 5. Mais s'il vient… 6. Donc toi tu viendras avec un gâteau, c'est ça ? 7. Moi je ferai Athéna, toi tu feras… Je sais pas, choisis un rôle. 8. Je pense que je vais laisser les deux pantalons à la vendeuse parce que celui-ci est trop grand mais celui-là est trop petit. 9. Soit tu viens soit… 10. Il y a le choix, hein !

Retenir la leçon

- La **phrase** est une unité de l'écrit délimitée par une majuscule et par un point. À l'oral, la ponctuation est remplacée par l'**intonation** et les **pauses**.
- L'oral et l'écrit permettent de **communiquer** dans des **conditions différentes**.

Oral		Écrit	
Contexte	Usage	Contexte	Usage
– On s'adresse **directement** à quelqu'un. – On **ne peut pas effacer ou revenir en arrière** pour corriger ses paroles. – On **ne trouve pas toujours ses mots immédiatement**.	Emploi fréquent de **pronoms des 1re et 2e personnes et de pronoms démonstratifs** (*je, tu, celui-ci, celui-là…*).	– On s'adresse **indirectement** à quelqu'un. – On **peut revenir en arrière** pour effacer ou corriger son texte. – On a **le temps de trouver ses mots**.	Emploi plus fréquent de **pronoms de la 3e personne** (*il, lui, eux…*).
	Certaines phrases **inachevées**.		Phrases **achevées**.
	Répétitions, hésitations et blancs perceptibles.		Répétitions, hésitations et blancs généralement **invisibles ou effacés**.
	Mots comme *hein, bon, euh, oh, ah, aïe, n'est-ce pas, donc*, etc. très **fréquents**.		Mots comme *hein, bon, euh, oh, ah, aïe, n'est-ce pas, donc*, etc. très **rares ou inexistants**.

Manipuler

2 (REPÉRER) **Lisez cette transcription du récit oral d'un élève racontant son quotidien. Repérez les éléments et constructions caractéristiques de l'oral.** *

Remarque : les / marquent les pauses.

donc euh / depuis que depuis que j'ai quitté Brest et que je suis arrivé à Paris n'est-ce pas / je prends le métro tous les jours pour aller au collège / donc je prends la ligne huit jusqu'à Strasbourg Saint-Denis / ensuite la quatre jusqu'à Odéon / donc ça me prend quand même euh deux heures par jour hein / enfin je sais que c'est il y en a pour qui c'est normal mais pour moi c'est pas c'est pas trop habituel vu que avant j'habitais à une minute de mon collège

3 (ÉCRIRE) **Récrivez le récit de l'exercice 2 en le ponctuant et en éliminant les marques de l'oral.** **

4 (INTERLANGUES) **a. Observez le dialogue : les propriétés de l'oral présentées dans le tableau s'appliquent-elles aussi à l'anglais ? b. Ces propriétés sont-elles universelles ? Justifiez oralement votre réponse.** **

338

LA PHRASE

Les codes de l'oral et de l'écrit

L'oral et l'écrit ont des **codes différents** : généralement, on n'écrit pas comme on parle.

Constructions orales	Constructions écrites
Mots et propositions juxtaposés > *Moi, ma mère, son ordinateur, il est tombé, il s'est cassé.*	Liaisons explicites entre les mots ou les propositions > *L'ordinateur **de** ma mère s'est cassé **quand** il est tombé.*
Absence du *ne* de négation > *Il vient **pas**.*	Présence du *ne* de négation > *Il **ne** vient **pas**.*
Absence du sujet > *Faut y aller !*	Présence du sujet > ***Il** faut y aller !*
Interrogations sans inversion (ou avec *est-ce que*) > *Il vient ?*	Interrogations avec inversions (ou avec *est-ce que*) > *Vient-il ?*
Phrases sans sujet ni verbe > *– Quand est-ce qu'il vient ? – **Ce soir**.*	Phrases avec sujet et verbe > *– Quand est-ce qu'il vient ? – **Il viendra ce soir**.*
Proposition subordonnée seule > *Parce qu'elle sent bon.*	Phrase complexe complète > ***J'achète cette crème** parce qu'elle sent bon.*
Emploi fautif du pronom relatif *que* > *J'ai acheté le livre **qu**'il avait envie.*	Emploi du pronom relatif *dont* > *J'ai acheté le livre **dont** il avait envie.*
Complément du verbe déplacé en tête de phrase > ***Le chocolat**, j'adore.*	Complément du verbe placé après le verbe > *J'adore **le chocolat**.*
Insistance sur un élément de la phrase > ***Lui** il fera le prince et **toi** tu feras la princesse.* > ***À la mer**, j'y vais tous les ans.*	Non-répétition d'un élément de la phrase > *Il fera le prince et **tu** feras la princesse.* > *Je vais **à la mer** tous les ans.*
Emploi fréquent de *c'est… (que…)* > ***C'est** ton dessin **que** je préfère.*	Emploi rare de *c'est… (que…)* > *Je préfère ton dessin.*
Constructions incorrectes > *Je pars maintenant **pour pas qu**'il attende trop longtemps.*	Constructions correctes > *Je pars maintenant **pour qu'il n'**attende **pas** trop longtemps.*
Absence de verbes au passé simple de l'indicatif > *Je mangeais quand il est entré.*	Présence de verbes au passé simple de l'indicatif > *Je mangeais quand il **entra**.*

Manipuler

5 (TRANSPOSER) **a.** Oralement, dans chaque phrase, repérez les codes de l'oral. **b.** Récrivez les phrases en les transformant pour respecter les codes de l'écrit.*
1. Il faut déjà s'en aller ? 2. Ce parfum, il sent vraiment bon. 3. Ils distribuent des tickets numérotés dans la file pour pas que les gens se bousculent à l'entrée. 4. L'idée qu'on a débattue ensemble est meilleure. 5. Lui, son frère, il est cascadeur. 6. Le drapeau, quand on est le 14 juillet, je le pends à ma fenêtre. 7. Les personnes qui refusent de monter sur les montagnes russes, elles sont peureuses. 8. Faut rendre vos copies !

6 (TRANSPOSER) **a.** Relevez dans le texte quatre propriétés du code oral. **b.** Récrivez le texte en respectant les constructions de l'écrit. Plusieurs reformulations sont possibles.*

« Doukipudonktan », se demanda Gabriel excédé. Pas possible, ils se nettoient jamais. Dans le journal, on dit qu'il y a pas onze pour cent des appartements à Paris qui ont des salles de bains, ça m'étonne pas, mais on peut se laver sans. Tous ceux-là qui m'entourent, ils doivent pas faire de grands efforts.

R. QUENEAU, *Zazie dans le métro*,
© Éditions Gallimard, 1959.

7 (ENREGISTRER) En binôme. **a.** Enregistrez un échange oral sur le match de la veille, le dernier film vu ou la prochaine sortie prévue. **b.** Écoutez votre enregistrement et retranscrivez-le mot pour mot. **c.** Dans votre texte, soulignez les propriétés du code oral.**

8 (ÉCRIRE) Écrivez le dialogue de l'exercice **7** en respectant le code écrit.**

27. Les groupes syntaxiques dans la phrase simple

Mobiliser ses connaissances

1 (REPÉRER) **Oralement, supprimez tous les compléments de phrase du texte.***

L'appartement est sombre dès la tombée de la nuit, vers 19 heures. J'ai heureusement retrouvé deux torches dans la commode de l'entrée. Je dois me procurer d'urgence des piles pour les alimenter et des bougies pour compléter mon éclairage. Je dois aussi me faire une réserve de charbon de bois et d'allumettes pour entretenir le feu de la cheminée.

D'après C. TRÉBOR, U4, © Nathan/Syros, 2015.

2 (TRANSFORMER) **Récrivez le texte de l'exercice 1 en déplaçant les compléments de phrase repérés.***

Retenir la leçon

La **phrase simple** est composée de plusieurs groupes syntaxiques : le **sujet**, le **prédicat** et le(s) **complément(s) de phrase**.

Le poète compose un texte pour la liberté.

Sujet
Ce dont on parle.
Obligatoire, le sujet est l'élément avec lequel le verbe s'accorde.

Prédicat
Ce qu'on dit du sujet.
Il est constitué du verbe (qui s'accorde avec le sujet) et de tous les groupes compléments du verbe.

Complément de phrase
(ou **circonstanciel**)
Il renseigne sur les circonstances : lieu, temps, moyen, manière, cause, but, condition, opposition ou conséquence.

Groupes obligatoires dans la phrase verbale.
Ils ne peuvent pas être supprimés.

Groupe facultatif dans la phrase.
Il peut être supprimé ou déplacé.

Manipuler

3 (COMPLÉTER) **a.** Recopiez les phrases. Soulignez les sujets en bleu et les prédicats en vert. **b.** Récrivez les phrases en y ajoutant un complément de phrase.*
1. Elle ment. 2. Dylan ne veut plus jouer. 3. Ma serviette vient de tomber. 4. La cloche sonne. 5. Je ne connaissais pas encore Ernest Hemingway. 6. Victor Hugo a écrit *Les Misérables*. 7. Fabrice doit beaucoup aimer les livres de science-fiction. 8. Gilles doit argumenter sa réponse. 9. Il aimerait devenir danseur. 10. Hélène est un fin cordon bleu.

4 (EMPLOYER) **a.** Rédigez une phrase à partir de chacun des groupes suivants. **b.** Dans vos phrases, soulignez les sujets en bleu, les prédicats en vert et, quand il y en a, les compléments de phrase en rouge.*
1. dans l'espace • 2. une machine à remonter le temps • 3. lui tends une clé à molettes • 4. pour construire une navette spatiale • 5. testons un nouvel appareil • 6. la quatrième dimension • 7. une fois arrivés sur la planète Gloups • 8. a construit un engin • 9. la comète • 10. êtes passionnés d'astronomie

5 (COMPLÉTER) **a.** À partir des sujets suivants, rédigez des phrases en ajoutant un prédicat et un complément de phrase. **b.** Donnez votre feuille à votre voisin(e) et demandez-lui d'y repérer les prédicats et les compléments de phrase.*
1. un bruit • 2. la longue clé en bronze • 3. l'obscurité • 4. le livre du professeur • 5. quelques vieux masques à gaz

6 (ÉCRIRE) **a.** Repérez oralement les sujets, les prédicats et les compléments de phrase. **b.** Récrivez le texte en supprimant les compléments de phrase. **c.** Imaginez la suite de ce texte. Insérez dans votre récit au moins trois compléments de phrase que vous soulignerez.**

Un claquement sonore retentit au-dessus de Thomas. Il leva la tête avec une exclamation de surprise. Une ligne mince apparut dans le plafond ; elle s'élargit sous ses yeux. Quelqu'un ouvrait de force des volets coulissants.

D'après J. DASHNER, *L'Épreuve – Le Labyrinthe*, t. 1, trad. de l'anglais G. Fournier, 2012.

7 (INTERLANGUES) **a.** Dans l'exemple en français, identifiez dans la proposition soulignée : le sujet, le prédicat et le complément de phrase. **b.** Comparez la place du prédicat (en gras) dans les propositions subordonnées en anglais, en allemand et en français : que constatez-vous ?**

Français : Je pense qu'il dort dans sa chambre.
Anglais : I think that he **is sleeping** in his room.
Allemand : Ich denke, dass er in seinem Zimmer **schläft**.

340

28. La phrase verbale et la phrase non verbale

Mobiliser ses connaissances

1 TRIER Oralement, indiquez si ces phrases sont verbales ou non verbales.*

1. Omar avait souvent offert un bouquet de fleurs. 2. Sans eau, pas de lessive. 3. Valérie adore faire la fête. 4. Fabrice photographie tout ce qui bouge. 5. Pas de bras, pas de chocolat. 6. Merveilleux ! 7. Paris : le feu d'artifice annulé. 8. Le café, je l'achète toujours en grain. 9. Exceptionnellement, l'école ouvrira ses portes ce soir. 10. Maison à vendre.

2 TRANSFORMER a. Repérez les phrases non verbales. b. Reformulez ces phrases en en faisant des phrases verbales.*

J'ai faim. Il n'y a plus rien à manger dans la cuisine. Plus d'eau courante depuis ce matin, plus de gaz depuis hier, plus d'électricité depuis trois jours. J'ai eu beau actionner tous les interrupteurs en tâtonnant sur le mur, à l'aveugle, essayer d'allumer les luminaires du séjour. Rien. Aucune lumière.

D'après C. TRÉBOR, U4, © Nathan/Syros, 2015.

Retenir la leçon

- La **phrase verbale** est construite autour d'un **verbe conjugué**.
- La **phrase non verbale** n'est pas construite autour d'un verbe conjugué, mais autour d'un :
  - **nom** : > *Dernière étape du Tour de France.*
  - **adjectif** : > *Enchanté !*
  - **adverbe** : > *Bien !*
  - **verbe à l'infinitif** : > *Mettre au four pendant vingt minutes.*
- Une phrase non verbale peut comporter une proposition subordonnée qui a un verbe.
  > *Une recette qui fera le bonheur des petits et des grands.*

Manipuler

3 ÉCRIRE Les titres des articles de presse sont souvent des phrases non verbales, par exemple : *Découverte d'un nouveau vaccin.* a. À partir des noms suivants, imaginez des phrases non verbales qui pourraient être des titres de presse. b. À partir d'un de ces titres, rédigez un bref article qui comportera au moins une phrase verbale.*

Marseille • retour • victoire • visite officielle • marathon

4 TRANSPOSER a. Recopiez ces phrases non verbales en soulignant le mot noyau. b. Transformez ces phrases de façon à en faire des phrases verbales.*

1. Excellentes vacances à la mer ! 2. Coupure d'électricité. 3. Éteindre avant de partir. 4. Appartement à louer. 5. Route barrée. 6. Très heureux de faire votre connaissance. 7. Entretien de la voiture ce mardi à 15 heures. 8. Pas mécontent d'être arrivé !

5 TRANSPOSER Récrivez cette recette en transformant les phrases verbales en phrases non verbales avec un infinitif comme mot noyau. Faire toutes les modifications nécessaires.*

Recette du gâteau au chocolat

1. Cassez les œufs en séparant les blancs des jaunes. 2. Battez les blancs en neige et ajoutez-y une pincée de sel. 3. Faites ramollir le beurre. 4. Incorporez le beurre mou et le sucre à la préparation. 5. Ajoutez-y le chocolat fondu et mélangez, puis incorporez les jaunes d'œufs tout en mélangeant. 6. Mettez-y la farine et les blancs d'œufs ; remuez délicatement. 7. Pour terminer, beurrez le moule et versez-y la préparation. 8. Faites cuire le gâteau pendant 20 minutes à 180 degrés.

6 ÉCRIRE a. Trouvez une phrase non verbale qui pourrait faire office de titre au dessin suivant. b. Donnez votre feuille à votre voisin(e) pour qu'il (elle) transforme le titre non verbal proposé en une phrase verbale.*

J.-P. GIBRAT, *Le Sursis*, Aire Libre, Dupuis, 2012.

29. Les types de phrase

Mobiliser ses connaissances

1 (TRIER) **Pour chaque phrase, identifiez les éléments qui en font une phrase interrogative et dites si cette construction est plus utilisée à l'oral et/ou à l'écrit.***
1. Nous allons à la piscine : tu veux nous accompagner ?
2. Serais-tu content si nous t'offrions un nouveau vélo pour ton anniversaire ? 3. Et si nous partions au ski cet hiver ? 4. Est-ce que tu aimes jouer au tennis ? 5. Aimerais-tu partir en vacances aux Caraïbes ?

2 (TRANSPOSER) **Répondez aux questions de l'exercice 1 par des phrases à la fois déclaratives et exclamatives.***

Retenir la leçon

La phrase	exprime…	se termine par un…	
déclarative	une **information**, un **fait**	.	> *Le débarquement en Normandie a eu lieu en juin 1944.*
interrogative	une **question**	?	avec inversion du sujet (écrit) : > *Quand viens-tu ?* avec *est-ce que* (écrit, oral) : > *Est-ce que tu viens ?* avec intonation montante (oral) : > *Tu viens ?*
injonctive	un **ordre**, une **interdiction** ou un **conseil**	. ou !	> *Taisez-vous !* > *Ne pas fumer.* > *N'y va pas !*
exclamative	une **émotion**	!	> *Ah ! Ô cruelle destinée !*

- La phrase exclamative se combine souvent avec l'un des trois autres types de phrase.
  > *Je viens avec vous !* (phrase déclarative et exclamative)
- L'interrogation peut être **totale** ou **partielle** :
  – elle est **totale** si la réponse attendue est « oui » ou « non » ;   > *As-tu lu ce livre ? – Oui.*
  – elle est **partielle** si elle appelle une réponse plus développée.   > *Quel livre lis-tu ? – (Je lis) Antigone.*

Manipuler

3 (TRANSPOSER) **a.** En vous aidant de la leçon, identifiez le moyen utilisé pour poser une question et dites s'il est plus utilisé à l'oral et/ou à l'écrit.
b. Transformez ces phrases interrogatives en phrases injonctives.*
1. Viendras-tu si tu le peux ? 2. Vous vous promenez toujours avec votre chien ? 3. Vous prenez le bus tous les matins ? 4. Est-ce que tu manges tes carottes ? 5. Sommes-nous meilleurs que les joueurs de l'équipe adverse ?

4 (INTERLANGUES) **a.** Comparez les phrases en français et en espagnol : quelle différence remarquez-vous ?
b. Quelle est la langue la plus explicite pour l'intonation à donner aux phrases ? Justifiez.*
Comment t'appelles-tu ?   → ¿Como te llamas?
Quel beau temps !   → ¡Qué bello tiempo!

5 (ÉCRIRE) **a.** Observez cette photographie : imaginez six questions (trois phrases avec une interrogation totale et trois phrases avec une interrogation partielle) que l'un des personnages poserait à l'autre. **b.** Donnez vos questions à votre voisin(e) pour qu'il (elle) écrive les réponses aux questions posées.*

342

LA PHRASE

Mobiliser ses connaissances

6 RÉCRIRE a. Repérez et corrigez les phrases négatives. b. Transformez les phrases affirmatives en phrases négatives ; entourez les marques de la négation.*
1. Personne lit vingt fois le même livre. 2. Quelqu'un vient d'entrer dans l'épicerie. 3. Il est jamais trop tard. 4. Cette route mène nulle part. 5. Henri n'aime ni les prunes et pas les pommes : il aime que les abricots. 6. Mia a pas encore acheté ses cahiers. 7. Nul est censé ignorer la loi. 8. Il est encore temps d'aller lui parler.

Retenir la leçon

- Une phrase est toujours soit **affirmative** soit **négative**.
- Dans la phrase négative, la **forme de la négation** peut varier, mais elle est toujours composée de *ne* et d'un autre élément.

ne…	+ adverbe	de **quantité** (pas, point, que, ni… ni…)	> Je **ne** mange **pas**. > Je **ne** mange **point**. > Je n'aime **ni** le vin **ni** la bière.
		de **temps** (jamais, pas encore)	> Je n'utilise **jamais** mon vélo. > Je n'ai **pas encore** utilisé mon vélo.
		de **lieu** (nulle part)	> Il n'a **nulle part** où aller.
	+ pronom	aucun, nul, personne, rien	> Je n'en vois **aucun**. > Je ne vois **personne**. > Je ne vois **rien**.

- Lorsqu'ils sont **sujets**, les **pronoms** sont placés **avant le** *ne*.   > *Personne n'est venu.*   > *Nul ne me voit.*
- **Remarque** : à l'oral, le *ne* de la négation est rarement prononcé.

Règle d'Orthographe

À l'écrit, il ne faut pas confondre :
– *on* (pronom indéfini) + négation *n'* (ne) ;   > *On n'ira pas.*
– *on* (pronom indéfini) + liaison avec le mot suivant.   > *On ira.* (Remplacer le pronom *on* par *il*).   > *Il n'ira pas*

Manipuler

7 TRANSPOSER Remplacez les éléments soulignés de façon à créer des phrases négatives. Faites les modifications nécessaires.**
1. L'électricien a vérifié l'état du circuit électrique partout. 2. Mathilde a déjà publié son roman. 3. On prend toujours le train pour aller chez grand-maman. 4. Tous les avions sont annulés ce samedi. 5. Lors de son enquête, l'inspecteur fait attention à tout. 6. Tout le monde va se promener lorsqu'il fait un tel temps.

8 ÉCRIRE Rédigez une phrase négative pour chaque image. Entourez tous les éléments de la négation.**

9 COMPLÉTER En vous appuyant sur la Règle d'Orthographe recopiez les phrases et complétez-les par *on* ou *on n'*. *
1. … arrive jamais à l'école avant 8 heures. 2. … est de jeunes adultes à présent. 3. … a pas encore vu le volcan en éruption. 4. … a déjà perdu nos clés deux fois. 5. … a répété ton secret à personne. 6. … arrivera avant l'heure du déjeuner. 7. … ira plus jamais à cette adresse. 8. … ignore encore la date de notre retour. 9. … est surpris de le voir ici ce soir. 10. Avant de rendre les clés de la chambre à la réception de l'hôtel, … devra vérifier qu'… a rien oublié dans les placards.

① ② ③ ④ ⑤

Étude de la langue • La phrase / 343

30. Maîtriser la phrase complexe

Mobiliser ses connaissances

1 IDENTIFIER Par binôme. **a.** Repérez les phrases complexes et recopiez-les. **b.** Encadrez par des crochets chaque proposition. **c.** Indiquez comment les propositions sont reliées.*

Le silence se prolongeait. Il devenait de plus en plus épais, comme le brouillard du matin. [...] L'immobilité de ma nièce, la mienne aussi sans doute, alourdissaient ce silence, le rendaient de plomb. L'officier lui-même, désorienté, restait immobile, jusqu'à ce qu'enfin je visse naître un sourire sur ses lèvres. Son sourire était grave et sans nulle trace d'ironie. Il ébaucha un geste de la main, dont la signification m'échappa. Ses yeux se posèrent sur ma nièce, toujours raide et droite, et je pus regarder moi-même à loisir le profil puissant, le nez proéminent et mince.

VERCORS, *Le Silence de la mer*, 1942, © Le Livre de Poche, 1967.

2 EMPLOYER Transformez ces phrases simples en phrases complexes : **a.** par juxtaposition ; **b.** par coordination ; **c.** par subordination.*

1. Il pleut. Je ne sors pas. **2.** Le bus scolaire est en retard. Il n'arrivera pas à l'heure à l'école. **3.** Martin est tombé. Il s'est cassé le bras. **4.** Théo est un adulte. Julie est encore mineure. **5.** Il mentirait. Cela ne m'étonnerait pas.

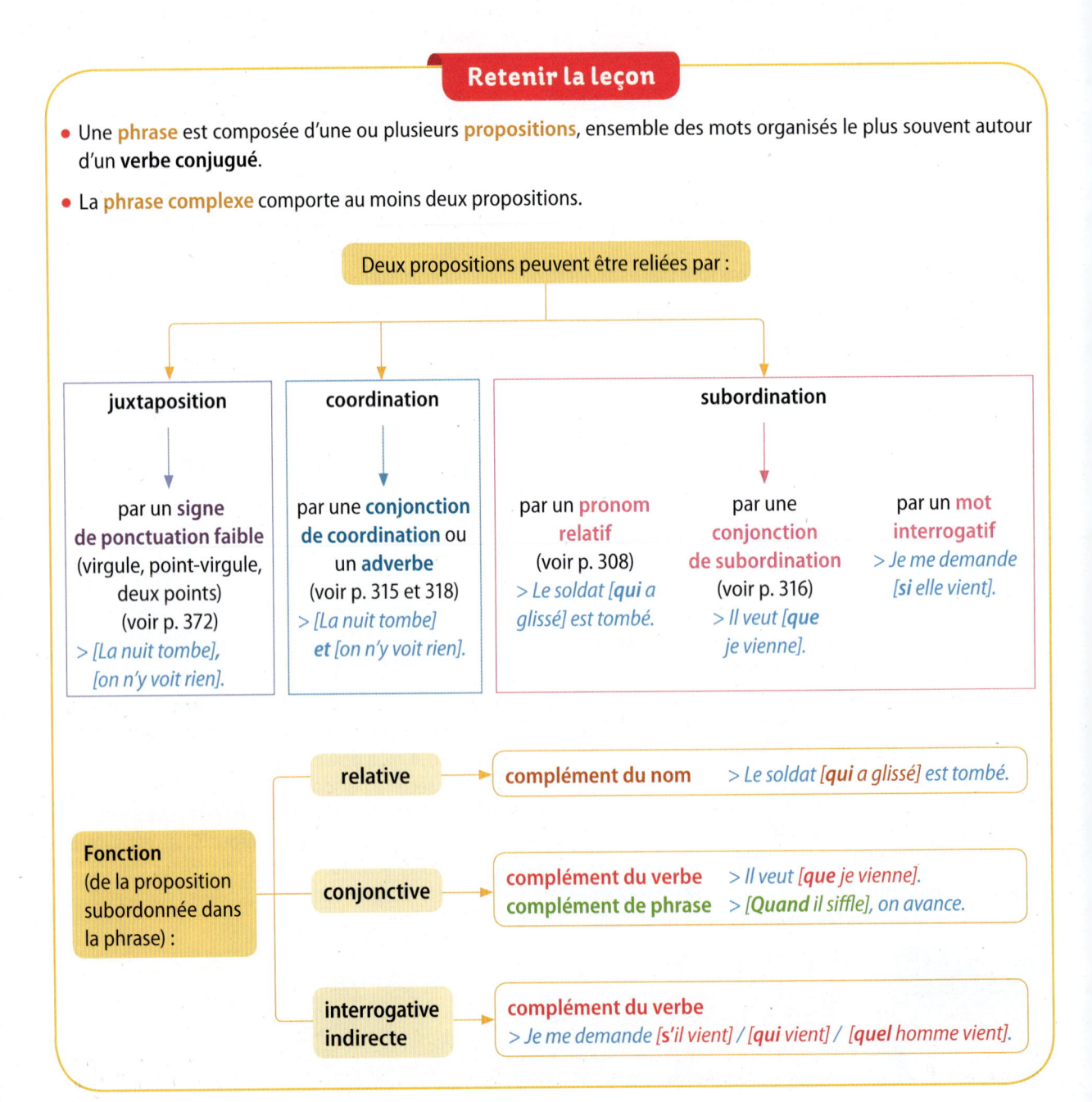

Retenir la leçon

- Une **phrase** est composée d'une ou plusieurs **propositions**, ensemble des mots organisés le plus souvent autour d'un **verbe conjugué**.
- La **phrase complexe** comporte au moins deux propositions.

Deux propositions peuvent être reliées par :

juxtaposition
par un **signe de ponctuation faible** (virgule, point-virgule, deux points) (voir p. 372)
> [La nuit tombe], [on n'y voit rien].

coordination
par une **conjonction de coordination** ou un **adverbe** (voir p. 315 et 318)
> [La nuit tombe] **et** [on n'y voit rien].

subordination
- par un **pronom relatif** (voir p. 308)
> Le soldat [**qui** a glissé] est tombé.
- par une **conjonction de subordination** (voir p. 316)
> Il veut [**que** je vienne].
- par un **mot interrogatif**
> Je me demande [**si** elle vient].

Fonction (de la proposition subordonnée dans la phrase) :

- **relative** → complément du nom > Le soldat [**qui** a glissé] est tombé.
- **conjonctive** → complément du verbe > Il veut [**que** je vienne].
  complément de phrase > [**Quand** il siffle], on avance.
- **interrogative indirecte** → complément du verbe > Je me demande [**s'il** vient] / [**qui** vient] / [**quel** homme vient].

344

LA PHRASE

Manipuler

3 (TRIER) Relevez et classez les propositions subordonnées en : **a.** relatives ; **b.** conjonctives.*
1. Brasse-Bouillon, que la haine contre sa mère anime, décide qu'il ne peut plus rester dans la maison familiale. 2. Folcoche accepte que son fils, qu'elle martyrise, aille en pension. 3. Le marché qu'il conclut convient à l'enfant, même s'il sait que sa mère le surveillera de loin.

4 (IDENTIFIER) **a.** Relevez les propositions subordonnées. **b.** Indiquez la classe grammaticale et la fonction de chacune d'elles.**
1. Les officiers pensent que l'offensive sera brève. 2. Quand il arrive sur le front, l'engagé demande comment s'organise la vie dans la tranchée. 3. Ses camarades lui répondent qu'il s'habituera, parce qu'il n'a pas le choix. 4. Le commandant veut savoir comment l'officier a été tué. 5. Verdun est un lieu de mémoire où se recueillent tous les peuples qui ont participé à la Première Guerre mondiale.

5 (TRIER) **a.** Par binômes, repérez les propositions subordonnées dans le texte. **b.** En vous aidant du tableau ci-dessous, classez-les selon la fonction qu'elles exercent dans la phrase.*

Complément du nom	Complément du verbe	Complément de phrase
…	…	…

Le 25 mars 1933
Cher vieux Max,
Tu as certainement entendu parler de ce qui se passe ici, et je suppose que cela t'intéresse de savoir comment nous vivons les événements de l'intérieur. Franchement, Max, je crois qu'à nombre d'égards Hitler est bon pour l'Allemagne, mais je n'en suis pas sûr. Maintenant, c'est lui qui, de fait, est le chef du gouvernement. Je doute que Hindenburg[1] lui-même puisse le déloger du fait qu'on l'a obligé à le placer au pouvoir. L'homme électrise littéralement les foules ; il possède une force que seul peut avoir un grand orateur doublé d'un fanatique. Mais je m'interroge : est-il complètement sain d'esprit ?
K. KRESSMANN TAYLOR, *Inconnu à cette adresse*, [1938], trad. M. Lévy-Bram, © J'ai Lu, 2012.

1. Hindenburg : président de la République de Weimar de 1925 à 1934.

6 (TRANSFORMER) Développez les phrases suivantes en utilisant différents types de propositions.
1. Il arrive en retard. 2. Un oiseau s'envole. 3. Mon frère participe à une œuvre humanitaire. 4. Pourras-tu venir ? 5. Donne-lui une chance.*

7 (ÉCRIRE) Concours « Le marathon de la phrase complexe » : tentez de faire la plus longue phrase complexe possible. Prenez soin de bien utiliser les conjonctions ou la ponctuation pour rendre votre phrase syntaxiquement correcte. Comparez ensuite les productions de la classe.*

8 (ÉCRIRE) En vous inspirant de l'image : **a.** inventez un paragraphe qui se composera exclusivement de phrases simples (au moins six) ; **b.** récrivez ce même paragraphe en n'utilisant que des phrases complexes (vous entourerez la conjonction ou la ponctuation qui relie les propositions entre elles).*

A. STANHOPE, *Newlyn*, 1906.

9 (EXPLIQUER) **a.** Lisez oralement et comparez les deux versions de vos textes de l'exercice **8** : échangez pour savoir laquelle semble la meilleure et pourquoi. **b.** D'après vos échanges, quelle peut être l'utilité d'utiliser des phrases complexes quand on rédige un texte ?*

10 (ÉCRIRE) **a.** Rédigez le portrait d'un savant en cinq phrases simples. **b.** Récrivez ce portrait en n'utilisant que des phrases complexes. Vous entourerez la conjonction, le pronom relatif, le mot interrogatif ou le signe de ponctuation qui relie les propositions. **c.** Quel portrait préférez-vous ? Pourquoi ?*

11 (INTERLANGUES) **a.** Ci-dessous, les phrases « **La guerre est finie** » et « **Le soldat revient** » ont été traduites en italien et réunies dans une phrase complexe. Associez les phrases complexes à l'étiquette qui convient et entourez l'élément dans chaque phrase qui le prouve. **b.** À quelle conjonction ressemble et correspond le mot italien « *perché* » ? **c.** Quelle est la fonction de la proposition subordonnée dans la phrase ?*
1. *Il soldato ritorna* perché *la guerra è finita*.
2. *La guerra è finita, il soldato ritorna*.
3. *La guerra è finita* e *il soldato ritorna*.

a. propositions juxtaposées
b. propositions coordonnées
c. propositions subordonnées

31. Le verbe et son sujet : les accords

Mobiliser ses connaissances

1 ACCORDER Justifiez l'accord de chaque verbe.*
1. Les fusées **attaquent** la planète. 2. **Attaqueront**-elles notre planète ? 3. Les fusées, véritable flotte spatiale, **ont** attaqué notre planète. 4. Les Terriens **défendent** leur planète, **ripostent** courageusement et **repoussent** les extraterrestres. 5. Luc et toi **partirez** bientôt sur Mars.

Retenir la leçon

- Le sujet commande **l'accord du verbe** en personne, en nombre et en genre.
  > *Tu arrives. Les parents arrivent. Les fillettes sont arrivées.*
- Un même sujet peut commander l'accord de **plusieurs verbes**.
  > *Les candidats chantent et dansent en même temps.*
- Le sujet peut être :
  – placé **avant le verbe** ; > *Les enfants mangent du poisson.*
  – placé **après le verbe** (sujet inversé) ; > *Viens-tu ?* > *Ici vit une étrange femme.*
  – séparé du verbe par :
    • un **pronom personnel** complément de verbe ; > *Les commerçants nous aideront.*
        [sujet]   [complément de verbe]
    • un **groupe** complément de phrase. > *Les marins, depuis la veille, luttaient contre le vent.*
        [sujet]   [complément de phrase]

Manipuler

2 ACCORDER Par binôme, repérez le sujet des verbes puis écrivez les phrases en choisissant le bon accord.*
1. Que (*voulez/voulait/vouler*)-vous ? 2. À partir de quand (*voudrez/voudrais/voudraient*)-tu que je passe te voir ? 3. Au coin de la rue (*apparue/apparus/apparut*) le véhicule. 4. Dans la forêt noire (*se cachent/se cache/se caches*) deux évadés. 5. Dans cette salle se (*tiens/tiennent/tient*) les conseils de classe. 6. Qui (*pense/penses*)-tu rencontrer ?

3 ACCORDER Repérez oralement les sujets et recopiez les phrases en accordant les verbes que vous conjuguerez au futur de l'indicatif.*
Nos amis nous (attendre) à l'aéroport. Nous les y (rejoindre), puis nous les (conduire) chez nous. Nous (mettre) au point une exposition de photos animalières et nous les (présenter) dans le hall de la mairie. Nous (disposer) les photos et nos amis nous les (commenter).

4 ACCORDER Repérez les sujets et accordez les verbes que vous conjuguerez à l'imparfait de l'indicatif.*
1. Les randonneurs, du haut de la montagne, (observer) les oiseaux. 2. Les enfants, étant donné le mauvais temps, ne (jouer) pas dans le jardin. 3. Mes amis, passant leurs vacances en Corse, (découvrir) la splendeur des paysages. 4. Les pompiers, à force de se battre contre l'incendie, (s'épuiser).

5 ACCORDER Accordez les verbes que vous conjuguerez au présent de l'indicatif.**
1. « Quand (tomber), en automne, les premières feuilles, (devoir)-nous les ramasser pour les étudier ? », (demander) les élèves à leur enseignante. 2. Sur la route, ne (cesser) de se suivre des cars de touristes. 3. De partout (arriver) tranquillement des vacanciers prêts à écouter les airs que (créer) spontanément ce jeune artiste. 4. Lorsque les jeunes sont séduits, (s'accrocher) à leurs lèvres un sourire dont (se souvenir) longtemps les artistes.

6 ACCORDER Recopiez le texte, soulignez chaque sujet et accordez le verbe en le conjuguant au temps de l'indicatif demandé.**
Elle (attendre, *imparfait*) dans un café en face du restaurant où sa mère lui (donner, *plus-que-parfait*) rendez-vous. Elle (poser, *plus-que-parfait*) ses deux mains bien à plat et (fermer, *imparfait*) les yeux en respirant lentement. Ces déjeuners, si espacés fussent-ils, lui (abîmer, *imparfait*) toujours les intestins. Elle (apercevoir, *passé simple*) sa mère et (venir, *passé simple*) s'asseoir en face d'elle :
– Tu ne m'(embrasser, *présent*) pas ? (faire, *passé simple*) la voix.
– Bonjour, maman, (articuler, *passé simple*)-t-elle plus lentement.

D'après A. GAVALDA, *Ensemble, c'est tout*, 2004.

346

LA PHRASE

7 EXPLIQUER a. À votre avis, pourquoi cet élève a-t-il commis des erreurs ? b. Récrivez correctement ces phrases.**

> 1. Je les voient. 2. Je vous voyez. 3. Au-dessus du toit de la maison virevoltait des plumes. 4. Nous les reconduiront chez eux. 5. Ils nous accompagneront à la gare. 6. Elle les admirent.

Retenir la leçon

Pour accorder le verbe, il est nécessaire de repérer le sujet et sa **classe grammaticale**.

Classe grammaticale du sujet	Accord du verbe	Exemples
Groupe nominal – comportant un **nom** noyau et une **expansion du nom** : • un **adjectif** accompagné d'un complément • un **GN complément du nom** • un **GN entre virgules** • une **proposition subordonnée relative**	avec le nom noyau	> Les enfants pleins d'énergie sautent de joie. > La fille de mes voisins arrive ce soir. > Pierre, le fils de mes voisins, arrive ce soir. > Les enfants qui sortent de la classe parlent bruyamment.
– comportant une **coordination** – commençant par un **adverbe** (beaucoup, peu, la plupart, trop, combien de)	à la 3e p. du pl.	> Marie et Matthieu travaillent. > La plupart des élèves travaillent.
– commençant par un **déterminant indéfini** (aucun, chaque, nul) **Pronom indéfini** (on, nul, rien, personne, chacun) **Verbe à l'infinitif** **Proposition**	à la 3e p. du sing.	> Chaque élève sort du collège. > On part en vacances. > Voyager est instructif. > Qu'ils viennent me ravit.
Pronom relatif qui	avec le nom, GN ou pronom représenté par qui	> Les aventuriers [qui affrontent la tempête] sont courageux.
Pronoms personnels moi (nous) + toi (vous) (= nous) lui / elle (ou GN) + moi (nous) (= nous) toi (vous) + lui / elle (ou GN) (= vous)	1e p. du pl. 1e p. du pl. 2e p. du pl.	> Toi et moi partons. > Ma fille et moi partons. > Ma fille et toi partez.

Manipuler

8 ACCORDER a. Repérez le noyau du GN sujet. b. Récrivez les phrases en conjuguant le verbe au présent de l'indicatif.*
1. Le grand-père qui a déjà une collection impressionnante de livres (acheter) une nouvelle édition des *Misérables*. 2. Charline, l'une de mes amies, me (soutenir). 3. L'orage qui gronde depuis des heures (effrayer) les enfants. 4. Les skieurs de haute montagne (rester) à l'auberge. 5. Les documentalistes que tu connais depuis ton plus jeune âge (partir) à la retraite. 6. Cet élève, rempli de bonnes attentions, (remercier) son enseignant.

9 ACCORDER a. Par binôme, repérez le sujet. b. Récrivez les phrases en les complétant par le verbe conjugué au temps de l'indicatif demandé.*
1. La maison de vacances de mes grands-parents (se trouver, *présent*) au bord de la mer. 2. Les livres de ce nouvel auteur français (recevoir, *passé composé*) les éloges des critiques littéraires. 3. Dans les combles de ce château (reposer, *imparfait*) le trésor des plus anciens druides. 4. Un mélange de curiosité et de crainte (s'emparer, *passé simple*) de moi.

Étude de la langue • La phrase / **347**

31. Le verbe et son sujet : les accords

10 ACCORDER **Récrivez les phrases en conjuguant le verbe au temps de l'indicatif demandé.***

1. Caravanes et mobilhomes (cohabiter, *imparfait*) dans ce camping. 2. Ici (vivre, *imparfait*) un roi, une reine et leur fils. 3. La pluie et la douceur du vent me (rappeler, *imparfait*) mes vacances en Bretagne. 4. Chat, chien, poule et coq (marcher, *passé simple*) en file indienne jusqu'à la ferme.

11 ACCORDER **a. Remplacez oralement le sujet en bleu par un seul pronom. b. Récrivez les phrases en accordant le verbe.***

1. Mon père et moi (passer, *futur*) nos vacances à la montagne. 2. Léon et toi (partir, *futur*) en Vendée cette année. 3. Des collègues et moi (décider, *passé composé*) de créer une association. 4. Tes camarades et toi (faire, *imparfait*) cet exercice en binôme. 5. Toi et moi (traverser, *futur*) l'Atlantique en bateau.

12 ACCORDER **a. Repérez le sujet et identifiez sa classe grammaticale. b. Récrivez les phrases en conjuguant le verbe au temps de l'indicatif demandé.***

1. Nul d'entre vous ne (partir, *futur*). 2. Peu d'étrangers (connaître, *présent*) l'Amazonie. 3. Trop de familles (abandonner, *présent*) leur animal pendant les vacances. 4. Chanter sous la douche (être, *présent*) un moment de détente. 5. Qu'ils envoient un message après un trajet en voiture (rassurer, *présent*) leurs parents. 6. Personne n'(entrer, *passé composé*) dans le manoir.

13 ACCORDER **a. Repérez le sujet et identifiez sa classe grammaticale. b. Recopiez les phrases en accordant le verbe conjugué au temps de l'indicatif demandé.***

1. Chacun (souhaiter, *présent*) que son entourage soit heureux. 2. Mes amis et moi (aborder, *imparfait*) sereinement notre entrée au lycée. 3. Rien ne (pouvoir, *imparfait*) les perturber. 4. Parcourir des terres inconnues (réjouir, *imparfait*) le groupe de touristes. 5. Personne ne (crier, *imparfait*), chacun (observer, *imparfait*) avec prudence.

14 ACCORDER **Récrivez les phrases en accordant le verbe conjugué au temps de l'indicatif demandé.****

1. Beaucoup d'hélicoptères (survoler, *passé simple*) la tour Eiffel. 2. Peu d'enfants (s'ennuyer, *présent*). 3. Traverser les champs les (amuser, *imparfait*). 4. Trop de questions (rester, *passé composé*) sans réponse. 5. Aucun des passagers n'(pouvoir, *plus-que-parfait*) partir. 6. Que ses amis lui aient menti (contrarier, *passé composé*) Valérie. 7. Chacun des participants (proposer, *plus-que-parfait*) une réponse et nul n'(gagner, *plus-que-parfait*) le concours.

15 COMPLÉTER **Par binôme, complétez les phrases par un sujet qui convient. Ajoutez si besoin une négation.****

1. a. [… animaux] ont intégré le nouveau zoo. b. [… animaux] a intégré le nouveau zoo. 2. a. [… pommes] sont récoltées en Normandie. b. [… pommes] est récoltée en Normandie.

16 ACCORDER **Recopiez le texte, soulignez chaque sujet et accordez les verbes aux temps de l'indicatif indiqués. Vous retrouverez ainsi le texte de M. Dugain.****

Marguerite (rentrer, *plus-que-parfait*) chez elle sans prévenir. Elle (sonner, *plus-que-parfait*) à l'entrée de service. La domestique, qui ne la (connaître, *imparfait*) pas, la prenant pour une colporteuse, lui (claquer, *passé simple*) la porte au nez. Elle (sonner, *passé simple*) alors à la grande porte. [...] Ses parents (apparaître, *passé simple*) en grande tenue. Ils ne (manifester, *passé simple*) aucune tendresse. Après tout (se dire, *passé simple*)-elle, pourquoi aujourd'hui plus qu'avant ? [...] On (rameuter, *passé simple*) la domesticité.

M. DUGAIN, *La Chambre des officiers*, © J.-C. Lattès, 1998.

17 ACCORDER **Par binôme. a. Récrivez les phrases : encadrez le pronom relatif et soulignez le mot ou le groupe de mots qu'il reprend. b. Accordez les verbes en les conjuguant au temps de l'indicatif demandé.****

1. L'homme qui (entrer, *imparfait*) dans la salle surprit par son accoutrement. 2. Les classes qui (donner, *présent*) sur la cour sont les plus ensoleillées. 3. Il poursuivit celui qui l'(agresser, *plus-que-parfait*). 4. C'est moi qui (aller, *présent*) la chercher à l'école. 5. Toi, qui ne (laisser, *présent*) personne indifférent, demande-lui de nous aider. 6. Nous, qui (voir, *plus-que-parfait*) cet homme dans la cour, pensions qu'il venait d'être recruté comme surveillant.

18 ACCORDER **Accordez les verbes en les conjuguant au temps de l'indicatif demandé.****

1. Ni son frère ni son oncle n'(envisager, *imparfait*) de quitter le village. 2. Sa perspicacité et la rapidité de sa décision me (surprendre, *passé simple*). 3. La plupart des récits de poilus (témoigner, *présent*) des terribles conditions de vie dans les tranchées. 4. Peu d'auteurs (parvenir, *présent*) à créer un univers tel que celui de *La Comédie humaine*. 5. Combien de pièces de Ionesco (se jouer, *présent*) encore ? 6. Trop de gens (croire, *présent*) que la représentation théâtrale n'aura pas lieu.

19 TRANSPOSER **Récrivez le texte en remplaçant « Meaulnes » par « Meaulnes et François », en mettant les verbes au passé simple.**** BREVET

Meaulnes s'enveloppa les jambes dans une couverture. À deux heures, il traversa le bourg de La Motte et s'amusa de le voir désert et endormi. À la sortie du village, aussitôt après la maison d'école, il hésita ente deux routes et crut se rappeler son chemin. Il remit au trot sa jument qui fila sur la route. Il longea un bois de sapins.

D'après ALAIN-FOURNIER, *Le Grand Meaulnes*, 1913.

20 ÉCRIRE **Imaginez l'histoire de deux Martiens arrivant en France. Rédigez une dizaine de lignes et employez des sujets variés que vous soulignerez.****

348 /

32. L'accord de l'adjectif et du participe passé employé avec *être*

Mobiliser ses connaissances

1 ACCORDER **a.** Repérez le verbe ou l'auxiliaire dans les phrases suivantes : quelle est la règle d'accord qui s'applique ? **b.** Repérez les sujets puis accordez les participes passés et les adjectifs.*

1. Les vacances sont (terminé), les élèves sont donc (retourné) en classe. 2. Les jumeaux sont (né) à deux minutes d'intervalle. 3. Les journalistes et les cameramen étaient (parti) faire un reportage sur les réfugiés politiques. 4. Elle est (roux), ses yeux sont (bleu) et son nez est légèrement (arrondi). 5. Elles sont (content) de te voir. 6. Ces hommes ont toujours été (juste).

Retenir la leçon

L'**adjectif** et le **participe passé** employés avec *être* ou avec des verbes comme *sembler, paraître, devenir*, etc., s'accordent en genre et en nombre avec le **sujet du verbe**.
> *Ces comédiennes sont talentueuses et expérimentées.*

Manipuler

2 ACCORDER Accordez les adjectifs et les participes passés.*

1. Jasmine, vous êtes (discret) et (compétent). 2. Les trois quarts des élèves sont vraiment (créatif). 3. Cette récompense leur est (décerné) par le maire. 4. Qu'ils soient un peu plus (aimable) ! 5. (Mûr), ces fruits le sont-ils ? 6. Si les extraterrestres existaient, la planète serait (envahi) depuis des centaines d'années. 7. (Rare) sont les vrais amis. 8. Ils paraissent (calme) aujourd'hui. 9. Ses explications semblent (hasardeux). 10. Il faut que les animaux soient (nourri) avant le coucher du soleil.

3 ACCORDER Accordez les adjectifs et les participes passés.*

L'une de ces belles, en un certain royaume, était si (fin) et si (délicat) qu'elle en était (venu) à entrer en un silence obstiné. Elle était (décidé) à ne prendre pour époux que l'homme qui parviendrait à la faire parler. Aussitôt, aux portes du château est (venu) une foule de bavards. Ils ont parlé de tous les sujets du monde. Tous sont (reparti) salivants et sans voix. La demoiselle restait (seul) et (muet).

D'après « La Princesse muette », *Contes des sages fous et amoureux*, recueil de J.-J. FDIDA, © Seuil, 2008.

4 RÉCRIRE Récrivez ce texte en remplaçant « cet homme » : **a.** par *ces hommes* ; **b.** puis par *ces femmes*. Vous ferez toutes les modifications nécessaires.* BREVET

Cet homme paraît courageux : après avoir travaillé dix ans dans une banque, il est retourné à l'université pour étudier la médecine. Il est resté exercer en ville quelque temps puis il est parti s'installer à la campagne. Il s'est spécialisé en botanique ; il est ensuite devenu fameux dans la région pour ses connaissances en médecine douce.

5 IDENTIFIER Relevez les participes employés avec l'auxiliaire *être*. En quoi renseignent-ils sur le narrateur ?**

Donc ce soir-là, étant entrée au Casino, après être passée devant deux tables plus qu'encombrées et m'être approchée d'une troisième, au moment où je préparais déjà quelques pièces d'or, j'entendis avec surprise […] un bruit très singulier, un craquement et un claquement, comme provenant d'articulations qui se brisent. Malgré moi, je regardai étonnée de l'autre côté du tapis. Et je vis là (vraiment, j'en fus effrayée !) deux mains comme je n'en avais encore jamais vu.

S. ZWEIG, *Vingt-quatre heures de la vie d'une femme*, 1927, © Éditions Stock, 1992.

6 ÉCRIRE Imaginez l'histoire de ces deux personnages. Employez les verbes *être, sembler* et *paraître* suivis d'adjectifs ou de participes passés.**

33. Les compléments du verbe

Mobiliser ses connaissances

1 (REPÉRER) Recopiez les phrases en mettant entre crochets les compléments directs et en soulignant les compléments indirects. Comment les avez-vous repérés ?*
1. Ma boîte de messagerie électronique bloque les messages indésirables. 2. Je peigne les cheveux de ma fille. 3. Il parle de ses passions. 4. Elle téléphone à sa grand-mère. 5. Il a inscrit ses filles à un cours de danse. 6. Le dentiste lui a arraché ses dents de sagesse. 7. Les enseignants ont planifié la progression de leurs cours trois mois à l'avance. 8. Il a transmis à sa famille ses meilleurs vœux.

Retenir la leçon

- Certains verbes se construisent avec un **complément du verbe**. Le verbe et son complément forment généralement le **prédicat de la phrase**.
  > *Mes parents achètent [une maison].* (Le verbe *acheter* implique un complément du verbe.)

- Le complément de verbe est généralement **non supprimable**. La phrase perd son sens si on le supprime.
  > *Paul achète un ordinateur. → Paul achète.*
  Dans certains cas, lorsqu'on supprime le complément du verbe, le sens de la phrase est modifié.
  > *Il passe. Il passe un examen.*

- Le complément de verbe peut être direct ou indirect.

Complément direct du verbe	Généralement **non relié au verbe par une préposition.** > *Il coupe [une planche de bois].* ❗ Certains infinitifs compléments directs sont introduits par une préposition. > *Il me dit [de venir]. → Qu'est-ce qu'il me dit ? De venir.*
Complément indirect du verbe	Généralement **introduit par une préposition**, le plus souvent *à* et *de*. > *Il pense [à sa femme].* ❗ Certains compléments indirects ne comportent pas de préposition : – pronoms personnels : *me, te, lui, leur* ; > *Elle lui parle.* – pronoms relatifs : *auquel (auxquels), duquel (desquels), dont.* > *Les femmes dont je parle sont arrivées.* Remarque : une préposition introduit toujours la **question**, ce qui permet de repérer le complément indirect. > *Il [me] dit de venir. → À qui dit-il de venir ? À moi (me).* > *Il [en] parle. → De quoi parle-t-il ?*

- Un verbe peut se construire avec un complément direct et un complément indirect, ou avec deux compléments indirects.
  > *Il offre [un bouquet] [à sa femme].* > *Il parle [de ses problèmes] [à sa mère].*

- Les compléments de verbe se placent :
  – généralement **après le verbe** ; > *Il offre [un bouquet].*
  – **devant le verbe** si le complément est un pronom. > *Il [les] [lui] offre.* > *Il [lui] [en] parle.* > *Voici le livre [que] je préfère.*

- Ne pas confondre complément direct et sujet inversé. > *Vous marquez un but. Quel but marquez-vous ?*
                                                                    complément direct   sujet

Manipuler

2 (EXPLIQUER) a. Repérez le complément direct de chaque verbe. b. Récrivez les phrases comportant un pronom complément direct en le remplaçant par un GN. Si besoin, faites les modifications nécessaires.*
1. Je le connais depuis mon plus jeune âge. 2. Donne-moi ceux-là. 3. Qu'as-tu demandé à Noël ? 4. Ce livre est bien écrit mais j'ai préféré le vôtre. 5. Nous avons terminé notre article. Ont-ils achevé le leur ? 6. Apporte-lui celui qui est posé dans les escaliers. 7. Que voulez-vous ? 8. Qu'achètent mes parents ?

350

LA PHRASE

3 EXPLIQUER Les GN soulignés sont-ils des compléments directs ou des sujets inversés ? Expliquez vos réponses à votre camarade.*

Chaque fois qu'on me demande comment est <u>la ville de Yong Jing</u>, je réponds sans exception par une phrase de mon ami Luo : elle est si petite que si la cantine de la mairie fait <u>du bœuf aux oignons</u>, toute la ville en renifle <u>l'odeur</u>. En fait, la ville ne comprenait qu'<u>une seule rue</u>, de deux cents mètres environ, dans laquelle se trouvaient <u>la mairie, un bureau de poste, un magasin, une librairie, un lycée et un restaurant</u> derrière lequel il y avait un hôtel de douze chambres. À la sortie de la ville, accroché au milieu d'une colline, se trouvait <u>l'hôpital du district</u>.

D. SIJIE, *Balzac et la Petite Tailleuse chinoise*, © Éditions Gallimard, 2000.

4 EXPLIQUER Quelle est la fonction des éléments soulignés ? Expliquez votre réponse à votre camarade.*
1. Le jardinier a taillé <u>tous les arbustes du jardin</u>. 2. Elle sourit <u>aux passants</u>. 3. Non loin de la préfecture se sont installés <u>des gens du voyage</u>. 4. Près des plages se regroupent <u>les mouettes</u> prêtes à s'envoler. 5. Elle <u>lui</u> demande <u>de partir</u>. 6. Les responsables ont reporté une nouvelle fois <u>la réunion</u>.

5 EXPLIQUER Par binôme. **a.** Repérez les compléments directs. **b.** Votre camarade vous explique ses réponses. Êtes-vous d'accord avec lui (elle) ?**

Le maréchal s'arrêta, et regarda de nouveau avec sa lorgnette. Fabrice, cette fois, put le voir à son aise ; il le trouva très blond, avec une grosse tête rouge. Nous n'avons point des figures comme celle-là en Italie, se dit-il. Jamais, moi qui suis si pâle et qui ai des cheveux châtains, je ne serai comme ça. […] Il regarda les hussards[1] ; à l'exception d'un seul, tous avaient des moustaches jaunes. Si Fabrice regardait les hussards de l'escorte, tous le regardaient aussi.

STENDHAL, *La Chartreuse de Parme*, chap. 3, 1839.
1. hussards : soldats.

6 EXPLIQUER Repérez les compléments indirects. Justifiez votre réponse.*
1. Il lui a prêté sa voiture. 2. Elle y a assisté. 3. Le directeur leur en parle. 4. Je parle des miennes. 5. Il s'étonne que vous n'ayez pas accepté sa proposition. 6. De la flûte ? Il en joue depuis des années. 7. Il pense à ce qu'elle lui a dit hier.

7 IDENTIFIER Relevez dans le texte les compléments indirects du verbe.*
1. Weil parlait souvent de l'ivresse de l'altitude, quand il allait survoler les lignes allemandes. 2. Tout ce qui touchait au matériel confortait son optimisme. 3. C'était la seule odeur qui réussissait à s'imposer à moi. 4. Un vieux serviteur lui ouvrit. 5. Profitons de cette petite fête, cette période de guerre est si ennuyeuse.

M. DUGAIN, *La Chambre des officiers* © J.-C. Lattès, 1998.

8 EXPLIQUER Par binôme, expliquez si les compléments de verbe soulignés sont directs ou indirects.*
1. Les bouteilles de bourgogne avaient profité <u>de ces années</u> pour se bonifier. Ma bouche ne m'en restituait pas le goût, mais je profitais <u>de l'ivresse et de son illusoire bien-être</u>. 2. M. Grichard <u>me</u> répondit par lettre qu'il me recevrait avant cette date. Nous convînmes <u>d'un rendez-vous</u> en mai. 3. La guerre était terminée depuis six mois, mais ses résidus allaient continuer <u>à déambuler</u> pendant de nombreuses années. 4. Aujourd'hui, les dommages causés par la guerre <u>nous</u> ouvrent de nouvelles perspectives.

M. DUGAIN, *La Chambre des officiers* © J.-C. Lattès, 1998.

9 EMPLOYER Par binôme. **a.** Identifiez les verbes qui se construisent avec un complément du verbe. **b.** Écrivez une phrase pour chaque verbe retenu en ajoutant un complément du verbe. **c.** Précisez s'il s'agit d'un complément direct ou indirect.**

brûler • dire • venir • causer (dans le sens de « provoquer ») • grogner • téléphoner • avoir • voyager

10 EMPLOYER **a.** À l'aide d'un dictionnaire, présentez les différents sens que peuvent avoir ces verbes. **b.** Pour chaque sens repéré, dites si le verbe se construit ou non avec un complément du verbe. Précisez si le complément du verbe est direct ou indirect. **c.** Écrivez une phrase qui rende compte des sens repérés.**

sortir • voler • défendre • insinuer

11 EMPLOYER Par binôme. **a.** Écrivez une phrase avec les verbes suivants suivis d'un GN complément direct et/ou d'un complément indirect. **b.** Le complément peut-il être supprimé ? Si oui, le sens est-il le même ? Expliquez oralement votre réponse.**

répondre • boire • donner • prendre

Retenir la leçon

• Un nom ou groupe nominal complément peut être remplacé par un pronom personnel.

Nom	Complément direct	Complément indirect
animé	**le, la, les** > *Mon père garde [mon frère].* → *Mon père le garde.*	**lui, leur** > *Il parle [à ses amis]* → *Il leur parle.*
inanimé	**le, la, les, en** > *Il offre souvent [des fleurs].* → *Il [en] offre souvent.*	**en** (complément indirect introduit par *de*) **y** (complément indirect introduit par *à*) > *Il parle du match et pense à cela sans cesse.* → *Il [en] parle et il [y] pense sans cesse.*

33. Les compléments du verbe

Manipuler

12 TRANSPOSER a. Quelle est la fonction du GN en bleu ? b. Récrivez chaque phrase en remplaçant le GN en bleu par un pronom personnel.*
1. Il emprunta des outils à son amie. 2. Il rêve des vacances. 3. Il ment à ses clients. 4. Elle ouvrit la porte au facteur. 5. Il s'occupe des papiers administratifs.

13 TRANSPOSER Identifiez les compléments du verbe et remplacez-les par un pronom.*
1. Les enfants parcourent les rues avec des flambeaux. 2. Les passants jettent des bonbons aux enfants. 3. Les parents accrochent des boules aux branches du sapin. 4. Le collège prépare une fête avec fébrilité. 5. Il adresse un salut à la foule.

14 TRANSPOSER Par binôme. a. Récrivez les phrases en remplaçant les pronoms compléments de verbe par un nom ou groupe nominal qui convient. b. Comparez vos réponses.**
1. Il la lui lance. 2. Je leur en veux. 3. Pourras-tu le faire ? 4. Les athlètes les écoutent avec respect. 5. Le courage lui manque. 6. Le succès leur tourne la tête.

15 EMPLOYER Par binôme, recopiez les questions suivantes et répondez-y en remplaçant chaque groupe nominal souligné par un pronom personnel. Expliquez vos réponses.**
1. Ton professeur convoque-t-il tes parents ? Oui, mon professeur … (le / les / leur) convoque. 2. Cet enfant désobéit-il à ses parents ? Oui, cet enfant … (les / leur / leurs) désobéit. 3. A-t-il visité les Catacombes ? Oui, il … (le / les / leur) a visitées. 4. La petite fille se cache-t-elle les yeux ? Oui, elle se … (le / les / leur) cache. 5. La guide traduit-il cette phrase à Odile ? Oui, le guide … (la / le / lui) … (la / le / lui) traduit. 6. Racontes-tu ton escapade à tes amis ? Non, je ne … (la / le / lui) … (les / leur) raconte pas. 7. Le magasin renvoie-t-il les articles invendus à son fournisseur ? Oui, le magasin … (le / les / leur) … (le / lui / leur) renvoie. 8. As-tu demandé l'autorisation de sortir à ta mère ? Non, je ne … (le / la / lui) … (le / la / lui) ai pas demandée.

Retenir la leçon

Classe grammaticale du complément du verbe

	Complément direct	Complément indirect
groupe nominal ou nom propre	> Les enfants adorent [le chocolat]. > Les enfants voient [Paul].	> Il rêve [d'évasion]. > Elle rêve [de Paul].
infinitif ou groupe verbal à l'infinitif	> Les enfants aiment [jouer].	> Lou rêve [de partir loin].
pronom — personnel	> Ce cerf-volant, les enfants [le] voient.	> Jean [lui] conseille de venir.
— possessif	> J'apporte mon sac et Luc apporte [le sien].	> Il s'occupe [du mien].
— démonstratif	> J'achète cette robe, et tu prends [celle-ci].	> Il parle [de celui-ci].
— interrogatif	> [Que] veux-tu ?	> [À qui] parles-tu ?
— relatif	> Il lit le livre [que] tu lui as offert.	> Il lit le livre [dont] je t'ai parlé.
proposition — conjonctive	> Il sait [qu'elle réussira].	> Il se souvient [qu'il a réussi].
— interrogative indirecte	> Je me demande [où il va].	

⚠ Une proposition subordonnée qui est complément d'un verbe principal peut contenir un verbe qui se construit, lui aussi, avec un complément de verbe.

[complément direct de croit]
> Il croit [qu'elle réussira son examen].
complément direct de réussira

LA PHRASE

Manipuler

16 IDENTIFIER Recopiez les phrases suivantes en mettant entre crochets les éventuels compléments directs.**
1. Les fleurs ? Alexandre les a vendues.
2. Élise lui a raconté un mensonge.
3. Najett en est revenue depuis trois jours.
4. Elle le lui a offert.
5. Colette est professeure de piano.
6. Je veux que tu partes à Bruxelles jeudi.
7. Jessica tricote un pull que sa fille portera cet hiver.

17 IDENTIFIER a. Repérez les compléments directs des verbes soulignés. b. Quelle est leur classe grammaticale ?*
1. Il espère travailler à la campagne. 2. Il pense réussir son entretien d'embauche. 3. À l'aube, elle entend les oiseaux chanter. 4. Elle voit venir le printemps. 5. Nous entendons les enfants rire.

18 TRANSPOSER a. Quel est le complément direct des verbes en bleu ? b. Récrivez les phrases en le remplaçant par un pronom personnel. Où ce nouveau complément direct est-il placé ?*
1. Elle souhaite que sa fille réussisse son brevet. 2. J'exige que tu me présentes des excuses. 3. Je me demande qui a fait cela. 4. Il pense que la victoire est proche. 5. Je ne sais pas s'il viendra. 6. Il demanda en allemand où se trouvait le métro.

19 IDENTIFIER Par binôme, repérez les compléments directs des verbes.*
1. Je crois que maman, cette fois, a ce qu'elle désire. Je l'ai entendue ce matin : elle disait qu'elle ne voulait plus de précepteurs. 2. Ses mains étaient encombrées de roses du Bengale, que nous lui avions offertes une par une, selon l'usage de la famille. 3. Il [Le missionnaire] répondit qu'il n'avait point quitté volontairement La Belle Angerie, mais que, notre mère lui ayant demandé de ne point rentrer de vacances, il avait cru qu'il ne fallait pas insister… Depuis lors, il se demandait, avec anxiété, en quoi il avait pu faillir à sa tâche.
D'après H. BAZIN, *Vipère au poing*, 1948.

20 CORRIGER Par binôme. a. Quelles phrases vous semblent correctes ? incorrectes ? b. Corrigez les phrases incorrectes et expliquez votre réponse.**

1. L'histoire que je raconte à mes enfants le soir est un conte merveilleux. 2. La voiture que je t'en ai parlé est au garage. 3. Mon père achète un bateau que tu pourras piloter. 4. Ce cours de sport correspond exactement à ce que j'ai besoin ! 5. J'ai revu la fille que je t'ai parlé. 6. Le film dont je me rappelle le mieux, c'est Tarzan.

21 TRANSPOSER Récrivez les phrases en remplaçant les pronoms compléments du verbe soulignés par une proposition subordonnée.*
1. Louis le promet.
2. Je ne le pense pas.
3. Il me l'a indiqué.

22 TRANSPOSER a. Récrivez les deux phrases de chaque série de façon à ce qu'elles n'en forment qu'une seule : le groupe souligné sera remplacé par le pronom relatif *que*. Vous accorderez le participe passé. b. Quel verbe *que* complète-t-il ? c. Quelle est la fonction de *que* ?**
1. Il regarde régulièrement la série. Tu as produit la série.
2. Je me souviendrai toujours de la bûche. Ma mère a cuisiné la bûche pour Noël.
3. La voiture était une bonne occasion. J'ai acheté la voiture.
4. La pomme est remplie d'asticots. Tu as ramassé la pomme.

23 ÉCRIRE Par binôme, cherchez oralement : a. deux verbes qui se construisent avec un complément direct et un complément indirect ; b. deux verbes qui se construisent avec deux compléments indirects. c. Écrivez une phrase avec chacun des verbes.**

24 EXPLIQUER L'un de vos camarades soutient que *de partir* est un complément du verbe dans *Il est content de partir*. Vous n'êtes pas d'accord. Rédigez un paragraphe expliquant votre position.**

25 ÉCRIRE À partir de la photographie, écrivez un paragraphe de cinq lignes en utilisant des compléments directs et des compléments indirects que vous soulignerez de deux couleurs.**

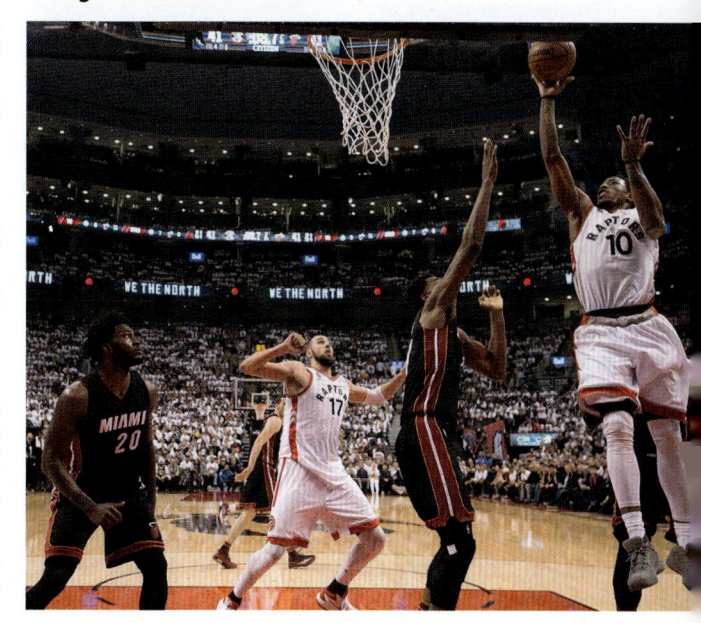

34. L'accord du participe passé employé avec *avoir*

Mobiliser ses connaissances

1 (ACCORDER) **a.** Repérez l'auxiliaire et le complément direct : faut-il accorder le participe passé ? **b.** Récrivez ces phrases en les complétant par le participe passé du verbe entre parenthèses.*
1. Elle a (utiliser) tout le savon. 2. Elles ont (acheter) du poisson pour le repas. 3. Ils ont (vendre) leurs films à la brocante. 4. Vous avez (attirer) les guêpes jusqu'à notre tente. 5. Ils ont (dépenser) leur argent de poche.

2 (ACCORDER) **a.** Mentalement, repérez l'auxiliaire, le complément direct et sa place. **b.** Récrivez ces phrases en les complétant par le participe passé du verbe entre parenthèses. Faites les accords qui s'imposent.*
1. Cette voiture ? Ils l'ont (acheter) hier. 2. Il a (effacer) ses empreintes. 3. Ses empreintes, il les a (effacer). 4. Combien d'animaux cette famille a-t-elle (abandonner) ? 5. Combien de lettres as-tu (écrire) ? 6. Quels cours as-tu (suivre) aujourd'hui ?

Retenir la leçon

- Le participe passé employé avec l'auxiliaire *avoir* **ne s'accorde jamais avec le sujet du verbe**.
  > *Les agriculteurs ont obten**u** de nouvelles aides.*

- Le participe passé employé avec l'auxiliaire *avoir* **s'accorde en genre et en nombre** avec le **complément direct** si celui-ci est **placé avant le verbe**.
  > *Elle a offert des fleurs à sa mère. Elle les a cueill**ies** dans son jardin.*
  (→ complément direct placé avant le verbe)

- Classe grammaticale du complément direct placé avant le verbe :

groupe nominal	> *Quels pulls as-tu chois**is** ?* > *Combien de livres avez-vous achet**és** ?*
pronom personnel	> *J'ai cueilli des fleurs et je les ai offert**es** à ma mère.* ⚠ Lorsque le complément direct est *en*, le participe passé ne s'accorde pas. > *Regardez ces fleurs, j'en ai **cueilli** pour ma mère.*
pronom relatif	> *Les fleurs qu'elle a cueill**ies** sentent bon.*

Manipuler

3 (TRANSPOSER) Récrivez ces phrases en remplaçant le groupe en bleu par un GN au féminin pluriel. Faites toutes les modifications nécessaires.*
1. J'ai trouvé ce trésor au fond de mon jardin. 2. Ce baume, l'as-tu appliqué sur tout ton corps ? 3. Le tableau qu'il a exposé est un chef-d'œuvre. 4. Un doute ? Nous n'en avons jamais eu un seul. 5. Le pirate a capturé le capitaine puis l'a abandonné sur une île.

4 (TRANSPOSER) **a.** Dans chaque phrase, repérez le complément direct. **b.** Récrivez les phrases en remplaçant chaque complément par un pronom personnel et accordez les participes passés.*
1. Au zoo, les élèves ont imité les cris des gorilles. 2. Elles ont enregistré leurs bagages avant d'embarquer. 3. Le chien a mordu les fillettes. 4. La couturière a raccourci les rideaux. 5. Ils ont redécouvert cette charmante ville balnéaire.

5 (CONJUGUER) Conjuguez les verbes au plus-que-parfait et accordez les participes passés.*
1. Quels auteurs (découvrir)-vous cette année-là ? 2. À quelle heure (manger)-vous ? 3. Cette chanson, elle l'(apprendre) par cœur. 4. Quels périls et quelles menaces (affronter)-il ! 5. Ils m'avaient offert des chocolats et je les (remercier).

6 (ACCORDER) **a.** Mentalement, repérez l'auxiliaire et le complément direct. **b.** Récrivez ces phrases en les complétant par le participe passé du verbe entre parenthèses. Faites les accords nécessaires.**
1. Elle a conservé toutes les lettres que sa grand-mère lui a (envoyer). 2. Des barres chocolatées, j'en ai trop (manger). 3. Ces enfants de quatre ans comprennent-ils les histoires que tu leur as (raconter) ? 4. De belles histoires, j'en ai (vivre) tellement ! 5. Zohra revient de la kermesse. Regarde tous les cadeaux qu'elle a (rapporter) ! 6. Des bêtises, qu'est-ce qu'il en a (dire) !

354

7 (TRANSPOSER) Récrivez le texte en remplaçant « la jeune femme » par « les jeunes gens » et « le comte et la comtesse » par *le couple*. Faites toutes les modifications nécessaires.** BREVET

La jeune femme que l'on avait présentée au comte et à la comtesse les avait surpris. Dès qu'ils l'eurent engagée à leur service, tous les notables de la région les avaient enviés d'avoir trouvé une personne aussi qualifiée. Ils l'ont traitée avec respect et l'ont encouragée à prendre des initiatives.

8 (CORRIGER) a. Récrivez ce texte en corrigeant les erreurs d'orthographe. b. Expliquez oralement à votre camarade comment faire pour vérifier si les participes passés sont bien orthographiés.**

Les Grecs ont toujours eus une prédilection pour les fleurs. Mais ils ont ignorés l'art de les cultiver. Ils ne les ont pas embellis ; ils les ont cueillis dans les champs, telles que la nature les faisait naître. Les Romains n'ont pas mieux connus la manière de les cultiver.

9 (ÉCRIRE) a. Écrivez deux phrases avec le verbe *abîmer* au passé composé de l'indicatif. Le participe passé ne sera pas accordé dans la première phrase ; il le sera dans la deuxième phrase. b. Faites le même exercice avec le verbe *ouvrir* au futur antérieur de l'indicatif.*

10 (ÉCRIRE) À partir de cette image, rédigez un texte au passé composé. Accordez les participes passés.*

Retenir la leçon

L'accord du participe passé employé avec l'auxiliaire *avoir* suivi d'un infinitif

Comment accorder ?

Le participe passé s'accorde si le complément direct est placé **avant** le participe et **fait l'action** exprimée par l'infinitif.	> *Ces musiciens, je les ai entendus jouer à Bercy.* (« les » reprend « les musiciens » qui font l'action de « jouer ») > *Ces mélodies, je les ai entendu jouer à Bercy.* (« les » reprend « les mélodies » qui ne font pas l'action de « jouer »)
❗ Le participe passé *fait* suivi d'un infinitif ne s'accorde jamais.	> *Le détective les a fait suivre toute la nuit.*

Manipuler

11 (ACCORDER) a. Repérez le complément direct des verbes conjugués. Fait-il l'action exprimée par l'infinitif en bleu ? b. Recopiez les phrases en choisissant la bonne orthographe.**

1. Ces oiseaux, je les ai *vu* / *vus* migrer vers le Sud. 2. La pièce que j'ai *vu* / *vue* jouer était effrayante. 3. Ces magazines, tu les as *envoyé* / *envoyés* chercher à la librairie. 4. Ce n'est pas ton amie que j'ai *vu* / *vue* pleurer hier ? 5. Ici, se trouvent les documents que j'ai *préféré* / *préférés* consulter.

12 (EMPLOYER) Récrivez les phrases suivantes en accordant le participe passé du verbe *faire* si nécessaire.**
1. Ces rideaux, je les ai … venir de Chine. 2. Ces rideaux, je les ai … moi-même. 3. La tarte au chocolat que j'ai … cuire était délicieuse. Mais la quiche que j'ai … hier était moins réussie. 4. J'aimais tant cette statue que tu as … tomber ! 5. Les diverses tentatives que vous avez … pour rencontrer votre actrice préférée n'ont pas abouti. Mais elle vous a … parvenir sa photographie.

Étude de la langue • La phrase / **355**

35. Les compléments de phrase (ou circonstanciels)

Le lieu, le temps, le moyen, la manière

Mobiliser ses connaissances

1 SUPPRIMER **Prononcez ces phrases en supprimant tous les compléments de phrase exprimant le lieu et le temps.***
1. Souvent, lorsque Charles était sorti, elle allait prendre dans l'armoire, entre les plis du linge où elle l'avait laissé, le porte-cigares en soie verte.

G. FLAUBERT, *Madame Bovary*, 1857.

2. Après son souper, il causait pendant une demi-heure avec mademoiselle Baptistine et madame Magloire ; puis il montait dans sa chambre et se remettait à écrire, tantôt sur des feuilles volantes, tantôt sur la marge de quelque in-folio.

D'après V. HUGO, *Les Misérables*, 1862.

2 AJOUTER **Récrivez les phrases de l'exercice 1 en les complétant par de nouveaux compléments de phrase exprimant le temps et le lieu.***

Retenir la leçon

- Le **complément de phrase** informe des **circonstances** (temps, lieu, moyen, manière…) qui entourent l'action ou l'état décrit par le verbe.
- Le complément de phrase est **facultatif** : on peut le **déplacer** ou le **supprimer**.
  > *Ce soir, je vais courir. Je vais courir ce soir. Je vais courir.*
- Une phrase peut compter **plusieurs compléments de phrase**. > *Le soir, je cours dans le parc.*

Complément	Formes du complément de phrase
de lieu	– **groupe nominal** précédé d'une **préposition** – **adverbe** (*ailleurs, dedans, dehors, ici, là, là-bas…*)
de temps	– **groupe nominal** précédé ou non d'une **préposition** – **infinitif** précédé d'une **préposition** – **adverbe** (*aujourd'hui, hier, autrefois…*) – **proposition subordonnée** (introduite par *quand, lorsque, dès que…*)
de manière	– **groupe nominal** précédé d'une **préposition** – **adverbe** – **participe présent** précédé de *en*
de moyen	**groupe nominal** précédé d'une **préposition**

> *Dans la rue, quand il pleut, les promeneurs se protègent rapidement avec un parapluie.*

Manipuler

3 ÉCRIRE **a. Relevez les compléments de phrase. b. Précisez la circonstance exprimée. c. Récrivez les phrases en changeant la classe grammaticale des compléments de phrase.***
1. Il lui parle toujours avec douceur. 2. Elle s'avance lentement vers les marches de l'église. 3. Il la regarde en souriant. 4. Ils contemplaient la scène avec moquerie. 5. Ses mots lui viennent facilement. 6. Emma négocie avec efficacité.

4 COMPLÉTER **Complétez ces phrases par un complément de phrase exprimant : a. le lieu ; b. le temps ; c. le moyen.***
1. Il trace une ligne noire … . 2. Il taille les arbres … . 3. Le scientifique observe le développement des cellules … . 4. …, il est impossible de tondre la pelouse. 5. Il est plus facile de nager … . 6. Les ouvriers repeignent la façade de la mairie … . 7. Maëlys découvre le Pays basque … .

5 ÉCRIRE **Racontez le cours de grammaire du jour en utilisant au moins un complément de phrase exprimant le temps, le lieu, la manière et le moyen. Entourez ces compléments de quatre couleurs différentes.****

356 /

LA PHRASE

La cause

Mobiliser ses connaissances

6 IDENTIFIER **Prononcez ces phrases en supprimant les compléments de phrase exprimant la cause.***
1. Puisqu'ils s'entendaient au jardinage, ils devaient réussir dans l'agriculture. 2. Le colza fut chétif, l'avoine médiocre, et le blé se vendit fort mal, à cause de son odeur. 3. Chacun en écoutant l'autre retrouvait des parties de lui-même oubliées. 4. « Crois-tu que le monde, reprit Bouvard, changera grâce aux théories d'un monsieur ? » 5. Leur idéal était Cornaro, ce gentilhomme vénitien, qui, à force de régime, atteignit une extrême vieillesse.

G. FLAUBERT, *Bouvard et Pécuchet*, 1881.

Retenir la leçon

Le complément de phrase exprimant la **cause** indique la **raison** qui provoque l'action ou l'état exprimé par le verbe.

Un complément de phrase exprimant la cause peut être…

une **proposition subordonnée** avec un verbe à l'**indicatif**, introduite par *parce que, du fait que, puisque, vu que, étant donné que, comme*…	> Je ne sors pas **parce qu'il pleut**. > **Puisqu'il pleut**, je ne sors pas. > **Étant donné qu'il pleut**, je ne sors pas.
un verbe à l'**infinitif passé** précédé de *pour*	> Le pompier a été applaudi **pour avoir sauvé le chien de la noyade**.
un verbe à l'**infinitif présent** précédé de *à force de*	> **À force de persévérer**, il y est arrivé.
un verbe au **participe présent** précédé de *en*	> **En persévérant**, il y est arrivé.
un **groupe nominal** précédé : – d'une **préposition** (*à cause de, en raison de, grâce à, par, pour, du fait de, sous prétexte de*…) – de *étant donné, vu*	> **À cause de sa foulure**, il n'a pas couru. > Il n'a pas couru **étant donné sa foulure**. > **Vu sa foulure**, il n'a pas couru.

Manipuler

7 AJOUTER **Complétez ces phrases par un complément de phrase exprimant la cause. Vous emploierez : a.** des groupes nominaux ou infinitifs précédés d'une préposition ; **b.** des propositions subordonnées.*
1. Je pars demain au lieu de jeudi … . 2. …, il faudra l'aider à monter les escaliers. 3. L'acteur a été félicité … . 4. Nous faisons de la luge plutôt que du ski … . 5. Il est resté chez lui … . 6. Elle a oublié sa valise sur le quai … . 7. …, Juliette a pu s'en sortir. 8. …, Jules a raté son examen. 9. Loïc a choisi ce livre-ci … . 10. …, le bus arrivera avec dix minutes de retard.

8 EMPLOYER **Récrivez les phrases en employant un complément de phrase exprimant la cause.***
1. Ce roman a une intensité émouvante. 2. Le trafic ferroviaire est interrompu. 3. La vigilance des conducteurs est considérablement diminuée. 4. Il a fini par obtenir gain de cause. 5. Elle a remporté un vif succès.

9 ÉCRIRE **Écrivez les raisons pour lesquelles la vitesse peut être source d'accidents mortels. Utilisez au moins trois compléments de phrase exprimant la cause et soulignez-les.****

10 ÉCRIRE **Écrivez les raisons pour lesquelles le personnage du tableau crie. Utilisez au moins trois compléments de phrase exprimant la cause de classes grammaticales différentes et soulignez-les.****

E. MUNCH, *Le Cri*, 1893.

Étude de la langue • La phrase / 357

35. Les compléments de phrase (ou circonstanciels)

La conséquence

Mobiliser ses connaissances

11 IDENTIFIER Recopiez les phrases en soulignant les compléments de phrase exprimant la conséquence.*
1. Il a si froid qu'il tremble de tous ses membres. 2. Il court jusqu'à épuisement. 3. Il parle sans cesse si bien que plus personne ne l'écoute.

12 TRANSFORMER Reformulez les phrases de l'exercice 11 en changeant la forme du complément de phrase exprimant la conséquence.*

Retenir la leçon

Le complément de phrase exprimant la **conséquence** indique le **résultat d'une action ou d'un état antérieurs**.

Un complément de phrase exprimant la conséquence peut être…

une **proposition subordonnée** avec un verbe au **subjonctif**, introduite par *trop / assez… pour que*	> Il est trop grand pour qu'on le conduise encore à l'entrée de l'école.
une **proposition subordonnée** avec un verbe à l'**indicatif**, introduite par *si bien que, de telle sorte que, de manière que, à tel point que, au point que, si… que, tellement… que, tant… que…*	> Il a beaucoup grandi, si bien que ses pantalons sont devenus trop courts. > Il est si grand qu'il doit se baisser pour passer la porte.
un verbe à l'**infinitif** précédé de *au point de*	> Il court au point d'être épuisé le soir.
un **groupe nominal** précédé de *jusqu'à*	> Il court jusqu'à épuisement total.

Manipuler

13 ÉCRIRE **a.** Expliquez oralement la relation de cause à conséquence présentée par cette affiche. **b.** Rédigez trois phrases, chacune exprimant un geste qui aide à réduire les discriminations contre les handicapés. Soulignez les compléments de phrases exprimant la conséquence.**

14 ÉCRIRE **a.** Identifiez dans le texte trois conséquences d'une disparition complète des abeilles. **b.** Écrivez trois phrases en présentant chacune de ces conséquences sous la forme d'un complément de phrase.**

Sale temps pour les abeilles […]. En Europe, une espèce d'abeilles sur 10 risque de disparaître prochainement. Les causes du phénomène sont multiples, mais les études pointent surtout du doigt l'effet des pesticides utilisés dans l'agriculture intensive. […] Or, de l'avis unanime des scientifiques, la disparition des abeilles serait une catastrophe à l'échelle mondiale. La présence des abeilles est non seulement indispensable à la production de miel, mais aussi à la pollinisation, et donc à l'agriculture elle-même. […]

N. MARTELLE, « Une "autoroute" pour protéger les abeilles », www.geoado.com, 26 juin 2015.

15 ÉCRIRE Vous avez largement dépassé votre forfait de téléphone et vous devez en expliquer les raisons à vos parents tout en imaginant les conséquences désastreuses que la confiscation de ce téléphone induirait pour vous.**

358

LA PHRASE

Le but

Mobiliser ses connaissances

16 REPÉRER Repérez les compléments de phrase exprimant le but.*
1. Pour réussir son examen, Luc s'entraîne sérieusement. 2. Articule bien afin que ta diction soit parfaite.

Retenir la leçon

Le complément de phrase exprimant le **but** indique **l'objectif visé ou évité**.

Un complément de phrase exprimant le but peut être…

une **proposition subordonnée** avec un verbe au **subjonctif**, introduite par *pour que, afin que, de peur que, de crainte que*	> *Il lave sa voiture **pour qu'elle brille**.* > *Il la lave à nouveau **de crainte qu'elle ne brille pas assez**.*
un verbe à l'**infinitif** précédé d'une **préposition** (*pour, afin de, de peur de, de crainte de, en vue de*)	> *Il s'entraîne **pour gagner la course**.* > *Il s'entraîne **de peur de perdre la course**.* > *Il s'entraîne **en vue de gagner la course**.*
un **groupe nominal** précédé d'une **préposition** (*pour, en vue de*)	> *Il s'entraîne **pour la course de demain**.* > *Il s'entraîne **en vue de la course**.*

Manipuler

17 IDENTIFIER Relevez les compléments de phrase exprimant le but et indiquez leur classe grammaticale.*

Son sommeil lui était prétexte pour mettre son bras autour de mon cou, et une fois réveillée, les yeux humides, me dire qu'elle venait d'avoir un rêve triste. Elle ne voulait jamais me le raconter. Je profitais de son faux sommeil pour respirer ses cheveux, son cou, ses joues brûlantes, et en les effleurant à peine pour qu'elle ne se réveillât pas.
R. RADIGUET, *Le Diable au corps*, © Grasset, 1923.

18 TRIER **a.** Recopiez seulement les phrases qui possèdent un complément de phrase exprimant le but. **b.** Soulignez le complément de phrase exprimant le but.*
1. Elle se parfume pour sentir bon. 2. Il viendra avec nous à la remise des prix. 3. Il lit ce livre pour sa culture générale. 4. Il tient la porte de peur qu'elle ne se referme brutalement sur la personne suivante. 5. On se prépare mentalement en vue de la dernière épreuve. 6. J'espère que Gaëlle ne se perdra pas. 7. Pour réussir, il faut étudier. 8. Ma sœur a préparé mon déjeuner pour que je gagne du temps. 9. Elle se dépêche de crainte de manquer le bus scolaire. 10. À force de penser aux autres, il finit par s'oublier lui-même.

19 EMPLOYER Conjuguez les verbes entre parenthèses au présent du mode qui convient.*
1. Je baisse la tête pour qu'il ne me (voir) pas. 2. Je le rassure de peur qu'il ne (faire) une erreur. 3. Le professeur nous donne des documents afin que nous les (étudier).
4. Il faut que je progresse pour que mon entraîneur ne (rire) pas de moi. 5. Il désirerait trouver une activité qui (venir) compléter son emploi du temps.

20 TRANSPOSER Transformez chaque couple de phrases en une phrase complexe comportant une proposition subordonnée complément de phrase exprimant le but.*
1. Il laisse la fenêtre ouverte. Le linge sèche bien. 2. Sa maman lui a donné de l'argent. Il peut acheter un timbre et une carte postale. 3. Elle chuchote. Le professeur ne l'entend pas.

21 TRANSPOSER Transformez chaque couple de phrases en une phrase complexe comportant une proposition subordonnée exprimant le but.*
1. Le père de Luc se hâte. Son fils ne l'aperçoit pas. 2. Il parle à voix très basse. Les indiscrets n'entendent pas ses paroles. 3. Il tourne la tête. Marie ne se rend pas compte de son trouble. 4. Il joue de la musique le matin. Cela ne dérange pas les voisins.

22 AJOUTER Récrivez ces phrases en ajoutant des compléments de phrase variés exprimant le but.*
1. Il faudrait que tu partes dans une heure. 2. Le soldat se nourrit. 3. Il faut que la guerre cesse vite. 4. Caroline aimerait être changée en princesse. 5. Cet auteur écrit ses mémoires.

23 ÉCRIRE Écrivez un texte présentant trois des buts poursuivis par une association de votre choix.**

Étude de la langue • La phrase / 359

35. Les compléments de phrase (ou circonstanciels)

L'hypothèse

Mobiliser ses connaissances

24 EXPLIQUER **a.** Comparez les phrases 1 et 2 : quelle différence de sens notez-vous ? **b.** À quoi est-elle due ? **c.** Est-il possible de déplacer les groupes en gras dans la phrase ?*

> **A. 1.** Je ne sortirai pas demain. **2.** Je ne sortirai pas demain **s'il pleut**.
> **B. 1.** J'irai au parc demain. **2.** J'irai au parc demain **à condition qu'il ne pleuve pas**.
> **C. 1.** Je t'aiderai ce soir. **2.** **Au cas où tu n'aurais pas déjà fini**, je t'aiderai ce soir.

Retenir la leçon

Le complément de phrase exprimant l'**hypothèse** pose les **conditions** pour que survienne l'action ou l'état décrit par le verbe.

Un complément de phrase exprimant l'hypothèse peut être…

une **proposition subordonnée** avec
- un verbe à l'**indicatif**, introduite par *si* → *S'il pleut*, nous irons au musée.
  → *S'il pleuvait*, nous irions au musée.
- un verbe au **conditionnel**, introduite par *au cas où* → Prends ton imperméable *au cas où il pleuvrait*.
- un verbe au **subjonctif**, introduite par *à condition que, pourvu que, à supposer que* → *À supposer qu'il pleuve*, nous irons au musée.

un **verbe**
- à l'**infinitif** précédé de *à condition de* → Tu réussiras ton examen *à condition d'étudier correctement avant*.
- au **participe présent** précédé de *en* → *En étudiant*, il aurait réussi son examen.

un **groupe nominal** précédé d'une **préposition** (*en cas de, dans le cas de*) → *En cas d'absence injustifiée*, vous serez sanctionnés.

❗ Ne pas employer le conditionnel dans la proposition subordonnée d'hypothèse introduite par *si*.
> ~~Si j'aurais su~~ (Si j'avais su), je n'aurais pas fait cela.

Manipuler

25 TRANSPOSER **a.** Repérez les compléments de phrase exprimant l'hypothèse. **b.** Oralement, reformulez les compléments de phrase différemment.*

1. Si je t'invite, viendras-tu ? **2.** En cas de litige, il faudra vous adresser au tribunal compétent. **3.** Prends un livre au cas où tu t'ennuierais. **4.** Je vous accompagne à condition d'être rentrés avant 16 heures. **5.** En faisant un six avec le dé, tu gagnes la partie.

26 TRANSPOSER **a.** Relevez les compléments de phrase exprimant l'hypothèse. **b.** Récrivez les phrases en exprimant différemment l'hypothèse.**

1. Pris au piège, il ne pourrait pas se dégager. **2.** À condition d'investir dans un canon à neige, cette station peut attirer de la clientèle. **3.** En cas de risque d'avalanche, les pistes sont fermées. **4.** En investissant dans de nouveaux équipements, ce village peut devenir attractif. **5.** À condition de bien le préparer, votre voyage se passera bien.

27 CORRIGER Corrigez ces phrases dont le mode du verbe de la proposition subordonnée d'hypothèse est faux.**

1. Si Alia aurait raison, cela se saurait. 2. Au cas où tu viendras, préviens-moi. 3. Si nous aurions voulu, nous aurions pu escalader cette montagne. 4. Si je serais courageux, je me lèverais à six heures. 5. Il peut réussir à condition quil fait des efforts.

28 TRANSPOSER **a.** Dans chacune des phrases suivantes, identifiez oralement le complément de phrase exprimant l'hypothèse. **b.** Récrivez chaque phrase en exprimant différemment l'hypothèse.**

1. Si vous copiez sur votre voisin, je le verrai tout de suite. **2.** En rangeant ta chambre, tu retrouverais plus facilement tes affaires. **3.** Je passe l'aspirateur à condition que tu fasses la vaisselle. **4.** Il n'y aura pas vraiment de vainqueur en cas de match nul. **5.** Vous obtiendrez ce document à condition de venir le chercher au bureau.

LA PHRASE

29 (TRIER) Lesquelles de ces phrases comportent une proposition exprimant l'hypothèse ?**
1. Il m'aurait demandé des explications s'il l'avait voulu.
2. Il m'a demandé s'il pouvait sortir. 3. Il est si timide qu'il a renoncé à faire son exposé. 4. Si sa timidité n'était pas si grande, il n'aurait pas renoncé à faire son exposé. 5. Prends des cours de théâtre si tu veux surmonter ta timidité.

30 (ÉCRIRE) À partir de cette photographie, rédigez un paragraphe comportant au moins deux compléments de phrase exprimant l'hypothèse, que vous soulignerez.**

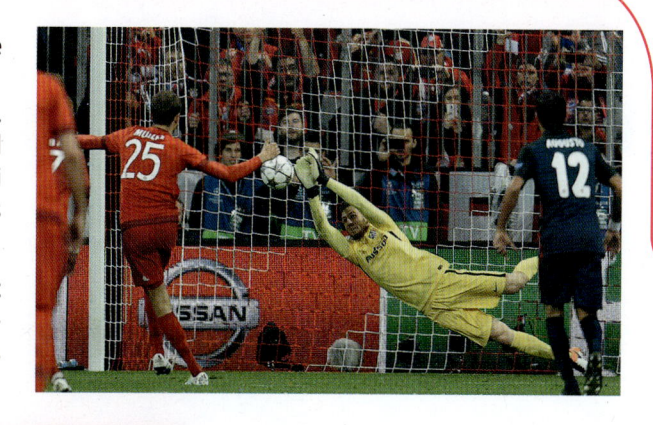

Retenir la leçon

Après *si*, il y a une **concordance des temps verbaux à respecter** selon le sens recherché.

Sens exprimé	Temps dans la proposition subordonnée	Temps dans l'autre proposition	
simple hypothèse	présent de l'indicatif	présent ou futur de l'indicatif	> S'il vient, je pars. > S'il s'avise de venir, je partirai.
hypothèse réalisable dans le futur	imparfait de l'indicatif	présent du conditionnel	> S'il venait demain, je partirais aussitôt.
hypothèse irréalisable dans le présent	imparfait de l'indicatif	présent du conditionnel	> S'il m'entendait, je serais rouge de honte (mais il ne m'entend pas parce qu'il n'est pas là).
hypothèse non réalisée dans le passé	plus-que-parfait de l'indicatif	passé du conditionnel	> S'il était venu, je serais partie.

Manipuler

31 (IDENTIFIER) Relevez les propositions subordonnées exprimant l'hypothèse et précisez le sens exprimé par chacune d'elles.*
1. Si on voulait supprimer Internet, ce serait impossible et stupide. 2. Si j'en avais eu le temps, j'aurais volontiers créé un blog. 3. Si tu ne sais pas te servir d'un tableur, tu ne peux pas avoir ton B2i. 4. Si mon frère était là, il m'apprendrait à créer un site ; mais il travaille à l'étranger. 5. S'il fallait se passer d'Internet, ce serait maintenant difficile.

32 (REPÉRER) **a.** Relevez, dans le texte, les compléments de phrase exprimant l'hypothèse. **b.** Observez le temps des verbes dans les propositions relevées : quel type d'hypothèse chacune exprime-t-elle ?**

« Vous prétendez que votre machine voyage dans l'avenir ? demanda Filby.
– Dans les temps à venir ou dans les temps passés ; ma foi, je ne sais pas bien lesquels. »
Un instant après, le Psychologue eut une inspiration.
« Si elle est allée quelque part, ce doit être dans le passé.
– Pourquoi ? demanda l'Explorateur du Temps.
– Parce que je présume qu'elle ne s'est pas mue dans l'Espace, et si elle voyageait dans l'avenir, elle serait encore ici dans ce moment, puisqu'il lui faudrait parcourir ce moment-ci.

– Mais, dis-je, si elle avait voyagé dans le passé, elle aurait dû être visible quand nous sommes entrés tout à l'heure dans cette pièce ; de même que jeudi dernier et le jeudi d'avant et ainsi de suite. »

D'après H. G. WELLS, *La Machine à explorer le temps*, trad. H. D. Davray, 1895.

33 (EMPLOYER) Récrivez ces phrases en employant les modes et temps qui conviennent.**
1. (hypothèse irréalisable dans le présent) S'il … (savoir) ce que tu racontes sur lui, il … (se fâcher) immédiatement. 2. (simple hypothèse) S'il y … (avoir) du soleil, je … (sortir) me promener. 3. (hypothèse réalisable dans le futur) Si Marine… (vouloir) dîner avec nous, il y … (avoir) de quoi la nourrir. 4. (hypothèse non réalisée dans le passé) S'il … (se faire) mal, je ne … le … jamais (se pardonner).

34 (TRANSPOSER) **a.** Relevez les propositions subordonnées exprimant l'hypothèse et précisez le sens exprimé par chacune d'elles. **b.** Récrivez les phrases en modifiant le sens exprimé par l'hypothèse.**
1. Si nous ne vous faisons pas trop peur, vous verrez que l'on peut s'amuser à cette fête. 2. Bien sûr, la vie de Damien aurait été complètement différente s'il n'avait pas neigé et s'il avait donné sa moto à réviser. 3. Ce mardi-là, en prenant le car, il aurait rencontré Ali.

35. Les compléments de phrase (ou circonstanciels)

L'opposition

Observer et manipuler pour comprendre

35 a. Quelles sont les parties qui s'opposent dans les phrases 1 et 2 ? b. Quelles conjonctions de subordination soulignent cette opposition ? c. La suppression de la proposition subordonnée permet-elle de conserver l'opposition exprimée ?

1. J'attends un miracle, j'attends qu'elle me revienne **tandis qu'**elle voudrait que je l'oublie.
2. J'attends qu'elle change, **alors qu'**elle est enfin bien dans sa peau [...].

D. VAN CAUWELAERT, *La Maison des lumières*, © Albin Michel, 2009.

Retenir la leçon

Le complément de phrase exprimant l'**opposition** confronte deux éléments, deux faits, deux arguments.

Un complément de phrase exprimant l'opposition peut être…

une **proposition subordonnée** avec un verbe à l'**indicatif**, introduite par *alors que, tandis que, même si*	> Le théâtre me passionne **alors que** / **tandis que** le cinéma m'ennuie.
une **proposition subordonnée** avec un verbe au **subjonctif**, introduite par *bien que, quoique*	> J'adore le théâtre **bien que** / **quoique** j'aille plus souvent au cinéma.
un **groupe nominal** précédé d'une **préposition** (*malgré, en dépit de*)	> **Malgré** / **En dépit de** son échec, il persévère.

Manipuler

36 (SUPPRIMER) À l'oral, supprimez les compléments de phrase exprimant l'opposition dans les phrases suivantes.*
1. Je présenterai mon examen bien que je sois malade.
2. Tu as compris sa pensée en dépit de son silence. 3. Cet auteur continue d'écrire malgré les critiques violentes.
4. Même s'il faut travailler dur, j'y arriverai ! 5. Il a déjà fini tandis que toi tu n'as même pas encore commencé. 6. Il est devenu professeur alors que, petit, il voulait devenir clown. 7. Il a quitté sa ville natale alors qu'il adorait y vivre. 8. J'ai pris le temps de l'écouter et de discuter avec lui quoique je ne sois pas psychologue.

37 (TRANSPOSER) Transformez les deux phrases simples en une phrase complexe comportant un complément de phrase exprimant l'opposition. Vous utiliserez la conjonction mise entre parenthèses et serez attentif (attentive) au mode du verbe.*
1. Il est toujours d'accord. Elle ne l'est jamais. *(alors que)*
2. Marine vient en voiture. Caroline, sa sœur, vient à bicyclette. *(tandis que)* 3. Personne ne bouge. Il est temps de réagir au plus vite. *(alors que)* 4. La pièce de théâtre lui a déplu. Les critiques sont excellentes. *(bien que)* 5. Il a pris la parole. Il est plutôt timide. *(quoique)*

38 (COMPLÉTER) Récrivez les phrases en employant un complément de phrase exprimant l'opposition. Variez les constructions.*

1. Il s'est levé … . 2. Cédric a joué aux jeux vidéo toute la nuit … . 3. Christophe a levé le doigt pour répondre … . 4. Chen est entrée dans sa vie … . 5. …, je l'aiderai quand même. 6. …, c'est un excellent orateur. 7. Nous verrons les geysers en Islande … . 8. Il a mal à la tête … . 9. Fred part à la montagne … . 10. Abdel a présenté son ami à ses parents … .

39 (TRANSPOSER) Récrivez les phrases de l'exercice **38** en employant une autre forme de complément de phrase d'opposition.**

40 (EMPLOYER) Complétez la première colonne par une proposition qui exprime l'une de vos opinions puis échangez votre feuille avec votre voisin(e), qui complétera la dernière colonne par une proposition exprimant un argument contraire.**

Il faut aider les animaux abandonnés / bien que / cela ne soit pas toujours facile.

Opinion	Conjonctions	Argument
…	alors que	…
…	tandis que	…
…	bien que	…
…	quoique	…

36. Les expansions du nom

Mobiliser ses connaissances

1 IDENTIFIER **Repérez les expansions de chaque nom en couleur.***
1. Les murs épais protègent du vent qui souffle fort.
2. Nous avons passé des vacances de rêve dans un village plein de charme. 3. Le dragon de la légende, maladroit mais courageux, envisageait de conduire en lieu sûr la princesse qu'il avait secourue. 4. Le couple, dont l'amour faisait plaisir à voir, avait décidé de se marier.

Retenir la leçon

On appelle **expansions du nom** des mots ou groupes de mots qui **complètent un nom**. Les expansions caractérisent ou enrichissent le sens du nom.
> Je déteste **le pull** ridicule de ma fille, dernier modèle à la mode, qui s'est bien vendu.

L'adjectif et ses accords

- Dans un groupe nominal, l'adjectif ou le participe passé employé comme adjectif **s'accorde en genre et en nombre** avec le nom. > une importante décision européenne acceptée par tous

- Si un adjectif ou un participe qualifie **plusieurs noms**, il se met au **pluriel**.
  > un centre commercial et un parking rénovés

- Si l'un des noms est au masculin, l'adjectif s'accorde au **masculin**. > une lionne et un lion blancs

⚠ L'adjectif ou le participe peut être **séparé** du nom par d'autres mots, ou en être **détaché** par une virgule.
> Des réponses très étranges et intrigantes.   > Les poules, effrayées, se sont enfuies.

Règle d'Orthographe

- Les adjectifs de couleur s'accordent avec le nom qu'ils déterminent. > une jupe verte
- Les adjectifs issus d'un nom sont invariables (*marron, orange, noisette*, etc.). > des rideaux orange
  Exceptions : *écarlate, fauve, mauve, rose, pourpre*. > des fleurs roses
- Les adjectifs de couleur formés par composition sont invariables. > des fleurs rouge foncé

Manipuler

2 ACCORDER **Recopiez les phrases et accordez les adjectifs et les participes en soulignant le nom qu'ils complètent.***
1. Cette famille raffole de la cuisine (grec) et (thaïlandais). 2. J'ai ramassé une caisse (complet) de (beau) huîtres (normand). 3. Ses anciennes voisines (enjoué) et (rieur) lui manquaient beaucoup. 4. Le directeur de l'école maternelle et la directrice de l'école élémentaire, tous deux (absent), n'ont pas participé au vote. 5. De (sombre) et (lugubre) histoires (écrit) par cet auteur avaient tourmenté les villageois d'habitude pourtant si (souriant). 6. À la rentrée, les enseignants donnent aux élèves des pochettes et des stylos (payé) par la mairie. 7. Les plans et les autorisations (administratif), (lié) à votre projet de construction, viennent d'être envoyés.

3 ACCORDER **Recopiez le texte et accordez les adjectifs et les participes en soulignant le nom qu'ils qualifient.***
Le village n'a plus que ses pêcheurs qui passent par groupes, marchant avec leurs (grand) bottes (marin). Les nuages courent sur le sable, couvert de débris (rejeté) par la vague. Et la plage semble lamentable, car les (fin) bottines des femmes n'y laissent plus les trous (profond) de leurs (haut) talons. La mer, (gris) et (froid), avec une frange d'écume, monte et descend sur cette grève (désert), (illimité) et (sinistre). Longtemps les pêcheurs tournent autour des (gros) barques (échoué), (pareil) à de (lourd) poissons (mort).

D'après G. DE MAUPASSANT, *Épaves*, 1881.

36. Les expansions du nom

4 ACCORDER **Par binôme. a. Enrichissez chaque GN d'un adjectif. Accordez l'adjectif. b. Faites une phrase avec chaque GN enrichi.***

quelle soirée • les bérets • une femme • des larmes • une oreille • des compliments • les vérités • une vie • un fruit

5 ACCORDER Règle d'Orthographe **Accordez les adjectifs de couleur.***

1. Ma sœur a des yeux (noisette) et des cheveux (châtain). Mais mon frère a des yeux (bleu-vert). 2. Cet hiver, je m'achète une écharpe (bleu turquoise) ! 3. Il est arrivé en courant avec les joues toutes (écarlate). 4. J'aime les abricots bien (orange) ! 5. Les fleurs (rouge), (jaune), (rose), (vert), (violet), (bleu) égaient mon jardin.

Retenir la leçon

Le complément du nom

- Le **complément du nom** est une expansion du nom introduite par une **préposition** (de, à, en, sur, etc.).
  > une histoire [**de** dragons] – une tasse [**à** anse] – une assiette [**en** porcelaine] – un conte [**sur** le Moyen-Orient]

- **Classes grammaticales du complément du nom** :

nom ou GN (le plus souvent)	verbe à l'infinitif	pronom
> un distributeur **de boissons**	> un conte **pour rêver**	> un souvenir **d'elle**

- Un **nom suivi de plusieurs compléments du nom** peut obéir à **deux constructions différentes selon le sens** :
  – un nom + ses deux CDN ;   > une bouteille de lait // en plastique
  – un nom + CDN qui a lui-même un CDN.   > une bouteille // de lait de vache

- Un **GN constitué d'un nom et d'un complément du nom** peut être complété par un adjectif. L'adjectif s'accorde avec le nom qu'il complète.   > un sac de bonbons, rose – un sac de bonbons roses

⚠ Ne pas confondre :
 – le **complément du nom** complétant un **nom** ;   > Nous nous promenons dans les parcs de New York.
 – le **complément du verbe indirect** complétant un **verbe**.   > On parle de New York.

Manipuler

6 TRANSPOSER **Récrivez ces phrases en remplaçant les adjectifs en bleu par un complément du nom.***

1. Les déplacements présidentiels sont sous haute surveillance. 2. Le déficit budgétaire de l'État est alarmant. 3. Combien de temps la lumière solaire met-elle à atteindre le sol terrestre ? 4. Le brouillard automnal chasse les cigognes. 5. Le parc municipal vient d'être rénové.

7 EXPLIQUER **Par binôme, pour chaque GN : a. dites quel est le nom que l'adjectif complète. Le sens est-il le même ? b. Faites une phrase qui rende compte de la différence de sens.****

1. une tasse de café chaud ; une tasse de café, chaude • 2. un train à vapeur, blanc ; un train à vapeur blanche • 3. une poule d'élevage japonais ; une poule d'élevage, japonaise • 4. un groupe d'élèves, comique ; un groupe d'élèves comiques

8 REPÉRER **Les groupes soulignés sont-ils des compléments du nom ou des compléments du verbe ? Justifiez votre réponse.****

1. Il parle de ce problème à Marie. 2. Il parle de ses problèmes de diabète. 3. Cyndie achète un pantalon en velours. 4. Max travaille sur sa rédaction depuis des jours. 5. Elle s'évertua à cacher sa déception à sa sœur.

9 REPÉRER **Dans les phrases suivantes, les compléments du nom ont été supprimés. a. Dans quelle série l'absence du complément rend-elle le sens de la phrase moins précis ? la phrase incohérente ? b. Récrivez les phrases en ajoutant des compléments du nom.****

Série A : 1. Ces magasins sont le rendez-vous. 2. Le magasin propose une collection.
Série B : 1. Les robes sont rangées dans l'armoire. 2. Les éviers viennent d'être livrés. 3. Léa goûte une gaufre.

10 ÉCRIRE **Complétez ce texte par des compléments du nom en créant une atmosphère inquiétante. Utilisez des prépositions variées.****

La femme était assise dans son rocking-chair. Elle lisait un livre, tout en caressant son chien. Son mari lui servait une tisane quand elle vit son petit-fils sortir de la maison. Ce dernier sonna chez la voisine qui ouvrit sa porte.

LA PHRASE

Retenir la leçon

La proposition subordonnée relative

- La **proposition subordonnée relative** est une **expansion du nom**. Elle est introduite par un **pronom relatif** qui varie selon la fonction qu'il occupe dans la proposition (*qui, que, quoi, dont, où, lequel, auquel, duquel*, etc.) (voir p. 308).
  > Je regarde cette femme [qui attend son train]. > Je travaille avec la femme [que tu vois].
  > Le film [auquel je pense] a reçu un oscar.

- La fonction de la proposition relative est de compléter un **nom**, un **groupe nominal** ou un **pronom**.
  > Voici Léa, [dont je t'ai parlé], l'amie [que j'apprécie], celle [qui sait écouter].

Manipuler

11 TRANSPOSER a. Récrivez ces phrases en remplaçant les compléments du nom soulignés par une proposition subordonnée relative introduite par *qui, que* ou *dont*. **b.** Imaginez la suite du texte en écrivant une phrase qui commence par *Un jour, elle vit…* et qui comporte une proposition subordonnée relative.*
1. Les habitants craignaient que les robots de cette planète n'envahissent la Terre. **2.** Les guerriers de l'espace veillaient à ce qu'aucune de ces machines ne franchisse les frontières de notre galaxie. **3.** Depuis la fenêtre de sa chambre, une petite fille observait les étoiles de toutes tailles. **4.** La petite fille, d'un naturel rêveur, imaginait que les étoiles étaient parsemées de maisons abritant des créatures de forme et de taille extraordinaires.

12 COMPLÉTER Récrivez les phrases en les complétant par une proposition subordonnée relative introduite par *lequel, auquel* ou *duquel*, que vous accorderez.**
1. Les critiques [auquel] … sont virulentes. **2.** La corde avec [lequel] … est cassée. **3.** Le cours [auquel] … a été annulé. **4.** Les fillettes à côté [duquel] … sont bavardes. **5.** Les directeurs pour [lequel] … recherchent de nouveaux clients. **6.** La rivière, près [duquel] …, pourrait inonder le village.

13 TRANSPOSER Par binôme. **a.** Récrivez ces phrases en remplaçant les propositions subordonnées relatives soulignées par un participe de même sens. **b.** Comparez la phrase avec la proposition relative et celle transformée. Le sens est-il tout à fait le même ?*
1. Folcoche accepte que son fils, qu'elle martyrise, aille en pension. **2.** Le marché qu'il a conclu lui permettra de rembourser ses dettes. **3.** Il voulut retrouver le château qu'il avait abandonné avant la guerre. **4.** Est-ce que tu as récupéré le meuble que tu as commandé ?

14 REPÉRER Relevez les propositions subordonnées relatives et précisez quel nom elles complètent.*

C'étaient trois pirogues à balancier qui étaient posées sur le sable, comme des jouets d'enfant. Le cercle des hommes autour du feu était vaste […]. Mais alors eut lieu un incident qui jeta un moment de trouble […]. La sorcière sortit tout à coup de la prostration qui la tenait recroquevillée et, bondissant vers l'un des hommes, elle le désigna de son bras décharné, la bouche béante pour vociférer un flot de malédictions que Robinson ne pouvait entendre.

D'après M. TOURNIER, « Une rencontre »,
Vendredi ou la Vie sauvage, 1971.

15 REPÉRER Par binôme. **a.** Relevez les expansions du nom et classez-les selon qu'il s'agit d'adjectifs, de noms / de GN compléments du nom ou de propositions subordonnées relatives. **b.** Recopiez le texte en supprimant les expansions du nom. Identifiez les expansions dont la suppression : 1. modifie le sens du texte ; 2. rend le texte incohérent.**

Et le fiacre n'eut qu'à tourner, la maison était la seconde. C'était une grande maison de quatre étages, dont la pierre gardait une pâleur à peine roussie. Octave, qui était descendu sur le trottoir, la mesurait, l'étudiait d'un regard machinal, depuis le magasin de soierie du rez-de-chaussée et de l'entresol, jusqu'aux fenêtres en retrait du quatrième, ouvrant sur une étroite terrasse.

D'après É. ZOLA, *Pot-Bouille*, 1882.

16 ENRICHIR Dans ce texte, les expansions du nom ont été supprimées. Ajoutez des adjectifs, des noms ou des GN compléments du nom et des propositions subordonnées relatives pour préciser le sens du texte.*

D'un coup d'œil, il avait examiné l'endroit. C'était une pièce. Il n'y avait pas de plafond. C'était le toit lui-même qui couvrait cet atelier, et ce toit était soutenu par des poutres […]. Il aperçut une trappe […].

D'après M. ZÉVACO, « Une fuite spectaculaire »,
Les Pardaillan, 1905-1918.

17 ÉCRIRE Par binôme, décrivez ces émoticônes et les sentiments qu'elles expriment. Utilisez des expansions du nom variées : adjectif, nom / GN complément du nom, proposition subordonnée relative.*

37. La construction de la phrase passive

Mobiliser ses connaissances

1 ÉCRIRE **a.** À partir de cette peinture, construisez une phrase active et une phrase passive (avec un complément introduit par *par*). **b.** Entourez le sujet de chaque phrase.*

G. LESSI, *La brasserie de la Fidélité. Gare de l'Est, Paris*, 1880-1883.

Retenir la leçon

- La **phrase passive** se construit ainsi :

          sujet   + verbe au passif   (+ complément introduit par *par* ou *de*)
                (auxiliaire *être* + participe passé)
        La souris   *est mangée*   (*par le chat*).

- Le **complément introduit par *par*** est **facultatif**, en particulier si on ne peut pas ou ne veut pas le mentionner.
  > *Les blessés ont été secourus.* (= **On** *a secouru les blessés.*)

- La **transformation en phrase passive** ne peut se faire que si le verbe à la voix active admet un complément direct.
  Phrase passive : *La souris est attrapée par le chat.*
             sujet   complément

  Phrase active : *Le chat attrape la souris.*
            sujet   complément direct du verbe

- Au passif, le **verbe** est composé de l'auxiliaire ***être*** (conjugué au **même mode** et au **même temps** que le verbe à l'actif) et d'un **participe passé** (voir p. 298).
  > *je* **prends**   > *je* **suis pris(e)** – *je prenais*   > *j'étais pris(e)* – *j'avais pris*   > *j'avais été pris(e)* …

  ### Règle d'Orthographe

  Dans une phrase passive, le participe passé du verbe s'accorde en **genre** et en **nombre** avec le sujet (voir p. 349).
  > *L'affiche est enlevée. Les affiches sont enlevées.*

Manipuler

2 SUPPRIMER Oralement, simplifiez ces phrases passives en supprimant le complément introduit par *par* ou *de*.*
1. La cliente de l'hôtel qui vient d'arriver est appelée à l'accueil par la réceptionniste. **2.** Camille est battu aux cartes par son adversaire. **3.** Ce jeu vidéo est fort apprécié des internautes. **4.** Les deux hommes ont aussitôt été emmenés à l'hôpital par les ambulanciers. **5.** Cette fresque murale a été réalisée l'an passé par de jeunes talents.

LA PHRASE

3 COMPLÉTER Récrivez ces phrases passives en ajoutant un complément introduit par *par*.*
1. Cette affiche a été créée … 2. Un avis contraire a été émis … 3. Ce stylo a été trouvé … dans la cour de récréation. 4. Ce bon de réduction vous est offert … . 5. Les bagages des touristes sont portés … . 6. Cette salade de fruits a été préparée … . 7. Chaque année, cette montagne est escaladée … . 8. Les clients du magasin sont effrayés … . 9. Les visiteurs d'un jour sont accueillis … . 10. Ce problème a été résolu … .

4 TRANSPOSER Oralement, transformez les phrases passives du texte en phrases actives, en prenant pour sujet le pronom indéfini *on*.*

– Regarde ce vin par exemple. Combien de temps et de travail a-t-il coûté ? Les pieds de vigne ont été plantés dans les vallées de Gorival il y a quatre ou cinq ans. Pendant les saisons sèches, ils ont été irrigués et protégés du soleil. Pendant les saisons des pluies ils ont été taillés et le terrain autour a été sarclé[1] et drainé[2], pour que l'eau en excès s'écoule. Puis il y a eu les vendanges et le moût[3] a été mis en cuve pour qu'il fermente...

D'après A. LORUSSO, *L'Exilé de Ta-Shima : Ta-Shima*, t. 2, 2011.

1. sarclé : débarrassé des mauvaises herbes.
2. drainé : débarrassé du surplus d'eau.
3. moût : jus de raisin qui n'a pas encore fermenté.

5 TRANSPOSER Repérez les phrases qui peuvent être mises au passif et opérez la transformation. Attention aux temps verbaux et aux accords.**

Kléber jeta un regard oblique à son frère. Simple imitait le bruit des portes du métro à mi-voix : « Piiii… clap. » Un homme monta à la station et s'assit à côté de Kléber. Ce personnage tenait en laisse un berger allemand. Simple se trémoussa sur la banquette.

D'après M.-A. MURAIL, *Simple*, 2004.

6 TRANSPOSER Récrivez ces titres de journaux à la forme passive sans mentionner le complément introduit par *par*. Attention aux temps verbaux et aux accords.**

On a signé le traité de paix. > Le traité de paix a été signé.

① On a réformé les programmes scolaires

② Ils avaient abattu illégalement des arbres.

③ Ils installeront un système de surveillance électronique.

④ La police a saisi des stupéfiants ce week-end.

⑤ On aurait identifié un nouveau virus.

7 TRANSPOSER Récrivez ces phrases à la forme passive en mentionnant le complément introduit par *par*. Attention aux temps verbaux et aux accords.**
1. Jeanne interroge Élisabeth et Sylvia.
2. Le gardien a ramassé les feuilles mortes.
3. La tempête a soufflé toutes les maisons du quartier.
4. Jules décorera cette pièce.
5. Le directeur a choisi ces deux entrepreneurs pour réaliser les travaux de rénovation.
6. Les journalistes photographieront cette actrice dès sa sortie de la voiture.
7. Le vent emporte les feuilles.
8. Demain, ces trois jardiniers tondront la pelouse du parc municipal.
9. Les lions ont déjà dévoré les plus gros morceaux de viande.
10. Antoine aurait déjà abattu cette cloison.

8 ÉCRIRE a. Décrivez cette photographie en utilisant les verbes suivants dans des phrases passives : *cacher, tirer, barricader, superposer, entreposer*. **b.** Dans votre texte, entourez les compléments introduits par *par*.**

R. DOISNEAU, *Barricade de la rue de la Huchette*, 1944.

9 ÉCRIRE Décrivez en quelques phrases passives le costume d'un personnage de votre choix.**

10 ÉCRIRE Demandez à votre voisin(e) de vous citer trois verbes qui peuvent être conjugués au passif et inventez à partir de ceux-ci une brève histoire dans laquelle vous les utiliserez tous les trois dans une phrase passive.**

11 ÉCRIRE Rédigez un paragraphe racontant les aventures d'un personnage accablé par le poids de la fatalité. Pour mettre en valeur tout ce que subit ce personnage, vous utiliserez des phrases passives.**

Étude de la langue • La phrase / 367

38. La phrase impersonnelle

Observer et manipuler pour comprendre

1 Dans quelles phrases le pronom sujet « il » ne peut-il être remplacé par « Léo » ?
> **A.** *Il neige.* > **B.** *Il parle beaucoup.* > **C.** *Il danse.* > **D.** *Il peut t'arriver deux choses.* > **E.** *Il faudrait le lui dire.*
> **F.** *Il chante.* > **G.** *Il pleut.* > **H.** *Il est important de bien écrire.* > **I.** *Il gèle dehors.* > **J.** *Il parle fort.*

Retenir la leçon

- La **phrase impersonnelle** est construite autour d'un **verbe** conjugué à la troisième personne du singulier et d'un **pronom** qui ne remplace rien ni personne : *il*, *ce* (*c'*) ou *cela* (*ça*).
- La phrase impersonnelle permet d'insister sur le **prédicat** (voir p. 340) de la phrase.

Constructions de la phrase impersonnelle			
Sujet	Verbe	Suivi d'un(e)…	
Il Cela (Ça) Ce (C')	de **météo**	groupe nominal (facultatif) adverbe	> *Il pleut (des cordes).* > *Il gelait dehors.*
	d'**événement**	groupe nominal (préposition +) verbe à l'infinitif proposition subordonnée conjonctive	> *Il lui arrive une histoire curieuse.* > *Il lui est arrivé de rentrer tard.* > *Il arrive qu'il rentre tard.*
	d'**obligation**, de **possibilité**		> *Il faudra un crayon.* > *Il fallait rentrer.* > *Il convient que je rentre tôt.*
	être suivi d'un **adjectif**	(préposition +) verbe à l'infinitif proposition subordonnée conjonctive	> *C'est bon de l'entendre rire.* > *Il est évident que tu as raison.*

Manipuler

2 (TRANSPOSER) **a.** Relevez les phrases impersonnelles dans le texte et identifiez le sens du verbe utilisé. **b.** Remplacez chaque verbe identifié par un verbe de la même catégorie (météo…).*

L'horizon n'est pas bien loin ; avec les nuages il se rapproche, vient jusqu'à notre village. Quand il fait beau, il s'éloigne, va ailleurs. Il est plaisant de tendre le bras et d'avoir l'impression de le toucher.

D'après T. BEN JELLOUN,
Les Yeux baissés, 1991.

3 (TRANSPOSER) Identifiez la classe grammaticale de l'élément qui suit le verbe dans les phrases impersonnelles suivantes, puis récrivez les phrases en inventant un élément d'une autre classe grammaticale.*

Il faut que tu viennes. > *Il faut manger.*
1. Il faut venir rapidement. **2.** Il arrive un malheur tous les deux jours, ici ! **3.** Il pleut beaucoup. **4.** Il faudra que nous lui achetions un stylo. **5.** Il est utile de ne pas jeter ses ordures dans la rue. **6.** Il serait agréable que vous vous joigniez à nous. **7.** Il faut que vous arriviez à l'heure.

4 (COMPLÉTER) Complétez ces phrases par un sujet et un verbe de votre choix de façon à les rendre impersonnelles.*

1. … que tu viennes demain. **2.** … de le voir sourire. **3.** … un accident tous les mois sur cette route. **4.** … que nous soyons déjà partis à cette heure-là. **5.** … peu d'occasions de ce genre de nos jours.

5 (DISTINGUER) Comparez les phrases de la colonne A avec celles de la colonne B : quel est l'effet produit par les phrases impersonnelles ?**

A	B
Il vient de se produire un accident.	Pierre vient d'avoir un accident.
Il est nécessaire de bien étudier cette leçon.	Vous devez bien étudier cette leçon.

368

LA PHRASE

39. La phrase emphatique

Observer pour comprendre

1 a. Quel mot est mis en valeur dans les phrases B et C ? b. Comment cette mise en valeur est-elle faite ?
> A. J'aime beaucoup ce film.   > B. Ce film, je l'aime beaucoup.   > C. C'est ce film que j'aime beaucoup.

Retenir la leçon

L'**emphase** (du grec *emphasis*, « expression forte ») est la **mise en relief** d'un mot ou d'un groupe de mots dans la phrase.

La phrase est rendue emphatique par :		
l'intonation	–	> C'est **fan-tas-tique** ! Toutes mes **félicitations** !
un **pronom personnel accentué**	moi, je – toi, tu – lui, il – elle, elle – nous, nous – vous, vous – eux, ils – elles, elles	> **Moi, je** serai le bandit et **toi, tu** joueras le policier.
le **détachement** d'un groupe de mots en tête de phrase	– avec une virgule – avec une virgule et un pronom de reprise	> **À la montagne**, je skie. > **À la mer**, j'y vais deux fois par an.
un **présentatif**	– c'est / ce sont… (qui / que…) – voici / voilà… (qui / que…) – il y a… qui… – quant à + pronom	> **Ce sont** les vacances (**qui** commencent) ! > **Voilà** une bonne nouvelle (**qui** nous arrive !) > **Il y a** mon frère **qui** fait du vélo. > **Quant à moi**, je fais un puzzle.

Règle d'Orthographe

Le **présentatif** *c'est… (qui / que)* s'accorde **en nombre** avec le groupe nominal qui le suit.
> **Ce sont** les feuilles mortes **que** Laurent balaie.

Manipuler

2 (TRANSPOSER) Récrivez ces phrases en supprimant l'emphase.*
1. C'est cet homme que nous avons surpris hier. 2. Toi, tu viens avec moi. 3. C'est un vé-ri-ta-ble chef-d'œuvre ! 4. Je n'y ai jamais été, à Sousse. 5. Ce trajet, je le connais par cœur. 6. Quant à lui, il ferait bien de se faire oublier un moment. 7. Il y a mon cousin qui vient passer les vacances chez nous. 8. Le rouge, c'est la couleur de l'amour. 9. Ce projet, il nous l'a déjà exposé plusieurs fois.

3 (TRANSPOSER) Récrivez ces phrases en mettant en relief les éléments soulignés. *
1. Je suis allée à Madrid deux fois. 2. Le vigneron a déjà cueilli le raisin blanc. 3. J'aime beaucoup ce parc. 4. Les boulangeries sont ouvertes le dimanche. 5. Elle mange des céréales au petit déjeuner. 6. Il était fatigué en rentrant. 7. Je m'occupe du potager tous les jours. 8. Christophe passe régulièrement nous voir.

4 (TRANSPOSER) a. Mettez en évidence le groupe souligné en utilisant un présentatif. Attention aux accords !
b. Comparez les effets produits.*
1. Il cueille les fraises déjà mûres. 2. J'ai retrouvé mon chaton dans la rue. 3. Il vient de raconter une histoire drôle à ses amis. 4. Il a préparé trois gâteaux pour son anniversaire. 5. Ces lettres doivent être postées avant le déjeuner.

40. Les quatre types de textes

Mobiliser ses connaissances

1 (REPÉRER) Identifiez le type de texte de chaque extrait. Relevez dans chaque extrait deux caractéristiques qui le prouvent.*

1. Madame Vauquer, née de Conflans, est une vieille femme qui, depuis quarante ans, tient à Paris une pension bourgeoise établie rue Neuve-Sainte-Geneviève, entre le quartier latin et le faubourg Saint-Marceau.

H. DE BALZAC, *Le Père Goriot*, 1842.

2. Produits laitiers BIO, bons pour la nature, bons pour nous. Consommer bio, c'est voir plus loin.

Campagne publicitaire financée avec le concours de l'Union européenne et de la France.

3. Galápagos : tuer les rats pour sauver les tortues
Amenés par l'homme il y a plus de 300 ans, les rats ont décimé la population des tortues dans l'archipel des Galápagos. Grâce une campagne de dératisation, les bébés tortues sont désormais épargnés.

F. FONTAINE, « Galápagos : tuer les rats pour sauver les tortues », *GéoAdo*, 10 mars 2015.

4. Un moment après, il sortit, et nous le suivîmes. Comme il allait assez vite, et qu'il négligeait de regarder devant lui, il fut rencontré directement par un autre homme.

MONTESQUIEU, *Lettres persanes*, 1721.

Caractéristiques des types de textes

- Il existe **quatre types de textes différents** : narratif, descriptif, explicatif, argumentatif.
- Très souvent, une même œuvre fait **alterner des passages de types différents**.

	Narratif	Descriptif	Explicatif	Argumentatif
Rôle	**raconter** les **actions** accomplies par des personnages	donner les **caractéristiques** d'un objet, d'un lieu ou d'un être, le situer dans l'espace	**informer, faire comprendre** un fait ou un événement	**convaincre** le lecteur ou l'auditeur d'une **idée que l'on défend ou critique**
Principales caractéristiques	– 1re ou 3e personne – verbes d'**action** – indicateurs de **temps et de lieu** – temps du récit : **passé simple, passé composé, présent de l'indicatif**	– nombreux **adjectifs** et **expansions du nom** – verbes d'**état** – **indicateurs de lieu** – **présent** ou **imparfait** de l'indicatif	– **connecteurs logiques** – **exemples, illustrations, schémas** – **vocabulaire spécifique** – **présent** de l'indicatif	– **connecteurs logiques** – verbes et adjectifs exprimant une **opinion** – **modalisateurs** – **présent** de l'indicatif, impératif
On le trouve dans les…	romans, contes, récits oraux, récits de voyage, de vie…	romans, nouvelles, poèmes, récits et guides de voyage…	manuels, exposés, documentaires, encyclopédies, journaux…	discours politiques, publicités, articles de presse, débats, essais…

Manipuler

2 (REPÉRER) **a.** Dans le texte, relevez les adjectifs : le point de vue porté sur la ville d' Helsinki vous paraît-il comporter une opinion ? **b.** Quel(s) type(s) de texte identifiez-vous ? **c.** Relevez d'autres indices.*

La fille de la Baltique provoque chez le voyageur un coup de foudre immédiat. Helsinki a un petit quelque chose de Saint-Pétersbourg. La Cité blanche, recouverte de neige tout l'hiver, est aussi riche en couleurs, avec ses marchés débordants de vie, ses cafés qui s'animent aux premiers rayons de soleil au printemps et surtout l'été, sa vie culturelle débordante, ses parcs et espaces verts immenses au cœur de la ville.

D'après D. AUZIAS, J.-P. LABOURDETTE, *Le Petit Futé. Helsinki.2012-2013*, © Nouvelles éditions de l'Université, 2011.

3 (REPÉRER) **a.** Identifiez le type de texte dans cet extrait de manuel scolaire : 1. en relevant les exemples cités dans le texte ; 2. en observant le temps des verbes présentés.
b. Relevez six mots qui appartiennent au champ lexical de l'art.*

> Les peintres cubistes jouent avec la perspective et la lumière dans différentes parties de leurs tableaux. Ce mouvement artistique qui a influencé toute la peinture moderne se développe à partir de 1907, autour de plusieurs peintres, dont Pablo Picasso et Georges Braque.

4 (ÉCRIRE) **a.** Décrivez le tableau en insistant sur la position des éléments représentés.
b. Échangez votre texte avec votre voisin(e) : soulignez les indices qui montrent que c'est un texte descriptif.**

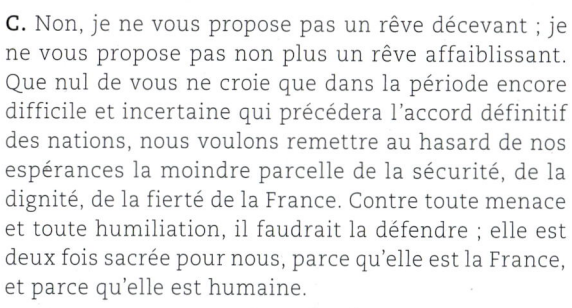

É. MANET, *Scène de plage*, XIXe siècle.

5 (TRIER) Quel(s) type(s) de textes identifiez-vous dans chaque extrait ? Oralement, indiquez les indices sur lesquels vous vous êtes appuyé(e) ?*

A. Lentement, tous deux traversèrent le sous-sol. Les soupiraux, de place en place, jetaient une clarté pâle ; et, au fond des coins noirs, le long d'étroits corridors, des becs de gaz brûlaient, continuellement. C'était dans ces corridors que se trouvaient les réserves, des caveaux barrés par des palissades, où les divers rayons[1] serraient[2] le trop-plein de leurs articles.
É. ZOLA, *Au Bonheur des dames*, 1883.
1. vendeurs des différents rayons. 2. rangeaient.

B. Les deux gendarmes se retirèrent sur un signe du juge, et Cabuche resta seul au milieu du cabinet, ahuri, avec un hérissement fauve de bête traquée. C'était un gaillard, au cou puissant, aux poings énormes, blond, très blanc de peau, la barbe rare, à peine un duvet doré qui frisait, soyeux. La face massive, le front bas disaient la violence de l'être borné, tout à la sensation immédiate, mais il y avait comme un besoin de soumission tendre, dans la bouche large et dans le nez carré de bon chien.
É. ZOLA, *La Bête humaine*, 1885.

C. Non, je ne vous propose pas un rêve décevant ; je ne vous propose pas non plus un rêve affaiblissant. Que nul de vous ne croie que dans la période encore difficile et incertaine qui précédera l'accord définitif des nations, nous voulons remettre au hasard de nos espérances la moindre parcelle de la sécurité, de la dignité, de la fierté de la France. Contre toute menace et toute humiliation, il faudrait la défendre ; elle est deux fois sacrée pour nous, parce qu'elle est la France, et parce qu'elle est humaine.
J. JAURÈS, *Discours à la jeunesse*, 1903.

6 (ÉCRIRE) **a.** À partir du tableau d'É. Manet, imaginez un bref récit que vous raconterez oralement au présent. **b.** Récrivez votre texte au passé ; entourez tous les verbes et identifiez à chaque fois leur temps : vérifiez qu'ils appartiennent bien aux temps du récit.**

7 (ÉCRIRE) **a.** Racontez une anecdote qui vous est arrivée récemment, en insérant des passages descriptifs. **b.** Dans votre texte, soulignez de deux couleurs trois éléments caractéristiques de chaque type de texte.**

8 (ÉCRIRE) **a.** Rédigez un texte expliquant ce que sont les Jeux olympiques. **b.** Échangez votre texte avec votre voisin(e) ; soulignez les indices du texte explicatif qu'il (elle) a employés.**

9 (ÉCRIRE) Observez cette publicité sur les fruits et légumes laids, moins bien vendus. **a.** Quel est son but ? **b.** Le slogan publicitaire relève-t-il de l'opinion ou de la description ? **c.** Êtes-vous pour ou contre la consommation de fruits et légumes laids ? Expliquez votre position ; utilisez au moins quatre verbes d'opinion et quatre adjectifs subjectifs que vous soulignerez.**

JE NE SUIS PAS UNE STAR DE LA PUB, MAIS J'AI LE MÊME GOÛT.

A. ROUX, H. PETIT, concours organisé par l'école Sup de Pub, 2013, publicité contre le gaspillage alimentaire.

41. Les rôles de la ponctuation

Mobiliser ses connaissances

1 (REPÉRER) **a. Lisez le texte oralement en marquant une forte pause après chaque phrase et une pause légère après les virgules. b. Quels sont les rôles de la ponctuation ?** *

J'entre. Trois souris sont en train de grignoter mon tapis, côte à côte, dans la joie et la bonne humeur. Dressées sur leurs pattes arrière, elles avancent en cadence. Une phase de consternation retarde mon assaut. Finalement, je me lance. Elles se figent à mon approche, moustaches frémissantes, puis détalent comme des folles en dérapant sur le lino. La poursuite présente un gros avantage : pendant que les monstresses galopent, elles ne détruisent pas mon mobilier. Après plusieurs tours de salon, je commence à fatiguer. Elles non. Plus mon souffle devient rauque, plus leurs couinements semblent joyeux.

J.-M. ERRE, *Prenez soin du chien*,
© Buchet-Chastel (Méta-Editions), 2006.

Les signes de ponctuation

- **Une phrase commence par une majuscule** et se termine par un **signe de ponctuation forte**.
  Le **point** termine la phrase. > *J'adore ce livre.*
  Le **point d'interrogation** s'utilise pour une **question**. > *Aimes-tu ce livre ?*
  Le **point d'exclamation** exprime un **sentiment** fort. > *C'est un très bon livre !*
  Les **points de suspension** montrent que la phrase est **inachevée** ; ils peuvent traduire une **émotion**, une **hésitation**. > *Ce livre est vraiment…*

- Dans une phrase, les mots ou groupes de mots sont séparés par des **signes de ponctuation faible**.

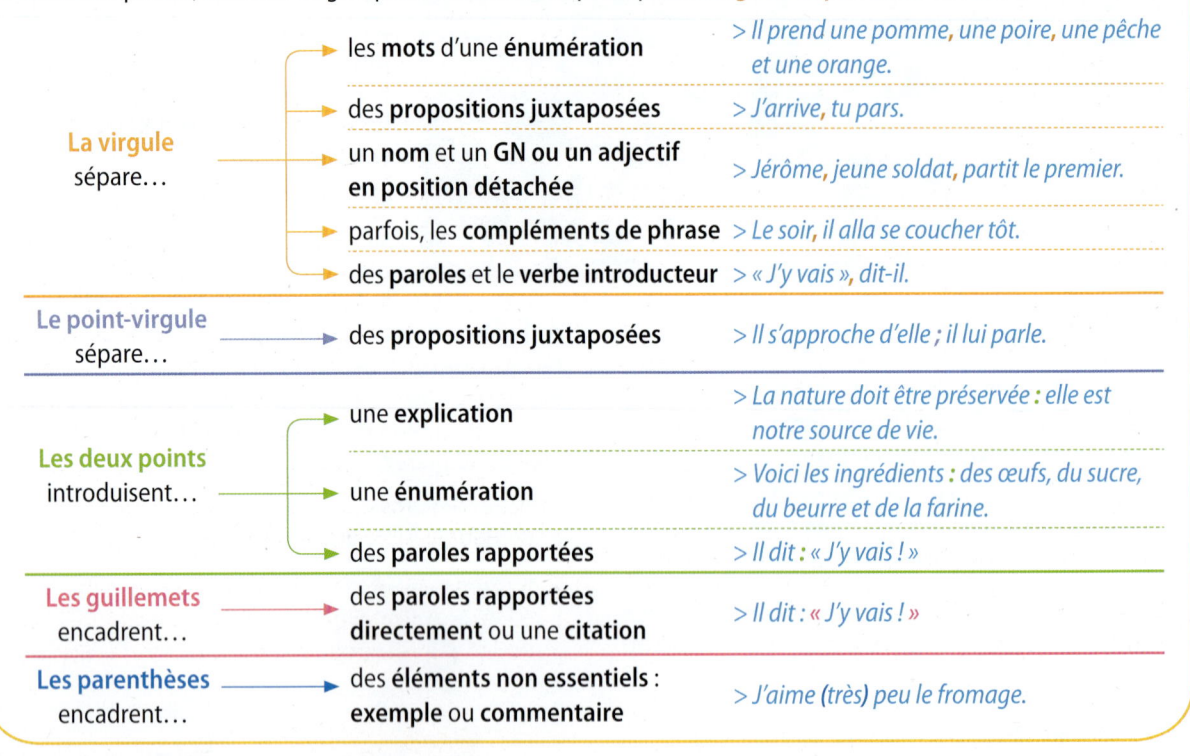

La virgule sépare…
- les **mots** d'une **énumération** > *Il prend une pomme, une poire, une pêche et une orange.*
- des **propositions juxtaposées** > *J'arrive, tu pars.*
- un **nom** et un **GN ou un adjectif en position détachée** > *Jérôme, jeune soldat, partit le premier.*
- parfois, les **compléments de phrase** > *Le soir, il alla se coucher tôt.*
- des **paroles** et le **verbe introducteur** > *« J'y vais », dit-il.*

Le point-virgule sépare…
- des **propositions juxtaposées** > *Il s'approche d'elle ; il lui parle.*

Les deux points introduisent…
- une **explication** > *La nature doit être préservée : elle est notre source de vie.*
- une **énumération** > *Voici les ingrédients : des œufs, du sucre, du beurre et de la farine.*
- des **paroles rapportées** > *Il dit : « J'y vais ! »*

Les guillemets encadrent…
- des **paroles rapportées directement** ou une **citation** > *Il dit : « J'y vais ! »*

Les parenthèses encadrent…
- des **éléments non essentiels** : **exemple** ou **commentaire** > *J'aime (très) peu le fromage.*

Manipuler

2 (DISTINGUER) **a. Expliquez oralement les variations de sens dues au changement de la ponctuation. b. Prononcez les phrases en faisant ressortir le sens.** *
1. a. Approchez, chevaliers de la Table ronde. **b.** Approchez, chevaliers, de la Table ronde. **2. a.** On mange, les enfants ! **b.** On mange les enfants ! **3. a.** L'artiste peint le jour. **b.** L'artiste peint, le jour. **4. a.** Le violoniste, dit le pianiste, joue mal. **b.** La violoniste dit : « Le pianiste joue mal. » **5. a.** Messieurs ! Les soldats ! Fuyez ! **b.** Messieurs les soldats, fuyez !

3 DISTINGUER Une adolescente envoie un texto à son père pour lui demander si elle peut acheter une robe excentrique aperçue dans un magasin. Son père lui envoie le message ci-dessous, qu'il oublie de ponctuer. Ponctuez le message de sorte que la réponse du père soit : **a.** positive ; **b.** négative.*

> Jamais trop excentrique

4 CORRIGER Récrivez le dialogue suivant en le ponctuant et en ajoutant les majuscules nécessaires.*

> FLOCHE le commissaire où est le commissaire je veux parler au commissaire
> LE COMMISSAIRE qu'est-ce qu'il y a
> FLOCHE c'est vous le commissaire
> LE COMMISSAIRE oh pas tant de bruit s'il vous plaît vous parlerez quand je vous y inviterai de quoi s'agit-il

D'après G. COURTELINE, *La Paix chez soi et autres pièces : Le commissaire est bon enfant*, 1903.

5 CORRIGER Récrivez ce texte en le ponctuant et en ajoutant les majuscules nécessaires.*

> à six heures et demie la voiture s'arrêta devant la gare les nombreux colis de mon oncle ses volumineux articles de voyage furent déchargés transportés pesés étiquetés rechargés dans le wagon de bagages et à sept heures nous étions assis l'un vis-à-vis de l'autre dans le même compartiment la vapeur siffla la locomotive se mit en mouvement nous étions partis étais-je résigné pas encore cependant l'air frais du matin les détails de la route rapidement renouvelés par la vitesse du train me distrayaient de ma grande préoccupation

D'après J. VERNE, *Voyage au centre de la Terre*, 1867.

6 LIRE a. Lisez oralement cette phrase. **b.** Récrivez-la en rétablissant toutes les virgules. **c.** Relisez-la en mettant son rythme en valeur.

Il y a dans Paris dans ces faubourgs de Paris que le vent de l'émeute soulevait naguère si aisément il y a des rues des maisons des cloaques où des familles des familles entières vivent pêle-mêle hommes femmes jeunes filles enfants n'ayant pour lits n'ayant pour couvertures j'ai presque dit pour vêtement que des monceaux infects de chiffons en fermentation ramassés dans la fange du coin des bornes espèce de fumier des villes où des créatures s'enfouissent toutes vivantes pour échapper au froid de l'hiver.

V. HUGO, *Discours sur la misère prononcé à l'Assemblée législative*, 1849.

7 CORRIGER a. Récrivez ce texte en séparant les mots par un espace. **b.** Ponctuez le texte et ajoutez les majuscules nécessaires. (Attention : *Quasisanstête*, *Gryffondor* et *Peeves* sont des noms propres).**

> Quasisanstêteétaittoujoursheureuxdaiderlesnouveauxde Gryffondoràtrouverleurcheminmais Peevesl espritfrappeurétaitpirequedeuxportesverrouilléesetunfauxescalierilbombardaitlesnouveauxdemorceauxdecraietiraitlestapissousleurspiedsrenversaitdescorbeillesàpapiersurleurtêteouseglissaitsilencieusementderrièreeuxetleurattrapaitlenezenhurlantjetaieudunevoixperçante

D'après E. ORSENNA, *Et si on dansait ? Éloge de la ponctuation*, 2009.

8 CORRIGER Récrivez ce texte en rétablissant ponctuation et majuscules.**

les trois hommes montèrent et furent introduits dans la plus belle chambre de l'auberge où l'officier les reçut étendu dans un fauteuil les pieds sur la cheminée fumant une longue pipe de porcelaine et enveloppé par une robe de chambre flamboyante dérobée sans doute dans la demeure abandonnée de quelque bourgeois de mauvais goût il ne se leva pas ne les salua pas ne les regarda pas il présentait un magnifique échantillon de la goujaterie naturelle au militaire victorieux

D'après G. de MAUPASSANT, *Boule de Suif*, 1880.

9 ÉCRIRE Rédigez la suite du texte de l'exercice **1**. Utilisez au moins une fois chacun des cinq signes de ponctuation faible et entourez-les.**

10 ÉCRIRE Écrivez une histoire à partir de ce tableau en indiquant la raison de la peur du personnage. Utilisez au moins quatre signes de ponctuation forte différents et entourez-les.**

G. COURBET, *L'homme desespéré*, 1841.

42. Les reprises nominales et pronominales

Mobiliser ses connaissances

1 REPÉRER a. Recopiez les éléments en gras et relevez, pour chacun, les GN qui les reprennent. Quel déterminant est utilisé dans le GN de reprise ? b. Proposez un autre GN qui aurait pu reprendre les éléments en gras.*
1. **Un enfant** courait. L'enfant était en retard. 2. Sacha m'a offert **une rose**. Cette rose sent très bon. 3. **Arthur** faisait du vélo. Le petit garçon tomba et déchira son pantalon. 4. **Un homme** interpella **Lucie** dans la rue. L'homme demanda son chemin à la jeune fille. 5. Stéphanie a écrit **une nouvelle chanson**. Son texte est très touchant. 6. **Le maire annonce qu'il sera candidat aux prochaines élections.** Cette déclaration étonna le conseil municipal.

Retenir la leçon

- On appelle **reprises** un **nom**, un **GN** ou un **pronom** qui reprennent des éléments déjà mentionnés dans un texte.

- Les reprises permettent d'**éviter les répétitions** et d'**enrichir le texte** en ajoutant des informations sur un personnage, un lieu, etc. Les reprises assurent la **cohérence du texte**.

- Une reprise peut **résumer** une proposition, une phrase ou un paragraphe.
    > *Alors qu'il se levait, il se prit les pieds dans les jouets de son fils et tomba.* **Cet incident** (**Cela**) *le mit de mauvaise humeur.*

- Les **reprises nominales** peuvent se faire à l'aide :
    – du **même nom précédé d'un autre déterminant** ; > *un homme – l'homme – cet homme*
    – d'un **nom synonyme** ou de sens proche ; > *une voiture – l'automobile*
    – d'un **GN apportant de nouvelles informations**. > *un oiseau – l'oiseau marin – le goéland*

- Une **reprise pronominale** reprend un élément par un **pronom** :
    – personnel ; > *Cette fille est active.* **Elle** *déborde d'énergie.*
    – démonstratif ; > *Ilan a un frère.* **Celui-ci** *lui ressemble.*
    – possessif ; > *Loann me prête sa console.* **La mienne** *est cassée.*
    – relatif ; > *La fleur* **qui** *pousse est une rose.*
    – indéfini. > *Noah a apporté des bonbons.* **Tous** *étaient délicieux.*

Manipuler

2 EXPLIQUER a. Quels sont les deux personnages de ce texte ? b. Relevez les reprises nominales qui désignent chacun d'eux. c. Quelles informations donnent-elles sur ces personnages ?*
Un homme et une femme marchèrent dans la rue. Le couple entra dans une boutique. La jeune femme essaya une robe et l'homme élégant conseilla son épouse. Les jeunes mariés repartirent et le magasin ferma.

3 EMPLOYER a. Pour chaque liste, associez les reprises nominales qui correspondent au nom proposé. b. Rédigez un bref paragraphe en employant plusieurs de ces reprises nominales.*
1. une cabane : une hutte • une villa • une bicoque • un palais • un chalet
2. un repas copieux : la disette • une collation • un festin • des agapes • la diète

4 EXPLIQUER a. Repérez les reprises qui désignent « Une fille minuscule ». Classez-les en distinguant les reprises nominales et les reprises pronominales. b. Quelles informations les reprises nominales apportent-elles sur ce personnage ?**
Une fille minuscule avec des airs d'arbre en fleur s'avance devant l'instrument de musique et commence à chanter. Elle danse lentement. Le manège de la petite chanteuse me fait peur, mais je meurs d'envie d'y monter. Certains soirs la petite chanteuse vient également visiter mes rêves. Elle me regarde avec ses yeux de biche élégante. Un beau jour, lassé d'ignorer mes incessantes questions, mon amie Luna me répond :
– Ta petite chanteuse vient de Granada, *Andalucia*. Elle est peut-être repartie là-bas, à moins qu'elle ne soit tout simplement à l'école.
Enfin arrive le jour tant attendu. Je passe l'immense

374

LE TEXTE

portail – à croire qu'on m'a inscrit dans une école pour géants. Pendant la récréation, je commence mon enquête en demandant si quelqu'un connaît la petite chanteuse « *Andalucia* » qui se cogne tout le temps partout. Un type étrange surgit alors du rang.
– Toi ! Le nouveau ! Qu'est-ce que tu lui veux à la petite chanteuse ?
– Un jour je l'ai vue chanter et se cogner. J'aimerais lui offrir une paire de lunettes.
– Personne ne me parle de Miss Acacia ni de ses lunettes !

M. MALZIEU, *La Mécanique du cœur*, © J'ai lu, 2007.

5 (REPÉRER) **a.** Recopiez les éléments en gras et relevez, pour chacun, les pronoms qui les reprennent. **b.** Quel type de pronom est utilisé ?*

1. **Une nouvelle édition du dictionnaire** vient de paraître. Elle recense deux cents nouveaux mots. 2. Ma mère aime beaucoup **les brocolis**. Roxanne les déteste. 3. Mes parents sont partis à Lisbonne avec **mes grands-parents**. Ces derniers prenaient l'avion pour la première fois. 4. Il y a **trois chambres** dans la maison. La mienne est au deuxième étage et celle de mon frère est au premier. 5. Je viens d'acheter **des fraises** mais quelques-unes ne sont pas encore mûres. 6. **Le militaire** qui est blessé progresse lentement. Il a fait de multiples haltes.

6 (EMPLOYER) Récrivez chaque phrase en la complétant par un GN sujet qui résume la phrase précédente. Veillez à faire tous les accords.**

1. Des rumeurs laissent entendre que les vacances d'été ne dureraient plus qu'un mois. … n'a (ont) pas été confirmé (confirmée / confirmés / confirmées).
2. Les jeunes qui utilisent trop les SMS ne sauraient plus écrire correctement. … est (sont) un peu hâtif (hâtive / hâtifs / hâtives).
3. Une panne géante se serait produite. … n'est pas encore confirmé(e).
4. Ce jeune musicien a stupéfait tout le monde. … est relaté(e) par tous les journaux.

7 (CORRIGER) Récrivez ces phrases pour supprimer toute confusion, tout en évitant les répétitions.**

1. Gabriel se disputait avec Enzo. Il lui devait cinq euros.
2. Les directeurs ont engagé trois employés. Ils se sont réunis dans la salle du conseil.

8 (ÉCRIRE) **a.** Associez chaque nom de la liste **A** à une ou plusieurs reprises nominales de la liste **B**.**

A. un rival • une compétition • une discrimination • un complot • une dispute
B. une manifestation sportive • un concurrent • une ségrégation • une conjuration • un compétiteur • un concours • un différend • un litige • une conspiration

b. Rédigez un paragraphe en employant un ou plusieurs noms de la liste **A** et des reprises nominales de la liste **B**.

9 (REPÉRER) Voici le début d'un récit. Quels groupes nominaux le pronom « il » reprend-il ?*

Un jour vers midi du côté du parc Monceau, sur la plate-forme arrière d'un autobus à peu près complet, j'aperçus un personnage au cou fort long qui portait un feutre mou. Cet individu interpella tout à coup son voisin en prétendant que celui-ci faisait exprès de lui marcher sur les pieds. Il abandonna rapidement la discussion pour se jeter sur une place devenue libre.

R. QUENEAU, *Exercices de style*, © Éditions Gallimard, 1947.

10 (EXPLIQUER) Dans ce début de récit, où le pronom « il » apparaît-il pour la première fois ? Relevez les reprises de ce pronom. Quel effet l'élève a-t-il cherché à produire en introduisant ainsi le personnage ?**

Il était la vedette du collège. Il se promenait partout à son aise, prenant des poses. Il discutait avec tous. Il était connu de tous. Il était arrivé en cours d'année sans que l'on sache d'où il venait. Peu importe. Il avait trouvé sa place immédiatement. Il était apprécié, malgré son apparente prétention, pour sa capacité à s'adapter aux autres. Il savait écouter, il n'hésitait pas à aider, il cherchait à calmer les tensions entre élèves. Mais ce matin-là, il se montra distant.

11 (CORRIGER) **a.** Recopiez ce texte écrit par un enfant de CE2 en supprimant toutes les répétitions. **b.** Comment expliqueriez-vous à cet élève comment les éviter ?**

Il était une fois un prince charmant qui s'appelait Lucien. Le prince charmant était amoureux d'une princesse qui s'appelait Rose. Mais la princesse était emprisonnée dans un château et la princesse devait dormir dans une petite cage gardée par un dragon. Un beau jour, le prince charmant décida de partir délivrer la princesse et le prince attaqua le dragon avec une épée magique. Le dragon succomba aux coups de l'épée magique et le prince charmant délivra la princesse. Le prince charmant et la princesse se marièrent et eurent beaucoup d'enfants.

43. Les valeurs des temps simples de l'indicatif

Mobiliser ses connaissances

1 a. À quel temps les verbes soulignés sont-ils conjugués ? b. Dans quelle période (passé, présent ou futur) ces temps situent-ils le verbe ?*

1. Son train <u>arrivera</u> à la gare du Nord. 2. La porte <u>grinçait</u>. 3. Le peintre <u>expose</u> ses œuvres dans une petite galerie. 4. Je <u>pars</u> dans dix minutes. 5. Elle <u>s'énerva</u> immédiatement. 6. J'<u>arrive</u> à l'instant. 7. Je t'<u>appelle</u> tout à l'heure. 8. Attendez et je m'<u>occupe</u> de vous.

2 Par binôme. a. Selon vous, quelle est la différence de sens entre les phrases suivantes ?*

1. Le train arrivait en gare. 2. Le train arriva en gare.

b. Laquelle de ces phrases pourriez-vous continuer par : *Quand, tout à coup…* ? Pourquoi ?

c. À partir de chacune de ces phrases, inventez une petite histoire de quelques phrases.

d. Collectivement, écoutez différentes histoires proposées par vos camarades et vérifiez si l'emploi des temps vous paraît correct.

Retenir la leçon

Les **temps simples de l'indicatif** peuvent :
– situer le verbe par rapport au moment où s'exprime le locuteur. Le verbe est situé dans la **chronologie** passé-présent-futur. On parle de **valeur temporelle** du verbe ;
– présenter un fait comme accompli ou en cours d'accomplissement. On parle de **valeur aspectuelle**.

Valeurs principales du présent et du futur de l'indicatif

	Valeur temporelle	Valeur aspectuelle
présent	– ce qui est dit ou écrit est **vrai au moment où l'on parle** > Il **achète** un pain au chocolat. – **vérité générale** (fait vrai à toutes les époques) > L'eau **bout** à 100 degrés. – **présent de narration** pour rendre vivant un fait passé > Les USA **entrent** en guerre en 1942. – **passé proche** > Je **sors** à l'instant. – **futur proche** > J'**arrive** dans une minute.	aspect **non accompli** : **en cours d'accomplissement**, quelle que soit l'époque > Mes parents **rangent** / **rangeront** les courses. (On imagine les parents **en train de** ranger les courses dans le présent et dans le futur.)
futur	– fait situé dans l'**avenir** > Les enfants **viendront** demain. – **ordre, conseil** > Vous **ferez** cet exercice.	

Manipuler

3 (REPÉRER) Dans chaque texte : a. relevez les verbes au présent de l'indicatif ; b. indiquez la valeur temporelle de chaque présent.*

Texte 1 : L'Éthiopie centrale est un vaste haut plateau. Pendant la période des pluies, ces failles profondes servent de lit à d'impétueux torrents. Pendant les mois de l'été, une partie d'entre eux sèche et disparaît, découvrant un fond sec et craquelé.

D'après R. KAPUSCINSKI, *Ébène, Aventures africaines*, 2000.

Texte 2 : Cela l'intéressait de trouver la formule de ce parfum, et plus encore d'explorer le talent de cet inquiétant garçon, qui avait été capable de lire un parfum sur son front. « Tu as, semble-t-il, le nez fin, jeune homme », commenta-t-il. Il revint sur ses pas dans l'atelier. « J'ai le meilleur nez de Paris, Maître Baldini », interrompit Grenouille.

D'après P. SÜSKIND, *Le Parfum*, 1986.

Texte 3 : À l'entrée de la nuit, nous faillîmes être arrêtés au village de Saint-Paternion : il s'agissait de graisser la voiture ; un paysan vissa l'écrou d'une des roues à contre-

LE TEXTE

sens, avec tant de force qu'il était impossible de l'ôter. Tous les habitants du village échouèrent dans leurs tentatives. Un garçon de quatorze à quinze ans quitte la troupe, revient avec une paire de tenailles, écarte les travailleurs, entoure l'écrou d'un fil, le tortille avec ses pinces, enlève l'écrou sans le moindre effort : ce fut un vivat universel.

D'après F.-R. DE CHATEAUBRIAND, *Mémoires d'outre-tombe*, livre 42, chapitre 1, 22 septembre, 1849.

4 REPÉRER Relevez les verbes au futur de l'indicatif. Quelle est leur valeur ?*

Dans une casserole, vous mettrez du lait, de la crème et du chocolat. Vous ferez chauffer le mélange tout doucement. Dans un saladier, vous battrez les œufs avec le sucre et vous verserez le mélange précédent dessus. Vous congèlerez le tout.

Retenir la leçon

Valeurs principales de l'imparfait et du passé simple (temps du passé)

	Emplois dans le récit pour exprimer		Valeur aspectuelle
imparfait	les faits d'**arrière-plan** > *L'enfant jouait…*	la **répétition**, l'**habitude** > *Elle prenait sa voiture tous les jours.*	un fait **en cours de réalisation**, inscrit dans la **durée** > *L'enfant hurlait.* (L'enfant continue à hurler.)
passé simple	les événements de **premier plan** > *quand sa mère l'appela.*	des **actions ponctuelles** > *Elle prit sa voiture ce jour-là.*	un fait présenté comme **achevé** > *L'enfant hurla.* (L'enfant a cessé de hurler.)

Manipuler

5 REPÉRER Pour chaque verbe, indiquez à quel temps il est conjugué et justifiez l'emploi de ce temps.*

Le sol se mit à trembler, Mireille repoussa son cahier. Les chiens hurlaient et se débattaient au bout de leur corde. Elle fit coulisser le carton qui la protégeait du soleil. L'arbre s'abattit d'un coup. Ils attaquaient déjà le second peuplier, celui sur lequel elle venait appuyer sa chaise, l'été. Les dents de la scie mangeaient l'écorce. Elle lâcha les chiens. Les forestiers abandonnèrent leur matériel et se réfugièrent dans le bulldozer.

D'après D. DAENINCKX, « Mort en l'île », *Autres lieux et autres nouvelles*, 1993.

6 EMPLOYER a. Recopiez le texte en conjuguant les verbes à l'un de ces temps : imparfait, passé simple. **b.** Justifiez oralement l'emploi des temps utilisés.*

Lucien (être) douillettement recroquevillé sur lui-même. Tout son corps (être) au repos. Il s'y (sentir) flotter. La nuit même, le malheureux (être) réveillé par des douleurs épouvantables. Il (s'abandonner) à la souffrance, incapable de résister à ce flot qui le (submerger). Un sentiment de solitude l'(envahir). Et puis, soudain, ce (être) une lumière intense qui l'(aveugler). La sage-femme (s'exclamer) : « C'est un garçon ! »

D'après C. BOURGEYX, « Lucien », *Les Petits Outrages*, 2004.

7 REPÉRER a. Récrivez les verbes entre parenthèses en les conjuguant au passé simple ou au futur de l'indicatif. **b.** Les verbes au futur se trouvent-ils dans le récit ou dans le dialogue ? **c.** Quelles sont les valeurs du futur ?*

Il (tapoter) de sa lourde main le métal de la console, puis (glisser) une baguette.
– La machine a enregistré toutes les baguettes. Il (falloir) qu'elle les compare. Je l'(aider).
– Dans combien de temps pensez-vous aboutir ? (demander) Simon avec anxiété.
– Peut-être quelques jours…
– Elle (être) morte ! (crier) Simon.
– Ma machine fait ce qu'elle sait faire, (dire) il. Ce n'est pas de techniciens qu'elle aurait besoin. Il lui faudrait des cerveaux…
– Des cerveaux ? Il n'y a pas un endroit au monde où vous en (trouver) réunis de meilleurs qu'ici ! Je vais demander une réunion immédiate.

D'après R. BARJAVEL, *La Nuit des temps*, 1968.

8 RÉCRIRE Récrivez le texte de l'exercice **6** en transformant un passage au présent de narration. Justifiez votre choix.* **BREVET**

Étude de la langue • Le texte / **377**

44. Les valeurs des temps composés de l'indicatif

Mobiliser ses connaissances

1 REPÉRER Par binôme. **a.** À quel temps les verbes sont-ils conjugués ? **b.** À quelle époque l'action a-t-elle lieu : passé, présent ou futur ? **c.** Expliquez oralement la différence de sens entre les deux phrases de chaque série. **d.** Collectivement, comparez vos réponses.*

1. **a.** Marie mange sa soupe ! **b.** Marie a mangé sa soupe ! 2. **a.** Ce jour-là, elle mangeait de la soupe. **b.** Ce jour-là, elle avait mangé de la soupe. 3. **a.** Dans une heure, je rédigerai ma rédaction. **b.** Dans une heure, j'aurai rédigé ma rédaction. 4. **a.** Nous attrapions une coccinelle. **b.** Nous avions attrapé une coccinelle.

Retenir la leçon

- Les **temps composés de l'indicatif** présentent un fait comme **accompli**, **achevé**, quelle que soit l'époque (passé, présent, futur).
  > Mes parents **avaient rangé** / **ont rangé** / **auront rangé** les courses.
  (On imagine que les courses sont déjà rangées : dans le passé, le présent, le futur.)

- Dans une **phrase complexe**, les temps composés peuvent être employés avec un temps simple. Ils indiquent alors qu'un fait se passe avant un autre, qu'il lui est **antérieur**.

Temps composé	Temps simple auquel il est antérieur	Exemples (Le fait de lire a lieu avant celui de se coucher.)
passé composé	présent	> Quand il **a lu**, il se couche.
plus-que-parfait	imparfait	> Quand il **avait lu**, il se couchait.
passé antérieur	passé simple	> Quand il **eut lu**, il se coucha.
futur antérieur	futur	> Quand il **aura lu**, il se couchera.

- **Autres valeurs**
  passé composé → remplace le passé simple (à l'oral, dans la langue courante, les romans de jeunesse, la presse) ;
  > Hier, l'équipe de France **a gagné**.
  → futur proche ; > J'**ai** bientôt **terminé**.
  futur antérieur → supposition, hypothèse. > Il est en retard. Il **aura** encore **manqué** son bus.

Manipuler

2 REPÉRER **a.** À quel temps les verbes sont-ils conjugués ? **b.** Dans chaque phrase, indiquez quelle est l'action antérieure à l'autre.*

1. Lorsque Flavien aura terminé son potager, nous mangerons des légumes bio. 2. Zoé apprit que son frère était né dans la nuit. 3. Mes élèves sont arrivés : je les rejoins. 4. Quand Nino avait terminé son repas, il repartait à la chasse.

3 a. Conjuguez les verbes aux temps de l'indicatif demandés. **b.** Quelles actions sont antérieures aux autres ?*

Il (faire, *imparfait*) nuit lorsqu'il (s'éveiller, *passé simple*). Transi de froid, il (se tourner, *passé simple*) et (se retourner, *passé simple*) sur sa couche, fripant et roulant sous lui sa blouse noire. Une faible clarté glauque (baigner, *imparfait*) les rideaux de l'alcôve. S'asseyant sur le lit, il (glisser, *passé simple*) sa tête entre les rideaux. Quelqu'un (ouvrir, *plus-que-parfait*) la fenêtre et l'on (attacher, *plus-que-parfait*) dans l'embrasure deux lanternes vénitiennes vertes.

D'après ALAIN-FOURNIER, *Le Grand Meaulnes*, 1913.

4 Relevez le verbe qui exprime une action antérieure. À quel temps est-il conjugué ?*

Il venait de réussir au certificat avec deux de ses camarades. L'examen avait eu lieu à Fort-National, à une vingtaine de kilomètres du village, une vraie ville, avec beaucoup de Français, de grands bâtiments, de belles rues, de beaux magasins.

D'après M. FERAOUN, *Le Fils du pauvre*, 1954.

5 REPÉRER **a.** Relevez les verbes au futur antérieur. **b.** Quelle est leur valeur ?*

378

1. Quand nous rentrerons, Djamel aura réparé la fuite d'eau. 2. Cédric n'est pas là ? Il sera parti en urgence pour dépanner un train. 3. Dans une heure, Aurélie aura restauré ce fauteuil.

6 RÉPÉRER Relevez le verbe qui exprime une action antérieure. À quel temps ce verbe est-il conjugué ?*

Sur ces soixante jeunes filles, quarante-cinq sont filles de paysans ou d'ouvriers ; pour ne pas travailler dans la terre ou dans la toile, elles ont préféré jaunir leur peau, creuser leur poitrine et déformer leur épaule droite. Elles s'apprêtent bravement à passer trois ans dans une École Normale. Mais au moins, elles porteront un chapeau, ne coudront pas les vêtements des autres, ne garderont pas les bêtes ; elles n'en demandent pas davantage.

D'après COLETTE, *Claudine à l'école*, 1900.

7 TRANSPOSER Par binôme. a. Quelle est la différence de sens entre les deux phrases ? b. Transposez cette différence dans l'époque passée, puis future.*

1. Mes parents préparent le repas. 2. Mes parents ont préparé le repas.

8 EXPLIQUER a. Les actions exprimées par les verbes en bleu ont-elles lieu dans le passé, le présent ou l'avenir ? Imagine-t-on que ces actions sont déjà faites ou qu'elles sont en train de se dérouler ? b. Dans quelle phrase les actions « faire ses devoirs » et « Julia est arrivée » sont-elles simultanées ? successives ? Quel mot pourriez-vous ajouter pour exprimer ce lien ?**

1. Enzo a fait ses devoirs, Julia est arrivée. 2. Enzo faisait ses devoirs, Julia est arrivée.

9 a. À quels temps les verbes sont-ils conjugués dans l'extrait A ? dans l'extrait B ? b. Quel extrait est issu d'un roman ? d'un article de journal ?*

A. Comme un homme ivre, il descendit en trébuchant les marches du casino, d'où l'employé le regarda encore un moment avec un sourire d'abord méprisant, avant de comprendre.
B. Jeudi soir, un homme d'une cinquantaine d'années a trouvé la mort en dévalant les marches du casino.

10 ÉCRIRE a. Lequel de ces textes pourriez-vous continuer par : 1. *Il était en train de jouer la balle de match quand soudain…* ? 2. *Puis il avait couru trente minutes.* ? Pourquoi ? b. Continuez chaque texte en rédigeant deux phrases.**

1. Hier, Ilan avait prévu de faire du sport. À la fin de la matinée, il disputait un match de volley-ball. 2. Hier, Ilan avait prévu de faire du sport. À la fin de la matinée, il avait disputé un match de volley-ball.

11 ÉCRIRE Imaginez la suite de chaque phrase en exprimant deux faits qui lui sont antérieurs.**

1. Lorsque le ballon s'envolera, … 2. Le musicien reconnaît que… 3. Quand l'orage commença à gronder, …

12 RÉCRIRE a. Quelles sont les actions antérieures aux autres ? b. Récrivez ce texte au passé en conjuguant le premier verbe à l'imparfait de l'indicatif. Faites toutes les modifications nécessaires.** BREVET

La dictée est le meilleur moyen qu'a trouvé le maître pour nous calmer au retour de la gymnastique. Dès que je l'aperçois sur le pas de la porte de la classe, la sueur se glace le long de ma colonne vertébrale. M. Brulé nous attend, la blouse bien sanglée, les mains dans le dos, les lunettes déjà méfiantes sur le nez. On entre un par un. La salle de classe attend dans une pénombre bleutée. […] Le maître a tiré les grands rideaux.

D'après D. PICOULY, *Le Champ de personne*, 1995.

13 TRANSPOSER Remplacez les mots soulignés exprimant la supposition par un verbe conjugué au futur antérieur. Supprimez les mots soulignés.**

1. Le funambule est tombé de son trapèze : il a sans doute perdu l'équilibre. 2. Mariam a été sélectionnée pour les épreuves de demi-finale. Elle a dû avoir de la chance. 3. Léo a vraisemblablement oublié de fermer le robinet ce matin. La salle de bains est inondée ! 4. Les vacanciers arrivent au camping épuisés par la route. Les embouteillages se sont sans doute accumulés sur l'autoroute du Sud.

14 COMPLÉTER Par binôme. a. Récrivez les phrases suivantes en conjuguant le verbe au temps qui convient. b. Oralement, expliquez votre réponse.**

1. Dès que les enquêteurs (obtenir) un mandat de perquisition, ils iront inspecter la maison du suspect. 2. Le chef de brigade était en effet prudent : quelques années auparavant, son équipe ne pas (respecter) la procédure et le parquet (refuser) les preuves recueillies. 3. Sur le lieu du crime, la police scientifique prélève des échantillons de cheveux : le coupable (laisser) ces traces lors du cambriolage ayant eu lieu le matin même. Les indices (guider) les enquêteurs jusqu'au coupable.

15 RÉCRIRE Récrivez ce texte en conjuguant le premier verbe au futur de l'indicatif. Faites toutes les modifications nécessaires.** BREVET

Kyo serra les dents de toute sa force et, ne quittant pas des yeux le gardien, dirigea de nouveau ses mains vers les barreaux. Tandis qu'il les élevait lentement l'homme reculait imperceptiblement pour prendre du champ. Le fouet claqua, sur les barreaux cette fois. Le réflexe avait été plus fort que Kyo : il avait retiré ses mains. Mais déjà il les ramenait, avec une tension exténuante des épaules, et le gardien comprenait à son regard que, cette fois, il ne les retirerait pas.

D'après A. MALRAUX, *La Condition humaine*, 1933.

45. Les principaux emplois des modes

L'indicatif et le subjonctif

Mobiliser ses connaissances

1 (EXPLIQUER) **Justifiez oralement l'emploi de l'indicatif dans les phrases suivantes.***
1. Il sait que Lola lui pardonnera. 2. Éric pense que ce roman sera un succès. 3. Il me semble que la porte est bien fermée. 4. Je suis d'accord pour dire que ces élèves sont brillants. 5. Il est vrai que cette publicité a permis d'augmenter les ventes. 6. Après que Margaret sera partie, nous irons nous promener. 7. Jean cherche une secrétaire qui connaît le russe.

2 (EXPLIQUER) **Repérez les verbes au subjonctif et justifiez oralement l'emploi de ce mode.***
1. Je souhaite qu'il parte. 2. Il doute que Martin assiste à la représentation. 3. Je suis heureuse que ce cadeau te plaise. 4. Pour qu'il soit sûr de gagner, l'athlète s'entraîne. 5. Foued est le meilleur professeur que je connaisse. 6. Qu'on lui apporte un verre d'eau. 7. Jean cherche une secrétaire qui connaisse le russe.

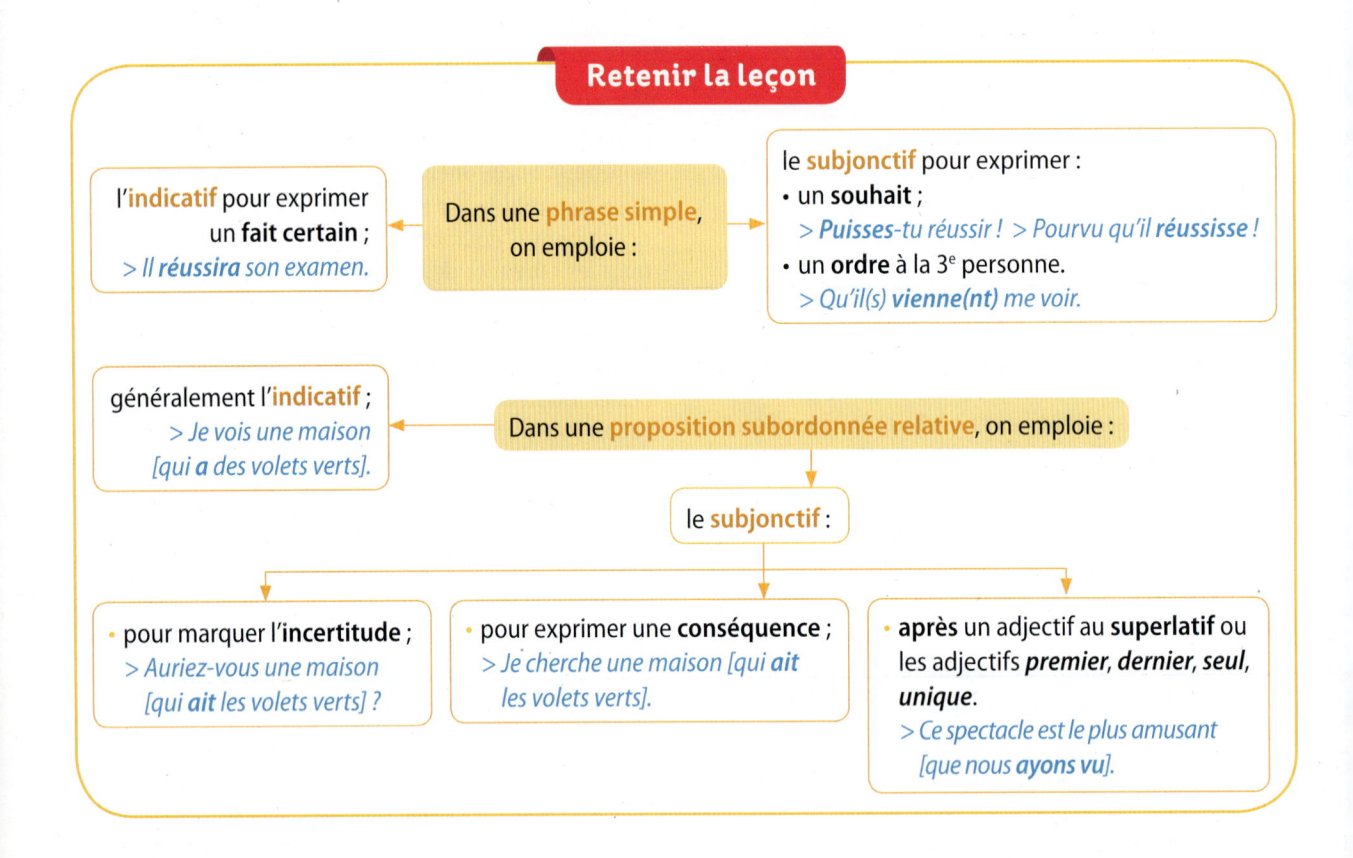

Retenir la leçon

Dans une phrase simple, on emploie :

- l'**indicatif** pour exprimer un **fait certain** ;
  > *Il **réussira** son examen.*

- le **subjonctif** pour exprimer :
  • un **souhait** ;
  > ***Puisses**-tu réussir !* > *Pourvu qu'il **réussisse** !*
  • un **ordre** à la 3ᵉ personne.
  > *Qu'il(s) **vienne(nt)** me voir.*

Dans une proposition subordonnée relative, on emploie :

- généralement l'**indicatif** ;
  > *Je vois une maison [qui **a** des volets verts].*

- le **subjonctif** :
  • pour marquer l'**incertitude** ;
  > *Auriez-vous une maison [qui **ait** les volets verts] ?*
  • pour exprimer une **conséquence** ;
  > *Je cherche une maison [qui **ait** les volets verts].*
  • après un adjectif au **superlatif** ou les adjectifs *premier, dernier, seul, unique*.
  > *Ce spectacle est le plus amusant [que nous **ayons vu**].*

Manipuler

3 (ÉCRIRE) **Écrivez cinq recommandations que votre professeur de français pourrait faire à vos parents afin de vous aider à préparer le brevet. Vous emploierez des verbes au subjonctif.****

4 (EMPLOYER) **Recopiez ces phrases et conjuguez le verbe au mode et au temps qui convienent. Justifiez votre réponse.****
1. Nous souhaiterions acquérir une maison qui nous (permettre) de vivre à la campagne. 2. Peut-on trouver un livre qui (plaire) aux petits comme aux grands ? 3. J'aimerais acheter une plante qui (vivre) sans eau. 4. Connaissez-vous cette plante qui n'(avoir) pas besoin d'eau pour vivre ?

5 (EMPLOYER) **Récrivez les phrases en conjuguant les verbes entre parenthèses au mode et au temps qui convienent. Il y a parfois plusieurs possibilités.****
1. Nous souhaiterions une chambre qui (avoir) vue sur le lac. 2. Peut-on trouver un film qui (convenir) aux adultes et aux enfants ? 3. Cette randonnée nécessite que l'on (savoir) grimper en cordée. 4. Connaissez-vous une plante qui (vivre) sans eau ni oxygène ? 5. Elle veut un chemisier qui (aller) avec son pantalon.

380

LE TEXTE

Retenir la leçon

- Dans une **proposition subordonnée conjonctive**, on emploie :

	l'indicatif	le subjonctif
après un verbe, un nom, un adjectif exprimant…	une **perception** (*voir, entendre*…) > *Je vois que tu **as** déjà **terminé**.*	une **possibilité**, une **hypothèse**, un **souhait** > *Il est possible qu'Enzo **parte** demain.*
	une **certitude** ou une **opinion** (*dire, savoir, être sûr, prétendre*…) > *Ils savent que cette plage **est** propre.*	un **doute** > *Je doute qu'Isabelle **finisse** sa glace.*
		une **impossibilité**, une **négation** > *Il est exclu que vous **partiez**.*
	un **espoir** > *Suzanne espère que sa fille **arrivera** tôt.*	une **volonté**, une **obligation**, une **interdiction** (*préférer, vouloir, autoriser, nécessaire*…) > *Il faut que tu **prennes** ce médicament.*
		un **sentiment** (*regretter, être heureux* …) > *Il est mécontent que Will **parte**.*
après une conjonction de subordination exprimant…	le **temps** (postériorité, simultanéité) (*après que, pendant que*…) > *Audrey lit pendant que je **dors**.*	le **temps** (antériorité) (*avant que, jusqu'à ce que, en attendant que*…) > *Je suis partie avant qu'il ne m'**ait vue**.*
	la **cause** (*parce que, puisque*…) > *Luc met ses bottes parce qu'il **pleut**.*	le **but** (*pour que, afin que, de peur que*…) > *Je parle fort pour que tu m'**entendes**.*
	la **conséquence** (*si bien que, tant que*…) > *Il a tant révisé qu'il **a réussi**.*	l'**opposition** (*quoique, bien que*…) > *Il sort sans parapluie bien qu'il **pleuve**.*
	l'**hypothèse** (*si*) > *Il viendra s'il n'**y a** pas de grève.*	l'**hypothèse** (*à supposer que, à condition que*) > *Il viendra à condition qu'il ne **pleuve** pas.*

- Remarques :
  – le **subjonctif** s'emploie lorsque la proposition subordonnée est placée **au début de la phrase** ;
  > *[Que Lola **vienne** en Normandie] est certain.*
  – on peut employer le **subjonctif** ou l'**indicatif** lorsque la proposition subordonnée est introduite par un **verbe d'opinion employé à la forme interrogative ou négative**.
  > *Je ne pense pas qu'il **vienne** (qu'il **viendra**).* > *Pensez-vous qu'il **fasse** (qu'il **fait**) partie des finalistes ?*

Manipuler

6 (EMPLOYER) Récrivez ces phrases en conjuguant le verbe au mode et au temps qui conviennent. Justifiez oralement votre réponse.*

1. L'enseignant demande que nous (répondre) à cette question. 2. Je pense que la solution du problème (être) celle-ci. 3. Il se peut que cet appartement (être) en vente. 4. Il est dommage que votre cousine (partir) déjà. 5. Il espère que Lola (vendre) sa moto. 6. Il se demande s'il (réussir) à courir aussi longtemps.

7 (EMPLOYER) **a.** Repérez la conjonction qui introduit la proposition subordonnée. **b.** Recopiez les phrases en conjuguant les verbes au mode et au temps qui conviennent.*

1. Hélène doit rester allongée parce que le médecin le lui (conseiller). 2. Elle courra jusqu'à ce qu'elle n'(avoir) plus de souffle. 3. Annabelle est partie bien que Lucas lui (demander) de ne pas le quitter. 4. Pendant que Marie (dormir), Gabin lui a emprunté son livre. 5. De crainte que l'athlète ne (se plaindre) de sa blessure, le médecin lui a prescrit des antidouleurs.

8 (TRANSPOSER) Remplacez la conjonction *si* par une conjonction exprimant l'hypothèse et introduisant un verbe au subjonctif.*

1. S'il révise sa leçon, il obtiendra une bonne note. 2. Si nous voulons devenir avocats, il faudra améliorer notre diction. 3. Si tu fais un effort, tu gagneras le tournoi. 4. S'ils relisent leur copie, les élèves éviteront de faire des erreurs.

Étude de la langue • Le texte / **381**

45. Les principaux emplois des modes

9 EXPLIQUER Par binôme. **a.** Quel est le sens du verbe *entendre* dans les phrases suivantes ? **b.** À quel mode le verbe de la proposition subordonnée est-il conjugué ? Pourquoi ?*
1. J'entends que vous vous disputez. 2. J'entends que vous soyez à l'heure.

10 TRANSPOSER Récrivez ces phrases en les mettant à la forme négative puis interrogative. Quel(s) mode(s) employez-vous ?**
1. Il sait que Léon viendra. 2. Je crois que Soizic est malade. 3. Je souhaite que tu aies raison. 4. Je suis sûr que Régis est chez lui. 5. Martin s'étonne que Lola ait dit de telles bêtises.

11 EMPLOYER Recopiez ces phrases en conjuguant le verbe au mode et au temps qui conviennent. Justifiez oralement votre réponse.**
1. Toi, qui n'(avoir) jamais confiance en toi, je suis ravi que tu (prendre) la parole hier. 2. La personne à qui tu (sourire) est ma mère. 3. Lorsque tu (rencontrer) ma mère, il serait bon que tu lui (sourire). 4. Sais-tu que l'ingénieur recruté la semaine dernière voudrait que tu (rejoindre) sa nouvelle équipe ?

12 EXPLIQUER Une mère corrige son enfant qui vient de prononcer les phrases suivantes : 1. *C'est dommage que le feu d'artifice est annulé.* 2. *J'étais contente que sa maladie pouvait se soigner.* Elle lui explique qu'il a fait des erreurs portant sur l'emploi des modes. Par binôme, corrigez ces erreurs et expliquez votre correction.**

L'impératif

Mobiliser ses connaissances

13 EMPLOYER Par binôme, formulez des phrases injonctives qui comporteront ces verbes conjugués à l'impératif présent, à la personne indiquée.*
1. jeter (2e pers. sg.) • 2. revenir (2e pers. pl.) • 3. rejoindre (1re pers. pl.) • 4. se souvenir (2e pers. sg.)

> **Retenir la leçon**
>
> L'**impératif** s'emploie dans les **phrases injonctives** (voir p. 342) pour exprimer un **ordre**. > *Ouvrez vos livres.*

Manipuler

14 EMPLOYER Recopiez ces phrases et complétez-les afin d'exprimer un ordre. Utilisez l'impératif présent ou le subjonctif présent selon la personne indiquée.**
1. (Sortir, 2e pers. sg.) les poubelles. 2. (Être, 2e pers. pl.) assurées de mon soutien. 3. (Monter, 3e pers. sg. fém.) sur le bateau. 4. (Aller, 3e pers. pl. masc.) en classe. 5. (Se taire, 3e pers. sg. masc.) immédiatement.

15 TRANSPOSER Récrivez chaque phrase en employant un verbe à l'impératif.**
1. Vous devez cueillir ces fleurs. 2. Veux-tu m'apporter un verre d'eau ? 3. Peux-tu lui ouvrir la porte ? 4. Tu devrais lui conseiller ce livre. 5. Il faut que tu aies pris ce train avant midi…

16 EXPLIQUER **a.** Écrivez les verbes entre parenthèses au mode et au temps qui conviennent. **b.** Précisez quel mode vous avez employé et justifiez son emploi.**

J'essaie de joindre Dany et Gary, mais mon téléphone portable ne capte pas de signal et je n'arrive pas à me connecter à ma boîte mail.
« N'(essayer) pas de téléphoner. Nous avons tout paralysé pour avoir votre attention. »
« Que voulez-vous ? »
« (Arrêter) de nous espionner. (Retourner) en France. (Reprendre) votre vie et (oublier) cette affaire. »

D'après J.-PH. VEST, *Michael : Invisible*, 2011.

Le conditionnel

Mobiliser ses connaissances

17 EXPLIQUER Repérez les verbes conjugués au conditionnel présent et expliquez leur emploi.*
1. Viendrais-tu s'il te le demandait ? 2. Il pourrait inventer… une histoire plus réaliste. 3. J'aurais dû réagir plus tôt. 4. Je serais le médecin, et toi le malade. 5. Nous affirmions qu'elle serait une bonne candidate pour ce poste.

LE TEXTE

Retenir la leçon

Le conditionnel s'emploie pour exprimer :	
un **ordre**, une **défense atténuée**, une **demande polie**	> **Pourriez**-vous éteindre la lumière ?
un **rêve**, un **souhait** (temps : présent)	> J'**aimerais** partir en vacances.
un **regret** (temps : passé)	> J'**aurais dû** réviser ce chapitre.
une **éventualité**, une **possibilité** portant sur le présent, le futur ou le passé	> Paul **accepterait** cet emploi. > Les inondations **auraient fait** des dégâts.
un **fait possible soumis à une condition** (temps : présent)	> Si tu partais plus tôt, tu n'**arriverais** plus en retard. > Tu **partirais** plus tôt, tu n'**arriverais** plus en retard.
un **fait impossible soumis à une condition** – qui **ne peut pas se réaliser dans le présent** (temps : présent) ; – qui ne s'est **pas réalisée dans le passé** (temps : passé).	> Si tu savais le solfège, tu **pourrais** déchiffrer cette partition. Mais tu ne le connais pas. > Si tu avais appris le solfège, tu **aurais pu** déchiffrer cette partition.

Le conditionnel peut avoir une **valeur temporelle** et exprimer le **futur dans le passé**. Il est alors employé dans une phrase complexe, en lien avec un verbe principal à l'imparfait ou au passé composé de l'indicatif.

> Je pensais qu'il **viendrait**.

```
          Futur
   pensais ──→ viendrait
   ───┼──────────×──────────┼────→
    passé              présent
```

Manipuler

18 (REPÉRER) **a.** Recopiez ces phrases et conjuguez le verbe au conditionnel présent. **b.** Quelle est la valeur de chacun de ces emplois ?*
1. Il se (pouvoir) qu'il neige demain. 2. Si tu avais de la chance, tu (partir) à New York avec nous. 3. Mon responsable me (confier) de nouveaux clients s'il me faisait confiance. 4. Le porte-avion (arriver) en Afrique du Nord la semaine prochaine. 5. S'il faisait beau en ce moment, je (sortir).

19 (EXPLIQUER) Par binôme, expliquez l'emploi de chaque conditionnel.*
1. S'il m'entendait, je serais rouge de honte. 2. S'il m'avait appelée, je n'aurais pas répondu. 3. S'il venait demain, cette surprise me comblerait de bonheur. 4. Tu aurais assisté à la réunion, tu aurais pu t'opposer à cette décision.

20 (EMPLOYER) **a.** Conjuguez ces verbes au conditionnel présent et passé à la 3ᵉ personne du singulier : *pouvoir, devoir, aimer*. **b.** Rédigez des phrases où ils exprimeront un rêve, un regret, un ordre.**

21 (EMPLOYER) Pour chaque couple de verbes, écrivez deux phrases complexes dans lesquelles un fait est soumis à une condition. Dans la première phrase, la condition sera introduite par *si* ; dans la deuxième phrase, elle sera exprimée au conditionnel présent.**
1. partir – visiter • 2. passer – discuter • 3. acheter – décorer

22 (EXPLIQUER) **a.** Recopiez ces phrases et conjuguez le verbe au conditionnel passé. **b.** Quelle est la valeur de chacun de ces emplois ?**
1. (Accepter)-tu sa proposition ? 2. Si tu avais écouté mes conseils, tu (devenir) célèbre. 3. Les soldats (atteindre) la frontière afghane. 4. Si Arthur n'avait pas été interrompu, les choses (se passer) différemment. 5. Il (venir) me voir, il (comprendre) son erreur.

23 (TRANSPOSER) Récrivez ces phrases en conjuguant le premier verbe à l'imparfait de l'indicatif.** [BREVET]
1. Je crois que tu réussiras. 2. Il veut savoir quand aura lieu le salon de la moto. 3. Il sait que la nuit lui portera conseil. 4. Il pense qu'il devra la croire. 5. Il ignore si son projet correspondra aux exigences des experts.

24 (ÉCRIRE) Écrivez cinq phrases énonçant des faits liés à l'actualité que vous aimeriez changer si vous le pouviez. Employez des phrases commençant par *si* et utilisez le conditionnel comme il convient.**

46. Les marques de l'énonciation

Énoncés et situation d'énonciation

Les énoncés rattachés à la situation d'énonciation

- Les **marques de l'énonciation** sont des mots qui sont **rattachés aux circonstances dans lesquelles les messages sont produits**. Elles renvoient :
  – aux **personnes** qui les emploient : locuteur et destinataire (qui parle à qui ?) ;
  – au **moment** (quand ?) et au **lieu** (où ?) où les interlocuteurs échangent.

- On ne peut comprendre les marques de l'énonciation que si l'on connaît les circonstances dans lesquelles l'énoncé a été produit.
  > *Je t'appellerai demain car je suis très occupé en ce moment.*

- Ce type d'énoncé se trouve à l'oral, dans les lettres, les dialogues de théâtre, les paroles rapportées directement dans un récit (voir p. 388). **Le locuteur s'adresse directement à d'autres personnes.**

Les énoncés détachés de la situation d'énonciation

- Ce type d'énoncé **n'est pas relié au moment où il est exprimé ni à la personne qui l'énonce**. Il se comprend même si l'on ignore la situation dans laquelle il a été prononcé.
  > *Elle l'appellerait le lendemain car elle était très occupée à ce moment-là.*

- Ce type d'énoncé se trouve dans les récits au passé, les dialogues rapportés indirectement dans un récit au passé (voir p. 390).

Les mots à employer

Pour indiquer	Classes grammaticales	Énoncé rattaché à la situation d'énonciation	Énoncé détaché de la situation d'énonciation
la personne	pronoms personnels	1re et 2e personnes : *je – on – nous – tu – vous me – te – moi – toi*	3e personne : *il – elle – ils – elles – le – la – les – lui – leur – (à) eux*
	déterminants possessifs	*mon – ma – mes – notre – nos – ton – ta – tes – votre – vos*	*son – sa – ses – leur – leurs*
le temps	adverbes et groupes nominaux	*maintenant – aujourd'hui – hier – avant-hier – demain – tout à l'heure – après-demain – le mois dernier / prochain*	*la veille – l'avant-veille – le lendemain – le surlendemain – le mois précédent / suivant*
	déterminants démonstratifs	*ce soir – ce matin*	*ce soir-là – ce matin-là*
	temps des verbes	présent – passé composé – futur – futur antérieur	imparfait – passé simple – plus-que-parfait – passé antérieur – conditionnel (à valeur de futur dans le passé)
le lieu	adverbes	*ici – là-bas*	*là – y*
	pronoms démonstratifs	*celui-ci – celle(s)-ci – ceux-ci – ceci*	*celui-là – celle(s)-là – ceux-là – cela*

❗ Lors du passage d'un énoncé rattaché à la situation d'énonciation à un énoncé détaché de cette situation, il convient de faire attention aux temps employés (voir p. 390).
> *Lou a dit : « Nous viendrons. »* (futur) → *Lou a dit qu'elles viendraient.* (conditionnel)

LE TEXTE

Manipuler

1 IDENTIFIER Quel personnage les mots en gras *je*, *mes*, *vous* et *votre* désignent-ils ? Quel indice vous permet de répondre ?*

DOM JUAN. – Comment ? **vous** dites que **je** n'y suis pas, à M. Dimanche, au meilleur de **mes** amis !
M. DIMANCHE. – Monsieur, **je** suis **votre** serviteur. J'étais venu…

MOLIÈRE, *Dom Juan*, 1665.

2 EXPLIQUER a. Indiquez quels sont les mots qui ne peuvent être compris qu'en connaissant la situation d'énonciation. b. Dans quelle situation ces énoncés auraient-ils pu être prononcés ?*

1. Entrez, ici, nous servons du chocolat chaud ! 2. N'oubliez pas d'éteindre vos téléphones portables pendant le contrôle. 3. Voulez-vous essayer ces lunettes-ci ? Je trouve que celles-là vous allongent le visage. 4. Monsieur, je cherche l'avenue du Général-de-Gaulle. Pourriez-vous m'indiquer la direction à prendre ?

3 IDENTIFIER À qui le pronom indéfini *on* renvoie-t-il ?**

1. Je connais Marine depuis de nombreuses années et on part souvent en vacances ensemble. 2. On n'attrape pas des mouches avec du vinaigre. 3. Alors, on n'a pas faim aujourd'hui ? 4. Quand on a les bons numéros au loto, on peut devenir millionnaire.

4 REPÉRER Par binôme. a. Cherchez lesquelles de ces phrases ne se comprennent que si l'on connaît la situation dans laquelle elles ont été prononcées. b. Relevez dans un tableau à deux colonnes les mots qui indiquent que les phrases sont rattachées à la situation d'énonciation ou qu'elles en sont détachées.*

1. Christophe Colomb découvrit l'Amérique en 1492. 2. La Fête de la musique a lieu tous les 21 juin. 3. Le spectacle commencera dans dix minutes. 4. Nous nous sommes donné rendez-vous ici. 5. Ce chat a griffé ma fille. 6. Maintenant, je suis sûre que tu m'as comprise. 7. Pierre, ce jour-là, remercia ses parents. 8. Votre portefeuille est tombé dans ce magasin. 9. Le lendemain, l'étudiant décida d'acheter sa première voiture.

5 COMPLÉTER Recopiez ces phrases en les complétant avec l'indicateur de temps ou de lieu qui convient.*

1. Les cousins de Justine devaient arriver à Paris *demain / le lendemain*. 2. Elle avait ressenti des douleurs à l'estomac *hier / la veille*. 3. *Ici / Là*, le soleil brille toute l'année. 4. Mes beaux-parents sont revenus de Lisbonne *avant-hier / l'avant-veille*. 5. *Ce soir / Ce soir-là*, l'atmosphère était paisible et les jeunes amoureux imaginaient leur avenir. 6. Il déclara : « Nous lançons notre campagne de promotion *aujourd'hui / ce jour*. 7. Voici ce qu'il m'écrivit en 2010 : « Je ne peux te pardonner ton mensonge de la semaine *précédente / dernière*. »

6 TRANSPOSER Les phrases suivantes sont rattachées à la situation d'énonciation. Récrivez-les en commençant par *Il disait que…*, de façon à ce qu'elles soient détachées de la situation d'énonciation. Faites attention aux personnes et aux temps employés.**

1. Je viendrai demain.
2. Nous sommes partis hier.
3. Nous achèterons une balançoire le mois prochain.
4. Mes bottes sont trouées.
5. Ceci est impossible à vérifier.

7 REPÉRER a. Quels sont les temps verbaux employés dans les phrases en italique ?
b. Quels sont les temps des verbes dans le reste du texte ?
c. Dans quelle partie du texte l'énoncé est-il détaché de la situation d'énonciation ? Justifiez.**

– Eh bien, si c'est la guerre, on se battra, dit Adolphe en frisant ses moustaches et en bombant le torse ; *on mangera des rats, comme pendant le siège. Allons, vous venez ?* ajouta-t-il avec impatience en se tournant vers les femmes : *nous allons manquer le feu d'artifice.*
– *Ce soir, sans faute, je ferai ma demande,* se dit Martial, et, chose étrange, il comprit que cette fois-ci il la ferait, qu'il ne reculerait pas.

I. NÉMIROVSKY, *Les Feux de l'automne* © Albin Michel, 1957.

8 RÉCRIRE a. Ce texte est-il rattaché à la situation d'énonciation ou en est-il détaché ? Justifiez votre réponse. b. Récrivez-le sous la forme d'une lettre adressée à un ami.** **BREVET**

Le lendemain matin, à neuf heures, assise sur une chaise dans un coin du séjour, Candice fixe le canapé et les taches de sang sur le sol. Dans la journée, décide-t-elle, elle sortira ce canapé dans la rue. Elle ne supporte plus l'idée de s'y asseoir. C'est sur lui que Neil a été tué et elle ne peut plus s'en approcher. On sonne et Candice sursaute. Elle se lève, ouvre la porte et se retrouve nez à nez avec un homme chauve.

D'après R. D. JAHN, *Le Dernier Lendemain*, 2014.

9 RÉCRIRE Voici un SMS envoyé par Paul à ses amis. a. Quelle pourrait être la situation d'énonciation de ce message ? b. Récrivez ce SMS en y insérant ces verbes de parole : *Paul a écrit… Il a demandé…* Faites toutes les modifications nécessaires.** **BREVET**

> Roue vélo crevée et ai manqué train.
> Suis en retard 😢 Prenez-moi place de cinéma.
> Vous rembourserai. Arrive dans 15 min.

47. Les connecteurs

Les principaux connecteurs

- Pour **organiser un texte**, on **relie** les faits et les idées à l'aide de mots ou d'expressions appelés **connecteurs**.
- Les connecteurs marquent la **progression** entre les **propositions**, les **phrases** et les **paragraphes**.

Connecteurs	Rôles		
temporels	exprimer un déroulement chronologique		> d'abord – puis – ensuite – enfin – dès lors – soudain – alors – par la suite – en 1914 – et…
	situer des actions les unes par rapport aux autres	– antériorité	> la veille – (deux heures) plus tôt – la semaine précédente – le mois passé – l'année dernière – auparavant…
		– simultanéité	> le jour même – à ce moment-là – pendant ce temps – au même moment – simultanément – en même temps…
		– postériorité	> le lendemain – le jour suivant – un an après – un an plus tard – alors – ensuite – puis – aussitôt – immédiatement après…
spatiaux	décrire un lieu		> devant lui – à (sa) droite – plus loin – au fond – à l'Est – à l'intérieur – au-dessus – d'un côté – de l'autre côté…
argumentatifs ou logiques	ordonner des idées		> premièrement – deuxièmement… > en premier lieu – en deuxième lieu… > d'une part – de l'autre…
	ajouter un argument		> par ailleurs – de plus – en outre – aussi – quant à…
	exprimer une cause		> car – en effet – effectivement – parce que – grâce à…
	exprimer une conséquence		> donc – c'est pourquoi – par conséquent – en conséquence – dès lors – ainsi – de sorte que – si bien que…
	exprimer une opposition		> mais – cependant – pourtant – néanmoins – toutefois – au contraire – en revanche – a contrario – certes… mais…
	introduire un exemple		> par exemple – notamment – en particulier…
	exprimer son point de vue		> pour ma part – selon X – suivant X – d'après X…
	conclure		> en conclusion – finalement – pour conclure – enfin – ainsi…

- Les connecteurs sont généralement placés en **début** de proposition, phrase ou paragraphe, mais ils peuvent aussi y être intégrés.
  > **Enfin**, j'en arrive à la conclusion.   > J'en arrive, **enfin**, à la conclusion.

386

LE TEXTE

Manipuler

1 TRANSPOSER Repérez les connecteurs temporels dans le texte puis remplacez-les par un synonyme.*

J'accélérai et feuilletai rapidement les pages à rebours. Soudain, je pris conscience que le piano avait cessé de jouer. Le château était à ce moment-là plongé dans un silence angoissant.
Une dernière fois, je tournai dix ou douze pages d'un coup, continuant de remonter le temps. Lorsque mes yeux se posèrent sur le texte, mon cœur cessa de battre et mon sang se glaça.

D'après L. GOUNELLE, *Les Dieux voyagent toujours incognito*, 2010.

2 EMPLOYER Récrivez ce texte en ajoutant les connecteurs temporels qui conviennent pour organiser le récit : *puis, d'abord, tout à coup, soudain*.*

Pour fatiguer mon corps, j'allai faire un tour dans la forêt de Roumare. Je crus … que l'air frais, léger et doux, plein d'odeur d'herbes et de feuilles, me versait aux veines un sang nouveau, au cœur une énergie nouvelle. Je pris une grande avenue de chasse, … je tournai vers La Bouille. Un frisson me saisit …, non pas un frisson de froid, mais un étrange frisson d'angoisse. Je hâtai le pas, inquiet d'être seul dans ce bois, apeuré sans raison, stupidement, par la profonde solitude. …, il me sembla que j'étais suivi, qu'on marchait sur mes talons, tout près, à me toucher. Je me retournai brusquement.

D'après G. DE MAUPASSANT, *Le Horla*, 1887.

3 ÉCRIRE Continuez le récit de l'exercice **2** en utilisant au moins trois connecteurs spatiaux et trois connecteurs temporels différents ; entourez-les.**

4 EMPLOYER a. Dessinez le jardin décrit dans l'extrait suivant. Sur votre dessin, à côté des êtres ou objets, retranscrivez en vert les connecteurs spatiaux qui les introduisent. **b.** Échangez votre dessin avec celui de votre voisin(e). Oralement, décrivez à votre tour son jardin en replaçant, dans votre discours, les connecteurs spatiaux mentionnés sur le dessin.**

La vue de ce jardin, de son parfait agencement, des plantes, de la fontaine et des ruisselets qui en dérivaient, enchanta chacune des dames et des trois jeunes gens. Alors qu'ils se promenaient très heureux à travers ces lieux, confectionnant avec divers branchages de très belles guirlandes tout en écoutant quelque vingt chants d'oiseaux qui semblaient vouloir rivaliser d'adresse, ils découvrirent une autre curiosité admirable de ce jardin qu'éblouis par les autres, ils avaient jusqu'alors négligée : ils virent, en effet, que le jardin était rempli de cent variétés peut-être de très beaux animaux qu'ils se montraient l'un à l'autre : ici débouchaient des lapins, là-bas couraient des lièvres, plus loin étaient couchés des chevreuils, plus loin encore de jeunes faons allaient broutant, et bien d'autres animaux inoffensifs se promenaient à loisir au point qu'on aurait pu les croire apprivoisés.

D'après BOCCACE, *Décaméron*, [1349-1353] trad. de C. Guimbard, Le Livre de Poche, 1994.

5 REPÉRER a. Relevez un connecteur logique dans le texte de l'exercice **4**. **b.** Identifiez le sens de ce connecteur, puis donnez-en un synonyme.*

6 COMPLÉTER Récrivez et complétez ce message par les connecteurs suivants : *enfin, en effet, tout d'abord, néanmoins*.*

Objet : réparation de l'ordinateur

Monsieur,
… je vous remercie de la réponse que vous apportez à ma question. J'ai bien conscience du fait que vous ne pourrez m'apporter davantage de précisions, quant au prix de la réparation, qu'après avoir examiné la machine.
J'aimerais … savoir, avant de venir vous déposer l'ordinateur, à combien vous estimez le temps nécessaire pour sa réparation. Cela prendra-t-il plus d'une semaine ? Cet ordinateur étant mon outil de travail, je ne peux … pas me permettre de m'en séparer trop longtemps.
…, d'un point de vue pratique, est-ce bien à l'accueil du magasin que je devrai me rendre pour venir déposer la machine ?
Par avance, je vous remercie de vos réponses.

Bien à vous,

Gilles

7 ÉCRIRE Rédigez la suite de l'histoire de l'exercice **1** en utilisant des connecteurs temporels (2), spatiaux (3) et argumentatifs (4), que vous soulignerez.**

8 ÉCRIRE Une agence de voyage vous a envoyé une offre promotionnelle pour un voyage en Suède. Intéressé(e), vous lui écrivez un courriel pour obtenir plus de renseignements. Utilisez au moins trois connecteurs argumentatifs et entourez-les.**

Étude de la langue • Le texte / 387

48. Les paroles rapportées directement

Mobiliser ses connaissances

1 CORRIGER **Recopiez le texte en respectant la présentation des paroles rapportées directement.***

Ce sera un prêt de quelques mois à peine, dit-il. Je le rembourserai peut-être même avant la fin de l'année. C'est tout simple, d'ailleurs, et il sera content de faire cela pour moi.

D'après G. DE MAUPASSANT, *Pierre et Jean*, 1888.

Retenir la leçon

- Rapportées **directement**, les paroles prennent la forme d'un **monologue** ou d'un **dialogue** dans lequel les hésitations et les émotions sont reproduites à l'identique, comme si elles étaient enregistrées ou retranscrites.

ponctuation :
guillemets, deux-points, tirets

verbes de parole
– introduisant les paroles (*dire, répondre, demander, s'exclamer*…)
– placés avant, après les paroles ou à l'intérieur des paroles, entre des virgules
– respectant le temps du récit

temps et modes des verbes des paroles rapportées :
présent, passé composé, futur simple de l'indicatif ; impératif

Caractéristiques des paroles rapportées directement

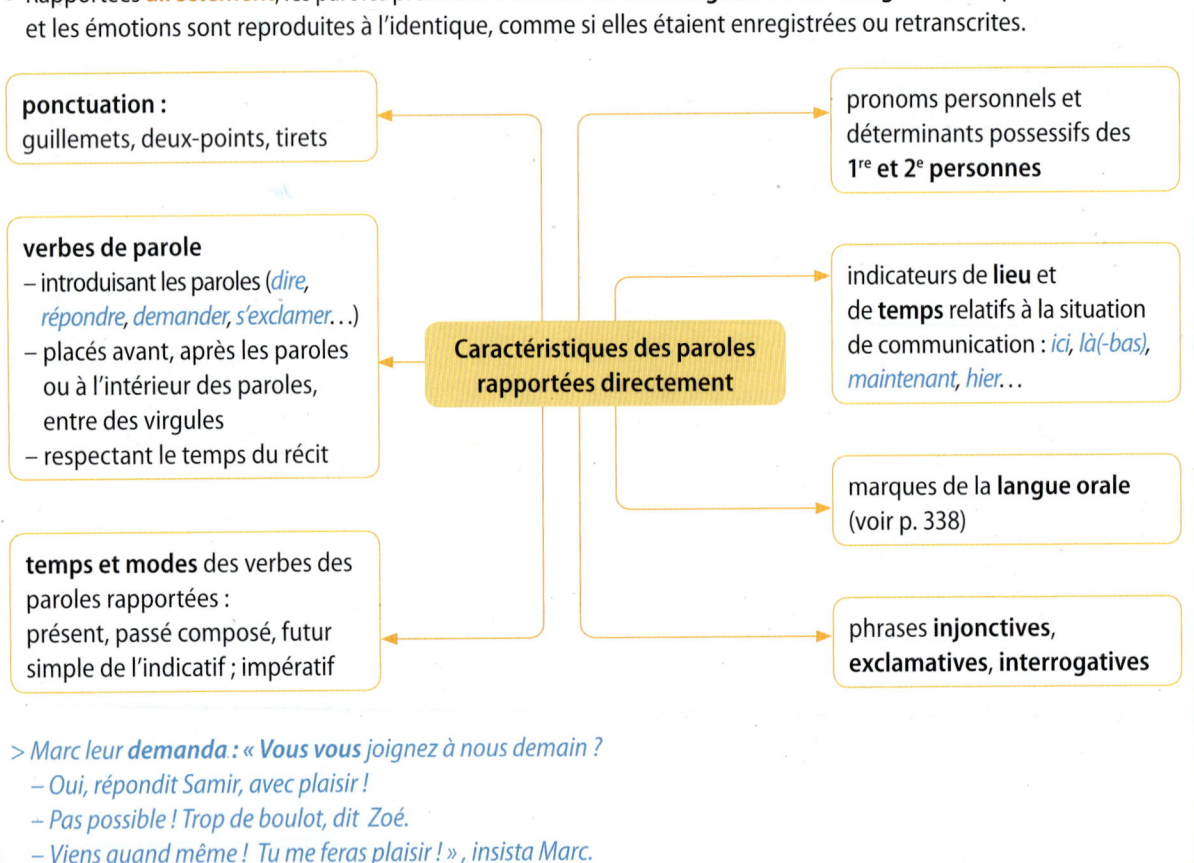

pronoms personnels et **déterminants possessifs** des 1re et 2e personnes

indicateurs de lieu et de **temps** relatifs à la situation de communication : *ici, là(-bas), maintenant, hier*…

marques de la langue orale (voir p. 338)

phrases injonctives, exclamatives, interrogatives

> Marc leur **demanda** : « **Vous vous** joignez à nous demain ?
– Oui, répondit Samir, avec plaisir !
– Pas possible ! Trop de boulot, dit Zoé.
– Viens quand même ! Tu me feras plaisir ! », insista Marc.

Manipuler

2 CORRIGER **Recopiez le texte en restituant la présentation des paroles rapportées directement.***

Gaspard s'assit sur son matelas. Tu ne dors pas ? dit Ludovic. Je voudrais aller dans la forêt, dit Gaspard. Pourquoi ? souffla Ludovic. Je ne sais pas. Ne va pas dans la forêt, dit Jérôme d'une voix tremblante. Tu ne dors pas non plus, toi ? murmura Ludovic entre ses dents. Pourquoi est-ce qu'on n'irait pas dans la forêt ? Non, dit Jérôme. On ira, dit Ludovic, et tu viendras avec nous.

D'après A. DHÔTEL, *Le Pays où l'on n'arrive jamais*, 1955.

3 TRANSPOSER **Transformez ces paroles de façon à les rapporter directement. Faites toutes les modifications nécessaires.**** BREVET

Elle lui répondit qu'elle avait pris du retard en sillonnant la campagne pour la Cancer Society, et que, s'il rentrait avant elle, il devrait réchauffer le rôti et se faire frire les légumes comme il les aimait.

D'après S. KING, *Les Tommyknockers*, 2011.

LE TEXTE

4 TRANSPOSER Transformez le texte en un dialogue rapporté directement.**

Raymond m'a dit qu'un de ses amis m'invitait à passer la journée de dimanche dans son cabanon, près d'Alger. J'ai répondu que je le voulais bien, mais que j'avais promis ma journée à une amie. Raymond m'a tout de suite déclaré qu'il l'invitait aussi. La femme de son ami serait très contente de ne pas être seule au milieu d'un groupe d'hommes.

D'après A. CAMUS, *L'Étranger*, 1942.

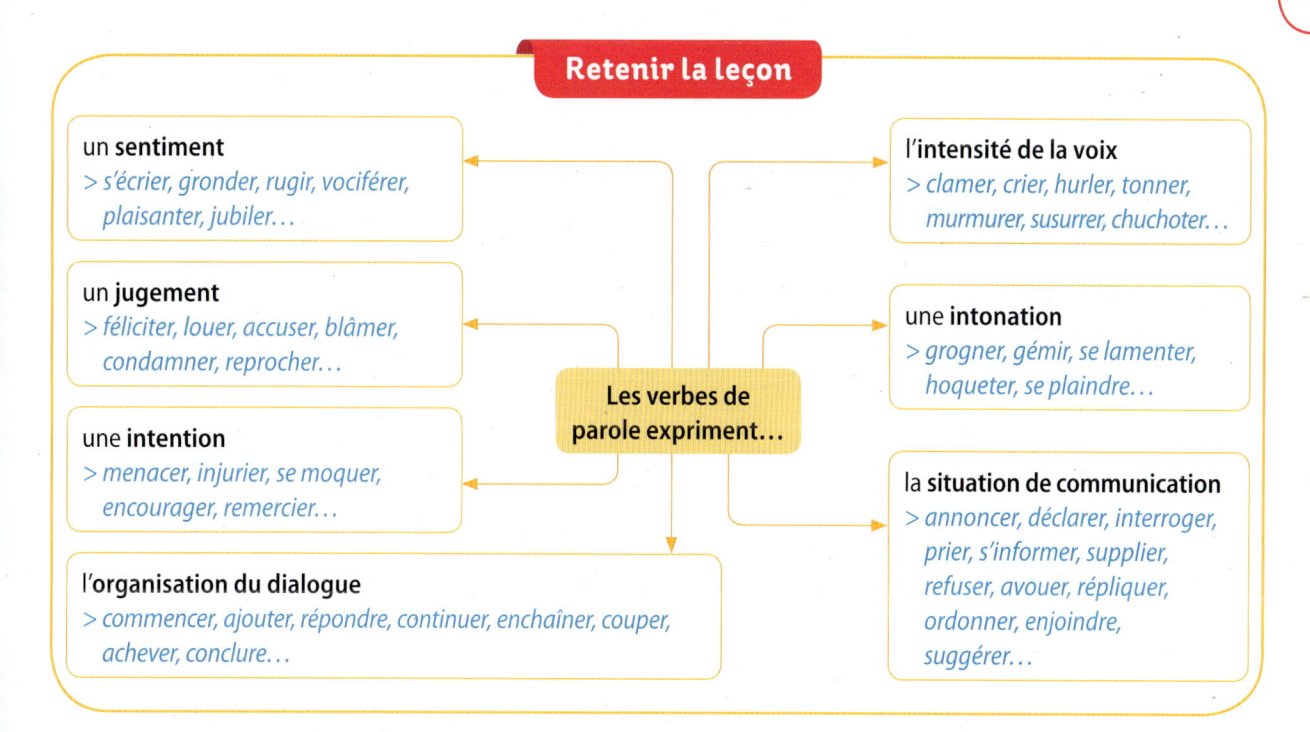

Retenir la leçon

un sentiment
> *s'écrier, gronder, rugir, vociférer, plaisanter, jubiler…*

un jugement
> *féliciter, louer, accuser, blâmer, condamner, reprocher…*

une intention
> *menacer, injurier, se moquer, encourager, remercier…*

l'organisation du dialogue
> *commencer, ajouter, répondre, continuer, enchaîner, couper, achever, conclure…*

Les verbes de parole expriment…

l'intensité de la voix
> *clamer, crier, hurler, tonner, murmurer, susurrer, chuchoter…*

une intonation
> *grogner, gémir, se lamenter, hoqueter, se plaindre…*

la situation de communication
> *annoncer, déclarer, interroger, prier, s'informer, supplier, refuser, avouer, répliquer, ordonner, enjoindre, suggérer…*

Manipuler

5 REMPLACER Par binôme. **a.** Remplacez chaque verbe *dire* par un autre verbe de parole au temps du récit. **b.** Prononcez le dialogue en tenant compte des verbes de parole choisis.*

Il se place devant elle, se rend compte que c'est idiot, reprend sa place :
« Mon odeur vous convient-elle ?, dit-il. Ne vous gêne-t-elle pas ?
– Pourquoi me demandez-vous cela ?, dit-elle.
– Je ne sais pas, dit-il, mais dans votre état.
– Comment, dans mon état ?, dit-elle.
– Eh bien, dit-il, je suppose que vous devez être sensible à l'odeur des gens, non ?
– La voix me suffit », dit-elle.

D'après CH. GAILLY, *K.622*, 1989.

6 REMPLACER Oralement. **a.** Remplacez chaque verbe *dire* par un autre verbe de parole organisant le dialogue, conjugué au temps du récit. **b.** Par binôme, remplacez les verbes *dire* par des verbes de parole exprimant un sentiment. **c.** Collectivement, comparez les effets produits sur le texte selon vos propositions.*

Fatiguée, elle s'assit.
– Je vais attendre ici, dit-elle, vous pouvez me laisser.
– Mais, dit-il.
– Il n'y a pas de mais, dit-elle, je vous remercie, n'allez pas manquer Mahler[1].
– Je ne suis venu que pour Mozart, dit-il, seulement pour le concerto.
– Moi aussi, dit-elle.
– Ah bon ?, dit-il, alors heu.
– Alors quoi ?, dit-elle.
– Rien, dit-il, Mahler se passera de nous, c'est tout.
– J'en ai peur, dit-elle.

D'après CH. GAILLY, *K.622*, 1989.

1. **Mahler :** compositeur et pianiste autrichien.

7 TRANSPOSER Transformez ces répliques de théâtre en paroles rapportées directement dans un récit. Variez les verbes de parole utilisés.**

MAÎTRE DE PHILOSOPHIE. – Que voulez-vous donc que je vous apprenne ?
MONSIEUR JOURDAIN. – Apprenez-moi l'orthographe.
MAÎTRE DE PHILOSOPHIE. – Très volontiers.

MOLIÈRE, *Le Bourgeois gentilhomme*, 1670.

8 ÉCRIRE Des élèves discutent dans la cour : créez un court dialogue rapporté directement dans lequel vous utiliserez au moins les verbes de parole suivants : *accuser, menacer, plaisanter, reprocher, s'écrier.***

49. Les paroles rapportées indirectement

Mobiliser ses connaissances

1 (IDENTIFIER) **Comparez les textes 1 et 2. a. Lequel comporte des paroles rapportées directement ? indirectement ? b. Quelles transformations repérez-vous entre les paroles rapportées directement et indirectement ?**

1. Il répondit : « Je vais utiliser deux des précieuses pièces de cent sous qui me restent, elles seront heureusement employées à la conservation de mon habit et de mon chapeau.

2. Il répondit que s'il allait utiliser deux des précieuses pièces de cent sous qui lui restaient, elles seraient heureusement employées à la conservation de son habit et de son chapeau.

D'après H. DE BALZAC, *Le Père Goriot*, 1834.

Retenir la leçon

- Les paroles rapportées **indirectement** sont toujours présentées dans des **propositions subordonnées**. Elles **font partie du récit**.

- Les paroles rapportées **indirectement** semblent **détachées de la situation d'énonciation** (voir p. 384).

Caractéristiques des paroles rapportées indirectement

- **absence de ponctuation spécifique**
  > *Il déclara qu'il passerait bientôt.*

- **verbes de parole** précédant les **propositions subordonnées**
  > *Elle confirma qu'elle allait au cinéma.*

- **temps** des verbes des paroles rapportées, le plus souvent : imparfait, plus-que-parfait, conditionnel
  > *Elle lui dit qu'elle le lui avait déjà expliqué la veille mais elle lui assura qu'elle le lui rappellerait encore à l'avenir s'il le fallait.*

- **pronoms personnels** et **déterminants possessifs** majoritairement à la **3ᵉ personne**
  > *Elle répondit qu'il avait déjà nettoyé sa chambre.*

- indicateurs de **lieu** et de **temps** spécifiques : *y, là, la veille, le jour même, le lendemain…*
  > *Il répéta qu'il s'y rendrait dès le lendemain matin.*

- présence de propositions **interrogatives indirectes**, sans inversion du sujet ni point d'interrogation : voir p. 352
  > *Il lui demanda si son amie venait.*

- La **concordance des temps** est importante quand on rapporte indirectement des paroles.

Si le verbe de parole est au…

présent	passé
les verbes des paroles rapportées sont…	
– au présent – à l'imparfait – au passé composé – au futur simple > *Il annonce qu'il vient / qu'il venait / qu'il est venu / qu'il viendra.*	– à l'imparfait – à l'imparfait – au plus-que-parfait – au présent du conditionnel > *Il annonça qu'il venait / qu'il venait / qu'il était venu / qu'il viendrait.*

Manipuler

2 TRANSPOSER Transformez ces paroles pour les rapporter indirectement. Commencez vos phrases par : *Il confirme que / qu'…* *
1. « Juliette va tous les ans à la mer. » 2. « Je passerai demain ». 3. « C'est de ta faute ! » 4. « Je présenterai un exposé mercredi prochain. » 5. « Tu passes trop de temps devant ton ordinateur. »

3 CORRIGER Par binôme : a. identifiez les erreurs dans ces phrases ; b. corrigez-les.*

> 1. Il me demanda si je viendrai le lendemain ?
> 2. Ma mère voulut savoir si mon frère avait judo demain. 3. Il se demandait ce que tu faisais là ?
> 4. Elle ne savait pas où est-ce qu'elle pourrait trouver un jogging ? 5. Je me demande quand peut-on partir.

4 TRANSPOSER Transformez ces paroles rapportées directement en paroles rapportées indirectement en conservant le temps des verbes de parole.** **BREVET**
1. Lisa leur annonce : « Je veux rester seule. » 2. Coline annonce à ses parents : « La sortie prévue est sans risque. » 3. Il demande à Catherine : « Veux-tu jouer aux échecs ? » 4. Elle confirme : « Je n'ai jamais révélé le secret de Max. » 5. Le garagiste assure au client : « Vous pourrez récupérer votre voiture demain matin. » 6. Julien se demande : « Pourquoi Leila agit-elle de la sorte ? » 7. Emma répond : « Je me rendrai à la bibliothèque demain après-midi. » 8. Youssouf demande : « Est-ce que je peux récupérer mon livre ? »

5 RÉCRIRE Transformez ce texte en conjuguant les verbes de parole au présent de l'indicatif.* **BREVET**
Elle disait que le monde était laid depuis l'apparition du plastique. Elle disait que les haies de thuyas et les chaises en plastique avaient défiguré le paysage français.
D'après TH. BÉTHUNE, *L'Enfant de Neandertal*, 2013.

6 RÉCRIRE Transformez ces phrases en conjuguant le verbe de parole au passé simple de l'indicatif.* **BREVET**
1. Son ami lui répond qu'il ne pourra pas être présent au mariage mais qu'il lui fera livrer un cadeau d'exception en compensation, et qu'il est vraiment très heureux de cette union.

2. Grandet répond que le notaire et l'agent de change dont les épouvantables faillites ont causé la mort de son frère, vivent, eux !, qu'ils peuvent être devenus bons, et qu'il faut les contacter afin d'en tirer quelque chose.
D'après H. DE BALZAC, *Eugénie Grandet*, 1834.

7 ÉCRIRE Complétez les phrases suivantes par des paroles rapportées indirectement. Attention aux temps verbaux.**
1. Notre ancien professeur répétait toujours … . 2. Le pompier demanda à la dame … . 3. Le libraire affirme … . 4. Mon grand-père avait l'habitude de dire … . 5. Le soldat raconta … . 6. L'entraîneur déclara … . 7. Ce proverbe affirme … . 8. Le contrôleur du train annonça aux voyageurs … . 9. Elle répondit que … .

8 RÉCRIRE Transformez ces paroles rapportées directement en paroles rapportées indirectement. Attention aux temps verbaux, aux personnes et à la place du sujet.** **BREVET**
– Ricarda n'est nulle part, leur apprit-il en descendant vers le hall. [...]
– Cela t'étonne ? dit Jessica.
– Je ne dirai rien de plus, précisa Patricia.
D'après CH. LINK, *Le Sceau du secret*, 2015.

9 RÉCRIRE a. Transformez ces paroles directement en paroles rapportées indirectement. b. Soulignez dans votre texte tous les éléments qui ont changé (temps, personne).** **BREVET**
– C'est un drap extrêmement cher, dit le drapier. Mais vous en aurez si vous le désirez. Dix ou vingt francs y passeront vite.
– Le prix n'importe pas, si c'est de la qualité !, répondit Pathelin. Il me reste encore quelques pièces que mes parents n'ont jamais vues.
D'après *La Farce de Maître Pathelin*, XVe siècle.

10 ÉCRIRE Intéressé(e) par la pratique d'un nouveau sport, vous vous rendez à la réception du club sportif pour prendre des renseignements : horaire, équipement nécessaire, prix… Chez vous, vous écrivez un courriel à un ami qui souhaite également s'inscrire. Vous lui rapportez indirectement votre échange avec la personne de la réception, en variant les verbes de parole.**

11 ÉCRIRE a. Rapportez les questions que pourraient se poser les personnages du tableau de façon indirecte. b. Imaginez leurs réponses au moyen de paroles rapportées indirectement.**

E. HOPPER, *Conference at night*, 1949.

50. Les marques de la modalisation

> **Mobiliser ses connaissances**

1 (IDENTIFIER) **a.** Repérez les énoncés qui expriment une opinion, un jugement. **b.** Recopiez ces énoncés en soulignant les modalisateurs (mots et groupes de mots exprimant une opinion ou un jugement).*

1. Le musée sera rénové cette année. **2.** Le sommet du mont Blanc culmine à 4 809 mètres. **3.** Le train est encore en retard. **4.** Je suis certaine de réussir mon audition. **5.** Les magasins ouvrent le dimanche. **6.** L'entraîneur estime que ses athlètes ont été performants.

Les principaux modalisateurs

Lorsqu'on s'exprime, on peut présenter les faits dont on parle de façon **objective** (neutre) ou de façon **subjective**, en donnant son **point de vue**, son **jugement**, son **opinion**, son **état d'esprit**. L'expression de ce point de vue se nomme la **modalisation**.
> *Mes cousins arrivent demain.* (objectif)
> *Je **suis heureuse** que mes cousins arrivent demain.* (subjectif)

Points de vue exprimés		Modalisateurs
sentiment (joie, tristesse, inquiétude, surprise, etc.)		> *se réjouir, joie, joyeux, joyeusement…*
		point d'exclamation > *Quel beau film !*
opinion (croyance, volonté, souhait, interdiction, etc.)		> *falloir, penser, croire, vouloir, autoriser…* > *souhait, souhaitable…* > *selon, suivant, d'après…* > *pour ma part, en ce qui me concerne, à mon avis…*
jugement de valeur	mélioratif	> *il vaut mieux, aimer, apprécier…* > *merveille, merveilleux, merveilleusement…* > *bien, heureusement…*
	péjoratif	> *ennuyer, ennui, ennuyeux, inadmissible, jaunâtre…* > *dommage, malheureusement…*
	mélioratif ou péjoratif	> *tellement, si, beaucoup, peu, vraiment…* **adjectifs au superlatif** > *la meilleure, la pire des situations, une voix très agréable, très désagréable…*
faits présentés comme…	sûrs	> *savoir, assurer, affirmer, attester, certifier…* > *certitude, sûr, certain, certainement, évidemment, sans aucun doute…*
	possibles ou peu sûrs	> *il se peut que, supposer, espérer, douter, nier…* > *possibilité, probabilité, possible, probable, probablement, peut-être…* **conditionnel** pour un fait qui n'est pas totalement sûr > *Leur équipe aurait gagné un match décisif.*

Manipuler

2 **TRANSPOSER** a. Oralement, repérez les modalisateurs puis identifiez le point de vue exprimé dans les phrases suivantes. b. Récrivez ces phrases en les rendant neutres.*
1. Selon moi, cette photographie est de Robert Doisneau. 2. Hélas, les abeilles ont cessé de butiner ces champs de fleurs. 3. Il me semble que cet arbre est un cerisier du Japon. 4. Il faudrait que Tom peigne la cabane à oiseaux. 5. Ce joueur de Marseille serait transféré au club du Barça.

3 Ce texte est-il objectif ou subjectif ? Justifiez à l'aide de mots du texte.*

La ville de Paris va-t-elle donc s'associer plus longtemps aux banques, aux mercantiles imaginations d'un constructeur de machines, pour s'enlaidir irréparablement et se déshonorer, car la tour Eiffel, dont la commerciale Amérique ne voudrait pas, c'est, n'en doutez pas, le déshonneur de la France ! Chacun le sait, chacun le dit, chacun s'en afflige, et nous n'en sommes qu'un faible écho de l'opinion universelle et légitimement alarmée.

« La protestation des artistes », lettre publiée dans *Le Temps*, 14 février 1887.

4 **TRANSPOSER** Modifiez la phrase *Les alpinistes établissent leur camp sur un haut plateau*, afin d'exprimer les points de vue suivants. Pour chaque point de vue, vous écrirez deux phrases ayant pour modalisateur : a. un verbe ; b. un mot appartenant à la classe grammaticale de votre choix.*
1. certitude • 2. fait peu sûr • 3. étonnement • 4. souhait • 5. obligation

5 **IDENTIFIER** a. Quels sont les modalisateurs employés dans ce texte ? b. Selon vous, pourquoi le journal y a-t-il recouru ?**

Né à Bamako, Seydou Keïta (1921-2001) est considéré comme le père de la photographie africaine. De 1948 à 1962, son studio a accueilli tous les visages de Bamako. Le photographe malien proposait à chacun des accessoires de mise en scène : tissus, vêtements, bijoux, objets. Le Grand Palais présente une rétrospective en trois cents images, composée de ces fameux portraits noir et blanc. Il faut la voir absolument : pour l'exceptionnelle réunion de tirages d'époque dits « vintage », pour les photographies en très grand format. Leur juxtaposition dit tout : la simplicité des modèles et des moyens, le talent et l'humanité de l'artiste. Des images qui révèlent en majesté l'identité africaine. Seydou Keïta s'inscrit en cela dans la lignée universelle des plus grands maîtres du portrait.

Télérama, avril 2016.

6 **REPÉRER** a. De ces deux textes, quel est celui qui est extrait d'une grammaire ? d'une critique de la langue française ? b. Relevez les modalisateurs qui vous ont permis de répondre.**

Texte 1 : Le type interrogatif est associé habituellement à un acte d'interrogation ou de questionnement. Ses structures sont très diverses (usage de termes interrogatifs, inversion du sujet, etc.). Son intonation la plus connue est montante (*Tu viens ?*). L'intonation interrogative correspond au point d'interrogation à l'écrit : *Est-ce que Juliette a rencontré Roméo ?*

Texte 2 : Ces quinze dernières années, le charabia envahissant n'a fait que croître et embellir et les médias nous fournissent chaque jour maints exemples de cette calamité, qui ne semble pas inquiéter outre mesure les « pédagogues » responsables de l'enseignement de la matière scolaire pourtant baptisée « français ». En voici quelques jolis spécimens : enseignée à l'étranger par les professeurs de français, la forme interrogative invite leurs élèves à demander de façon correcte : *Pourquoi chantez-vous ?*, etc. Or, il suffit d'écouter la radio et la télévision qualifiées de *françaises* pour constater que ces questions sont couramment déformées par des professionnels de la parole en « *Pourquoi vous chantez ?* » Souvent, ils croient bon de les alourdir en leur ajoutant les trois mots *Est-ce que ?* – dépense bien inutile ! – pour aboutir à « *Pourquoi est-ce que vous chantez ?* »

7 **EXPLIQUER** a. Dans la phrase *Lola prétend qu'elle est partie chez ses grands-parents*, qu'affirme Lola ? À votre avis, celui qui parle a-t-il le même point de vue ? b. *Je prétends que Lola est partie chez ses grands-parents* : d'après cette phrase, à votre avis, Lola est-elle vraiment partie chez ses grands-parents ?**

8 Transformez cette brève journalistique en un article subjectif, en ajoutant six modalisateurs.**

Invention : une voiture se gare toute seule grâce à un téléphone portable

Le fabricant d'équipements automobiles français Valeo vient de présenter une innovation au Salon de Francfort (Allemagne). Le système Park4U Remote permet à une voiture de se garer seule. Près de l'emplacement choisi, le conducteur déclenche l'assistance au stationnement avec un boîtier électronique ou un portable. Le véhicule, muni de capteurs, repère la place de parking. Puis il se gare, en marche avant ou arrière.

D'après *L'Actu*, 16 septembre 2011.

9 **ÉCRIRE** a. Rédigez l'éloge d'un personnage de roman, en employant des modalisateurs variés que vous soulignerez. b. Échangez votre texte avec votre voisin : chacun transformera le texte de l'autre en blâme.**

10 Rédigez un éloge de la tour Eiffel en employant des modalisateurs variés que vous soulignerez.**

51. Identifier la progression d'un texte : thème et propos

Observer et manipuler pour comprendre

1 **a.** Dans les phrases 2 et 3, qui est la personne représentée par le pronom souligné ? **b.** Où ce pronom est-il placé dans la phrase ? **c.** Quelle est sa fonction ? **d.** Qu'apprend-on à propos de ce pronom ?
1. Elizabeth a toujours été très brave. 2. <u>Elle</u> a grandi à Londres, avec sa mère et Sir Ambrose Ivers.
3. <u>Elle</u> a rencontré ma Jane lors de son premier été ici.
D'après M. A. SHAFFER, A. Barrows, Le Cercle littéraire des amateurs d'épluchures de patates, trad. par Aline Azoulay, © NiL, 2009.

2 **a.** De qui parle-t-on dans la phrase 1 ? **b.** À quelle classe grammaticale appartient le mot « Joseph » et quelle est sa fonction dans la phrase ? **c.** Parmi les phrases 2 à 4, lesquelles présentent le même sujet que la phrase 1 ? **d.** Quel est le sujet de la phrase restante ? **e.** Que dit-on à propos de ce sujet ?
1. Joseph s'est mis dans tous ses états en apprenant par le frère de Nadia notre projet.
2. Il a une peur bleue que ses rêves de carrière militaire tombent à l'eau si l'affaire éclate au grand jour.
3. Nous avons échangé des mots très durs.
4. Il hurlait que nous n'avions pas le droit d'utiliser contre son gré le nom de la bande qu'il avait fondée.
D'après R. SCHAMI, Une poignée d'étoiles, trad. de l'allemand par Bernard Friot, © Médium, L'École des loisirs, 1988.

Retenir la leçon

- Une phrase est généralement composée d'un **thème** et d'un **propos**.

Le **thème** est **ce dont on parle** :	Le **propos** est **ce qu'on dit à propos de ce dont on parle** :
– c'est généralement le **sujet** de la phrase ;	– c'est généralement le **prédicat** de la phrase ;
– il est identifié en répondant à la question : « De qui / quoi parle-t-on ? »	– il est identifié en répondant à la question : « Qu'est-ce qu'on dit de… ? »

> *Khalid* est cuisinier. *Il* cuisine excellemment bien. *Ses préparations* sont succulentes.

- La **phrase passive** (voir p. 336) permet au propos de devenir le thème de la phrase.
> *Le chat* attrape la souris. → *La souris* est attrapée (par le chat).

Manipuler

3 (REPÉRER) Recopiez le texte. Entourez les thèmes, puis soulignez leur propos.*
Née le 4 juillet 1971 à San Francisco, en Californie, Koko est une star depuis ses plus jeunes années. Cette femelle gorille est en effet capable de s'exprimer dans le langage des signes. […] Koko peut aussi tousser et éternuer volontairement, souffler sur un verre de lunettes pour en retirer la buée, et même mimer une conversation au téléphone en « chuchotant ».
D'après N. MARTELLE, « Et si les grands singes pouvaient parler ? », GéoAdo, 18 août 2015.

4 (ÉCRIRE) Ajoutez un propos à chacun des thèmes suivants.*
1. Romain … . 2. Ma chemise bleue … . 3. Les lilas de la voisine … . 4. Ce tableau noir … . 5. Des moutons … .

5 (ÉCRIRE) Ajoutez un thème à chacun des propos suivants.*
1. … est allée chez le coiffeur hier. 2. … est très sale. 3. … devront être remis aux lauréats. 4. Plus … regarde par la fenêtre, plus … a envie d'aller jouer dehors. 5. Dès que le professeur arrive, … se taisent.

6 (TRANSPOSER) **a.** Transformez ces phrases actives en phrases passives afin d'en modifier le thème. Attention aux accords. **b.** Entourez les nouveaux thèmes.*
1. Mon frère a épluché toutes ces pommes de terre. 2. Le jury a décerné le premier prix du concours d'orthographe à Aziza. 3. Le médecin de famille a ausculté ma sœur ce matin. 4. Les fils du fermier ont moissonné ces champs. 5. Cet artiste a peint de superbes toiles.

394

LE TEXTE

Retenir la leçon

- Dans un texte, thèmes et propos doivent **s'enchaîner de façon logique**.
- **Identifier les différents thèmes** d'un texte permet donc d'en comprendre la construction et la **progression**.
- Il existe trois types de progression.

Progression par…		
reprise constante	Le thème est toujours identique. A → A → A → A	> *Pierre* rentre dans le restaurant. *Il* s'assied à une table. *Il* regarde la carte. *Il* commande vite.
enchaînement	Le propos devient le thème de la phrase suivante. A + B → B + C → C + D	> *Les roses* sentaient bon. *Leur délicieux parfum* se répandait dans *la pièce*. *Celle-ci* en était tout imprégnée.
éclatement	Le thème initial est éclaté en plusieurs sous-thèmes. A → a1 → a2 → a3	> *Les enfants* sont au nombre de trois. *L'aîné* a dix ans. *Le deuxième* a six ans. *Le cadet* a seulement trois ans.

Manipuler

7 (DISTINGUER) **a.** Identifiez oralement les thèmes des deux textes. **b.** Comparez la progression des textes 1 et 2 : en quoi diffèrent-elles ?*

1. Alicia s'est rendue aujourd'hui au théâtre. Le metteur en scène était très surpris de son jeune âge.
2. Alicia s'est rendue aujourd'hui au théâtre. Elle a surpris le metteur en scène par son jeune âge.

8 (DISTINGUER) Parmi les trois extraits suivants, identifiez celui qui illustre une progression : **a.** par reprise constante ; **b.** par enchaînement ; **c.** par éclatement.*

1. Les soldats de 1914-1918 écrivent beaucoup. La plupart le font pour eux-mêmes sous la forme de carnets ou de journaux intimes. De nombreux poilus envoient régulièrement des lettres à leurs proches. Quelques-uns témoignent de la vie au front dans des récits ou des poèmes qu'ils publient.

2. Une petite bonne femme, forte et grassouillette, coiffée d'un fichu blanc, s'est introduite dans la salle d'attente. Elle ressemblait vaguement à Mylène Demongeot dont la silhouette était à la mode et que j'avais vue jouer dans *L'Appartement des filles*, mais à une Mylène Demongeot qui aurait grossi et mal vieilli en un tournemain[1]. Elle s'est présentée [...]. Jusque-là, elle avait les yeux sur moi.

D'après J.-B. BARONIAN, *Lord John*, 1986.

3. De toute façon, le temps travaillait contre lui. Homme de loi spécialisé dans les affaires immobilières, il voyait de très grosses sommes passer entre ses mains : une partie de ces sommes y restait.

D'après F. BROWN, « Cauchemar en jaune », *Nouvelles à chute 2*, 2008.

1. en un tournemain : très rapidement.

9 (IDENTIFIER) Quel est le type de progression employé dans ce texte?*

Et, l'après-midi, après les vêpres, il y eut un autre spectacle, une procession à un calvaire planté au bout du village. Un paysan marchait le premier, tenant une bannière de soie violette brochée d'or, à hampe[1] rouge. Puis deux longues files de femmes s'espaçaient largement. Les prêtres venaient au milieu [...]. Enfin, derrière, à la suite d'une bannière blanche portée par une grosse fille aux bras hâlés, piétinait la queue des fidèles, qui se traînait avec un fort bruit de sabots, pareille à un troupeau débandé.

É. ZOLA, *Les Coquillages de M. Chabre*, 1876.

1. manche en bois.

10 (IDENTIFIER) Quel est le type de progression employé dans chaque extrait ?*

1. La drogue n'est un bienfait que pour les assassins qui s'enrichissent. Ceux-là mêmes qui n'en consomment jamais, pour conserver l'esprit clair et pouvoir mieux t'inoculer leur poison.

2. La drogue est un faux refuge, une béquille de papier. Elle transforme la vie de ses victimes en un cauchemar sans fin. Elle enlève à l'homme ce qui lui appartient de plus sacré : sa dignité. Elle l'entraîne à tuer, à dévaster tout sur son passage, à briser les siens, pour la seule satisfaction d'une sensation éphémère qu'il faut sans cesse, encore, toujours renouveler.

G. SINOUÉ, *À mon fils à l'aube du troisième millénaire*, © Éditions Gallimard, 2000.

11 (ÉCRIRE) Racontez en un paragraphe une matinée de votre classe en recourant à une progression par : **a.** reprise constante ; **b.** éclatement.*

12 (ÉCRIRE) En commençant par *Charlotte prit le livre sur l'étagère…*, rédigez un texte court en adoptant une progression par enchaînement.**

13 (ÉCRIRE) Rédigez un autre texte au sujet de la cigarette en imitant une des progressions des extraits de l'exercice **10**.**

Étude de la langue • Le texte / **395**

Alphabet phonétique international

Voyelles orales

- [i] midi, île, naïf, cygne, hiver
- [e] dé, dîner, et, nez, (je) jouai, fœtus, les
- [ɛ] belle, mère, être, Noël, veine, est, il naissait, il naît, paquet
- [a] patte, à, mât, femme
- [ɑ] tas, pâte
- [y] sur, sûr, il eut, humeur, rue
- [u] chou, où, goût, août
- [o] piano, aussitôt, seau, oh, ho, hôpital
- [ɔ] bol, Paul, hors, maximum
- [ə] le, monsieur
- [ø] déjeuner, jeûne
- [œ] veuf, œuf, œil, recueil

Voyelles nasales

- [ɛ̃] invention, imperméable, main, faim, peindre, examen, synthétique, sympathie
- [ɑ̃] tante, lampe, ensemble, paon, vraiment
- [ɔ̃] bon, pompier
- [œ̃] un, parfum, à jeun

Semi-voyelles

- [j] yeux, pieu, œil, paille, fille, hiéroglyphe, hyène
- [ɥ] lui, huit
- [w] oui, kiwi, moelle, poêle, poil

Consonnes

- [p] pape, apprendre
- [b] bon, abbé
- [t] ton, patte, thon, prend-il
- [d] doigt, addition
- [k] coq, que, kiwi, accord, acquitter, choriste
- [g] gag, guerre, aggraver, second, ghetto
- [f] feu, affreux, éléphant
- [v] vue, wagon
- [s] se, asseoir, leçon, science, imagination, asthme, six, fils
- [z] raser, deuxième, zèbre
- [ʃ] chut, schéma, shérif
- [ʒ] jeu, girafe, orangeade
- [l] la, ville
- [m] menton, pomme
- [n] nuit, année, automne
- [ɲ] mignonne, oignon
- [ŋ] parking
- [r] narrateur, rhume

396

Index des auteurs

A ANOUILH J., *Antigone*, p. 182-185
APOLLINAIRE G., « Zone », p. 136
ARAGON L., *Le Musée Grévin*, p. 235
ARISTOPHANE, *L'Assemblée des femmes*, p. 96-97
ASIMOV I., *L'avenir commence demain*, p. 260-261
AUDELON V., « Enfants de la guerre… », p. 228

B BALZAC (de) H., *La Recherche de l'absolu*, p. 247
BARBERY M., *Une gourmandise*, p. 152-153
BARBUSSE H., *Le Feu*, p. 160
BARJAVEL R., *Ravage*, p. 258-259
BAUBY J.-D., *Le Scaphandre et le papillon*, p. 50-51
BAUDELAIRE Ch., « Paysage », p. 132, *Le Spleen de Paris*, p. 152
BEAUVOIR (de) S., *Mémoires d'une jeune fille rangée*, p. 20
BENAMEUR J., *Ça t'apprendra à vivre*, p. 34
BLIXEN K., *La Ferme africaine*, p. 52-53
BOILEAU N., *Satires*, p. 110
BORDAGE P., *Les Derniers Hommes*, p. 264-265
BOULLE P., *La Planète des singes*, p. 266
BOUVARD Ph., *Des femmes*, p. 116
BRECHT B., *La Résistible Ascension d'Arturo Ui*, p. 192-193
BUZZATI D., *Le K*, p. 104-109

C CAMUS A., *Caligula*, p. 188
CENDRARS B., *Feuilles de route*, p. 150, *La Main coupée*, p. 170
CHAR R., « Feuillets d'Hypnos », p. 234
CHATEAUBRIAND (de) F.-R., *René*, p. 122
CHEDID A., « L'enfant est mort », p. 229
COCTEAU J., *Opéra*, p. 149
COUTELET N., « Chocolat, une figure de l'altérité sur la piste », p. 102

D DESNOS R., « Ce cœur qui haïssait la guerre », p. 234
DIB M., « Port », p. 127
DUGAIN M., *La Chambre des officiers*, p. 164-165

E ECHENOZ J., *14*, p. 159
ÉLUARD P., « Liberté », p. 232
EPANYA YONDO E., *Kamerun ! Kamerun !*, p. 151
ERNAUX A., *La Place*, p. 28

G GRUMBERG J.-C., *Le Petit Chaperon Uf*, p. 210-211

H HEREDIA (DE) J.-M., « Un peintre », p. 130
HUGO V., « Demain, dès l'aube… », p. 124

I IONESCO E., *Le roi se meurt*, p. 190, *Macbett*, p. 204

J JARRY A., *Ubu Roi*, p. 186-187
JUNG, *Couleur de peau : miel*, p. 48-49
JUVÉNAL, *Satires*, p. 98

K KRESSMAN TAYLOR K., *Inconnu à cette adresse*, p. 240

L LA BRUYÈRE (de) J., *Les Caractères*, p. 99
LAFERRIÈRE D., « Paris, 1983 », p. 128
LA FONTAINE (de) J., *Fables*, p. 72
LAYE C., *L'Enfant noir*, p. 54-55
LEFÈVRE K., *Métisse blanche*, p. 22
LEMAITRE P., *Au revoir là-haut*, p. 166

M MAZEAS B., *Contes à Rebours*, p. 214-217
MOÏ A., *Riz Noir*, p. 226-227
MONTESQUIEU, *Lettres persanes*, p. 74
MYRIAM D., « Cerveaux béants », p. 84

N NOËL M., *Notes intimes*, p. 36

O ORWELL G., *1984*, p. 212

P PEREC G., *W ou Le souvenir d'enfance*, p. 32-33, *Les Choses*, p. 90
PINGUILLY Y., « Ploc Ploc Tam Tam », p. 229
PLINE LE JEUNE, *Lettres*, p. 70
PONGE F., *Le Parti pris des choses*, p. 154

Q QUEFFÉLEC Y., *L'Homme de ma vie*, p. 30
QUENEAU R., « La Chair chaude des mots », p. 151

R RABELAIS F., *Quart Livre*, p. 68
REMARQUE E. M., *À l'Ouest rien de nouveau*, p. 161
RIMBAUD A., « Ma bohème », p. 125
ROUSSEAU J.-J., *Confessions*, p. 26-27
ROY C., « Jamais je ne pourrai », p. 209
RUFIN J.-C., *Le Collier rouge*, p. 169

S SAND G., *Histoire de ma vie*, p. 18
SANSAL B., *2084*, p. 213
SARRAUTE N., *Enfance*, p. 42
SATRAPI M., *Persepolis*, p. 44-47
SCHMITT É.-E., *L'Enfant de Noé*, p. 224-225
SCHWARTZ E., *Le Dragon*, p. 196
SEGALEN V., « Tempête solide », p. 126
SÉVIGNÉ (Mme de), *Lettres*, p. 16
SHELLEY M., *Frankenstein ou le Prométhée moderne*, p. 245-246
SIMAK C. D., *Demain les chiens*, p. 274
SIMÉON J.-P., « Toucher terre », p. 230
SKÁRMETA A., *Le Cycliste de San Cristobal*, p. 218-223
SOPHOCLE, *Antigone*, p. 178-180
SPINRAD N., *Bleue comme une orange*, p. 262
STERNBERG J., *Le Credo*, p. 80-82
STEVENSON R. L., *L'Étrange Cas du docteur Jekyll et de Mister Hyde*, p. 248
SUPERVIELLE J., « La Terre », p. 146

T TARDIEU J., « Poèmes pour la main droite », p. 148

U UHLMAN F., *L'ami retrouvé*, p. 58-61

V VERHAEREN É., « Les usines », p. 134
VIALATTE A., *Chroniques de La Montagne*, p. 76
VIAN B., « À tous les enfants », p. 230, « Terre-Lune », p. 268
VIVÈS B., *Le Goût du chlore*, p. 155
VOLTAIRE, *Jeannot et Colin*, p. 83, *Candide*, p. 101

W WELLS H. G., *L'Île du docteur Moreau*, p. 248-249

Crédits de couverture

© T. Schneyder / KHARBINE-TAPABOR (soldat) ; © KostanPROFF / Shutterstock (oiseau) ; Count Alfred de Montgomery (1810-91) 1850-60 (oil on canvas, Dedreux, Alfred (1810-60) / Louvre, Paris, France / Bridgeman Images (homme sur l'oiseau).

6 © Laurent Lecat ; 13 © Sebastien Del Grosso ; 15 ht © MBA Lyon ; 15 bg © Electa/leemage ; 15 bd © Franck Ferville / Agence VU' ; 17 © Josse/Leemage ; 18 h © The British Library Board / 18 b © Coll. Grob/Kharbine-Tapabor ; 19 © Kharbine-Tapabor ; 20 © Jack Nisberg / Roger-Viollet ; 21 © AKG Images/MPortfolio/Electa ; 22 © Philippe MATSAS/Opale/Leemage ; 23 © Fine Art Images/Leemage ; 24 © Library of Congress ; 25 hg © National Portrait gallery-UK/Scala ; 25 hd © War Archive/Alamy ; 25 bd © Digital Image Museum/LACMA/Art RessourceNY/Scala ; 26 © Bridgemanart ; 27 © Bibliothèque nationale de France ; 28 © Martine Franck/Magnum Photos ; 29 © Collection de l'auteur/Gallimard ; 30 © Frederic MYSS/Opale/Leemage ; 31 © Maurice ROUGEMONT/Opale/Leemage ; 32 © Louis Monier/Rue des Archives ; 33 © AKG/André Held ; 36 © Solange Gautier/Kharbine Tapabor ; 37 © Olivia Muss/Museum of Selfie ; 42 © Nathalie Holt ; 44 g © Julien Chatelin/Divergence ; 44 d © L'Association ; 45 © 2.4.7. Films / DR © 2.4.7. Films ; 46 © 2001, Marjane Satrapi & L'Association ; 47 Prod DB © 2.4.7. Films / DR ; 48 ht Couleur de peau : miel, volume 1 - Jung © Éditions Soleil, 2007 ; 48 b © Olivier May ; 49 Couleur de peau : miel, volume 3 © Éditions du Soleil, 2013 ; 50 ht © NIVIERE/SIPA ; 50 b © Pathe Renn Productions - The Kennedy/Marshall Company / DR ; 52 Prod DB © Mirage - Universal / DR - © 1985 Universal Pictures Limited ; 52 mg © Keystone/GAMMA ; 53 Prod DB © Mirage - Universal / DR - © 1985 Universal Pictures Limited ; 54 © Pocket, un département d'Univers Poche, pour la présente édition ; 55 © Esprit libre junior ; 56, 57 Prod DB © ONACIG, Guinea - Rhea Films / DR ; 58 ht © Gallimard ; 58 b, 59, 60 Prod DB © Films Ariane - Maran Film - Arbo / DR - © TF1 ; 62 m Prod DB © 2.4.7. Films / DR ; 62 d Prod DB © Mirage - Universal / DR - © 1985 Universal Pictures Limited ; 63 hg Prod DB © ONACIG, Guinea - Rhea Films / DR ; 63 bg © Olivier May ; 65 © Brouck/Iconovox ; 67 g Micaël/Iconovox ; 67 d © Aster ; 68 © Aisa / leemage ; 69 © Dessin de Mordillo 1992. No. 1941 © 1992 OLI Verlag N.V. ; 70 © De Agostini Picture Library / A. Dagli Orti / Bridgeman Images ; 71 © Chappatte ; 72 Musee Jean de la Fontaine, Chateau-Thierry, France © Bridgeman Images ; 73 © Voutch - voutch.com ; 74 © Iberfoto / Photoaisa / Roger-Viollet ; 75 © Tallandier / Bridgeman Images ; 76 © Ministère de la Culture - Médiathèque du Patrimoine, Dist. RMN-Grand Palais / Studio Harcourt ; 77 © Les Films de Mon Oncle – Specta Films C.E.P.E.C. / 77 France TV éducation, DR ; 80 ht Louis Monier/Gamma-Rapho en 1995 ; 80 b ©Collection Kharbine-Tapabor ; 81 ©Collection Kharbine-Tapabor ; 83 © Photo Josse/Leemage ; 84 © Christopher Silas Neal ; 85 © DIRSCHERL Reinhard / hemis.fr ; 91 Pierre Boulat / The LIFE Images Collection/Getty Images ; 93 © Christine Lesueur / Iconovox ; 95 hg © Hachette ; 95 hd © BnF ; 95 b © Ysope ; 96 ht © Leemage/Corbis ; 96 b © Photo Denis Couvet ; 97 © Iconovox ; 98 ht © Bridgeman Images ; 98 b, 99 ht © Philippe Geluck ; 99 b © Josse/Leemage ; 101 hg © Photo Josse/Leemage ; 101 hd © Nicolas Derne ; 102 © Gusman/Leemage ; 103 ht © Institut Lumière ; 103 b © Michel Iturria ; 104 Leemage / MP ; 105 © Louvre, Paris, France / Bridgeman Images ; 106 © Christie's Images / Bridgeman Images ; 108 © Patrick Tourneboeuf / Tendance Floue ; 110 ht © Collection Dagli Orti / Musée des Beaux Arts Lyon / Gianni Dagli Orti ; 110 b © Christie's Images / Bridgeman Images ; 111 ht © Libella / Chaval ; 111 b © Iconovox ; 116 © Indivision Dubout ; 119 © Sebastian Magnani ; 120 © Giovanni Dall'Orto ; 121 © Seth ; 122 © Photo Josse/Leemage ; 123 © The State Tretyakov Gallery, Moscou ; 124 ht © Photo Josse/Leemage ; 124 b © bridgemanimages.com ; 125 © Photo Josse/Leemage ; 126 ht © musée Guimet / RMN-GP ; 127 © Didier ARNOULD/Opale/Leemage ; 128 © Nemo PERIER STEFANOVITCH/Opale/Leemage ; 129 © Peter Turnley/Getty Images ; 130 ht © Paul Nadar / RMN-Grand Palais ; 130 b © Maison-Musée Lansyer, Ville de Loches / photo : Caméra Photo Club du Lochois ; 131 © Musée des Beaux Arts de Quimper ; 132 © Nadar, photo ©Jean Bernard/Leemage ; 133 © Collection Particulière ; 134 © Archives-Zephyr/Leemage ; 135 © Imagno / La Collection © Succession Picasso 2016 ; 136 © Rene Dazy/Rue des Archives ; 136-137 © Collection Particulière ; 140 mg (1) ©Photo Josse/Leemage ; 140 mg (2) © Nadar, photo ©Jean Bernard/Leemage ; 140 md © Paul Nadar / RMN-Grand Palais ; 140 md (2) © Photo Josse/Leemage ; 141 mg (1) © Archives-Zephyr/Leemage ; 141 mg (2) © Rene Dazy/Rue des Archives ; 141 md (1) ©Sandrine ROUDEIX/Opale/Leemage ; 141 md (2) © Etienne HUBERT / RAPHO ; 140 bg © Le Printemps des Poètes ; 141 hd © Le Printemps des Poètes ; 147 © Collection Particulière, ADAGP, Paris 2016 ; 148 © Christophe Turpin ; 149 © Salvador Dali, Fondation Gala-Salvador Dali, ADAGP, Paris 2016 ; 150 © Neurdein / Roger-Viollet ; 151 © BI, ADAGP, Paris/Scala, Florence © The Estate of Jean-Michel Basquiat / ADAGP, Paris 2016 ; 152 © Bridgeman Images ; 153 © François Ray photographie et Marine Bertrand Chef ; 154 © Jeremy Woodhouse/Carl Kravats/Blend Images/Photononstop ; 155 © Casterman ; 156 Guillevic © Gallimard ; 157 g © Carolyn Carlson ; 157 d © SuperStock/Leemage © ADAGP, Paris 2016 ; 158 m © hoto Josse/Leemage ; 159 © Laurent Lecat ; 160 © Photo Josse/Leemage ; 162 © Artothek/La Collection © Adagp, 2016 ; 163 © Nationalgalerie, SMPK, Berlin, Allemagne/ Bridgeman Images ; 165 © Adagp, 2016 ; 167 © éditions Rue de Sèvres ; 168 © Adoc-photos ; 169 © Imperial War Museum ; 171 ht et b Prod DB © Nord-Ouest Productions / DR ; 172 © Paris - Musée de l'Armée, Dist. RMN-Grand Palais / Emilie Cambier ; 175 ht © Photo by Pascal VICTOR/ArtComArt ; 175 d © Agathe Poupeney ; 175 bg © Alain Leroy/L'œil du spectacle ; 176 © photo by Pascal Victor/ArtComArt ; 177 mg © Alain Leroy/L'œil du spectacle ; 177 md © photo by Pascal Victor/ArtComArt ; 177 b © Emile Zeizig ; 177 bd © Roger-Viollet ; 178 ht © Musée Archéologique Naples / Gianni Dagli Orti / Aurimages ; 178 mg © Photo Josse/Leemage ; 179 © Photo by Victor Tonelli/ArtComArt ; 181 © Photo by Victor Tonelli/ArtComArt ; 182 © Roger Viollet / Horst Tappe / Fondation Horst Tape ; 183 © photo by Pascal Victor/ArtComArt ; 184 © Pascal Victor/ArtComArt ; 186 © Leemage / Selva ; 187 © Michel Cavalca ; 188 © Roger-Viollet / Henri Martinie ; 190 © Marcello Mencarini/leemage ; 191 © Photo by Pascal VICTOR/ArtComArt ; 192 ht © Bettmann/Getty ; 192 b © Pascal Victor/ArtComArt ; 194 © Studio Lipnitzki / Roger-Viollet ; 196 ht © Classiques Hatier ; 196 bg © Victor Tonelli/Artcomart ; 197 © Actes Sud/Théâtre de Sartrouville - CDN, 2005 ; 198 ht © Archives-Zephyr/Leemage ; 198 b © Studio Lipnitzki / Roger-Viollet ; 205 © Brigitte Enguerrand ; 207 © Ullstein Bild / Roger-Viollet- -©Adagp, 2013 ; 208 © Amnesty International ; 210 ht © Patrick Box/Opale/Leemage ; 210 b © Artothek / La Collection ; 211 collection Christophel © Metro-Goldwyn-Mayer ; 212 ht © Rue des Archives / SPPS ; 212 b © Meriel Jane Waissman /Getty Images ; 213 b © Pascal Potier / VISUAL ; 214 ht © Nathalie Mazeas ; 214 b © Private Collection / Michael Parkin Gallery / Bridgeman Images ; 215 © Sovfoto/UIG/Leemage ; 216 © Courtesy of Jonathan Cooper, Park Walk Gallery, London/Bridgeman Images ; 218 ht © Jerry BAUER/Opale/Leemage ; 218 b, 219, 221, 222 © Photo Valérie Joubert Anghel ; 224 © Basso Cannarsa/Opale/Leemage ; 225 collection Christophel © NEF / MK2 ; 226 © Andersen-Gaillarde/Gamma ; 227 © Laurent Weyl / Argos / Picturetank ; 228 © George Azar/Gamma ; 229 © AFP ; 232 © Centre Pompidou, MNAM-CCI, Dist. RMN-Grand Palais © ADAGP, Paris 2016 ; 233 © Selva/Leemage ; 234 © Musée de la Résistance de Besançon/Keystone-France ; 238 No.A 1237 B © 1975 OLI Verlag N.V. ; 241 collection Christophel © Charles Chaplin Productions ; 242 bg © Museumslandschaft Hessen Kassel / Ute Brunzel / Bridgeman Images ; 242 bd © Wallace Collection, London, UK / Bridgeman Images ; 243 © Look and Learn / Bridgeman Images ; 244 hg ©D.R. ; 244 mg © Bettmann/Getty ; 244 bg © Aisa/Leemage ; 244 hd © AKG ; 244 md (1) © Spaarnestad/Rue des Archives ; 244 md (2) © TopFoto / Roger-Viollet ; 244 bd © TONY MCDONOUGH/epa/Corbis ; 245 © Koska / Leemage ; 246 ht Prod DB © Edison Manufacturing Company / DR ; 246 m © Collection Christophe L ; 246 b © Tri-Star/American Zoetrope / The Kobal Collection / Aurimages ; 247 © Bridgeman Images ; 248 © AKG ; 249 g Prod DB © UFA / DR ; 249 d Prod DB © Hawk Films / DR ; 251 h © DARGAUD, 2016 ; 251 bg © Suddeutsche Zeitung/Rue des Archives ; 251 bd © Hergé/Moulinsart 2016 ; 252 © AFP PHOTO / Eric Piermont ; 253 d © Rue des Archives/PVDE ; 253 hd © Private Collection / Prismatic Pictures / Bridgeman Images ; 253 hg © JIM WILSON/The New York Times-REDUX-REA ; 253 mg © AFP PHOTO / HO / THE OCEAN CLEANUP ; 253 © Granger NYC/Rue des Archives/Bridgeman ; 255 © FineArtImages/Leemage ©ADAGP, Paris 2016 ; 256 ht © UIG/Collection Christophel ; 257 ht © Lorenz Hideyoshi Ruwwe ; 257 mg © Gusman/Leemage ; 257 md © Illustr. Pizzi/Kharbine Tapabor ; 257 bg © Suddeutsche Zeitung/Rue des Archives ; 257 bd © Imagno / La Collection ; 258 ht © Gallimard via Opale/Leemage ; 259 © Musée EDF Electropolis ; 260 © Frank Capri/Hulton Archive/Getty Images ; 261 © Underwood Archives/Leemage ; 262 © Basso Cannarsa / Opale / Leemage ; 263 © Vincent Callebaut Architectures ; 264 ht © Atalante ; 264 b © Jakub Rozalski ; 266 collection Christophel © Twentieth Century Fox Film corporation ; 268 © Romolo Tavani / Shutterstock ; 269 collection particulière ; 274 Flamidon d'après Shutterstock © J'ai lu ; 276 ArtcomArt / Pascal Victor ; 293 h © Imago / StudioX ; 293 b © plainpicture / Linkimage / Felix Odell ; 317 © Look and Learn / Bridgeman Images ; 329 © leemage.com ; 342 © Mint Images / Andia ; 355 © plainpicture/Hexx ; 303 © RMN-Grand Palais (musée d'Orsay) / Hervé Lewandowski ; 307 © Musée d'Orsay, Dist. RMN-Grand Palais / Patrice Schmidt ; 311 © Laurent Guerinaud/AGE ; 316 © Centre Pompidou, MNAM-CCI, Dist. RMN-Grand Palais / Droits réservés ; 326 © Philippe Geluck ; 331 © Musée Solomon Guggenheim/Bridgeman Images ; 341 Gibrat © Dupuis, 2016 ; 345 © Ferens Art Gallery, Hull Museums, UK / Bridgeman Images ; 349 © SPL/COSMOS ; 353 © Frank Gunn/The Canadian Press via AP ; P357 © Electa/Leemage ; 358 Association Différent comme tout le monde, contact@differentcommetoutlemonde.org - Dessin Philippe Caza ; 361 © Pixathlon/SIPA ; 366 © De Agostini Picture Library / Bridgeman Images ; 367 © Robert Doisneau/Gamma , 371h © Bridgeman Images ; 371 b Axelle Roux et Hélène Petit © Inseec ; 373 © Luisa Ricciarini/Leemage / Bridgeman Images ; 387 © Shutterstock ; 391 © Roland P.Murdock Collection, Wichita Art Museum, Wichita, Kansas.

Tableaux de conjugaison

ÊTRE

INFINITIF
Présent	Passé
être	avoir été

PARTICIPE
Présent	Passé
étant	été

INDICATIF

Présent	Passé composé
je suis	j'ai été
tu es	tu as été
il est	il a été
nous sommes	nous avons été
vous êtes	vous avez été
ils sont	ils ont été

Imparfait	Plus-que-parfait
j'étais	j'avais été
tu étais	tu avais été
il était	il avait été
nous étions	nous avions été
vous étiez	vous aviez été
ils étaient	ils avaient été

Passé simple	Passé antérieur
je fus	j'eus été
tu fus	tu eus été
il fut	il eut été
nous fûmes	nous eûmes été
vous fûtes	vous eûtes été
ils furent	ils eurent été

Futur	Futur antérieur
je serai	j'aurai été
tu seras	tu auras été
il sera	il aura été
nous serons	nous aurons été
vous serez	vous aurez été
ils seront	ils auront été

CONDITIONNEL

Présent	Passé
je serais	j'aurais été
tu serais	tu aurais été
il serait	il aurait été
nous serions	nous aurions été
vous seriez	vous auriez été
ils seraient	ils auraient été

SUBJONCTIF

Présent	Passé
(que / qu')	(que / qu')
je sois	j'aie été
tu sois	tu aies été
il soit	il ait été
nous soyons	nous ayons été
vous soyez	vous ayez été
ils soient	ils aient été

Imparfait	Plus-que-parfait
(qu') il fût	(qu') il eût été
ils fussent	ils eussent été

IMPÉRATIF

Présent	Passé
sois	inusité
soyons	
soyez	

AVOIR

INFINITIF
Présent	Passé
avoir	avoir eu

PARTICIPE
Présent	Passé
ayant	eu

INDICATIF

Présent	Passé composé
j'ai	j'ai eu
tu as	tu as eu
il a	il a eu
nous avons	nous avons eu
vous avez	vous avez eu
ils ont	ils ont eu

Imparfait	Plus-que-parfait
j'avais	j'avais eu
tu avais	tu avais eu
il avait	il avait eu
nous avions	nous avions eu
vous aviez	vous aviez eu
ils avaient	ils avaient eu

Passé simple	Passé antérieur
j'eus	j'eus eu
tu eus	tu eus eu
il eut	il eut eu
nous eûmes	nous eûmes eu
vous eûtes	vous eûtes eu
ils eurent	ils eurent eu

Futur	Futur antérieur
j'aurai	j'aurai eu
tu auras	tu auras eu
il aura	il aura eu
nous aurons	nous aurons eu
vous aurez	vous aurez eu
ils auront	ils auront eu

CONDITIONNEL

Présent	Passé
j'aurais	j'aurais eu
tu aurais	tu aurais eu
il aurait	il aurait eu
nous aurions	nous aurions eu
vous auriez	vous auriez eu
ils auraient	ils auraient eu

SUBJONCTIF

Présent	Passé
(que / qu')	(que / qu')
j'aie	j'aie eu
tu aies	tu aies eu
il ait	il ait eu
nous ayons	nous ayons eu
vous ayez	vous ayez eu
ils aient	ils aient eu

Imparfait	Plus-que-parfait
(qu') il eût	(qu') il eût eu
ils eussent	ils eussent eu

IMPÉRATIF

Présent	Passé
aie	inusité
ayons	
ayez	

Verbe en er — PARLER

INFINITIF
Présent	Passé
parler	avoir parlé

PARTICIPE
Présent	Passé
parlant	parlé

INDICATIF

Présent	Passé composé
je parle	j'ai parlé
tu parles	tu as parlé
il parle	il a parlé
nous parlons	nous avons parlé
vous parlez	vous avez parlé
ils parlent	ils ont parlé

Imparfait	Plus-que-parfait
je parlais	j'avais parlé
tu parlais	tu avais parlé
il parlait	il avait parlé
nous parlions	nous avions parlé
vous parliez	vous aviez parlé
ils parlaient	ils avaient parlé

Passé simple	Passé antérieur
je parlai	j'eus parlé
tu parlas	tu eus parlé
il parla	il eut parlé
nous parlâmes	nous eûmes parlé
vous parlâtes	vous eûtes parlé
ils parlèrent	ils eurent parlé

Futur	Futur antérieur
je parlerai	j'aurai parlé
tu parleras	tu auras parlé
il parlera	il aura parlé
nous parlerons	nous aurons parlé
vous parlerez	vous aurez parlé
ils parleront	ils auront parlé

CONDITIONNEL

Présent	Passé
je parlerais	j'aurais parlé
tu parlerais	tu aurais parlé
il parlerait	il aurait parlé
nous parlerions	nous aurions parlé
vous parleriez	vous auriez parlé
ils parleraient	ils auraient parlé

SUBJONCTIF

Présent	Passé
(que / qu')	(que / qu')
je parle	j'aie parlé
tu parles	tu aies parlé
il parle	il ait parlé
nous parlions	nous ayons parlé
vous parliez	vous ayez parlé
ils parlent	ils aient parlé

Imparfait	Plus-que-parfait
(qu') il parlât	(qu') il eût parlé
ils parlassent	ils eussent parlé

IMPÉRATIF

Présent	Passé
parle	aie parlé
parlons	ayons parlé
parlez	ayez parlé

Verbes en -ir, -issant

SAISIR (voix active)

INFINITIF
Présent	Passé
saisir	avoir saisi

PARTICIPE
Présent	Passé
saisissant	saisi

INDICATIF

Présent	Passé composé
je saisis	j'ai saisi
tu saisis	tu as saisi
il saisit	il a saisi
nous saisissons	nous avons saisi
vous saisissez	vous avez saisi
ils saisissent	ils ont saisi

Imparfait	Plus-que-parfait
je saisissais	j'avais saisi
tu saisissais	tu avais saisi
il saisissait	il avait saisi
nous saisissions	nous avions saisi
vous saisissiez	vous aviez saisi
ils saisissaient	ils avaient saisi

Passé simple	Passé antérieur
je saisis	j'eus saisi
tu saisis	tu eus saisi
il saisit	il eut saisi
nous saisîmes	nous eûmes saisi
vous saisîtes	vous eûtes saisi
ils saisirent	ils eurent saisi

Futur	Futur antérieur
je saisirai	j'aurai saisi
tu saisiras	tu auras saisi
il saisira	il aura saisi
nous saisirons	nous aurons saisi
vous saisirez	vous aurez saisi
ils saisiront	ils auront saisi

CONDITIONNEL

Présent	Passé
je saisirais	j'aurais saisi
tu saisirais	tu aurais saisi
il saisirait	il aurait saisi
nous saisirions	nous aurions saisi
vous saisiriez	vous auriez saisi
ils saisiraient	ils auraient saisi

SUBJONCTIF

Présent (que/qu')	Passé (que/qu')
je saisisse	j'aie saisi
tu saisisses	tu aies saisi
il saisisse	il ait saisi
nous saisissions	nous ayons saisi
vous saisissiez	vous ayez saisi
ils saisissent	ils aient saisi

Imparfait	Plus-que-parfait
(qu') il saisît	(qu') il eût saisi
ils saisissent	ils eussent saisi

IMPÉRATIF
Présent	Passé
saisis	inusité
saisissons	
saisissez	

SAISIR (voix passive)

INFINITIF
Présent	Passé
être saisi(e)(s)	avoir été saisi(e)(s)

PARTICIPE
Présent	Passé
étant saisi(e)(s)	ayant été saisi(e)(s)

INDICATIF

Présent	Passé composé
je suis saisi(e)	j'ai été saisi(e)
tu es saisi(e)	tu as été saisi(e)
il (elle) est saisi(e)	il (elle) a été saisi(e)
nous sommes saisi(e)s	nous avons été saisi(e)s
vous êtes saisi(e)s	vous avez été saisi(e)s
ils (elles) sont saisi(e)s	ils (elles) ont été saisi(e)s

Imparfait	Plus-que-parfait
j'étais saisi(e)	j'avais été saisi(e)
tu étais saisi(e)	tu avais été saisi(e)
il (elle) était saisi(e)	il (elle) avait été saisi(e)
nous étions saisi(e)s	nous avions été saisi(e)s
vous étiez saisi(e)s	vous aviez été saisi(e)s
ils (elles) étaient saisi(e)s	ils (elles) avaient été saisi(e)s

Passé simple	Passé antérieur
je fus saisi(e)	j'eus été saisi(e)
tu fus saisi(e)	tu eus été saisi(e)
il (elle) fut saisi(e)	il (elle) eut été saisi(e)
nous fûmes saisi(e)s	nous eûmes été saisi(e)s
vous fûtes saisi(e)s	vous eûtes été saisi(e)s
ils (elles) furent saisi(e)s	ils (elles) eurent été saisi(e)s

Futur	Futur antérieur
je serai saisi(e)	j'aurai été saisi(e)
tu seras saisi(e)	tu auras été saisi(e)
il (elle) sera saisi(e)	il (elle) aura été saisi(e)
nous serons saisi(e)s	nous aurons été saisi(e)s
vous serez saisi(e)s	vous aurez été saisi(e)s
ils (elles) seront saisi(e)s	ils (elles) auront été saisi(e)s

CONDITIONNEL

Présent	Passé
je serais saisi(e)	j'aurais été saisi(e)
tu serais saisi(e)	tu aurais été saisi(e)
il (elle) serait saisi(e)	il (elle) aurait été saisi(e)
nous serions saisi(e)s	nous aurions été saisi(e)s
vous seriez saisi(e)s	vous auriez été saisi(e)s
ils (elles) seraient saisi(e)s	ils (elles) auraient été saisi(e)s

SUBJONCTIF

Présent (que / qu')	Passé (que / qu')
je sois saisi(e)	j'aie été saisi(e)
tu sois saisi(e)	tu aies été saisi(e)
il (elle) soit saisi(e)	il (elle) ait été saisi(e)
nous soyons saisi(e)s	nous ayons été saisi(e)s
vous soyez saisi(e)s	vous ayez été saisi(e)s
ils (elles) soient saisi(e)s	ils (elles) aient été saisi(e)s

Imparfait	Plus-que-parfait
(qu') il (elle) fût saisi(e)	(qu') il (elle) eût été saisi(e)
ils (elles) fussent saisi(e)s	ils (elles) eussent été saisi(e)s

IMPÉRATIF
Présent	Passé
sois saisi(e)	inusité
soyons saisi(e)s	
soyez saisi(e)s	

SAISIR (forme pronominale)

INFINITIF
Présent	Passé
se saisir	s'être saisi(e)(s)

PARTICIPE
Présent	Passé
se saisissant	s'étant saisi(e)(s)

INDICATIF

Présent	Passé composé
je me saisis	je me suis saisi(e)
tu te saisis	tu t'es saisi(e)
il se saisit	il (elle) s'est saisi(e)
nous nous saisissons	nous nous sommes saisi(e)s
vous vous saisissez	vous vous êtes saisi(e)s
ils se saisissent	ils (elles) se sont saisi(e)s

Imparfait	Plus-que-parfait
je me saisissais	je m'étais saisi(e)
tu te saisissais	tu t'étais saisi(e)
il se saisissait	il (elle) s'était saisi(e)
nous nous saisissions	nous nous étions saisi(e)s
vous vous saisissiez	vous vous étiez saisi(e)s
ils se saisissaient	ils (elles) s'étaient saisi(e)s

Passé simple	Passé antérieur
je me saisis	je me fus saisi(e)
tu te saisis	tu te fus saisi(e)
il se saisit	il (elle) se fut saisi(e)
nous nous saisîmes	nous nous fûmes saisi(e)s
vous vous saisîtes	vous vous fûtes saisi(e)s
ils se saisirent	ils (elles) se furent saisi(e)s

Futur	Futur antérieur
je me saisirai	je me serai saisi(e)
tu te saisiras	tu te seras saisi(e)
il se saisira	il (elle) se sera saisi(e)
nous nous saisirons	nous nous serons saisi(e)s
vous vous saisirez	vous vous serez saisi(e)s
ils se saisiront	ils (elles) se seront saisi(e)s

CONDITIONNEL

Présent	Passé
je me saisirais	je me serais saisi(e)
tu te saisirais	tu te serais saisi(e)
il se saisirait	il (elle) se serait saisi(e)
nous nous saisirions	nous nous serions saisi(e)s
vous vous saisiriez	vous vous seriez saisi(e)s
ils se saisiraient	ils (elles) se seraient saisi(e)s

SUBJONCTIF

Présent (que / qu')	Passé (que / qu')
je me saisisse	je me sois saisi(e)
tu te saisisses	tu te sois saisi(e)
il se saisisse	il (elle) se soit saisi(e)
nous nous saisissions	nous nous soyons saisi(e)s
vous vous saisissiez	vous vous soyez saisi(e)s
ils se saisissent	ils (elles) se soient saisi(e)s

Imparfait	Plus-que-parfait
(qu') il se saisît	(qu') il (elle) se fût saisi(e)
ils se saisissent	ils (elles) se fussent saisi(e)s

IMPÉRATIF
Présent	Passé
inusité	inusité

Autres verbes

ALLER

INFINITIF
Présent	Passé
aller	être allé(e)

PARTICIPE
Présent	Passé
allant	allé

INDICATIF
Présent	Passé composé
je vais	je suis allé(e)
tu vas	tu es allé(e)
il va	il (elle) est allé(e)
nous allons	nous sommes allé(e)s
vous allez	vous êtes allé(e)s
ils vont	ils (elles) sont allé(e)s

Imparfait	Plus-que-parfait
j'allais	j'étais allé(e)
tu allais	tu étais allé(e)
il allait	il (elle) était allé(e)
nous allions	nous étions allé(e)s
vous alliez	vous étiez allé(e)s
ils allaient	ils (elles) étaient allé(e)s

Passé simple	Passé antérieur
j'allai	je fus allé(e)
tu allas	tu fus allé(e)
il alla	il (elle) fut allé(e)
nous allâmes	nous fûmes allé(e)s
vous allâtes	vous fûtes allé(e)s
ils allèrent	ils (elles) furent allé(e)s

Futur	Futur antérieur
j'irai	je serai allé(e)
tu iras	tu seras allé(e)
il ira	il (elle) sera allé(e)
nous irons	nous serons allé(e)s
vous irez	vous serez allé(e)s
ils iront	ils (elles) seront allé(e)s

CONDITIONNEL
Présent	Passé
j'irais	je serais allé(e)
tu irais	tu serais allé(e)
il irait	il (elle) serait allé(e)
nous irions	nous serions allé(e)s
vous iriez	vous seriez allé(e)s
ils iraient	ils seraient allé(e)s

SUBJONCTIF
Présent	Passé
(que / qu')	(que / qu')
j'aille	je sois allé(e)
tu ailles	tu sois allé(e)
il aille	il (elle) soit allé(e)
nous allions	nous soyons allé(e)s
vous alliez	vous soyez allé(e)s
ils aillent	ils (elles) soient allé(e)s

Imparfait	Plus-que-parfait
(qu') il allât	(qu') il (elle) fût allé(e)
ils allassent	ils (elles) fussent allé(e)s

IMPÉRATIF
Présent	Passé
va	inusité
allons	
allez	

FAIRE

INFINITIF
Présent	Passé
faire	avoir fait

PARTICIPE
Présent	Passé
faisant	fait

INDICATIF
Présent	Passé composé
je fais	j'ai fait
tu fais	tu as fait
il fait	il a fait
nous faisons	nous avons fait
vous faites	vous avez fait
ils font	ils ont fait

Imparfait	Plus-que-parfait
je faisais	j'avais fait
tu faisais	tu avais fait
il faisait	il avait fait
nous faisions	nous avions fait
vous faisiez	vous aviez fait
ils faisaient	ils avaient fait

Passé simple	Passé antérieur
je fis	j'eus fait
tu fis	tu eus fait
il fit	il eut fait
nous fîmes	nous eûmes fait
vous fîtes	vous eûtes fait
ils firent	ils eurent fait

Futur	Futur antérieur
je ferai	j'aurai fait
tu feras	tu auras fait
il fera	il aura fait
nous ferons	nous aurons fait
vous ferez	vous aurez fait
ils feront	ils auront fait

CONDITIONNEL
Présent	Passé
je ferais	j'aurais fait
tu ferais	tu aurais fait
il ferait	il aurait fait
nous ferions	nous aurions fait
vous feriez	vous auriez fait
ils feraient	ils auraient fait

SUBJONCTIF
Présent	Passé
(que / qu')	(que / qu')
je fasse	j'aie fait
tu fasses	tu aies fait
il fasse	il ait fait
nous fassions	nous ayons fait
vous fassiez	vous ayez fait
ils fassent	ils aient fait

Imparfait	Plus-que-parfait
(qu') il fît	(qu') il eût fait
ils fissent	ils eussent fait

IMPÉRATIF
Présent	Passé
fais	aie fait
faisons	
faites	

DIRE

INFINITIF
Présent	Passé
dire	avoir dit

PARTICIPE
Présent	Passé
disant	dit

INDICATIF
Présent	Passé composé
je dis	j'ai dit
tu dis	tu as dit
il dit	il a dit
nous disons	nous avons dit
vous dites	vous avez dit
ils disent	ils ont dit

Imparfait	Plus-que-parfait
je disais	j'avais dit
tu disais	tu avais dit
il disait	il avait dit
nous disions	nous avions dit
vous disiez	vous aviez dit
ils disaient	ils avaient dit

Passé simple	Passé antérieur
je dis	j'eus dit
tu dis	tu eus dit
il dit	il eut dit
nous dîmes	nous eûmes dit
vous dîtes	vous eûtes dit
ils dirent	ils eurent dit

Futur	Futur antérieur
je dirai	j'aurai dit
tu diras	tu auras dit
il dira	il aura dit
nous dirons	nous aurons dit
vous direz	vous aurez dit
ils diront	ils auront dit

CONDITIONNEL
Présent	Passé
je dirais	j'aurais dit
tu dirais	tu aurais dit
il dirait	il aurait dit
nous dirions	nous aurions dit
vous diriez	vous auriez dit
ils diraient	ils auraient dit

SUBJONCTIF
Présent	Passé
(que / qu')	(que / qu')
je dise	j'aie dit
tu dises	tu aies dit
il dise	il ait dit
nous disions	nous ayons dit
vous disiez	vous ayez dit
ils disent	ils aient dit

Imparfait	Plus-que-parfait
(qu') il dît	(qu') il eût dit
ils dissent	ils eussent dit

IMPÉRATIF
Présent	Passé
dis	aie dit
disons	
dites	

Autres verbes

PRENDRE

INFINITIF	
Présent	**Passé**
prend**re**	avoir pris

PARTICIPE	
Présent	**Passé**
pren**ant**	pr**is**

INDICATIF	
Présent	**Passé composé**
je prend**s**	j'ai pris
tu prend**s**	tu as pris
il prend	il a pris
nous pren**ons**	nous avons pris
vous pren**ez**	vous avez pris
ils prenn**ent**	ils ont pris
Imparfait	**Plus-que-parfait**
je pren**ais**	j'avais pris
tu pren**ais**	tu avais pris
il pren**ait**	il avait pris
nous pren**ions**	nous avions pris
vous pren**iez**	vous aviez pris
ils pren**aient**	ils avaient pris
Passé simple	**Passé antérieur**
je pr**is**	j'eus pris
tu pr**is**	tu eus pris
il pr**it**	il eut pris
nous pr**îmes**	nous eûmes pris
vous pr**îtes**	vous eûtes pris
ils pr**irent**	ils eurent pris
Futur	**Futur antérieur**
je prendr**ai**	j'aurai pris
tu prendr**as**	tu auras pris
il prendr**a**	il aura pris
nous prendr**ons**	nous aurons pris
vous prendr**ez**	vous aurez pris
ils prendr**ont**	ils auront pris

CONDITIONNEL	
Présent	**Passé**
je prendr**ais**	j'aurais pris
tu prendr**ais**	tu aurais pris
il prendr**ait**	il aurait pris
nous prendr**ions**	nous aurions pris
vous prendr**iez**	vous auriez pris
ils prendr**aient**	ils auraient pris

SUBJONCTIF	
Présent	**Passé**
(que / qu')	(que / qu')
je prenn**e**	j'aie pris
tu prenn**es**	tu aies pris
il prenn**e**	il ait pris
nous pren**ions**	nous ayons pris
vous pren**iez**	vous ayez pris
ils prenn**ent**	ils aient pris
Imparfait	**Plus-que-parfait**
(qu') il pr**ît**	(qu') il eût pris
ils pr**issent**	ils eussent pris

IMPÉRATIF	
Présent	**Passé**
prend**s**	aie pris
pren**ons**	
pren**ez**	

CRAINDRE

INFINITIF	
Présent	**Passé**
craind**re**	avoir craint

PARTICIPE	
Présent	**Passé**
craign**ant**	crain**t**

INDICATIF	
Présent	**Passé composé**
je crain**s**	j'ai craint
tu crain**s**	tu as craint
il crain**t**	il a craint
nous craign**ons**	nous avons craint
vous craign**ez**	vous avez craint
ils craign**ent**	ils ont craint
Imparfait	**Plus-que-parfait**
je craign**ais**	j'avais craint
tu craign**ais**	tu avais craint
il craign**ait**	il avait craint
nous craign**ions**	nous avions craint
vous craign**iez**	vous aviez craint
ils craign**aient**	ils avaient craint
Passé simple	**Passé antérieur**
je craign**is**	j'eus craint
tu craign**is**	tu eus craint
il craign**it**	il eut craint
nous craign**îmes**	nous eûmes craint
vous craign**îtes**	vous eûtes craint
ils craign**irent**	ils eurent craint
Futur	**Futur antérieur**
je craindr**ai**	j'aurai craint
tu craindr**as**	tu auras craint
il craindr**a**	il aura craint
nous craindr**ons**	nous aurons craint
vous craindr**ez**	vous aurez craint
ils craindr**ont**	ils auront craint

CONDITIONNEL	
Présent	**Passé**
je craindr**ais**	j'aurais craint
tu craindr**ais**	tu aurais craint
il craindr**ait**	il aurait craint
nous craindr**ions**	nous aurions craint
vous craindr**iez**	vous auriez craint
ils craindr**aient**	ils auraient craint

SUBJONCTIF	
Présent	**Passé**
(que / qu')	(que / qu')
je craign**e**	j'aie craint
tu craign**es**	tu aies craint
il craign**e**	il ait craint
nous craign**ions**	nous ayons craint
vous craign**iez**	vous ayez craint
ils craign**ent**	ils aient craint
Imparfait	**Plus-que-parfait**
(qu') il craign**ît**	(qu') il eût craint
ils craign**issent**	ils eussent craint

IMPÉRATIF	
Présent	**Passé**
crain**s**	aie craint
craign**ons**	ayons craint
craign**ez**	ayez craint

POUVOIR

INFINITIF	
Présent	**Passé**
pouv**oir**	avoir pu

PARTICIPE	
Présent	**Passé**
pouv**ant**	pu

INDICATIF	
Présent	**Passé composé**
je peu**x**	j'ai pu
tu peu**x**	tu as pu
il peu**t**	il a pu
nous pouv**ons**	nous avons pu
vous pouv**ez**	vous avez pu
ils peuv**ent**	ils ont pu
Imparfait	**Plus-que-parfait**
je pouv**ais**	j'avais pu
tu pouv**ais**	tu avais pu
il pouv**ait**	il avait pu
nous pouv**ions**	nous avions pu
vous pouv**iez**	vous aviez pu
ils pouv**aient**	ils avaient pu
Passé simple	**Passé antérieur**
je p**us**	j'eus pu
tu p**us**	tu eus pu
il p**ut**	il eut pu
nous p**ûmes**	nous eûmes pu
vous p**ûtes**	vous eûtes pu
ils p**urent**	ils eurent pu
Futur	**Futur antérieur**
je pourr**ai**	j'aurai pu
tu pourr**as**	tu auras pu
il pourr**a**	il aura pu
nous pourr**ons**	nous aurons pu
vous pourr**ez**	vous aurez pu
ils pourr**ont**	ils auront pu

CONDITIONNEL	
Présent	**Passé**
je pourr**ais**	j'aurais pu
tu pourr**ais**	tu aurais pu
il pourr**ait**	il aurait pu
nous pourr**ions**	nous aurions pu
vous pourr**iez**	vous auriez pu
ils pourr**aient**	ils auraient pu

SUBJONCTIF	
Présent	**Passé**
(que / qu')	(que / qu')
je puiss**e**	j'aie pu
tu puiss**es**	tu aies pu
il puiss**e**	il ait pu
nous puiss**ions**	nous ayons pu
vous puiss**iez**	vous ayez pu
ils puiss**ent**	ils aient pu
Imparfait	**Plus-que-parfait**
(qu') il p**ût**	(qu') il eût pu
ils p**ussent**	ils eussent pu

IMPÉRATIF	
Présent	**Passé**
inusité	inusité